KB029393

한국 미디어아트의 흐름

미디어아티스트 37팀의 인터뷰

'2019년 예술연구서적발간지원사업' 선정

서울문화재단의 지원을 받아 발간하는 Color Book 시리즈 – 예술연구 / Silver Book

후원: 서울특별시, 서울문화재단

한국 미디어아트의 흐름

미디어아티스트 37팀의 인터뷰

2020년 10월 10일 초판 인쇄
2020년 10월 20일 초판 발행

지은이   강미정·장현경
펴낸이   이찬규
펴낸곳   북코리아
표지 디자인   장은경
내지 디자인   장우석

등록번호   제03-01240호
전화   02-704-7840
팩스   02-704-7848
이메일   sunhaksa@korea.com
홈페이지   www.북코리아.kr
주소   [13209] 경기도 성남시 중원구 사기막골로 45번길 14 우림2차 A동 1007호

ISBN 978-89-6324-706-9 (93680)
값 35,000원

*본서의 무단복제를 금하며, 잘못된 책은 구입처에서 바꾸어 드립니다.

한국 미디어아트의 흐름

미디어아티스트 37팀의 인터뷰

강미정·장현경 지음

책머리에

『한국 미디어아트의 흐름』은 다음의 두 가지 질문에서 시작되었다. 그중 하나는 "백남준의 비디오아트가 등장한 이후 오늘날에 이르기까지 한국 미디어아트의 전개를 어떻게 하면 잘 파악할 수 있을까?"이고, 다른 하나는 "동시대 한국 미디어아트의 현황을 한눈에 살펴보려면 어떻게 해야 할까?"이다. 백남준과 박현기 같은 선구자들의 뒤를 잇는 미디어아티스트들이 동시대 한국미술계의 중요한 장면들을 연출하고 있다. 또한 미술계에도 한류 바람을 타고 젊은 미디어아티스트들이 국외에서도 약진하고 있는 것이 자주 목격된다. 이러한 현실에 반해, 백남준과 박현기 이후 한국 미디어아트의 계보에 관한 일목요연한 저술도, 동시대 한국 미디어아트의 현황과 의의에 관한 체계적인 고찰도 쉽게 찾아보기 어렵다. 드물게나마 관련 저술을 만나기도 하지만, 아직은 충분히 성숙된 내용을 보여준다고 생각되는 단행본 저작을 만나기 힘든 것 같다.[1]

---

1 현재 주요 현대미술사학자들이 속속 내놓고 있는 한국현대미술사 관련 저서들에서 한국 미디어아트의 역사가 그 일부로 다뤄지고 있다. 예를 들어 20세기 한국미술사의 주요 작가 총 104인의 작품세계를 다루면서 백남준, 박현기, 김구림, 정찬승 외 초기 미디어아티스트들의 작품세계를 설명한 책(한국미술평론가협회 (2009), 『한국현대미술가 100인』, 서울: 사문난적), 한국 현대미술의 역사적 의의를 추적하는 가운데 미디어아트가 부분적으로 다뤄진 저서(윤난지 (2018), 『한국현대미술의 정체』, 파주: 한길사), 한국 현대의 설치미술에 대해 고찰하면서 그 일부로 백남준과 박현기의 비디오아트 등 한국 미디어아트에 관한 설명이 수록된 저서(정연심 (2018), 『한국의 설치미술』, 서울: 미진사) 등이 출판되어 있다. 다른 한편, 동시대 한국 미디어아티스트 현황은 여러 저자들이 출간한 한국 동시대 미술에 관한

이 책은 크게 세 가지 지점에서 한국 미디어아트에 관한 기존의 연구와 차별화된다. 우선, 본서가 한국 미디어아트 역사에 초점을 맞춘 단행본 저서라는 점을 들 수 있다. 그간 20세기 이후 한국 현대미술사에 관한 저서들은 더러 소개되었으나, 한국 미디어아트의 역사에 집중하여 고찰한 저서는 좀처럼 찾아보기 어렵다.[2] 설혹 있다고 하더라도 대부분 저자들은 미디어아트를 영상작품에 한정시켜 고찰하는 경향이 있다.[3] 이에 반해 우리는 미디어아트를 영상작업에 국한시키지 않으며, 그리하여 김구림, 김순기, 신진식, 양아치, 문경원 등 주목할 만한 미디어아티스트들의 영상작품뿐만 아니라 그들의 퍼포먼스나 설치작품도 전체적 맥락 안에서 함께 다루고 있다. 이에 따른 두 번째 차별점은 이 책이 한국 미디어아트를 미디어아트나 아티스트들의 연대기가 아니라 한국 현대미술사의 맥락 안에서 조망한다는 것이다. 마지막으로, 본서의 가장 큰 차이점은 70-80대 원로 작가부터 30대 젊은 작가에 이르는 생존하는 한국의 대표적 미디어아티스트 37팀을 인터뷰하여 II장에서 IV장까지 시간 순서에 따라 소개한다는 것이다.

우리가 인터뷰한 작가들이 한국 미디어아트를 대표한다고 말할 수 있

저술들에서 함께 소개되어 있다. 가령, 떠오르는 젊은 작가 인터뷰 형식으로 소개되거나(김종호·류한승 (2006), 『한국의 젊은 미술가들: 45명과의 인터뷰』, 서울: 다빈치기프트; 류한승·박순영 (2014), 『톡톡! 미술가에 말걸기』, 성남: fedora press; 이은주 (2016), 『백남준 이후, 미디어 아티스트와의 인터뷰』, 서울: 유피출판 등), 1990년대 이후 한국미술의 동시대성에 대한 고찰의 일환으로 다뤄지고 있다(문혜진 (2015), 『90년대 한국 미술과 포스트모더니즘』, 서울: 현실문화연구; 윤난지 외 (2017), 『한국 동시대 미술: 1990년 이후』, 서울: 사회평론; 반이정 (2018), 『한국 동시대 미술, 1998-2009』, 서울: 미메시스 등).

2 한국 미디어아트에 관한 저술은 각 작가에 관한 학술논문들이 출판되어 있을 뿐이다. 한국 미디어아트의 역사에 국한된 연구는 민희정의 석사학위논문이 현재 가장 포괄적이라고 생각되나(민희정 (2013), 『한국 미디어아트에 관한 연구: 1969년부터 1999년까지의 영상작품을 중심으로』, 국민대학교 대학원 석사학위논문), 이 논문에서는 백남준과 박현기의 비디오와 기타 작가들의 영상물에 제한하여 고찰하고 있다.

3 예를 들어 민희정(2013)과 오경은(「1990년 이후의 한국 미디어아트」, 윤난지 외(2017), pp. 251-277) 등이 있다.

는 하나의 근거는 이 책이 2015년 경기콘텐츠진흥원이 발주한 용역으로 진행했던 〈광교 경기문화창조허브 미디어아트 DB 구축 대행사업〉을 단초로 집필하게 되었다는 것이다. 당시 필자는 3명의 석사급 연구원들과 함께 200여 명으로 구성된 디지털 데이터베이스를 구축하였다. 이때 한국을 대표하는 미디어아티스트 선정 작업은 필자와 연구원들의 조사와 연구만을 토대로 한 것이 아니라, 3회 이상의 자문회의를 거침으로써 수렴한 미디어아트 전문연구자들의 견해에 기초한 것이었다.[4] 하지만 본서는 이제껏 출판된 동시대 미술가 인터뷰집과 분명한 차별점을 지닌다. 기존의 인터뷰집이 당대 작가들의 작업 세부사항에 대한 질문과 답변을 그대로 옮긴 것이 대부분이라면, 이 책은 한국 미디어아트를 한국 현대미술사의 맥락 안에서 재조명하고 2000년대 중반 그 정점에 달한 미디어아트의 동시대적 의의를 진단하는 가운데 대표적 작가들의 작품세계를 잘 정리하여 소개하는 형식으로 인터뷰를 취하고 있다. 당초 반세기가 넘는 시기에 걸쳐 활동했고 또 활동하고 있는 여러 미디어아티스트들의 DB 구축작업에서 출발한 이 책의 시기별 작가소개는 미술가 인터뷰집보다는 최근 더 활발해지고 있는 한국 현대미술사 아카이브 작업에 가깝다.

한국 미디어아트 DB 구축사업을 수행하는 것이 본서 집필의 중요한 계기가 되었기 때문에 서두에 언급한 두 질문이 우리의 출발점이 되어주었다. 2016-17년 2년여에 걸쳐 작가 인터뷰를 마치고 책 집필을 시작하면서 여기에 질문들이 더 추가되기 시작했다. 말하자면 "지금 여기에서 또는 지금 시대에(Jetztzeit) 미디어아트는 어떤 의미와 위상을 갖고 있는가?" "한국 현대미술사에서 미디어아트는 어떤 역할을 했는가?" "한국미술의 동시대성은 어떻게 진단할 수 있는가?"와 같은 이론적 질문들이다. 본서에서 80대 원로작가부터 30대 신진작가까지 37팀의 미디어아티스트들의

---

4   필자는 3명의 석사연구원들과 함께 거의 300명에 달하는 한국 미디어아티스트에 대해 조사하였고, 자료조사와 전문가 자문을 바탕으로 200여 명의 작가들의 정보를 DB로 구축하였다. 필자와 연구진이 자문을 요청했던 전문가로는 이원곤 단국대학교 교수, 전혜숙 이화여자대학교 교수, 김호동 서울예술대학교 교수, 이수정 국립현대미술관 학예연구사 등이 있다.

인터뷰 내용이 상당한 비중을 차지하고 있긴 하나, 이 책이 단순히 아티스트 인터뷰 저술에 머물지 않고 하나의 비평적 시도라고 할 수 있는 이유는 우리가 이러한 이론적 질문들에 시종일관 천착해왔기 때문이다.

간단히 말해,『한국 미디어아트의 흐름』은 한국 미디어아트의 시초부터 최근까지의 궤적을 되돌아보기 위해 기획되었다. 책에서 양적으로 가장 많은 부분을 차지하고 있는 시기별 대표작가 인터뷰는 1960년대부터 20년 단위로 초기, 확산기, 동시대로 파악한 세 시기에 구분하여 배치하였다. 백남준, 박현기, 차학경처럼 미술사적 의의가 높지만 인터뷰가 불가능한 작고 작가의 경우 문헌조사를 통해 공백을 채웠다. 물론 우리가 '대표적인' 생존 미디어아티스트 모두를 인터뷰할 수 있었던 것도 아니다. 인터뷰에 여러 가지 개인적 사유로 응하지 않은 작가들이 있었고, 대표성을 띨 수 있다고 판단됨에도 불구하고 시기별·매체별 지면 안배를 고려하여 인터뷰를 하지 않은 작가들도 다수 존재한다. 상대적으로 역사가 짧고 동시대적으로 진행 중인 미디어아트라는 현상 그 자체에 가능한 한 가깝게 접근하기 위해 우리는 작가 인터뷰에 적지 않은 지면을 할애하고 있다. 하지만 이는 어디까지나 한국 미디어아트의 전체적 흐름과 맥락을 파악하기 위한 노력의 일환이다. 본서에서는 각 작가의 작품세계에 대한 조사연구 및 인터뷰 정리와 더불어 미디어아트의 역사를 포함한 1960년대 이후 한국 현대미술사에 대한 고찰을 동반하고 있다.

그럼에도 불구하고 우리는 이 책을 한국 현대미술사나 한국 미디어아트에 관한 역사서라고 간주하지 않는다. 책 전체 내용에서 작가 인터뷰의 비중이 상당히 크기 때문에 자연스러운 판단이다. 내용상으로 봤을 때 미디어아트의 각 시기를 구별하는 근거를 제시하는 이론적 서술의 비중이 인터뷰와 맞먹는다고 할 수도 있겠다. 그러나 정작 독자들에게는 작가 선정 작업과 각 작가의 작품세계 조사연구를 동반한 인터뷰가 이 책의 핵심적인 특징으로 다가갈 것 같다. 이런 점에서 본서는 역사서보다는 비평서라고 하는 것이 더 적절해 보인다. 우리는 미술사와 미학을 다년간 연구해왔을뿐더러, 본서를 준비하는 과정에서 한국 미디어아트의 역사와 현재의 동향에 대해 폭넓은 식견을 얻게 되었다. 우리는 다각적 연구활동 덕분에 한국 미디어아트의 역사를 일람할 수 있는 내용을 구축하였다고 여기고 있다. 그러나 본격적 미술사 저술이 되기 위해서는 이 책에서 우리가 기울인 노력보다는 더 깊이 있고 철저한 고찰에 바탕을 둔 연구가 필요하다고 생각한다. 본 저술에서 거둔 결실은 향후 더 성숙한 연구를 위한 밑거름이 되기를 바랄 뿐이며, 이런 생각에서 책의 제목을 『한국 미디어아트의 역사』가 아닌 『한국 미디어아트의 흐름』(Passages of the Korean Media Arts)이라고 붙였다. 영문 제목이 시사하듯이 이 책의 내용은 한국 미디어아트의 흐름'들'로, 즉 복수형으로 요약해야 할 것이다. 처음 시작부터 미디어아트는 단일한 예술운동으로 묶이기를 거부하는 개별적이고 파편화된 활동이었기 때문이다. 성숙기를 통과한 현 시점에는 미디어아트를 표방하지 않는 미술가들의 활동조차도 다각적이고 탈경계적이 되어서 '미디어아트'라는 범주가 무색해 보일 정도로 동시대 미디어아트의 실천 양상은 다름과 다양성을 그 모태로 한다.

 더 나아가, 2010년대 중반 도달했던 평가적 진단이 우리가 저술에 착수하게 된 또 다른 중요한 계기였다는 점도 본 저술이 역사적이기보다는 비평적인 작업에 가깝다는 것을 알려준다. 말하자면 오늘날 미디어아트가 더 이상 아방가르드도 뉴프런티어도 아닌 것이 되었다는 판단이 이 저술을 기획한 결정적 동기였다. 어찌 보면 이러한 판단은 미술사적인 것일 수도 있겠으나, 비평적인 것이라고 해야 더 적절할 것이다. 미디어아트가 국내에 보급, 확산, 성숙되던 시기는 현 시점에서 바라봤을 때 분명 과거의 일이 되었다. 그러나 이 과거는 아무리 멀리 본다고 해도 2차대전 이후 1950-60년대에 해당한다. 한국 국적 또는 한국 태생의 작가들을 중심으로 살펴봤을 때 미디어아트의 태동기는 1960년 이후이며, 2000년대에 그 정점에 이르렀던 것으로 보인다. 한국 현대미술에 관한 여러 저술에서 1990년대 이후 현재를 '동시대'(contemporary)로 파악하고 있다는 점을 감안한다면,[5] 1990년대에 급부상한 이후 2010년대 말 현재 미술계의 주요 장면을 연출하는 미디어아트는 비록 짧은 시간 내에 주류에 편승하긴 하였으

---

5 예를 들어 문혜진 (2015), 윤난지 외 (2017), 반이정 (2018)을 보라.

나 여전히 현재 진행형인 동시대 미술의 한 단면이라고 할 수 있다.

간단히 말하자면 지금으로서는 동시대 미술의 일환으로서 미디어아트를 역사적 맥락 속에서 돌아볼 수는 있으나, 본격적으로 미술사적 판단을 내리자면 좀 더 시간적 간극이 필요하다고 생각된다. 다만 한국미술의 동시대성과 동시대 미술에서 미디어아트가 차지하는 역할과 위상에 대한 반성 및 평가가 점점 더 절실히 요청된다는 점이 분명해 보일 뿐이다. 이런 시각이 완전히 그릇되지 않았다면, 현 시점에 이러한 요청에 부응하는 일은 역사적이기보다는 비평적인 수행일 것이라고 생각된다. 졸저 『한국 미디어아트의 흐름』이 이러한 역사적 단계에 출현한 하나의 비평적 실천으로 받아들여지기를 바라면서 조심스레 내밀어 본다.

2020년 3월
저자 대표 강미정

차례

I 우리에게 미디어아트는 무엇이었고 또 무엇인가?

1 미디어아트란 무엇인가?

지난 반세기 동안 한국 미디어아트의 궤적을 추적하기 위해서는 미디어아트란 무엇인가, 특히 우리에게 미디어아트가 어떤 의미를 지녀왔고 또 지니고 있는가 하는 문제에 대해 먼저 생각해보지 않을 수 없었다. 미디어아트를 어떻게 바라볼 것인가에 대한 답변이 잠정적으로나마 마련되어야 한국 미디어아트의 흐름에서 결정적인 장면은 무엇이며 여러 미술가 중 괄목할 만한 미디어아트 작가는 누구인지 이야기할 수 있을 것이다. 1960년대 이래 한국 현대미술의 지평 위에서 펼쳐진 미디어아티스트들의 다채로운 활약상을 일람하면서, 필자들은 자연스럽게 한국적 상황에서 미디어아트가 차지해온 위상과 그 의미를 돌아보게 되었다. '미디어'와 '미디어아트'를 어떻게 규정할 것인가 하는 문제는 결코 만만치 않으나, 한국 미디어아트의 흐름을 살펴보기에 앞서 간단하게나마 짚어볼 필요가 있어 보였다.

　미디어아트란 무엇인가? 많은 사람들은 미디어아트를 새로운 테크놀로지를 제재(題材)로 삼는 예술이라고 여기고 있다. 그렇다면 왜 우리는 '테크노아트' 또는 '테크놀로지아트'라는 용어 대신 '미디어아트'를 사용할까? 1990년대 중반까지 국내에서는 '미디어아트' 대신 '테크놀로지아트' 또는 '미술과 테크놀로지' 같은 용어가 널리 쓰였다. 예를 들어 1991년 예술의전당에서는 《예술과 테크놀로지》전을 자체적으로 기획하여 한가람미술관에서 개최하였고, 1993년 대전에서는 대전엑스포 개최와 함께 《테크노아트》전을 열었다. 1984년 백남준이 위성방송 〈굿모닝 미스터 오웰〉

을 통해 국제적으로 이름을 알린 이후 '비디오아트'라는 용어가 국내에서
도 널리 사용되었으나, 더 포괄적인 의미의 '미디어아트'는 국내든 해외든
간에 1990년대 중반까지도 정착되어 있지 않았다. 국내에서 '미디어아트'
또는 '뉴미디어아트' 같은 말이 '테크놀로지아트'를 대체하고 새로운 테크
놀로지를 매체로 활용하는 일체의 예술형식을 미디어아트라고 부르기 시
작한 것은 1990년대 말에 이르러서였다.[1]

　'테크놀로지아트'가 아닌 '미디어아트'가 정착하게 된 이유는 먼저 미
디어아트를 첨단기술을 활용한 예술과 단순히 동일시할 수 없다는 데서
찾을 수 있다. 가령 미스 반 데어 로에의 모더니즘 건축은 첨단기술을 도입
함으로써 새롭게 국제주의 양식을 유행시켰지만 아무도 이러한 건축물을
미디어아트라고 부르지 않는다. 기술기반 예술을 테크노아트가 아니라 미
디어아트라고 하는 더 적극적인 이유는, 예술에 새로운 기술을 도입하는
목적이 '미디어'로서의 예술의 기능을 강화하는 것이라는 데 있는 것 같다.
그렇다면 미디어아트를 규명하는 데 핵심적이라고 할 수 있는 '미디어'란
대체 무엇일까? 실상 우리가 '미디어'라는 말을 일상적으로 빈번하게 사용
하고 있음에도 불구하고, 그것에 대한 명확한 의미 규정이 없기 때문에 미
디어아트를 정의하기가 힘들다. 다시 말해 미디어의 의미가 모호하기 때
문에 미디어아트를 정의하는 일이 한층 더 어려워진다는 것이다. 그렇다
하더라도 어떻게든 미디어가 무엇인지 알아보지 않고서는 "미디어아트란
무엇인가?"라는 질문에 답변할 수 없을 것이다.

　주지하듯이 미디어(media)라는 영어 단어는 '매체'(medium)의 복수형
이다. '매체'의 근대적 의미는 "중간, 중앙, 가운데, 중간 과정, 매개물(me-
diator)"을 뜻하는 라틴어 형용사 'medius'에서 파생되었다. 그런데 학자들
마다 또는 매체라는 말을 사용하는 사람마다 매개의 역할을 하는 사물이
나 사람으로서 '매체'를 다소 다르게 파악하는 경향이 있다. 예를 들어 정
보이론가 클로드 섀넌(Claude Shannon, 1916-2001)은 매체를 매스커뮤니
케이션의 경로로, 미디어학자 마셜 매클루언(Marshall MacLuhan, 1911-

1　박신의 (2001), 「서구현대미술: 미디어아트, "열린 미술"의 기원」, 『현대미술연구소
　　논문집』, 3, p. 161을 참고하라.

1980)이나 프리드리히 키틀러(Friedrich Kittler, 1943-2011)는 녹음에 사용되거나 데이터, 이미지, 소리의 전달에 사용된 물리적 재료로 간주하는 경향이 있다. 또한 매체라는 단어는 죽은 자와 소통하는 심령술사나 무당을 가리키거나[2] 예술적 표현에 사용된 재료나 물질 — 예를 들어 안료와 캔버스, 돌, 나무, 35mm 필름, CRT(cathode-ray tube, 음극선관) 모니터, 컴퓨터 — 을 지시하는 데 사용되기도 한다.

미디어라는 단어의 뜻이 매체에서 유래했다는 것은 분명하지만, 적어도 20세기 중반 이후 미디어는 매체의 복수형일 뿐만 아니라 그 자체로 독립적인 의미를 지닌 집합명사의 단수형으로 사용되어온 것처럼 보인다.[3] 가령 매클루언이 1964년 출간한 『미디어의 이해』(*Understanding media*)라는 책 제목에 사용한 단어 미디어는 단지 매체의 전통적인 의미 안에서 충분히 파악하기 어려울 것 같다. 매클루언은 이 책에서 언어(말과 글)에서 시작해서 종이, 도로, TV, 컴퓨터에 이르는 광범위한 매체들을 아우르는 특성을 "미디어는 인간의 확장이다.", "미디어는 메시지다."와 같은 경구들을 중심으로 설명하고 있는데, 이러한 언급들은 정보 또는 생각을 전달하는 재료에 관한 것으로 보이지 않기 때문이다. W. J. T. 미첼(Mitchell)과 마크 핸슨(Mark Hansen)은 미디어를 매개물, 즉 정보 소통의 경로 또는 그 기반이 되는 중간 과정이나 물질로 파악할 뿐만 아니라, 더 중요하게는 소통에 관한 테크노인류학적인(technoanthropological) 비평 개념으로 간주

2 이 경우 영단어 'medium'은 주로 'mediums', 즉 복수형으로 표현되며 '영매'라고 번역된다.
3 미첼과 핸슨은 "미디어를 단수명사로 취급하는 것이 상부 문화계층에 퍼지고 있다."라고 한 킹슬리 에이미스(Kingsley Amis)의 1966년 언급을 인용하면서, 1960년대 중반 '미디어'를 개별 매체들의 단순한 축적 이상을 지시하는 하나의 단수명사로 취급하는 것이 가능해졌다고 말한다. (Mitchell & Hansen eds. (2010), *Critical terms for Media studies*, Chicago and London: The Chicago University Press, p. x.) 그렇다 하더라도, 1964년 『미디어의 이해』가 출판될 당시 독자들에게는 매클루언이 사용한 '미디어'의 의미는 꽤 낯선 것이었다. (W. T. 고든 (2011), 「편집자 서문」, 매클루언 (2011), 『미디어의 이해』, 김상호 역, 커뮤니케이션북스, p. xv.) 매클루언의 저작은 단수 집합명사로서 '미디어'의 용법을 확립시키는 계기를 제공했다고 볼 수 있다.

할 필요가 있다고 말한다.[4] 왜냐하면 전자적 통신시대에 이르러 '미디어'는 매체의 복수형 즉 '매체들'(mediums)과는 다르게, 프로이트의 '무의식', 마르크스의 '생산양식', 데리다의 '글쓰기'가 그랬던 것처럼 사회와 문화의 변화를 진단할 비평적 기능을 수행하고 있다고 여겨지기 때문이다. 다시 말해 미디어는 언제부터인가 문화사를 구성하는 구체적인 개별 매체들을 일컫는 말이 되었으며, 더 중요하게는 "매개성 일반으로서 기술적(technical) 형식"을 가리키는 용어가 되었다는 것이다.

매클루언이 자신의 저서의 부제를 "인간의 확장"(The human extension)이라고 붙인 것은 고대의 언어와 바퀴 — 또는 종이와 도로 — 로부터 동시대의 TV와 인터넷에 이르기까지 수다한 미디어들이 인간의 지각능력을 시공간적으로 확장시키는 기능을 수행한다고 보기 때문이다. 정확하게 말해 미디어가 인간을 확장시킨다는 매클루언의 언명은 기본적으로 미디어의 기술적·물리적 특성이 우리의 지각과 사고능력의 범위를 조정 또는 제한한다는 것이다.

매클루언의 표현에 따르면 미디어의 효과는 "감각 비율이나 지각 패턴을 서서히 변화시키는" 데 있다.[5] 『미디어의 이해』의 역자 김상호는 매클루언의 "미디어는 메시지"라는 테제를 메를로퐁티의 현상학에 견주어 설명한다.[6] 메를로퐁티는 주체와 세계가 갖는 상호 구성적인 과정을 신체를 통한 인식 방식으로 파악한다. 지각은 주체의 세계의 구성 방식으로, 몸을 통한 세계와의 대면하는 방식이 달라짐에 따라 변화한다. 메를로퐁티 현상학에서 몸은 그것을 통해 세상이 비로소 존재하게 되는 매체인 셈이다. 매클루언이 미디어를 "인간의 확장"이라고 한 것은 미디어기술이 메를로퐁티의 몸과 유사하게 인간의 지각에 전환을 초래한다고 보기 때문이다. 이러한 견해는 김상호 스스로가 매클루언의 미디어론을 해석함으로써 도달한 결론이 아니라, 매클루언 자신이 『미디어의 법칙』(*Laws of Me-*

---

4 Mitchell & Hansen (2010), pp. viii-ix.

5 매클루언 (2011), p. 52.

6 김상호 (2013), 「미디어가 메시지다: 메를로-퐁티의 현상학을 통해 살펴본 매클루언의 미디어론」, 『커뮤니케이션 이론』, 9, 179-219를 참고하라.

dia, 1988) 서문에서 메를로퐁티의 현상학과 자신의 미디어론의 유사점을 언급한 데서 유추한 것이다. 요약하자면 "미디어가 메시지다."를 통해 매클루언은 메를로퐁티와 유사하게 정신과 신체, 내용과 형식을 분리시키는 이분법적 사고를 지양하고자 했다.

새로이 등장하는 모든 미디어 테크놀로지는 인간의 몸과 합체되어 마치 인공보철(prosthetics)처럼 인간의 지각 가능성을 확대하고 전환시킨다.[7] 고대 로마의 도로가 당시 사람들에게 멀리 있는 공간을 가까이 끌어당기는 지각적 변화를 초래한 것처럼, 21세기의 인터넷은 우리에게 지구상에서 일어나는 거의 모든 사건을 언제든 경험할 수 있는 길을 열어주었다. 이러한 확장성은 기술 발전에 따른 소통의 양적·질적 증대와 밀접한 연관이 있다. 예를 들어 TV의 등장은 신문이나 라디오 같은 기존 미디어가 갖고 있지 않은 확장성을 제공한다. 그런데 이렇게 확장된 상황은 그저 신문과 라디오에 TV가 추가되는 것을 의미하는 것이 아니라, 새로운 미디어 테크놀로지의 등장에 따른 화학적 변화가 초래하는 지각 환경의 변화와, 이와 함께 나타나는 사회적 변화를 통틀어 의미하는 것이다. 다시 말해 TV의 보급은 단지 물리적으로 라디오를 대체한 것이 아니라 전체 미디어 환경을 변화시킨 것이다. 한마디로 말해 미디어는 인간 삶의 조건이 되는 환경이라고 할 수 있다. 바로 이런 점에서 매클루언은 "미디어는 사회적 차원에서 메시지"라고 명시했다.[8]

"미디어가 메시지"라는 것은 어떤 의미인가? 이 책에서는 미첼과 핸슨을 따라 미디어를 전구나 전기, 자동차, 타자기, 컴퓨터 같은 개별 매체들이라기보다는 매개성 일반으로 파악할 것이다. 더 포괄적이 된 미디어의 의미는 매체와 매개(mediation) 같은 관련 용어들을 함축하고 있기에 하나의 비평 개념으로 기능할 수 있다.[9] 매클루언은 "미디어가 메시지"라

7 이런 점에서 미첼과 핸슨은 테크노인류학적 비평 개념으로서 미디어의 의미가 "기술적 형식을 구성할 뿐만 아니라 더 나아가 바이오기술적(biotechnical) 생명형식을 구성하는 일반적인 매개성"으로 확대될 수 있다고 말하고 있다. (Mitchell & Hansen (2010), p. ix.)
8 매클루언 (2011), p. 35.
9 Mitchell & Hansen (2010), p. xi.

는 단언에서 미디어를 그저 내용을 실어나르는 도구 또는 수단으로 간주하는 대신 미디어 자체를 내용으로 삼음으로써 미디어에 더 집중할 것을 요구한다. 그는 전깃불을 사례로 어떻게 미디어가 곧 메시지가 되는지 또는 미디어가 어떻게 내용이 없이 메시지가 될 수 있는지 설명한다.[10] 전깃불은 프로야구 야간경기를 위해 사용될 수도 있고 뇌수술을 위해 사용될 수도 있다. 우리는 이 밖의 많은 사물과 사건들을 전깃불의 매개를 통해 즉 전깃불이라는 미디어 덕분에 볼 수 있다. 아무 내용이 없기도 하고 무수한 내용을 가질 수도 있는 전기는 그 자체로 메시지다. 어떤 내용도 없는 것처럼 보일지라도 전기는 어둠을 밝혀줌으로써 인간의 지각능력을 확대하고 사회적 관계에 변화를 가져오는, 현대인에게 없어서는 안 될 주요 미디어 중 하나다. 미디어와 메시지 또는 형식과 내용의 구별이 무의미하다고 여기는 매클루언에게 있어서 "모든 미디어의 특징은 미디어의 '내용'을 이루고 있는 것은 언제나 또 다른 미디어라는 것"이다.[11] 이를테면 말(speech)은 글의 내용이고, 글은 인쇄물의 내용이며, 인쇄물은 전보의 내용이라는 식이다. 인간의 경험을 확장시켜 온 — 정확하게 말해, 인간의 감각비율을 조정해온 — 미디어 테크놀로지는 인류문명의 오랜 역사에 걸쳐 점진적으로 새로운 환경을 창조해왔다고 할 수 있다.

매클루언의 미디어론을 자신의 유물론적 관점에서 소화하고 인터넷이 보편화된 현대 전자통신시대의 상황에 맞춰 개선한 키틀러는 "미디어가 메시지다."라는 매클루언의 선언을 "연속적인 기술혁신은 기술들이 서로 말 걸고 화답하는 과정이다."라고 해석한다. 다시 말해 하나의 첨단기술 미디어의 개발은 다른 미디어의 개발을, 즉 다른 사람의 땀을 전제한다는 것이다.[12] 키틀러의 기술사적 고찰은 매클루언의 명제들, 즉 "미디어는 사회적 메시지이자 인간의 확장이다."라는 명제가 의미하는 바를 좀 더 깊숙이 파고 든다. "미디어가 상황을 결정한다."라는 키틀러의 유명한 명제는 "미디어가 메시지다."라는 매클루언의 언명을 탈인간주의적 입장에서

10 매클루언 (2011), pp. 31-33.
11 매클루언 (2011), p. 32.
12 프리드리히 키틀러 (2011), 『광학적 미디어』 윤원화 역, 현실문화연구, p. 57.

재해석한 것이라고 할 수 있다. 다수의 논평자들이 키틀러의 미디어론을
기술결정론으로 치부한다. 이러한 평가는 미디어기술의 주체를 인간이 아
닌 미디어 테크놀로지 자체로 보고자 하는 키틀러의 입장에서 유래했다.
유물론적인 키틀러의 이론은 현상학적으로 미디어에 접근하는 매클루언
의 그것과 전혀 다른 방식으로 논의를 전개한다고 할 수도 있겠다. 그렇다
하더라도, 당초 키틀러의 출발점이 매클루언과 캐나다학파의 문제의식이
었으며, 매클루언과 키틀러는 하나의 미디어로서 문자, 즉 언어를 논의의
준거점으로 삼는다는 공통분모를 지니고 있다. 나아가 "미디어가 상황을
결정한다."는 키틀러의 언명은 새로운 미디어 테크놀로지가 인간의 감각
비율이나 지각패턴을 변형시키는 환경적 조건을 형성한다고 하는 매클루
언의 관점과 기본적으로 상통하는 것으로 보인다.[13] 문자의 등장 이후 소
통기술이 거쳐온 경로를 제대로 파악하기 위해 키틀러는 기록의 문제에
천착한다. 문자의 발명이 획기적이었던 것은 말이 글로 기록됨으로써 기
억이 저장되고 전달될 수 있게 되었기 때문이다. 키틀러에게 미디어란 일
차적으로 기억의 저장과 기록을 위한 체계이다.[14] 인간의 기억은 의식적일
수도 무의식적일 수도 있으나, 어떤 경우에든 외재화되지 않은, 즉 저장매
체에 기록되지 않은 기억은 한 개인의 뇌에 신경신호로 머물다가 사라지
고 만다. 망각되지 않고 지속되는 기억은 오로지 기록체계 안에서만 존재
하기 때문에, 키틀러는 미디어가 전달하는 내용이 아닌 미디어 테크놀로
지 자체에 주목하고 있다. 그에 따르면 "소통 테크놀로지는 [오늘날] 더 이
상 인간과의 관련 속에서 파악될 수 없는 전환점에 들어섰다. 왜냐하면 정
말로 소통 테크놀로지가 외려 인간을 형성하기 때문이다."[15] 유사한 어조
로, 매클루언은 '메시지'를 인간이 기술을 통해 자신이 한 일의 — 즉 내용
의 — 견지에서가 아니라, "기계가 우리가 타인과 맺는 상호 관계와 우리

13 유현주 (2018), 「키틀러의 유산: 프리드리히 키틀러의 매체이론을 둘러싼 논쟁들」,
　　『브레히트와 현대연극』, 38, pp. 147-164를 참고하라.
14 키틀러 (2019), 『축음기, 영화, 타자기』, 유현주·김남시 역, 문학과지성사, pp. 68-
　　76을 참고하라.
15 키틀러 (2019), p. 306.

자신 내부의 관계를 변화시키는 방식들"의 관점에서 — 즉 미디어의 관점에서 — 바라볼 것을 제안한다.[16]

이러한 '미디어'의 의미를 염두에 두고 미디어아트의 정체에 대해 생각해본다면, 예술적 표현의 재료나 수단으로서 개별 매체의 차원에서만이 아니라 매개성 일반이라는 더 폭넓은 견지에서 미디어아트를 바라봐야 할 것이다. 그럴 때에야 기술문명의 역사 안에서 각 시기의 미디어아트와 당대의 기술이 맺고 있는 관계가 우리에게 어떤 영향을 주며 또 어떤 시사점을 던져주는지 파악할 수 있을 것이다. 아마도 이런 이유에서 우리가 '매체예술'이라는 말 대신 '미디어아트'라는 용어로 소통 테크놀로지 기반 예술을 일컫고 있는 것 같다. 이미 언급한 것처럼 미디어아트라는 말은 비교적 최근에야 널리 쓰이기 시작했다. 또한 미디어아트의 역사는 멀리 거슬러 추적한다 하더라도 19세기 사진기(1839)와 축음기(1857)의 발명에서 시작되었다. 이처럼 짧은 역사에도 불구하고 미디어아트가 오늘날 예술계 현장에서 상당한 비중을 차지하고 있는 것은 미디어아트가 회화나 조각 같은 전통적인 미술형식보다 동시대를 살아가는 사람들에게 더 큰 호소력을 갖고 있기 때문이 아닐까 생각해본다. 바꿔 말해 18세기 미술가에게 회화가 — 정확히 표현하자면 회화 제작과 관련된 기술이 — 주요 미디어였다면, 동시대 미술가는 컴퓨터와 인터넷을 주요 미디어로 삼고 있는 것처럼 보인다는 것이다.

회화에서 사진으로, 영화에서 TV로, 다시 비디오에서 컴퓨터로 미디어 패러다임이 바뀔 때마다 미술가는 새로운 매재(媒材)를 마주하고 그것과 씨름한다. 미디어아트라는 말에서 우리는 무엇을 떠올리는가? 아마도 많은 사람들은 사진이나 영화보다는 비디오아트나 디지털아트, 또는 VR(virtual reality)이나 AR(augmented reality)을 활용한 예술을 미디어아트로 간주할 것이다. 대중에게 미디어아트가 이러한 첨단 테크놀로지에 기반한 예술형식으로 인식되고 있을지라도, 미디어아트의 특성을 규명하기 위해서는 적어도 사진기와 축음기가 발명된 19세기 전반까지 거슬러 올

---

16 매클루언 (2011), p. 31; Mitchell & Hansen (2010), p. xi 참고.

라갈 필요가 있다고 생각된다. 미첼과 핸슨은 "집합명사 단수형으로서 미디어는 매스미디어의 등장과 어떻든 결부되어 있다."라고 말한다.[17] 앞서 살펴본 것처럼 이때의 '미디어'는 인간 삶의 환경 전반에 관한 새로운 개념과 관련되어 있고, 인간을 본질적으로 인공기관에 의존하는 존재(prosthetic being)라고, 따라서 미디어기술을 통해 스스로를 확장하고 변형시키는 존재라고 인식하는 데 핵심적인 것이다. 시각예술 분야에서 '미디어'에 관한 이러한 이해를 초래한 분수령은 사진이 발명되던 때였던 것으로 보인다.

19세기에 사진기와 필름이 발명되고 촬영과 인화 기술이 발전함에 따라 시각이미지는 대량으로 생산되고 광범위하게 유통되기 시작했다. 잘 알다시피, 1초에 24장의 스틸사진을 연속해서 노출시키면 영화가 된다. 영상미디어는 20세기 초에 이미 막강한 대중적 파급력을 갖고 있었다. 이 당시 대표적 대중적 미디어였던 사진과 영화에 관해 다수의 저술을 남긴 마르크스주의 미학자 발터 벤야민(Walter Benjamin, 1892-1940)의 통찰은 최근의 미디어아트를 이해하는 데도 상당히 유용하다. 특히 그가 「기술복제시대의 예술작품」(1936)을 비롯한 여러 저작들에서 소개하는 아우라 개념은 사진술이 등장한 이후 거의 200년에 걸쳐 있는 상이한 예술 양태들을 '미디어아트'라는 하나의 범주로 묶을 하나의 근거를 제공한다고 생각된다.

주지하듯이 아우라(Aura)는 종교예술에서 기원한 성스러운 분위기를 뜻한다. 성상(Icon)은 평범한 사물과는 다르게 신성한 경험을 보는 이에게 선사한다. 교회의 시대가 저물고 세속적 권력의 시대가 도래한 이후 사람들은 성상이 주던 아우라적 경험을 순수예술의 감상을 통해 얻게 되었다. 서구미술사에서 르네상스에서부터 19세기 모더니즘에 이르기까지 약 500년의 시간은 종교적인 성상의 숭배를 세속적인 미의 숭배가 점진적으로 대체해간 과정이라고 요약될 수 있다. 순수예술로서의 회화는 비록 세속화되기는 했지만 관람자에게 제의적 숭배의 태도를 요구하는 아우라를

---

17 Mitchell & Hansen (2010), pp. xi-xii.

소유하고 있다는 점에서 본질적으로 종교예술과 다를 바가 없었다. 결정적인 변화는 이미지를 대량으로 복제할 수 있는 기술, 즉 사진이 등장함으로써 생겨난다. 기존의 회화가 지니고 있던 아우라는 오로지 그것 하나만 존재한다는 일회성과 진품성에 기대어 효력을 발휘했다. 그러나 어떤 것이 원본인지 식별할 수 없게 된 복제기술적 예술인 사진에서 아우라는 그야말로 몰락해버리게 되었다. 아우라를 파괴한 사진의 속성은 기계적 복제의 정확성에 있다. 아무리 원작과 동일하게 모사한다고 하더라도 원작이 될 수 없는 회화와는 다르게, 사진은 원작과 복제품을 구분하는 것이 전혀 의미가 없다. 물론 사진의 연장선에 있는 영화 역시 마찬가지다. 더 이상 원본성이나 유일무이성(uniqueness)을 주장할 수 없는 기술복제적 형식들은 오랜 세월 동안 다수의 관객들에게는 예술이 될 수 없었다. 왜냐하면 그것들은 관객에게 지나치게 가까이 다가오기 때문이었다.

브레히트에게 보낸 편지에서 벤야민은 아우라가 "사람이 무언가를 응시하면 그것이 바라보는 사람을 [재차] 응시하리라는 기대"에서 생겨난다고 설명했다.[18] 우리는 누군가의 시선을 받으면 자신도 모르게 그를 바라보는 상호적 지각반응을 하곤 한다. 벤야민은 이렇게 사람과 사람 사이에서 일어나는 작용이 사물과 사람 사이에서도 발생한다고 하면서 예술작품과 관람자 사이에도 서로 시선을 주고받는 친밀한 교감적 관계가 형성된다고 보고 있다. 그런가 하면 「기술복제시대의 예술작품」에서는 아우라를 "아무리 가까이 있더라도 멀리 떨어져 있는 어떤 것의 일회적인 현상"이라고 정의하고 있다.[19] 일반적으로 '아우라'의 의미로 회자되고 있는 것은 이 두 번째의 정의, 즉 어떤 대상의 고귀한 분위기가 일반적으로 '아우라'의 의미로 회자되고 있는 것이다. 아우라에 관한 벤야민의 두 가지 정의는 일견 모순적으로 보인다. 그렇지만 성상이나 예술작품처럼 특별한 가치가 부여된 사물, 특히 불변하는 영속적인 권위를 지닌 사물을 조우하는

18 김길웅 (2003), 「벤야민의 매체이론과 브레히트의 서사극이론에 나타난 예술의 정치화」, 『브레히트와 현대연극』, 11, p. 6에서 재인용했다.
19 발터 벤야민 (2007), 「기술복제시대의 예술작품 제3판」, 『기술복제시대의 예술작품, 사진의 작은 역사 외』, 최성만 역, 도서출판 길, p. 109.

경험을 떠올려보면 아우라의 정의에 내포된 상이한 거리감, 즉 가까이 있으면서 멀리 있는 것의 모순이 해소될 수 있다. 그런 사물은 언제 어디서나 만날 수 있는 것이 아니라 아주 특별한 장소에서만 — 가령 미술관에서만 — 일회적으로 조우할 수 있다. 그런 특별한 순간 고귀한 사물의 숭배자인 관람자는 그 사물과 교감하는 경험을 갖게 되는 것이며, 이런 점에서 모더니즘 시대 이후 미술관은 종종 현대판 성전이라고 언급되곤 한다.[20]

벤야민이 사진과 영화를 설명하면서 아우라 개념을 도입했던 이유는 새로운 영상미디어의 출현과 함께 발생한 현대인의 지각경험의 변화를 설명하기 위해서였다. 벤야민이 말하는 아우라의 몰락은 과거와는 판이하게 달라진 예술 경험방식에 관한 것이다. 아우라 시대의 예술감상은 관조(contemplation)라는 말로 요약할 수 있다. 미술관에 들어선 관객은 과거의 거장이 남긴 단 하나뿐인 예술작품을 홀로 심취하여 바라본다. 관객이 과연 그 작품을 온전히 감상했는가 하는 것은 그가 작품에 깊이 빠져들어 오롯이 작품 자체에만 집중했는가에 달려 있다. 어쩌면 이것이 지금도 우리가 통상 예술작품을 경험하는 방식일지 모른다. 반면 영화관에서 청중들 무리에 섞여 눈앞을 획획 지나가는 동영상을 정신 없이 바라보는 사람의 경험은 관조나 몰입과는 거리가 멀다. 거장의 회화에 대한 아우라적 지각이 관조나 몰입 같은 정신집중적 경험이라면, 아우라가 붕괴된 시대에 관객이 영화를 지각하는 방식은 정신분산적이다.[21] 시시각각 움직이는 영상은 관조적 몰입을 방해한다. 영화는 정신을 집중시키기는커녕 몹시 산만하게 만든다. 더욱이 영화는 대중적으로 수용된다는 점에서 전통적인 회화의 수용과는 전혀 다른 집단적이고 참여적인 태도를 관객에게 요구한다. 벤야민은 영화를 "아무런 정신집중도 요구하지 않고 아무런 사고능력도 전제하지 않은" 오락이요 소일거리에 불과하다고 격하게 비난한 뒤 아멜의 발언을 인용하고 있다.[22] 이런 식의 비판은 역설적으로 벤야민이 그

---

20 윤난지 (2002), 「성전과 백화점 사이: 후기자본주의 시대의 미술관」, 윤난지 편 (2002), 『모더니즘 이후 미술의 화두 2: 전시의 담론』, 눈빛, pp. 121-156.

21 벤야민 (2007), pp. 143-146.

22 벤야민 (2007) p. 144.

의 아우라론을 통해 설파하려는 핵심을 부각시켜준다. 왜냐하면 영화가 제공하는 이런 정신분산적 지각은 탈아우라 시대와 잘 부합하는 현대적인 미적 경험이기 때문이다.

벤야민이 보기에 영화가 가져온 새로운 미적 경험 방식은 19세기 중반 산업화 이후 대도시에서 살고 있는 현대인의 지각구조의 변화를 잘 대변해준다. 영화의 정신분산적 지각방식은 거대한 도시공간에서 사는 현대인의 경험을 특징짓는 속도, 분절, 익명성, 대중적 수용을 그대로 축소해 놓았다고 해도 무방하다.[23] 그것은 19세기 중엽 파리를 살았던 보들레르의 경험이기도 하고, 20세기 초 모스크바, 베를린, 그리고 다른 어디보다도 파리를 살아가던 벤야민 자신의 경험이기도 했다. 많은 학자들이 현대 도시인의 심리를 신경증적이라고 진단하고 있다.[24] 도시에서 산다는 것은 끊임없이 변화하는 현란한 이미지와 소리에 늘상 노출되어 있으며, 빠른 속도로 변화하는 도시의 자극들을 '충격'(shock)으로 경험한다는 것을 의미한다. 이것은 전형적으로 현대적인 체험으로, 과거의 봉건적 공동체에서는 상상조차 할 수 없던 것이었다.

기계에 의해 예술의 대량 복제가 가능해진 시대에 영화관의 관객들이 눈앞에 시시각각 던져지고 또 지나쳐가는 이미지들을 통해 경험하는 것은, 영화가 끝나고 도로로 나왔을 때 그들이 실제로 겪었던 것과 다를 것 없는 충격의 체험이다. 충격은 시시각각 반복되지만 우리의 의식에 흔적을 남기지 않는다. 회상을 가능하게 하는 흔적을 남기는 경험은 과거 아우라의 근거로 작용하던 것이었다.[25] 벤야민은 이런 종류의 예술 경험을 과거의 정신집중과는 상반되는 정신분산으로 묘사한다. 그는 이렇게 집단적으로 수용되고 정신분산적으로 지각되는 영화가 현대 대중사회에 걸맞은 민주적인 예술형식이라고 보았다. 관조적인 고요함의 반대 극단에 있는 충격적인 산만함은 후기자본주의시대를 살아가는 동시대인의 경험이

---

23 심혜련 (2017), 『아우라의 진화』, 이학사, pp. 73-79

24 가령 게오르그 짐멜(Georg Simmel)은 "도시인의 전형적인 심리적 기반은 '신경과민'"이라고 진단한다. (심혜련 (2017), p. 73.)

25 심혜련 (2017), p. 78; 벤야민 (2007) 참고.

기도 하다. 이런 종류의 경험은 사진과 영화에서뿐만 아니라 TV, 인터넷, SNS에서도 접할 수 있다. '정신분산'이라는 표현은 사진이나 영화보다도 비디오아트나 디지털아트 같은 동시대 미디어아트에 대한 경험을 기술하는 데 더 적합한 것처럼 보이기도 한다. 벤야민은 아우라 몰락의 시대에 상실과 우울의 감정을 겪을 수밖에 없는 현실에 안타까워하기도 했지만, 기본적으로는 대중적·집단적 참여에 열려 있는 기술복제적 예술형식을 옹호했다.

　　우리는 매일 거실의 TV에서, 거리의 전광판에서, 인터넷 포털사이트에서, 또 스마트폰 앱을 통해 무수한 이미지들을 접한다. 벤야민의 어법을 따라 기술복제적 이미지라고 할 수 있는 모든 것은 이제 오늘날을 사는 대부분의 사람들의 일상적 풍경이 되었다. 이러한 풍경을 벗어날 수 있는 동시대인은 아주 드물 것이다. 장 보드리야르(Jean Baudrillard, 1929-2007)는 그의 저서 『시뮬라시옹』(Simulacres et Simulation, 1981)에서 매스미디어를 통해 우리가 접하는 일체의 복제 이미지들을 '시뮬라크르'(simulacres)라고 부르면서 벤야민의 미디어미학을 확장시키고 있다. 보드리야르에 따르면 시뮬라크르가 범람하는 대중적 소비사회가 도래하면서 사람들의 실재에 대한 감각이 변해버렸다. 시뮬라크르는 원래 플라톤이 이데아와 아무 상관이 없는 거짓 이미지를 비난하기 위해 쓴 용어다. 고대 그리스어로 이미지를 지칭하는 단어로는 '복사물'(eikon)과 '허상'(phantasmata)이 있다. 통상 '시뮬라크르'라고 번역되어 통용되는 후자는 플라톤이 이데아의 반대 극단에 위치시켰던 것이다. 현실의 침대는 침대의 이데아를 모방한 사물이고 침대의 그림은 현실의 침대를 모방한 복사물이라고 할 수 있다. 그림은 이데아에서 멀리 떨어져 있는 그림은 이데아와 아주 미약하게 연관되어 있다. 이와 달리 허상은 모방할 대상이 없는 한낱 이미지에 불과한 것이다. 이러한 원본 없는 복제로서의 이미지, 이데아와는 아무런 상관이 없는 모조적이고 거짓된 이미지가 곧 시뮬라크르인 것이다.[26]

---

26 장 보드리야르 (2001), 『시뮬라시옹』, 하태완 역, 서울: 민음사, p. 9, 주1을 참고하라.
　　플라톤은 '이미지'라고 번역할 수 있는 'eidolon', 'eikon', 'phantasmata' 같은 여러
　　단어들을 사용하고 있다. 그는 모방적 이미지로 'eikon'을, 환영적 이미지로 'eidolon',

보드리야르는 이러한 시뮬라크르 개념을 빌어와 현대의 기술복제적 이미지들의 본질적 측면을 해명하고 있다. 그의 시뮬라크르 및 시뮬라시옹 개념은 특히 시스템과 코드가 지배하는 정보의 시대 또는 기호의 시대에 범람하는 매스미디어 이미지들의 속성을 잘 설명해준다. TV, 영화, 인터넷의 복제가능한 이미지들은 전통 예술의 버팀목이었던 진품성과 유일성, 그리고 더 나아가 작가성(authorship)을 무의미하게 만든다. 이미지의 기계적 대량생산 시스템 안에서는 어떤 것이 원본이고 어떤 것이 복사본인지 분별할 수가 없다. 더 나아가 매스미디어의 시뮬라크르들은 이른바 실재(reality)에 대한 현대인의 감각을 완전히 변화시켰다. 과거의 시각으로 보았을 때 진실보다는 거짓에 가깝고 그런 의미에서 허상이라고 밖에 부를 수 없는 이미지들로 둘러싸인 현대적 환경을 보드리야르가 '초과실재'(hyperreality)라고 부른 이유는 어렵지 않게 짐작할 수 있다. 우리는 이렇게 복제된 이미지들이 소위 실재보다도 더 실재적으로 경험되는 세상에 살고 있다. TV가 보여주는 대형참사에 관한 뉴스나 인기 연예인의 이미지들이 우리의 '실제'(actual) 경험보다 더 강력하게 우리의 삶을 지배하는 동시대 상황은 그야말로 '초과실재적'이다.

　　미디어아트가 종종 선사하는 '가상현실'(virtual reality, VR)의 효과는 바로 이러한 지점에서 의미심장하다. 최근 오큘러스리프트(Oculas rifts) 같은 HMD(head mounted display)가 신속하게 보급되면서 대중적 관객들은 가상현실 체험을 더 쉽고 더 실감나게 즐길 수 있게 되었다. VR 헤드세트를 벗어버리면 이내 현실로 돌아오지만, 적어도 그것을 착용하고 있을 때는 현기증이 날만큼 생생하게 펼쳐지는 현실을 경험한다. 적어도 작품을 감상하는 도중에는 관객이 그것을 거짓이라거나 가짜라고 생각할 여지가 없다. 그런데 VR 기기에서 체험한 것이 과연 가짜일까? 기기를 벗고 맨눈으로 바라본 세상은 모두 진실이고 실재일까? 보드리야르가 말한 대로

'phantasmata'를 사용하고 있으나, 두 유형의 이미지를 구별하는 데 관심을 기울이는 대신 이미지들 일체를 존재론적으로 가치 없는 것으로 취급했다. Nigel J. T. Thomas (2019), "Mental Imagery", *The Stanford Encyclopedia of Philosophy*, Edward N. Zalta (ed.), url = ⟨https://plato.stanford.edu/entries/mental-imagery/plato-predecessors.html⟩

시뮬라크르가 오히려 실재를 압도하고 가상을 통하지 않고서는 실재를 만나기 어려운 세상을 우리가 살고 있다면, 가상을 단순히 실재의 대립항으로 취급하기가 쉽지 않을 것이다. MMORPG(Massively Multiplayer Online Role-Playing Game) 게임에 푹 빠진 사람에게 온라인상의 디지털 세상과 이른바 진짜 세상 중 어떤 것이 더 '리얼하게' 느껴질까? 빌렘 플루서(Vilém Flusser, 1920-1991)는 우리의 상식을 역전시켜 우리가 현실이라고 감각하는 모든 것이 '디지털 가상(digital Schein)'이라고 말한다.[27] 플라톤은 이미지가 — 복사물이든 허상이든 간에 — 아무리 아름답다 하더라도 거짓에 불과하다고 질타했던 반면, 플루서는 존재하는 것 중 "가상이 아닌 것이 있는가, 우리를 속이지 않는 것이 있는가?"라고 묻는다. 현대의 양자역학과 뇌과학은 실제로 존재하는 것은 우리가 지각할 수 없는 미립자들의 운동임을 알려주었다. 그러한 실재를 직접적으로(immediately) 경험할 도리가 없는 우리에게 플라톤식의 가상과 현실의 구별은 무의미하다. 양자의 차이는 본질적인 것이 아니다. 가상적인 것과 현실적인 것은 단지 강도, 밀도, 정세도(definition)의 차이를 가질 뿐이다.

최근 '뉴미디어아트'라는 말이 종전의 '비디오아트'나 '컴퓨터아트' 대신 널리 사용되고 있다. '새로움'을 강조하는 이 용어는 미디어아트가 무엇인지 다시금 물음을 던지게 한다. 미디어아트는 그 자체로 새로운 것이 아니었나? 즉 미디어아트가 곧 뉴미디어아트 아닌가? 오늘날 많은 저자들은 컴퓨터 프로그래밍에 의존하는 디지털아트를 뉴미디어아트와 동일시하는 경향이 있다.[28] 이러한 개념화가 완전히 그릇된 것은 아니라고 할지라도,[29] 미디어아트 또는 뉴미디어아트의 현실을 곡해할 우려가 있어 보인

---

27 빌렘 플루서 (2006), 「디지털 가상」, 『피상성 예찬』, 김성재 역, 커뮤니케이션북스, pp. 289-304.

28 박숙영 (2016), 『디지털미디어와 예술』, 서울: 이화출판; 유원준 (2013), 『뉴미디어아트와 게임예술』, 서울: 커뮤니케이션북스; 트라이브와 제나 (2008), 『뉴미디어아트』, 황철희 역, 서울: 마로니에북스; 제이 데이비드 볼터와 리처드 그루신 (2006), 『재매개: 뉴미디어의 계보학』, 이재현 역, 서울: 커뮤니케이션북스; 레프 마노비치 (2004), 『뉴미디어의 언어』, 생각의 나무 등을 보라.

29 '뉴미디어아트'의 사용법은 저자에 따라서 다르다. 어떤 이들은 디지털미디어를

다. 디지털 컴퓨터와 인터넷과 같은 새로운 소통 도구들은 기존의 미디어
아트가 지녀온 가상현실 구현능력을 전례 없이 강력하게 만들었다. 앞서
보드리야르의 '시뮬라크르'와 '하이퍼리얼리티'를 설명하면서 언급했던
미디어의 가상성은 디지털 테크놀로지의 가속적 진화와 더불어 더욱 강렬
하고 참신한 경험으로 관객에게 체화되고 있다. 그러나 앞서 언급한 플루
서의 '가상'을 상기해보면 이와 같은 가상성의 심화나 디지털 테크놀로지
가 실현시키는 다른 새로운 경험이 기존의 미디어아트와 디지털아트를 근
본적으로 구별시키지는 않는다고 생각된다.

　　미디어아트의 최근 풍경들이 출현한 배경은 놀랍도록 생생한 가상현
실을 구현하는 디지털 테크놀로지보다도 동시대 미술의 '포스트매체적/
미디어적' 상황에서 찾아야 하지 않을까 싶다. '포스트매체' 또는 '포스트
미디어'의 시대에 관해 설파하는 저자들은 새로운 '포스트' 담론에서 모더
니즘적 매체 담론과 전통적 매체 개념뿐만 아니라 이른바 '뉴미디어'라는
범주조차 당대적 비평용어로서 기한이 만료됐다고 진단한다. '뉴미디어
아트'에 관해 연구해온 레프 마노비치(Lev Manovich) 같은 저자는 뉴미디
어 시대 이후의 상황이라는 의미에서 동시대 미술을 '포스트미디어적'이
라고 언명한다. 마노비치에 따르면 이미 역사 속으로 편입된 뉴미디어아
트 이후의 예술의 지평은 '정보미학'(info-aesthetics)이라는 더 넓은, 즉 일
상적·과학적 영역으로 수렴하는 지대로 확장되고 있다.[30]

　　이와는 조금 다른 견지에서 로잘린드 크라우스(Rosalind Krauss)는 예
술적 '매체' 개념을 고수한다. 당초 그는 서로 다른 매체들 간의 구별이 더
이상 유효하지 않은 동시대적 상황을 진단하기 위해 '포스트매체적 상
황'(post-medium condition)이라는 화두를 꺼내 들었다. 이러한 상황은 비

특정하면서 '컴퓨터아트'와 호환 가능한 용어로 사용하고, 다른 이들은 과거에는
볼 수 없었던 일체의 새로운 매체 테크놀로지를 재료로 삼는 예술을 지칭한다.
트라이브와 제나(2008)가 후자의 경우에 해당하는데, 이들은 컴퓨터나 인터넷 기반의
예술 외에 바이오아트나 로보틱아트도 포함한다. 우리는 양자 중 어느 쪽의 용법을
따르더라도 '뉴미디어아트'라는 용어가 비평적 개념으로서 그다지 실효성을 갖고
있지 않다고 판단하고 있다.

30　Lev Manovich (2010), *Info-Aesthetics*, Bloomsbury Academic.

단 그린버그식 모더니즘의 매체특정성 담론이 지닌 허구성을 드러내는 데 그치지 않고 전통적 매체 개념마저 위협한다고 할 수 있다. 크라우스는 개념미술, 설치미술, 미디어아트에서 보이듯이 매체 고유의 특성이 내파되어 가는 동시대적 현실에서 막연하게나마 매체라는 미학적 개념의 유효성을 붙들어두고자 한다.[31] 비록 결을 달리 하고 있기는 하나, 마노비치 등의 '포스트미디어'나 크라우스의 '포스트매체'는 공히 모더니즘의 강령들뿐만 아니라, 포스트모더니즘의 논조도 모두 벗어나 있는 1990년대 이후 동시대 미술을 파악하는 데 긴요한 단서로 보인다. 다시 말해 '포스트매체/미디어' 담론들은 미디어아트의 역사뿐만 아니라 동시대 미술 전반에 대한 전망을 가능하게 하는 이론적 준거가 된다는 것이다.

　　국내 미술인들의 미디어아트에 대한 이해는 서구에서 발아하고 성숙한 '미디어'와 '미디어아트' 개념에 기초하고 있다. 서구에서는 1960년대부터 싱글채널비디오 같은 미디어아트가 부상했던 반면, 국내 미술계에서는 1970-80년대에 이르러서야 테크놀로지 기반 예술에 관심을 보이는 소수의 미술가가 등장했다. 1990년대에 들어서면서 구미로 유학을 떠났던 미술가와 이론가들이 영상미디어와 설치 같은 새로운 미술형식과 함께 미디어 및 미디어아트 이론을 국내에 소개하기 시작했다. 하지만 애초 출발은 서구에서 수입된 문화형식이었을지언정, 2000년 이후 한국 미술계에서 통용되고 있는 '미디어아트'의 함의는 구미 미술계와 동시적으로 정립된 것이라고 할 수 있다. 이 책에서는 한국미술계에서 '미디어아트'가 어떤 의미와 위상을 갖고 있는지 알아보기 위해 백남준의 비디오아트를 중심으로 서구에서 미디어아트가 탄생하는 과정을 살펴보고, 국내에 미디어아트가 유입된 후 한국적 문화지형에서 펼쳐지는 과정을 한국 현대미술사의 맥락에서 개관할 것이다.

---

31 로잘린드 크라우스 (2017), 『북해에서의 항해: 포스트-매체 조건 시대의 미술』, 김지훈 역, 서울: 현실문화A.

2 한국 미디어아트 반세기의 궤적

이어지는 II장부터 IV장까지는 1960년대 이후 한국 현대미술사의 맥락에서 미디어아트의 위상과 의미를 3개의 시기로 나누어 고찰할 것이다. 지난 반세기가량의 한국미술의 역사에서 미디어아티스트들의 활동에 관한 조사와 연구가 큰 비중을 차지하고 있으나, 그들의 작품은 어디까지나 한국이라는 토양과 그들이 활약하던 또는 활약하고 있는 역사적 맥락과 함께 검토될 것이다. 그러므로 각 장의 3절에서 작가인터뷰를 통해 한국 미디어아트가 전개되어온 현장을 더 조밀하게 들여다보기 전에, 세 시기를 구분한 근거이자 해당 작가들의 활동 배경에 대한 설명을 제시할 것이다. 이러한 설명은 크게 두 축, 즉 미술사적·역사적 맥락과 미디어 테크놀로지의 발전을 중심으로 개진된다. 1960년대부터 현재까지 20년 단위로 구분한 것은 편의상의 이유가 크지만, 그렇다고 해서 한국미술과 미디어아트가 거쳐온 흐름을 고려하지 않은 채 임의로 설정한 구분은 아니다. 많은 저자들이 한국 미디어아트의 출발점으로 박현기 또는 김구림의 영상작업에 위치시키는 경향이 있다. 이와는 다르게 이 책에서는 백남준(1932-2006)의 비디오아트를 기점으로 한국 미디어아트 60여 년의 전개상을 고찰할 것이다. '국내' 미디어아트가 아니라 '한국' 미디어아트를 주제로 삼기 위해서는 백남준을 비롯하여 해외를 거점으로 주요 활동했던 여러 예술가들이 두루 포함되어야 한다고 생각하기에 고려대상을 국내 기반 활동 작가들로 한정하지 않았다.

시기상으로 1960-70년대에 해당하는 II장은 백남준의 예술세계에 대한 짧은 고찰로 시작된다. 백남준의 활동무대가 독일과 미국 등 서구권이었기는 하지만, 그의 존재는 한국 미디어아트의 전개과정에서 줄곧 독보적이었다. 이는 단지 백남준이 한국 태생이었기 때문만은 아니었다. 초기 플럭서스 시절부터 말년의 비디오 작업까지 때로는 은연중에, 또 때로는 직접적으로 백남준은 한반도 태생으로서 자신의 정체성을 작품에 투영하였다. 1960년대 백남준은 TV를 비롯한 새로운 영상커뮤니케이션 기기를 가지고 갖가지 실험에 몰두하고 있었다. 그는 1963년 독일 부퍼탈 파르나스갤러리에서 개최한 개인전 《음악의 전시: 전자 텔레비전》을 필두로 다채로운 미디어 작업을 펼침으로써 국내외를 망라한 미디어아트의 역사 전반에 커다란 족적을 남겼다. 한국 미디어아트의 발생기라고 할 수 있는 1970-80년대, 국내에서 미디어아트를 시작한 작가들도 언론을 통해 백남준의 활약상을 보고 들으면서 직간접적으로 그의 영향을 받고 있었다. 이러한 작가들 중에는 김구림(1936-), 박현기(1942-2000), 육근병(1957-), 이원곤(1956-), 김해민(1957-) 등이 있다. 1970년대에 미디어아트를 시작한 작가로는 김구림, 박현기 외에도 프랑스에서 교편을 잡고 꾸준히 전위적 활동을 이어온 미술가 김순기(1946-)나 요절한 재미교포 작가 차학경(1951-1982)을 빼놓을 수 없으며, 그들도 역시 백남준의 영향력에서 벗어나 있지 않았다.[1]

　　이미 여러 번 언급했다시피 본서의 한국 미디어아트 연구는 전후 한국 현대미술의 전개 양상과 함께 추구되었다. II장 두 번째 절에서는 전(前)세대의 앵포르멜 그룹에 뒤이어 나타난 1960-70년대 청년세대가 급진적 미술운동을 펼치던 시기를 배경으로 미디어아트에 대해 조명할 것이다. 1970년대 국내 미술계에서는 1960년대 대학을 갓 졸업한 젊은 예술가들이 촉발한 한국적 아방가르드미술이 파장을 일으키고 있었다. 1970년대 이른바 '아방가르드적' 미술가들은 실험적이고 도전적인 예술혼을 불태우

1　성완경 (2000), 「여기, 저기, 어디에나: 김순기는 무엇을 갖고 노는가」, 김순기 (2019), 『Soun-Gui Kim: Bonjour』, 홍디자인, pp. 79-81; 정재형, 「호모 코메리카누스, 한국계 예술인 차학경의 자아 찾기」, 김종국 외 (2013), 『차학경 예술론』, 성남: 북코리아, p. 83 등을 참고하라.

는 가운데 전기예술 및 전자예술, 라이트아트, 키네틱아트, 그리고 영화와 비디오 작업을 시도하고 있었다.

II장에서는 1970년대 실험적 미술의 열기 속에서 한국적 아방가르드를 자처했던 미술가들을 중심으로 초기 미디어아트의 전개상을 정리하여 소개할 것이다. 여기서는 김구림의 전위적 예술활동과 박현기의 동양적 비디오아트가 특별히 조명될 것이다. 이 장에서는 현재도 작품활동을 왕성하게 하고 있는 김구림과 김순기 2명의 원로작가의 작품세계를 인터뷰를 중심으로 별도의 지면으로 다루고 있다.

1980년대에 이르면 1970년대에 서구의 당대 미술을 속속 흡수하던 '아방가르드적인' 미술가들이 개념미술, 퍼포먼스, 모노크롬, 미디어아트 등으로 분기하는 한편, 1980년을 기점으로 불붙듯이 일어난 민주화운동의 열기와 함께 민중미술이 미술계의 큰 축을 차지하게 되었다. III장은 1980-90년대를 한국미술의 포스트모더니즘 시기로 간주하면서 이 시기의 한국미술과 함께 점차 확산되던 당시 미디어아트의 양상에 대해 살펴본다. 1980년대 제5공화국 시절 한국미술계는 최근 '단색화'라고 부르는 모노크롬 회화를 중심으로 '순수한' 추상미술을 추구한 모더니즘 진영과 정치적 저항을 이론과 현장에서 실천하던 민중미술 진영으로 양분되어 있었다. 1980년대 후반이 되면 미술사적으로나 정치사적으로나 이전 시기와는 분명히 다른 새로운 기류가 흐르기 시작한다. 국내외 정치경제적 상황이 변화함에 따라 국내 미술계에도 '포스트모던한 전회'가 일어나고 있었다.

탈평면, 탈추상의 바람이 1980년대 후반 젊은 미술가들의 소그룹 운동을 중심으로 거세어지던 것이 90년에 이르면 당시 '신세대 미술'이라고 명명되었던 개인주의적이고 대중취향적인 미술경향으로 이어졌다. 미술형식이 점점 더 다양해져서, 점점 더 많은 미술가들이 퍼포먼스, 설치, 복합매체와 함께 미디어아트로 영역을 넓혀갔다. 1980년대를 거치며 숙성된 한국미술의 포스트모던한 다원주의는 90년대에 이르러 정점에 달하는 것 같았다. PC와 인터넷이 보급되기 시작하면서 영상과 설치작업을 하는 미술가들이 늘어가던 1990년대는 미디어아트가 다변화하는 미술계에서 점점 더 주도권을 차지하는 것처럼 보이던 시기다. 미디어 작업이 본격화하던 시기에 일찍이 유학길에 오르거나 국내에서 자생적으로 미디어아트를 시작한 미술가들이 늘어나고 있었다. III장 2절에서는 육태진 같은 작고작가를 포함하여 당시 활발하게 활동했던 작가들에 대해 미디어 환경의 변화와 함께 설명하고, 이 중 육근병, 이원곤, 김해민, 채미현과 닥터정, 신진식, 오경화, 문주, 김형기를 인터뷰한 내용을 3절에서 소개한다.

　　IV장에서는 2000년경부터 현재까지의 한국미술계와 미디어아트에 대해 살펴본다. 21세기가 시작된 후 미디어아트는 한국미술계에서 더 이상 새롭거나 낯선 형식이 아니라 미술가들이 선택할 수 있는 여러 대안 중 하나가 되었다. 2000년대 한국미술계는 공사립미술관과 대안공간이 대거 설립되고 비엔날레와 아트페어가 우후죽순 생겨나던 시기였다. 1990년대 포스트모더니즘과 동일시되곤 했던 '신세대 미술' 대신 '포스트민중미술'이라고 불리기도 하는 '플라잉시티', '믹스라이스' 등 지역 기반 공동체미술운동이 눈에 띄는 활약을 벌였다.

　　그런가 하면 일본, 중국의 아시안 팝아트의 여파 속에서 국내 팝아티스트들도 제도권과 시장에서 약진하였다. 정부는 정책적으로 과학기술적 융합예술을 장려하였고 젊은 작가를 지원하는 미술상이나 레지던시 프로그램에서도 미디어 작가들을 선호하는 경향이 있어서, 2000년대에 들어서면서 한국 미디어아트가 만개하는 것처럼 보였다. 새로운 밀레니엄이 도래한 이후 가속화되는 세계화의 추세 속에서 한국미술계는 더 이상 선진국의 경향을 뒤좇는 데 머물지 않고 동시적으로 세계적 흐름에 발맞추게 되었다.

　　동시대 또는 동시대성(contemporaneity)에 관한 성찰은 포스트모더니즘 담론과 실천이 과거의 일이 되어, 포스트모던 시대의 비평 개념이 더 이상 당대 미술을 적확하게 풀어내지 못한다는 자각에서 촉발되었다. 최근 들어 한국미술의 동시대성에 관해 숙고하는 저술들이 지속적으로 발표되고 있다. 그중 몇몇 저술들은 한국 동시대 미술의 출발점을 1990년대에서 추적하고 있으며, 다른 저술들은 2000년대 들어 한국미술이 동시대성을

확보했다고 단언하고 있다.[2] 우리는 '동시대성' 자체나 '한국 동시대 미술'
에 대한 적절한 판단을 하기에는 아직 이르다고 생각하기에, 이러한 문제
들에 대한 접근을 유보하고자 한다. 그런다고 하더라도 늦어도 2000년을
기점으로 그 이후를 '동시대'라고 명명하는 것이 불가능하지는 않다. 이런
시기적 정황을 고려하는 동시에 한국 미디어아트에 대한 역사적 근거를
제시하기 위해 앞서 언급한 '포스트매체' 또는 '포스트미디어'의 상황에 대
한 기존의 논의에 의지하고자 한다. 말하자면 2000년 이후 한국미술은 첨
단 테크놀로지를 적극적으로 사용하든 혹은 그렇지 않든 간에 전통적인
매체 개념이나 매체특정성 관념에서 벗어나 있다고 판단된다. 다시 말해
최신 과학기술에 접근하고 있다는 것은 여전히 미디어아트의 핵심적 본성
을 이룰 테지만, 언필칭 미디어아트도 다른 종류의 매체적 특성을 띠는 예
술과 마찬가지로 포스트매체적 상황 안에서 공히 표현의 자유를 모색하고
있다는 것이다.

　　IV장에서는 동시대 한국미술에 관한 이와 같은 반성과 고찰과 더불어
2000년 이후 현재까지 한국 미디어아트의 경향에 대해 간단히 언급한 후,
마지막으로 이용백, 문경원, 석성석, 김경미, 양아치, 유비호, 최우람, 김윤
철, 김영섭, 오창근, 태싯그룹, 김태은, 뮌, 지하루, 김현주, 서효정, 강은수,
에브리웨어, 김병호, 김태윤, 김아영, 신승백·김용훈, 박형준, 신기헌, 백
정기, 한윤정의 인터뷰를 중심으로 그들의 작품세계를 심층적으로 소개
한다.

　　이 책에 수록된 모든 작가 소개는 대면 또는 서면으로 진행한 인터뷰
를 바탕으로 작성된 것이다. 필자들은 각 작가의 목소리를 그대로 담고자
했던 한편, 작가들이 제공한 자료나 이미 온오프라인으로 출판된 자료들
을 참고하여 인터뷰에서 빠진 경력이나 활동을 보충하고자 했다. 이렇게

2　전자에 해당하는 저서로는 김복기 (2013), 「한국미술의 동시대성과 비평담론」,
　　『미술사학보』, 41, pp. 197-224; 문혜진 (2015), 여경환 외 (2016), 『X: 1990년대
　　한국미술』, 서울시립미술관; 윤난지 외(2017) 등을 들 수 있으며, 후자로는 반이정
　　(2018), 김종길 (2013), 「현대미술의 동시대성, 실재인가 환상인가: 한국 현대미술
　　연대기 1987-2012」, 『황해문화』, 78, pp. 424-436 등을 거론할 수 있다.

육성 인터뷰나 서면 인터뷰를 일차적으로 정리한 후 각 작가에게 초고를
제공하여 수정하거나 보완하도록 하였다. 따라서 이 책에 수록된 '작가 인
터뷰' 페이지들은 일반적인 인터뷰 출판물과는 다르게 예술가들의 육성을
그대로 옮긴 것이라기보다는 일종의 아카이빙 내지는 다큐멘테이션 차원
에서 집필된 것이라고 할 수 있다.

II 한국 미디어아트의 시초

1 백남준과 비디오아트

비디오아트의 창시자로 널리 알려져 있는 백남준은 비디오아트를 포함하여 일련의 선구적인 예술활동을 통해 한국미술사뿐만 아니라 세계미술사에서 선명한 족적을 남겼다. 한국과 일본에서 원래 음악을 공부하고 새로운 음악을 배우러 독일로 떠났던 백남준이 TV에 관심을 갖게 된 것은 보드리야르가 언급한 매스미디어의 '초과실재적' 힘 때문일지 모른다. 어찌 되었든, 그가 TV를 조작하고 비디오 신시사이저를 개발하여 비디오아트를 탄생시킨 것은 매클루언이 말한 것과 거의 일치하는 의미의 '미디어'에 대한 관심에서 기인했다. 예술과 기술에 두루 조예가 깊었던 백남준은 「노버트 위너와 마셜 매클루언」(Nobert Wiener and Marshall Mcluhan, 1967)이라는 글에서 매클루언, 노버트 위너, 존 케이지, 그리고 그 자신을 평행선상에 놓고 바라본다.

2. "미디어는 메시지다"라는 매클루언의 유명한 문장은 1940년대 이후부터 암암리에 커뮤니케이션 학문[통신과학]에서도 찾아볼 수 있다. 노버트 위너는 메시지를 지닌 정보는 메시지가 없는 정보와 동일하게 중요하다고 말했다. 케이지의 말을 듣는 듯하다… 케이지라면 이렇게 말했을 것이다. "곡을 연주하게 하는 악보는 곡을 연주하지 못하게 하는 악보와 같은 역할을 한다." 나는 내 작품 몇 편을 '연주 가능한 음악'이라고 불렀는데, 그 이유는 대부분의 내 작품이 연주가 불가

능하기 때문이다.[1]

　천재 수학자이자 정보이론가였던 위너는 '사이버네틱스'(cybernetics)
의 정립자이기도 하다. 1948년 위너는 『사이버네틱스 또는 동물과 기계에
있어서 소통과 제어』에서 사이버네틱스를 유기체의 항상성(homeostasis)
을 유지시키는 방식을 기계에도 유사하게 적용할 수 있다는 착상에서 출
발한 학제적 연구분야로 제안했다. 그것은 오늘날 인공지능, 정보이론 또
는 시스템이론 같은 과학기술 분야의 전신이라고 볼 수 있다.[2] 위에 인용
한 백남준의 언급에서 '메시지'나 '악곡'은 매체가 전달하는 내용에 상응한
다. 그런데 위너나 케이지는 그런 명시적인 내용이 없더라도 — 가령 잡음
(noise)도 — 정보가 될 수 있고 악곡이 될 수 있다고 말한다. 위너의 사이버
네틱스, 섀넌의 정보이론, 매클루언의 미디어론을 두루 숙지하고 있던 백
남준은 자신의 작품은 대부분 연주가 불가능하지만 그럼에도 불구하고 음
악이며, 그러므로 "미디어가 메시지"라고 말하는 것이다.[3] 백남준은 하나

1　백남준 (2018), 『말에서 크리스토까지』, 에디트 데커와 아르멜린 리비어 편, 임왕준 외
　　역, 용인: 백남준아트센터, p. 292.
2　인간에 대한 기계론적 사고를 바탕으로 하는 사이버네틱스에서는 인간이나 동물과
　　마찬가지로 복잡한 일을 수행하는 기계 또한 주변 환경과 상호작용하면서 자신의
　　시스템을 안정적으로 유지시킬 수 있다고 본다. 환경과의 소통이라는 측면에서 보면
　　함선의 속도조절기 같은 기계를 안정적 상태로 만들어주는 음의 되먹임 사슬(negative
　　feedback loop) 시스템은 유기체가 항상성을 유지시키는 체계와 매우 유사한 기능을
　　한다고 할 수 있다. 종종 '인공두뇌학'으로 번역되는 사이버네틱스는 20세기 중엽
　　출현한 이후 자연과학과 공학뿐만 아니라, 사회과학, 철학, 예술 등 거의 모든 영역에
　　영향을 주었다. 위너의 사이버네틱스에 관한 더 자세한 설명은 강미정 (2015),
　　「사이버네틱스와 공간예술의 진화」, 『현대미술학논문집』, 19(2), pp. 16-22와, Nobert
　　Wiener (1948), *Cybernetics, or Control and Communication in the Animal and the Machine*,
　　The MIT Press, pp. 30-44를 보라.
3　클로드 섀넌과 워런 위버(Warren Weaver)의 커뮤니케이션 모형은 이후 등장한
　　대부분의 정보통신 모형의 모체라고 할 수 있는 수학적 모형이다. 섀넌과 위버의
　　모형은 정보원(information source)과 목적지, 송신자(sender)와 수신자(receiver), 채널의
　　5개 요소로 구성된다. 정보 배달 기능을 하는 채널에서는 통상 잡음이 발생한다.
　　잡음은 불확실성 즉 엔트로피를 높이는 요소가 되므로 잡음을 최소화할수록
　　통신의 정확도가 높아진다. 시스템 내·외부에서 발생하는 여러 종류의 잡음은 정보

의 악곡, 악기, 더 나아가 하나의 예술형식인 음악을 넘어서 인류문명사의
각 단계마다 전환점이 되었던 미디어 자체에 대해 사유했기에, TV를 조작
하여 대안TV를 만들고 비디오아트를 시작할 수 있었을 것이다.

　　백남준은 1956년 일본 동경대 미학미술사학과를 졸업하고 쇤베르크
의 아방가르드 음악을 배우기 위해 독일 뮌헨에 도착했다. 루트비히-막스
밀리안스대학 박사과정에 진학한 그는 그리스 음악학자이자 철학자인 트
라시불루스 게오르기아데스(Thrasybulus Georgiades)에게 음악사를, 『중
심의 상실』이라는 저서로 유명한 미술사학자이자 미학자 한스 제들마이
어(Hans Sedlmayr)에게 미술사를 배웠다.[4] 뮌헨에서 1년을 지낸 백남준은
볼프강 포르트너(Wolfgang Fortner)를 따라 프라이부르크대학으로 옮겨
갔다. 그는 프라이부르크에서 뮌헨대학의 고전적 학풍과는 전혀 다른 자
유로운 분위기를 만끽하며 학교의 복도에서 계란을 던지는 공연을 하기
도 했는데, 이것이 그의 최초의 퍼포먼스로 기록되고 있다. 다시 1년이 지
난 후 1958년 백남준은 포르트너의 추천으로 쾰른에 있는 서독 라디오방
송국(Westdeutscher Rundfunk, WDR)에서 일하기 시작했다. WDR은 당대
최고의 전자음악 스튜디오를 갖고 있었다. 백남준은 여기서 전자음악 실
험을 위한 유럽 최고의 설비를 접했을 뿐만 아니라, 칼하인츠 슈톡하우젠
(Karlheinz Stockhausen), 코넬리우스 카듀(Cornelius Cardew)를 비롯한 전

전달에 방해가 되는 것은 사실이지만, 그렇다고 해서 아무런 정보를 갖지 않은 것은
아니다. 흔히 백색잡음(white noise) 또는 배경소음이라고 부르는 것은 열교란으로
인해 전자장비 내부에서 발생하며, 모든 주파수대에서 균일하게 나타난다.
백색잡음은 수신자가 받는다고 해도 잘 의식하지 못하기 때문에 전달될 확률이
매우 낮다. 그런데 위너는 역설적으로 백색잡음이 수신자에게 전달될 경우 오히려
더 풍부한 정보를 전달할 수 있다고 본다. 간단히 말해 전달될 확률과 정보의 양은
반비례한다는 것이다. 즉 수신자가 잘 알고 있는 메시지보다 낯설고 새로운 것이
더 많은 정보를 전달한다는 것이다. 백남준은 위너의 견해를 수용하여 "백색잡음은
최대치의 정보를 담고 있다."라고 언명한다. 위너와 백남준의 백색잡음에 대한 생각은
Wiener, pp. 10-11; 노버트 위너 (2011), 『인간의 인간적 활용』, 이희은 외 역, 텍스트,
p. 27; 안소현 (2013), 「백색소음: 사이버네틱스 예술의 이념」, 김성은 외 (2013),
『노스탤지어는 피드백의 제곱』, 백남준아트센터, pp. 190-192를 참고하라.
4　임산 (2012), 『청년, 백남준: 초기 예술의 융합 미학』, 마로니에북스, pp. 36-38.

자음악의 거장들을 만나 교분을 맺었다.[5]

1958년은 백남준의 예술인생의 의미심장한 이정표 중 하나다. 그해 그는 WDR 전자음악 스튜디오에서 일을 시작했을 뿐만 아니라, 다름슈타트의 《신음악을 위한 국제 여름 강좌》(Internationale Ferienkurse für Neue Musik)에서 존 케이지와 불확정성 음악을 접하기도 했다. 이 두 사건은 모두 그의 예술인생에 결정적인 전환을 초래했다. 백남준은 특히 케이지와의 만남을 말 그대로 역사적이었다고 기억한다. "내 인생은 1958년 8월 어느 저녁에 다름슈타트에서 시작되었다. […] 1957년이 기원전(B.C.) 1년이다(Before Cage 1)."[6] 케이지와 데이비드 튜더(David Tudor)의 우연성 음악(Chance Music) 공연을 본 후 백남준은 완전히 충격에 빠졌고 그의 예술여정은 송두리째 바뀌었다. 케이지의 음악은 종래의 기준으로는 음악으로 보기 어려운 것이었다. 그것은 우연과 변화에 기댄, 따라서 아무도 예측할 수 없는 비결정성(indeterminacy)의 음악이었으며, 어떻게 보면 음악이라고 부를 수도 없는 소음의 음악이자, 더 나아가 무음의 음악이었다. 이렇게 소음과 소리 자체에 관심을 갖게 된 백남준은 WDR로 걸음을 옮겼다.

잘 알려진 것처럼 백남준과 그의 플럭서스 친구들은 케이지의 영향을 크게 받았다. 그들은 '해프닝'(Happenings)이라고 불렸던 급진적이고 실험적인 공연을 자주 벌였다. 그들의 모임은 마치 1910년대 취리히 다다이스트들이나 이탈리아 미래주의자들이 벌였던 스와레(soirée)와 유사하게, 기성 예술의 형식이나 어법을 무시한 즉흥적이고 무작위적인(random) 실

---

5 임산 (2012), pp. 44-50. 슈톡하우젠과 백남준의 인연은 매우 특별하다. 백남준은 슈톡하우젠을 1957년 다름슈타트에서 처음 만났고, 이후 줄곧 슈톡하우젠과 그의 아내 마리 바우어마이스터(Mary Bauermeister)와 친분을 유지했다. WDR 스튜디오에 근무할 초기에 백남준은 음악과 기술 모두에 있어서 슈톡하우젠의 도움을 받았다. 바우어마이스터는 "쾰른의 아방가르드 살롱"이라고 불리던 자신의 아틀리에를 백남준에게 공연 공간으로 제공했고 슈톡하우젠의 〈오리기날레〉(1961) 공연에 그와 함께 참여했으며, 이후에도 서신을 주고받으면서 예술적 교감을 유지했다. 바우어마이스터, 박상애(2015), 『마리 바우어마이스터와의 인터뷰』, 백남준아트센터 인터뷰 프로젝트, 백남준아트센터 참고.

6 백남준 (1992), 「기원전, 기원후」, 백남준 (2018), p. 45.

험들로 채워져 있었다.[7] 백남준과 플럭서스 멤버들은 백남준의 새로운 음악을 '행위음악'(Aktion Musik) 또는 '반음악'(anti-music)이라고 불렀다.[8] 1959년 초연한 백남준의 〈존 케이지에게 바치는 경의〉(Hommage à John Cage: Music for Tape Recorder and Piano)는 그의 최초의 행위음악 공연이자 가장 널리 알려져 있는 것이다. 백남준은 1959년 10월과 11월 두 차례에 걸쳐 이 공연을 했는데, 10월에는 쾰른에서 함께 실험적인 음악과 예술을 도모하던 친구들을 자신의 아뜰리에에 초청하여 조촐하게 선보였고, 11월에는 뒤셀도르프의 22갤러리(Gallerie 22)에서 정식으로 대중 앞에서 실행했다.[9] 이 두 번째 공연이 흔히 이 작품의 첫 공연이라고 간주된다. 이때 백남준은 피아노를 전복시키고 오토바이 시동을 걸어놓고 달걀을 던지고 유리를 깨뜨렸으며 닭이 제멋대로 돌아다니게 했다. 백남준의 파괴적 행위들로 인해 라이브로 창출되는 소리와 함께 클래식 곡들과 일상적 소음들 — 복권 당첨에 환호하는 소리, 장난감 소리, 사이렌 — 의 테이프 콜라주가 동시에 울려 퍼졌다.[10] 백남준은 이렇게 케이지의 비결정성 음악 기법 중 하나인 '장치된 피아노'(prepared piano)와 슈톡하우젠의 사운드 콜라주를 결합시켜 자신의 행위음악을 실현했다.[11] 이 센세이셔널한 퍼포먼

---

7 존 케이지와 플럭서스운동에 참여했던 여러 예술가들은 의식적으로 과거의 다다운동의 후계자를 표방했고 자타가 공인하는 '네오다다'라고 불리곤 했다. 칼빈 톰킨스 (2000), 『아방가르드 예술의 다섯 대가들』, 송숙자 역, 서울: 현대미학사를 참고하라.

8 전선자 (2014), 「베르톨트 브레히트와 발터 벤야민과 연관 속에서의 백남준의 행위예술작품 〈오마주 존 케이지〉에 대한 해설시도: 생소화효과와 아우라」, 『브레히트와 현대연극』, 30, p. 379. 백남준 스스로는 자신의 음악을 '무음악'(a-music)이라고 불렀는데, 이는 쇤베르크의 '무조성', 케이지의 '무작곡'에 호응하기 위한 명칭이었다. 백남준 (2018), p. 428.

9 임산 (2012), pp. 57-59.

10 김홍희 (1992), 『백남준과 그의 예술: 해프닝과 비디오아트』, 서울: 디자인하우스, p. 36.

11 Joseph D. Ketner II (2017), *Witness to Phenomenon: Group ZERO and the Development of New Media in Postwar European Art*, Bloomsbury Publishing USA, p. 153. 케이지의 '장치된 피아노'는 피아노 건반과 연결된 현들에 고무, 못, 옷감 같은 재료들을 끼워넣어 이전에는 듣지 못한 음색을 창출하는 일종의 우연적 음악 기법이다.

스에서 백남준은 고전음악의 대명사인 피아노를 넘어뜨려 부수었다. 장치
된 피아노의 파괴적 버전은 그의 첫 번째 행위음악의 백미였다. 미술사가
불프 헤르쪼겐라트(Wulf Herzogenrath)는 이날 공연을 회상하면서 이렇게
말한다. "[백남준이 공격한] 피아노는 모든 건반의 현들이 한꺼번에 울림
으로써 완전히 새로운 소리를 창출했다."[12] 1950년대 말 백남준의 행위예
술 공연은 전적으로 새로운 음악이자 동시에 상당한 볼거리였으며, 그런
의미에서 1980년대부터 미술계의 한 귀퉁이를 차지하기 시작한 사운드아
트의 시초적 형태 중 하나였다고 하겠다.[13]

　　음악을 표방했지만 악곡의 연주 대신 공격적이고 격렬한 행위를 보여
줬던 백남준의 첫 번째 행위음악은 백남준에게 상당한 유명세를 안겨줬
다. 백남준은 케이지로부터 받은 영감을 십분 발휘한 이 작품을 이후 3년
동안 매해 공연함으로써 케이지에 대한 존경의 마음을 표했다. 백남준은
한국에서 나고 자랐고 일본에서 대학 시절을 보냈기 때문에 선불교를 비
롯한 동양사상과 동양음악에 대한 지식이 있었다. 1958년 그는 중세 불교
찬미가를 모델로 한 실내악 〈신라향가에 따른 "다양하고 이질적인 소리
들"〉("polyheterophonie" nach Sirlahyanga)을 작곡하기도 했다.[14] 그런데 그

---

12 Arirang Special(Ep.312) Nam June Paik's Art and Revolution 1 _ Full Episode (https://
youtu.be/w0E2v_rbY7s) 중 헤르쪼겐라트와의 인터뷰. (2016년 1월 22일 게시)

13 미술사에서 사운드아트의 기원을 추적하면 이탈리아 미래파 화가 루이지
루솔로(Luigi Russolo)가 '인토나루모리'(Intonarumori)를 개발한 1910년대까지
거슬러 올라갈 수 있다. 20세기 전반 몇몇 특수한 사례들이 존재하지만, 미술계에
최근 부상한 현상에 필적하는 사운드아트의 초기 형태는 빨라야 1950-60년대 전자
음향을 활용한 실험적 시도들에서 발견된다. 시각예술 영역에서 '사운드아트'라는
용어를 사용한 최초 사례 중 하나는 1983년 헬러먼(William Hellermann)이 자신의
창작물을 뉴욕 조각센터에서 공연할 때 카탈로그에 '사운드/아트'(Sound/Art)라고
기재한 것이다. 이 공연에는 아콘치(Vito Acconci), 슈니먼(Carolee Schneemann),
콜린스(Nicolas Collins), 디언스(Sari Dienes), 소니어(Keith Sonnier), 포머로이(James
Pomeroy), 헬러먼 등이 참여했다. 이와 관련된 내용은 다음 웹페이지를 참고하라.
"Sound Art Foundation, INC." (url = 〈https://www.newmusicusa.org/profile/
billhellermann/〉)

14 전선자 (2011), 「백남준과 플럭서스: 실증자료를 통한 플럭서스 공연의 중심인물
백남준」, 『인문과학』, 48, p. 240.

가 어린 시절부터 받은 음악교육은 대부분 서양음악이었고 그 자신도 쇤
베르크, 베베른 같은 현대음악 작곡가들을 동경했었기에 독일행을 택했
다. 서양음악을 추구하던 아시아인 백남준에게 케이지와 그를 통한 동양
사상 — 특히 선불교 — 과의 재회는 절망에 가까운 충격이었다.[15] 그는 서
양음악가 케이지의 신음악의 면면에 선불교에서 말하는 '공'(空) 사상이
흐르는 것에 경악했다. 케이지가 소음마저 음악으로 포용한 바탕에는 모
든 사물이 동등한 가치를 지니며 모든 존재가 우주의 중심에 있다는 선불
교적 깨달음이 있었다.[16] 케이지는 『주역』에서 펼쳐진 우주의 운행원리를
좇아 동양적 전회(oriental turn)를 감행함으로써 우연성의 음악으로 나아
갔던 것이다.

　　케이지를 조우한 백남준은 서구 음악으로부터 동양적 전통으로 눈을
돌리게 되었다. 그가 선불교과 함께 동양에서 끌어온 것은 한국의 무속이
었다. 그가 케이지를 처음 만난 다음 해에 공연한 〈존 케이지에 대한 경의〉
가 비결정성 음악과 더불어 일련의 과격한 행위들로 채워진 것은 백남준
이 어릴 적부터 집안에서 익숙하게 접하던 굿판의 경험과 관련이 있다.[17]
이때를 회고하며 그는 이렇게 말한다. "전자음악은 아주 좋았지만, 말하자
면 카타르시스를 느끼게 해주지는 못했어요. […] 카타르시스는 '나의 정
신적 성숙'을 위해서 아주 중요하죠."[18] 이렇게 백남준의 첫 번째 행위음악
이 탄생했다. 슈톡하우젠이나 케이지가 그에게 미친 영향은 절대적이었으
나, 그들의 음악세계를 수용한 백남준은 동양의 샤머니즘 전통에서 끌어

15　전선자는 선형적으로 발전해온 서양 문명에 심취해 있던 백남준에게 케이지가
　　동양사상의 영향으로 우연성 음악을 하게 되었다는 사실이 절망적일 정도로 놀랍게
　　다가갔을 것이라고 추측한다. 잘 알려진 대로 20세기 중반 앨런 긴즈버그(Allen
　　Ginsberg), 윌리엄 버로우즈(William Burroughs) 등 미국의 비트 시인들도
　　선불교 교리를 적극적으로 수용하였다. 이런 서구 동향을 알고 있었을 백남준이
　　케이지에게서 충격을 받은 것은 선불교 자체라기보다는 케이지가 선불교를
　　접함으로써 우연성 음악을 하게 되었다는 사실이었다. 전선자 (2011), p. 229, 주37을
　　보라.
16　전선자 (2011), pp. 224-228.
17　전선자 (2011), p. 229.
18　백남준 (2018), p. 231.

온 격렬한 행위를 결합함으로써 자신만의 신음악을 성취할 수 있었다. 더 나아가 그는 샤머니즘으로부터 미디어를 바라보고 있었다. "미디어란 […] 신과 교류하는 수단, 매체를 의미하는 낱말이다. 굿의 어원은 몽골어의 얼 이니 미디어와 굿이란 거의 같은 말이다."[19] 이런 생각은 백남준이 실험TV 를 전시했던 첫 번째 개인전에서 이미 표출되었다. 샤머니즘과 동양 전통 은 백남준의 예술에 고유한 색채를 부여하는 주요한 요소 중 하나였다.

　　1963년 3월 백남준은 부퍼탈의 파르나스갤러리(Gallerie Parnass)에서 《음악의 전시: 전자 텔레비전》(Expositon of Music: Electronic Television) 전 을 개최했다. 이 전시는 백남준이 비디오아트를 대중에 공개한 첫 공식행 사로 기록되고 있다. 1960년대 초에 백남준 외에도 볼프 포스텔(Wolf Vos-tel) 등 TV로 실험적 미디어 작업에 착수한 예술가들이 여럿 있었다. 1963 년은 백남준이 이러한 선구적 작업을 통해 음악가에서 미디어아티스트로 이행하는 과정에서 분수령을 이룬 해였다. 이때 백남준은 지하 1층부터 지상 2층까지 건물 전체를 활용하였고, 화장실을 포함해 여러 방에 실험 TV 외에도 다양한 오브제를 전시했다. 각 방과 화장실에는 테이프레코더 와 사운드 오브제, 그리고 일상적 오브제들이 전시되어 있었는데, 갤러리 에 방문한 청중들은 이 색다른 콘서트에서 새로운 음악을 듣기 위해 이 방, 저 방을 옮겨 다니면서[20] 괴상하고 낯선 오브제들을 만날 수 있었다. 《음악 의 전시》는 시간적 지속을 바탕으로 전개되었던 백남준의 행위음악을 공 간적으로 펼쳐 놓은 형국이었고 현재 시점에서 보더라도 발군의 기획력이 엿보이는 전시였다. 이영철·김남수에 따르면 백남준은 이 전시에서 그동 안의 활동을 집대성하면서 예술가-큐레이터-개념생산자라는 다양한 면

19　백남준 (1995), 「고속도로로 가는 열쇠」, 이영철·김남수 편 (2010), 『백남준의 귀환』,
　　용인: 백남준아트센터, p. 65.

20　1963년 전시는 백남준이 1961년에 구상한 〈스무 개의 방을 위한 교향곡〉을 발전시킨
　　것이다. 스케치로만 남아 있는 이 작품에서 그는 청중들이 여러 방을 옮겨 다니면서
　　작품을 감상하도록 했다. 청중들이 객석에 앉아 있는 대신 공연장을 자유롭게 오고
　　가도록 한 것은 슈톡하우젠의 착상이었으며, 케이지도 〈음악 산책〉(Music Walk)에서
　　시도했던 실험이었다. 임산 (2013), 「큐레이터 백남준」, 『NJP Reader #4. 음악의 전시』,
　　용인: 백남준아트센터, p. 87.

백남준의 첫 번째 개인전,《음악의 전시: 전자 텔레비전》 포스터, 1963.

모를 보여주었다.[21]

　부퍼탈 전시에서 청중을 가장 놀라게 한 것은 갤러리 정문에 걸려 있
던 피가 뚝뚝 떨어지는 황소의 머리였다. 대문에 걸린 황소 머리는 서양인
들에게는 경악을 금치 못하게 하는 장면이었지만 백남준에게는 이 장소는
성스러운 지대이며 굿판이 곧 시작될 것이라는 익숙한 상징이었다.[22] 예외
없이 〈도살된 소머리〉를 목격한 후 전시장에 들어선 방문자들은 내부 공
간에서도 전혀 예상하지 못한 광경을 마주하였다. 브레지어, 전구, 장난감
같은 오브제들이 장치된 피아노, 욕조 안에 누워 있는 마네킹,[23] 그리고 장
치된 TV들 — 즉 최초의 비디오 작품들 — 이 관객들에게 '카타르시스'를
안겨줄 채비를 하고 있었다. "음악의 전시"라는 제목에 걸맞게 관람객들
은 이곳에서 음악을 단지 들을 뿐만 아니라 보기도 하는 오디오비주얼한

21　이영철·김남수 편 (2010), p. 112. 여러 이론가들은 백남준이 이 전시에서 예술가일
　　뿐만 아니라 큐레이터의 역량을 보여줬다는 점에 주목한다. 이 책 외에 임산 (2013),
　　pp. 84-88을 참고하라.

22　〈도살된 소머리〉가 상징하는 것에 대해서는 여러 해석이 가능하나, "소대가리는
　　대감놀이의 연상"이라고 한 백남준의 진술에 비추어 한국의 무속 전통의 맥락에서
　　이해하는 것이 가장 설득력이 크다고 보인다. 대감놀이는 집터를 관장하는 신인
　　터줏대감을 섬기는 제의적 행사다. 백남준은 어릴 적 자주 굿판을 벌였던 어머니
　　덕분에 무당이 기예를 발휘하는 굿과 무속 풍습에 친숙했다. 〈소머리〉에 대한
　　다양한 해석은 이영철·김남수 편 (2010), p. 80을 참고하라. 여러 저자들이 백남준
　　예술세계에 한국의 무속신앙이 끼친 영향에 대해 다양한 방식으로 논의했다. 대표적
　　저술들은 다음과 같다. Wook, S. H. (2018), "The Influence of Shamanism on Nam
　　June Paik's Video Art," *Moving Image Technology Studies*, 28, 95-113; Kim, K. Y. (2016),
　　"Rewriting the Origin of New Media: History and Postcoloniality in Nam June Paik's
　　Video Art," *International Journal of Social Science and Humanity*, 6(11), pp. 896-899;
　　Young-Cheol Lee (2012), "The Founder of Video Art, Nam June Paik and Shamanism,"
　　TK-21, url = ⟨https://www.tk-21.com/The-Founder-of-Video-Art-Nam-Jun?lang=fr⟩
　　(2019년 7월 14일 접속); 이원곤 (2003), 「"비디오 설치"에서의 인터스페이스에 관한
　　연구: 샤머니즘과의 구조적 유사성을 중심으로」, 『기초조형학연구』, 4(2), pp. 335-
　　343.

23　이 전시에서 백남준은 욕실과 부엌 공간도 활용했는데, 욕조에 팔다리가 잘린
　　마네킹을 물에 잠기게 설치하고 하얀 가면을 쓴 채 마네킹을 바라보며 퍼포먼스를
　　했다. 토막살해 현장 같은 공간과 백남준의 퍼포먼스는 마치 영화 〈사이코〉의 한
　　장면처럼 보이기도 한다. 이영철·김남수 편 (2010), pp. 108-111.

공감각적(synaesthetic) 경험을 할 수 있었다.

전시의 하이라이트는 4대의 장치된 피아노와[24] 13대의 장치된 TV였다. 피아노들은 1층 홀에 놓였고, 장치된 TV 11대는 정원이 보이는 방에 설치되었다. 홀에 있는 피아노들은 모두 미리 장치된 데 따라 소리를 내고 독특한 시각적 효과를 창출했기 때문에 복합매체적인 "음악의 전시"라는 제목에 잘 부합했다. 백남준이 〈총체피아노〉(Piano Integral)라고 부른 장치된 피아노의 케이스와 건반은 장난감과 여러 잡동사니들로 뒤덮혀 있었다. 갖가지 오브제와 장치들 때문에 피아노는 원래의 음색을 잃어버리고 마치 타악기 같은 사운드를 만들어냈다. 그는 피아노 건반들이 스위치 역할을 하도록 조작해두었다. 예를 들어 건반을 누르면 에어팬이 있는 난로, 라디오, 전구, 영사기 같은 장치들이 작동하고, 관람자는 청각을 포함한 모든 감각을 자극하는 뜻밖의 경험을 맛보게 된다.[25] "음악은 새로운 것을 시도하기에 적당한 분야가 아니다. 나는 미디어를 써서 시각예술에서 새로운 무엇을 시도할 수 있다고 느꼈다."라고 말한 백남준을 인용하면서 헤르쪼겐라트는 그의 비디오 작품들뿐만 아니라 총체피아노들도 일차적으로 시각예술이었다고 평가한다. 즉 총체피아노는 장치된 피아노의 "극적인 발전"이었는데, 이는 '음악적' 발전이라기보다는 '시각예술적' 발전이었다는 것이다.[26] 총체피아노의 기원은 의심할 여지 없이 케이지의 장치된 피아노였으나, 양자 간에는 뚜렷한 차별성이 존재했다. 오브제들이 장치된 피아노가 연주 후에 원래의 피아노로 돌아갈 수 있었던데 반해, 여러 오브

---

24 백남준은 4대의 장치된 피아노를 제작했는데, 그중 1대를 개막식 당일 요셉 보이스가
    도끼로 파괴하여 전시기간 중 관객이 접근할 수 있는 피아노는 3대뿐이었다.
    보이스의 해프닝은 사전에 예고되지 않은 즉흥적인 것이었으나, 백남준은 보이스의
    행위를 일종의 예술적 헌사로 받아들이고 반겼다고 한다.

25 총체피아노의 구조와 작동방식에 대해서는 토마스 슈미트 (1976), 「음악의 전시」,
    이영철·김남수 편 (2010), pp. 96-97; Edith Decker-Phillips (1988), *Paik Video*, Karin
    Koppensteiner et al. (trans.), Station Hill Press, p. 34 등을 참고하고, 총체피아노
    전시상황 전반에 대해서는 수잔느 노이부르거 (2008), 「음악의 전시를 회상하며:
    만프레드 몬트베와의 대담」, 이영철·김남수 편 (2010), pp. 102-103을 참고하라.

26 불프 헤르쪼겐라트, 박상애 (2012), 『백남준아트센터 인터뷰 프로젝트: Wulf
    Herzogenrath』, 백남준아트센터, pp. 12-13.

제와 장치들로 인해 단지 변형되었을 뿐만 아니라 손상되어버린 총체피
아노는 그 자체로 하나의 오브제로 재탄생했다.[27] 초기부터 백남준은 다다
이스트 쿠르트 슈비터스의 콜라주에 필적하는 음악, 말하자면 완전히 새
로운 오디오비주얼 예술을 지향했다.[28] 그의 총체피아노는 마치 슈비터스
의 콜라주, 즉 메르츠(Merz)와도 같은 것이었다. 총체피아노가 메르츠와
공명한다면,《음악의 전시》— 그리고 그 전신인《스무 개의 방을 위한 교
향곡》— 는 콜라주 건축 메르츠바우(Merzbau)에 상응한다고 하겠다. 개
별 작품뿐만 아니라 전시 전체에서 백남준은 슈비터스의 공간 구축 방식,
즉 콜라주를 시간적 지속 위에서 응용했다.[29] 그가 청중이 임의의 순서에
따라 이 방 저 방을 오가며 감상하게 하고 실험TV를 조작하여 자유자재로
시간을 편집하게 한 것은 슈비터스의 콜라주에 일정 부분 빚지고 있는 임
의접속(random access) 방식을 취한 덕분이었다.

　　물론 백남준이 언급하는 '임의접속' 개념은 전자공학에서 유래한 것
이고, 통신기술과 음악을 결합시켜 새로운 오디오비주얼을 창작하는 것
이 당시 그를 사로잡던 주제였다.[30] 부퍼탈 전시에서 흑백TV 세트 11
대가 전시장 1층의 정원이 잘 보이는 방에 설치되어 있었다. 각각의 TV 세

27　케이지의 장치된 피아노와 백남준의 총체피아노의 차이는 이수영 외 (2012),
　　『X_Sound: 존 케이지와 백남준 이후』, 백남준아트센터, pp. 44-55를 참고하라.

28　백남준은 1958년 슈타이네케 박사에게 보낸 서신에서 자신의 장치된 피아노에 대해
　　설명하면서 "이것은 아주 슬픈 '무음악', 일종의 소리로 표현된 슈비터스라고 할 수
　　있다."라고 쓰고 있다(백남준 (2018), p. 428).

29　슈비터스가 백남준에게 미친 영향에 대해서는 이영철·김남수 편 (2010), pp.192-
　　196을 참고하라.

30　컴퓨터의 임의접속기억장치(random access memory, RAM)는 어느 위치, 어느 시점의
　　정보라도 접근하는 데 동일한 시간을 소요한다. 백남준은 회화와는 달리 비디오가
　　지닌 문제는 보존이 아니라 접근에 있다고 보았다. 책이나 그림은 전체를 구성하는
　　어떤 부분이라도 무작위로 접근 가능하다. 이와 다르게 음악이나 비디오는 전체
　　내용을 감상하기 위해 일정한 시간을 소요해야만 한다. 백남준은 케이지가 1958년
　　신음악 강좌에서 시간에 매여 있던 음악도 임의접속할 수 있음을 보여줬다고
　　회고하면서("케이지의 가장 훌륭한 창작은 라이브 전자음악이다."), 임의접속과
　　비디오의 접목 가능성을 탐색하였다. 이 주제와 관련된 내용은 백남준 (1980),
　　「임의접속 정보」, 이영철·김남수 편 (2010), pp. 197-202를 참고하라.

트는 모두 다른 영상이 보이도록 조작되었으나 대략 세 부류로 나뉘었다.[31] 첫 번째 그룹으로 묶을 수 있는 것은 백남준이 다이오드를 반대로 연결하여 네거티브로 역전된 화면이 나타나는 4대의 TV였다. 각 화면은 수직축 또는 수평축을 따라, 그리고 사인파 진동으로 인해 왜곡된 이미지를 따라 회전하였다. 결과적으로 모니터에서는 방송국에서 송출한 원본 영상은 사라지고 추상적인 형태들이 떠올랐다. 〈빛의 점〉(Point of Light) 그룹으로 묶일 수 있는 다른 TV들은 라디오나 오디오테이프와 연결되어 있어서 라디오나 테이프 볼륨의 진폭에 따라 화면의 점이 커지거나 작아졌다. 마지막 그룹에 속하는 나머지 TV 세트들은 마이크에 연결된 스위치를 발로 작동시키게 장치되어 있었다. 마이크에 소리가 입력되면 이 소리는 앰프를 통해 증폭되고 화면의 빛나는 점을 화염처럼 변형시킨다. 백남준은 전시가 진행되던 열흘 동안 매일 저녁 2시간 7시 30분부터 9시 30분까지 이렇게 장치된 TV들을 작동시켰다.[32] TV 방송국이 하나밖에 없었던 당시 서독에서는 오후 4시부터 TV 방송을 송출하여 10시에 종영했다. 그의 실험 TV들은 모두 같은 프로그램을 송출하고 있었지만, 내부 회로가 다 다른 방식으로 변조된 각각의 모니터에서 나타나는 영상은 모두 상이했다. 백남준의 장치된 TV들은 소리와 이미지를 동시에 송출하는 오디오비주얼한 장치로 기능했기 때문에, 《음악의 전시: 전자 텔레비전》에서 그가 비디오 제작도구가 아닌 CRT 모니터를 활용했다고 하더라도 이 전시는 비디오아트의 출발점으로 간주되고 있다.[33] 백남준은 TV를 일종의 악기로 제시하고 관객이 직접 그 악기를 연주하도록 독려했다. 관객의 참여에 따라, 그리고 매 순간 수신되는 영상에 따라 비디오는 다른 소리와 이미지를 보여준다. 백남준의 비디오아트는 케이지의 우연성 음악을 전자공학과 결합시킨 불확정적이고 유동적인 미술로서 시작되었다. 부퍼탈 전시를 개최한 이듬해 백남준은 이렇게 쓰고 있다. "불확정성과 변동성이 지난 10년 동안

---

31 Edith Decker-Phillips (1988), pp. 36-39; 백남준 (1964), 「실험TV 전시회의 후주곡: 1963년 3월 파르나스갤러리」, 백남준 (2018), pp. 371-383 등 참고.

32 http://www.medienkunstnetz.de/works/exposition-of-music/images/14/?desc=full

33 김성은 (2010), 「내 텔레비전은 물리적 음악이다」, 이영철·김남수 편 (2010), pp. 4-5.

백남준,《음악의 전시: 전자 텔레비전》(1963) 중 〈실험TV〉 전시장면. (디터 다니엘스가 촬영한 1989년 재제작 버전.)

음악에서는 중점과제였지만 시각예술에서는 매우 저개발된 매개변수이
다. (문학과 시각예술과는 반대로 음악에서 섹스라는 매개변수가 매우 저
개발된 것처럼.)"[34]

　　1963년 시작된 백남준의 비디오아트는 처음부터 관객의 참여를 유도
하기 위해 만들어졌다. 음악 교육을 받지 않은 관객이라도 장치된 피아노
나 TV를 연주하여 우연적이고 즉흥적인 소리풍경(soundscape)을 연출할
수가 있다. 이처럼 비디오아트는 처음부터 참여TV로 탄생했다. 1971년
백남준은 이렇게 회고한다. "지난 10년간의 나의 TV 작업은 관객의 참여
를 위한 노력으로 일관되어 있다."[35] 그의 참여TV 작업은 케이지의 영향
을 받아 시작된 행위음악의 연장선상에 있다. 과격한 퍼포먼스였던 행위
음악은 같은 작품이라도 공연할 때마다 개입되는 즉흥적, 우연적, 임의적
요소들로 인해 매번 다른 내용들로 채워졌다. 여기서 우연적으로 개입되
는 요소들 중엔 관객의 몫이 적지 않았다. 예를 들어 마리 바우어마이스터
의 아뜰리에에서 열었던 〈피아노포르테를 위한 습작〉(Etude for Pianoforte,
1959)에서 그는 청중들 가운데 앉아 있던 케이지와 튜더의 머리에 샴푸를
뿌렸고 케이지의 셔츠와 넥타이를 잘랐다. 과격함을 넘어 폭력적이기까지
했던 백남준의 행위는 관객이라는 요소를 작품의 중요한 일부로 끌어들이
려는 극단적인 제스추어였다.

　　통상 음악회에서는 소리가 움직이고 관객은 가만히 앉아 있다. 나의
　　행위음악에서는 소리가 움직이고 관객은 공격당한다. 내 작품 〈스무
　　개의 방을 위한 교향곡〉(1961)에서는 소리도 움직이고 관객도 움직인
　　다. […] 〈음악의 전시회〉(1963)에서는 관객이 소리를 만든다.[36]

---

34 백남준 (1964), p. 374.

35 Nam June Paik (1974), *Video 'n' Vedeology*, 1959-1973, The Everson Museum of Art에
　　수록되어 있다(김홍희 (1992), p. 69에서 재인용).

36 백남준이 1963년에 피력한 「음악의 새로운 존재론」 중 일부다. Nam June Paik
　　(1974)에 수록되어 있다 (김홍희 (1992), p. 39에서 재인용).

행위음악을 시작하던 1950년대 말부터 백남준은 줄곧 음악(또는 예술)과 관객과의 새로운 관계 정위를 시도해왔다. 1963년 참여TV로 창안된 비디오아트는 이러한 시도를 전자시대에 걸맞게 발전시킨 것이다. TV는 전통적인 음악처럼, 어쩌면 전통음악과는 비교할 수 없을 정도로 압도적으로 일방적인 소통체계를 가지고 있다. 대형 통신 네트워크를 갖고 있는 TV 방송국은 정보를 송출하기만 할 뿐 외부 반응을 수용하지는 않는다. 행위음악의 소통 메커니즘을 강력한 매스미디어의 잠재력을 지닌 TV로 옮겨 놓은 것이 곧 비디오아트였으며, 그것은 처음부터 TV의 대안으로 기능했다. 거대 미디어를 독점한 빅브라더를 비웃듯이 대안TV는 방영되는 이미지들을 왜곡시키고 변형하여 전혀 다른 모습으로 재탄생시켰다. 하지만 백남준의 기대와는 달리 《음악의 전시》에 방문했던 관객들은 TV가 놓인 방에 별로 관심을 기울이지 않았다. TV 작업보다 훨씬 자극적인 볼거리들이 전시장에 즐비했기 때문이다. 관객들이 호기심을 보이며 작품에 참여하기 시작한 것은 1965년 뉴욕 전시에서 백남준이 자석TV를 선보였을 때였다. 비디오아트의 핵심이 행위예술과 마찬가지로 관객 각각의 참여와 상호작용에 있다는 것을 사람들이 이해하기까지는 꽤 오랜 시간이 걸렸다.

백남준이 소리와 이미지를 대량으로 소통할 수 있는 전자미디어, 텔레비전에 눈을 돌린 것은 1960년대부터였다. 당시에는 TV가 워낙 비싸고 보급률이 낮았기 때문에 매스미디어로서 TV의 잠재력을 주목한 이들이 많지 않았다.[37] 백남준은 "멀리보기"(tele-vision)를 가능하게 하는 그 새로운 기계가 미래의 대중적 소통의 주역이 될 것이라고 일찍이 내다보았고, 그리하여 케이지와 행위음악을 벗어나 한걸음 더 성큼 내딛을 수 있었다. 1960년대 초 백남준은 TV에 한껏 매료되어 전자공학에 심취해 있었다. 그는 TV를 분해하고 흔히 브라운관이라고 부르는 CRT 주변에 붙어 있는 트랜스포머, 진공관, 트랜지스터 같은 것들의 회로와 기능을 탐색했다.[38] 그는 영상이 전자신호로 코드화되어 송출되는 방식과 전자총이 작동하는

37 유봉근 (2013), 「백남준의 예술과 퍼포먼스 미학」, 『브레히트와 현대연극』, 28, p. 281.
38 유봉근 (2013), p. 282.

원리와 무엇보다도 하나의 미디어로 기능하는 TV의 매개적 역할을 잘 파악하고 있었다. 백남준의 행위음악만큼이나 TV 작업은 '위험한' 것이었다. 백남준은 "고압선 주의! 전문가가 아니면 함부로 뜯지 마시오." 같은 경고문을 무시한 채 TV 메커니즘 연구에 몰두했다. "나는 1961년부터 시작한 전자공학 공부를 매우 즐겼고, 1만 5천 볼트의 전기로 작업을 하면서 생명의 위험도 얼마간 즐겼다."[39]

1963년 백남준이 TV 전시를 할 수 있었던 것은 뒤셀도르프 미술대학 교수였던 TV 엔지니어 오토 괴츠(Otto Götz)의 도움을 받은 덕분이었다.[40] 부퍼탈 전시를 끝낸 백남준은 다시 일본으로 가서 자신의 맏형 백남일의 집에 기거하면서 비디오 이미지합성기를 제작하는 작업에 골몰하였다. 독학으로 비디오 신시사이저를 개발할 수 없다는 것을 깨닫고 백남준은 엔지니어 아베 슈야(阿部修也)를 섭외했다.[41] 아베의 인터뷰에 따르면 1963년 만났을 당시 백남준은 신시사이저에 대한 구상만 갖고 있었다.[42] 1963년에 시작된 백남준과 아베의 협업이 처음으로 만족스러운 성과를 얻은 것은 1970년에 이르러서였다. 백-아베 신시사이저 덕분에 백남준은《음악의 전시》에서 출발한 비디오아트 기획을 비로소 완수할 수 있었다. 그가 아베를 "나에게는 세상에서 가장 위대한 의사"라고 부른 것은 과찬이 아니었다.[43]

1960년대 중반에 백남준은 뉴욕과 동경을 오가며 비디오 작업에 매진했다. 동경에서는 아베와 함께 신시사이저를 개발했고 뉴욕에서는 장치된 TV 작업으로 전시와 공연을 개최함으로써 세간의 이목을 끌었다. 1965년 소니사에서 처음으로 출시한 휴대용 비디오카메라 포타팩으로 뉴욕을 방문한 요한 바오로 6세를 촬영하여 카페오고고(Café au Go Go)에서 상영했던 일은 널리 알려진 사실이다. 아베와 함께 개발한 신시사이저로 백남

---

39 백남준 (2018), p. 375.

40 유봉근 (2013), p. 283. 백남준과 괴츠의 관계는 임산 (2012), pp. 60-61 참고.

41 슈야 아베와 이정성 (2016), 『백남준아트센터 인터뷰 프로젝트: 슈야 아베, 이정성』, 용인: 백남준아트센터.

42 슈야 아베와 이정성 (2016), p. 15.

43 백남준 (2018), p. 273.

준이 처음 만든 비디오 작품은 〈글로벌 그루브〉(Global Grove, 1973)다. 이
작품은 이후 위성방성 쇼 〈굿모닝 미스터 오웰〉(Good Mornig, Mr. Orwell,
1984)을 통해 전 세계에 중계되기도 했다. 〈글로벌 그루브〉는 매스미디어
시대에 걸맞게 대중음악과 현대예술이 절충적으로 혼합된 영상콜라주다.
뮤직비디오를 연상시키는 영상에는 로큰롤 음악을 배경으로 음악가 케이
지, 무용가 머스 커닝햄, 시인 알렌 긴스버그, 첼리스트 샬롯 무어맨, 재미
교포 한국무용가 이선옥의 부채춤, 미국 대통령 닉슨의 연설 장면이 빠르
게 교차 편집되어 있다. 이 작품의 특징적인 점 중 하나는 콜라주된 이미지
들이 음악의 흐름에 따라 전개된다는 것이다.[44] 음악적인 리듬이 기본적으
로 이미지 편집의 원리로 사용됨으로써 작품은 전체적 통일성을 유지하
며 변주를 통해 자연스러운 흐름을 얻고 있다. 초기의 행위음악에서 보이
던 반음악적인 파괴성 대신 음악적 논리를 구성원리로 다시 채택한 것 같
은 느낌을 준다. 〈글로벌 그루브〉에서 직관적으로 더 두드러지는 요소는
제목에서 시사하는 것과 같은 '지구촌'(global village)의 이상이다. 비록 백
남준이 매클루언만큼 낙관적이지는 않았지만, 그가 제시한 새로운 문화적
지평에 대한 비전을 이 작품에서 가시화하고 있다. 위성방송 기술을 활용
하여 전 세계에 생방송으로 비디오아트를 방영했던 〈굿모닝 미스터 오웰〉,
〈바이 바이 키플링〉(Bye Bye Kipling, 1986), 〈손에 손 잡고〉(Wrap Araound
the World, 1988) 세 작품은[45] 〈글로벌 그루브〉의 확장판이었다고 해도 무
방하다. 이원곤은 〈글로벌 그루브〉의 미술사적 의의를 높이 평가하면서
이 작품으로 인해 비디오아트라는 새로운 예술형식의 윤곽이 명확해졌다

---

44 배묘정 (2014), 「백남준의 위성 예술 〈굿모닝 미스터 오웰〉에서 음악의 사용 방식과
　의미에 관한 연구」, 『음악이론연구』, 23, p. 118.
45 〈굿모닝 미스터 오웰〉은 1949년 조지 오웰이 그의 소설 『1984』에서 미래의
　전체주의적 감시사회에 대한 디스토피아적 예견을 한 데 대한 응답이다. 2년 후
　서울아시안게임을 기념하여 제작한 〈바이 바이 키플링〉은 영국의 문필가 러디어드
　키플링(Rudyard Kipling)이 했던 발언 — "동은 동이고 서는 서다. 따라서 둘은 결코
　만날 일이 없다." (East is east and west is west and never the twain shall meet.) — 에
　대한 응답이다. 〈손에 손잡고〉는 1988년 서울올림픽을 기념하여 만든 비디오
　작품이다.

고 기술한다.[46] 1960년대 초부터 비디오아트에 열중했던 예술가들이 여 럿 있었지만, 1970년까지는 '비디오아트'라는 용어조차 정착되지 않았다. 백-아베 신시사이저가 개발되기 전에는 새로운 영상을 편집하거나 합성 할 수 없었기 때문에 예술적 표현에 한계가 있었던 것이다. 당시에는 'TV 조각', 'TV 아트', '전자예술', '확장 영화'(Expanded Cinema) 같은 여러 명 칭들이 혼용되었다. 백남준이 아베와 함께 1960년대 대부분의 시간을 오 롯이 바쳐 비디오 신시사이저 개발에 전력을 다한 결과 1970년대 초 비로 소 명실상부한 '비디오아트'가 세상에 빛을 보게 되었다.

　　백남준이 아베와 함께 일궈낸 또 하나의 성과는 로봇의 제작이다. 아 베의 말에 따르면, 백남준은 1963년에 이미 로봇 만들기에 착수했다. 당시 로선 로봇을 하나 만드는 데 천문학적인 예산이 필요했기 때문에 백남준 은 아르바이트생 1명과 형의 손을 빌어 자급자족 형식으로 로봇을 만들었 다.[47] 1964년 초 엉성하게나마 완성한 휴머노이드 로봇이 시운전 3, 4분 만 에 산산조각이 나자, 그는 할 수 없이 아베에게 다시 도움을 요청했다. 아 베에 따르면 백남준이 최초로 만든 로봇은 설계도도 없이 머릿속 구상만 으로 시도한 것이었으며, 너덜너덜하고 금방이라도 넘어질 것처럼 보였 다. 아베는 백남준이 의도적으로 다리를 연결하는 볼트들을 헐겁게 만든 것 같았다고 회상한다. 그는 백남준이 처음부터 로봇을 파괴할 의도를 갖 고 있었다고 추측한다. 〈로봇 K-456〉은[48] 사람처럼 말을 했고 — 즉 20개 의 라디오 채널을 갖고 있었고 — 걸어 다녔으며 콩을 배설했다. 백남준은 특유의 해학적인 콜라주 방식으로 〈K-456〉을 디자인했다. 금속 막대기를 골조로 삼은 가느다란 로봇의 몸체에는 스피커, 파이접시, 스티로폼, 스펀 지, 프로펠러, 바퀴 등이 달려 있었고, 여성의 가슴처럼 보이는 부위가 움

46　이원곤, 「백남준의 〈글로벌 그루브〉」, 이원곤 블로그 https://bit.ly/2kVeINj (2011년 10월 2일 게재.)
47　아베와 이정성 (2016), pp. 12-13. 아베는 당시 백남준이 기성 로봇생산업체에 의뢰하려면 약 1,200엔, 즉 현 시세로 환산하면 한화 20억 원 정도가 필요했다고 회고한다.
48　로봇의 이름인 'K-456'은 모차르트의 〈피아노협주곡 No.18 B플랫〉의 쾨헬 번호에서 착안한 것이다.

직일 때마다 바람에 의해 부풀어 올랐다. 백남준의 첫 소생이라고 해도 무
방할 이 로봇은 원격조종으로 작동했으며, 1965년 뉴욕 보니노갤러리에
전시되었을 당시 거리를 활보하며 관객들과 의사소통을 하기도 했다. 〈K-
456〉은 1964년 《제2회 뉴욕 아방가르드 페스티벌》에서 샬롯 무어맨과 함
께 〈로봇 오페라〉를 선보인 후, 1965년 여름에는 프랑크푸르트, 쾰른, 파리,
레이캬비크, 파르나스갤러리를 순회하며 공연했다.[49] 약 20년이 지난 후
이 로봇은 뉴욕 휘트니미술관에서 개최한 백남준의 회고전이 열리는 기간
에 택시에 치어 사망했다. 〈K-456〉의 죽음은 백남준과 미술관 측이 기획
한 일종의 이벤트였다. 예술가는 로봇의 사망을 선고하면서 "이것은 21세
기 최초의 재앙"이라고 말했다.

　　백남준의 「사이버네틱스 예술」(Cybernated Art, 1965)은 앞서 언급한
「노버트 위너와 마셜 매클루언」(1967)과 함께 1960년대 중반 쓰인 글이다.
1960년대 초 WDR 전자음악 스튜디오를 드나들 때부터 백남준은 라디오
와 TV 같은 전자미디어와 전자공학에 심취해 있었다. 그런 그에게 첨단
과학기술로 인간와 유사하게 행동하는 자동기계(automata)를 만들 수 있
다는 사이버네틱스에 대한 위너의 비전은 무엇보다 흥미로웠을 것이다.
백남준은 「임의접속 정보」라는 에세이를 "한편에 예술이라는 불리는 것
이 있고 다른 한편에 커뮤니케이션이라고 불리는 것이 있다."라는 말로 시
작한다.[50] 위너의 사이버네틱스는 첨단 테크놀로지와 예술의 교차점을 추
구하던 백남준에게 통찰과 상상의 원천이 되어줬다. 「사이버네틱스 예술」
을 저술한 1965년 백남준은 《백남준: 사이버네틱스 예술과 음악》이라는
제목으로 개인전을 개최하기도 했다. 위너를 좇아 백남준은 커뮤니케이션
원리가 엔트로피법칙을 따른다고 생각했다.[51] 완전한 질서와 균형 상태에
서는 정보가 유통되거나 새로운 정보가 생성되는 변화가 생기지 않는다.
정보의 흐름, 즉 커뮤니케이션을 위해서는 어느 정도 무질서하고 불균형
한 상태가 요구된다. 유기체의 항상성(homostasis) 체계에 상응하는 자동

49　http://wikieducator.org/K-456 (2019년 9월 6일 접속)
50　백남준 (1980), p. 197.
51　이 절의 주2와 주3의 설명을 참고하라.

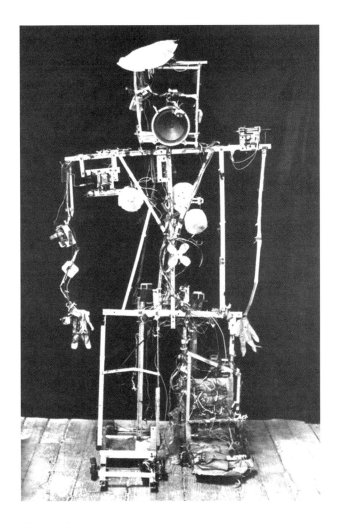

백남준·아베 슈야, 〈K-456〉, 1963-1964.

기계의 피드백 시스템은 외부 세계와의 상호작용과 소통을 전제로 유지되는 것이다. 생명과 예술이 모두 외부 세계를 향해 열려 있어야 한다고 여긴 백남준은 「사이버네틱스 예술」을 "우리는 개방 회로 안에 있다(We are in open circuit)."라는 문장으로 끝맺고 있다.[52]

그런데 로봇과 사이버네틱스에 대한 백남준의 생각이 단순히 낙관적이거나 비관적이기만 한 것은 아니었다. 〈로봇 K-456〉은 위너가 군사용으로 개발한 첨단 지능형 기계들과는 판이했으며, 위에 언급한 것처럼 백남준은 자동기계를 탄생시키기도 했지만 사망에 이르게 하기도 했다. 백남준은 전자공학과 사이버네틱스에 한껏 매료되었음에도 불구하고 기계화된 삶 또는 이른바 합리적인 삶의 허구성을 꿰뚫어보았던 것 같다.[53] 예술을 통한 테크놀로지의 인간화를 꿈꾸면서 백남준은 이렇게 말한다. "사이버네틱스 예술은 매우 중요하다. 그렇지만 사이버네틱한 삶을 위한 예술은 더 중요하며, 따라서 후자가 반드시 사이버네틱하게 될 필요가 없다."[54] '사이버네틱스 예술' 또는 준인간(pseudo-human)으로 창조된 로봇은 매우 소중했지만— 백남준에게 〈K-456〉은 자식 같은 존재가 아니었을까?— 기계화되고 자동화된 삶, 즉 인간을 위한 예술이 더 귀중했기에 로봇은 언제든 사망선고를 받을 수 있는 존재였다. 백남준은 TV아트, 비디오테이프, 로봇 같은 사이버네틱스 예술을 통해 "사이버네틱한 충격과 카타르시스"를 제공함으로써 자동화된 삶 때문에 좌절에 빠진 사람들에게 일종의 치유효과를 줄 수 있다고 생각했다.[55]

백남준의 비디오아트가 국내에 널리 알려지게 된 것은 최초의 비디오아트 전시 《음악의 전시: 전자 텔레비전》을 개최하고 20년이 흐른1984년이었다. 그해 1월 1일 〈굿모닝 미스터 오웰〉이 파리, 뉴욕, 그리고 서울의 KBS에서 동시에 위성으로 중계됨으로써 백남준은 비로소 모국의 대중들

---

52 백남준 (2018), p. 315.
53 안경화 (2019), 「기계의 인간적 활용: 백남준의 〈로봇 K-456〉과 비디오 조각 로봇」,
    윤난지 외 (2019), 『키워드로 읽는 한국현대미술』, 사회평론, p. 295 참고.
54 백남준 (2018), p. 314.
55 백남준 (2018), p. 314.

에게 이름을 알리게 된다. 미술가들은 해외활동을 통해, 그리고 해외에서 출판되는 미술전문지를 통해 백남준의 존재와 활약상을 파악하고 있었으나, 1980년대까지도 그의 비디오아트는 한국의 문화지형과 동떨어진 서양의 산물이었다. 백남준은 한국인의 위상을 국제적인 반열에 올려놓은 자부심이었으나, 국내에서 활동하던 미술가들은 독일과 미국을 근거지로 삼아 활약했던 백남준이 이방인처럼 느껴졌을 것이다. 평생 노마드적 삶을 영위하던 백남준은 수십 년 만에 고국에 돌아와서도 낯선 존재로 취급을 받았다. 그의 태생이 한국일지언정 그의 예술은 한국이 아니라 서구에 속한 것처럼 보였던 것이다.

1970년대 해외 거주 한국 미디어아티스트: 김순기와 차학경

1970년대 이후 백남준처럼 해외에 거점을 두고 미디어아트를 개척한, 동양의 타자이자 이방인이었던 미술가들이 소수 있었다. 1970년대 초 프랑스 유학길에 올라 선구적인 비디오 작업을 선보였던 김순기(1946-)도 그중 하나다. 그가 1971년부터 1974년까지 진행한 〈조형상황〉 시리즈는 행위예술, 설치예술, 비디오아트 등 당대의 전위적 실험을 거의 망라하였다. 공간적인 예술을 의미하는 '조형'과 시간 상에 펼쳐지는 삶에 근접한 '상황'을 결합시킨 이 시리즈는, 이후 줄곧 열린 예술을 지향해온 그의 예술세계의 출발점에 위치한다. 1973년 김순기는 흰 풍선을 보르도 지역에서 날리는 이벤트였던 〈조형상황 III〉을 촬영했는데, 이것이 그의 첫 미디어아트 작품이다. 김순기는 데리다와 후기구조주의 사상, 비트겐슈타인의 언어철학, 기호학 등 현대 서양철학을 깊이 있게 사유했으나, 이에 그치지 않고 석도의 화론 및 노장사상 같은 동양철학과 접목시켰다. 김순기가 동서양의 철학을 자유롭게 횡단하는 작품과 저술을 남긴 것은 동양적 배경의 영향이 클 것이다. 그러나 그뿐 아니라 1978년 생봄(St. Baume)에서 존 케이지와 조우하고 이후 그와 인연을 이어간 것도 한몫했다. 이를테면 1986년 케이지는 《비디오와 멀티미디어: 김순기와 그의 초대작가들》전에 초청되어 주역에 기대어 헨리 데이빗 소로우의 글을 임의의 방식으로 낭독한 바

김순기, 〈Situation Plastique II〉, 1973, 모나코 해변에서 이루어진 연날리기 퍼포먼스.

김순기, 〈Vide & O〉, 1989, 독일 함부르크 쿤스트하우스 설치 전경.

있다. 김순기는 케이지의 소개로 1979년 백남준을 만나고 1984년에는 그와 함께 〈봉주르 백남준〉이라는 퍼포먼스를 하기도 했다. 백남준과의 인연 때문에, 그리고 무엇보다도 꽤 이른 시기에 미디어 작업을 했다는 이유로 김순기는 제2의 백남준으로 불리기도 한다. 하지만 전자공학 및 컴퓨터 테크놀로지의 발전사와 궤를 같이하는 백남준의 비디오아트와, 의미의 닻을 동양철학에 내리고 있던 김순기의 그것은 처음부터 지향점이 달랐다. 둘의 차이를 단적으로 보여주는 작품이 1989년 발표한 〈Vide & 0〉이다. 이 작품의 제목은 'video'를 '비어있는'을 의미하는 불어 'vide'와 숫자인 0 — 흔히 'O'로 발음되는 — 로 해체한 것이다. 알파벳 'O'와 물을 뜻하는 불어 'eau'가 동음이의어임에 착안하여 김순기는 얼음으로 모니터 형상을 만들고 실온에서 녹아 없어지는 과정을 보여주었다.[56]

31세에 비극적으로 생을 마감한 재미교포 예술가 차학경(1951-1982)도 1970년대에 비디오 작업을 시작했다. 대학에서 비교문학, 기호학과 구조주의, 영상이론을 공부한 그는 여러 영상작품들에서도 언어 구조에 대한 반성과 이에 기초한 유희를 담아냈다.[57] 1975년 대학 재학시절 촬영한 흑백 싱글채널 비디오 〈입에서 입으로〉는 차학경의 첫 번째 영상작업이다. 느린 영상에 "ㅏ, ㅑ, ㅜ, ㅓ, ㅕ, ㅡ, ㅗ, ㅛ"라는 활자들이 새소리, 바람소리에 섞여 지나가고 나면 이 모음들을 발화하는 커다란 입이 나타난다. 그런데 사운드나 이미지가 모두 점차 희미해져서 무슨 말을 하는지 제대로 알아들을 수가 없다. 이듬해 찍은 싱글채널 〈비데 오 엠〉(Vidé o ème)에도 텍스트와 사운드가 교차하는 해체적 언어가 담겨 있다. 여기서 'vide'는 불어로 '공허한'을 의미하는 형용사가 될 수도, 라틴어로 '보다'라는 뜻이 될 수도 있다.[58] 첫 화면에 등장하는 텍스트 'vide'에 이어지는 화면에는 'vidéo'가 나타나고, 그 다음 장면에는 'o ème'이 나타난다. 이어지는 화면에

---

56 김순기의 활동상에 대한 더 자세한 내용은 이 장 3절에 수록된 김순기 인터뷰를 참고하라.

57 김현주 (2009), 「양피지 위에 겹쳐 쓴 두 개의 이름, 차학경과 테레사 학경 차」, 강태희 외 편 (2009), 『동시대 한국미술의 지평』, 서울: 학고재, pp. 339-343.

58 정재형 (2013), 「호모 코메리카누스, 한국계 예술인 차학경의 자아 찾기」, 김종국 외 (2013), 『차학경 예술론』, 성남: 북코리아, p. 66.

서는 'empty'라는 텍스트와 함께 'see'라는 내레이션이, 또 다음 장면에서는 'emptied'라는 텍스트와 'to see'라는 내레이션이 나타난다. 요컨대 이 영상은 한 단어가 지닌 두 의미를 교차 및 중첩시킴으로써 유동하는 언어기호의 의미를 가시화하고 있는 것이다.

12살에 미국으로 이민하여 1.5세대로 성장했던 차학경이 한국어, 불어, 영어를 소재로 비디오를 제작한 것은 단순히 구조주의적 언어 분석을 위한 것이 아니었다. 〈입에서 입으로〉에서 서구의 청중이 인지할 수 없는 한글을 나열한 데는 이민자로서 작가의 정체성이 투영되어 있다. 유고가된 저서 『딕테』(Dictee, 1982)와 8mm 필름으로 촬영한 영상 〈망명자〉(Ex-ilèe, 1980)는 차학경의 복잡한 심리가 특유의 해체적 기호들로 포착된 차학경의 대표작들이다. 미국에 도착한 이후에도 한국명 '학경'을 포기하지 않고 '테레사 학경 차'로 살았던 예술가는 그의 이름처럼 이중적이었던 사회적, 문화적, 언어적, 그리고 젠더적 정체성에 대해 고심했다.

> 문단 열고 그날은 첫날이었다 마침표
> 그녀는 먼 곳으로부터 왔다 마침표 오늘 저녁식사 때
> 쉼표 가족들은 물을 것이다 쉼표 따옴표 열고
> 첫날이 어땠지 물음표 따옴표 닫을 것 적어도 가능한 한
> 최소한의 말을 하기 위해 쉼표 대답은 이럴 것이다
> 따옴표 열고 한 가지밖에 없어요 마침표
> 어떤 사람이 있어요 마침표 멀리서 온 마침표
> 따옴표 닫고[59]

〈입에서 입으로〉에서 나타나는 문자와 발음의 분열, 유동하는 기표와의미의 모호성은 구조주의적 실험영화에 기대어 차학경의 점차 희미해져가는 한국적 정체성을 상징한다. 그것은 "시간이 흐름에 따라 모국어를 상

---

59 차학경 (2004), 『딕테』(Dictee), 김경년 역, 어문각, p. 11. 이 책 원본에서는 불어와 영문이 혼용되고 있으며 한국어와 일본어로 번역 출간되었다.

차학경, 〈망명자〉(Exilée), 1980, 46분, 흑백영상, 사운드 있음. 2009년 제1회 오프앤프리 영화제
《차학경 특별전》에서 설치된 이미지.

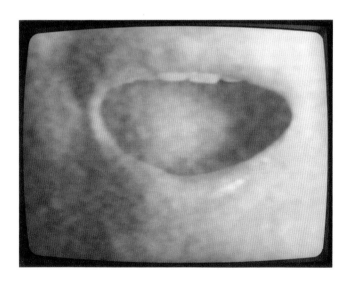

차학경, 〈입에서 입으로〉(Mouth to Mouth), 1975, 8분, 흑백영상, 사운드 있음.

실하는 고통"을 의미하는 듯하다. [60] 위에 인용한 『딕테』의 첫 단락은 차학경의 가족들이 미국에 처음 도착했던 날의 경험을 담고 있다. 12세의 차학경이 새로이 영어를 배우고 익숙해지는 과정은 제3세계에서 온 이민자의 소외감을 절감했던 순간들로 점철되었을 것이며, 당대 유행한 구조주의의 영향이 아니었더라도 언어의 형식에 대해 더 민감하게 의식하게 했을 것이다. 그는 잊기 힘든 그날의 기억을 기록하면서 문장부호를 사용하는 대신 "쉼표, 마침표, 따옴표 열고"로 서술하고 있다. 문장부호는 영어에서 한글로 번역되더라도 변하지 않지만, 그것 역시 자의적이고(arbitrary) 문화적인 산물임을 일깨우는 듯하다. 차학경은 『딕테』에서 이방인의 감성을 투사할 뿐 아니라 사포(Sappho), 유관순, 잔 다르크, 성 테레사, 그리고 어머니 허형순을 연결시킴으로써 개인사를 보편사에 편입시키고 동서양을 망라하는 역사적 여성들의 연대성을 제시한다.[61]

오디오, 8mm 필름, 비디오 모니터로 구성된 멀티미디어 설치작품 〈망명자〉는 차학경의 주변인으로서의 정체성과 다문화의 경험을 더 폭넓은 상징주의 안에서 전개한다. 〈비데 오 엠〉에서 그랬듯이 이 작품에서도 망명, 망명자, 섬, 여성명사 어미를 뜻하는 철자들 "EXIL EXILÉ ILE È ÈE"가 첫 화면부터 연속적으로 나타나는 해체적 언어유희를 보여준다. 화면에 떠오르는 이미지들은 텅 빈 방, 백자 그릇, 창 밖의 사람의 형상, 장지문 등이다. 모호한 시공간에 있는 대상들은 망명자 차학경과 그의 가족 — 특히 어머니 — 의 기억 속에서 뒤섞인 과거와 현재를 암시한다. 50분 분량의 영상 〈망명자〉는 1979년 17년만에 고국을 방문하면서 경험한 이중화된 이방인의 정체를 묘사한 것이다. 미국에서뿐만 아니라 모국에서도 차학경은 국외자(outsider)일 수밖에 없었다. 한국행 비행기에서 바라본 창 밖의 구

---

60 김현주 (2013), p. 341.

61 김경년 (2004), 「딕테의 재출간에 즈음하여」, 차학경 (2004), p. 213. 짧은 생을 살다 갔지만 차학경은 20세기 말 북미에서의 탈식민주의, 페미니즘, 개념주의 미술의 발흥에 작지 않은 기여를 했다. 2000년대 초 그의 예술세계가 재발견된 계기는 『딕테』의 재출간과 더불어, 큐레이터 로렌스 린더, 영화감독 트린 민하 등의 글이 수록된 『관객의 꿈』의 출간이었다. 콘스탄스 M. 르발렌 편 (2003), 김현주 역, 『관객의 꿈: 차학경 1951-1982』, 서울: 눈빛 참고.

름, 입국신고서 같은 것들(현재)이 어머니가 기억하는 한국적 삶의 이미지들(과거)과 함께 반복적으로 제시되는 영상에서는 이민자의 불안한 심경과 "나의 집은 어디인가?" 하는 의문이 마치 꿈처럼 몽롱한 세계로 펼쳐지고 있다.[62]

여러 저자들이 차학경의 이름 앞에 '한국적 디아스포라'라는 수식어를 붙인다. 그런데 그에게 더 어울리는 술어는 '디아스포라'보다 '노마드'인 것 같다. 차학경은 분명 떠나온 곳이나 정착한 곳 어디에도 속할 수 없는 이산적 삶을 살았다. 그러나 그는 일련의 작업에서 국외자의 소외감을 표출하는 데 그치지 않고 미국, 프랑스, 한국의 언어적·문화적 경계를 자유롭게 오감으로써 현대인의 유목적 정체성을 표상했다.[63] 이러한 차학경 예술에서 드러나는 사유의 궤적에는 백남준의 그것과 유사한 지점들이 엿보인다. '남준 파이크'(Nam June Paik)는 '테레사 학경 차'처럼 제3세계 이민자로서의 정체성에 골몰하지는 않았다. 하지만 "나는 가난한 나라에서 온 가난한 사람이다. 따라서 매 순간마다 남을 즐겁게 하는 사람이어야 한다."[64] 그리고 "어쩌면 내가 한국인 혹은 동양인으로서 느끼는 '소수민족 콤플렉스' 덕분에 아주 복잡한 사이버네틱스 예술작품을 만든 것이 아닐까?"[65] 같은 그의 발언에는 이산적 삶의 고뇌와 탈식민주의적 자각이 배어 있다. 이미 언급한 것처럼 1980년대 중반 백남준이 일본, 독일, 미국을 거쳐온 오랜 유랑 끝에 모국을 방문한 그가 마주한 것은 한국 땅이 그의 '집'이 아니라는 사실이었다. 백남준은 떠나온 곳에도, 새로운 정착지에도 온전히 속할 수 없는 디아스포라로 살았지만, 그가 젊은 시절부터 획득한 자의식은 유목민으로서의 집단정체성이었다. 1962년 "황색 재앙! 그

---

62 김현주 (2013), pp. 349-352 참고.

63 차학경은 UC 버클리에서 주관하는 1976년 파리의 미국영화교육센터 방문프로그램에 참가하여 영화이론과 현대미술을 접했다. 여기서 그는 장 루이 보드리, 크리스티앙 메츠, 티에리 쿤첼(Tierry Kuntzel)에게서 기호학적, 구조주의적 영화학을 배웠다. 김현주 (2013), pp. 328-329.

64 출처 미상. 민영순 (2013), 「당신(우리)의 밝은 미래 그리고 번역과 문맥들」, 『미술사학보』, 41, p. 106에서 재인용.

65 백남준 (1965), 「1965년 생각들」, 백남준 (2018), p. 321.

것이 바로 나다(Yellow peril! C'est moi)."라고 선언했던 백남준은 광활한 평원을 누볐던 칭기즈칸의 후예로서 전자제국의 '칸'이 되고자 했던 것 같다.[66] 그렇기에 이듬해 전시에서 몽골에서 유래한 아시아 샤머니즘의 표징(mark) — 가령 잘려진 황소머리 — 을 부여했던 것 같다.[67] 유라시아와 아메리카 대륙을 횡단했던 백남준의 유목적 삶은 오로지 한국인과 동양인의 것만은 아니었다. 널리 알려져 있듯이 백남준과 친분을 가졌던 유럽인 요셉 보이스도 유라시아를 가로지르며 '경계 너머'의 삶과 예술을 꿈꾸었다. 백남준은 종종 노골적으로 한국적 색채를 전면에 내세웠으나 그가 글로벌한 설득력을 지니는 것은 단지 서구 무대에서 활동했던 이력 때문은 아니었다. 백남준이 시대를 앞서 실천한 글로컬리즘(glocalism)은 그의 이산적·유목적 삶에서 유래한 것이다.

---

66 이영철·김남수 (2010), p. 35. 백남준의 말은 루이 14세의 "짐이 곧 국가다."를 패러디한 것이다.

67 이영철은 황소머리 외에 《음악의 전시: 전자 텔레비전》 전시 자체와 장치된 TV를 몽골과 시베리아의 무속 풍습에 근거하여 독창적이고 흥미로운 해석을 제시한다. Young-Cheol Lee (2012); 이영철·김남수 (2010), pp. 58-59 참고.

2 한국적 아방가르드 미술과
   초기 미디어아트

국내의 테크놀로지 기반 미술은 1960년대 말 한국 현대미술사에서 한동안 주목받지 못한 비주류 미술 단체들의 아방가르드적 활동의 일환으로 싹을 틔웠다.[1] 플럭서스 시절 행위음악을 발전시키면서 비디오아트를 시작한 백남준과 다소 유사하게, 국내 미디어아트의 선구자들도 일련의 실험적 예술 행위에서 출발한 것이다. 미디어아트는 새로운 미디어 테크놀로지가 예술적 통찰과 조우함으로써 탄생한다. 그런데 시각예술가가 멀티미디어를 활용하여 참신한 예술적 시도를 하기 위해서는 발상의 전환이 필요하다. 말하자면 공간 조형이라는 닫힌 틀에서 벗어나 시간 조작 또는 편집의 영역으로 나아갈 수 있어야 한다. 이미 언급했듯이 음악과 비디오아트는 책이나 회화와는 다르게 일정하게 지속되는 시간을 요구하며, 따라서 디지털 테크놀로지가 발달하기 전에는 이와 같은 예술형식들에 대한 임의접속이 용이하지 않았다.[2] 그러므로 비디오아트를 비롯한 미디어아

---

1   이 시기 한국미술의 아방가르드라고 부를 수 있는 부류는 추상 일변도의 모더니즘 미술에 저항감을 지니고 행위예술, 개념예술, 대지미술, 다매체 및 설치미술, 전자예술 등 과감한 실험을 감행했던 예술가들이다. 그런 점에 착안하여 많은 저술에서 '실험미술'이라는 용어로 그들의 예술을 일컫는다. 이러한 명칭이 부적절하다고 생각하지는 않지만 이러한 미술가들이 도모했던 목표를 더 풍부하게 전달할 수 있는 것은 '아방가르드'라고 여겨진다. 필자가 본 지면에서 사용하는 아방가르드나 네오아방가르드의 개념은 기본적으로 페터 뷔르거가 설파한 이론에 따르고 있음을 미리 일러둔다. 페터 뷔르거 (2013), 『아방가르드의 이론』, 최성만 역, 서울: 지만지 참고.
2   앞 절의 주30을 참고하라.

트에 착수한 시각예술가는 환원주의적인 모더니즘으로부터 자유로울뿐
더러 이질적이고 다양한 매체들에 개방적인 예술가였다고 하겠다. 이 절
에서는 1960년대 말부터 미술계 주류에 일정한 거리를 유지한 채 행위예
술, 개념예술, 혼합매체, 비디오아트로 자신의 영역을 확장해간 도전적인
작가들의 활동을 살펴보고자 한다. 1970년대 중엽 박현기의 비디오아트
는 이러한 아방가르드의 물결 속에서 탄생했다. 1960년대 중반부터 국내
영화계에서 실험영화가 등장하기 시작하나,[3] 미술계에 출현한 실험영화
는 또 다른 역사적 의미를 지닌다. 따라서 여기서는 국내 미디어아트 초기
인물로 비디오아티스트 박현기와 더불어 한국적 아방가르드 미술가 김구
림을 중점적으로 조명할 것이다.

　　백남준은 서구 미술문화의 장에서 활동했기 때문에 그의 비디오아트
가 등장한 맥락은 이 시기 국내 미술계의 상황과는 괴리가 있다. 물론 여러
미술가들이 세계 무대에서 펼치고 있던 백남준의 활약상을 해외 미술전문
지를 통해 접하고 있었고 해외에서 그와 접촉했던 이들도 몇몇 있었다. 국
내 기반으로 활동한 미술가들 중 뉴미디어에 흥미를 지닌 이들에게도 백
남준은 그야말로 이정표 같은 존재였다. 그렇지만 여전히 회화나 조각 같
은 전통적 매체가 독점적 지위를 갖고 있었을 뿐만 아니라 국전의 권위가
유효했던 국내 상황은 미니멀리즘 이후 서구 미술계의 지각변동과는 꽤
동떨어진 것이었다. 서구에서는 행위예술이나 개념예술처럼 탈물질화 경
향을 띠는 양태들이 오랫동안 주류 모더니즘 양식으로 인식되던 추상미술
을 빠르게 대체하고 있었다. 이와 다르게 국내에서는 1950-60년대 '앵포
르멜'(Informel)과 그 명맥을 잇는 단색 회화(monochrome painting)가 1970
년대까지 미술계의 주류를 이뤘다. 비교적 최근까지도 현대미술사 저술
들에서는 추상미술을 1950년부터 1970년대까지를 대표하는 미술사조로

3　1964년 영화감독 유현목을 중심으로 전위적인 영화 동인회 '시네포엠'이
　　결성되었다. 국내 최초의 실험영화는 1966년 유현목과 시네포엠 동인이 제작한
　　단편영화 〈손〉이다. 민희정 (2017), 「한국의 초기 실험적 영상: 영상의 수용으로부터
　　비디오아트로의 확장까지」, 『국립현대미술관 연구논문』, 9, p. 158.

간주하고 있다.[4] 2000년대 중반 이후 강국진(1939-1992), 정찬승(1942-1994), 김구림(1936-) 같은 1960-70년대 실험적 미술가들을 국공립미술관 전시에서 재조명하고 그들의 작품에 대한 연구 또한 점차 쌓이고 있지만 주류 모더니즘 미술에 비하면 여전히 연구가 미진한 편이다.

1961년 김형대의 〈환원B〉가 국전에서 최고회의장상을 수여한 것을 계기로 앵포르멜이 차츰 제도권에 안착하고 전위예술로서의 역할이 퇴색해갈 즈음,[5] 대학을 졸업한 지 얼마 되지 않은 젊은 미술가들을 주축으로 하여 변화할 시대를 표현할 새로운 미술을 모색하고 있었다. 당시 아방가르드적 예술을 주도하던 작가들은 20세기 중반부터 추상표현주의적 화법을 구사하던 전후세대, 즉 앵포르멜 화가들과는 사뭇 다른 가치관과 감수성을 지닌 4.19세대였다. 그들 중 선두적인 인물로는 1960년대 말 '청년작가연립회'와 '제4집단'을 결성하여 활동했던 강국진, 김구림, 최붕현(1941-), 이태현(1941-), 정찬승, 정강자(1942-2017) 등을 꼽을 수 있다. 그들의 전위적이고 실험적인 예술활동은 1950-60년대 플럭서스 운동을 비롯한 네오다다의 해프닝을 연상시킨다. 그러나 1960년대 한국적 아방

4   예를 들어, 1979년 초판을 낸 오광수의 『한국현대미술사』는 1995년에 개정판이 나오고 2000년 다시 증보판으로 나왔다. 이 책에서 주목하는 주요 미술 매체는 회화다. 이는 '한국 현대미술'의 범위를 1900년부터 시작하는 20세기 전체로 삼고 있기 때문이기도 하지만, 저자가 — 자신도 1960-70년대 젊은 미술가들과 함께 활동했음에도 불구하고 — 회화나 조각 같은 전통적 매체에 더 비중을 두고 저술했던 탓도 있다. 오광수는 이 책에서 당시의 아방가르드적 실험을 시도했던 예술가들에 대해 기술하고 있으나 그 분량이 대단히 제한적이다. 가령 1960년대 말 《청년작가연립전》(1967)을 비롯하여 "옵아트, 팝아트, 네오다다 등 일련의 반미술"에 대한 기술은 한 페이지 남짓한 분량에 불과하다. 더욱이 대지미술이나 행위예술로 불릴 만한 김구림의 〈현상에서 흔적으로〉(1970)는 "1960년대 조각의 계보" 안에 포함되어 있다. 오광수 (2000, 2010), 『한국현대미술사』, 서울: 열화당, pp. 200, 214-216을 참고하라. 또한 최근 출판된 김영나의 『1945년 이후 한국 현대미술』에서도 회화, 조각, 건축의 전통 미술을 중심으로 현대 한국미술사가 서술되고 있다. 전후 미술을 다루는 이 책에서도 한국형 아방가르드 미술은 당대의 예외적 상황으로 간략하게 소개되고 있다. 김영나 (2020), 『1945년 이후 한국 현대미술』, 서울: 미진사, pp. 145-162를 참고하라.

5   김미경 (2003), 『한국의 실험미술』, 서울: 시공아트, p. 25.

가르드 미술은 정치색을 거의 띠지 않았던 서구의 네오아방가르드와는 다소 결을 달리한다. 강국진과 김구림을 비롯한 1960년대 한국 아방가르드 미술가들은 타블로를 벗어나 다양한 매체와 장르를 넘나들며 실험하는 한편, 기성 사회제도 — 특히 미술계의 제도적 장치들 — 에 대한 비판의 목소리를 냈다. 비록 서구의 네오다다나 한국적 아방가르드 모두 형식주의적 추상회화에 대한 반동이었다고 할지라도 이러한 차이를 보이는 것은 두 예술운동이 등장한 시대적 상황과 무관하지 않아 보인다. 말하자면 서구의 네오아방가르드운동은 마르셀 뒤샹(Marcel Duchamp)의 정신을 이어받아 '반사회'보다 '반예술'에 집중했으나, 사실상 그들의 '반예술'은 이미 예술로서 제도권에 안착하고 있었다는 것이다. 더 중요한 차이는 이런 운동의 주역들이 존 케이지와 더불어 전복적인 예술 실험을 시도했던 때가 냉전시대의 절정기인 1950년대였다는 점에 있다.[6] 반면 국내 미술계에서 모더니즘적인 예술의 순수성에 반기를 들었던 1960년대 말은 국내나 해외 모두 정치적 격동기였다. 이때는 해외에서 68혁명, 베트남 반전운동 같은 반정부적 정치운동과 페미니즘과 제3세계 인권운동에 대한 관심이 한창 일어나던 시기였고, 국내에서는 5.16 군사정변으로 득세한 군부정권의 탄압에 맞서 시민들이 연일 시위를 벌이던 때였다. 1960년대 말 발아한 한국 아방가르드 미술은 약 10여 년 전 서구에서 벌어졌던 아방가르드적 장면을 재연출했다. 하지만 양자는 문화적 지형이 상이했을뿐더러 경제적 상황이나 정치적 맥락도 달랐기 때문에 전자의 예술적 함의를 후자의 연장선상에서만 바라볼 수가 없다.

　　1960년대 당시 청년세대였던 미술가들은 이른바 '좌상파(坐像派) 국전'을 비판하고 독립적인 전시그룹을 결성했는데, 그중 선두적이었던 것이 홍익대 출신들이 주축이 된 '무(無)동인'이었다.[7] 1962년 6월 무동인이

6　1950년대 유럽에 비해 경제적으로 풍요로웠던 미국에서는 20세기 초 뒤샹의 반예술적 시도들이 재발굴되었으며, 뒤샹의 유산을 신대륙의 사회문화적 맥락에 재배치한 장 팅겔리, 존 케이지, 로버트 라우센버그 같은 네오아방가르드 예술가들은 20세기 초 역사적 아방가르드의 정치색을 거의 탈각하고 있었다.

7　오광수는 무, 오리진, 낙우회, 논꼴, 왓트(what), 투아 등 미술대학을 졸업한 지 얼마 되지 않은 신인들이 동인을 만들어 그룹활동을 벌였던 것을 1960년대 국내

첫 번째 전시를 개최했을 때 멤버들 중 일부는 조개껍데기, 비닐 같은 오브제를 캔버스에 붙임으로써 평면으로부터 탈피하고자 했다.[8] 무동인의 아방가르드적 행보가 본격화된 것은 《현대미술실험전》을 표방하며 1967년 6월 개최했던 제2회 《무동인》전에서였다. 참여작가들은 산업용 고무장갑, 방독면, 수술용 의료기구들, 그리고 각종 폐물들을 대거 사용하여 일상적 오브제를 주요 매체로 도입했다. 가령 이태현(1941-)은 붉은 테이블 위에 검은색 고무장갑을 반복적으로 나열한 〈명(命) II〉를, 최붕현은 흰색 철창 안에 백혈병으로 죽은 친구의 데스마스크를 푸른색으로 만들어 진열한 〈인간 2〉를, 김영자(1940-)는 공기가 가득 찬 2개의 비닐 백을 호스로 연결시킨 〈무제〉를 각각 제출했다.[9] 그들이 사용한 공업용 재료는 산업화된 사회의 단면을 드러내는 한편 점점 더 비인간화되어가는 현대적 삶에 대한 환유로 볼 수 있다.

    제2회 《무동인》전을 개최한 지 6개월 후 1967년 12월에 오리진, 무동인, 신전(新展)동인 3개 그룹이 함께 《청년작가연립전》을 개최했다.[10] 오리진은 무정형적인 앵포르멜과는 판이하게 다른 기하학적 추상회화를 추구했고, 무동인과 신전동인은 일상적 오브제를 적극적으로 도입하여 네오다다적인 반예술을 표방했다. 무동인의 이태현은 〈작품 II〉에서 〈명 II〉에서 사용한 것과 동일한 고무장갑을 변기에 가득 쑤셔 넣고 그 위에 교수형을 암시하는 듯한 밧줄을 매어 놓았다. 그가 뒤샹의 〈샘〉(1917)을 알고 있

미술계의 특징 중 하나로 꼽고 있다. 오광수 (2010), p. 214. 예술의 영점에서 다시 출발하겠다는 무동인의 명칭은 1950-60년대 독일 아방가르드운동 제로그룹(Zero group)에서 가져왔다. 정연심 (2016), 「1960년대-1970년대 한국 퍼포먼스와 미술가의 몸」, 『미술이론과 현장』, 22, p. 90.

8 김미경에 따르면 제1회 무동인전에 참가한 작가들이 앵포르멜적인 평면작업을 완전히 벗어난 것은 아니었으나, "캔버스 구멍을 뚫거나"(김영남), "유화물감을 칠한 캔버스 위에 비닐을 붙여 마티에르를 살리는"(최붕현) 방식으로 오브제 작업을 향하고 있었다. (김미경 (2003), p. 30.)

9 김미경 (2003), pp. 33-42.

10 한국청년작가연립회의 멤버이기도 했던 오광수는 《청년작가연립전》이 개최된 1967년을 "앵포르멜로 대변되는 추상표현주의가 이들의 행동적 계기에 의해 실질적으로 그 오랜 막을 내린" 해라고 진단한다. (오광수 (2010), pp. 215-216.)

었다 하더라도, 그의 변기는 〈샘〉의 변기와는 사뭇 다른 맥락 안에 배치되어 있다. 〈작품 II〉는 〈명 II〉와 결을 같이 하면서 산업화 일로에 있는 1960년대 말 한국적 상황을 함축적으로 전달한다. 최붕현은 난로 연통을 빨강, 노랑, 파랑의 은박지로 감싸서 설치한 〈색연통〉을 전시했다. 일상적 물건인 연통들을 경쾌한 색채로 재구성한 이 작품은 당대의 삶을 예술로 변용시킨 한 사례라고 하겠다.

한국 아방가르드 미술사에서 《청년작가연립전》이 차지하는 위상을 일련의 행위예술 작업들을 통해 가늠해보자. 참여작가들은 전시오프닝 행사로 가두시위를 벌였으며 〈비닐우산과 촛불이 있는 해프닝〉을 무동인과 신전동인 멤버들을 주축으로 시행했다. 참가자들은 개막식 당일인 12월 11일 오전 10시 "추상 이후의 작품", "생활 속의 작품", "행동하는 화가", "현대미술관 없는 한국", "국가발전은 예술진흥책에서" 같은 피켓을 들고 시청 앞에서 소공동으로 향하는 경로를 걸었으며, 일부는 광화문 앞에서 교통경찰에게 연행되었다.[11] 그들의 비판은 일부 미술계 기득권 세력이 독점한 관전에 대한 비판을 넘어 정부의 후진적인 예술정책 전반을 겨누고 있었으나, 감시와 통제가 삼엄했던 박정희 정부의 서슬 퍼런 권력 아래서 적극적인 사회비판으로 발전하지는 못했다.[12] 《청년작가연립전》이 대중에게 급진적으로 보였던 것은 정치적 슬로건보다는 생소한 예술형식이었다. 개막 첫날 강국진은 퍼포먼스의 형식으로 〈색물을 뽑는 비닐〉을 시연했다.[13] 참여작가들의 피켓시위가 정치적 급진주의를 전면화한 사건이었

---

11 김미경 (2003), pp. 47-50; 정연심 (2016), pp. 91-92.

12 김미경 (2003), pp. 23-30 참고. 1960년대 말 전위적인 예술실험을 모색했던 젊은 미술가들은 국전을 비판하고 당시 정부의 예술정책의 후진성을 적시했으며, 더 나아가 예술가의 사회참여의 당위성을 피력하기도 했다. 가령 1965년 정찬승은 『논꼴 아트』 창간 기념 좌담회에서 "작가는 사회를 직시하는 안목이 필요하며 그러기 위해서는 비판정신하에서 적극적인 사회 참여가 필요하다."고 밝히기도 했다. (조수진 (2019), 「"내가 곧 나의 예술이다": 경계인 정찬승의 반예술」, 윤난지 외 (2019), pp. 84-85.) 그럼에도 불구하고 군부정권의 등장부터 유신시대까지 이어진 공안정국과 폐쇄적인 사회분위기로 인해 그들의 사회참여는 제한적일 수밖에 없었다.

13 김미경은 이 작품이 원래 〈오늘의 시각〉과 〈바로 오늘〉로 구성된 두 작품이며, 작가가 비닐 튜브 안에서 유동하는 빨간 색물이 오르락 내리락하게 했다고 기술한다.

다면, 같은 날 벌어진 강국진의 퍼포먼스는 급진적 정치행동에 걸맞은 급
진적 예술행위였다. 강국진은 이 전시에 초기 미디어아트의 사례 중 하나
로 볼만한 〈시각의 즐거움〉(1967)도 출품했다. 거대한 네온 기둥들이 스테
인레스 스틸로 짜인 프레임 안에 설치된 이 작품은 조각의 새로운 형식처
럼 보였을 것으로 짐작된다. 길거리 간판에 주로 쓰이는 상업적 재료 네온
은, 기단 위에 우뚝 선 전구의 수직적 구조와 쇼윈도 또는 액자를 연상시
키는 철제 프레임 덕분에 안전하게 예술의 범주 안으로 들어오는 것 같다.
논꼴동인을 거쳐 신전동인을 주도하던 강국진은 당시 한국 아방가르드를
대표하는 인물 중 하나였으며, 비록 그가 일상적 재료에서 취한 오브제로
서 네온을 선택했다 하더라도 〈시각의 즐거움〉이 아방가르드적 실험의 일
환으로서 테크놀로지와 예술을 결합한 초기 시도 중 하나였음에는 재론의
여지가 없다.[14]

　　《청년작가연립전》에서 더 많은 주목을 끌었던 작품은 1967년 12월
14일 펼쳐진 〈비닐우산과 촛불이 있는 해프닝〉이었다. 이 작품은 전시에
참여한 촛불을 든 여러 작가들이 비닐우산을 펴고 의자에 앉아 있는 김영
자의 주위를 최붕현의 작품 〈색연통〉을 관통하여 도는 퍼포먼스였다. 이
작품이 더 본격화된 행위예술로 보이는 것은 관객을 예술작품으로 끌어
들이는 참여적 성격 때문이다. 퍼포먼스에서는 비평가 오광수(1938-)가

(김미경 (2003), pp. 61-62.) 그런데 2009년 강국진의 유족이 제출한 강국진의
필름과 메모에 따라 이 작품은 당시 드물었던 설치작업 중 하나일 뿐 아니라 국내
최초의 행위예술로 판명되었다. (김미경 (2011), 「이상, 최승희, 강국진으로 읽는
한국 근현대문화의 단면」, 『월간미술』, 2011년 4월호, p. 95.) 현재 이 작품의 제목은
〈색물을 뽑는 비닐주머니〉로 일반적으로 통용된다. 부산비엔날레 강국진 소개
페이지를 보라. url = 〈http://blog.busanbiennale.org/sub01/03_view.php?no=366〉 (2019년
7월 25일 접속)

14 김찬동은 《청년작가연립전》에 참여한 그룹 중 신전동인이 가장 급진적이었다고
보고 리더격인 강국진에 주목한다. 그에 따르면 신전동인 멤버들은 단지 실험적인
예술을 시도하는 데 그치지 않고 "행위예술을 통해 기성사회와 문화예술계의 모순을
폭로하며, 비판하는 작업을 추구했다"고 기술한다. 그는 강국진의 〈시각의 즐거움〉을
한국 최초의 테크노아트로 규정하고 있다. 김찬동, 「한국현대미술의 잠재태,
강국진」(http://www.kangkukjin.com/www/critique_10.html)을 참고하라. (2019년 7월
25일 접속)

쓴 각본이 있긴 했으나 존 케이지나 백남준의 해프닝처럼 우연성과 즉흥
적 행위가 더 중심이 되었다. 당대 언론은 〈비닐우산과 촛불이 있는 해프
닝〉을 《청년작가연립전》의 전위적 성격을 극명하게 보여주는 예술가들의
스캔들로 소개했다.[15] 한국청년작가연립회 회원들은 전시에 앞서 '현대미
술세미나'를 개최하여 현대미술의 본질에 대해 토론하거나 국제 미술계의
동향을 국내에 알리고자 했으며, 이러한 노력의 일환으로 해프닝을 실연
하곤 했다.[16]

　　신전동인 출신의 강국진, 정찬승, 정강자가 주축이 되어 1968년 5월과
10월에 각각 시연한 〈투명풍선과 누드〉와 〈한강변의 타살〉도 이 시기 주목
할 만한 아방가르드 이벤트였다. 〈투명풍선과 누드〉는 세시봉 음악감상실
에서 열린 제4회 현대미술세미나에서 정강자가 반라의 모습으로 등장하
여 세간의 이목을 끌었다. 정찬승이 기획한 이 퍼포먼스는 존 케이지와 해
리 팩스의 현대음악이 흐르는 가운데 관객들이 투명풍선을 퍼포머의 몸
에 붙이고 터트리게 하는 참여형 예술이었다.[17] 퍼포먼스가 진행되면서 정
강자의 내의는 찢겨 나가고 마침내 팬티만 남게 되었다. 그러자 참여자들
은 반나체의 정강자의 몸에 붙어 있는 투명풍선을 터트렸고 이후 정강자
는 퇴장했다.[18] 〈투명풍선과 누드〉에 참여했던 동일한 멤버가 같은 해 10
월 제2한강교 아래에서 〈한강변의 타살〉이라는 해프닝을 벌였다. 관객들
은 구덩이에 묻힌 참여자들에게 양동이의 물을 부었고, 구덩이에서 빠져
나온 참여자들은 '문화사기꾼', '문화실명자', '문화기피자', '문화부정축재
자', '문화보따리장수', '문화곡예사'라고 쓴 비닐을 걸치고 있다가 문구들

15　김미경 (2003), p. 92.

16　김미경 (2003), pp. 46-47을 보라. 제1회 현대미술세미나는 《청년작가연립전》 개막
　　한달 전인 1967년 11월 15일에 열렸고, 제2회 세미나는 1968년 2월 10일 지방순회
　　강연의 형식으로 열렸다. 같은 해 5월 2일 제3회 세미나에서는 정찬승이 기획한
　　〈색비닐의 향연〉과 〈화투놀이〉가 실연되었다. 김미경 (2003), pp. 89-92.

17　주최측은 관객들에게 튜브와 빨대를 나눠주고 당시 문방구에서 팔던 끈끈이풀을
　　불게 했다. 그들은 끈끈한 투명풀을 빨대에 묻혀 불어서 무지갯빛 투명풍선들을
　　만들었고, 빨간 풍선이 깔린 무대 위에 내의 차림으로 의자에 앉은 정강자의 신체에
　　붙였다. (김미경 (2003), pp. 92-93.)

18　김미경 (2003), pp. 93-94.

을 읽으면서 불태워 매장하는 화형식을 거행했다.[19] 〈한강변의 타살〉은 사이비와 기회주의자가 제도권 미술계와 사회에서 대가로 대접받는 현실에 대한 신랄한 비판행위였다. 2018년 10월 17일 일부 미술가들은 이러한 현실이 오늘날 반복되고 있다는 자각 아래 〈한강변의 타살〉 해프닝 50주년을 기념하여 같은 장소에서 이 작품을 재연했다.

〈투명풍선과 누드〉도 2016년 부산비엔날레 프로젝트의 일환으로 재연된 바 있다. 비엔날레 홈페이지에는 "한국 최초의 누드퍼포먼스"였고 "여성의 육체를 판타지적으로 해석하는 남성들의 시각을 와해시킨 참여형 퍼포먼스"라고 소개되어 있다.[20] 미술가의 몸 자체를 매체로 사용한 첫 사례라는 점에서는 '최초'라는 수식어가 마땅하지만, 여성 신체를 향한 가부장적 시선의 와해라는 해석은 과도하다고 여겨진다. 김미경은 이 퍼포먼스를 "한국 최초로 여성 신체를 적나라하게 드러낸 페미니즘 프로젝트"라고 평가함으로써 이러한 해석에 힘을 실어준다.[21] 그러나 남성 예술가 정찬승의 기획하에 시행된 〈투명풍선과 누드〉는 페미니즘적 이벤트로 풀이하기에는 그 근거가 충분해 보이지 않는다. 정강자의 향후 행보가 페미니즘 행동주의로 해석될 수 있다고 하더라도 이 초기 퍼포먼스에서 그가 페미니즘적 의식에 고취되어 있었다는 점에는 의문의 여지가 있다.[22]

19 김미경에 따르면 '문화사기꾼' 즉 사이비 작가는 역사의식과 문화적 자각을 결여한 채 예술가를 자처하는 이들을, '문화곡예사'는 눈치를 보며 구상과 비구상 사이를 오락가락 하는 시대편승자들을 비꼬는 표현이다. (김미경 (2003), pp. 94-95.)

20 부산비엔날레 홈페이지 2016년 사이트 참고 (url = 〈http://www.busanbiennale.org/kr/index.php?pCode=MN1000156&pg=5&mode=view&idx=1543〉) 참고.

21 김미경 (2003), p. 94. 조수진도 〈투명풍선과 누드〉를 "여성 전위예술가인 그녀가 남성 중심의 미술계에 도전하기 위해 채택한 저항의 수단이었다."라고 기술한다. 조수진 (2017),「한국의 여성 행위미술가, 정강자의 '위험한' 몸」,『문화과학』, 여름호, 90, p. 334.

22 정연심에 따르면 〈투명풍선과 누드〉가 오노 요코의 〈컷피스〉(Cut Piece, 1965)를 연상시킨다고 하더라도 〈컷피스〉처럼 페미니즘적 맥락에서 나왔다고 보기 어렵다. 〈컷피스〉에서 관객들은 가위를 들고 퍼포머의 옷을 한 조각씩 잘라내어 결국 오노 요코를 반라로 만든다. 그러나 〈투명풍선과 누드〉의 여성 신체는 〈컷피스〉의 오노 요코의 '공격당하는' 여성 신체처럼 페미니즘적 반향을 전해주는 것 같지 않다. 따라서 페미니즘적 발언이 명확한 〈컷피스〉와 달리 〈투명풍선과 누드〉는 "산발적인

김구림의 아방가르드와 실험영화

1970년 6월 20일 결성되어 짧은 기간 존속한 〈제4집단〉은 김구림의 주도 하에 결성되었다. 정체불명의 이 단체에는 문학, 미술, 연극, 무용, 음악, 영화를 망라한 예술계 인사들뿐만 아니라 패션계와 종교계 인사들도 포함되어 있었다.[23] 이 그룹의 리더였던 김구림은 미대를 졸업하지 않은 채 섬유회사에 취직하여 CF를 제작하기도 하고 영화, 연극, 음악, 무용 등 다른 예술영역을 거리낌없이 넘나들며 장르파괴적 예술을 감행했던 진정한 아방가르디스트였다. 1970년 6월 20일 결성대회부터 같은 해 8월 20일부터 5일간 개최됐던 《무체전》까지 약 2개월간 집중적인 활동을 보였던 〈제4집단〉의 기본적인 예술형식은 연극 공연을 그대로 가져오거나 본뜬 퍼포먼스였다. 실제로 방태수, 고호(박호종) 같은 연극인들이 이 그룹에 참여하여 판토마임 공연을 하거나 하고자 계획했었다. 예를 들어 같은 해 7월 어느 날 정찬승과 고호는 명동 입구에서 〈가두마임극〉을 공연하였다.[24] 정찬승은 "당신이 처녀임을 무엇으로 증명하시렵니까?"를, 고호는 "목표액 4천 4백 4십 4만 원. 잃어버린 나를 찾음. 연락처 제4집단"이라는 문구를 각각 목에 걸고 정찬승은 유리창 안에서, 고호는 밖에서 서로를 바라보며 소통이 단절된 상황을 무언으로 연기했다. 하나의 퍼포먼스로서 연극은 미술, 음악, 무용 등 다른 어떤 공연예술보다도 더 일상에 가깝다. 〈제4집단〉은 연일 공연형식의 해프닝을 이어나갔다. 그들의 퍼포먼스는 대중의 눈에 무의미해 보였을지라도 20세기 초 다다이스트들이 그랬던 것처럼 반사회적이고 반예술적이었다. 죽음을 의미하는 한자와 발음이 같다는 이유로 금기시되어온 숫자 '4'를 그룹의 정체성으로 내세운 것도 반미학적인 다다의 정신을 닮았다. 방태수와 고호가 속해 있던 극단 《에저또》의 명칭은 별 의미가 없는 간투사들로 이뤄져 있다.[25] 많은 지점에서 〈제4집단〉의

해프닝 장면 연출에 불과했다." (정연심 (2016), p. 97.)

23 〈제4집단〉에는 김구림, 정찬승, 정강자, 강국진, 최붕현 같은 미술인들과, 방태수, 고호, 전유성 등 연극인, 탕영, 강석희 등 음악인뿐만 아니라 기자였던 이자경, 패션계의 손일광, 불교계의 석야정 등도 참여했다. (김미경 (2003), p. 126.)

24 송윤지 (2019), 「제4집단의 퍼포먼스」, 윤난지 외 (2019), pp. 197-198.

25 '에저또'란 마치 프랑스어처럼 들리지만 "당시 사회에서 할 말이 있으나 에, 저, 또

활동은 20세기 초 스위스 취리히에서 발생했던 다다를 연상시키지만, 그룹의 성격과 멤버들의 일련의 활동들을 면밀히 살펴보면 서구의 역사와는 사뭇 다른 방식으로 전개되었다는 것을 알 수 있다.

　　김구림과 〈제4집단〉은 앞선 세대의 '고급한' 예술을 벗어나는 방도를 단지 탈평면(오브제)에서만 찾지 않고 일상과 예술의 통합과 '총합예술'의 지향을 통해 추구했다. 이른바 총합예술이란 문학, 음악, 미술, 연극, 무용, 영화 등 여러 분야의 예술이 경계 없이 융합된 예술의 형식을 뜻했다.[26] 여러 예술형식 중 연극은 〈제4집단〉이 도모한 일련의 예술행위들의 모델이었다.[27] 위에 기술한 것처럼 연극인 방태수와 고호가 〈제4집단〉의 주요 멤버로 속해 있었다. 리더 김구림도 한때 극단 《시트와숑》에 몸담았고, 이 경험을 바탕으로 연극을 기성예술의 해체 및 장르 통합의 모델로 삼았다. 〈제4집단〉의 총합예술은 각 예술 영역의 통합을 지향했다는 점에서 바그너의 '총체예술'(Gesamtkunstwerk)을 연상시킨다. 또한 양자는 다분히 이상주의적이라는 점에서도 서로 공명한다.[28] 그렇다 하더라도 오페라 작곡가 바그너가 꿈꿨던 종합적 예술과 총합예술은 근본적으로 다르다. 〈제4집단〉 구성원들이 공유했던 이상은 예술적 완성(consummation)이라는 의미를 훌쩍 넘어선다. 총합예술의 이상은 그들이 표방했던 '무체주의'(無體主意)에서 단적으로 드러난다. 1970년 8월 15일 오전 11시 사직공원에 모여 공포한 〈제4집단 선언문〉에는 무체주의가 다음과 같이 표명되어 있다.

　　이것은 우주의 원체가 무체로서 일체를 이루고 있으며 무체의 유체화

하는 간투사밖에는 쓸 수 없는 [암울하고 무기력한] 상황을 암시한다." 김미경 (2003), p. 125, 주163.

26　신정훈 (2013), 「서울 1969년 여름: 영화 〈1/24초의 의미〉와 김구림의 도시적 상상력」, 서울시립미술관 편 (2013). 『김구림: 잘 알지도 못하면서』, 서울: 서울시립미술관, p. 119.

27　송윤지 (2019), 윤난지 외 (2019), pp. 191-199 참고.

28　유진상은 〈제4집단〉의 유토피아주의적 면모에 관해 "이 사건의 이전과 이후에 비교할 만한 다른 예술적 사건이 일어나지 았았고 […] 한국 현대예술사 속에서 시도된 최초의 유토피아적 비전'의 선언이었다."라고 설명한다. 유진상 (2013), 「〈제4집단〉: Idealism과 일시적 유토피아」, 서울시립미술관 편 (2013), p. 213.

인 인간이 무체에서 출발하여 무체로 환원되는 새 인간 윤리의 표방
이다. 우리는 정신과 육체가 같으며 밤과 낮이 같으며 흑과 백이 같으
며 우연과 필연이 같으며 이 세상 모든 것이 우주의 속성인 원체사상
이 무체주의임을 알고 이러한 바탕 위에 함께 생각하고 함께 행동하
기 위해 여기 제4집단을 결성하는 것이다.[29]

　　무체라는 개념은 노장사상의 무위 정치론에서 가져온 것으로,[30] 정신
과 물질의 이분법을 탈피하는 한편 사회 전반의 모든 활동을 예술적인 차
원으로 통합시키자는 〈제4집단〉의 지향점을 제시한다. 이러한 매니페스
토 역시 20세기 초 유럽의 미술운동들을 떠올리게 한다. 그런데 1970년 뒤
늦게 동방의 나라에서 출현한 예술적·정치적 선언문은 마르크스주의에
기반한 유토피아를 꿈꿨던 초현실주의 예술운동보다 더 막연했고 더 이상
주의적이었다. 그렇다 하더라도 〈제4집단〉의 선언문에 이어지는 내용은
비교적 구체적이고 체계적이었다. 가령 그들의 행동강령 두 번째 항목은
"우리는 순수한 한국문화의 독립이 세계 문화의 주체임을 확립한다."라고
되어 있다. 한국인으로서 문화적 자주성과 정체성을 정립하겠다는 선포
는 구한말부터 1970년대까지도 끊임없이 예술계 안팎을 맴돌았던 "서구
문화의 이식, 모방"이라는 꼬리표를 떼어내려는 결연한 의지의 발로였다.
　　〈제4집단〉의 특유한 면모 중 하나는 그 조직구성이다. 선언문 제2장은
〈제4집단〉의 구성체계를 기술하고 있는데, 본부의 최고임원은 무령, 즉 무
체사상이라고 되어 있다. 그들의 선언서에 따르면 정신과 신체(또는 물질)
가 분리될 수 없기 때문에, 즉 정신도 곧 신체이기 때문에 멤버 중 최고 위
치에는 '육화된' 관념인 무령이 자리하고 있는 것이다.[31] 이어 2인자에 해

29　서울시립미술관 편 (2013), p. 190. 총 12쪽의 〈제4집단 선언문〉에는 강령, 선언,
　　조직구성 등에 관한 총칙 등이 기술되어 있다.

30　김미경 (2003), p. 125.

31　〈제4집단 선언문〉에는 이런 설명이 없으며, '무령'에 대한 해석은 필자의 것이다.
　　생존 작가들의 구술에서도 '무체' 개념에 대한 상세한 설명을 찾기 어렵기
　　때문에, 이러한 필자의 해석에 동의하지 않는 이들도 있을 것이다. 가령 유진상은
　　〈제4집단〉이 내세운 '무체주의'를 서구 근대철학의 관념론에 비추어 비현실적,

당하는 통령은 김구림이, 다음으로 총령은 정찬승이, 포령은 방태수가, 의령은 손일광이 각각 맡았다. 이 단체의 기구를 해설하는 같은 장에서 본부 산하 분과위원회들이 나열되어 있다. 예술분과를 첫 번째로 시작하여, 문학, 종교, 교육, 정치, 경제, 사회, 과학, 체육에 이르는 총 9개의 분과위원회 설립을 선언하고 있다. '(대)통령'이라는 수장의 호칭에서부터 각 부서의 명칭까지 〈제4집단〉의 선언은 마치 하나의 정부조직을 구성한 것 같은 모양새를 하고 있다. 김구림이 이끌던 이 예술가 그룹이 고작 2개월여밖에 활동하지 못했고, 채 1년도 못가서 행정당국에 의해 강제로 해산될 수밖에 없었던 이유는 바로 여기에 있다. 즉 〈제4집단〉이 의도했든 의도하지 않았든 간에 정부당국에게는 그 그룹의 명칭부터 조직구성까지 많은 것들이 반체제적이고 불온해 보였던 것이다.

실상 〈제4집단〉은 체제전복적인 혁명을 기도할 생각이 없었던 순수한 예술가 그룹이었다. 이는 '무령'과 '무체사상'을 전면에 내세웠던 그들의 선언서 내용이 얼마나 비현실적인지 생각해보면 충분히 짐작할 수 있다. 도교의 '무위자연'(無爲自然) 사상은 이 그룹 이전이나 이후에도 한국 현대미술가들이 널리 표방했던 것이다. 김구림과 기타 멤버들도 이 사상을 자연스레 동양적 정체성 탐구를 위한 길이라고 여겼던 것으로 보인다. 1970년 제10회 한국미술협회전에서 수행했던 김구림의 퍼포먼스 〈도〉(道)는 그 단적인 사례라고 하겠다. 그렇다면 〈제4집단〉의 무체주의가 꿈꿨던 것은 실제로 예술적 유토피아였다고 할 수 있다. 〈제4집단〉의 두 번째이자 최후의 공식모임이었던 〈기성문화예술의 장례식〉(1970. 8. 15.)은 첫 번째 모임과 마찬가지로 정치집단의 행동 선언식처럼 거행됐지만, 이 모임의 주요 비판 대상은 과거의 혹은 제도권의 예술과 문화였다. 그날의 주요 행사는 참여 작가들이 문화예술을 의인화하여 장례를 치루는 것이었으며, 그

현학적, 자아도취적, 망상적이라고 평가하고, 그 이유를 서구 현대미술을 뒤좇던 한국 현대미술의 압축적인 전개과정에서 나타난 '에피스테메'의 균열 현상에서 찾는다. 그에 따르면 〈제4집단〉의 무체사상은 "전혀 생소한 장소에서 소위 '전위' 혹은 '아방가르드'라는 이름으로 가장 급진적인 관념성을 전면에 들고 나온" 에피스테메 균열의 가장 단적인 사례다. 유진상 (2013), pp. 214-215를 보라.

들의 계획은 독립문에서 제1한강교 아래까지 운구행렬을 연상시키는 가두극 퍼포먼스를 시행하는 것이었다.[32] 〈제4집단〉 멤버들이 도모했던 예술은 무체사상을 통한 인간 해방의 예술이었다.[33] 표면적으로는 도가사상을 내세웠지만 그들의 목표는 그때 그 땅에서, 즉 산업화 초기단계에 있는 한국의 토양에서 그들이 꿈꾸는 예술적 유토피아를 실현시키는 것이었고, 이를 위해 모든 것을 영점(零點, degree zero)으로 되돌리고자 무체주의를 택하였다. 그들은 '무체'라는 용어로 아무런 고정관념이나 선입견이 개입되지 않은 상태를 지시했던 것으로 추측된다.[34] 그렇다고 해서 〈제4집단〉의 정치성이 완전히 사라지거나 무의미해지는 것은 아니다. 당시 20-30대였던 그룹의 멤버들은 4.19세대의 정서를 갖고 있었기에 군부정권의 감시와 억압에 대한 저항감이 적지 않았을 것이다. 그들의 활동이 더 적극적인 행동과 사회참여로 이어지지 못한 것은 장발과 미니스커트를 단속했을 뿐만 아니라 느닷없이 중앙정보부에 끌려가기도 했던 당시 정부의 폭압 때문이었을 것이다.

김구림의 〈1/24초의 의미〉(1969)는 이처럼 예술적으로는 서구의 추상표현주의, 팝아트, 옵아트, 행위예술과 기타 급진적인 예술실험들을 시차 없이 수용하고 있었으나, 산업화의 측면에서는 개발도상국이었고 정치적으로는 군부독재라는 후진적 체제 내에서 당대 한국예술 및 사회 상황에 대해 — 설혹 그들이 의도하지 않았다 하더라도 — 비판적이었던 예술 실천의 맥락에서 등장했다.[35] 〈제4집단〉을 결성하기 1년 전쯤 김구림은 영사

---

32 김미경 (2003), p. 131.

33 1970년 6월 20일 〈제4집단 선언문〉에 명시한 '행동강령' 첫 번째 항목, 즉 그들이
   최우선적으로 여겼던 목표는 "우리는 인간을 본연으로 해방한다."였다.

34 유진상 (2013), pp. 216-217 참고.

35 유진상은 〈제4집단〉이 비록 유토피아적이고 관념적인 이상을 지향했으나 정치적인
   행동과 불가분 혼합되어 있는 전형적인 '아방가르드적' 행보를 보였다고 평가한다.
   (유진상 (2013), pp. 219-220 참고.) 반면 김미경은 당대 아방가르드 예술가들이
   "정치사회적 의미를 애써 부인하려 했다."고 쓰고 있다. 그는 이태현의 인터뷰를
   인용하면서 당대 미술가들이 비판의 타깃으로 삼았던 것은 기성 예술계에 국한되어
   있었고, 미술계 인사들은 문학가들과는 다르게 정치적 발언을 회피하는 경향이
   있었다고 설명한다. (김미경 (2002), pp. 73-74, 116.) 김구림이 결성한 〈제4집단〉조차

기를 빌려 실험영화 제작에 착수했다. 비록 이때 김구림이 CF 영상제작 경험이 있었고 이 역사적인 작품 이전에 〈문명, 여자, 돈〉이라는 영상작업을 시도했던 전력이 있었지만,[36] 제작에 참여했던 정찬승과 정강자의 조력이 없었다면 〈1/24초의 의미〉는 제 모습을 갖추기 어려웠을 것이다. 김구림이 촬영, 연출, 편집을 모두 담당했던 이 작품은 삼일고가도로를 달리는 차 안에서 내다본 도시풍경들, 샤워기에서 쏟아지는 물방울, 하품하는 남자, 거울 속 자신의 모습을 응시하는 남자, 돌로 계란이나 새를 내리치는 장면 등이 일관성 없이 빠르게 진행되는 16mm 필름이다.[37] 실험미술이기 이전에 실험영화라고 할 수 있는 〈1/24초의 의미〉는 짧은 쇼트들을 병치시켜 빠르게 진행하는 20분 정도 분량의 영상이다. 이 작품은 마치 소련과 미국의 초기 영화감독들이 개발한 몽타주기법을 연상시키는 불연속적 장면들을 계속 보여준다. 그러나 삼일고가도로에서 바라본 도시풍경, 샤워기에서 떨어지는 물방울들 같은 쇼트들의 결합은 20세기 초 영화에서처럼 장면들의 결합을 통한 의미 창출 효과를 내지 못하고 무작위로 채집한 장면들의 모음처럼 부조리하고 비논리적으로 보인다. 전형적으로 아방가르드적 실험성을 추구한 이 영화는 언뜻 무의미한 도시풍경 수집처럼 보일 수도 있으나, 빠르게 산업화되어 가는 1960년대 말 대도시 서울과 그 안에서 살아가는 사람들의 모습을 생동감 있게 전달하는 것으로 읽힐 수 있다.

촬영자가 도시풍경을 바라보는 삼일고가도로는 1969년 3월 22일에 개통됐다. 유진상은 〈제4집단〉이 표방한 무체사상에 대해 논평하면서 "70

현실정치의 특정한 쟁점을 전면에 내세우지 않았고 순수한 예술적 의도를 표방했던 이벤트였다. 그렇지만 당시 미술가들이 미적인 관심사에 집중했고 정치사회적 쟁점들의 대응에 소극적이었다고 하더라도, 그들이 처한 역사적 상황에서 일상적 오브제나 영화 같은 반예술적 매체로 반전통적이고 도발적인 내용을 다룬 것 자체가 반사회적이고 정치적으로 위험해 보이는 행위였음을 부인하기는 어렵다.

36 〈문명, 여자, 돈〉(1969-2016)은 1969년 초 〈1/24초의 의미〉를 제작하기 이전에 8mm 필름으로 제작했던 미완성 실험영상이다. 이 작품은 2016년 국립현대미술관 전시를 계기로 재촬영하여 마침내 완성되었으며, 김구림이 〈1/24초의 의미〉에 담아냈던 도시화, 산업화된 일상과 소외된 인간상을 갓 상경한 젊은 여인의 따분한 일상으로 표현하고 있다.

37 〈1/24초의 의미〉의 영상장면에 대한 기술은 김미경 (2003), pp. 100-101을 참고하라.

년대 당시 경제재건, 부흥을 기조로 하는 사회의 물질적 흐름에 대한 반대
급부로서 정신적 각성을 요구하는 데 초점이 맞춰져 있는 것으로 해석할
수" 있다고 말한다.[38] 현대 문명사회의 비판과 그 극복을 동양사상을 통해
도모하려는 노력은 이미 1950년대 앵포르멜 시기부터 존재했다. 그렇다
고 해서 도로를 질주하는 차 안에서 문명화되어 가는 서울의 모습을 첨단
장비로 포착하던 작가의 감성이 산업화 또는 서구화에 대해 단지 비관적
일 수만은 없었을 것이다. 매클루언의 관점에서 본다면 도심의 두 지점 간
소통을 단축시킨 고가도로야말로 당대 최고의 미디어라고 할 만하다. 물
론 작가는 정부 주도하에 경제부흥에 박차를 가하던 당시 사회의 물질주
의적 경향이 초래하는 인간성의 소외현상을 간과할 수 없었다. 상대적으
로 더 자주 또 더 길게 등장하는 도시 남자의 하품하는 장면은 김구림이 표
현하고자 했던 현대인의 일상적 권태를 상징한다.

한편, 정찬승이 연기했던 도시 남자가 관찰한 서울의 장면들은 실제
로 대도시의 풍경이 그러하듯이 정신없이 빠르게 돌아가고 시시각각 변화
했을 것이다. 벤야민이 관찰했던 파리의 보들레르처럼 대도시를 사는 현
대인은 전통적인 사회를 살던 사람과는 판이하게 다른 지각방식, 즉 도시
인의 지각방식을 갖게 되었을 것이고, 영화는 이 새로운 감각에 걸맞은 표
현형식을 제공했을 것이다. 〈1/24초의 의미〉가 제작되던 1960년대 말 서
울은 강남과 여의도가 형성되기 전이자 TV, 냉장고 등 대중적 소비재의
대량생산이 시작되기 전이다.[39] 즉 당시는 서울에 신작로가 놓이는 등 빠
르게 변화하고 있지만 아직 건설붐이 본격화되기 이전이어서 옛길이 새
길과 공존했으며, 시민들의 일상에선 아직 옛것들이 완전히 사라지지 않
았던 때였다. 아직 새 서울에 대한 기대감이 팽배해지기 이전인 1960년대
말, 산업사회 초기를 사는 도시인은 방향감각을 상실한 채 권태로운 제스
처(하품)를 반복한다. 20세기 중반을 살았던 정찬승(또는 김구림)은 한 세
기 전 보들레르가 묘사한 대도시의 '산보자'(flâneur)에 비견해볼 수 있는
데, 그 이유는 부분적으로 김현옥 시장의 서울이 오스망 시장의 파리와 유

---

38 유진상 (2013), p. 214.
39 신정훈 (2013), pp. 130-132.

사한 문명사적 시점에 있었다는 데서 찾아볼 수 있다. 물론 기술문명 자체를 기준으로 한다면 2차대전과 한국전쟁을 겪고 100년 늦게 산업화의 가도를 달린 서울의 1960년대는 파리의 1860년대와 유사점보다는 차별점이 더 많을 것이다. 파리의 1860년대는 증기기관차에 열광했던 시기이고 아직 영화도 등장하지 않았던 반면, 100년 후 서울에서는 승용차를 타고 고가도로를 질주할 수 있었고 1970년대에 이르면 각 가정에 TV가 보급되기 시작했다. 그런가 하면, 도시 자체의 생태와 대도시화된 서울에 사는 사람들이 세상을 바라보는 눈은 한 세기 전 파리의 사람들의 그것과 매우 유사하지 않았을까 추측한다. 마치 기차를 타고 파리를 떠난 프랑스인이 휙휙 지나가는 자연풍광을 바라보며 새로운 시각경험을 했던 것처럼, 자동차를 타고 도심을 가로지르는 서울 시민은 순간순간 변화하는 도시의 풍경에 현기증이 일 만큼 아찔한 경험을 했을 것이다. 더욱이 당시 서울에 살던 사람들 대부분이 김구림처럼 지방에서 상경한 지 얼마 되지 않는 이들이었기에, 도시의 풍광들이 대단히 새롭고 자극적이었을 것이다. 바로 이런 점에 착안하여 신정훈은 〈1/24초의 의미〉에서 나타나는 서울에 대한 관심을 단순한 찬사나 기대가 아니라 "도시의 삶 전체를 총망라하려는 연구에 가깝다."라고 진단했을 것이다.[40]

　　앞서 언급했듯이 김구림이 1969년 제작한 〈1/24초의 의미〉는 산업화와 문명화가 가져올 새 시대에 대한 양가적 감성을 드러낸다고 보인다. 한편으로는 당대 문명에 대한 비판의식을 버리면서도 그는 새로운 문명에 대한 강한 호기심과 열정을 드러낸다. 사실상 이 작품의 예비작이었던 〈문명, 여자, 돈〉(1969-2016)에는 도시인의 삶에 대한 비판적 시각이 더 강조되어 있다. 당시 서울에서는 오빠나 남동생의 학비를 벌기 위해 상경하여 여공이나 가정부로 일하던 젊은 여성들이 많았다. 당초 알몸으로 연기하기로 되어 있던 주인공도 그런 여성 노동자 중 하나다. 이 작품의 영상들에서 취직을 기다리는 것 외에 달리 할 것이 없는 주인공은 옷을 입었다 벗거나 화장을 했다가 지우는 의미 없는 행위들로 소일하는 도시인의 삶의 단

---

40 신정훈 (2013), p. 130.

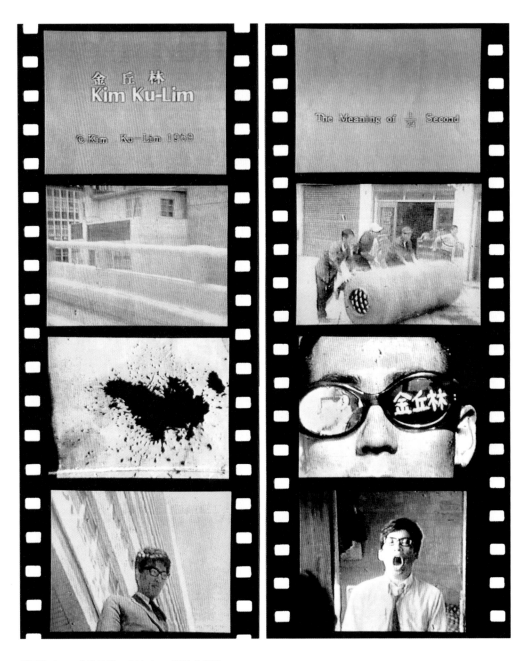

김구림, 〈1/24초의 의미〉, 1969, 8mm 필름 스틸컷.

면을 보여준다. 이에 반해 〈1/24초의 의미〉는 도시인의 권태와 소외의 감성을 전달하는 한편, 빠르게 변모하는, 그것도 더 발전적으로 변화하는 도시문명에 대한 호기심 어린 열정 또한 화면에 투사하고 있다. 김구림은 새로운 문명, 특히 새로운 예술을 가능하게 하는 기술문명에 강렬한 호기심을 드러내며 1968년에서 1970년 사이 다양한 미디어 작업을 시도하였다.

1969년 김구림과 정강자가 함께 공연한 미디어 퍼포먼스 〈무제〉는 우연의 산물이었다. 1969년 7월 21일 김구림은 아카데미 음악감상실에서 〈1/24초의 의미〉 상영회를 열고자 했으나, 기계장치가 제대로 작동하지 않자 하얀 상의에 하얀 스타킹을 신고 즉석에서 퍼포먼스를 벌인 것이다. 사실 당시 김구림은 국제스타킹의 광고를 실어주고 협찬을 받았는데, 만약의 사태에 대비하여 "인체가 스크린이 되는 영상작품"을 준비해두었다.[41] 슬라이드 필름의 영상들은 김구림과 정강자의 몸에 투사되었고, 현재 남아 있는 사진들은 당시의 분위기를 잘 전달한다. 영상작업 외에 김구림이 시도했던 미디어아트 중에는 〈공간구조 A, B〉(1968), 〈공간구조 69〉(1969)가 있다. 그가 '일렉트릭아트'로 범주화한 〈공간구조 A, B〉는 김구림이 일하던 섬유공장에서 구할 수 있는 미싱 부속품을 구멍이 뚫린 1.8m의 정사각 패널에 500개가 넘게 붙이고 뒷면에 형광등을 달아서 만든 것이다.[42] 이 작품은 당대 전위미술의 대표격이었던 옵아트 또는 라이트아트의 일종으로 간주될 수도 있으나, 새로운 테크놀로지를 활용하여 참신한 조형적 효과를 창출했다는 점에서 강국진의 〈시각의 즐거움〉(1967)과 함께 미디어 작업의 일종으로 조명될 수 있다. 〈공간구조 69〉는 작가가 기술적으로 더 많이 개입한 작품이다. 김구림은 빨강, 노랑, 초록의 조명을 물과 기름이 섞인 액체를 주입한 비닐튜브에 비춤으로써 시각적 효과를 만들어냈다.[43]

1969년 개최된 양승권의 《전자미술》전은 강국진의 〈시각의 즐거움〉, 김구림의 〈1/24초의 의미〉와 나란히 초기 테크놀로지아트의 사례로 꼽을

41 김구림과의 인터뷰 (2016년 7월 자택).
42 서울시립미술관 편 (2013), p. 46.
43 김미경 (2003), p. 104, 주127 참고.

만하다.[44] 전시에 관한 신문기사는 "전기회로가 장치되고 모터가 연결된 구조물들은 끊임없이 살아서 움직이는 동작을 보여준다. 3개의 흰 원반이 검은 판 위에서 빙글빙글 돌아가고 있는가 하면 […] 길쭉한 형광등의 전구들은 이쪽저쪽에서 켜졌다 꺼졌다 한다"고 보고하고 있다.[45] 양승권의 작품은 강국진의 라이트아트에 키네틱한 장치들이 결합된 기계적 형상을 떠올리게 한다. 이 전시는 프랑스 파리에서 8년간 유학하고 돌아온 양승권이 서구의 새로운 예술 동향 — 가령 키네틱아트나 사이버네틱아트 — 을 전해주는 장이기도 했다. 그는 프랑스에서 전기 및 전자기술 연구소를 찾아다니며 관련 기술을 독학으로 습득했다고 밝히기도 했다. 당시 전시 현황을 꽤 자세히 전하는 기사들이나 평론가 이일의 호평으로 미루어보아[46] 이 전시에 대한 세간의 반응이 꽤 컸던 것 같다. 미술계의 호평에도 불구하고 양승권은 1970년대 중반 다시 해외로 떠났다고 알려져 있다. 짐작건대 양승권의 전자미술은 일시적인 주목을 끌었을지언정 1970년대 한국미술계의 토양에서 수용되기 어려웠을 것이다.

　　1970년 5월 15일 김구림, 정찬승, 방태수 세 예술가는 전통적인 미디어라고 할 수 있는 편지(문자)를 활용하여 새로운 종류의 행위예술을 시도했다. 그들은 '메일아트'의 형식으로 진행한 〈콘돔과 카바마인〉에서 총 201통의 편지를 평론가와 일반인들에게 배포하였고, 관객들이 예술의 실행에 참여하도록 했다.[47] 편지봉투 안에는 작은 봉투 4개와 약품, 쪽지가 들어 있었는데, 쪽지에는 수신인이 실행할 지시문이 써 있었다. 가령 "가루약을 냉수에 타고 자기 이름을 세 번 반복한 뒤 마시고 2번 봉투를 8시 50분에 개봉하시오.", "[콘돔을] 국부에 끼고 3번 봉투를 9시에 개봉하시

44　민희정 (2013), 『한국 미디어아트에 관한 연구: 1969년부터 1999년까지의 영상작품을 중심으로』, pp. 43-46; 이원곤 (2013), 「비디오아트 1세대와 그 이후: 1970-2010년의 전시상황과 작업경향」, Media Art Platform (http://projectmap.org/p/article?uid=13&mod=document (2018년 2월 17일 접속)을 참고하라.

45　「원과 선을 소재로 한 각의 미학」, 1969년 11월 26일자 경향신문. (민희정 (2013), p. 43에서 재인용했다.)

46　민희정 (2013), pp. 43-44.

47　김미경 (2003), pp. 127-128.

오.” 같은 식이었다. 그저 소화제에 지나지 않는 카바마인을 모종의 의식적 절차를 따라 복용하는 행위 자체는 별 의미가 없다. 이 유별난 행위예술에서는 예술가와 감상자가 편지의 송신자와 수신자로 탈바꿈함으로써 행위예술의 핵심인 소통과 참여적 측면이 더욱 강화되고 있다. 메시지의 수신자가 된 감상자는 더 이상 단순한 수용자의 위치에 머물지 않고, 하나의 예술작품을 완수하기 위해 필수적인 행위주체(agent)가 되고 있다.

같은 해 10월 10일 김구림은 미술가 김차섭과 함께 두 번째 메일아트 〈매스미디어의 유물〉을 시도했다. 그들은 그날부터 3일간 연속해서 80명의 화가와 20개의 신문사 앞으로 세 번씩 총 300통의 편지를 발송했다. 첫 번째와 두 번째 편지에는 아무런 내용도 없이 붉은 김구림의 지문과 검은 김차섭의 지문이 찍혀 있었다. 그들은 3일째 되는 날 편지지에 김구림과 김차섭의 지문을 찍고 종이를 반으로 찢어 보냈는데, 동봉한 편지의 내용은 이러했다. “귀하는 〈매스미디어의 유물〉을 1일 전에 감상하셨습니다.” 김구림이 이 작품을 시도했던 이유는 활자미디어인 편지가 조만간 없어져서 유물로 남을 것이기 때문이었다.[48] 20세기 말부터 종이우편이 전자우편으로 대체되고 오늘날 실제로 ‘유물’이 되어버린 상황을 생각해보면 선견지명이 엿보이는 행위예술이다.

1969년 젊은 미술가들 중 일부가 한국 아방가르드협회(이하 AG)를 창립했다. AG의 모태가 된 것은 1967년 《청년작가연립전》을 주도했던 무동인과 오리진 멤버들이었다. AG 그룹에서 주요한 역할을 했던 작가들로는 곽훈, 김구림, 김차섭, 이강소, 김한, 서승원, 이승조, 최명영, 하종현 등을 꼽을 수 있다.[49] 그들은 비평가 이일, 오광수, 김일환 등을 그룹에 영입하여 미술 이론과 비평의 지원을 받고자 했다. 그리하여 “하나의 논리를 중심으로 이론을 구축한 미술운동”을 작가와 이론가가 함께 추구하는 한국 최초의 미술 그룹을 형성했다.[50] 백남준과 서구의 미디어아트가 행위예

---

48 서울시립미술관 (2013), p. 9, 142.

49 김미경 (2003), p. 149, 주180을 참고하라.

50 김전희 (2015), 「한국 〈AG〉 그룹에서의 아방가르드 연구」, 『예술과 미디어』, 14(4), p. 86.

김구림, 〈현상에서 흔적으로〉, 1970, 환경미술 프로젝트.

술, 즉 음악이나 무용 같은 퍼포먼스에서 촉발되었던 것과 마찬가지로, 초기 한국 아방가르드 미술가들은 행위예술에서 시작하여 영화나 비디오 같은 미디어 작업으로 나아갔다. AG 그룹에서는 김구림 외에 곽훈(1941-)과 이강소(1943-)가 잠시나마 비디오에 관심을 돌렸던 것도 같은 맥락이었다. AG 그룹과 같은 해 결성된 공간·시간(Space·Time, ST) 그룹의 이건용과 다른 멤버들이 '이벤트' 행위에 더 집중하고 비디오를 기록의 수단으로 사용했던 것과는 다르게, 김구림과 AG 멤버들 중 몇 명은 TV와 미디어가 지닌 새로운 예술매체로서의 가능성에 주목했다. 예를 들어 AG의 곽훈은 1970년 신문회관(현 한국언론진흥재단)에서 전기와 전자 부속품을 가지고 미디어 작업을 선보인 바 있다.[51] 같은 그룹의 이강소는 〈여백〉(1971), 〈소멸(선술집)〉(1973), 〈무제 75031〉(1975) 같은 설치 및 행위예술 작품을 발표하다가,[52] 그림 그리는(painting) 행위와 비디오의 이미지 투사와 일치시킨 〈Painting〉(1978)을 제4회 《대구현대미술제》에서 발표했다.[53]

　　1960년대 활동했던 미술가들은 구미의 선진적 예술활동에 대해 국내 언론뿐만 아니라 일본이나 미국의 미술지를 통해 동시대적으로 파악하고 있었다. 그들은 『미술수첩』이나 『미즈에』(みづゑ) 같은 일본 미술지, 그리고 『라이프』나 『타임』 같은 미국 잡지를 통해 서구 현대미술의 동향을 파악하고 있었다.[54] 그들은 뒤샹과 다다뿐만 아니라 케이지, 이브 클랭, 앨런

51　이원곤 (2013) 참고.

52　〈여백〉은 마른 갈대를 설치한 작품이고, 〈소멸(선술집)〉은 전시공간에 식당을 차려놓고 술판을 벌여 화제를 모았던 관객 참여형 행위예술이었다. 1975년의 〈무제〉는 파리비엔날레에 출품한 작품으로 하얀 횟가루를 뿌려 놓은 오브제에 닭을 묶어 놓아 동심원 내에 닭 발자국이 찍히게 한 설치예술이다. (김미경 (2003), pp. 170-178을 참고하라.)

53　《비디오아티스트 1978》전(2014), 봉산문화회관, 대구, 네오룩닷컴 전시소개페이지 (url = 〈https://neolook.com/archives/20140611g〉)참고.

54　일제강점기에 태어나서 유년시절 일본식 교육을 받았던 1960년대 예술가들은 일본어에 친숙한 편이었다. 『미술수첩』은 그들이 서구미술의 동향을 파악하던 주요 통로였다. 그들은 또한 미국에서 발간된 잡지도 여러 경로로 접할 수 있었다. 가령 김구림은 대구에서 미술대학을 다니다가 "대학에서 별로 배울 것이 없다."고 그만둔 후 헌책방에서 『라이프』나 『타임』을 탐독하며 서구의 실험적 예술에 대한 소식을 접했다고 회고한다. (김구림과의 인터뷰, 2016년 7월.)

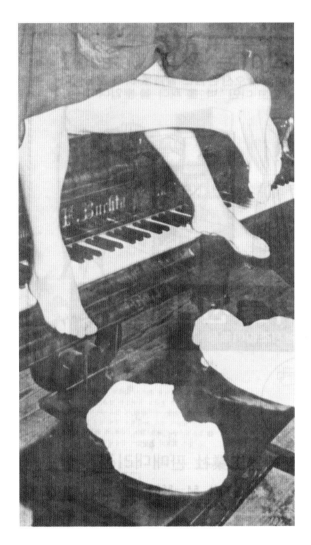

제1회 서울국제현대음악제에서 김구림이 연출한 백남준의
〈피아노 위의 정사〉 공연장면, 1969, 국립극장.

캐프로우, 로버트 라우셴버그, 백남준과 플럭서스 그룹 등의 활동에 대해
익히 알고 있었다. 1969년 9월 5일 제1회 서울 국제현대음악제에서 김구
림의 연출로 공연한 〈피아노 위의 정사〉는 백남준의 〈컴포지션〉의 한 부분
이었다.[55] 강석희가 음악감독을 맡았던 이 행사에서 김구림은 케이지와 슈
톡하우젠의 전위적 음악을 채택하여 공연을 선보였다. 예술가들은 당시
대중들에게 낯설었던 케이지의 음악에 열광했으며, 앞서 언급했듯이 〈투
명풍선과 누드〉의 배경음악 중 하나로 사용하였다. 일본에서 활약하던 이
우환(1936-)은 한국의 아방가르드 미술가들과 직간접적인 교분을 맺고
있었다. 가령 1970년대 단색화 경향을 주도하던 박서보는 이우환과 돈독
한 관계를 유지하고 있었고, 김구림을 비롯한 여러 미술가들이 그를 일본
과 한국에서 대면했다. 한국적 모노크롬 회화를 이끈 박서보나 한국적 아
방가르드를 이끈 이강소를 비롯하여 1970년대 미술의 주역들은 모두 이
우환의 모노하(物波)에서 크게 영향을 받았다.

박현기의 비디오아트

〈1/24초의 의미〉(1969)를 제작하는 등 미술, 음악, 연극, 영화를 넘나들며
종횡무진 활약했던 김구림 이후 국내에서 본격적으로 비디오아트를 개척
했던 인물은 박현기(1942-2000)다. 그는 백남준의 영향으로 비디오아트
에 입문하였으나, 대개의 연구자들은 그의 작업에서 자생성과 독자성을
발굴하고자 한다. 박현기가 1970년대 초 고향인 대구로 돌아온 것 자체가
서구 문물의 오염으로부터 피신하여 "우리 민족 고유의 정신성에 기초한
나의 정체성을 찾고자 하는" 굳은 의지의 발로로 이해된다.[56] 이와 같은 해
석은 작가가 생전에 남긴 자필 원고에 남긴 언급들에 기초하고 있다. 서울
에서 수학하고 직장생활을 하던 그가 낙향한 것이나 대구 근교 문씨 문중
의 노인을 만나 "한석봉 글씨로부터 오세창까지 그들의 글 내용을 읊던"

---

55 김구림과의 인터뷰 (2016년 7월 자택); 김미경 (2003), p. 140 참고.
56 이원곤 (2011), 「박현기의 '비디오돌탑'에 대한 재고: 작가의 유고를 중심으로」,
    『기초조형학연구』, 12(1), p. 450.

일들은 우리의 고유한 문화의 뿌리를 찾고자 한 노력의 면면을 나타낸다.[57]
건축학도였던 박현기가 비디오에 관심을 갖게 된 계기는 1974년 대구 미
국문화원에서 백남준의 〈글로벌 그루브〉를 봤던 것이다. 이후 박현기는
비디오아트에 관한 자료를 수집하고 외국 미술지를 탐독하는[58] 등 자신만
의 예술적 표현을 찾기에 여념이 없었다. 대구에서 박현기는 인테리어 업
체《큐빅디자인》을 운영하여 경제적 여유를 확보했다. 그 덕분에 당시로
서는 상당히 고가였던 비디오 장비들을 구입할 수 있었다. 하지만 박현기
에게 건축은 단지 생계를 해결하는 수단에 불과한 것이 아니었다. 그는 자
신만의 양식으로 비디오 설치를 구현해내는 데 건축이 얼마나 큰 역할을
했는지 여러 번 강조했고 자필 수고로 남겨 놓았다.[59] 건축은 그에게 회화
의 매체적 한계를 극복하는 수단이자 삶을 표현하는 더 직접적인 매체였
다. 어찌 보면 '건축적' 설치를 지향한 결과 박현기는 자신의 고유한 비디
오아트 양식을 확보하게 된 것 같다.[60]

　　1974년부터 1979년까지 지속됐던 70년대 주요 아방가르드 미술운동
중 하나인《대구현대미술제》는 박현기와 그의 동료들이 초기 미디어 작
업을 발표하던 주요한 장이었다. 제1회《대구현대미술제》에는 이강소, 최
병소, 황현욱, 이명미, 김영진, 박현기 등 대구를 기반으로 활동하던 작가
들이 주축이 되었고 서울의 서승원, 이승조, 김진석, 박석원, 신성희, 성능
경 등이 참여했다.[61] 제3회부터《대구현대미술제》는 낙동강가에서 야외

57 박현기 (2015), 「박현기 작가노트 중에서」, 국립현대미술관 (2015), 『박현기 1942-
　　2000 만다라』, 국립현대미술관, pp. 82-84.
58 박현기의 차남 박성범은 아버지가 *Art in America* 같은 미술전문지를 읽었고, 특히
　　백남준이 뉴욕에서 체포된 장면에 대해 기술한 기사를 본 후 비디오카메라를
　　구입했다고 회고했다. (박성범 (2004), 「나의 아버지, 박현기」, 『리얼리티 체크』,
　　대전시립미술관, pp. 20-21.)
59 일례로 이원곤 (2011), p. 451, 주41에 인용된 내용을 보라.
60 정연심은 박현기와 신용덕과의 인터뷰를 토대로 박현기의 고유한 어법을 '건축적
　　미디어 설치'라고 규정한다. 정연심 (2014), 「문화번역의 맥락에서 본 한국 미디어
　　설치: 제1세대 비디오 작가 박현기를 중심으로」, 『현대미술사연구』, 36, p. 239를 보라.
61 김홍희 (2011), 「박현기의 한국적 미니멀리즘 비디오」, 『1970-80년대 한국의 역사적
　　개념미술』, 경기도미술관 편, 서울: 눈빛, pp. 226-227.

작업을 선보였고, 여러 작가들이 설치와 행위예술을 시행했다. 이때부터 3년 동안 낙동강변은 미술가들에게 장소특정적 설치 또는 과정예술을 시도하는 장이 되어줬다. 가장 주목할 만한 해는 1978년 제4회 《대구현대미술제》(9. 23.-9. 30.)다. 총 3부로 나뉜 행사는 1부 평면입체, 2부 이벤트와 기타 방법의 작업, 3부 비디오와 필름 작업으로 구성되었고, 여기서 앞서 언급한 이강소의 〈Painting〉 외에 김영진, 박현기, 최병소, 김덕연, 유근준, 이상남, 이향미, 이현재의 비디오 작품들이 소개되었다. 이 전시에서 박현기의 비디오아트가 첫 선을 보이게 된다. 1970년대 중반부터 박현기는 이강소, 최병소(1943-), 김영진(1946-) 등과 함께 사진가 권중인이 운영하던 K스튜디오에서 인화용 트레이 수면에 비친 조명의 그림자(影像)를 손으로 휘저었을 때 일시적으로 생겨나는 동영상(映像)으로 담는 작업을 하고 있었다. 박현기는 물결에 비친 램프 이미지가 실제처럼 보이도록 모니터를 위쪽으로 향해 설치한 최초의 비디오 작업을 1978년 《대구현대미술제》에 출품했다. 이 전시의 비디오와 필름 부문에 그와 함께 참여한 이강소, 최병소, 김영진은 각자 나름대로 비디오의 가상성에 착안하여 화가로서의 정체성을 반성하는 작업을 했다. 이강소가 유리판에 물감을 칠하는 (paint) 과정을 보여줌으로써 마치 자신의 존재가 사라지는 것 같은 비디오를 제작했다면, 김영진은 유리 표면에 자신의 신체 일부를 밀착시킨 채 몸의 흔적을 화면에 남기는 것처럼 보이는 행위를 기록했다. 최병소도 이들과 유사하게 화가의 작업을 기록했다. 영상 속에서 작가는 등을 돌린 채 칠판 왼편부터 오른편까지 흰색 분필로 덮었다가 지우는 반복적 행위를 하고 있다.[62]

이 전시에서 박현기는 동일한 물결 반영 작업과 물이 담긴 대야가 각각 상단과 하단에 배치되어 있는 설치작업을 했다.[63] 그는 물결 영상을 그대로 투사하는 비디오 영상과 현실의 수면이 반영하는 모니터의 물결 영

62 봉산문화회관, 《기억공작소: 비디오아티스트 1978》 전시 (2014. 6. 11.-8. 10.) 소개 참고 (url = 〈https://www.neolook.com/archives/20140611g〉).

63 박현기 (2015), pp. 76-77, 84; 민희정 (2015), 「박현기 미디어 작업: 1978년에서 1982년까지의 초기 작업을 중심으로」, 『미술이론과 현장』, 19, p. 47을 보라.

상을 병치하여 비디오의 자기반영성을 역설적으로 드러냈다. 모니터의
화면과 대야에 담긴 물의 수면은 모두 마치 거울처럼 피사체와 동일한 모
습을 한 착각적(illusionary) 이미지를 생성한다. 1970년대부터 박현기뿐만
아니라 국내외 여러 초기 비디오아티스트들이 새로운 매체의 고유한 특성
으로 반영성과 가상성에 대해 탐구한 사례들이 알려져 있다. 일례로 1970
년대 초 비디오의 나르시시즘적 메커니즘을 문자 그대로 재연한 비토 아
콘치(Vito Acconci)의 〈중앙〉(Center, 1971)이나 〈방송시간〉(Airtime, 1973)
같은 작품을 떠올려볼 수 있다.[64] 박현기는 초기부터 시작된 비디오의 자
기반영성과 가상성에 대한 관심을 계속 끌고 나갔다. 물결 반영 영상으로
새로운 매체에 관한 실험을 시작한 박현기는 낙동강 물 위에 거울을 설치
하기도 하고, 자연석과 인공석을 섞어서 돌탑처럼 쌓기도 했다. 낙동강에
거울을 설치한 퍼포먼스는 한국화랑에서 1979년에 사진과 비디오로 전
시되었고, 자연석과 파이버글래스로 만든 인공석을 함께 쌓아 올린 돌탑
은 1978년 《대구현대미술제》와 서울화랑에서 발표하였다. 김홍희는 박
현기의 차남 박성범과의 인터뷰에서 박현기가 거울을 수면 위에 세워 놓
고 비디오 촬영을 하면서 아들에게 물을 저어 파동을 만들게 했다고 전한
다.[65] 이미지의 반영성과 가상성을 거울을 통해 실험했던 다른 작업으로는
1981년 대구에서 벌인 이벤트 〈도심지를 지나면서〉가 있다. 16m 트레일
러에 거울을 부착한 거대한 인공석을 싣고 40분간 대구 도심을 횡단했던
이 작품은 단지 낙동강 물결을 반영했던 거울의 연장선상에 있기는 하나
내용과 스케일 모두에서 박현기의 다른 작품들과 차별화된다. 영상 속 거

64 1970년대 국내외 여러 비디오아티스트들은 자기반영성이라는 비디오 매체의 특성을
   탐구했다. 로잘린드 크라우스는 이러한 비디오의 의미론적 구조를 정신분석학적
   용어인 '나르시시즘'을 빌려 설명한다. 이를 단적으로 보여주는 작품이 아콘치의
   〈방송시간〉이다. 여기에서 아콘치는 그 자신과 화면을 번갈아 가리키면서 "나(I)"라고
   반복적으로 말한다. 아콘치의 모순적 행동은 비디오 영상이 마치 물이나 거울에 비친
   이미지처럼 자기반영적이기 때문에 초래된 것이다. 크라우스는 아콘치의 비디오
   작업을 라캉의 거울단계(Mirror Stage) 이론에 준거하여 풀이하고 있다. Rosalind
   Krauss (1976), "Video: Aesthetics of Narcissism," *October*, 1, pp. 50-64; Krauss (1977),
   "Note on the Index," *October*, 3, pp. 68-81을 참고하라.
65 김홍희 (2011), p. 237, 주16.

울은 자연 풍광이 아닌 도시 정경을 비출 뿐 아니라, 트레일러가 이동함에
따라 사람이나 자동차의 움직임을 더 역동적으로 보이게 한다. 〈도심지를
지나면서〉에서도 거울과 비디오가 활용되고 있으나, 단순 반복적 움직임
이나 정적인 영상을 담아낸 다른 초기 작업들과는 다르게 여기에서는 도
시인의 역동적 삶이 반영되고 있다.

　　마치 거울 속 이미지처럼 실제 사물과 꼭 닮은 가상적 이미지를 반영
하는 비디오의 속성을 가장 극적으로 제시한 박현기의 작품은 1979년 제
15회 상파울루비엔날레에 출품한 〈무제(TV돌탑)〉이다.[66] 돌이 쌓인 영상
을 보여주는 CRT 모니터는 그 자체로 돌-오브제가 되어 자연석과 더불어
하나의 탑을 형성하고 있다. 이 작품에서는 서울화랑에서 전시한 진짜 돌
과 가짜 돌이 혼합된 돌탑과는 또 다른 차원에서 자연과 인공, 또는 실재와
가상이 뒤섞여 있다. 박현기의 트레이드마크가 된 이 작품은 그의 예술세
계 전반을 관통하는 주제들을 함축적으로 보여준다. 박현기가 천착했던
문제들은 3개의 대립적인 개념쌍으로 요약해볼 수 있다. 말하자면 이미 언
급한 가상과 현실, 자연과 인공, 그리고 동양적 정신세계와 서구 기술문명
의 대비다. 가상의 돌이 자연의 돌 위에 쌓이고 다시 그 위에 자연석이 놓
인 '돌탑' 비디오 설치는 비디오 영상을 수면이나 거울에 비친 영상과 유비
시켰던 작업의 연장선 상에서 반영적이고 가상적인 이미지에 대한 성찰의
결과라고 하겠다. 비디오 영상은 거울에 비친 영상만큼이나 강력한 시뮬
라크르다. 그러나 아무리 강력하다 하더라도 전자기술에 의해 재생된 이
미지는 비물질적이고 비현실적이다. 테크놀로지적 이미지가 실제 물리적
사물과 결합되자 그 대조효과로 인해 가상성이 더욱 두드러진다. 관객들
은 가상의 돌이 현실의 돌과 병치되어 있는 모습을 봄으로써 새삼스레 기
계장치로 촬영된 이미지들이 허구임을 깨닫게 될 것이다. 물론 사진이나

---

66 이 작품의 이름은 저자마다 다르게 표기되고 있다. 이원곤은 박현기가 1978년 7월
　　서울화랑에서 발표한 대로 〈무제〉로(이원곤, 2011), 김홍희와 민희정은 〈비디오
　　돌탑〉으로(김홍희(2011)과 민희정(2015)), 정연심은 〈TV&돌〉로(정연심, 2014) 각각
　　표기하고 있다. 이 책에서는 가장 최근 출판된 국립현대미술관 〈박현기 1942-2000
　　만다라〉전 도록의 표기를 따라 〈무제(TV돌탑)〉을 정식 명칭으로 받아들이고 줄여서
　　〈TV돌탑〉으로 표기한다. (국립현대미술관 (2015) 참고)

영화를 통해 보게 되는 장면들이 가상임을 알지 못하는 사람은 없다. 다만 우리가 무언가를 닮은 이미지를 그것 자체와 동일시하는 습관을 갖고 있다는 것이 문제다. 이런 종류의 습관은 인류의 유구한 역사를 통해 지속되어 온 것이라 우리가 쉽사리 헤어나기가 어렵다. 거울에 비친 이미지와 다름 없는 사진적 영상은 이제껏 인류가 생산해낸 어떤 종류의 이미지보다도 피사체와 닮았기 때문에, 많은 사람들은 이런 종류의 이미지를 그 대상 자체로 취급하는 경향이 있다. 〈TV돌탑〉과 유사한 작업으로는 1979년에 발표한 비디오 퍼포먼스 〈비디오 물 기울기〉가 있다. 이원곤은 박현기가 이와 같은 작품들에서 비물질적인 가상공간과 물질적인 현실공간을 허물어버림으로써 인터스페이스(interspace), 즉 '사이'(in-between) 공간을 창출하고 이미지와 오브제의 관계를 뒤흔들어 놓았다고 진단한다.[67]

박현기가 돌, 물, 나무 같은 자연의 재료를 사용한다는 점에서 몇몇 평자들은 박현기의 비디오 작업과 이탈리아의 '아르테포베라'(Arte Povera)의 영향관계에 주목한다.[68] 1960년대 중반에 등장하여 1970년대까지 지속되었던 아르테포베라는 기존의 추상미술의 조형적 완전성을 거부하며 반형식(anti-form)을 추구한다. 비정형성, 더 나아가 노마디즘이나 원시주의 같은 용어들로 설명되는 아르테포베라는 그 명칭대로 '가난한'(povera) 예술을 표방하면서 자연에서 구할 수 있는 값싼 재료들을 소재로 삼았다. 박현기의 〈TV돌탑〉뿐만 아니라 그가 철로에 놓였던 침목을 잘라 돌이나 모니터를 끼워넣은 작품들도 일종의 가난한 예술이다. 앞서 언급한 〈여백〉(1971)을 비롯한 이강소의 일련의 설치작업도 국제적인 반모더니즘 경향 속에서 등장했다. 한편 박현기 비디오아트에 개입하는 자연적 요소는 또한 이우환이 이끄는 일본의 경향 안에서 등장한 설치미술에 비견되곤 한다.[69] 이우환이 가공되지 않은 자연의 재료들 — 돌, 철판, 흙, 나무 — 로 구

---

67 이원곤 (2003), p. 341.
68 김홍희 (2011), pp. 233-234; 정연심 (2014), p. 241.
69 이원곤은 "70년대 많은 작가들은 모노하와 이우환으로부터 많은 영향을 받았으며, 특히 이강소·황현욱과 교분이 깊었던 박현기에게서도 이 점이 예외일 수는 없을 것"이라고 추측한다. 이원곤 (2011), p. 455. 한국에 전파된 모노하에서 박현기가 받은 영향은 김홍희 (2011), pp. 231-233; 정연심 (2014); 김미경 (2006), 『모노하의 길에서

박현기, 〈무제(TV돌탑)〉, 1979, 비디오 설치, 2008년 대구문화예술회관《박현기 유작전》전시광경.

성해낸 설치작업들은 있는 그대로의 자연을 긍정하는 동양적 사유의 견지
에서 나온 것이다. '무위자연' 사상과 맞닿아 있는 모노하는 최소한의 인공
적 개입만으로 물질과 물질의 우연한 만남이 창출하는 공간적 관계와 그
것이 창출하는 상황에 초점을 맞추고 있다. 모노하는 미가공의 자연적 재
료를 소재로 한다는 점에서 아르테포베라와 공유하는 지점이 있으나, 실
상 두 예술운동은 전혀 다른 지향점을 갖고 있었다. 박현기는 이러한 예술
적 조류들을 모두 알고 있었고 어느 정도 영향을 받았을 것이다. 그렇다 하
더라도 그의 비디오아트에서 두드러지는 특징들은 그러한 조류들과의 유
사성보다는 차별화되는 지점에서 발견된다고 생각된다.

우선 박현기의 비디오 작업이 물결 반영 이미지를 촬영하거나 거울
에 비치는 실험에서 시작되었다는 점을 들 수 있다. 비디오 돌탑이나 침목
설치작업에서 기계장치와 대조를 이루는 자연적 오브제가 두드러져 보인
다. 그러나 비디오 설치에서 박현기의 주안점은 자연 대상만큼이나 비디
오 이미지의 가상성에 있었던 것으로 파악된다. 그는 서구에서 발명된 새
로운 매체를 자신을 둘러싼 자연의 사물들과 조화롭게 어우러지길 원했던
것처럼 보인다. 또한 박현기는 외래의 선진문화를 의도적으로 피하고자
했던 것으로 알려져 있다. 박현기의 자필 수고들이나 그의 지인들이 전하
는 박현기의 기억으로 미루어볼 때 그가 비디오라는 인공물에 자연을 개
입시킨 것은 한국 고유의 전통으로부터 영향받은 것 같다. 한반도 곳곳에
서 발견되는 돌탑들은 민간신앙의 풍속에서 생겨난 것으로, 예로부터 민
초들은 돌 위에 돌을 얹어 수직적인 탑 형상을 만듦으로써 그들의 소박한
염원이 성취되리라고 믿어왔다. 박현기는 〈TV돌탑〉 외에 돌무덤을 연상
시키는 비디오 설치작품을 1980년 파리비엔날레에서 전시한다. 현지에서
재료를 구하다 보니 돌의 생김새들이 한국 땅의 것들과 사뭇 다르다.[70] 그
럼에도 불구하고 한국의 토테미즘에 익숙한 사람들은 그것이 돌무덤이며,

만난 이우환』, 서울: 공간사 등을 참고하라.

70 박현기가 한국에서 비디오 설치에 사용하던 돌들은 하천에서 오랜 세월 연마되어
   둥글게 된 화강암이었는데, 파리비엔날레에 출품한 설치작품은 돌판에 가까운 각이
   진 것들로 제작되었다. 이원곤 (2011), p. 452를 보라.

박현기, 〈무제〉, 비디오 설치, 2008년 대구문화예술회관《박현기 유작전》전시광경.

인간적 한계를 초월한 자연의 신령한 힘에 닿아 있다고 생각할 것이다. 더욱이 박현기에게 자연의 돌이 어떠한 상징적 의미를 갖는지 그가 남긴 기록들을 바탕으로 면밀히 살펴보면, 그가 새로이 시작한 시각적 실험에 돌이라는 자연물을 개입시킨 이유가 한국적 전통에 대한 그의 관심에 있다는 것을 어렵지 않게 짐작할 수 있다. 박현기는 괴석이나 수석을 예술작품처럼 감상의 대상으로 삼는 동양미학적 전통에 관심이 많았고, 한국전쟁 당시 피난행렬을 따라 돌무덤을 쌓았던 기억을 특별하게 여기고 있었다. 더 나아가 박현기는 어릴 적부터 "돌이 구름처럼 하늘에 떠 있는" 초현실주의적 환상을 품고 있었다고 말하기도 했고, "돌은 태고의 시간과 공간을 포용하는 자연"이라고 하기도 했다.[71] 이 경우에도 돌은 그에게 현실 저편의 세상에 대한 상징이었다. 연구자에 따라서는 박현기 작품세계의 결정판이라고 판단하는 〈만다라〉(1997-1999) 역시 동양사상을 바탕을 두고 있다.[72] 박현기가 사망하기 1년 전에 발표한 이 영상설치작품은 불교 도상들과 포르노그래피 같은 매스미디어의 영상들을 교차 편집한 작품이다. 천장에서 투사되는 장면들은 너무 빠르게 지나버려서 관객들은 성과 속이 뒤얽힌 화려한 영상의 내용을 따라잡기가 어려울 정도다.

　　이미 이야기한 것처럼 박현기는 서구 기술문명으로 오염된 서울을 떠나 일찍이 낙향한다. 대구는 경주와 가깝기 때문에 한반도의 옛 전통을 접할 수 있는 지리적 장점도 갖고 있다. 백남준과는 다르게 '로우테크'를 사용한 박현기의 비디오아트의 동양적 특성은 이처럼 한국적 전통을 모색했던, 어찌 보면 당시 경향을 역행한 듯한 점과 맞물려 있는 것 같다. 박현기는 돌과 같은 자연 재료들을 서구의 물질문명과 대비되는 동양적 정신문화를 창출하는 매체로 취했다고 할 수 있다.[73] 요약하자면 새로운 기술적 매체가 미술가로서 그의 관심을 사로잡았지만, 그는 그것을 한국적 전통과 잘 어우러지게 결합함으로써 동서양을 아우르고 자연과 인공, 그리고

71 이원곤 (2011), pp. 452-453.
72 박민영, 「한국 비디오아트의 선구자, 박현기」, 예술담론웹진 『대문』, url = 〈http://daemun.or.kr/?p=378〉 (2018년 11월 9일 접속)
73 김홍희 (2011), p. 247.

박현기, 〈만다라〉 2점, 1997, 비디오 설치, 2008년 대구문화예술회관
《박현기 유작전》 전시작.

과거와 현재의 간극을 허무는 자신만의 미디어 어법을 탄생시켰다고 하
겠다.

　　국내 초기 미디어아트는 백남준의 선구적 활동과 그의 영향을 받아
비디오와 필름 작업을 시작했던 소수 예술가들의 실험적 움직임으로 시작
되었다. 백남준은 일찍부터 구미에서 예술가로서 이력을 쌓았고 20세기
중반 아방가르드적 흐름의 한가운데에서 비디오아트에 착수했다. 그 시기
가 1960년대 초였으며《음악의 전시: 전자 텔레비전》전을 기점으로 삼는
다 하더라도 박현기의 물결 영상 실험작업(1978)은 물론이거니와 김구림
의 〈1/24초의 의미〉(1969)보다도 상당히 앞선다. 백남준의 초기 비디오 필
름은 박현기가 비디오 작업에 발을 딛게 하는 결정적인 계기였다. 하지만
위에서 살펴본 것처럼 박현기의 향후 행보는 백남준과는 판이하게 달라
서, 국내 미술계에서는 박현기 비디오아트의 동양성, 자생성을 상대적으
로 부각시키는 경향이 있다.

　　박현기가 동양적 사상과 한국적 정서를 작품에서 부각시키고자 했던
것은 사실이다. 박현기의 작가노트에는 백남준이 아베와 함께 제작한 비
디오 신시사이저가 양산되는 것을 보고 테크놀로지에서는 도저히 백남준
을 따라갈 수 없다고 판단하고 다른 방향을 모색할 결심을 했다고 적혀 있
다.[74] 그렇다 하더라도 백남준의 비디오 작업을 서양적인 것으로, 박현기
의 것은 동양적·자생적인 것으로 단정하는 것은 여러 정황을 고려할 때
그다지 적절해 보이지 않는다. 단순히 백남준이 한국 태생이라는 이유 하
나로 그의 예술도 동양적일 수밖에 없었다고 말하려는 것은 아니다. 백남
준의 예술세계를 형성하는 주요 동기 중 하나가 한국적 정서와 풍습 — 예
를 들어 굿 같은 무속 — 이었기에 그의 작품에는 서양적인 것과 동양적인
것이 혼재한다. 박현기는 일본, 미국, 프랑스 등 해외 체류의 경험을 갖고
있던 당대의 다른 미술가들과 다르게 국내에서만 활동했기 때문에 많은
저자들이 그에게 '동양성'의 브랜드를 부여하는 것 같다. 그러나 1970년대
국내 미술가들은 서구 문물의 수혜를 입고 있었을 뿐만 아니라, 전통유산

---

74 국립현대미술관 (2015), p. 82.

보존보다는 경제발전을 우선시하던 박정희 정권의 정책기조로 인해 한국적 전통은 의식적으로 모색해야 하는 하나의 주제가 되어 있었다. 이런 점들을 두루 고려할 때, 박현기의 예술세계를 동양성이라는 틀에 가두는 것은 넓은 스펙트럼을 지닌 그의 비디오아트의 함의를 축소시킬 위험이 있다. 박현기 비디오아트에 관한 연구가 아직 미진한 상태에서 동양과 서양의 양분법 안에 그의 예술세계를 판단하는 것은 지양해야 할 접근이라고 생각된다.

요약하자면, 1960년대와 1970년대에 활동을 시작한 한국 미디어아트의 1세대라고 명명할 수 있는 여러 예술가들은 해외에서든 또는 국내에서든 제 나름의 색채를 띠며 새로운 미디어를 통한 표현방식을 탐색하였고, 각자의 빛깔이 무엇이었든 간에 한국적 특색을 드러내고 있었다. 1980년대에 접어들면 세계화(globalization) 추세가 가속화되고 미술가들도 점점 더 다변화되어가는 국제 미술계의 동향에 개방적이게 된다. 이어지는 절에서 김구림과 김순기의 인터뷰 내용을 중심으로 당대 시대상과 그들의 예술세계를 살펴본 후, III장에서는 1980년대와 1990년대 디지털 테크놀로지로 영역을 확장해간 2세대 한국 미디어아트를 추적해볼 것이다.

3 작가 인터뷰

김구림 (1936-)
실험영화, 미디어 퍼포먼스
kimkulim.com

이제까지의 경력과 주요 활동

1936년 경북 상주에서 태어났다. 경북의 한 미술대학에 진학했으나 1학년 말에 배울 것이 없다고 판단하고 자퇴했다. 그리고 섬유회사에서 일하다가 작품활동을 하려면 서울로 올라가야겠다는 생각을 했다. 영화감독이 될 생각이었다. CF 시나리오를 쓰면서 영화의 기초를 닦아나갔다. 소설가가 되려고도 했다. 그러다 번역이 필요하지 않은 것이 무엇일까 고민하다가 화가의 길로 들어서게 됐다.

70년대에는 한국과 일본을 오가면서 활동했으며 국민대, 중앙대에서 강의했다. 이후 미국으로 이주하여 뉴욕과 LA에서 15년간 체류했다. 아트스튜던트리그(Art Student League)에서 회화와 판화를 공부했는데 뉴욕에서도 연극과 무용을 자주 봤다. 귀국한 뒤에는 홍익대학교 미술대학 대학원에서 판화를 강의했다.

국내외에서 수십 차례의 개인전을 열고 200여 차례의 기획전에 참여했으며 파리비엔날레, 도쿄 판화비엔날레 등 세계적인 비엔날레에 작품을 출품했다. 수상 경력으로는 1983년 대한민국무용제 무대미술상 및 연극미술상, 2006년 이인성 미술상, 2014년 서울문화투데이 문화대상, 2017년 은관문화훈장을 수상했다. 주요 작품 소장처로는 테이트모던(영국), 프랑크푸르트시민회관(독일), 뉴욕시티은행(미국), 버겐카운티 미술관(미국) 이스라엘 미술관, 홋카이도 근대미술관(일본), 후쿠오카 아시아 미술관, 국립현대미술관, 서울시립미술관, 삼성미술관 리움, 호암미술관, 부산시립미술관, 대전시립미술관, 광주시립미술관 외 다수가 있다.

초기 작업

첫 개인전과 그룹 '앙그리' 결성

1958년 대구 공보관화랑에서 첫 번째 개인전을 열고 구상성의 작품 〈달, 산, 호수〉를 선보였다. 2개의 둥근 사각형을 그렸는데 위쪽에 있는 검은 사각형의 한쪽 끝에 공간을 살짝 내었다. 아래쪽에 있는 회색 둥근 사각형에는 위쪽에 있는 검은 사각형의 그림자를 내고 하얀 달을 그렸다.

1963년 그룹 '앙그리'를 결성했다. 앙그리는 대구 지역 최초의 추상미술그룹으로 기정질서에 대한 저항정신을 가지고 있던 그룹이었다. 당시의 홍대, 서울대 출신들이 활동이 어려워지자 그룹을 만들자고 제안했다. 아카데미즘에서 벗어나 총체적인 예술을 지향해야 한다고 했다.

〈피아노 위의 정사〉 연출(1969)

1969년 국립극장에서 열린 제1회 《서울국제현대음악제》에서 백남준의 작품 〈콤포지션〉의 일부로서 〈피아노 위의 정사〉를 연출했다. 피아노 위에 남녀가 앉아 있었고 정사를 연상시키는 움직임에 따라 피아노 건반이 두드려진다. 존 케이지와 슈톡하우젠의 작품도 발표하고 싶었는데, 음악계의 반발이 심했다. 그래서 명동극장에서 한 번만 발표회를 했다. 나는 인간을 벗어난, 인간이 행하지 않은 음들을 모두 수집했고 자연에서 채취한 소리로 작곡을 했다. 현재 그 음악 작업들은 다 사라지고 없어서 너무 아쉽다. 주위의 사람들이 그 당시의 기억을 살려 다시 만들자고 제안했지만 오해받는 것이 싫어서 하지 않았다. 당시에 일렉트릭아트도 만들었고, '시트와송'이라는 연극단체에도 있었는데 각색한 작품을 올리고 관중석에 배우를 심어놓기도 했다. 관객과 배우의 소통을 시도하기 위해서였다.

〈매스미디어의 유물〉(1969)

같은 해 김차섭과 함께 최초의 메일아트라고 할 수 있는 〈매스미디어의 유물〉을 실행했다. 긴 사각봉투를 200장, 누런 편지봉투를 100장, 그리고 흰색 A4 용지를 사서 엄지 지문을 찍고 그것을 반으로 쭉 찢었다. 그렇게 찢은 종이를 사각봉투 안에 각각 담았다. 그리고 100장씩 나눠서 세 번에 걸쳐 24시간마다 미술계 인사들에게 보냈다. 마지막에는 편지봉투 안에 "귀하는 〈매스미디어의 유물〉을 1일 전에 감상하셨습니다. 김구림, 김차섭"이라고 인쇄된 명함을 보냈다.

〈문명, 여자, 돈〉(1969–2016)

같은 해 미완성 실험영화 〈문명, 여자, 돈〉을 만들었다. 이 작품은 8mm 필름 누드영화로, 당시만 해도 여자가 옷을 벗는 것은 굉장한 일이었다. 실업시대이고 궁핍한 시대라 할 일 없이 자다가 일어나서 책을 보거나 손톱에 매니큐어를 칠하는 등 무미건조한 일과를 보내는 19세 여성을 주인공으로 등장시킨 1인극이었다. 그런데 제작 도중 배우가 달아나서 미완성으로 남았다. 나는 이보다 좀 더 작품 다운 작품을 만들고 싶었고 그렇게 나온 결과 물이 바로 〈1/24초의 의미〉다.

〈1/24초의 의미〉(1969)

작품 〈1/24초의 의미〉는 25분짜리 16mm 필름으로 현대인의 하루를 보여주는 여러 이미지들로 조합했다. 고가도로 위의 차창 밖 이미지, 바쁘게 걸어가는 사람들, 빌딩과 아파트, 상점들, 샤워기에서 쏟아지는 물줄기, 생선 머리를 토막 내는 장면 등등이 나타난다. 당시에 나는 이 작품을 만들기 위해 촬영기사에게 부탁했는데 이게 무슨 영화냐 하며 도중에 못 하겠다고 했다. 그 다음부터는 내가 직접 찍기 시작했다. 첫 상영 후에 온갖 주간지에서 떠들어댔고 영화계에서는 완전히 뿔이 났었다. 편집실에 맡겼더니 편집기사들이 깡패가 무섭다며 거부했다. 할 수 없이 내가 직접 편집하고 촬영했다. 그러나 사운드 제작이나 프린트를 할 돈이 없었다. 그래서 프린트를 하지 않은 상태로 작품을 발표했다. 이때 '국제타이즈'로부터 후원을 받고 인쇄물 뒤에 이 회사 광고를 넣었다. 필름 복사본을 만들지 못했기 때문에 상영 도중 필름이 끊어질 경우를 대비하여 슬라이드 300장을 따로 준비하고 퍼포먼스도 준비했다. 우려했던 대로 중간에 사고가 나서 내가 직접 흰 타이즈를 입고 정강자와 함께 퍼포먼스를 했다. 이것이 즉흥적으로 탄생한 작품 〈무제〉로, 국내 미디어 퍼포먼스의 효시라고 할 수 있다. 안타깝게도 이때의 작업들, 즉 안무, 콘티, 현대음악 작곡한 것 전부가 유실됐다.

〈제4집단〉 결성

1970년 6월 서울 을지로 입구의 소림 다방에서의 결성식을 시작으로 행위미술단체 〈제4집단〉을 결성했다. 당시 나는 〈제4집단〉의 통령을 맡았다. '회장'이라는 명칭이 너무 고리타분하다고 생각했기 때문에 '대통령'에서 '대'자를 빼고 통령이라고 했다. 정찬승이 총령, 방거지[방태수]가 포령, 손일광이 의령을 맡았다. 8월 15일 우리는 사직공원에서 모여 애국가 제창과 국기에 대한 경례를 마친 뒤 〈제4집단〉의 강령을 외치고 문화예술의 장례를 위한 선언문을 낭독했다. 기존의 퇴폐문화를 상징하는 도서류나 오브제들을 관에 넣고 그 위에 꽃과 태극기를 덮어 시가행진을 했다. 그러나 얼마 가지 못해서 경찰에게 제지당했고 남대문경찰서에서 밤새도록 유치장에 갇힌 채 심문을 받았다. 이북에서 자금을 준 것이 아니냐, '4'의 의미가 뭐냐, '국가전복죄'라며 닦달했다. 다음 날 남대문 경찰서에서 조사를 받고 영등포구치소로 넘겨졌고 법원에서 즉결 심판을 받고 훈방으로 풀려났다. 알고 보니 각 주간지나 신문사에서 경찰과 법원에 선처를 요구한 덕이었다. [『선데이서울』 같은] 주간지 기자와 간부들에게 우리는 굉장한 뉴스거리였다. 우리가 행사를 하면 그것이 곧 특집이었고 판매부수가 치솟았다. 이 사건 때문에 대구에 계신 부친까지 고초를 겪었으며 석방 이후에도 형사들이 내게 계속 따라붙었다. 결국 결성된 지 반년 만에 〈제4집단〉을 해체한다는 선언을 기자회견을 통해 밝혀야만 했다.

이후의 활동

시로다화랑 개인전(1973)

〈제4집단〉을 해체한 뒤 나는 일본으로 건너가서 내 자신의 작품을 시험해보자고 생각했다. 1973년 도쿄에 있는 시로다화랑에서 개인전을 가졌다. 멀쩡한 새 빗자루를 사서 낡게 만들고 삽이나 옷걸이, 걸레 등과 같은 일상용품들을 화랑 벽에 기대어 놓기도 하고 바닥과 벽에 걸어 놓기도 했다. 그 작품에 서명과 연도도 표시했다. 미술에서 시간성의 문제를 제기한 작업으로 "현재를 과거로 되돌려놓았다."는 평가를 받았다. 당시에 어떤 사람이 와서 전시된 물건과 똑같은 일상용품을 사용하고 100년 뒤에 내 작품과 나란히 놓는다면 어떤 것이 내 작품인지 구분할 수 있겠느냐고 물었다. 그 질문을 받은 후로 나는 식음을 전폐했다. 그 말이 나에게는 그만큼 충격이었다. 이후 다시 작품 구상을 하여 여기저기 화랑에 연락해서 펑크 난 자리가 있으면 알려달라고 부탁했다. 그리하여 1974년 동경에 있는 니레

노키갤러리에서 연락이 와서 또다시 여러 일상용품들을 전시장에 설치해두었다. 이전과 마찬가지로 시간성의 문제를 제기했으나 달라진 점은 사물에 그림을 그려서 닮은 것처럼 보이게 만들었다는 것이다. 멀리서 보면 낡은 사물처럼 보이지만 가까이서 보면 붓 자국이 보였다. 덕분에 나는 일본에서 인정을 받을 수 있었고 평론가 미네무라 도시야키로부터 뉴욕행을 추천받았다. 하지만 미국 비자를 받지 못해 미국행은 어느정도 세월이 흐른 후에 가게 되었다.

〈걸레〉(1974)

1974년 제9회 일본 국제판화비엔날레(1974)에 작품을 출품했다. 작품 〈걸레〉를 출품했는데 테이블 위에 보자기를 깔고, 보자기 위에 실크스크린으로 걸레의 물이 번진 듯한 흔적을 찍어두었다. 그리고 다시 그 위에 무늬가 있는 실제 걸레를 올려놓았다. 이를 통해 새로운 형식의 판화를 보여주고자 했다. 심사위원들이 나에게 "이것이 판화인가?" 하고 묻더라. 왜 그렇게 만들었냐고 말이다. 그래서 나는 이렇게 답변했다. 상업성을 순수예술로 포섭한다거나 판화의 평면 일변도의 형식을 설치미술로 확장시키고자 하는 의도를 가지고, 또 판화가 가져야 할 기법적인 면모를 충족시키면서 새로운 맥락의 판화를 탄생시키고자 하였다고. 그리고 일반 공장에서 프린트되어 나오는 보자기들은 모두 상품인데 이러한 상

김구림, 〈걸레〉, 1974, 테이블클로스에 실크스크린, 74×120×70cm.

품들을 순수의 영역으로 도입하고 싶었다고 말했다. 이 작업은 그랑프리 후보로도 논의가 되었고 일본 잡지 『계간 판화』에도 컬러로 실렸다.

〈정물 A〉(1981)

1981년 한국의 동아국제판화비엔날레로부터 작품 의뢰가 들어왔다. 이를 위해 만든 작업 〈정물 A〉 역시 테이블에 깔아 놓은 보자기 위에 유리컵 그늘을 스텐실 판화기법으로 만든 지형을 뜨고 도려낸 부분에만 분무기를 처리했다. 〈정물 B〉는 보자기 위에 실크스크린 기법으로 잎사귀 무늬를 프린트하고 그 위에 쟁반, 커피잔, 냅킨을 얹어두었다. 그런데 심사위원들이 내 작품에 대하여 전시 거부를 통보했다. 이경성 같은 쟁쟁한 평론가들이 내 작품은 판화가 아니라고 했다. 나는 작품을 철거해야만 했다. 조선일보를 찾아가서 억울함을 호소했더니 항의 기사를 실어주었다. 그러자 평론가 유준상이 경향신문에 반론 글을 실었다. 동아비엔날레 측은 전승양식을 추구하며 내 작품이 복제성이 없는 판화라는 점에서 기본방침과 어긋난다는 이유로 전시 거부 이유를 들었다. 이틀 뒤에 박서보가 경향신문에 "실험 거부는 현대성 외면한 처사"라는 글을 실어 나를 옹호했다. 작품에 대한 모욕을 참기 어려웠고 나는 서울 민사지방법원에 비엔날레 개최정지 가처분신청을 냈다. 그러나 기각되었다.

뉴욕 시기

1984년 나는 미국으로 이주했고 뉴욕의 아트 스튜던츠리그(Art Student's League)에 입학했다. 그리고 1986년 갤러리 뉴욕과 리베데일 갤러리 두 곳에서 개인전을 열었다. 일상적인 소재들인 나무, 꽃 등의 실제 이미지를 등장시켜 이것들을 지우거나 부각시키는 시리즈를 선보였다.

〈음양〉 시리즈(1990년대-현재)

1990년대 이후부터는 음양 시리즈를 선보였는데 대체로 일상적인 용품이나 잡지 등의 인쇄매체를 캔버스 위의 회화에 붙이는 방식으로 이루어졌다. 1991년 뉴욕에서 LA로 이주했다. 당시에 만든 음양 시리즈들을 보면 그림만 있는 것이 아니라 다양한 오브제들을 활용하였다. 가령 〈음과 양 90-L. 14〉에서는 캔버스를 왼쪽과 오른쪽 두 공간으로 구획하고 왼쪽에는 아크릴화를 그려 넣고 오른쪽에는 『라이프』(LIFE) 지에서 뜯어낸 사진들을 쭉 이어 붙였다. 그 사진들은 야구장의 모습, 아프리카의 기아들, 동물 등 세상이 돌아가는 모습을 담은 것이었다. 또 〈음과 양 90-L. 34〉에서는 역시 왼쪽과 오른쪽의 두 공간으로 구획하고 왼쪽에는 꽃무늬 천을 깔고 『LA 타임스』를 펼쳐두었으며 오른쪽에는 솜을 가득 채워두는 식으로 설치했다. 이러한 음양 시리즈는 2000년대 한국으로 귀국한 이후에도 지속되는데 이 시기에 만든 음양 시리즈들의 경우, 광고판의 이미지를 컴퓨터 프린터로 출력한 뒤 그 위에 붓질하여 이미지를 지워나가는 식으로 제작했다. 참고로 작품을 구별하기 위해서 작품명을 지을 때 나름의 규칙이 있는데 그해 몇 개의 작품을 만들었고 어디서 만들었는지를 표시가 되도록 명제에 적어두는 것이다. 예를 들어 〈음과 양 16(연도)-S.(서울의 약자) 숫자(그 해의 작품순서)〉의 식으로 제작한 이니셜을 새겨두었다.

최근 활동상황
한국미술계의 외면

미국에서 귀국한 뒤 2000년 문예진흥원 마로니에미술관(현 아르코미술관)에서 귀국전 《김구림의 작은 회화전》을 열었다. 그러나 이후 먹고살기가 너무 힘들었다. 미국에 가기 전까지도 한국에서 모욕을 당했는데, 미국에서 다시 고국으로 돌아와서도 완전히 푸대접을 받았다. 메이저 화랑은 고사하고 두 번째 레벨의 화랑에서도 전람회를 한 번도 열어주지 않았다. 새로 생긴 화랑에서 전람회 해준다고 하면 너무 고맙다고 달려갈 정도였다. 이름도 없는 화랑들이었다. 10년이 흘러 집사람이 도저히 안 되겠고, 미국에서는 그나마 대우를 해줬는데 고국이 이게 뭐냐, 다시 돌아가자고 했다. 그래서 2010년 뉴욕으로 떠나려고 했으나 여의치가 않았다. 완전히 시름에 잠겨서 이러지도 못하고 저러지도 못했다. 그

런데 2011년도에 영국 테이트모던에서 내게 전람회를 제안하는 연락이 온 것이다.

《A Bigger Splash: Painting after Performance》전(2012)

그렇게 2012년 테이트모던 《A Bigger Splash: Painting after Performance》전에 초청되어 참여하게 되었고, 쿠사마 야요이와 같은 방에서 전시했다. 전시는 '행위예술 이후의 회화'라는 부제에서 나타나듯 회화에 관한 연극적인 접근과 회화를 그림으로 보는 접근, 이 두 가지 관점으로 나뉘어 이루어졌으며 참여 작가로는 잭슨 폴록, 데이비드 호크니, 니키드 생팔, 쿠사마 야요이, 신디 셔먼 등이 있었다. 전시에 출품한 작품은 1969년 서울에서 여성 모델의 몸에 그림을 그린 '바디페인팅' 퍼포먼스를 담은 사진이었다. 그러자 국내 신문에서 떠들고 난리가 났고, 서울시립미술관에서 갑자기 전람회를 하자고 연락이 오더라. 2013년 서울시립미술관에서 1960-70년대 사이의 작품들을 중심으로 한 개인전 《잘 알지도 못하면서》전을 개최하게 됐다. 결국 테이트모던에서의 전시를 계기로 나는 다시 재기할 수 있었다.

사실 이런 일이 없었다면 나는 한국을 떠났을 것이다. 설움이 너무 많았다. 조국을 버리겠다고 다짐했었다. 메이저 화랑에서 내 작품이 정체성이 없다고, 맨날 변하기만 한다고 사지 말라고 했다더라. 그런 소리들이 내

귀에 들려왔다. 그런데 나는 하나만 고집하는 작가가 아니었다. 시대가 변하면 사고방식이 변하고 사고가 변하면 작품도 같이 변해야 한다고 생각한다. 호랑이 담배 피우던 시절에 하던 것만 고집하고, 그게 내 세계다 주장하는 게 옳은 것인가? 세상이 바뀌는데 나도 바뀌고, 그러면 어떻게 작품이 안 변하나. 적어도 나에게 이러한 변화는 자연스러운 것이었다. 내 작품에는 시대성이 전부 다 반영되어 있다.

〈생성에서 소멸로〉(2015)

2015년 중국 시안시립미술관에서 《동북아시아 지역사와 시대정신》전이 열릴 때 개막식 퍼포먼스로 선보인 신작이다. 하얀 캔버스를 펼치고 시인이 시를 낭독했다. 관객들은 조용히 시를 청취하고 나서 한 페이지를 찢어서 앉은 사람에게 주면 그 사람이 하얀 바탕에 하나하나 시를 적어 내려간다. 그렇게 화면이 차면 다시 글씨 위에 중복해서 계속 글씨를 써 내려간다. 흰 화면에 시가 다 채워지면 화면이 검은 화면으로 바뀌는 퍼포먼스였다. 처음의 흰 화면에서 새카만 화면으로 바뀐다는 것은 무(無)의 상태가 된다는 것을 의미한다. 사람들은 시집에 실린 수많은 시들을 들었지만 나중에는 무슨 시를 들었는지 혼란스러워한다. 그리고 시인이 들고 있던 책은 다 찢어져서 없어져버렸다. 불교에서 말하는 '공'(空) 개념이자 노자 사상에서 말하는 꽉 찬 것은 비

운 것과 같다는 뜻이 담긴 작업이다.

《삶과 죽음의 흔적》전(2016)

2016년 아라리오갤러리 개인전 《삶과 죽음의 흔적》에서 신작으로 강렬한 죽음의 이미지를 표현한 〈음양〉 시리즈를 선보였다. 〈음양 15-S. 45〉는 구름이 떠다니는 영상이 바닥에 있고 그 위에 모터보트가 있으며 보트 안에는 해골의 형상들이 있는 작업이었다. 〈음양 16-S. 55〉는 흙으로 뒤덮인 무덤이 있고 그 속에 검은 관이 하나 놓여 있는 작업으로 관 안에는 아기 신발이 놓여 있고 무덤가 곳곳에는 태아의 몸체로 추정되는 떨어진 살점들이 여기저기 흩어져 있다. 작품 〈음양 16-S. 54〉는 검은 욕조에 해골이 앉아 있는데 해골의 두 다리와 왼팔은 뼈만 남았으나 왼팔은 살이 그대로 있고 시계도 차고 있다. 욕조에 앉은 해골의 몸체 위에는 수많은 여자들의 사진을 두었다. 이 외에도 19금 표지가 있는 공간에 포르노 영상과 나란히 중국의 고전 '논어' 책이 놓여 있는 작업 등도 있었다.

〈현상에서 흔적으로〉 재연 (2016)

2016년 국립현대미술관에서 〈현상에서 흔적으로: 불과 잔디에 의한 이벤트〉(1970)를 46년 만에 재연했는데 이 작품은 1970년 4월 11일 한강 살곶다리 부근에서 잔디를 불로 태워 삼각형의 흔적을 남긴 대지미술이다. 불에 검게 탄 잔디와 그렇지 않은 잔디는 시간이 지

남에 따라 잔디가 새로 자라나면서 차이가 사라지며 이는 생명의 순환과정을 담아낸다. 이 작품을 국립현대미술관 과천관 야외 조각공원에서 46년 만에 재연했는데, 이번에는 미술관 사정 고려하느라고 예전처럼 크게 하지는 못했다. 하지만 1970년 당시에는 소수의 미술계 사람들만이 관람했던 반면 이번에는 많은 사람들의 관심 속에서 진행되었다. 국립현대미술관 앞마당 삼각형 구역 안에 불에 탄 잔디의 흔적이 시간이 지남에 따라 흐릿해지는 과정을 살펴볼 수 있다.

《기성 문화예술의 장례식》 재연(2016)

2016 부산비엔날레 Project 1에서는 기성 권위와 제도에 저항했던 1960년대 후반 이후의 전위예술 및 실험예술을 재조명했다. 여기서는 1970년 8월 15일에 있었던 〈제4집단〉의 《기성 문화예술의 장례식》을 재연하는 영상을 선보였고, 2016년 7월 대학로 마로니에공원에서 44년 전 퍼포먼스를 재연했다. 1970년 당시 전방위 문화집단이었던 〈제4집단〉은 기성문화의 모순을 드러내기 위해 4개 조항의 선언문을 낭독하고 기성문화에 대한 장례 행렬을 앞세운 가두시위를 실시했다. 그러나 도중에 도로교통방해죄로 중단되었고 나를 포함한 주요 구성원들이 불온분자로 몰리면서 제4집단이 해산됐다.

《저항과 도전의 이단아들》전 참여(2018)

2018년 대구미술관에서 개최한 《저항과 도전의 이단아들》전에 참가했다. 이 전시는 1960년에서 80년대 한국 아방가르드 미술 및 1967년부터 현재까지의 한국 행위미술을 다루었다. 앵포르멜, 단색화, 민중미술 등 이미 제도권에서 다루어졌던 당대의 주류적 미술활동 이면에 주류에 편승하기를 거부하며 상대적으로 주변부에서 활동해온 입체, 개념미술, 해프닝, 미디어 등 실험적 작가들을 중점적으로 조명한 전시다. 전시에서는 여성 모델의 신체에 그림을 그린 퍼포먼스 〈바디페인팅〉(1969), 〈현상에서 흔적으로〉(1970), 직접 감독한 실험영화 〈1/24초의 의미〉가 행사 도중 필름이 끊어지면서 스크린 대신 흰 타이즈를 입은 정강자와 나의 몸에 투사한 〈무제〉(1969) 등을 선보였으며, 이는 당대의 신문기사들을 통해 확인할 수 있다.

《한국 비디오아트 7090: 시간 이미지 장치》전 참여(2019)

2019년에는 국립현대미술관에서 개최한 《한국 비디오아트 7090: 시간 이미지 장치》전에 과거 1960-70년대 제작한 영상작업들을 출품했다. 이 전시는 한국 비디오아트 30년의 맥락을 국내 비디오작가 60여 명의 작품들을 통해 살펴본 전시다. 여기서는 1974년 스위스 로잔 장식미술관에서 열린 《임팩트 아트, 비디오아트 74》에 출품했던 걸레를 닦는 행

김구림, 〈현상에서 흔적으로〉, 1970, 환경미술 프로젝트.

위와 과정에 주목하는 작품 〈걸레〉(1974)와 2016년에 재촬영하여 완성한 〈문명, 여자, 돈〉(1969-2016), 16mm 필름으로 제작한 실험영화 〈1/24초의 의미〉(1969)를 싱글채널 비디오로 선보였다. 또한 이 전시에는 〈전등〉(1975)이라는 잘 알려지지 않은 작품도 포함됐다. 〈전등〉은 불을 밝히는 전등을 비디오카메라로 찍은 후 그 전등 위치와 나란히 텔레비전을 놓고 찍어놓은 비디오 필름을 방영하게 한 것이다. 여기서 실물의 전등과 텔레비전 브라운관 속의 전등은 그 형태나 분위기가 똑같은 것처럼 나타나지만 한쪽은 불이 켜져 있고 다른 한쪽은 불이 꺼져 있다. 이 작품 또한 영상을 통해 시간성이라는 주제를 탐색한 것이었다.

동시대 미술과 미디어아트에 대하여

작품활동을 위해 서울에 올라왔던 1950년대 말에는 미디어아트라는 말이 없었다. 비디오아트라는 말만 있었다. 비디오라는 말도 나중에 나왔다. 그 전에는 그런 말도 없었다. 나는 사실 영화에서 시작했다. 내 최초의 작품이 〈문명, 여자, 돈〉이었고, 물론 실패하긴 했지만 (이 작업은 최근에 완성해서 국립현대미술관에서 발표했다.) 영화계 사람들이 의문을 가졌다. 어떻게 영화에 대한 상식이 없는 사람이 그런 작품을 만들었냐고. 사실 60년대 유영산업에 기획실장으로 있었다. 회사 선전을 하려면 극장이나 CF밖에 없던 시절이고 그때 CF는 전부 외주를 줬었다. 그러던 차에 내가 직접 CF를 만들어보자는 생각이 들었다. 그래서 촬영기사 섭외하고, 모델 뽑아서, 직접 콘티를 짜서 CF를 만들었다. 그래서 사장의 결재를 받아서 영화관에서 CF를 상영했는데 솔직히 회사에 너무 미안하더라. 마음에 안 들었다. 그래서 그 당시에 기술적인 부분들을 공부해나갔다. 영화계로부터 함께 영화를 하자는 제안을 받고 당시 〈J에게〉라는 영화에서 작은 역할을 맡았다. 그것을 만들고 나자 직접 할 수 있겠다는 생각이 들었다. 그래서 직접 촬영하고 다 편집해서 완성을 했다. 그게 바로 작품 〈24분의 1초〉다. 제일 힘들었던 것은 사실 편집이었다. 장면들을 찍어서 일일이 잘라서 붙이고 하는 게 힘들었다. 당시 내가 활동하던 때는 하나부터 열까지 다 내 손으로 해야 했던 시절이었다.

김순기 (1946-)
비디오아트, 설치, 사진
kimsoungui.com

이제까지의 경력과 주요 활동

충남 부여 출생이며 1971년 이후 프랑스에서 거주하고 있다. 서울대학교 회화과를 졸업하고 같은 대학원에서 공부하다가 프랑스로 국비유학을 떠났다. 1972년 니스 국립장식미술학교 회화과를 졸업하고 엑상 프로방스대학교에서 기호학으로 DEA(Diploma d'Études Approfondies)를 받았으며 1989년부터 1994년까지 니스대학교에서 철학을 공부했다. 니스대학교에서는 석도(石濤)의 화론과 노장사상을 비롯한 동양철학을 통해 미학을 집중적으로 연구했다. 1973년에서 1974년까지 니스 국립장식미술학교 교수로 있다가, 같은 해부터 2000년까지 마르세유 고등미술학교 교수로 있었다. 2001년부터는 프랑스 디종 국립고등미술학교에서 11년간 교수로 재직했다. 파리 퐁피두센터, 까르띠에재단, 니스 근현대미술관, 캘리포니아 샌디애고 미술관, 오스트리아 현대미술관, 아트선재센터, 국립현대미술관, 광주비엔날레 등에서 전시했다. 그리고 파리의 퐁피두센터, 유럽사진미술관(Maison Europeene De La Photographie), 키라 B. M. 영화사(Kira B. M. Films) 등에 다수의 작품이 소장되어 있다. 주요 저서로는 『게으른 구름』 (1999), 『산은 바다요, 바다는 산이요: 장자와 비트겐슈타인』(2003), 『예술 혹은 침묵의 청취: 김순기와 자크 데리다, 장-뤽 낭시, 존 케이지의 대화』(2003), 『김순기, SOUN-GUI KIM: BONJOUR』(2019) 등이 있다.

초기 작업

〈조형상황〉 시리즈(1970년대)

〈조형상황〉(Situation Plastic) 시리즈는 캔버스를 잘라서 바람에 날리게 했던 〈조형상황 I〉 (1970)에서 시작되었다. (이 작품은 1970년 서울대학교 미술대학과, 같은 해 신문회관(현 프레스센터)에서 선보였다.) 이 시리즈는 이후 남프랑스 곳곳에서 이어졌는데 관객의 참여와 환경상황을 결합시킨 형태였다. 니스 지역에서 계속 선보인 〈조형상황 I〉에서는 하얀 천과 색을 입힌 알록달록한 천들을 나무 곳곳에 걸어두어 바람에 따라 흔들리는 천을 느낄 수 있도록 했다. 이 작업이 〈조형상황 I: 소리〉로 1971년 니스에 있는 국제회합예술센터(Centre Artistique de Rencontres Internationales)에서 선보였다.

모나코 해변에서 진행한 〈조형상황 II〉 (1972-74)에서는 색색의 연날리기와 열기구를 날리는 상황을 비디오 카메라에 담았다. 한국인이었지만 연을 날려본 적이 없어서 그때 연을 어떻게 만들어 날려야 하나 고민을 많이 했다. 삼각형, 사각형, 튜브형 등 여러 형태를 만들어보고 무게도 고려해야 하고, 천둥 번개 치면 다 떨어지고 그래서 고생을 많이 했다. 연을 날리는 방법을 프랑스 사람들에게 프린트해서 나눠주기도 했다. 이 시리즈는 사람들과 함께 하늘, 바다, 햇빛, 소리 등이 어우러지는 조형상황을 체험할 수 있게 한 작업이었다.

〈조형상황 III〉(1973)은 보르도 지역에서 한 작업으로, 하얀 천을 매단 흰 풍선들이 달려 있는 구조물을 연못의 물 아래와 물 위 그리고 하늘로 날아가게 한 설치작품이었다. 풍선이 달린 구조물들이 떠오르면서 호수의 수면을 기준으로 위와 아래가 대조를 이루며 하늘로 날아가 버린다. 대단히 규모가 컸던 전시였는데 주최측에서 조수 300명을 보내줘서 한 달 동안 도움을 받았다. 보르도가 포도주가 맛있는데 한 달 동안 아무 데나 가서 포도주를 마실 수 있게 해주었다. 나는 보이지 않는 조각을 하고 싶다고 생각했다. 그래서 물의 깊이를 다 재고, 그 깊이에 따라 무게 압력을 다 따져서 시멘트 조각을 깔았다. 시간이 부족할 때는 철로 하기도 했다. 하루 만에 배 타고 수영하고 다니면서 새벽부터 저녁까지 작업했다. 이 구조물을 300개 만들었다. 3m 정도 되는 공에 헬륨을 넣어 활용했는데 미처 생각지 못했던 부분이 있었다. 지구의 공기층이 세 권역으로 나뉘는데, 세 단계에 공이 이렇게 저렇게 가다가 세 번째 권역을 넘어가자 공들이 다 모여있게 되었다. 우연적으로 발생한 일이었다. 그 다음 날 신문에서 이상한 물체가 보르도 근처에 나타났다고 보도했다. 이 작업을 바탕으로 16mm 영화를 만든 것이 최초의 비디오 작업이다.

《김순기 미술제》(1975)

1975년 서울의 미국문화원에서 《김순기 미술제》를 개최했다. '미술제'라는 타이틀은 완성된 작품이 아니라 창조행위에 대한 '반성과 탐구의 현장'을 의미하게 위해 붙인 것이다. 예술은 항상 근원적인 질문을 발하고 뿌리부터 다시 회의함으로써 새로움을 추적하는 것이며 경이를 추구함으로써 경험하고 인식하는 상상력 지고의 자유가 그 핵을 이룬다.

전시에서 선보인 〈표준시력검사표〉(1975)는 편견을 버리고 작품을 보라는 의미를 담은 작품이었다. 여기서는 일상적인 단어들을 실용적인 맥락에서 끄집어내어 기호로 사용하였다. 색깔의 이름을 적되 보이는 색과 글자가 뜻하는 색을 다르게 하는 식이다. 동양에서는 마음이 밝아야 의미가 보인다고 한다. 눈으로만 보는 것이 아니라 마음이 밝아져야 진짜 의미가 보인다.

또한 작품 〈어제-오늘-내일〉(Hier-Aujourd'hui-Demain, 1975)에서는 매일매일이 어제이면서 오늘이고 또 내일이 된다는 사실의 역설적인(paradoxal) 시간성을 다루었다. 관객이 직접 참여해서 전시기간 동안 표 상단의 가로로 쭉 적혀 있는 날짜 밑에, 세로로 어제/오늘/내일의 기입란을 만들어놓고 각 날짜

김순기, 《김순기 미술제》, 1975, 미국문화원 전시 전경.

에 맞게 매일매일("어제-오늘-내일")을 기입하도록 했다.

《공간 75년》(1975)

당시 강석희 선생님과 3명의 작가가 공간사에서 페스티벌을 개최했는데 개인적으로는 설치미술 같은 퍼포먼스 쪽으로 방향을 잡고 있었다. 우연을 통해서 여러 명이 시간에 맞춰서 공동으로 발표하는 그런 작업이었다. 그때도 영화나 비디오 작업들을 명동의 국립극장에서 보여줬다. 이때 재미있는 사건이 있었다. 1975년 군사정권 시절, 외국에서 공부하고 왔다는 작가가, 그것도 여자가 예쁜 그림이나 그리는 것이 아니라 무슨 이상한 설치를 한다고 하고 영화도 보여주고 말도 많이 하고, 사회에서 예술의 역할이 무엇인가에 대해 잔소리를 해대니까 정보부에서 직원이 나와있었다. 전시물을 밖에 걸어놨더니 밤중에 그 사람들이 다 가져가버리고, 또 다음 날 걸어놨더니 다 가져가버리고, 그래서 그 다음 날 또 가져가버렸다. 그렇게 계속 반복되고 또 내가 다시 걸어놓았던 것이 현재 남아있는 것이다.

존 케이지와 백남준과 만나다

1978년에는 우연히 남프랑스 생봄의 산꼭대기에 있는 수도원에서 열린 세미나 겸 페스티벌에서 존 케이지를 만났다. 나의 질문이 재밌다고 받아주시면서 인연이 됐고 돌아가실 때까지 왕래했다. 음악을 전혀 모르는데 어쩌

냐고 했더니 제로 제로 제로라는 작품을 발표하라고 하시더라. 그걸 어떻게 해야 하느냐고 묻자 세 가지를 말해주셨다. "음악을 잊어버릴 수 있느냐?"고 하시길래 "음악을 모르니까 쉽죠."라고 대답했다. "관객을 잊어버릴 수 있느냐?"는 물음에는 "작업을 하다보면 관객이 있는 줄도 모른다."고 대답했다. 마지막으로 "시간을 잊어버릴 수 있느냐?"고 해서 "집중하다보면 시간도 잊는다."고 대답했다. 그러면 앉아서 하고 싶은 것을 하라고 하시더라. 그래서 그저 드로잉을 했다.

당시 생봄 문화센터(Centre Culturel de St. Baume)에서 선보인 〈4분 33초 & O', O", O'''〉는 제한이 없는 콘서트이자 존 케이지의 〈4분 33초〉에 대한 자유로운 해석을 통해 (나를 포함한) 그룹이 공연한 것이었다. 케이지의 디렉팅에 따라 나는 여러 개의 마이크로폰이 달려 있는 테이블과 신체 위에 그림을 그렸다. 1979년에는 존 케이지의 소개로 백남준을 만났으며 이들과 공동작업도 했다. 1973년에 처음 시작했던 비디오 작업을 80년대에 적극적으로 지속하면서 비디오를 주요 매체로 다루게 됐다.

〈봉주르 백남준〉(1984)

1983년에서 84년에는 CIRCA(국제현대미술연구소)에서 비디오 연구를 본격적으로 했고 이 연구는 10년 뒤 르 프레누아의 SNAC(국립현대미술스튜디오)에서의 합성이미지 연

구로 이어지기도 했다. 작품 〈봉주르 백남준〉(Bonjour Nam-Jun Paik, 1984)은 백남준과의 공동 퍼포먼스를 담은 비디오 설치작업으로 1984년 파리에 있는 한일관에서 선보였다. TV 테스트 화면을 연상시키는 색동 위에 각자 붓글씨를 쓰는 퍼포먼스였다.

《비디오와 멀티미디어: 김순기와 그의 초대작가들》(1986)

1986년에는 마르세유의 비에샤리테(La Vieille Charité) 문화센터에서 내가 직접 기획한 페스티벌 《비디오와 멀티미디어: 김순기와 그의 초대작가들》을 열었다. 작품 〈존 케이지: 비어있는 말과 언어의 기적〉(John Cage: Empty Words & Mirage Verbal, 1986)은 이때 초청했던 존 케이지의 공연 모습을 담은 영상이다. 공연에서 존 케이지는 헨리 데이빗 소로우의 글에서 단어와 문장을 임의로 선택해 주역에 맞춰 노래를 부르듯 읽었다. 또한 케이지는 마르셀 뒤샹의 편지에서 선택한 단어와 문장으로 노래를 만들어 부르기도 했다. 〈존 케이지: 비어있는 말과 언어의 기적〉은 이 두 공연을 영상에 담아 텔레비전 2대에 나눠 설치한 작품으로, 1988년 파리에 있는 동기갤러리(Galarie Donguy)에서도 선보였다.

〈Vide & 0〉(1989)

〈Vide & 0〉는 TV 모니터를 얼음으로 주형하고 얼음 비디오가 실온에서 녹아 결국 없어져 버리고 마는 작품으로, 1989년 독일의 함부르크미술관에서 개최한 《아름다운 형상을 위한 바른 자세》(Der Güte Ton Zum Schönen Bild) 전에서 선보였다. 작품의 제목인 〈Vide & 0〉를 살펴보면 불어 'vide'('비데'라고 발음하며 '비어 있음'을 뜻한다.)와 '0'(영어권에서 자주 '오'라고 발음하며 숫자 영(零)을 뜻한다.)로 이루어져 있다. 이는 허(虛)와 제로(Zero)의 결합이기도 하다. 또한 '오'(0)가 물을 뜻하는 불어 단어 'eau'와 발음이 같기 때문에 물과 관련된 작품이라고도 볼 수 있다. 이러한 제목은 비디오가 일종의 비어있는 그릇이라는 점을, 즉 시간의 흐름에 따른 변화를 담은 그릇이라는 점을 암시한다.

이후의 활동

후쿠이 국제비디오비엔날레 참여 (1993)

1993년에는 일본에서 열린 후쿠이 국제비디오비엔날레에 3채널 비디오 설치작업 〈나비의 꿈〉(Songe d'un papillon)을 선보였다. 성완경은 내가 개막행사에 참가하는 내내 노출시간이 매우 긴 바보사진기(나무 상자에 구멍을 뚫어서 만든 핀홀 사진기)를 메고 비디오 장비가 든 금속제 가방을 항상 들고 있었다고 말했다. 이 바보사진기와 비디오카메라는

1991년에서 1992년 사이에 중국 등지를 여행하면서 사용했던 물건들이었다. 작품 〈나비의 꿈〉은 비디오 설치작업으로 해인사 자운 스님의 다비식을 찍은 비디오를 3채널로 편집한 것이다. 이미지를 압축하여 해체하고, 중첩시키거나 분리시키기도 했다. 당시 〈나비의 꿈〉은 후쿠이 현립미술관이 소장한 백남준의 작품 〈에이헤이지에서 만들다〉와 나란히 놓여 전시됐다.

〈주식거래〉 시리즈(1990년대-현재)
1990년대 초 시작해서 현재까지 진행 중인 〈주식거래〉(Stock Exchange) 시리즈는 세계의 중요한 문제들이 금융과 연결돼 있다는 것을 보여주고자 한 개념(concept) 작업이다. 외환 위기 때는 세계 환율 조사표의 변동 리듬 박자를 비디오로 편집했고, 광우병 파동이 터졌을 때는 황소를 찍은 사진을 편집하여 작품을 만들었다. 이 시리즈는 20여 년의 세월을 거치면서 소프트웨어와 하드웨어가 새로운 방식으로 따라가면서 변형된다. 그러므로 아직도 진행 중인 작업(work in progress)이다.

〈주식거래 I〉(1999)의 경우 라메종뒤라크(La Maison du LAC)의 의뢰를 받아 만들었는데 24대의 TV를 사용하여 주식 거래량을 가지고 비디오와 사운드 랜덤 프로그램을 나타나게 했다. (1999년 프랑스 도마흐엉퐁티유(Domart-en-Ponthieu)에 있는 현대미술서점(Maison du livre d'art contemporain)에서 선보

였다.)

〈주식거래 II〉(2000)는 서울에 있는 아트선재센터에서 선보였는데 신문과 잡지를 붙여 판잣집을 만들고 집 구조물들 사이사이에 TV 모니터를 설치한 작품이었다. TV 모니터에서는 시장에서 배추와 무를 사고 있는 사람처럼 일상적인 이미지들이 무작위로 나온다. 이미지와 함께 사운드도 나오는데 이들은 닛케이, 다우존스, 유로 50, 코스닥의 주식지수 변동에 따라 달라진다.

2001년에는 〈주식거래 III〉을 프랑스 살로민 시에 있는 미술교류센터에서 발표했으며 2006년에는 과천 국립현대미술관에서 내 작품을 구입하여 상설전을 열어주었다. 2008년에는 서울에 있는 갤러리 175에서 〈주식정원〉(Stock Garden)이라는 제목으로 주식과 자연을 다뤘고, 2016년에는 〈주식거래〉를 국립현대미술관 과천관에 새롭게 설치하여 선보이기도 했다.

장 뤽 낭시와 대담(2002)
2002년 광주비엔날레에서는 철학자 자크 데리다와 집에서 대담을 나눈 것을 보여주었다. 당시 글로벌 시대에 예술이 갖는 의미가 무엇인가에 대해 대화를 나눴다. 또한 철학자 장 뤽 낭시(Jean-Luc Nancy)와도 위성 대담을 가졌다. 질문을 던지는 것도 일종의 예술이 될 수 있다고 생각한다. 이 대담에서는 '예술'과 '부재'에 관한 몇 가지 질문들을 던졌고 낭시

김순기, 〈Stock Exchange〉, 2016, 국립현대미술관 설치 전경.

가 답해주었다. 동서양철학의 사유 방식이 지닌 차이나 예술에 관한 쟁점을 둘러싼 토론은 편지를 주고받는 형태로 계속 진행됐다.

《주식+꽃밭》전(2008)

2008년 175갤러리에서 개최했던 개인전에서는 1990년대부터 2000년대까지 지속적으로 작업해온 〈주식거래〉 시리즈와 함께 아날로그 사진 작업인 바보사진 시리즈를 선보였다. 바보사진 중에서도 꽃 사진들을 전시했는데 자연과 주식은 필연적인 관계를 갖지 않으며 전시에서 우연히 만난다.

　1980년대 중반부터 찍기 시작한 바보사진 시리즈는 자연의 모습 등 일상적인 소재를 담고 있다. 2000년 아트선재센터 개인전에서는 부엌이나 버섯, 숲을 담은 사진 시리즈를 선보였으며 2008년 개인전에서는 꽃과 작업실의 모습을 담은 사진들을 전시했다.

최근 활동상황

《달, 어디에, 시장을 넘어서, 침묵》전 (2014)

2000년 아트선재센터에서 《주식거래 II》전을 개최한 이후 두 번째 개인전을 2014년 다시 열었다. 여기서 선보인 작품 〈자크 데리다와의 대화〉(2002)는 철학자 자크 데리다와의 대담을 담은 45분짜리 영상이다. 나는 데리다에게 크게 두 가지 질문을 던졌는데 하나는 "자본이 미술시장을 잠식하는 시대에 예술가에게 어떠한 미래가 있는가?"였고 또 하나는 "침묵이 예술의 통로가 될 수 있는가?"였다. 데리다는 침묵이 필요하다고 하면서 침묵은 타자를 만날 수 있는 유일한 가능성이라고 말하기도 했다.

　전시에서 선보인 또 다른 작품 〈애-주-애-주〉(AIE-JOU-AIE-JOU, 2013)는 비디오 영상작업이다. 이 작품에는 나의 절친한 친구 이애주의 모습이 담겨 있다. 여기서는 컴퓨터 프로그램을 이용한 영상과 승무 인간문화재 이애주의 모습을 합성하여 랜덤으로 처리하였다. 이애주는 화면 한가운데 한복을 입고 참선을 하고 있으며 개구리, 바다, 글자, 연꽃 등이 픽셀 모양으로 스쳐 지나간다.

　또한 12점의 흑백사진 연작 〈달〉(Lunes)도 전시했는데 디지털카메라가 아닌 아날로그 방식의 직접 만든 핀홀 사진기를 사용했으며 30분 동안 카메라를 노출하여 달을 찍었다. 시간에 따른 변화를 보여주는 달들의 움직임을 담은 사진들이었다.

《일화》전(2017)

2017년에 아라리오뮤지엄에서 개인전 《일화》(一畵, One stroke painting)를 개최했다. 전시 제목인 '일화'는 석도(石濤, 1642-1707)의 회화론을 바탕으로 나의 활쏘기 작업을 소개했다. 석도는 명말 청초의 화가로 일획을 긋는 것이 만획의 근본이자 만상의 근원이 된다는 일획

지법(一劃之法)을 강조했다. 이 전시에서는 이러한 석도의 화론과 맞닿아 있는 예술행위를 볼 수 있다.

대학 시절 우연히 활쏘기 연습을 하는 사람들을 목격하고 나서 황학정에서 우리나라의 전통 활쏘기를 배웠다. 프랑스로 이주한 뒤에도 몸과 마음을 수련하기 위해 활쏘기를 계속했다. 나는 마음을 가다듬고 정신을 집중하여 정해진 자세와 법도에 따라 활을 쏘는 가운데 활쏘기가 예술행위임을 깨달았다. 1973년부터 1985년까지의 활을 쏘는 장면을 담은 영상작업 〈일화〉는 일찍이 1985년 베를린의 다트갤러리(Galerie DAAD)에서 개최된 《만 개의 추한 잉크 점》(Ten thousand ugly ink dots)전에서 선보인 바 있다.

《일화》전에서는 수년간의 활쏘기 장면들을 담은 영상작품 〈일화〉와 함께 과녁판으로 사용했던 과녁회화와 활쏘기 모습을 담은 드로잉도 전시했다. 과녁판은 하얀 캔버스 위에 원형으로 전통 오방색을 칠해 만들었다. 그리고 과녁판 위에는 화살이 와서 꽂혔던 자리마다 하얗게 붓칠을 해놓았다. 영상에서는 활시위를 당겼다 놓는 순간이 나오기도 하고 사계절의 변화에 따라 활쏘기가 이루어지는 모습이 나타나기도 한다. 또한 전시 오픈 당일에는 〈떠돌아다니는 행상인 2017〉 프로젝트도 진행했다. 장인들이 손수 제작한 옛 살림도구들을 싣고 돌아다니는 트럭 행상을 초대한 작업이다. 트럭 행상을 미술관으로 초대하여 실제와 똑같이 행상을 하게 했는데 이를 통해 현대미술에 관한 여러 질문들을 던지고자 한 것이었다.

《0 Time》전 (2018)

2018년 아라리오갤러리에서 개인전 《0 Time》전을 개최했다. 그동안 소개되지 않았던 콜라주, 회화, 영상 등을 선보였다. 지하 1층에서는 반구성하여 구성한 세계지도, 시작과 끝을 기록하는 타임스탬프가 뒤죽박죽으로 엉킨 영상이 나온다. 전시장 1층에서는 길을 가로지르는 꿩 4마리가 나오는 영상과 전쟁 중인 국가를 꼬마전구로 표시한 세계지도를 만날 수 있다. 전시장 2층에서는 〈일필〉(一筆) 시리즈를 전시했는데 이는 모든 만물의 시작이요, 근본이고, 무한히 열린 태도를 의미하는 '혼돈'의 의미를 갖고 있다. 생각의 움직임, 혹은 그냥 움직임의 자취, 한 번 그은 붓자국, 발걸음, 형식도 구별도 위계도 없지만 무한히 변화하여 모든 장과 시간을 동시에 포용할 수 있다는 것을 이번 전시에서 나타내고자 했다.

《게으른 구름》전 (2019)

2019년 8월 국립현대미술관에서 처음으로 개인전 《게으른 구름》전을 열었다. 큐레이터들이 전시 제목을 무척 좋아했다. 이 전시에서는 과거부터 현재까지 수행한 모든 작품들을 보여줬고 로봇 '심심바보 영희'를 새롭게 선보였다. 로봇 심심바보 영희가 1998년에 김순기가 쓴 시 '게으른 구름'을 낭송하고, 무당 김미화가 소리굿을 벌이는 퍼포먼스였다. 로봇 영희는 미래 시대를 보여주고, 무당은 과거 전통을 보여주었다. 로봇과 무당과 김순기 셋이서 대화하는 퍼포먼스였다.

큐레이터들은 과거 작품들 중에서 〈Vide & 0〉(1989)를 꼭 재현해보고 싶어했다. 이번 전시에서 이 작품을 재현했는데 이 작품의 전시를 받아줄 업체를 찾느라고 고생을 많이 했다. 개막식 때 선보인 작품이 녹는 데 이틀이 걸리지 않아서 극소수의 운 좋은 분들만 봤다. 한여름에 얼음비디오를 제작하는 것이 쉽지 않았다. 전시장 바로 옆에 있는 공간에 한 평짜리 얼음창고를 지어서, 세 번에 걸쳐서 실험을 한 결과 가까스로 작품을 완성할 수 있었다.

동시대 미술과 미디어아트에 대하여

장 뤽 낭시에게 보낸 편지에서 '멀티미디어'에 관해 이렇게 말한 적이 있다. 나에게 멀티미디어는 열린 행위이고, 규정되지 않은 장이다. 그것은 하나가 아닌 여러 개의 방식, 즉 장소, 관점, 언어, 기술의 복수화에 기반을 둔 비형식적 접근 방식이다. 생각의 움직임 혹은 그냥 움직임, 움직임의 자취, 한 번 그은 붓자국, 발걸음, 곧 형식은 없지만 끝없이 변모해서 모든 시간을 껴안을 수 있으므로 나는 그

것을 '오픈 미디어'라고 부른다. 작품이란 '내가 없음(無我)'의 행위함이다. 순수한 경험으로서 '경험하여지는 그 자체로서의 여기-지금의 순간'인 것이다. 이것이 내가 항상 현재적인 '상황'을 중요하게 생각하는 이유다.

규율에 얽매이지 않는 무위는 열린 태도이며 새로운 길을 열어준다. 무위, 아무 것도 하지 않음은 무용, 쓸모없음과 함께한다. 사진 연작 〈달〉(Lunes)이 이를 잘 보여준다. 핀홀 카메라로 찍은 달의 사진으로 일명 바보사진이다. 검은 상자에 바늘구멍 하나를 뚫고 달을 향해 놓은 후 기다리다 적당한 때 눈을 감아주면 카메라는 달의 움직임을 그려준다. 미디어아트는 현대미술을 가능케 한 새로운 도구매체이자 개념(concept)이다. 여기에는 비디오, 영상, 뉴테크놀로지 등이 있다. 미디어아트를 통해 예술의 의미가 새롭게 정의되고 새롭게 시작한다. (김순기 (2019), 『Soun-Gui Kim: Bonjour』 중에서 발췌하여 옮김.)

III 한국적 포스트모던과 미디어아트

1 한국적 포스트모더니즘에 관한 단상: 모더니즘과 민중미술을 중심으로

이 책에서는 1980-90년대에 비디오나 컴퓨터 기반으로 미디어 작업을 시작한 예술가들을 한국 미디어아트 제2세대로 간주하고자 한다. 1960년대부터 거의 60년 가까운 세월을 20년 단위로 분절하는 세대 구별은 매우 느슨한 판단에 따른 것이기 때문에, 한국 현대미술사의 결정적인 전환점과 잘 맞아떨어지지 않는 것처럼 보이기도 한다. 이를테면 한국미술계의 상황은 1980년대 초와 1990년대 초가 판이하게 다르다. 80년대 초반은 아직도 추상회화 위주의 모더니즘 미술이 주류를 이뤘던 반면, 90년대 초반에는 80년대 후반부터 약진했던 탈평면 및 탈경계의 조류가 젊은 세대의 감수성과 조응하며 전면적으로 두드러졌다. 그렇다 하더라도 국내 미디어아티스트들의 활동상에 초점을 맞추고자 한다면, 비록 시간적·심리적 격차가 작지 않다 하더라도 1980년대와 1990년대를 묶어 함께 고찰하는 것이 더 효율적이라고 생각된다. 그 이유는 일차적으로 1990년대까지도 국내 미술계에서 미디어아트가 차지하는 비중이 미미했다는 데 있다. 백남준이 몸담고 있던 서구 미술계는 1970년대 이후 빌 비올라, 제프리 쇼, 게리 힐 같은 주요 미디어아티스트들이 괄목할 만한 활동을 보여왔다. 반면 국내에서 미디어아트는 〈굿모닝 미스터 오웰〉이 위성통신으로 중계된 1980년대 중반까지도 극히 소수 예술가들만의 관심사였다. 1990년대 전반에도 여전히 회화나 조각 등 전통매체가 주류를 이루고 있었던 미술계나, 마찬가지로 전통매체 위주로 커리큘럼을 구성했던 미술대학 체제에서는 미술가 지망생들이 미디어아트를 접할 기회가 그다지 많지 않았다. 그러다 보니 미디어아트가 국내외에서 급부상했던 1990년대 후반 이전에 비디오나 컴퓨터 등 테크놀로지아트에 착수했던 한국 예술가가 그리 많지 않다. 뉴 밀레니엄에 접어들기 이전까지 미진했던 국내 미디어아트의 상황을 고려한다면 1980년 이후 20년을 한몫으로 묶어 파악하는 시각이 정당화될 수도 있다. 다른 한편, 한국 현대미술사 전반을 바라보면 1990년 이후 1980년대와는 확연히 달라진 미술계의 변화상을 확인할 수 있다. 당시 '신세대' 라고 불렸던 젊은 미술가들이 포스트모던의 징후를 보임으로써 1980년대 미술계의 경직된 풍토에 신선한 혹은 반동적인 움직임을 촉발하고 있었다.[1] 1980년대와 90년대 미술계 상황이 이렇게 상이했다고 하더라도 국내에서 미디어아트가 미술계에서 차츰 자리를 잡게 된 것은 1990년을 전후로 사회문화적 변화의 기류가 형성된 이후라는 것이다.

1990년대에 접어들어 1980년대와 미술계 분위기가 확연히 달라졌음에도 불구하고 20년의 시기를 묶어 함께 살펴보려는 더 적극적인 이유는 1980년대 중반부터 90년대 중반까지 미술계와 학계를 달구었던 포스트모더니즘 논쟁에 있다. 1980년대 후반 국내 미술계에서는 당대를 규정하던 사상적 조류로서 포스트모더니즘의 정체를 밝히려는 이론적 시도와 더불어 한국적 포스트모던 미술이 무엇인지 파악하고자 하는 비평적 실천이 활발하게 일어나고 있었다. 다수의 저자들은 1960년대 이후 서구미술사의 전개 상황에 비추어 한국미술의 포스트모더니즘에 대해 논평하면서 1990년 전후로 등장한 '뮤지엄'이나 '황금사과' 같은 이른바 신세대 소그룹을 거론해왔다.[2] 이러한 해석이 비교적 널리 수용되고 있으나, 포스트모

---

1 2절에서 더 설명하겠지만 1990년대 초 널리 회자된 '신세대'의 규정은 1980년대
   말에서 1990년대 초에 이르는 시기의 정치경제적 변화와 연관이 있다. 당시 신세대로
   명명되던 미술가들은 1960년대 말 70년대 초에 출생하고 1980년대 말 90년대 초에
   성인이 되어 정치적 민주화와 경제적 풍요 속에서 20대를 보낸 연령층에 해당하며,
   종종 'X세대'라고도 부른다. 이재원 (2010), 「시대유감, 1996년 그들이 세상을
   지배했을 때: 신세대, 서태지, X세대」, 『문화과학』, 2010년 8월호, pp. 92-112를 보라.
2 1980년대 말 1990년대 초 활동이 두드러졌던 신세대 미술가 소그룹으로는
   '뮤지엄'(1987-1992), '황금사과'(1990), '서브클럽'(1990-1992), '진달래'(1995),
   '30캐럿'(1993-2000) 등이 있다. 이 중 선발주자였던 뮤지엄 그룹에 참여했던
   작가에는 강홍구, 고낙범, 안상수, 안은미, 이불, 최정화 등이 있다. 허효빈 (2017),

더니즘의 호칭을 소위 신세대 미술에 국한시키는 것은 당대 미술계의 더 폭넓은 맥락을 간과할 우려가 있다. 이에 관해서는 2절에서 다시 논의할 것이다.

그런가 하면 저자에 따라서는 1980년대 사회적 비판과 저항의 형태를 띠고 등장한 민중미술을 한국적 포스트모더니즘 미술이라는 평가를 하기도 했다. 예를 들면 송미숙은 한국 모더니즘을 화단의 주류였던 모노크롬 회화로 한정하고 포스트모더니즘을 제도권 미술에 대항하는 일련의 반모더니즘 운동으로 취급하면서, 민중미술을 1980년대 당시 다른 탈모던 소그룹 운동과 함께 한국적 포스트모더니즘의 한 부류로 간주했다.[3] 또한 민중미술 진영과 교류하면서 한국미술계에 포스트모더니즘 담론을 수혈했던 재미 작가 박모(박이소)도 민중미술을 한국적 포스트모더니즘의 한 현상으로 간주하고자 했고, 역시 민중미술 계열 비평가인 최태만도 민중미술가 "신학철, 박불똥을 포스트모더니즘으로 조심스럽게 제안한" 바 있다.[4] 그러나 냉전 시대의 산물인 선명한 이데올로기적 지향으로 인해 민중미술을 포스트모더니즘의 한 부류로 간주하기는 어려워 보인다.

'민중미술'로 명명되는 사회적 또는 사회주의적 리얼리즘 미술은 일찍이 민초들의 현실에 개입하는 재야 문화운동의 일환으로 존재했다. 1980년대 중반에 접어들면 구소련의 공산당 서기장 고르바초프의 개혁 및 개방 정책으로 인해 세계적으로는 탈냉전의 기류가 무르익고 있었으나, 좌우 이념에 따라 남북이 분단된 한반도에서는 미술계에서조차 정치적 성향에 따른 진영 논리가 있었다. 1970년대부터 리얼리즘 계열의 민중미술은 추상 계열의 모더니즘과 대립해왔고, 1980년대 신군부정권 시기의 한국미술계는 민중미술과 모더니즘 진영으로 양분되어 서로 팽팽하게 대치하고 있었다. 모더니즘 미술을 그린버그의 강령을 따른 형식적 환원

「1990년대 신세대 소그룹 미술」, 윤난지 외, 『한국 동시대 미술: 1990년 이후』 사회평론, pp. 122-130 참고.

3 송미숙 (1991), 「포스트모더니즘과 미술」, 『포스트모더니즘과 예술』, 서울: 청하 참고.

4 박모, 「포스트모더니즘의 정체와 한국미술」, 『월간미술』, 1991년 1월호, p. 95; 최태만 (2002), 「다원주의의 신기루: 포스트모더니즘의 이해와 오해」, 『현대미술학논문집』, 6, p. 56.

주의로 파악한다면, 민중미술은 양식적 특징뿐만 아니라 주제의식에 있어서도 반모더니즘의 양상을 띤다고 할 수 있다. 만약 포스트모더니즘을 반모더니즘이라고 단정하고 주요 특징으로 새로운 구상미술의 역사주의적, 맥락주의적 성격을 부각시킨다면 민중미술과 포스트모더니즘의 친연성을 발견할 수도 있겠다. 1990년대 초 국내에서는 줄리앙 슈나벨, 데이비드 살르, 게오르그 바셀리츠, 안셀름 키퍼, 프란체스코 클레멘테처럼 다시 부상한 형상 미술을 포스트모던하다고 받아들이는 경향이[5] 있었고, 그 일환으로 민중미술을 바라보기도 했던 것이다. 한국에 포스트모더니즘 담론이 소개되던 초기에 서구의 예술 현상과 담론을 그대로 한국미술의 상황에 치환했던 저자들의 당대 논평이 포스트모더니즘과 그것의 한국적 수용에 대한 숙성된 이해에서 나왔다고 보기는 어려울 것 같다.

　미술 영역에만 국한시킨다 하더라도 포스트모더니즘은 그렇게 단순하게 규정되지 않는다. 다시 말해 한국 포스트모더니즘 미술은 신세대 미술의 새로운 감수성으로 국한시키거나 신형상미술과 동일시하기 어려운, 매우 복잡할뿐더러 더 나아가 모순적인 충동들에서 비롯된 것이다. 더욱이 유럽과 미국의 현대사를 배경으로 태동한 새로운 예술 조류의 경향과 특성은 서구의 문화지형과 전혀 다른 형국에 있던 한국미술의 현실에 그대로 대입시키기 어렵다. 1960년대 네오다다와 포스트미니멀리즘이 출현하면서 미술계에 변화의 조짐이 시작된 이후 어느 정도 역사적 판단과 개념 정립이 마무리된 1980년대에 '포스트모더니즘'이라는 명칭이 통용된 서구와는 다르게, 우리 미술계에서는 1980년대 후반 이미 그 개념이 정립된 '포스트모더니즘'의 수용에 관해 열띤 공방을 벌이기 시작했기 때문이

5　1993년 줄리앙 슈나벨, 데이비드 살레, 에릭 피슬, 리처드 롱고의 신구상미술을 소개한 《미국 포스트모던 대표작가 4인전》(호암갤러리)을 비롯한 90년대 초 일련의 전시들이 포스트모더니즘을 새로이 대두된 구상미술로 인식하게 하는 주요 계기가 되었다. 당시 전시들을 포스트모더니즘의 한국적 수용 및 번역을 위한 노력으로 조망하는 시각은 다음의 웹페이지를 참고하라. 정현, 「동시대를 향해 두 갈래로 이동하는 미술_90년대 이후」, 『다시, 바로, 함께 한국미술』, (재)예술경영지원센터 url = 〈http://www.gokams.or.kr/visual-art/discourse/time/time_view.asp?idx=936&b_code=21〉 (2019년 12월 21일 접속)

다. 1980년대 말부터 한국사회에서도 '포스트모더니즘'이라는 용어가 널리 회자되었으나 1990년대가 되어서야 서구의 틀에 맞아 떨어진다고 할 만한 '포스트모던' 미술이 등장했다. 미술의 포스트모더니즘이 한국적 지형에 이식되어 상이하게 전개되었다고 하더라도 당초 서구의 문화적·역사적 맥락에서 출현했던 문화적 산물이다. 따라서 1980-90년대 국내에 도입된 '포스트모더니즘'의 유래와 의미를 짚어보려면 서구 문화사와 사상사를 돌아볼 필요가 있다.[6]

    포스트모더니즘의 모호성은 이 비평용어가 여러 겹의 개념적 층위를 함축하고 있다는 데서 비롯된다. 단순화의 위험을 무릅쓰고 포스트모더니즘 예술의 특징을 요약하자면 유희적 경향을 띠고 등장한 첫 번째 단계와 정치적이고 저항적인 성격이 두드러지는 두 번째 단계로 대별할 수 있다.[7] 초기에 포스트모더니즘은 모더니즘의 엘리트주의를 기각하면서 대중주의적 양상을 띠며 등장했다. 예를 들어 1960년대를 풍미한 네오다다와 팝아트는 포스트모던한 유희적 미술의 한 단면을 보여준다. 예술의 아성에 하찮은 일상적 재료를 끌어들인 — 예를 들어 로버트 라우센버그의 아상

---

6   이 책에서는 '아방가르드'는 현대예술의 정치적·미적 급진주의를 나타내는 용어로, '모더니즘'과 '포스트모더니즘'은 시대 구획적 용어로 주로 사용할 것인데, 각 용어의 개념 정립에 있어서 필자는 주로 다음의 저서를 참고했다. 마테이 칼리네스쿠 (1998), 『모더니티의 다섯 얼굴』, 이영욱 외 역, 서울: 시각과 언어.

7   포스트모더니즘의 첫 번째와 두 번째 단계를 각각 '유희'와 '저항'이라는 키워드로 압축한 것은 주로 베스트와 켈너의 설명을 따른 것이다. Steven Best & Douglas Kellner (1997), *Postmodern Turn*, New York: Guilford. 로버트 던도 이와 유사하게 포스트모더니즘의 이율배반적인 두 측면을 상품화와 문화다원주의로 요약한다. Robert Dunn (1998), "Postmodernism: Populism, Mass Culture and Avant-Garde," V. E. Taylor & C. E. Winquist (ed.), *Postmodernism: Critical concepts IV*, London and New York: Routledge, pp. 236-256를 참고하라. 이들 외에도 여러 저자들이 포스트모더니즘의 이중적 양상에 대해 고찰한 바 있다. 예를 들어, 핼 포스터(Hal Foster)도 포스트모더니즘을 상호 이질적인 두 경향의 혼재로 기술한다. 그는 베스트와 켈너가 유희적 포스트모던으로 설명하는 현상을 정치학적 시각으로 풀어 반동적 포스트모더니즘으로 규정하고 저항적 포스트모더니즘과 대비시킨다. Hal Foster 편 (1983), *The Anti-Aesthetic: Essays on Postmodern Culture*, Port Townsend: Bay Press를 참고하라.

블라주나 존 케이지의 소음음악 같은 — 네오다다의 한 조류는 팝아트의
전조가 되었고, 엘리트주의적이고 난해한 모더니즘과 다르게 대중의 환
호를 받는 대중적인(popular) 양식들이 건축, 음악, 무용 등 예술의 각 영역
에서 출현하기 시작했다. 포스트모더니즘을 거론하면서 대중적·상업적
측면을 부각시키는 것은 이 시기 출현한 탈모더니즘의 대표적 양태가 팝
아트였기 때문이다. 가령 흔히 대중적 도상의 차용(appropriation) 또는 패
러디나 패스티슈 같은 모방의 방법을 포스트모더니즘의 전형적인 전략으
로 간주하는 것은 1960년대 이후 앤디 워홀이나 제프 쿤스와 같은 팝아트
의 유행에 근거를 두고 있다. 1단계 포스트모더니즘 예술의 소재가 된 대
중적 소비문화는 신보수주의적 정치 경향과 맞물리는 후기자본주의 시대
의 문화적 징후로 치부되며 프레드릭 제임슨(Fredric Jameson)이나 기 드보
르(Guy Debord) 같은 네오마르크스주의자들의 비판의 타깃이 되었다.

　　포스트모더니즘의 다원주의는 예술과 일상의 경계를 허물어버린 양
식적 다각화와 절충주의 경향으로만 충분히 설명할 수 없다. 1980년대부
터 대중적 소비와 오락, 개인주의와 자유의 추구 같은 후기자본주의의 징
후를 비판하는 한편, 탈냉전시대의 변화한 정치경제적 지형 안에서 소수
자 인권운동의 양상으로 전개된 문화정치가 전 세계적으로 확산된다. 많
은 저자들이 포스트모더니즘 예술을 설명할 이론적 지반을 자크 데리다,
미셸 푸코, 장 보드리야르 등의 기호학적·포스트구조주의적 저술에서 찾
는 것은 2차대전 이후 부상한 후기자본주의의 소비문화에 대한 비판적 인
식뿐만 아니라, 1970년대부터 가시화되는 정체성 정치의 실천과 밀접한
관련이 있다. 이를테면 미국에서 1960년대부터 시작된 흑인인권운동이
나 페미니즘운동과, 또한 1980년대부터 본격적으로 목소리를 내기 시작
한 성소수자 인권운동은 미술계 내에서도 다양한 문화정치적 실천으로 이
어졌다. 미술과 영화에서 여성 및 동성애자와 제3세계의 주체성과 인권에
관한 문제가 주요 소재로 등장한 것은 20세기 후반 예술계 주요 경향으로
떠오른 재현의 정치의 일환이다. 1980년대 이후 본격화되는 저항의 포스
트모더니즘은 앞서 언급한 대중주의적 양상과는 사뭇 대조적이다. 요약
하자면 포스트모던 다원주의는 미술 복수 양식의 혼재와 혼합매체적 경향

을 가리킬 뿐만 아니라, 여성, 성소수자, 유색인종, 더 나아가 제3세계 같은 주변부 집단이 내는 목소리의 다수성을 의미한다고 하겠다. 포스트모더니즘의 이러한 면모를 부각하기 위해 최근에는 다원주의 대신 다문화주의(multiculturalism)라는 용어가 자주 사용된다.

1980년대 국내 학계와 예술계에서도 포스트모더니즘에 대한 논의가 시작되었다. 예술계에서 포스트모더니즘 담론이 거론된 초기 사례로는 1983년 건축전문학술지 『건축사』에서 「포스트모더니즘의 선구자들」 시리즈를 연재한 것과, 1985년 모더니즘 진영의 미술전시 《프론티어 제전》에서 미술평론가 김복영이 했던 「후기모더니즘에 있어서 미술의 과제: 위대한 초극을 위하여」라는 제목의 강연을 들 수 있다.[8] 1980년대 말에 이르면 모더니즘 계열뿐만 아니라 민중미술 진영 미술가와 평론가들도 포스트모더니즘 논쟁을 활발하게 펼치기 시작한다. 양 진영의 저자들은 서구의 포스트모더니즘 예술과 담론을 한국적 토양에 맞게 수용해야 한다는 문제의식은 공유하고 있었으나, 포스트모더니즘을 바라보는 시각은 판이했다. 1980년대 중반 기성세대 미술평론가들은 여전히 예술의 자율성을 고수하는 형식주의의 견지에서 포스트모더니즘을 모더니즘에 뒤이어 출현한 새로운 양식으로 간주하는 경향이 짙었다. 반면, 80년대 후반부터 본격적으로 활동을 시작한 젊은 평론가들인 민중미술 계열 미술비평연구회(이하 미비연으로 약칭) 멤버들은 포스트모더니즘의 신보수주의적 정치성향을 경계하며 비판적·선별적 수용을 지향했다.

포스트모더니즘 미술담론을 활발하게 펼쳤던 이론가들로는 위에 언급한 전시에서 모더니즘의 폐쇄적 사고를 극복하고 형식주의를 넘어선 "의미에의 의지"를 역설한 김복영을 비롯하여 윤우학, 이일, 홍가이,[9] 서성

8 임산, 「포스트모더니즘 미술담론의 초기 형성」, 『다시, 바로, 함께 한국미술』, (재)예술경영지원센터, http://www.gokams.or.kr/visual-art/discourse/time/time_view.asp?idx=1054&b_code=23# (2019년 5월 3일 접속)과 문혜진 (2015), p. 29를 참고하라.
9 재미 비평가 홍가이는 80년대 말 방한하여 국내 모더니즘 및 포스트모더니즘 논쟁에 불을 지폈다. 그의 평론들은 90년대 초 단행본으로 출간되었다. 문혜진(2015), pp. 30-31과 홍가이 (1992), 『(홍가이 평론집) 현대미술·문화비평』, 서울: 미진사를 참고하라.

록 같은 모더니즘 계열 비평가들을 거론할 수 있다. 성완경을 비롯한 민중
미술 계열 평론가들도 포스트모더니즘에 대한 성찰을 제시하였으나 기본
적으로 포스트모더니즘의 유희적·소비지향적 경향이 정치적 반동주의로
귀착될 것을 우려하였다. 최근에는 '포스트'(post)라는 접두어의 이중적 의
미를 고려하여 번역하지 않고 그대로 쓰는 경향이 강하지만, 수용 초기에
는 '포스트모더니즘'을 '후기모더니즘'으로 번역할 것인가, 아니면 '탈모더
니즘'으로 번역할 것인가에 대해 논란이 분분했다. 문예이론가들 중에서
포스트모더니즘을 모더니즘 내의 개혁적 성향으로 바라보는 이들은 전자
를, 모더니즘으로부터의 단절과 이탈로 간주하고자 하는 이들은 후자를
선호하는 경향이 있었으나[10] 미술계에서는 대체로 용어법에 대해 숙고하
기보다는 양자를 혼용하는 편이었다.[11] 모더니스트 비평가들은 1980년대
들어 급격하게 변화한 미술계의 판도를 단색조 회화를 변호하던 모더니즘
논리로는 포용할 수 없음을 자인하고 추상 일변도를 탈피한 양식적 다원
화를 대변할 근거로 포스트모더니즘을 취하고자 했다. 가령 윤우학의 다
음과 같은 발언은 기성 비평가들이 포스트모더니즘에 취했던 태도를 짐작
하게 한다. "어차피 세계의 문화현상으로서의 포스트모던 의식이 우리에
게 영향을 줄 수밖에 없는 것이 현실이라면, 이제부터라도 그 핵심적 논리
와 방향감각을 깊이 있게 연구 분석하고 […] 스스로의 체질과 개성을 살
리는 새로운 개별성의 세계로 전향되어야 한다."[12]

    모더니즘 필자들 중에서 포스트모더니즘론을 체계적으로 개진했던

---

10 국내 포스트모더니즘 수용에 적극적이었던 연구자 중 하나인 김욱동은
    '후기모더니즘'이 모더니즘의 연장이나 계승을 의미한다는 점에서
    '포스트모더니즘'과 엄밀히 구별할 것을 주장하였다. 김욱동 (1989),
    「포스트모더니즘의 범주화와 유형화」, 김욱동 (2004), 『포스트모더니즘』, 서울:
    민음사, 2장을 참고하라.
11 김복영과 오광수는 용례에 다소의 차이를 보이면서 탈모더니즘과 후기모더니즘을
    혼용했다. 서성록은 처음에 포스트모더니즘을 의미하는 용어로 '탈모더니즘'을
    도입했으나, 얼마 지나지 않아 다시 '탈모던'과 '포스트모던'을 구별했다. 이에
    대해서는 다음 절에서 더 상술할 것이다.
12 윤우학, 「한국현대미술, 새로운 년대의 새로운 방향」, 『공간』, 1990년 1월호, p. 90.
    (문혜진 (2015), p. 55에서 재인용.)

인물은 이일이나 김복영보다 한 세대 아래인 서성록이었다. 그는 1990년
대 초 포스트모더니즘 미술에 관해 왕성한 집필활동을 하며 서구미술의
새로운 경향을 당대 한국미술의 동향과 접목시켰다. 그의 저작들은 미술
계에 작지 않은 파장을 불러일으켰다. 모더니스트 평론가로서 서성록의
공헌은 신구상, 설치, 혼합매체, 미디어아트로 다변화되어가는 포스트모
더니즘적 경향을 정련된 이론적 지평 위에서 추상 일변도의 제도권 미술
계로 흡수하고, 기존의 모더니즘과 리얼리즘의 대치를 포스트모더니즘과
리얼리즘의 대립으로 전환시켰다는 데 있다.[13] 국내 미술계에 포스트모더
니즘이 이식되는 과정에서 서성록의 동년배였던 미비연 소속 평론가들의
반론과 서성록의 재반론은 한국적 포스트모던 미술의 정체를 규명하는 데
크게 기여했다.[14] 1980년대 말에서 1990년대 초 모더니즘 계열의 서성록
과 심광현, 이영철, 이영욱을 위시한 민중미술 계열 비평가들이 치열한 논
전을 벌였다. 미비연 구성원들은 포스트모던 담론을 섣부르게 국내에 이
식하고자 하는 모더니즘 비평가들을 '탈모던주의자들'이라고 부르면서 그
들의 문화사대주의적 태도를 비판했다. 예를 들어 심광현은 "그들에게 역
사의 축은 […] 중층적인 모순의 복합적 상호작용 속에서 풍부하게 전개
되는 현실 그 자체가 아니라 현실의 표지와 그 '이미지', 그 이미지의 '상상'
속에서만 존재할 뿐"이라고 맹공을 퍼부었다. 이와 같은 민중미술 계열의
공격에 대응하여 서성록은 모더니즘 진영을 대표하여 그들의 제한된 관
점과 인식을 질타하며 '탈모던'의 의의를 부각할 이론적 논리를 제시하였
다.[15]

    이때까지만 해도 국내 미술계에서 서구의 포스트모더니즘 담론을 충
분히 소화하지 못한 상태였으나, 젊은 비평가들이 치열하게 공방을 주고
받는 가운데 포스트모더니즘 미술의 철학적 근저를 이루는 포스트구조주

---

13 이와 관련하여 문혜진 (2015), pp. 56-66을 참고하라. 서성록은 「모더니즘, 탈모던,
     반모던의 역학관계」라는 글에서 "모던 대 리얼리즘을 탈모던 대 반모던으로 바꾸었을
     뿐 구태의연한 이항대립은 여전했다."라고 기술한다. (서성록 (1994), 『한국의
     현대미술』, 서울: 문예출판사, p. 231.)
14 자세한 내용은 문혜진 (2015), pp. 29-49를 참고하라.
15 임산, 앞의 글을 참고하라.

의와 이를 적극 수용한 미술전문학술지 『옥토버』 저자들이 국내에 소개되는 성과가 있었다. 1980년대 말 포스트모더니즘 이론 중 국내에 비교적 널리 알려진 것은 프레드릭 제임슨이 1984년 논문 「포스트모더니즘, 혹은 후기자본주의의 문화논리」에서 펼친 논의 정도였다. 말하자면 예술에서의 포스트모더니즘은 엘리트주의적인 모더니즘에 대한 반동으로 출현했으며 '패스티슈'(pastishe)를 주요한 양식적 기법으로 삼는 절충주의라고 피상적으로 이해되고 있었다. 90년대에 접어들면 미술계 안팎의 젊은 이론가들이 신좌파 경향의 『옥토버』 수록 논문들을 속속 번역하기 시작한다.[16] 당시로서는 신선했던 기호학, 정신분석학, 네오마르크시즘을 미술 해석의 도구로 적극 수용한 이 저널의 필진들 중 미비연 구성원들이 선호했던 저자는 새로운 이론적 조류에 해박할 뿐만 아니라 정치적 색채가 가장 선명한 핼 포스터(Hal Foster)였다.

    1980년대 국내 미디어아트는 모더니즘 대 민중미술로 양분된 지형 속에서 미술가 개인의 지극히 사적인 관심사로서 산발적으로 등장했다. 80년대 중반부터 백남준과 박현기의 뒤를 이어 테크놀로지와 아트의 결합에 착수한 소수의 미술가들이 등장하기 시작한다. 그들에게 자양분을 공급한 미술계 상황을 간략하게나마 짚어보자면 다음과 같다. 1970년대 초 《제1회 AG전: 확장과 환원의 역학》(1970), 《AG 71전: 현실과 실현》(1971), 《AG 72전: 탈관념의 세계》(1972) 등 일련의 기획전을 개최한 AG 그룹을 필두로 신체제, ST, 에스프리 같은 소그룹들이 등장하여 아방가르드적 실험을 이어갔다.[17] II장에서도 살펴보았듯이 1970년대 중반 대구에서는 《대구현대미술제》를 1974년부터 6년간 전국적 행사로 진행하였다. 그 결과 낙동강변은 대구 기반 미술가들뿐만 아니라 타 지역 미술가들의 실험과 도전의 장이 되었으며, 이후 서울, 광주, 부산 등에서도 유사한 현대미술

---

16 『옥토버』 논문을 비롯한 당대를 풍미한 주요한 미술사 및 미술이론 저술들이 1990년대 동안 국내에 대거 번역되었다. 가령 핼 포스터 (1993), 『반미학』, 윤병호 외 역, 서울: 현대미학사; 이영철 편 (1995), 『현대미술과 모더니즘론』, 서울: 시각과 언어; 이영철 편 (1998), 『현대미술의 지형도』, 서울: 시각과 언어 등이 있다.

17 『다시, 바로, 함께 한국미술』 연표 페이지, url = 〈http://www.gokams.or.kr/visual-art/discourse/history/history.asp〉 (2019년 10월 3일 접속)

제가 열리는 계기가 되었다.[18] 당시에는 비주류였던 아방가르드 예술가들은 기존의 회화와 조각의 틀을 벗어나 흙, 나무, 돌, 물, 로프, 시멘트로 재료를 확대하고 행위예술이나 개념예술 또는 비디오아트에서처럼 비물질적 방식을 추구함으로써 탈형식주의적 행보를 이어가고 있었다. 그러다가 1974년 AG가 해체되고, 70년대 후반에 이르면 1960년대 말에서 70년대 초까지 활발했던 실험적 분위기가 잦아들고 단색조 회화가 미술계에서 대두하게 된다. 당시에 '모노크롬 회화'라고 불렸던 단색화 작가들은 아카데미에 속속 편입됨으로써 1970-80년대 미술계의 주류를 형성했다. 2010년대까지도 단색조 회화가 미술시장에서 선전하고 있는 현상은 20세기 후반 모더니즘 계열 미술가들의 영향력이 면면히 지속되고 있음을 방증한다.

1970년대 국내에서 유행한 단색조 회화는 1960년대 미국의 색면화(color field painting)와 미니멀리즘에서 영향을 받았다. 그린버그식 모더니즘의 세례를 받은 단색조 화가들은 표현주의적 추상의 다음 단계로 깊이감이 최소화되거나 아예 사라진 모노크롬 회화로 진행된다고 본 것이다. 박서보의 화면의 양식적 변화는 국제적 시류를 따라 변천했던 국내 추상미술의 상황을 엿볼 수 있는 단적인 사례다. 1950년대 말부터 거친 붓질로 화가의 제스처를 각인했던 앵포르멜의 캔버스는 1970년대 들어 완전히 변모하여 단조로운 무채색 화풍의 〈묘법〉 시리즈가 되었다. 단색화는 외견상 뉴욕화파의 색면화나 미니멀아트와 대동소이했지만, 서구와 차별화되는 한국미술의 정체성을 정립하고자 했던 당대 모더니즘 화가들은 동양적 자연관과 정신성이 그들의 작업의 근간이라고 증언해왔다. 그들은 대개 도교의 무위자연 사상에 기대어 자연과의 합일, 자연에의 순응, 무아의 경지를 그들의 작업의 궁극적 목적으로 삼았다. 박서보는 스스로 "무위 순수한 행위에 살고자" 하며, "주문을 외듯, 참선을 하듯 반복을 한다는 것은 탈아의 경지에 들어서는 또는 나를 비우는 행위의 반복"이라고 해명했다.[19] 단색화가들은 도교사상을 도입할 뿐만 아니라 흰색이나 무채색을 주

18 오광수 (2010), p. 223.
19 김영나 (2010), 『20세기의 한국미술 2』, 서울: 예경, pp. 297-298에서 재인용했다.

로 사용함으로써 한국적 개성을 부각시키고자 했다. 그들은 또한 이우환
과 긴밀히 교류하면서 모노하의 단순한 양식과 함께 정교한 철학적 이론
을 취했고, 이를 통해 서구의 미니멀리즘 미학과는 차별화되는 동양적 정
체성을 공고하게 하고자 했다.

  흰색 위주의 단색화는 강렬하고 단일한 색채를 중성적으로 제시했던
미국의 색면화가들의 작품과 확연히 구별되는 한국적 개성으로 보였다.
1975년 일본 도쿄갤러리에서 열린 《한국 5인의 작가: 다섯 가지 흰색》전
은 한국적 모더니즘을 대외적으로 표명한 초기 사례로 꼽을 수 있다. 이 전
시의 서문에서 이일은 이렇게 쓰고 있다. "우리에게 백색은 단순한 하나의
'빛깔' 이상의 것이다. 그것은 빛깔이기 이전에 하나의 정신인 것이다. […]
우리의 선조들은 수묵으로써 삼라만상의 정수를 능히 표현할 수 있다고
믿었다. […] 한마디로 백색은 스스로 구현하는 모든 가능의 생성마당인
것이다."[20] 한국적 미술의 정체성을 백색에서 찾는 것은 당대부터 논란이
되긴 했으나,[21] 이후 대내외적으로 한국 모더니즘의 트레이드마크처럼 각
인되었다. 1970년대 단색조 화가들이 모두 백색조의 화면을 구사했던 것
은 아니었으나, 하종현, 권영우, 윤형근 등 대표적인 단색화가들은 회색이
나 갈색 위주의 단조로운 색채와 절제된 형태로 각자의 동양적인 추상 양
식을 모색했다.

  김영나는 1970년대부터 득세한 모더니즘과 1980년대 들어 활발해진
민중미술이 모두 "전통과 현대를 이항대립으로 보지 않고 현대미술에서
전통을 새롭게 해석하려" 했다는 점에서 공통점을 찾아볼 수도 있다고 말

---

20 오광수 (2010), p. 231에서 재인용했다. 이 전시에 출품한 다섯 작가는 박서보, 권영우,
   허황, 이동엽, 서승원이다.
21 '흰색'이 과연 우리 민족의 고유색인가에 대해서는 당대부터 논란이 되었다. 김영나는
   70년대 단색조 화가들이 내세운 한국적 정체성이 백색을 한국적 색채로 규정했던
   야나기 무네요시의 시각과 일치한다는 점을 지적한다. 또한 미국의 색면화가들
   중에서도 아그네스 마틴(Agnes Martin)이나 로버트 리만(Robert Ryman)처럼 백색
   위주의 단조로운 화면을 구사한 이들이 있음을 들어 흰색의 단색조 화면이 우리
   고유의 정체성을 대변할 수 있는지에 의문을 표하고 있다. (김영나 (2010), pp. 295-
   298.)

한다.[22] 물론 각 진영이 정당성을 부여한 전통은 완전히 상이한 것이었다. 단색조 화가들이 노장사상을 정신적 토양으로 삼았다면, 민중미술가들은 제도권 미술의 엘리트주의를 배척하면서 민중적 전통 — 불화, 무속화, 민화 — 을 부활시켰다. 1980년대 모더니즘과 민중미술로 양분되었던 국내 미술계의 판도는 20세기 전반 국제적으로 나타났던 모더니즘 대 리얼리즘의 대립양상이 재연된 경우라고 봐도 무방하다. 리얼리즘 미술은 19세기 중반부터 사회변혁을 꿈꾸던 미술가들의 실천적 행동으로 꾸준히 존재해 왔다. 북미의 벽화운동에 영향을 미쳤던 1920-30년대 멕시코 사회적·민족적 리얼리즘운동이나 소련의 사회주의 리얼리즘이 대표적인 예다. 마치 추상미술이 현대미술의 전모인 것처럼 협소한 의미의 모더니즘 담론이 한 시대를 풍미했으나 20세기 주류 미술계 저편에는 현실세계를 재현하고자 하는 충동이 상존해온 것이다. 추상표현주의가 주류 화단을 형성하고 있던 1960년대 미국의 팝아트는 중립적인 반복과 차용의 기법을 구사했다는 점에서 미니멀리즘과 유사해 보이기도 하지만, 당대 소비사회의 현실을 묘사한 리얼리즘의 한 변종으로 간주할 수도 있다. 물론 과거 리얼리즘의 공중적(public) 성격이 소비지향적 대중성으로 이행했다는 점은 간과하기 어려운 차이점이기는 하다. 요컨대 민중미술은 1980년대 한반도의 특수한 정치사회적 맥락에서 출현한 한국적 판본의 리얼리즘이라고 할 수 있다.

  민중미술의 맹아는 1970년대 일부 지식인 미술가와 이론가들이 촉구한 민족주의 문예운동으로 싹텄다. 80년대 민중미술운동에 참여했던 작가들은 대부분 "민족의 실체는 민중이며 문화의 주체자도 민중"이라는[23] 선배들의 신념을 공유하며 민족과 민중을 동일시하는 경향을 지녔다. 여러 미술사가들은 일반적으로 1979년 결성된 소집단 '현실과 발언'을 1980년대 민중미술운동의 시발점으로 주목한다. '현실과 발언'은 1969년 판화

---

22 김영나 (2010), p. 292.
23 이 문장의 출처는 원동석 (1975), 「민족주의와 예술의 이념」, 『원광문화』이며, 이영철 (1989), 「한국사회와 80년대 미술운동」, 이영철 편저 (1993), 『상황과 인식: 주변부 문화와 한국현대미술』, 시각과 언어, p. 57에서 재인용했다.

가 오윤 등 서울미대 동문들이 결성한 '현실' 동인을 모체로 한다. '현실과
발언'은 신군부정권 치하의 암울한 상황에서 독재정권에 저항하는 한편,
서구문화를 무비판적으로 수입하고 대중과의 소통을 결여한 제도권 미술
계에 비판의 날을 세웠다.[24] 민중미술은 서울과 지역에서 발기한 다양한
소그룹을 중심으로 민족 및 민중 문화를 부활시키고 시대의 요구에 부응
하고자 했던 운동이었다. '현실과 발언' 이외의 주요 민중미술 단체는 '광
주자유미술인협의회'(1979), '임술년, 구만팔천구백구십이에서'(1982),[25]
'두렁'(1982), '젊은 의식'(1982), '실천'(1983), '일과 놀이'(1983), '서울미술
공동체'(1985), '시월모임'(1985) 등이 있다. 각 집단마다 저항적 문화운동
을 실천하는 한편,《한국 현대미술 모색》(1982),《젊은 의식》(1982),《시대
정신》(1983),《105인의 작가에 의한 삶의 미술》(1984),《한국미술 20대의
힘》(1985) 등의 전시를 개최하여 사회적 반향을 불러일으켰다.[26]

　　민중미술을 주도하던 이론가들은 미술과 문학의 리얼리즘을 '현실주
의'라고 지칭하고, 이 용어에 역사유물론적 가치판단을 부여하였다. 그들
은 현실이 "그것을 파악하기 위하여 성립될 수 있는 가장 탁월하고 완전한
이론보다도 훨씬 풍부하고 다양하다"는 신념을 공유했다. 현실주의를 견
지한다는 것은 어떤 추상적인 리얼리티를 추구하는 것이 아니라, 구체적
이고도 현상적인 이 땅의 "현실로부터 자신의 진리기준을 무한히 끌어내
는" 것이었다.[27] 민중미술인들에게 1970년대 모더니즘은 비현실적인 동시
에 반역사적인 실천이었다. 미술이 순전한 자율성과 독립성을 확보한다는
것은 원천적으로 불가능하며, 따라서 정치적 중립을 표방하는 미술은 기
만적일 수밖에 없다. 라원식은 비제도권 현실주의 미술운동을 '민중적 현

24 김정아 (2016), 「1980년대 민중미술운동을 이끈 단체들」, 『미술세계』, 2016년 5월호,
　　p. 67.
25 '임술년'은 창립되던 해인 1982년을, '구만팔천구백구십이'는 남한 국토의
　　총면적(km²)을 뜻한다.
26 김종길, 「1980년대 민중미술 소집단의 경향성과 계보학 I」, 『다시, 바로, 함께
　　한국현대미술』, (재)예술경영지원센터, url = ⟨http://www.gokams.or.kr/visual-art/
　　discourse/time/time_view.asp?idx=1024&b_code=21⟩ (2019년 6월 19일 접속)
27 이영철 (1989), p. 53.

실주의'와 '비판적 형상주의 및 현실주의'로 구분한다.[28] 전자는 서울 기반의 미술동인 '두렁', 광주의 '광주자유미술인협의회', '토말', 전북의 '땅' 동인이 주도하는 가운데 '실천', '나무', '시대정신', '서울미술공동체'의 동참을 이끌어냈다. 그들은 작품 제작보다 현실 참여에 더 중점을 두었고 민초들과 함께 하는 삶과 사회 개혁을 도모하는 실천적 삶을 추구했다. 한편 '비판적 현실주의' 계열은 '현실과 발언', '광주자유미술인협의회', '임술년' 같은 소그룹을 중심으로 전개되었으며, 한반도의 현실을 모태로 탄생한 신구상미술을 추구했다. 여전히 추상미술이 맹위를 떨치고 있던 1980년대 전반 민중미술 진영 미술가들은 모더니즘과 아카데미즘에 반발한 저항적 실천에 주력했다. 80년대 중반은 군사정부의 억압이 극에 달하던 시기였으나, 민중미술계는 오히려 이때를 체제 개선의 계기로 삼았다. 이를테면 1985년 정부의 폭력적 탄압으로 인해 무산된 《한국미술 20대의 힘》전 사태 이후 민중미술계는 탄탄한 이론적 무장과 더욱 조직적이고 목적의식적인 운동을 도모하기 시작했다.

　민중미술 계열 평론가 성완경은 「한국 현대미술의 빗나간 궤적」(1980)이라는 글에서 이전 세대를 돌아보며 "가장 악성적으로 우리 미술이 아카데미즘화하고 무력화된 시기"라고 진단하였다.[29] 그가 이렇게 단언하기 전에 자신의 견해도 "열렬하고 편파적일" 수밖에 없음을 전제하긴 했으나, 그의 판단이 전적으로 주관적인 사견은 아니었다. 1980년대에 이르러 모더니즘 미술에 대항하여 민중미술이 불붙듯 일어난 것은 단지 전두환 정권의 독재정치 때문만은 아니었던 것이다. 아카데미즘에 봉착한 모더니즘 미술은 더 이상 아방가르드로서의 역할을 수행하지 못했고, 이에 대항하는 민중미술은 젊은 세대들을 흡수하여 세력을 키워갔다. 민중미술가들은 사회고발적 메시지를 목판화, 걸개그림, 깃발, 벽보 같은 전통

28　김종길, 앞의 글에서 재인용.

29　김종길, 「현실, 리얼리티, 발언, 시각언어: 현실 리얼리티의 미학 개념」, 『다시, 바로, 함께 한국현대미술』, (재)예술경영지원센터, url = ⟨http://www.gokams.or.kr/visual-art/discourse/time/time_view.asp?idx=1096&b_code=21&r_b_ex1=1980년대&r_b_ex2=⟩ (2019년 6월 19일 접속)

적이거나 서민적인 양식을 취해 전달하거나 농촌과 도시 근로자들의 열악
한 현실을 현대적 양식으로 각색하여 표현했다. 민중미술 작가들은 앞서
언급한 것처럼 불화나 민화의 모티프를 가져와 당대를 풍자하는 수단으로
활용하는가 하면, 콜라주나 포토몽타주 또는 초현실주의 기법 같은 모더
니즘 양식을 전유하여 신랄한 비판의식을 드러내기도 했다. 가령 민중의
생명력과 투지를 목판화에 담아냈던 오윤은 〈마케팅 V-지옥도〉(1980) 같
은 유화작업에서 불화의 형식을 빌어 당대 사회의 자본주의적 세태를 비
판했던 데 반해, 주재환과 박불똥은 콜라주와 포토몽타주를 활용하여 20
세기 초 다다운동을 연상시키는 사회풍자적 작업을 했다. 신학철은 메레
오펜하임이나 한스 벨머를 연상시키는 초현실주의적 화면들을 통해 당대
의 사회적 모순을 낳은 비극적인 한국 현대사를 묘사했다.

　　1980년대 중엽 모더니즘과 민중미술로 양분되어 있던 미술계 한켠
에서는 제3의 움직임이 꿈틀거리고 있었다. 모더니스트 비평가들, 즉 김
복영, 윤우학, 이일, 서성록 등이 포스트모더니즘에 대해 거론했던 것
은 이 제3의 미술운동 때문이었다. 서성록을 비롯한 모더니즘 비평가
들은 '타라'(TARA, 1981), '난지도'(1985), '메타복스'(Meta-Vox, 1985),
'현·상'(1986), '로고스와 파토스'(1986), '레알리테 서울'(1987) 등 청년세
대의 미술운동을 '탈모던'이라고 부르면서 초기에는 포스트모더니즘과 동
일시하기도 했다. 실상 이 소그룹들은 단색조 화풍을 벗어나 있다는 것 외
에는 양식적으로나 이념적으로나 공통점이 별로 없었다. 그들은 평면작업
을 탈피하여 일상적 현실과 자연세계의 오브제들을 끌어들이는 등 혼합매
체적 설치미술을 시도했으며, 드물게는 당대의 뉴미디어였던 비디오아트
로 나아가기도 했다. 이는 1960년대 말 1970년대 초 실험적 아방가르드운
동을 상기시키는 모더니즘 탈피현상으로 간주되었다.

　　하지만 이른바 탈모던 소그룹 구성원들은 자신들이 '포스트모더니즘'
과 혼동되거나 또는 포스트모던으로 이행하는 과도기로 간주되는 것을 탐
탁치 않게 생각했다.[30] 그들은 서구의 개념을 아무런 검증 없이 그대로 이

---

30 문혜진 (2015), pp. 112-113 참고.

식하고, 그럼으로써 한국미술 고유의 성격이 묵살되는 것을 우려했다. 난지도와 메타복스로 대표되는 이른바 탈모던 그룹들이 한국미술이 포스트모더니즘으로 향한 전환의 기로에서 징검다리 역할을 했던 것은 사실이다. 《한국현대미술의 최전선》전(1987), 《87년 문제작가작품》전, 《물의 체험》전, 《모더니즘 이후전: 1980-1985》전 등 일련의 전시에서 80년대 제3의 미술운동이 보여준 것은 서구의 경향을 답습하는 모더니즘에 대한 총체적인 반성과 비판이었다. 그러나 젊은 세대 중심의 소그룹 운동은 국내 모더니즘 미술의 고질적 병폐, 즉 타성에 젖은 미술계 내 패권주의에 반발했던 것이지 예술의 자율성에 기반한 모더니즘 미학 자체를 탈피하려는 의지는 크지 않았다. 그들의 새로운 시도들은 모더니즘의 형식 언어를 비판적으로 계승하여 더 확장하려는 노력으로 풀이할 수 있다. 예를 들어 서울미대 동문들이 주축이 되어 결성한 '로고스와 파토스' 동인에 대해 평론가들은 대체로 그들의 개인주의적 경향과 탈평면, 탈장르적 지향에 동의했으나, 모더니즘과의 단절이라고 할만큼 새로운 면모는 없었다고 입을 모은다. 윤진섭의 경우 그들이 "서양의 모더니즘이 아닌 '한국의 역사적 전통 속에 뿌리를 둔 문화적 의식운동'으로, 근대화 이후 형성되었던 모더니즘"을 추구했다고 평가한다.[31]

　　새로운 형상미술이 등장하고 매체가 다변화되는 탈평면의 기류 가운데 1980년대 후반 미디어아트 전시가 하나둘씩 개최되고 소수이기는 하나 미디어 작업에 착수하는 미술가들이 등장하였다. 1985년에는 신진식이 《컴퓨터아트 퍼포먼스》전을 개최했고, 1986년 강상중이 《EXODUS》전을 열었다. 강상중은 이 전시 이래 컴퓨터 기관과 기계적 요소를 적극적으로 활용하는 키네틱아트 제작에 몰입했다.[32] 1987년에는 이원곤이 비디오아트 개인전을 가졌다. 올림픽이 있던 1988년에는 미래지향적인 미디어아트 행사와 전시가 다수 개최되었다. 백남준이 〈다다익선〉을 설치하고

31　이상아 (2018), 『1980년대 미술계 소그룹 연구』, 서울대학교 석사학위논문, p. 24에서 재인용.

32　이원곤 (2004), 「한국 테크놀로지아트의 탄생과 전개」, 『Reality Check』전 도록, 대전시립미술관 참고.

프랑스에서 돌아온 김재권이 레이저 영상쇼를 했으며, 여러 작가들이 단체전 《고압전선》(토탈미술관)과 《1st Art Video Show in Seoul》(제3미술관)에 참여하였다.[33] 《고압전선》전에는 강상중, 박훈성, 이강희, 이원곤, 하용석이, 《1st Art Video Show in Seoul》전에는 이강희, 오경화, 이원곤이 참가했다. 1989년에는 신진식, 오인식, 금누리 3인의 《빛과 움직임》전(무역센터 현대미술관)이 개최되었다.

미국에는 1950-60년대부터 컴퓨터 프로그래밍을 통한 예술작품을 제작했던 벤 라포스키(Ben Laposky), 마이클 놀(Michael Noll) 같은 엔지니어 겸 아티스트들이 있었다. 80년대에 들어서면 서구와 비교하면 늦은 시기지만 국내에서도 컴퓨터의 매체적 가능성을 발굴했던 작가들이 등장하는데 신진식은 그중 대표적 인물이다. 1985년 개인전 《컴퓨터아트 퍼포먼스》전을 프랑스문화원에서 개최했다. 그는 이 전시에서 자신이 만든 콘텐츠를 바탕으로 디지털아트의 상영과 설치, 그리고 장르융합적 퍼포먼스를 보여줬다. 신진식은 디지털 드로잉과 그래픽을 상영하는 동시에, 작곡가 이영훈 등과 협력하여 최근의 미디어 퍼포먼스를 연상시키는 실험적 퍼포먼스를 발표했다. 신진식은 1993년 뉴욕으로 이주하기 전까지 《신진식 컴퓨터아트》(1985), 《빛과 움직임》(1989) 등 여러 전시에서 소프트웨어 기반 아트를 선보이고 1990년에는 '컴퓨터그래픽스연구소'를 설립하는 등 국내 디지털아트 보급에 일익을 담당했다.

이원곤 역시 1980년대 초 당시로서는 드물게 컴퓨터그래픽 작업을 시도했던 작가 중 하나였다. 당대 많은 미술가들이 그랬듯이 1984년 새해 벽두에 방영됐던 백남준의 〈굿모닝 미스터 오웰〉을 보고 비디오아트의 신세계를 접하게 되었다. 이후 그는 독학에 가까운 과정을 거쳐 전자공학 및 관련 기술에 대해 공부한 후 비디오아트 개인전을 열기도 했다. 1986년 《로고스와 파토스》창립전 참여작가 중 하나인 이원곤은 같은 해 개최된 《앙데팡당》전에서 처음으로 TV 모니터와 라디오 등을 이용한 설치작품을 선

33 이원곤 (2013), 「비디오아트 1세대와 그 이후: 1970-2010년의 전시상황과 작업경향」, Media Art Platform, http://projectmap.org/p/article?uid=13&mod=document (2018년 2월 17일 접속) 참고.

신진식, 〈Virtually Mind〉, 1991, 디지털 영상.

오경화, 〈비디오 통일굿〉, 1988, 29대의 TV, 돌, 광목, 천, 종이로 구성된 설치, 5×10×15m,
바탕골미술관 설치 전경.

보였다.[34] 이듬해 그는 개인전 《비디오 인스톨레이션》전을 개최하여 사진과 비디오 작업 외에 TV와 다른 전자기기들을 결합한 설치작품을 전시하는 등 국내 미디어아트의 초창기 역사를 장식하였다.

　　80년대 말 민중미술 소그룹 '두렁'의 구성원이었던 오경화는 비디오 작업으로 영역을 넓혀 사회비판적 주제의식을 새로운 매체에 담아냈다. 1984년 프랑스 유학길에 올랐던 그는 귀국 후 〈비디오 통일굿〉(1988), 〈하늘·땅·사람들〉(1990) 같은 영상 및 퍼포먼스 작업을 발표했다. 일련의 비디오 작품에서 오경화는 한국 현대사와 사회적 현실을 직접적으로 드러내고 있으나, 뉴미디어를 매체로 취함으로써 그의 정치색이 가려지는 경향이 있었다. 그런 이유에서인지 오경화의 작업은 민중미술가들뿐만 아니라 모더니즘 진영에도 수용되었다.[35] 오경화는 두 번째 개인전 《비디오 통일굿》(1988)에서 무당 김금화의 굿과 전후 해방기부터 1980년대 이산가족 찾기까지 현대사의 굵직한 사건들이 병치된 영상 〈저 들녘에 불었던 바람〉을 상영했다. 성황당 형식으로 모니터를 쌓아올린 야외공간에서 김금화의 신딸 정순덕이 통일바람 굿을 벌였던 이 전시는 민족주의 미술과 대중 미디어를 접목시킨 희귀한 전례로 남았다. 1990년 발표한 〈하늘·땅·사람들〉은 모더니즘과 민중미술 양 진영이 그간의 반목과 대립을 해소하려는 취지로 개최했던 《젊은 시각: 내일에의 제안》전에 출품한 작품이다. 이 작품에서 오경화는 초기보다 더 객관적인 시각으로 한반도 역사와 한국사회를 조망하고자 하였고, 총 3부로 이뤄진 내용을 16대의 멀티비전으로 구현하였다. 1부 〈땅〉에서는 굴곡진 한국 현대사를, 2부 〈사람들〉에서는 80년대 한국사회와 정치를, 3부 〈하늘〉에서는 한국의 자연을 투영했다. 오경화는 신진식이 운영하던 컴퓨터학원에서 영상을 편집하여 3개의 주제로 나뉜 서로 충돌하는 이미지들이 합성되거나 분할되도록 제작했다.[36] 1990년대 이후 오경화는 페미니즘적 메시지를 적극적으로 표현하는 비디오 작업으로 나아간다.

---

34 이원곤 (2013) 참고.
35 문혜진 (2015), p. 126.
36 여경환 외 (2016), pp. 226-229를 참고하라.

이상의 미술가들 외에도 1980년대 말 미디어아트에 착수했던 이로는 육근병, 김해민, 채미현과 닥터정, 문주, 김형기를 꼽을 수 있다. 90년대에 들어 본격화되는 이 작가들의 작업에 관해서는 위에 언급한 세 작가와 더불어 이 장 3절의 인터뷰에서 상술할 것이다. 1990년대에 들어서면 정부 시책의 일환으로 테크놀로지와 예술의 만남 또는 '뉴미디어' 아트를 지원하였다. 이에 따라 이전보다 많은 미술가들이 미디어 작업에 유입되었다. 그러나 인터넷 접속이 가능한 개인용 컴퓨터(PC)가 보급되기 전까지 국내 미디어아트는 여전히 소수 선구적 예술가들의 전유물이었으며, 미술계 주류나 대중 모두에게 큰 주목을 받지는 못했다.

2 신세대 미술과 미디어아트의 부상

포스트모더니즘의 한 지분을 비디오아트가 차지했던 서구와 달리[1] 우리 미술계에서 포스트모더니즘은 디지털 테크놀로지의 보급과 함께 수면에 떠올랐다. 다시 말해 1970년대 미국에서 흑인인권운동, 페미니즘운동 같은 소수자 인권운동의 바람이 미술계에도 휘몰아치던 시절이 비디오아트가 부상하던 때였다면, 1990년대 한국미술계에 포스트모던 다원주의 또는 다문화주의가 유행했던 시기는 컴퓨터가 상용화되고 캔버스 대신 소프트웨어를 사용하는 미술가가 늘어가던 때였다. 국내 미술계에서는 1980년대 말부터 조짐을 보이기 시작한 포스트모던의 징후가 1990년을 전후로 한층 더 가시화되는 한편, 각 가정마다 PC가 보급되고 통신망이 구축됨으로써 미디어아트가 점차 확산되었다.

앞 절에서 살펴본 것처럼 1980년대 초중반부터 '타라', '로고스와 파토스', '난지도', '메타복스' 같은 청년세대 소그룹 미술운동이 출현했다. 80년대 중반 아카데믹해진 모더니즘의 기세가 꺾임에 따라 모더니즘 대 리얼리즘의 이항대립은 약화되고 양 진영 어디에도 속하지 않는 제3의 미술

---

1 헬 포스터 외는 1970년대 초 비디오아트가 제도권역으로 진입함으로써 포스트모더니즘의 포문이 열렸다고 판단한다. 즉 비디오아트는 모더니즘적 현상학적 직접성을 사용해 관람자가 지각과정의 현전을 알아차리는 동시에 순수한 현재적 경험이 불가능함을 깨닫게 함으로써 모더니즘을 비판한다는 점에서 포스트모던하다는 것이다. 헬 포스터, 로절린드 크라우스, 이브-알랭 부아, 벤자민 H. D. 부클로 (2007), 『1900년 이후의 미술사』, 배수희 · 신정훈 외 역, 세미콜론, p. 564를 보라.

이 소그룹 운동 양상으로 미술계 내에서 점차 부상하기 시작했다. 포스트모더니즘 논쟁이 격렬해지던 1980년대 말 모더니즘의 구태로부터 탈피하고자 했으나 그렇다고 해서 반모더니즘 즉 민중미술에 가담하지도 않았던 제3의 움직임이 세력을 키워가는 가운데 포스트모던한 신세대 미술가들이 출현하고 있었다. 80년대 말 시작된 사회적 개혁 및 개방의 조류를 따라 과거에 볼 수 없었던 새로운 감성을 소유한 인간형이 출현했다는 신세대 또는 X세대 담론이 90년대 초 한국사회에 유행했다. 미술계에서 통용되는 '신세대 미술'의 명명법이 X세대에 대한 사회학적 분석과 반드시 일치한다고 보기는 어려우나, 이러한 사회 전반의 동향에서 비롯된 것임에는 재론의 여지가 없다.

이미 설명했듯이 서성록을 위시한 미술비평가들은 1980년대 소그룹 운동을 '탈모던'이라고 부름으로써 모더니즘과 팽팽한 대립구도를 형성했던 민중미술의 현실주의와 구별하고자 했다. 하지만 난지도와 메타복스 등 80년대 소그룹들은 실상 모더니즘의 개혁적 또는 변형적 계승이라고 할 만한 움직임이라고 판단되자, '탈모던'은 모더니즘 미학을 견지한 '모더니즘 이후'를 신세대적 반미학을 장착한 '포스트모더니즘'과 차별화하기 위한 수사로 사용되었다. 다르게 말하자면 모더니즘의 고답적 · 엘리트주의적 특성으로부터 완전히 탈피하고 모더니즘과 민중미술 진영으로 양분된 미술계 구도가 실질적으로 붕괴된 것은 1980년대 후반 이른바 신세대 미술가들이 등장했을 때라는 것이다. 이렇게 한국미술의 포스트모더니즘은 젊은 작가들의 소그룹들이 난립하는 가운데 조금씩 얼굴을 드러내고 있었다.

1980년대 소그룹 운동에 참여했던 작가들은 그들이 작품 형식에 대해 진지하게 고민하고 아카데미즘에 젖은 미술계에 대해 비판적이었다는 측면에서는 신세대와 전혀 다른 감수성을 갖고 있었으나, 과거와 다른 새로운 가능성의 모색이나 다변화된 매체를 통한 자기표현이라는 점에서는 이후 세대와 연접되는 지점도 있었다.[2] 단안(單眼)의 이미지와 무덤 형상

2   최정화를 비롯한 몇몇 신세대 미술가들은 탈모던 그룹 멤버들과 긴밀하게 교류했다. 최정화, 이형주, 이불은 타라의 멤버들과 개인적인 친분이 있었으며, 심지어 최정화는

을 결합한 비디오 설치작업으로 1990년대 초부터 유명세를 얻게 된 육근
병(1957-)은 일찍이 80년대부터 비디오 작업에 돌입했다. 그는 1982년부
터 꾸준히 '타라' 그룹의 일원으로 활동했고, 소위 신세대 미술가들에 비해
형식적 완결성에 더 천착했던 것으로 보인다. 육근병의 트레이드마크가
된, 깜빡이는 눈 영상이 삽입된 봉분 설치는 그가 20대를 오롯이 바친 실
험과 성찰의 산물이었다. 국내에서 개인전을 치른 후 그는 1989년 상파울
루비엔날레에 참가했고 이를 계기로 일찍이 국제무대에 진출하게 되었다.
육근병은 1992년 《카셀 도큐멘타 9》에 초청되어 〈풍경의 소리 + 터를 위한
눈 = 랑데부〉를 프리데리치아눔 미술관 앞 광장 한가운데 설치하는 행운
을 얻었다. 이 작품의 제목이 〈랑데부〉인 것은 한국 아이의 눈이 비치는 봉
분 맞은편 기둥에 독일 아이의 눈 영상을 설치하여 동서양의 시선이 마주
보도록 했기 때문이다. 전시와 함께 선보인 퍼포먼스 〈동양과 서양은 하나
다〉(East and West is one)에서는 동양인들과 서양인들이 함께 "랑데부"를
외침으로써 작가의 의도를 더욱 명시적으로 전달했다. 이 작품은 몇 해 전
백남준이 비디오아트 〈바이 바이 키플링〉(1986)을 전 세계 사람들에게 동
시에 중계함으로써 "동양은 동양이요, 서양은 서양"이라고 말한 키플링에
게 반문했던 일을 연상시킨다. 1989년 베를린장벽이 무너지고 독일이 통
일되기는 했으나 2차대전 이후 독일은 오랜 세월 좌우 이념에 따라 동서
로 나뉘어 있었고, 이런 점에서 남북으로 국토가 분단된 한국과 거의 동일
한 정치적 상황에 처해 있었다. 1992년 한국인 미술가 육근병이 카셀에서
던진 메시지가 관중들에게 큰 호응을 얻던 것은 이와 같은 역사적 맥락에
서 기인했음이 분명하다.

　　1980년대 모더니즘에도 민중미술에도 속하지 않는 제3의 미술운동을
애초에 탈모던이라고 부른 것은 모더니즘 계열 평론가들이었다.[3] 그 의미

　　한때 타라에 가입하기도 했다. 문혜진 (2016), 「청년작가-제도-공간」, 여경환 외
　　(2016), p. 105, 주8을 보라.
3　'탈모던'이라는 용어를 누가 언제부터 썼는지는 불분명하다. 다만 1988년과 1989년
　　출판물에 서성록이 '탈모던'이라는 말을 쓴 것이 최초의 용례라는 것만 현재
　　확인된다. 문혜진 (2015), p. 269, 주1을 참고하라.

육근병, 〈풍경의 소리+터를 위한 눈=랑데부〉, 1992, 흙무덤 봉분, 비디오 설치, 독일 카셀 도큐멘타 초청 전시 전경.

가 포스트모던과 다를 것 없는 명칭으로 모던과 반모던 양자 모두와 차별
화되는 또 다른 흐름을 지시했다는 것은 '타라', '난지도', '메타복스' 같은
그룹들이 모더니즘보다는 포스트모더니즘에 더 가까워 보였다는 것으로
풀이된다. 평면 위주의 작업을 탈피하고 장르 간 경계의 파괴를 시도했으
며 정치적·미학적 이념에 따른 파벌화가 아닌 개인주의를 선호했다는 점
에서 이른바 탈모던 미술가들은 확실히 선대의 모더니즘 작가들과 차별화
된다. 모더니스트들이 보기에 그들에게서는 오히려 신세대라고 불렸던 미
술가들과 공유하는 지점들이 두드러졌음에도 불구하고 서성록이 그들을
'포스트모던' 대신 '탈모던'이라는 형용사로 지칭했던 것은 1980년대 소그
룹들이 1990년대 이후 등장한 소그룹들만큼 충분히 포스트모던하지 않다
는 진단에서 비롯되었다. 최근 출판된 저술들에서도 1980년대 소그룹 운
동을 포스트모던와의 차이가 불분명한 '탈모던'으로 명명하곤 하는데, 당
초 이 용어가 쓰이게 된 것은 모더니스트 비평가들이 청년세대 소그룹의
상호 이질적이고 다양한 매체 활용을 포스트모던한 다원주의의 출현으로
해석했기 때문이다.[4] 1990년을 기점으로 서성록을 위시한 모더니즘 계열
비평가들은 80년대 소그룹들이 후기산업사회의 징후적 성격을 보이지 않
는다는 점에서 포스트모더니즘과 별 관계가 없다고 판단하기에 이른다.[5]
유사하게 제3의 미술로 등장했다고 하더라도 80년대 소그룹과 90년대 소
그룹을 구별하게 된 것이다. 요컨대 탈모던이라는 어정쩡한 호칭은 포스
트모더니즘 담론이 유입되던 초기에, 즉 포스트모던한 것의 정체가 무엇
인지 그 전모를 파악하지 못한 시점에 미술계에 새로이 출현한 현상을 섣
불리 포스트모더니즘과 결부시킨 결과 파생한 것이다. 메타복스, 난지도
등 제3의 미술 경향이 모더니즘으로부터 단절하려는 것처럼 보였던 것은

---

4   서성록은 탈모던 그룹이 "현대적 삶의 형상화"라는 점에서 포스트모던한 징후를
    드러낸다고 보았다. 서성록(1989), 「포스트모더니즘은 양분화된 한국화단의 해답일
    수 있는가」, 『세계와 나』, 1989년 11월호, pp. 258-261. 오광수는 '난지도', '메타복스',
    그리고 이만익 등의 형상미술들과 백남준의 비디오아트를 거론한다. 오광수 (2010),
    pp. 249-57.
5   서성록 (1992), 「탈모던에서 포스트모더니즘에로의 이행」(1990), 『한국미술과
    포스트모더니즘』, 서울: 미진사, pp. 170-171.

모더니즘을 사실상 추상미술과 일치시키는 협소한 사고방식으로부터 초래되었다고 추정된다.[6] 서성록과 동년배였던 미비연 비평가들은 전(前) 세대 비평가들이 서구의 역사적 산물인 '모더니즘'이나 '포스트모더니즘'을 충분한 고찰을 거치지 않은 채 수용함으로써 "그 용어에 내재한 논리의 그물에 갇혀 갑론을박하거나 작품에 그대로 적용하는" 잘못된 관례를 만들었다고 비판하였다.[7] 어떤 측면에서는 초기의 판단 착오가 초래한 '탈모던'과 '포스트모던'의 구분이 포스트모더니즘의 한국적 전개를 세밀하게 기술하는 방편이 된 것 같기도 하다. 한국적 포스트모던 미술이 무엇인가에 대해서는 앞으로 더 연구되어야 할 테지만, 난지도나 메타복스 같은 80년대 소그룹 미술운동들이 모더니즘 미학을 적극적으로 부정하지 않고 그한계의 초극을 꾀했던 것이라면, 모더니즘과의 연속성을 염두에 두고 '탈모던' 대신 '후기모던' 또는 '말기모던'(late modernism)이라고 부르는 것이 더 적절해 보인다.

　신세대로 통칭되곤 하는 1990년대 소그룹들이 80년대 소그룹들과는 차별화되는 포스트모던한 움직임으로 간주된 이유는 그들에게서 꽤 선명하게 나타났던 소비만능주의의 증표, 즉 가벼움의 미학 때문이었다. 1990년대 이후의 한국미술을 연구하는 여러 저자들은 1987년 소그룹 '뮤지엄'의 등장을 한국 포스트모더니즘의 기점으로 삼고 있다. 이러한 해석을 처음 제시한 것은 1980년대 말 선두적으로 포스트모더니즘론을 미술계에 소개한 서성록이다. 모더니즘(단색조 회화) → 반모더니즘(민중미술) → 탈모더니즘(제3의 미술)으로 진행되는 과정에서 포스트모던한 신세대 미술이 출현했다는 그의 도식은 현재까지도 여러 저자들에 의해 1980-90년대 미술을 바라보는 틀로 간주되곤 한다.[8] 동시대로 이어지는 1990년 이후 미

6　최태만 (2002), p. 52를 참고하라.

7　이영철 (1993), 「한국미술의 문화병과 신세대 작가의 등장」, 『상황과 인식: 주변부 문화와 한국현대미술』, 서울: 시각과 언어, pp. 113-117을 보라.

8　주7에 쓴 것처럼 서성록의 도식적인 이해에 이의가 제기되기도 했으나, 김홍희를 비롯한 여러 저자들이 그의 논법을 각자의 방식으로 전유하고 있다. 김홍희 (2016), 「한국 현대미술사의 신기원, 1990년대」; 여경환 외 (2016), pp. 72-73; 문혜진 (2015), pp. 255-268; 이호진 (2008), 『한국 포스트모더니즘에 관한 연구: 1980-90년대 미술을

술에 대해 단정적인 해석이나 평가를 내리기에는 여전히 시기상조지만, '뮤지엄'(1987-1992)을 1990년대 초 등장한 이른바 신세대 소그룹 운동의 선두주자이자[9] 포스트모던 미술의 신호탄이라고 간주하는 것이 현재 다수의 시각이다. 이 시기 활동이 두드러졌던 신세대 소그룹으로는 '뮤지엄' 외에, '황금사과'(1990), '서브클럽'(1990-1992), '진달래'(1995), '30캐럿'(1993-2000) 등이 있다.[10] 고낙범, 노경애, 명혜경, 정승, 이불(1964-), 최정화(1961-), 홍성민(1964-), 이렇게 7명의 홍익대 출신 20대 작가들로 출발한 '뮤지엄' 그룹은 1987년 2월 창립전《뮤지엄》과 그해 5월의《뮤지엄-프린트 컨셉》전을 시작으로 몇 차례의 전시를 개최한 후 1991년을 전후로 하여 흩어진다. '뮤지엄'을 비롯한 대부분의 소그룹들은 각 전시마다 구성원이 달라지는 유동적이고 느슨한 조직이었다. 뮤지엄의 경우 역대 전시에 지속적으로 참여한 작가는 고낙범, 이불, 최정화 3명 정도에 불과했다.[11] 20대 젊은 작가들이 당초에 전시명을 '뮤지엄'이라고 한 이유는 "박제화, 사물화된 작품의 창고로서의, 허나 권위와 전통의 상징인 뮤지엄과 기성화단에 대한 빈정거림과 도전"을 하기 위해서였다.[12]

1990년 뮤지엄은《선데이서울》전을 개최하는데, 실제로 뮤지엄이 신

중심으로』, 이화여자대학교 석사학위논문 등을 보라.

9 1980년대 말 등장했을뿐더러 80년대 소그룹 구성원들과 친밀한 관계를 유지했던 뮤지엄을 신세대 소그룹으로 간주할 것인가에 대해서는 논란이 존재한다. 가령 우정아는 뮤지엄에게서 엿보이는 이전 세대 미술의 특징들에 대해 거론하면서 "뮤지엄과 신세대 사이에 실질적인 간극이 존재한다"고 진단하고 있다. 우정아 (2017), 「뮤지엄의 폐허 위에서: 1990년대 한국 미술의 동시대성과 신세대 미술의 담론적 형성」, 『미술사와 시각문화』, 20, pp. 130-157을 보라. 또한 저자에 따라서는 《선데이서울》전(1990)에 참여한 작가들을 '뮤지엄'과는 다른 소그룹 '선데이서울'로 구별하기도 한다. 일례로 이재언 (1992), 「전환기의 신세대 미술운동」, 『미술세계』, 1992년 3월호, p. 52를 보라.

10 신세대 소그룹의 활동상에 대해서는 허효빈 (2017), 「1990년대 신세대 소그룹 미술」, 윤난지 외, 『한국 동시대 미술: 1990년 이후』, 서울: 사회평론, pp. 122-130을 보라.

11 우정아 (2017), pp. 133-134.

12 윤동천의 「보고서 보고서」(《선데이서울》전 개최 시 발행한 무크지)에 수록된 글 중 일부이며, 이재언 (1992), 「전환기의 신세대 미술운동」, 『미술세계』, 1992년 2월호, p. 53에서 재인용했다.

세대적 면모를 전격적으로 드러낸 것은 이 전시부터였다고 할 수 있다. 키치적인 전시의 제목만으로도 참여작가들의 예술관과 지향점을 충분히 짐작할 만하다. '뮤지엄' 멤버였던 홍성민의 "그래, 우리 날라리 맞아! 어쩔래?" 하는 발언이[13] 일체의 정치적·미적 진지함과 엘리트주의를 구태의연하게 여겼던 젊은이들의 탈이념적·반미학적 태도를 대변하는 것처럼 회자되었다. 더 이상 '예술하기'를 고귀하거나 숭고한 가치를 좇는 행위로 보지 않는 신세대 미술가들은 정치적 의식보다 각자의 개인적 취향에 더 집중하는 것처럼 보였다. 1990년대 초반 기성 비평가들은 당대를 풍미했던 신세대 담론을 수용하여 이처럼 탈이데올로기적이고 반권위주의적인 젊은 작가들을 신세대 미술가라고 부르기 시작했다. 한국미술의 포스트모더니즘을 '신세대 미술'이라고 부르는 관행이 생긴 것은 1992년에서 1993년 사이 하나의 사회현상으로서 신세대의 출현이 논객들의 입에 한창 오르내리던 즈음이었다. 1990년대 초 사회적 개방과 변혁의 시기를 통과한 이후 1992년경 '서태지와 아이들'은 신세대의 아이콘으로 등장했다. 때마침 출범한 문민정부가 정치사적으로 획기적인 변화였다면 서태지의 등장은 문화사에 한 획을 그은 혁명적 전환이었다.

그러나 뮤지엄을 비롯한 기타 1990년대 소그룹들에 신세대 미술이라는 호칭을 부여한 것은 당시 소비지향적인 젊은이들을 '오렌지족', '압구정동', '맥도널드' 같은 기표들로 표상하던 당대의 사회 분위기에 편승한 것이지 신세대 담론 자체는 물론 이 소그룹들에 속하는 작가들에 대한 심도 있는 검토 끝에 도달한 결론은 아니었다.[14] 오락적인 매스미디어와 소비문화에 친숙한 세대의 미술은 더 이상 예술의 가치를 심각하게 고민하

13 김종길 (2013), 「현대미술의 동시대성, 실재인가 환상인가: 한국 현대미술 연대기 1987-2012」, 『황해문화』, 78, p. 428.
14 문혜진 (2015), p. 255 참고. 1990년대 초 유행했던 신세대 담론에 대해서는 다음을 보라. 정중헌, 「X세대를 어떻게 보아야 하나」, 『월간샘터』, 25, pp. 32-34; 이재원 (2010), 「시대유감, 1996년 그들이 세상을 지배했을 때: 신세대, 서태지, X세대」, 『문화과학』, 2010년 8월호, pp. 92-112; 안이영노 (1999), 『1990년대 새로운 미술세대의 형성과정에 대한 예술사회학적 고찰: 신세대 미술의 발생과 성장을 중심으로』, 홍익대학교 대학원 석사학위논문, pp. 19-24; 여경환 (2016), pp. 16-35.

지 않는 것처럼 보였다. 이러한 현상에 대해 어떤 비평가들은 우려를 표명했고, 어떤 비평가는 그들의 대변자를 자처했다. 기성 비평가들은 모더니즘이나 민중미술 어느 쪽에 서 있든지 간에 포스트모던 미술의 신세대적 특성에 이질감과 경계심을 드러내는 편이었으나, 윤진섭이나 김현도처럼 신세대 미술을 옹호하는 비평가들도 있었다. 예를 들어 이재언은 1980-90년대 소그룹 미술운동에 대해 평가하는 글에서 "우리의 일반 정서와 거리가 멀다."라고 하면서 신세대 미술가들의 다원주의와 자유가 자칫 방종을 초래할 것을 우려했다.[15] 이재언과 유사한 우려의 목소리가 기성 비평가들 사이에서 높았던 반면, 윤진섭은 신세대 미술가들의 대변자를 자처하며 1990년 이후 줄곧 지지의 목소리를 냈으며, 새로운 테크놀로지를 매체로 수용하는 데 대해 긍정적이었던 김현도도 포스트모더니즘 미술을 환영했다.[16]

신세대 소그룹 뮤지엄이 등장한 1987년은 한국현대사의 중요한 변곡점이기도 했다. 1987년 6월 항쟁을 기점으로 오랜 군부독재 시대가 막을 내리자 한국은 차츰 민주사회의 면모를 갖춰가고 권위주의 시대의 흔적을 지워나갔다. 1988년 서울올림픽이 개최되고 1989년 해외여행이 전면적으로 허용되면서 한국사회는 차츰 문화 개방과 세계화의 일로로 향하게 되었다. 1980년대 중반 시작된 3저 현상 즉 달러 약세, 저유가, 저금리에 힘입어 전례 없는 경제호황기가 지속되던 시절에 우리 사회에서는 대중적 소비 및 유흥 문화가 급성장했다. 구매력 있는 중산층은 컬러TV, 카메라, 캠코더, VCR 같은 새로운 장비들을 갖춰 놓고 영상콘텐츠를 감상하였으며, 카세트플레이어, CD플레이어로 또는 '워크맨'을 휴대하고 대중음악을 즐기기 시작하였다.

《X: 1990년대 한국미술》전(2016)을 기획한 큐레이터 여경환은 1990

---

15 이재언 (1992), 「전환기의 신세대 미술운동」, 『미술세계』, 1992년 2월호, pp. 52-53을 보라.

16 윤진섭, 「신세대 미술, 그 반항의 상상력」, 『월간미술』, 1994년 8월호, pp. 149-160; 김현도 (1991), 「포스트모더니즘에 관한 몇 가지 소묘」, 『선미술』, 1991년 여름호, pp. 20-24 참고.

년대가 실질적으로 1987년 시작되어 IMF 구제금융기 직전인 1996년에 끝난다고 규정한다.[17] 1987년 6월 항쟁은 비록 미완의 혁명에 그쳤다고 하더라도 1919년 3.1운동을 방불케 하는 민초들의 봉기였으며, 직선제 개헌을 이끌어냄으로써 독재정치와 권위주의의 시대를 일단락하였다. 한국사회에서 민주주의가 정립되던 1980년대 말은 동구권이 몰락하고 구소련이 해체되었던 시기이기도 했다. 한국사회 전반에 넘실대던 자유주의와 개인주의, 그리고 다원주의의 양상은 오랜 냉전체제가 종식하고 시장경제 질서가 세계를 재편하게 된 전 지구적 현상과 긴밀하게 얽혀 있다. 1989년 이후 폴란드와 헝가리를 비롯한 전 세계 공산주의 정권들이 하나둘씩 붕괴되고 미국이 유일한 초강대국의 자리를 차지하게 되었다. 전 세계적 정치 판도가 완전히 변모하자 국내 민주화 세력들은 마르크스레닌주의의 실패를 자인하고 이를 대체할 새로운 실천철학을 모색하였다. 1987년도 민주화 항쟁으로 대통령 직선제 개헌을 성취한 후 꼬박 10년이 지난 1997년 한국은 IMF 구제금융 체제로 들어서게 된다. 이때부터 우리 사회에는 본격적인 신자유주의 시대가 개막하고 기업마다 정리해고 붐이 일어났다. 비록 IMF 외환위기는 무사히 넘겼다고 하더라도 파산한 사업자들과 실직자들이 대거 양산됨으로써 불과 10여 년 전의 호황기와는 사뭇 다른 사회 분위기가 형성되었다.

  1990년대가 사실상 1987년에 시작된다는 여경환의 시기 설정은 한국의 정치사회사에 대한 고려뿐만 아니라 한국 현대미술사의 전개 상황도 염두에 둔 것이다. 1980년대 후반부터 신세대 미술과 포스트모더니즘이 조짐이 보였다면, 1990년대 후반에 이르면 1980년대 말 시작된 사회적·문화적 변화가 정착되는 가운데 각 지자체마다 건립된 국공립미술관이나 비엔날레 등 대형 미술전시가 자리를 잡아가기 시작했다. 1986년 과천에 본관을 건립하여 이전한 국립현대미술관을 필두로 서울시립미술관(1988), 광주시립미술관(1992), 대전시립미술관(1997), 부산시립미술관(1998)이 줄지어 개관하였다. 미술계에도 세계화 바람이 불어서 1990년대

---

17 여경환 (2016), 「X에서 X로: 1990년대 한국미술과의 접속」, 여경환 외 (2016), p. 18.

들어서면 미술가들이 대거 해외 유학길에 올랐으며, 전수천(1947-2018), 김수자(1957-), 서도호(1962-), 이불처럼 국제 무대에서 활약하며 명성을 얻는 한국 작가들이 등장하기 시작했다. 1995년 전수천은 베니스비엔날레 한국관 대표로 참가하여 설치와 행위예술을 선보였는데, 국내 작가로서는 최초로 특별상을 수상하였다. 유학 시절부터 해외에서 활동했던 김수자와 서도호는 90년대를 풍미했던 디아스포라, 유목주의, 탈식민주의 담론에 힘입어 국제 무대에서 선전했으며, 일찌감치 한국을 대표하는 작가로 입지를 굳혔다. 뮤지엄 그룹의 일원이었던 이불은 국내 기반으로 활동했음에도 불구하고 1997년 뉴욕근대미술관 전시에 초대되었고, 이후 1999년 베니스비엔날레에서 특별상을 받는 등 국내외에서 괄목할 만한 행보를 이어갔다.

    1980년대부터 국내에 소개되기 시작한 백남준의 비디오아트도 한국 미술에 세계화의 물꼬를 트는 역할을 했다. 1984년에서 1988년까지 세 번의 위성아트쇼를 한 후 백남준은 1992년 국립현대미술관에서 회고전 《비디오때 비디오땅》을 개최했다. 이 전시는 백남준의 미디어아트를 본격적으로 소개했던 국내 최초 행사였다. 이듬해 백남준의 주선으로 개최한 《휘트니 비엔날레 서울》전에서도 게리 힐, 빌 비올라 등의 비디오아트가 소개됨으로써 새로운 표현매체에 목말라하던 젊은 미술가들에게 테크놀로지 기반 예술이 확산되던 국제적 경향을 알려주었다.[18] 이 전시는 포스트모더니즘을 막연히 신구상, 탈평면, 복합매체, 설치 등 양식적인 다변화로 파악하고 있던 국내 미술인들에게 커다란 충격을 안겨줬다. 《휘트니 비엔날레》전은 페미니즘의 쟁점들뿐만 아니라 동성애자와 소수인종의 정체성 문제를 집중적으로 다루었고 몸과 섹슈얼리티의 노골적인 재현으로 가득차 있었다. 매체나 내용 모두에서 탈경계적이었던 이 전시는 포스트모던 다원주의의 실체를 가감 없이 보여줌으로써 상당한 논란을 일으키기도 했다. 1995년 제1회 광주비엔날레 개막과 베니스비엔날레 한국관 개관은 국내에서도 시작된 대형 국제전시 시대의 신호탄이었다. 《경계를 넘어서》라

---

18 오경은 (2017), 「1990년 이후의 한국 미디어아트」, 윤난지 외 (2017), p. 256.

는 주제로 45개국 90명의 작가가 참가했던 첫 번째 광주비엔날레는 비록 5.18 민주화운동의 저항정신을 잘 살리지 못했다는 비판을 받기는 했으나, 이후 출범한 《서울미디어시티비엔날레》(2000), 《부산비엔날레》(2002) 등 대형 국제미술전의 첫 모델이 되었다. 1990년대부터 증가하기 시작한 국제적 미술행사들은 국내 미술인들이 세계적 추세와 발을 맞출 뿐만 아니라 당시 국제적으로 유명세를 얻고 있던 미디어아티스트들의 작품을 가까이에서 목격할 수 있는 기회를 제공했다.

　　1980년대 소그룹에서 시작되었던 탈경계적이고 다매체적인 실험 경향은 비디오아트의 부상으로 이어진다. 국내 비디오아트는 박현기와 몇몇 미술가들에 의해 1970년대 중반부터 시도되었으나, 80년대까지도 미디어아트에 전념하는 작가는 소수에 불과했다. 1980년대 중반부터 백남준의 작품들이 국내 언론에 연달아 소개되고 1988년 서울올림픽을 기념하여 국립현대미술관에 그의 대형 비디오 작품 〈다다익선〉이 설치되면서 테크놀로지 기반 예술이 국내 대중에게 성큼 다가서게 되었다. 이미 언급했듯이 국내의 여러 미술가들은 그의 〈굿모닝 미스터 오웰〉(1984)이 KBS TV에서 방영되는 것을 본 후 미디어아트에 눈을 뜨기 시작했다. 〈TV Hammer〉(1992)로 인지도를 얻게 된 김해민(1957-)도 백남준의 영향으로 1980년대부터 비디오아트에 착수했다. 모니터 영상 속 망치가 화면 밖으로 움직이다가 마치 유리창이 깨지듯이 화면에 균열이 생기고 이와 동시에 모니터가 진동한다. 일종의 키네틱아트이기도 한 이 작품은 비디오아트의 가상현실에 대한 호기심으로부터 촉발된 것이다. 현실의 사물과 똑같아 보이는 비디오 이미지의 가상성은 박현기를 비롯한 초기 비디오아티스트들도 몰두했던 주제다. 〈TV Hammer〉 이후 김해민은 가상현실이라는 주제를 한국적 무속신앙에 유비시키는 일련의 작품을 제작했다. 비디오의 가상성과 매개성을 샤머니즘의 전통적 역할을 떠올린 이는 김해민만이 아니었다. 박현기나 다른 초기 비디오아티스트들에서도 유사한 사유가 엿보이며,[19] 백남준도 첨단 테크놀로지의 기능과 샤머니즘의 그것과의

19 이원곤은 김해민 외에 박현기, 오경화, 육근병 등의 비디오아트에서 엿보이는 한국 전통의 샤머니즘적 요소에 대해 논의한 바 있다. 이원곤 (2003), pp. 334-343을

김해민, 〈TV Hammer〉, 1992, 비디오 설치.

유비관계에 주목했었다. 특유하게 한국적인 색채의 비디오아트를 시도한 김해민은 〈신도안〉(1994)과 〈발광으로부터의 발광〉(1997)에서 CRT 모니터, 촛불, 붓, 스피커, 카메라, 전구 같은 오브제들을 제의의 형식으로 설치하고 화면에서 상영되는 이미지들과 병치시킴으로써 가상과 현실, 전통과 현대, 성과 속의 구분을 모호하게 만들고 있다.

보따리 행상을 모티브로 한 페미니즘적 행위예술로 유명한 김수자 (1957-)는 1990년대부터 영상작업을 시작한다. 그의 〈떠도는 도시들: 보따리 트럭 2727킬로미터〉(1997)는 트럭에 보자기로 싼 보따리를 가득 싣고 11일 동안 자신이 살던 도시들을 떠도는 퍼포먼스를 촬영한 것이다. 퍼포머의 표정이나 동작이 중심이 되는 다른 행위예술 작품과는 다르게, 김수자의 영상에서는 시종일관 그가 보따리를 실은 짐 위에 등을 돌리고 앉은 모습이 등장한다. 이 도시, 저 도시를 떠돌며 살아온 자신의 유목적 삶과 보따리로 표상되는 여성의 노동에 시선을 집중시키기 위해 김수자는 화면을 등진 채 예술을 수행한 것이다.[20] 김수자의 다른 행위예술 〈바늘여인〉(1999-2001)도 유사한 주제의식을 표상한다. 그는 도쿄, 상하이, 델리, 뉴욕을 포함한 세계 주요 8개 도시를 돌아다니며 스스로의 몸을 바늘 삼아 곳곳의 공간들과 여성들을 하나로 엮어내는 듯한 퍼포먼스를 펼쳤다.

육태진(1961-2008)은 47세에 짧은 생을 마감했음에도 〈유령가구〉 (1995), 〈보행자〉(1996), 〈터널〉(1998) 같은 작품들에서 영상 테크놀로지를 통해 독자적인 예술세계를 구축한 작가로 기억되고 있다.[21] 조각을 전공한 그는 처음에 고가구 안에 숨겨진 물체나 동력장치가 일으키는 바람을 촉각적으로 경험하게 하는 작품을 발표했다. 90년대 들어 육태진은 〈파리애마〉(1991), 〈롯데월드〉(1992)처럼 키치적·대중적 감각이 두드러진 미디어 작업을 시작했고, 초기에 시도했던 고가구 오브제 설치를 비디오 테크놀로지와 접목시켜 〈유령가구〉를 선보였다. 〈보행자〉나 〈유령가구〉처럼 걷

참고하라.

20 오경은 (2017), pp. 267-268을 참고하라.

21 앨리스온 편집부 (2008), 「육태진, 그를 기억하기 위한 몇 가지 단서」, url = 〈https://aliceon.tistory.com/1161〉 (2008년 9월 22일 게재)

기나 계단 오르기를 끊임없이 반복하는 비디오는 모더니즘에서 공고하게 지키고자 한 주체성의 소멸로 읽히기도 한다.[22] 육태진은 비디오의 움직이는 영상을 자주 동력장치가 내장된 키네틱 설치물 형식으로 제시하였다. 물리적인 회전운동으로 인해 보행자의 걸음이 마치 무시간적으로 연장될 것처럼 초현실적으로 느껴진다. 대형 비디오 설치 〈터널〉에서 열차 소리를 배경으로 전진과 후진 운동을 반복하는 작가 자신의 이미지도 가상적 충격이 더해지긴 했으나 전작과 유사하게 시공 초월의 경험을 관객에게 선사한다.

한국미술의 포스트모더니즘은 뉴미디어아트의 확산기에 등장했다.[23] 국내 미술가들은 이미 1980년대 중반 제3의 미술의 기류 속에서 컴퓨터아트 또는 컴퓨터판화라는 명칭으로 소프트웨어 기반 예술을 시작했다. 1985년 신진식은 《컴퓨터아트 퍼포먼스》전을 개최했으며, 이듬해 황경선은 《컴퓨터판화》전을, 강상중은 《EXODUS》전을 개최했다. 강상중의 전시는 컴퓨터 기판과 자전거 바퀴 같은 기계적 요소를 활용한 키네틱아트 전시였다.[24] 같은 해 P&P갤러리에서는 〈한국의 컴퓨터 판화가들〉이라는 제목으로 단체전이 열렸다. 서울올림픽이 열렸던 1988년에는 테크놀로지 기반 예술 전시가 여러 차례 열렸다.[25] 프랑스에서 유학한 김재권은 같은 해 레이저와 인공적인 빛의 반사 원리를 응용한 《레이저쇼》를 선보였고, 강상중, 박훈성, 이강희, 이원곤, 하용석이 《고압전선》전을, 이강희, 오경화, 이원곤이 《1st Art Video Show in Seoul》전을 열어 하이테크 예술의 새로운 차원을 보여줬다.

---

22 고원석 (2008), 「강을 건너간 보행자: 육태진의 삶과 작품을 추억하다」, 『월간미술』 9월호, p. 193.

23 I장에서 언급했듯이 '뉴미디어아트'에 대한 규정은 저자들마다 조금씩 달라지지만 디지털 테크놀로지를 활용한 예술이라는 데 대체로 동의하는 것 같다. 그런데 동시대 미디어아트 중에는 디지털아트의 일반적 범주에 속하지 않는 형식들 — 가령 레이저아트, 로보틱아트, 바이오아트 — 도 있기 때문에 이 책에서는 뉴미디어아트를 디지털아트와 동일하게 취급하지 않는다.

24 이원곤 (2004) 참고.

25 이원곤 (2013) 참고.

1990년대에 이르면 문민정부가 적극 추진했던 과학기술 육성정책에 탄력을 받아 미디어아트가 약진하게 된다. PC 보급이 점차 확산되고 PC 통신과 이동통신 같은 통신 인프라가 구축되어가자 전문가가 아닌 일반인 들도 전보다 훨씬 용이하게 새로운 미디어 환경에 접근하게 되었다. 정부 예산이 투입되고 첨단기술의 문턱이 낮아지자 미디어아트로 향하는 미술 가 인구가 증가세를 이뤘다. 1991년 국립현대미술관의 《테코놀로지 아트 의 기술적 전환》전, 예술의전당에서 개최된 《미술과 테크놀로지》전, 1992 년 코엑스에서 개최된 《과학+예술》전, 그레이스갤러리에서 개최된 아트 테크 그룹 창립전 《테크놀로지아트, 그 2000년대를 향한 모색》전[26] 등은 90년대 초 당시 정부의 과학대중화 정책의 수혜를 입어 예술과 과학의 융 합을 도모한 전시들이다. 그중 아트테크 그룹에는 이후 미디어아티스트 로서 굵직한 족적을 남긴 여러 예술가들이 참여했는데, 그 구성원으로는 김재권, 심영철, 김영진, 강상중, 송주한, 김윤, 이강희, 신진식, 공병연, 조 태병, 박현기, 오경화, 문주, 공성훈, 김언배, 김훈, 송긍화, 안수진, 이규옥, 이주용, 이상현, 홍성도 등이 있다.

첨단 테크놀로지 기반 전시가 눈에 띄게 증가하던 1990년대 후반 에 개최된 미디어아트 전시 중에서 특히 주목할 만한 것은 《인포아트》전 (1995)과 《도시와 영상》전(1996, 1998)이다. 1995년 광주비엔날레 특별전 으로 백남준과 신시아 굿맨이 공동 기획한 《인포아트》에는 박현기, 조승 호, 오경화, 김영진, 문주, 홍성민 등이 참여하였다.[27] 전시는 "인터랙티브 아트와 대화형의 기구제작", "아시아 비디오예술과 멀티미디어", "전 세 계의 비디오" 섹션을 나눠 진행되었으며, 한국 작가들은 아시아 비디오 섹 션에 참여하였다. 그중 박현기, 문주, 김영진은 비디오 설치예술을, 조승 호, 김현옥, 오경화, 서계숙은 싱글채널 비디오 영상을, 장동훈, 김윤, 심규

26 오경은 (2017), pp. 254-256;「갤러리 그레이스 개관전」, 중앙일보 기사, url = 〈https://news.joins.com/article/2764175〉(1992년 11월 19일 입력) 참고.

27 민희정 (2010),「1990년대 한국 미디어아트에 관한 고찰: 대형기획전을 중심으로」, 『CONTENTS PLUS』, 한국영상학회, 8(4), p. 114; 김홍희, 신시아 굿맨 편저 (1995), 『정보예술: '95 광주비엔날레』, 도서출판 삼신각 참고.

진은 CD-ROM 영상을 전시하였다. 서울시립미술관에서 개최한《도시와 영상 Seoul in Media》전(1996)과《도시와 영상-의식주》전(1998)은 일반인 관객들에게 뉴미디어아트를 소개한 좋은 선례가 되었다. 1998년까지 2회에 걸쳐 진행된《도시와 영상》전은 사진과 비디오뿐만 아니라 애니메이션, 컴퓨터, 레이저, 홀로그램 등 다양한 미디어 테크놀로지가 예술적 매체로 활용되는 당대 미술 현장의 변화상을 대중에게 알림으로써 과학문화의 대중화에 기여했다. 1999년 제3회《도시와 영상》전을 치른 서울시립미술관은 행사명을《미디어시티서울》로 바꾸고, 이후 비엔날레 형식으로 현재까지 미디어아트에 특화된 국제전을 진행하고 있다.

1990년대 국내 미술계에서는 미디어아트가 확산됨에 따라 유관 전시의 양적 팽창이 두드러졌다. 그러나 초기 미디어아트 전시들에 참여했던 대다수 작가들은 새롭고 신기한 미디어 테크놀로지를 발빠르게 도입하는 데 주력하였고, 그 결과 빛, 공간, 시간, 과학기술에 주제를 한정시킨 채 매체와 기법의 새로움을 부각시키는 경향을 띠었다. 1990년대 초에 이미 뉴미디어 선점에 집중한 결과 내용이 빈약해지는 현상에 대한 반성이 나타나고 있었다. 가령 김재권은《과학+예술》전 도록에 게재한「테크놀로지아트 그 방법적 내재율」에서 "예술과 과학, 테크놀로지와 사회의 관계를 어떻게 미학적으로 정립하여야 하는가"라는 문제의식을 제기하고 있다.[28] 문화체육부가 "사진영상의 해"로 지정했던 1998년 이영철이 기획한《도시와 영상-의식주》전은 매체적 특성에 주로 의존하던 한국 미디어아트의 한계를 극복하기 위한 시도였다고 할 수 있다. 그는 뉴미디어가 가져온 사회적 변화에 더 초점을 맞추었고, "미디어 테크놀로지가 미술 영역에서보다 일상에서 훨씬 빠르게 변화하는 현상의 본질적 특성이 무엇이고 그 특성을 전시에서 어떻게 표현할 것인가"를 염두에 두고 전시를 기획했다.[29] 이 전시에는 사진, 영화, 비디오, 컴퓨터 외에 회화나 포스터, 설치처럼 '테크놀로지 아트'라고 부르기 어려운 작품들도 등장했다. 이 전시에서는 의

---

28 민희정 (2010), p. 114에서 재인용.

29 이영철 (1998),「복잡성의 공간, 불연속성의 시간」, 『'98 도시와 영상』전 도록,
서울시립미술관, pp. 10-15.

식주를 둘러싼 일상적 주제들을 파격적인 형식으로 보여줬고 삶과 미술의 "과격한 결합"을 시도했다. 《도시와 영상-의식주》전은 이미 현대인의 일상이 되어버린 미디어 테크놀로지가 현실에 대한 우리의 지각을 새롭게 조직하는 방식을 잘 보여준 초기의 사례라고 하겠다.

　　1980-90년대에 미디어아티스트로서 본격적인 활동을 했던 미술가들은 그다지 많지 않다. Ⅲ장 인터뷰 지면에 소개하는 작가들은 대부분 미술계와 학계에서 왕성하게 활동해온 중진들이다. 연령을 기준으로 삼는다면 그들은 아직도 현역작가이지만 빠르게 발전하는 미디어 테크놀로지의 특성상 이제 국내 미디어아트의 초기를 장식했던 과거 역사의 일부가 되었다. 당시로서는 미개척지였던 레이저아트의 세계를 발굴했던 채미현과 닥터정, 자신이 아크릴박스 안에서 했던 행위들을 포착하여 프로젝션 맵핑 기법으로 구현한 김형기를 비롯해 이 시기에 괄목할 만한 활약을 했던 여덟 팀의 인터뷰를 다음 절에 싣는다.

3 작가 인터뷰

이원곤 (1956-)

영상설치, 미디어아트의 이론과 역사

blog.naver.com/yikon

이제까지의 경력과 주요 활동들

서울대학교 미술대학과 대학원에서 서양화를 전공하고 화가로 활동하다가 1986년부터 비디오, 컴퓨터를 이용한 영상, 설치작업을 시작했다. 1990년 일본문부성 국비유학생으로 일본 쓰쿠바대학 대학원(총합조형분야)에서 테크놀로지 예술에 대한 이론을 전공했다. S. 에이젠슈테인의 몽타주이론을 현대 디지털 영상의 해체와 통합현상에 적용시킨 논문으로 석사학위를 취득하고 박사과정을 이수했다. 1996년 귀국한 뒤 영상미디어에 대한 미디어고고학적 이해를 바탕으로 예술-테크놀로지-과학을 통합한 기획연구와 작품 제작, 한국의 샤머니즘과 미디어아트의 관련성에 대한 연구 및 전시기획활동을 했다. 현재 단국대학교 조형예술학과에서 교수로 재직 중이다.

초기 작업

소그룹 '82현대회화'(1982)

1982년 '82현대회화'라는 그룹이 있었다. 당시 한국의 미술계는 서울대와 홍대 출신들이 세력을 양분하고 있다는 인식이 강했는데, '82현대회화'는 서울미대 출신들이 같이 모여서 활동해보자는 취지에서 만든 그룹이었다. 그 활동을 한 3년 했다. 그 즈음부터 컴퓨터로 작업을 해보면 좋겠다는 생각을 했는데, 당시에 많이 쓰던 '애플2'로는 거의 초보적인 그래픽 작업 외에는 불가능했다. 메모리 용량이 64K에 BASIC언어로 그릴 수 있는 것이 별로 없었고, 주변에 도움이 될 만한 정보를 얻기도 힘들었다. 그러던 중에 백남준의 〈굿모닝 미스터 오웰〉(1984. 1. 1.) 방송을 시청하면서 이전부터 막연하게 알고 있었던 비디오아트의 세

계를 새삼 목도하게 되었다. 한국에서는 1980
년 8월 1일 컬러TV 국내 시판 허용과 함께 12
월 1일에 방송이 시작됐는데, 〈굿모닝 미스
터 오웰〉에 소개되는 작품들의 현란한 표현
력을 실감하면서 비디오를 작업수단으로 삼
아야겠다고 마음먹게 된 것이다. 하지만 당
시 이 분야의 작업에는 일반인들이 엄두를 내
지 못할 정도로 고가의 장비가 필요했기 때문
에, 그런 장비를 다룰 수 있는 위치에 있는 소
수의 사람들만이 작품을 제작할 수 있었다.
가장 초라한 장비를 가지고 작업해야 했던 나
는 좀 더 나은 표현력을 얻기 위해서 기술을
공부할 수밖에 없었고, 혼자서 전자기술 관련
책을 읽기도 하고, 컴퓨터그래픽학원과 TV
기술학원을 다니기도 했다.

개인전 《비디오 인스톨레이션》(1987)
처음으로 비디오카메라를 구입해서 무언가
를 만들어보려고 했을 때, 가장 먼저 관심을
끈 것은 비디오의 '즉시성'이었다. 사진이나
영화와는 달리, 마치 마이크와 스피커의 관계
처럼 입력된 영상이 리얼타임으로 바로 출력
된다는 사실이 매우 새로웠고, 이 점에 착안
해서 제작한 작품이 〈To video Two feedback〉
(1987)이었다. 이 작품은 국내에서 발표된 싱
글채널 비디오 중에서는 꽤 초창기의 작업이
다. 당시 전시 도록의 표지가 바둑을 두고 있
는 모습이었는데, 이것은 사진작업이었고, 비
디오로는 TV 모니터 앞에서 책을 읽다가 한

페이지씩 찢어서 화면 밖으로 던지는 퍼포먼
스를 담은 〈A study of fluctuation〉(1987)이라
는 작품도 있었다. 그리고 당시에 몰입했던
작업은 '일렉트로닉 정글'이라는 콘셉트의 설
치였다. 이것은 전자기계의 생태를 진화의 개
념으로 접근한 것이었는데, TV를 분해하고,
다른 전자기기와 콜라주하고, 일부의 기계적/
전자적 신체가 죽어가면서도 여전히 살아 있
거나, 일부는 해킹되어 다른 방식으로 작동하
는 것처럼 연출하여, 전체적으로는 생성과 소
멸이 늘 교차하는 정글과 같은 분위기로 설치
한 작업이었다.

첫 번째 개인전을 마치고 일본으로 유학
을 갔고, 후쿠이 국제청년미디어아트페스티
벌(1990)에 같은 콘셉트의 작품으로 비디오
설치 부문에 참여하는 등 기획전에 더러 참여
하다가 귀국 후 1999년에 이천미술원에서 두
번째 개인전을, 2000년 부산 메사갤러리에서
세 번째 개인전을 열었다.

기획 및 학술 활동
귀국 후에는 기획자로서의 활동이 많아졌고,
그 대신 작가로서의 활동이 점점 줄어들었다.
개인전은 2000년 여름에 발표했던 것이 거의
마지막 작업이었던 것 같다. 기획자로서 활동
이 많아진 것은 아마도 한국의 외환위기 직후
1998년 문화관광부가 지정한 '98 사진영상 의
해' 조직위원회에서 기획한 《사진의 시각적

이원곤, 〈A Study of Fluctuation〉, 1987, TV 모니터 앞에서 책을 읽다가 한 페이지씩 찢어서 화면 밖으로 던지는 퍼포먼스를 담은 비디오의 한 장면.

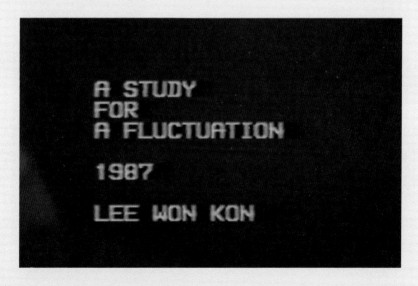

이원곤, 〈A Study of Fluctuation〉, 1987.

확장》이라는 전시를 국립현대미술관에서 실행한 것이 계기라고 생각되는데, 그 이후부터 내가 기획한 전시에 내 작품을 넣지 못하겠더라. 미디어아트 전시의 특성상 기획관리와 작품 제작을 동시에 하기 힘들었고, 그런 전시를 많이 맡아서 진행하다 보니 내 작품을 보여줄 기회가 별로 없었다.

2000년경부터는 주로 글쓰기에 매진했는데 거의 매년 논문을 발표했고, 역서와 저서 등 집필활동에 몰두했다. 주요 연구 분야는 네트워크, 모바일 테크놀로지와 가상공간, 디지털화 영상과 현대예술의 관련성이다. 이와 동시에 미디어아트 전시 및 행사 기획, 미디어아트 미술장식품 제작 및 시공과 관련하여 컨설팅을 해주고 있다. 대표적인 저서로는 『영상기계와 예술』(현대미학사, 1996. 문화체육부 선정 우수학술도서), 『영상예술: 기원에서 미래까지』(조형미디어, 2000)가 있으며 대표적인 번역서로는 『테크노에틱 아트』(로이 애스콧 저, 연세대 출판부, 2002)가 있다.

1980년대 활동 당시 미디어아트 환경은 어떠했나?

1980년대에 이르러 한국에서는 이른바 '예술과 기술의 만남'에 관심이 높아졌고 미술의 '새로운 확장'으로서 혼합매체 혹은 설치가 주목을 받았다. 비디오 설치는 조형예술의 표현력을 확장시켰고, 또 '예술과 기술의 만남'이 구체화된 곳이기도 했다. 85년에서 86년 사이에 TV 기술학원이나 컴퓨터학원을 다니면서 기술적인 기반을 연마해서 내 작업을 만들어내고 싶었다. 당시에 TV 기술학원을 다닌 실력으로 '일렉트로닉 정글' 그러니까 TV를 분해, 해킹하고, 정글을 연출하고, 소리를 만들고 하는 식의 작업을 했었는데, 처음 발표한 곳이 《앙데팡당》전(1986)이었다.

그리고 이듬해에는 첫 개인전과 함께 그룹전을 17번 할 정도로 많은 전시에 참여했다. 예를 들면 그해 4월에만 관훈미술관에서 세 번의 전시에 참여했다. 각각 다른 그룹의 전시였다. 또 당시에 기억해둘 만한 것은 87년 개인전을 열 때 전시 브로슈어 뒤편에 삼성전자 광고가 들어갔었다. 나는 삼성전자 홍보실에 찾아가서 후원을 해달라고 요청했다. 삼성에서는 백남준을 후원한 선례가 있었고, 기업 이미지를 위해서도 그것이 도움이 된다고 판단한 것 같았다. 그래서 전시 때마다 수많은 TV 모니터가 필요했는데 그때마다 삼성의 후원으로 그것들을 조달할 수 있었다.

그리고 1989년에는 국립현대미술관 《젊은 모색》전에 나갔는데 당시의 작업 역시 비디오 설치작업이었다. 하지만 몇 년 활동하는 사이에 에너지가 너무 소진되는 느낌이 들었고, 새로운 자극을 위해 유학을 가야겠다는 생각을 했다. 개인적으로는 〈To video Two feedback〉(1987)나 '일렉트로닉 정글' 등의 작업을 보다 새로운 방식으로 업데이트하는 데 미련이 있었으나, 일본 유학을 다녀온 뒤로는 주로 기획자로 활동하다 보니 작가로서의 활동시기는 비교적 짧았다고 생각한다.

백남준에 대한 생각

88올림픽은 백남준을 국내에 소개해준 계기가 되었다. 서울올림픽의 개최가 확정(1981)된 후에 '문화올림픽' 행사의 주요 아이템으로서 백남준이 선정되었기 때문이다. 80년대 중반에 백남준의 〈굿모닝 미스터 오웰〉이 KBS에서 방영되었고 여기서 소개된 작가들의 작품과 첨단기술을 활용한 현란한 화면들은 텔레비전의 컬러방송에 조금씩 적응해나가는 한국의 시청자들에게 신선한 충격을 주었다. 86년 아시안게임 그리고 88년 올림픽 즈음에 〈바이 바이 키플링〉, 〈손에 손잡고〉 등의 위성중계아트쇼가 이어졌고, 과천의 국립현대미술관 중앙홀에 백남준의 대표작 〈다다익선〉이 들어서면서 그는 유명인사가 됐다. 그러나 당시에는 백남준의 작업을 설명할 수 있는 사람이 거의 없었다. 비디오아트에 대해 아는 사람이 없었다. 김홍희 씨가 백남준과의 인연을 계기로 그를 소개하고 설명하는 역할을 담당하였고, 미국에서는 강태희 씨가 박사학위논문으로 백남준의 1974년 전시에 관한 연구를 발표하였지만 국내에 잘 알려지지 않아서 당시 백남준 연구라고 할 만한 것이 거의 없었다. 백남준에 관해 「CRT(Cathode Ray Tube: 음극선관)와 미디어아트: 백남준의 《음악의 전시: 전자 텔레비전》(1963)을 중심으로」(2015)라는 제목의 논문도 한 편 썼으며 여기서는 백남준의 작품 〈달은 가장 오래된 TV〉라는 작품을 다뤘다. 이 작품은 두 가지 버전이 있는데 나는 이 둘이 완전히 다른 작품이라고 생각한다고 보았다.

박현기 연구에는 어떻게 관심을 갖게 되었나?

박현기는 1970년대 미니멀아트에서 출발하여 약 25년간에 걸쳐 사실상 한국 비디오아트의 대표작가였다. 그는 내가 어렸을 때부터 안면이 있었고, 대학 시절에도 대구의 작업실을 방문한 적이 있었다. 주지하다시피 그는 한국 미디어아트의 초기를 이해하는 데 반드시 거쳐야 할 작가이다. 1979년 제15회 상파울루비엔날레 참여작가인데도 평생 동안 대학에서 특강 한 번 요청받은 적이 없을 만큼 소외된 작가이기도 하다. 연구자료를 검색해보면 백남준에 대한 연구는 꽤 많은데, 박현기는 그렇지 않다. 그에 관한 짧은 평론은 수십 편 정도 있지만, 그나마 실제로 사실을 확인하면서 연구를 진행한 흔적이 별로 없었다. 만약 2000년대 초반에 다른 일로 바쁘지 않았다면 박현기 연구를 했을 것이다. 연구자로서 이만큼 좋은 조건이 완비된 채 새로운 방문자를 기다리고 있는 전인미답의 개척지가 또 어디 있겠는가.

하지만 박현기의 사망 후에 그 유품과 자료가 한동안 갈 곳을 찾지 못하였다. 아무도 관심을 갖지 않았다. 이대로 가면 이윽고 멸실될지도 모른다는 생각에 전전긍긍했다. 그 자료를 근거로 제대로 된 연구를 해줄 연구자가 필요했으나 아무도 나서지 않았다. 2009년 박현기의 둘째 아들 박성범 씨와 관훈미술관 뜰에서 연구의 초점을 어디에 맞춰야 하는가에 대해서 한참 얘기를 나눈 적이 있는데, 그분도 갑자기 사고로 돌아가셨다. 그래서 급한 대로 내가 직접 약간의 연구라도 시작해야겠다고 생각하던 중이었다. 마침 내가 대구미술관 건립추진위원회에서 활동하던 때라, 박현기 자료를 보관하는 일이 시급하다고 역설해서 대구문화재단이 그 자료를 수용해서 보관하고 있었다. 그때 담당자의 도움으로 박현기 자료가 보관된 창고에 들어갈 수 있었고, 박스를 하나씩 열어서 필요한 자료를 촬영한 후 나중에 다시 검토했다. 그 정보를 기반으로 해서 우리가 이전에 알고 있던 박현기와는 다른 모습이 있다는 사실을 논문으로 발표했다.

그런데 대구문화재단은 박현기 자료를 유족들에게 반환해버렸다. 유족들이 어찌할 바를 모르고 전전긍긍하던 중, 국립현대미술관에서 자료를 기증받았다. 국립현대미술관은 박현기 자료로 아카이브를 구축했다. 박현기의 본가가 대구 칠곡에 있는데 거기까지 가서 필요한 자료를 모두 가져갔다고 하더라. 최근에 프랑스와 미국에서 박사논문을 준비하고 있는 유학생들이 박현기 연구에 관심을 가지고 히어링을 하기 위해 찾아온 적이 있

었다. 제대로 갖추어진 자료를 바탕으로 역량 있는 연구자들이 박현기를 제대로 설명해주기를 바란다. 그런데 박현기가 평생 건축을 생업으로 영위한 사람이었다는 사실에 대해 미술계 인사들은 거의 관심이 없다. 그가 미술관에 발표하지 않은, 인테리어로 시공한 작품이 얼마나 어떻게 존재하는지 모르고 있어서, 당연히 그의 건축현장에 남겨진 작품들과 비디오아트 사이에 어떤 관련이 있는지 알 수 없다. 예술의 제 장르가 상호작용하는 융복합예술의 관점에서 본다면, 지금 매우 귀중한 사례가 사람들의 무관심 속에 역사적 기억 바깥으로 밀려 나가고 있는 셈이다.

초기 미디어아티스트들이 비디오아트의 비물질성을 샤머니즘과 연결시킨 이유가 무엇인가?

당시 아티스트들이 비디오라는 영상매체를 처음 접하게 되었을 때 무엇을 느꼈을지 생각해보자. 서양 사람들은 이러한 매체를 소비한 역사가 우리보다 길다. 만화경, 영화, 스테레오 사진, 광학 완구 등등 19세기 이전부터 그러한 도구와 오락의 역사가 있었다. 반면 한국의 경우 어느 날 갑자기 눈앞에 TV가 나타났다. 화면 속의 가상공간은 마치 마술과 같은 세계였을 것이다. TV 속의 가상공간은 현실 저편의 세계이지만, 설치는 어떤 지점에서 현실공간과 가상공간을 연결하는 역할을 한다. 가령 현실공간과 가상공간의 연결이 없다

면 그건 그냥 싱글채널 비디오이고, 작품을 통해 현실과 가상의 관계가 설정된다면 그것은 설치라고 볼 수 있다. 박현기의 소위 비디오 돌탑이 가장 좋은 예인데, 현실의 돌과 가상(TV 속)의 돌은 서로 연결된다. 즉 현실공간은 가상공간의 연장선상에서, 가상공간은 현실공간의 연장선상에서 이해된다. 나는 이 공간을 인터스페이스(interspace)라고 부른다. 그리고 이처럼 현실과 가상을 연결하는 인터리얼리티의 연출은 실제로 무당이 하는 일과 딱 맞아떨어지니까 그런 이야기가 나올 수 있는 것 아닌가 싶다.

박현기의 경우, 미디어를 통해 현실공간과 초월공간을 매개한다. 그의 비디오 영상이 건축적인 혹은 조형적인 공간과 만나면서 현실과 가상이 교류하는 사이공간 혹은 인터스페이스를 만들어내고 있다. 그는 1985년 동경 가마쿠라회랑 개인전에서 퍼포먼스를 선보였는데 나체로 서 있는 자신이 모니터상의 포르노 여체 이미지를 더듬는 것이었다. 이 퍼포먼스는 현실과 가상의 사이를 오가는 상황일 뿐 아니라, 건축적인 요소로 자리 잡은 프레임이 현실과 가상의 경계이자 창문, 초월을 위한 관문의 역할을 수행하는 것이기도 하다. 이러한 특징은 한국의 샤머니즘이 가지고 있는 기능과 흡사하다. 무당은 죽은 자의 세계와 산 자의 세계, 초월공간과 현실공간을 매개한다.

백남준 역시 1990년 7월에 갤러리 현대 뒤뜰에서 3년 전에 죽은 친구 요셉 보이스를 위해 대감놀이라는 위령제를 지냈다. 진짜 무당이 하는 굿거리와 사물놀이를 실연한 이 퍼포먼스는 그가 즐겨 사용했던 낡은 피아노를 제상으로 삼았고, 무당이면서 제주인 백남준은 조선 사대부 의상을 입고 나타났다. 김해민은 무속을 스스로의 출발점으로 표방하는 작가다. 그는 자신의 작품 〈발광으로부터의 발광〉에서 시공간을 넘나드는 영상의 마술적인 효과를 무속적인 퍼포먼스를 위해 사용했다. 모니터와 라이트의 주변 공간은 현실이자 가상이며 그 어느 쪽도 아닌 인터스페이스가 되어 버렸다. 이 외에 오경화가 1988년에 돌 대신에 TV 수상기로 서낭당의 형상을 구현하고 제의적인 퍼포먼스를 실행한 것도 기억해 둘 만하다.

동시대 미술과 미디어아트에 대하여

요즘의 미디어아트는 스케일이 커졌고, 상호작용성이 강화되고, 또 정밀해졌지만 점점 진부해지고 있는 것 같다. 요즘에는 차라리 미술관의 작품보다도 스마트폰이 훨씬 아방가르드하다고 생각한다. 포켓몬고 같은 혁신을 미디어 아티스트들이 따라가기도 힘든 것 같다. 현대에도 아방가르드가 있는가 하는 회의적인 생각을 한다. 예술이 치열한 지적 탐구였던 시대는 가고 다른 것으로 변해버린 게 아닌가 싶다.

또한 다양성과 그것이 발휘될 수 있는 토양이 중요하다는 생각을 한다. 진화론의 관점에서 보자면 생명의 다양성이야말로 언젠가 다가올지 모를 생태계의 위기에 대한 대안이 되기도 하고 새로운 창발을 위한 가장 확실한 아방가르드의 기지가 된다. 지금 우리 시대의 미디어아트는 매우 획일화되어 있다. 새로운 아이디어가 없음은 물론 그것을 이끌고 유도할 만한 담론도 없다. 창의적인 능력을 키우려면 결국 다시 교육과 사회의 문제로 귀결된다.

가령 하나의 타산지석으로 일본의 경우를 살펴보자면, 일본에는 서로 다른 개개인의 특별함과 직능을 양성하고 지키려는 경향이 매우 강하다. 비록 한류와 같은 강렬한 아우라를 내뿜는 매력은 약하다 하더라도, 일본 문화는 훨씬 다양하고 치밀하며 개성적이어서 전 세계적으로 광범위한 지지를 얻고 있다. 그 같은 다양성과 창의성이 발휘되는 것은 그런 사회적 분위기 때문이기도 하다. 사회가 각기 다른 다양성을 인정해주고, 그것에 대해 이야기하는 담론이 풍부하고, 그런 담론을 가능하게 하는 문화적 경험과 잘 정리된 기억, 그리고 가치 있는 것을 발굴하는 전문성과 평가의 시스템 등이 다양한 진화와 창발을 지지하는 기반이다.

육근병 (1957-)
비디오아트, 비디오 설치, 사진

이제까지의 경력과 주요 활동

경희대학교 미술교육과와 같은 대학원을 졸업했다. 국제갤러리, 조선갤러리, 도쿄 켄지 타키갤러리, 일민미술관 등에서 개인전을 개최했으며 1989년 상파울루비엔날레, 1989년 베를린국제현대미술전, 1992년 카셀도큐멘타 등 다수의 국제전시에 초대되어 작품을 출품했다. 2000년부터 2004년까지 중앙대학교 첨단영상대학원 교수로 재직했고 2007년부터 10년 동안 일본 도호쿠예술대학교에서 학생들을 가르쳤다. 수상경력으로는 예술평론가협회 최우수작가상, 토탈미술상, 조선일보사 올해의 젊은 작가상, 제10회 일맥문화대상 문화예술상 등을 수상했다. 현재 국립현대미술관, 전라북도미술관, 진주미술관, 금호미술관, 독일 빌라루피갤러리, 일본 미납미야마 아트 오피스 빌딩 등에서 작품을 소장하고 있다.

초기 작업
첫 번째 개인전(1988)

대학 시절에 참 열심히 작업에 임했던 것 같다. 작품만 열심히 하면 되겠지 생각했는데 당시의 사회구조가 여의치 않아서 어려움이 많았다. 그래서 스스로 살길을 찾아야겠다고 생각했다. 1981년 대학을 졸업하고 꽤 오래 지나, 1988년에 이르러서야 인사동에 있던 갤러리 도을에서 첫 번째 개인전을 열었다. 처음에는 지인들이 주로 와서 전시를 관람했으나 이후에는 많은 사람들에게서 관심을 받게 되었다. 당시 국립현대미술관의 학예실장으로 계셨던 유준상 선생님이 찾아오셨다. 근처를 지나다가 내 작품을 보고 깜짝 놀랐다고 하시더라. 유준상 선생님이 전시를 연장할 것을 권하셔서 2주를 더해 3주 동안 하게 되었다. 그때부터 많은 사람들이 전시를 찾아왔다. 1989년 유준상 선생님이 나를 국립현대미술관에서 개최하는 《청년작가전》[*현행 《젊은 모색》전의 전신]에 선정해주셨고, 이 전시를 계기로 상파울루비엔날레에 나가게 됐다.

상파울루비엔날레(1989)

1989년 상파울루비엔날레 오픈 2일 전에 기자 회견이 있었다. 각국 기자들이 찾아왔는데 브라질어를 몰랐기 때문에 그들이 뭐라고 하는지 알아듣지 못했다. 당시 외교관이 통역을 해주기 위해 왔는데 나보다 더 흥분해 있었다. 잘은 몰라도 나에 대해 긍정적인 이야기가 오가고 있다는 것을 짐작할 수 있었다. 나중에야 비엔날레 그랑프리의 후보로 미국의 마틴 퓨터(Martin Futer)와 내가 경합을 벌이고 있다는 이야기를 전해 들었다. 처음 국제무대에 나왔는데 그랑프리 후보로 올랐다는 사실에 놀랐다. 당시 생텍쥐페리의 책을 읽고 있었는데, 책 속의 주인공처럼 마치 하늘의 별에 떠올라 있는 것만 같았다. 기자들이 질문을 했을 때 그저 생각나는 대로 말했다. 그러자 나이는 어리고 작품은 강하고 말은 잘 못하는 순수한 아티스트라고 알려지게 됐다. 결과적으로는 마틴 퓨터가 상을 받았지만 나는 그랑프리 후보에 올랐다는 이유만으로도 커다란 화제가 됐다. 당시 일본 작가들을 데리고 왔던 가나자와미술관 관장이 나에게 일본으로 초청하고 싶다는 의견을 표했다. 일본에서는 상파울루비엔날레에 참여하고 온 작가들이 굉장한 대접을 받았다. 공항에서 일본으로 들어갔더니 정말로 여기저기서 플래시가 터졌다. 그때 나는 고작 31살이어서 그저 어리둥절했다.

카셀도큐멘타(1991)

1991년 9월 카셀도큐멘타에서 연락이 왔다. 얀후트와 바트드 바에르를 포함한 6명이 한국에 왔더라. 그래서 1992년 카셀의 프리데리치아눔 미술관 앞 광장에 〈풍경의 소리+터를 위한 눈=랑데부〉를 설치했다. 광장 한가운데 흙무덤 봉분을 세우고 맞은편 빌딩 입구에는 대형 원주를 세운 뒤 양쪽 안에 움직이는 눈의 영상을 설치하였는데 각각은 '동양의 눈'과 '서양의 눈'이었다. 사실은 당시에 도큐멘타 중심 자리에 내 작업이 들어가기로 했을 때 우여곡절이 있었다. 그쪽에서 내 작품을 갑자기 이동하라고 했던 것이다. 내부에서 조나단 보롭스키가 오면 자리를 내줘야 한다고 했다는 것이다. 보롭스키 사단이 로비를 한 것 같았다. 말도 안 되는 요구에 자리 옮기기를 거부했고 전시를 하지 않겠다고 했다. 그때 아니쉬 카푸어로부터 이러한 분쟁을 중재해주는 재판소가 있다는 이야기를 전해 들었다. 그래서 판사들이 있는 데서 나는 당신들이 선정해줘서 왔고, 꾸준히 여기서 할 것이라고 말하고 나왔다. 2시간 후에 내가 옳다는 판정을 받았다. 결국 보롭스키는 맨 끝에 있는 자리로 갔다. 그런 일이 있었는데도 나는 그 전시를 계기로 보롭스키와 친해졌다. 작가들끼리는 금방 친해진다. 그래서 보롭스키가 한국에 와서 전시를 하기도 했다.

카셀도큐멘타와 관련해서는 백남준 선생님을 만난 일화도 있다. 도큐멘타를 앞두고 백남준 선생님으로부터 전화가 왔다. 독일에서 열리는 도큐멘타에 참여한다는 이야기를 듣고 연락하게 되었다고 하시면서 도쿄에서 만나자고 하셨다. 백남준 선생님은 내가 매우 젊다는 사실을 알고 놀라워하셨다. 백남준 선생님은 도큐멘타 7회에 나는 9회에 참여했다. 백남준 선생님과 함께한 전시는 미국에서 개최한 《호랑이》전이었다. 이후 백남준 선생님과 직접 만나서 전시를 한 것은 뉴욕비엔날레에서였다. 그때 전시에 관한 많은 이야기를 나눴다. 이후에도 몇 번 더 만나서 이야기를 나눴다.

리옹비엔날레(1995)

1995년에는 리옹비엔날레에 초청받았다. 그때 처음 제작한 작업이 〈생존은 역사다〉(Survival is History)이다. 이 작품은 인류의 역사와 생존의 문제에 대한 다큐멘터리적 영상물을 담은 대형 설치작업이었다. 당시 지름 2.5m, 길이 8m의 육중한 철로 제작했으며 원형을 막는 유리를 스크린으로 썼다. 스크린에는 인류를 둘러싸고 벌어지는 전쟁, 기아 등의 장면이 나왔다.

일본 프로젝트(1993)를 시작으로 기린플라자 오사카(1994), 도쿄 갤러리 큐(2003) 등 일본에서 다수의 개인전을 열었으나 한국에서는 1998년 국제화랑 개인전을 끝으로 한동안 전시를 개최하지 않았다.

최근 활동상황

일민미술관 개인전(2012)

2012년 일민미술관에서 개인전 《VIDEO-CRACY》를 열었다. 이 전시에 1995년 리옹비엔날레에서 발표하였으나 한국에서는 처음으로 공개한 〈생존은 역사다〉(1995)를 선보였다. 그리고 신작 5점을 발표했는데 오디오비주얼 설치작업을 중심으로 그것에 대한 드로잉, 영상, 사진 등 아카이브적인 작업들이 포함됐다.

전시에서 발표한 〈Nothing〉 시리즈는 바람이나 눈이나 비처럼 있는 그대로의 자연의 순간을 포착하여 절제된 형태로 만든 작품이다. 여기에는 현재 거주하고 있는 양평스튜디오에서 일상적인 것을 담았다. 가령 풀포기와 같은 평범한 피사체를 계속 찍는 것이다. 같은 장소의 풀포기를 찍고 또 찍는다. 위대하고 거창한 무언가가 아니라 하찮은 풀 한 포기 말이다. 그러나 이 풀 한 포기가 아주 거대한 모습으로 화면을 가득 채운다. 풀 한 포기에도 거대한 역사가, 우주가 있었다.

〈Transport〉(2012)는 생명의 무의식을 작품의 이동과 연결한 작업이다. 전시할 작품을 완성하여 운송용 나무박스에 포장해 해외의 전시장소에서 작품과 다시 만나 박스를 해체하고 작품을 전시한 뒤 다시 포장해서 또 다른 장소로 이동했는데 이러한 여정이 삶과 닮아 있다는 점에 기초한 작업이었다.

부산비엔날레(2014, 2016)

2014년 부산비엔날레 아카이브전에 참여했고 2016년 부산비엔날레에서는 〈풍경의 소리+터를 위한 눈〉을 선보였다. 공동묘지에 가보면 개개인의 역사가 있고 사연이 있다. 그런 소소한 사연 또한 역사다. 타인들이야 그런 것들을 알 수도 없다. 그렇지만 그게 존속이 된다. 그런 데 주목을 한다. 공동묘지에 가보면 그들은 죽었지만, 정신세계는 살아 있다. 기록돼 있다. 가정마다 족보가 있다. 그러므로 눈이 상징하는 것은 결코 죽은 것이 아니라는 것이다. 이를 강조하기 위해 현상성이 있는 눈을 살아 있는 눈으로 비디오로 작업으로 보여주고 있는 것이다.

'눈'을 모티브로 작업하게 된 계기

어렸을 때부터 '눈'이라는 메커니즘에 관심이 많았다. 9살 무렵 나는 해찰이 심한 편이었고, 그러다 보니 학교에 늦게 도착했다. 집에서 학교까지 2km 정도 떨어져 있었는데 학교로 가는 길에 나무로 만든 대문과 담이 곳곳에 많았다. 그것들은 소나무로 만들어서, 간솔 구멍이라고 나이테 가운데 부분에 뚫려 있는 곳이 있었다. 곳곳에 구멍이 뚫려 있어서 그걸 통해서 집 안을 훔쳐보는 게 너무 재밌었다. 대문을 활짝 열고 그냥 곧장 보는 것과는 느낌이 달랐다. 유심히 보게 되는 것이다. 마당의 배추가 구멍을 통해 보면 굉장히 크게 보였고 이처럼 작은 세상이 커다랗게 보인다는 것이 신기했다. 하지만 크고 나서는 그 추억을 잊고 살았다.

대학을 졸업할 무렵 고민이 많았다. 미술계에서 어떤 작품을 할 수 있을지 막막했다. 선배들을 찾아가 봐도 그냥 열심히 하라는 격려 정도지 실질적으로 달라지는 것이 없었다. 너무 답답해서 인생을 포기해야 하나 싶을 정도였다. 정말 목숨 걸고 열심히 했는데 작가가 아니면 뭘 해서 먹고 살아야 하나 싶었다. 그래서 어린 시절에 줄곧 가서 놀던 공동묘지를 찾아가서 술 마시고 계속 고민만 했다. 그런데 문득 피지컬하게 있는 것은 아니지만 그들이 [죽은 자들이] 존재한다는 사실을 깨달았고 마치 그들과 대화하고 있다는 기분이 들었다. 어떻게 보면 사람과 대화하는 것이 아니라 계속 혼자서만 얘기하다 보니 생각이 정리되기 시작했던 것 같다. 그러다 보니 점점 이해가 갔다. 그러면서 무덤가에서 놀던 어린 시절이 떠올랐고 타임머신을 타고 노스텔지어로 돌아갔다. 그때 그 구멍이 왜 예뻤을까 생각해봤다. 대문을 열고 바로 보면 상상의 날개를 펼칠 수 없지만 작은 구멍으로 보면 무언가를 집중해서 볼 수 있고, 다른 세계를 경험할 수 있었기 때문이었다. 그러다가 문득 집에 있던 VCR을 활용해보자는 생각이 들었다. 카메라로 눈을 찍어서 구멍 속에 비춰보자는 생각이었다. 처음에는 내 눈을 찍었고, 밤에 무덤으로 가서 약 1분 정도 소요되는 눈이 나오는 영상을 틀었다. 무덤 위에서 눈이 팍 나오는데 얼마나 무섭던지 나도 모르게 도망치고 말았다. 밤에 무덤가에 혼자 있으니 당연히 무서웠을 것이다. 다시 그 VCR을 찾아와야 했기 때문에 무서움을 무릅쓰고 그 자리에 갔다. 그 속에 있던 눈은 내 눈이 아니었다. 이러한 사건이 있은 후 바로 전시를 하지 않고 8년 정도 기다렸다. 이걸 어떻게 작품으로 만들어서 전시할까 하다가 무덤으로 만들어보자는 생각이 들었다. 그래서 무덤의 형상을 하고 있는 흙더미 위에 눈이 등장하는 비디오 텔레비전을 설치했다. 그런데 무덤의 모습이 흡사 어머니의 젖가슴처럼 보이기도 했다. 세상을 보는 눈처럼, 생명의 젖줄로부터 인간은 자라날 수 있었고 그것이 역사가 된다. 자신만의 관점이 없으면 역사는 세워지지 않는다. 자신만의 아이덴티티가 역사의 시작이다. 이러한 맥락에서 우리나라 사람들이 가지고 있는 사대주의는 참으로 문제다. 외국 작가들은 자신들의 아이덴티티에 대한 프라이드가 강하다. 이러한 부분들을 극복하려면 역사를 알아야 한다. 개인적으로 이러한 역사에 대한 관심 때문에 2012년 일민미술관 개인전에서 종군위안부를 형상화한 다큐멘터리 〈훈할머니〉를 선보였고, 독도에 대한 드로잉도 꾸준히 하고 있다.

『눈 EYE』 출판(2016)

『눈 EYE』은 카셀도큐멘타에서 최근 프로젝트에 이르기까지 전반적인 나의 예술 일생을 조망한 책이다. 국내외 작가, 평론가들과의 대담도 실려 있다. 특히 이번에는 김구림, 최병소, 후루가와 미카, 도시오 시미즈, 우에다 유조 선생님들과의 대담이 실려 있으며 평소에 일기형식으로 기록해둔 짧은 에세이도 함께 수록되어 있다.

출판기념회에서는 이원곤 선생님과의 대담이 열리기도 했다. 이원곤 선생님은 내 작품을 보는 순간 몸이 찌릿했다고 이야기하셨다. 죽은 자의 세계, 시간을 달리하는 공간, 그것과 눈이 딱 마주치는 순간 전율이 일었다고 했다. 전 세계 누구나 보아도 직관적으로 알

수 있을 법한 작업이었다고 말해주셨다. 나는 예술이 사랑이나 바람과 마찬가지로 눈에 보이지 않는 것이라고 생각한다. 눈에 보이지는 않지만 보이게 하는 것, 그런 것을 좋아했던 것 같다. 예술은 사랑이나 바람처럼 그저 느끼는 것이다. 뭔지는 모르지만 느끼는 것. 그이상 무엇이 더 있겠는가?

개인전 《육근병: 생존은 역사다》(2018)

아트선재센테에서 2018년 개인전 《육근병: 생존은 역사다》를 열었다. 1980년대 후반부터 작품활동을 시작하면서 지금까지 계속해서 '눈'을 모티브로 삼아 역사에 대한 응시, 죽은 자와의 대화와 소통을 다루고자 했다. 특히 전통적인 봉분과 현대 미디어를 결합하여 삶과 죽음의 문제를 풀어나가는 데 주력했다. 전시장 2층의 12채널 비디오 설치작품 〈십이지신상〉은 세계근대사를 이끈 열두 사람의 초상을 담은 것이다. 인물들의 모습을 배경으로 깜빡이는 눈이 나타났다가 사라진다. 둥글게 놓인 12개의 스크린에서 역사가 흐르고 태아의 심장박동 소리가 나오면서 근원을 상징한다. 3층에서는 대표작 〈풍경의 소리 + 터를 위한 눈〉을 설치했다. 흙으로 덮인 봉분 위에 살아 움직이는 눈의 모습이 나타나는 이 작품은 삶과 죽음을 교차한다. 이것은 1989년 카셀도큐멘타에서 처음 선보였던 것이다. 카셀도큐멘타의 설치를 기록한 드로잉과 1995년 리옹비엔날레에 설치했던 〈생존은 역사다〉의 설

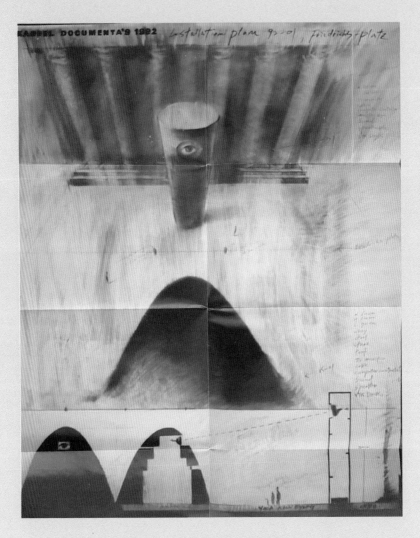

육근병, 〈풍경의 소리 + 터를 위한 눈 = 랑데부〉를 위한 드로잉, 1991.

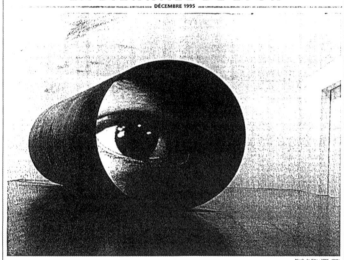

Le Monde CE NUMÉRO NE PEUT ÊTRE VENDU

LA BIENNALE DE LYON
DÉCEMBRE 1995

Yook, In Situ ; 1995. (DR).

L'image mobile

Nous sommes en 1995, l'année où le cinéma fête son centenaire, à Lyon, la ville des frères Lumière : deux bonnes raisons pour vouer la 3ᵉ Biennale d'art contemporain à l'image mobile. Bien que cette édition n'ait pas cet intitulé – de fait elle n'a pas de titre –, l'idée d'image mobile est propre à fédérer ce qu'elle présente : « le meilleur de l'art s'appropriant, d'une manière ou d'une autre, le récit cinématographique, la culture de la vidéo et la pratique de l'informatique », nous disent les commissaires de l'exposition, Thierry Prat, Thierry Raspail, Georges Rey.

Soixante-quatre artistes de tous les continents ont été réunis dans le nouveau musée et au Palais des Congrès, ici pour un parcours « historique » depuis les premiers bricolages de téléviseurs jusqu'à la maîtrise des technologies nouvelles, là pour une traversée de la création d'aujourd'hui avec ses glissades et débordements d'un moyen d'expression à l'autre, les artistes se servant tout naturellement, à leur convenance, de la vi-
déo, de l'interactivité, du réseau télématique, des images virtuelles. Parmi les œuvres présentées, vingt-trois sont des installations historiques signées Nam June Paik, Wolf Vostell, Peter Campus, Dan Graham..., et vingt-neuf sont des créations pour la Biennale.

A cet événement correspond un autre événement : la Biennale inaugure le Musée d'art contemporain de Lyon, sur la rive gauche du Rhône, au cœur de la Cité internationale, dont le « patron » est l'architecte Renzo Piano.

G. B.

육근병, 〈생존은 역사다〉, 1995, 르몽드 지에 실린 육근병의 리옹비엔날레 전시 소개.

치 드로잉, 그리고 이번 전시를 준비하면서 새로 제작한 드로잉을 함께 전시했다. 3층 전시장의 〈시간 속의 시간〉은 〈생존은 역사다〉 시리즈에 속하는 작업이다. 육면체의 상자 속에 담긴 이미지들은 전쟁과 재난과 같은 비극적인 근현대 역사의 장면들을 담고 있으며, 그것을 바라보는 눈을 동시에 나타냈다.

동시대 미술과 미디어아트에 대하여

내가 하이테크를 잘 하고 있는지는 모르겠지만 이용은 한다. 사실 아티스트가 기술을 얼마나 잘 써야 하나 하는 부분에 대해서는 명확하게 합의된 바가 없다. 아폴로 11호가 달에 착륙했을 때 전 세계에서 그 장면을 방영했다. 그전까지만 해도 우리나라는 달이라고 하면 토끼가 방아 찧는 곳이라고 생각했고, 유럽에서는 늑대 나온다고 무서워했다. 달을 막연하게 이해했던 것이다. 그런데 이 사건을 단순히 테크놀로지의 승리로만 볼 수 있는가? 그렇지 않다. 더 중요한 것은 그 달에 가려는 인간의 의지였다고 생각한다. 기술보다는 인간적인 측면이 더 중요하다. 같은 맥락에서 아티스트들이 너무 기술에 매료되어 버리면 그야말로 [예술로서는] 끝장이다. 테크놀로지아트 혹은 미디어아트 분야의 함정은 자꾸 보면 질린다는 점에 있다. 미디어아트는 처음부터 한계를 가지고 출발하는 셈이다. 그걸 피해야 한다. 괜찮은 영화의 경우에는 봐도 봐도 질리지 않

는 것이 있다. 그런데 미디어아트의 경우에는 다르다. 많이 봐야 두세 번이면 끝이다. 물론 미국의 팝아티스트 앤디 워홀의 경우에는 작품들이 쉽게 질리지 않는다. 조형적 변수가 별로 없어서 상상을 할 수 있다. 이러한 미디어의 함정은 처음부터 있었다. 이 점을 극복해야 한다. 새로운 매체가 나올수록 그런 고민이 더 많이 필요하다고 생각한다.

김해민 (1957-)
비디오 영상, 비디오 설치
kimhaemin.com, uksweb.com/khm

이제까지의 경력과 주요 활동

1957년 대전에서 출생했으며 1987년 제1회 대전트리엔날레로 데뷔하여 작가로 활동하기 시작했다. 1994년 미건화랑에서의 개인전을 시작으로 아라리오뮤지엄, 금호미술관, 일민미술관, 누크갤러리 등에서 개인전을 가졌다. 그 외에도 국립현대미술관, 서울시립미술관, 대전시립미술관, 성곡미술관, 코리아나미술관, 두산갤러리, 아르코미술관, 아트센터나비, 예술의전당 등에서 열린 다수의 기획전에 참여했다. 1992년에 독일에 있는 Selk 쿤스틀러하우스 레지던시에 참여했으며 2000년부터 2001년까지 삼성미술관 '운니스튜디오' 레지던시에 참여했다.

초기 작업

제1회 대전트리엔날레 참가(1987)

1980년대 초중반 서울과 대전에서 활동하는 일군의 퍼포먼스 작가들이 있었다. 그들과 관계하면서 미디어 퍼포먼스 작업을 시작하게 되었고 공식적으로는 1987년 제1회 대전트리엔날레에서 〈단면〉이라는 제목의 미디어 퍼포먼스 작품을 발표하게 된다. 그 당시의 작업은 3대의 모니터를 이용한 미디어 작업이었는데 아쉽게도 자료로 사진 몇 장만이 남아 있다.

〈image section〉(1988-89)

작품 〈image section〉(1988-89)은 서울 동숭아트센터에서 공연했던 미디어 퍼포먼스 작업이다. 피아노 건반 위로 5대의 비디오 캠코더를 설치하고 피아노 건반을 5개의 영역으로 분할하여 촬영했다. 그리고 이렇게 촬영한 건반 영상을 무대공간에 분산 설치된 TV 모니터로 연결하여 피아노를 치는 손가락 이미지가 실시간으로 모니터 화면을 옮겨가면서 나타나게 했다. 일정 시간이 경과한 뒤에 비디오 캠코더에 들어 있었던, 미리 녹화해둔 비디오 테이프의 피아노 영상을 재생하여 라이브 피아노 연주 영상과 녹화된 피아노 연주 영상이 무대공간에 교차되어 나타나게 했다. 이 작업은 그 당시 방송국에서 녹화한 비디오 자료가 남아있다.

〈TV Hammer〉(1992)

〈TV Hammer〉(1992)는 90년대에 들어서면서 내 작업이 변화하던 시기에 만들어진 작업으로 1992년, 대전 현대화랑에서 선보였다. 높은 좌대 위에 TV 모니터(29인치 브라운관)를 설치하고 그 모니터 영상 속의 망치 이미지가 모니터 밖을 향해 견주다가 가상의 브라운관 유리 면을 때리면 유리 면이 깨지는 것처럼 나

타남과 동시에 TV 모니터 자체가 덜컹거리며
움직인다. TV 모니터가 움직이면서, 영상 속
망치는 더 이상 이미지로서의 망치가 아니라
물리적 공간에서 실재 위상을 획득한 망치로
인식된다. 사실 〈TV Hammer〉는 우연한 기회
에 비디오 카메라 렌즈를 만지다 구상하게 된
작업이다. 비디오 카메라와 TV 모니터를 연
결한 상태에서 카메라 렌즈 겉면을 손가락으
로 톡톡 치자 TV 모니터에서 보여지는 영상
이 손가락으로 브라운관 경계면을 톡톡 치는
것처럼 보였다. 그러면서 손가락 영상이 브
라운관 경계 면을 칠 때마다 움직이면 어떨까
생각했다. 먼저 움직임을 구현할 수 있는 키
네틱 장치를 만들어야 했는데 이런 용도의 컴
퓨터가 없던 시기라 많은 시행착오가 있었고,
결국에는 브라운관을 때릴 때 나는 소리를 이
용하여 동시에 반응하며 움직이는 전동장치
를 만들어 작품을 완성할 수 있었다. 이 작품
은 우리나라 초기의 미디어 키네틱 작품이면
서 인터랙티브아트 작품이라고 볼 수 있을 것
이다.

〈신도안〉(1994)
〈신도안〉(1994)은 1980년대 말 사진 촬영을
위해 계룡산 신도안(新都內)에 갔을 때 많은
촛불이 켜져 있던 무당의 제의공간을 소재로
하여 미디어 매체로 재구성한 설치작업으로
1994년 서울 미건화랑에서 선보였다. 이 작
품에는 여러 대의 TV 모니터와 촛불, 붓, 스
피커, 비디오 카메라 등이 사용되었는데 붓은
인간과 인간을 소통하게 하는 도구이고 촛불
은 인간과 신을 연결하는 도구라고 생각했다.
그 둘, 즉 붓끝과 촛불의 형태는 비슷하다. TV
모니터가 설치된 공간 바닥 중앙에 스피커를
설치하고 그 스피커 위에다 붓을 세워 꽂아 두
었다. 모니터 속의 촛불 영상은 가야금 소리
에 맞춰 흔들리고 또 그 가야금 소리는 공간
에 놓인 스피커를 진동시킨다. 스피커의 진동
으로 꽂아둔 붓이 흔들리고 그 흔들리는 붓끝
을 비디오 카메라가 잡아서 그 붓의 이미지를
공간에 설치된 TV 모니터로 전송한다. 이렇
게 공간을 가득 채운 TV 모니터들의 화면 속
에 촛불 영상들과 붓 영상들이 가야금 소리와
함께 어우러지면서 보여지는 작업이 작품 〈신
도안〉이다. 여기에 사용된 음악은 가야금 명
인인 황병기 선생의 〈밤의 소리〉라는 가야금
연주곡이다. 이 곡을 선택한 이유는 무당들이
신내림을 받을 때 굿 행사가 최고조가 되는데
그 상황에 어우러지는 격정적인 리듬이 있기
때문이었다.

〈發光으로부터의 발광〉(1997)
〈發光으로부터의 발광〉(1997)은 제2회 광주비
엔날레 특별전 《삶의 경계》에서 선보인 작품
이다. 우리 문화의 근간인 유·불·선 사상을
모태로 한 미디어 설치작업으로 무당의 제의
형태로 구성되었다. 3대의 TV 모니터를 놓고
그 주위로 분산 설치된 6개의 조명(빨간 전등

김해민, 〈신도안〉, 1994, 비디오 설치.

3, 파란 전등 3)이 점등하면서 모니터의 이미지들과 상호작용을 한다. 마치 무당들이 굿을 할 때 신이 들락거리듯이 빨간 조명이 켜지면 그 조명을 받은 인물의 상반신이 모니터에 나타나고 조명이 꺼지면 인물은 사라진다. 이는 실재공간에 설치된 전등에서 나오는 빛이 가상공간인 모니터의 인물 형상에 직접 관여하는 것처럼 인식되게 한다.

〈직립희롱〉(1998)

〈직립희롱〉(1998)은 미디어 형식 자체에 대한 관심이 투영된 작업으로 싱글채널 영상을 가지고 다채널 영상처럼 보이게끔 만들었다.(2003년 일민미술관에서《직립희롱》이라는 전시 제목으로 개인전을 가졌다.) 우선 전시장 천장에 1대의 프로젝터를 설치하고, 영상을 바닥에 동서남북의 형태로 비스듬히 설치한 거울에 투사한다. 거울에 의해 반사된 영상은 거울 앞에 놓인 4개의 스크린에 비친다. 하나의 영상이 거울에 의해 4개의 조각된 영상으로 나누어진 것이다. 4개의 스크린에는 글씨를 쓰는 손의 영상이 등장해서 '직, 립, 희, 롱' 글자를 각 스크린마다 한 자씩 순차적으로 써나간다. 작품 제목을 쓰는 장면이 곧 작품 내용이 되는 것이다. '직립희롱'은 일종의 관객 모독의 의미를 지니기도 했다.

이후의 활동

〈R.G.B Cocktail〉(2001)

〈R.G.B Cocktail〉(2001)은 시각매체인 비디오 이미지를 칵테일 잔 위에 투사하여 미각적으로 전환을 시도한 작업으로 2001년 서울시립미술관《물》전에서 선보였다. 칵테일이 여러 종류의 알코올들로 혼합되어 새로운 맛과 색을 지니듯 비디오 이미지는 빛의 3요소인 Red, Green, Blue가 혼합되어 다양한 영상을 만들어낸다. 이 작업은 이미지들이 창출해내는 가공의 위상을 허물고자 하는 의도를 담고 있으며, 영상도 음식과 마찬가지로 우리 몸에 체화될 수 있는가라는 질문을 담고 있다. 또 평면적인 비디오 영상을 입체적 영상으로 인식하게 하는 설치방법을 통해 평면적 영상의 가시 한계를 전시공간 전체로 확장시켰다.

〈50초의 렌더링〉(2003)

〈50초의 렌더링〉(2003)은 2003년 일민미술관 개인전에서 선보인 작업으로 한국 전쟁 이후 50년 만에 만나는 남북 이산가족의 상봉 장면을 담았다. 기나긴 기다림 끝에 만난, 남북한에 사는 두 노인들의 몸짓과 표정은 그들을 에워싸고 있는 환경과 삶의 흔적들을 여실히 드러낸다. 50년이라는 긴 이산의 시간과, 50초라는 짧은 만남이라는 숫자적 시간의 의미를 작업의 의도로 설정했다. 또한 긴 시간의 비디오 편집 과정 속에서 완성된 짧은 길이의 비디오 영상은 그 영상이 내포하고 있는 실제

김해민, 〈R.G.B Cocktail〉, 2001, 비디오 설치.

적 의미와도 맥을 같이한다고 볼 수 있다. 완성된 이 작품은 전시장 코너 구석에 ㄱ자 형태로 하나의 단 채널 화면을 2개의 장면으로 편집하여 투사하였으며 이 작품을 편집할 때 들리는 하드디스크 소리를 영상에 삽입하여 총소리처럼 들리게 하였다.

〈접촉 불량〉(2006)

〈접촉 불량〉(2006)은 2006년 갤러리 아트사이드에서 처음으로 선보인 작업으로 전시하기가 용이해서인지 국내외 여러 곳에서 전시가 되었던 싱글채널 작품이다. 화면 속에는 구형 브라운관 TV가 놓여 있고 그 TV의 채널을 돌리고 있는 손이 나타난다. 채널을 돌릴 때마다 다양한 영상들이 바뀌어 나타난다. 어쩌다 화면 상태가 지지직거리면서 노이즈(noise)가 생길 때 손이 나와서 TV를 때리면 화면이 정상으로 돌아온다. 다양한 채널의 선택이 이미 그 자체로 단절된 이미지들의 연속인 상태다. 그래서 이미지를 단절시키는 외부의 간섭을 주목하게 되고, 그 간섭이 역설적이게도 영상의 흐름을 이어주는 주체로서의 역할을 하게 된다. TV 영상은 고정된 방향으로 진행되다가 TV 프레임 밖 외부의 상황들과 조우하면서 조작되고 전복된다. 이렇게 전이된 이미지는 임의적으로 돌리는 채널 속에서 상호 관계하거나 부딪히면서 변모된 이미지로 파생되고 그러면서 TV의 외부 상황을 주시하게 만든다.

〈구애〉(2008)

〈구애〉(2008)는 아무런 관계가 없는 3개의 다른 영상을 자동차 헤드라이트 불빛으로 동시에 비추어, 3개의 영상이 구조적인 연관 관계로 인식되도록 만든 작업으로 2008년 아트팩토리 개인전에서 선보였다. 첫 번째 좌측 모니터에서는 밤에 헤드라이트를 켜고 도로를 지나가는 자동차들이 보이고, 가운데 모니터에는 나체의 여성이 도로에서 지나가는 차를 세우려는 동작을 끝없이 반복하고, 우측 모니터에서는 기도하는 성직자가 등장한다. 실제로 서로 아무런 역할도 할 수 없는 분리된 화면 속에서 끊임없이 사랑을 갈구하는 각자의 몸짓들은 소외와 불안, 그리고 소통 부재라는 현대 사회의 모습을 그리고 있으며, 이는 "우리 시대에 있어 진정한 구원이란 존재하는가"라는 물음을 내포하고 있기도 하다.

〈삼촌과 이모〉(2011)

〈삼촌과 이모〉는 카메라의 촬영 기능인 포커스 인, 아웃 방식을 통해 이미지로 구현되는 상호 관계성의 허와 실을 또 다른 관점에서 이야기하는 3채널 미디어 설치작업으로 2011년 아트센터 나비에서 선보였다. 작품을 구성하고 있는 3개의 모니터 영상에는 남녀 한 쌍의 인물들이 등장한다. 흐릿하고 비슷한 이미지들로부터 선택된 특정 남녀 영상들이 서서히 선명해지면서 그들의 정체가 드러나고 그들 상호 간에 소통하고자 하는 움직임이 나타난다. 시간이 지나면서 그 이미지들은 포커스 아웃이 되고 다른 불특정 이미지들이 포커스 인 되면서 등장한다.

최근 활동상황
개인전 《지록위마》(2014)
2014년 누크갤러리에서 《지록위마》를 열었다. 전시 제목을 '지록위마(指鹿爲馬)'라고 지었는데 진시황의 사후 혼란을 틈타 황제를 허수아비로 만들기 위해 사실이 아닌 것을 우겨서 스스로 의심하게 하여 물러나게 했다는 고사에서 유래한 말이다. 사실이 아닌데 확신해버리면 판단이 어려워지는데 이런 점들에 대해 말하고자 했다. 〈빨강 그림자 파랑 그림자〉(2014)에서는 중앙에 커다란 스크린을 설치하고, 양쪽 벽면에 2대의 모니터를 설치했으며, 각각의 모니터 옆에 전구를 하나씩 설치했다. 왼쪽 벽면의 모니터에서는 서양 남성이 등장하고, 오른쪽 벽면의 모니터에서는 동양 여성이 등장한다. 전구에서는 빨간 빛이 나오기도 하고 파란 빛이 왔다갔다 번갈아가며 나오는데 전구에 불빛이 켜지면 중앙 스크린에 불빛이 켜진 쪽의 인물이 그림자의 모습으로 음영이 진 채 나타난다. 시간이 지날수록 점차 그림자에는 색깔이 입혀지는데 빨간 불빛이 켜지면 빨간 그림자의 모습으로, 파란 불빛이 켜지면 파란 그림자의 모습으로 나타난다. 작품 〈갓 쓴 남녀〉(2014)에서도 서양 남성

과 동양 여성이 양쪽에 등장한다. 그들은 서로의 뒤통수를 맞대고 있으며 각자 자신들의 위쪽에 떠오르는 달빛을 따라 시선을 이동한다. 한쪽 사람이 정면으로 고개를 돌리면, 다른 한 사람은 반대편으로 고개를 돌리는 식으로 반복된다. 서양과 동양, 남과 여, 갓과 와이셔츠 등의 대립적인 이미지들은 어쩔 수 없이 운명 지어진 소통의 문제를 이야기하고자 했다.

개인전 《널빤지판(板)》(2018)
2018년 레이져갤러리에서 개최한 개인전이다. 전시 제목에 해당하는 '널빤지판(板)'은 남과 북의 경계 지역에 있는 판문점(板門店) 지명의 첫 글자를 딴 것이다. 전시에서 선보인 작품 〈신춘향〉은 신상옥 감독이 춘향전을 소재로 만든 두 편의 영화를 가지고 (신감독의 성을 따서 '신춘향'이라는 제목을 붙인) 비디오 설치작업이다. 영화감독 신상옥은 1961년 최은희 주연의 영화 〈성춘향〉을 만들었다. 이후 납북되어 북한에서도 춘향전을 소재로 한 〈사랑 사랑 내 사랑〉(1984)이라는 뮤지컬 춘향전 영화를 만들었다. 내가 만든 〈신춘향〉에서는 무엇보다도 두 영화 사이에 내재하는 '분단'의 문제를 주요한 소재로 삼았다. 전시공간 바닥에 3대의 비디오 스크린을 설치하였는데 맨 뒤쪽에 있는 영상에서는 북한에서 만든 영화 〈사랑 사랑 내 사랑〉이 나오고, 맨 앞쪽에 있는 영상에서는 남한에서 만든 영화 〈성춘

향)이 나오게 했다. 그리고 중앙에 있는 스크린에서는 3.8선 혹은 휴전선의 모습이 나왔다. 여기서 카메라 렌즈의 거리 초점을 맞추는 방식으로 초점이 북한 영상에 맞춰지면 남한 영상은 흐려지고, 남한 영상에 초점이 맞춰지면 북한 영상이 흐려지는 식으로 번갈아 가면서 초점이 이동한다. 남과 북의 어느 한쪽 스크린에 초점을 맞추기 위해 포커스가 변화할 때 중간에 있는 스크린에는 분단 상황의 영상이 나타났다 사라진다.

　작품 〈두 개의 그림자〉에서는 실재공간에 설치된 2개의 전구에 반응하는 아이의 이미지 영상이 나왔다. 이방인의 모습을 한 한국 국적의 어린아이 이미지는 낯설다. 우측에 설치된 전구가 켜지면 그 불빛을 받은 아이의 반쪽 모습이 영상에 나타나고 동시에 아이의 실재 모습이 비춰져서 생성된 것처럼 아이의 검은 그림자 영상이 좌측 화면에 나타난다. 그리고 전구가 꺼지면 양쪽 이미지가 사라진다. 좌측에 설치된 전구가 켜지면 반대로 같은 상황이 재현된다. 2개의 전구의 불빛에 반응하면서 아이의 그림자 영상은 아이의 부모 그림자 영상으로 바뀌어간다. 이렇게 아이 모습의 비디오 이미지(평면)는 실재공간의 전구 불빛과 조우하여 그림자를 생성함으로써 입체(실재)처럼 보인다. 다르게 보면 이 아이의 이미지가 실재라고 강요하는 것일 수도 있다. 이 작업은 전구의 불빛과 이미지 영상을 시공간을 초월한 동등한 관계로 설정하여 우리가

처한 현재를 보여주고 있다.

동시대 미술과 미디어아트에 대하여

동시대 미술과 미디어아트를 구분해서 말할 수는 없을 것이다. 많은 예술가들이 자신들의 작업에 미디어 매체를 이용하기도 하고 자신들의 본래 작업스타일과 별개로 미디어 작품을 독립적으로 만들기도 한다. 하지만 급속도로 변화하는 미디어 테크놀로지 환경에서 미디어아트를 좀 더 세분화해서 볼 필요가 있다. 테크놀로지의 빠른 발전은 다양한 새로운 미디어 작품을 만들 수 있는 다양한 컴퓨터 장치들을 등장하게 만들었다. 새로운 미디어 장치들의 등장이 곧 새로운 방식의 미디어아트의 등장을 의미하는 것이다. 백남준 선생이 자신이 활동하던 시기에 주로 사용하던 장비이던 브라운관 TV는 지금의 미디어아트스트에게 더 이상 중요하게 사용되지 않는다. 현재는 미디어아트 형식이 설치 위주의 비디오아트에서 디지털기술을 응용한 인터랙티브아트, 인터넷 기반의 웹아트 등으로 많이 분화해서 젊은 예술가들이 다양한 종류의 미디어 작품들을 제작하고 있다. 어떤 작품들은 미래의 테크놀로지 환경을 예시하거나 방향을 제시하기도 한다.

　그러나 문제는 너무도 빠르게 변하는 미디어 환경 속에서 새로운 미디어 작품들을 논할 이론적 근거나 담론을 제시할 수 있는 전문

이론가가 턱없이 부족하다는 데 있다. 기존 장르의 미술 이론가들이 종종 미디어 작품에 대한 비평을 하는 경우가 있는데 이것은 약간 위험하다고 볼 수 있다. 마치 자전거의 움직임을 안다고 해서 비행기의 작동 원리를 다 안다고 하는 것과 같다. 미디어 매체의 전문 이론가는 기계 장치의 흐름에 대해 어느 정도의 전문지식이 필요하다. 바라기는, 새로운 미디어 작품들이 등장할 때마다 다양한 관점의 비평과 담론들이 활발하게 토론되고 쓰였으면 한다. 이것이 곧 동시대 미술에서 미디어아트를 역사화하고 위치시킬 수 있는 방식일 것이다. 그렇지 않다면 과거의 잣대로 미디어아트를 규정하는 우를 범하게 되고 미디어아트의 진보적인 예술적 실험은 정체될 수밖에 없을 것이다.

채미현(1957-)과 닥터정
레이저아트
www.mihyunc.com

이제까지의 경력과 주요 활동

채미현과 닥터정은 1994년 2월 레이저아트 개인전 《시간 역사 인간 흔적》부터 함께 작업하면서 공학과 예술의 융복합 작품을 시도하였다. 보다 구체적으로는 채미현이 2004년 국립현대미술관 창동스튜디오 2기 입주작가로 선정됐을 당시 고 김윤수 관장께서 공학박사가 미술가로 변신한 사례를 들면서 채미현 전시에 정현기의 이름을 같이 적어 넣는 것이 어떻겠느냐고 제안했고, 그때부터 도록에 정현기의 이름을 같이 적기 시작했다. 때마침 월간미술 기자가 '닥터정(Dr. Jung)'이라는 이름을 제안했고 그 이후부터 '채미현과 닥터정'이라는 이름으로 활동하게 됐다.

채미현은 이화여대 대학원 미술학 석사를 마쳤고, 전업작가로 활동 중이다. 대학교 시절 정현기가 몸담고 있는 문예동아리에서 개최하는 시화전에서 그림을 그려주면서 처음 만나게 되었고 평생 동지의 인연을 맺게 되었다. 1990년 UC버클리에서 함께 생활하며 생명발원의 에너지로서의 '기'에 대해 많은 생각을 하고 실험을 하던 중 순도 100%의 응축된 인공 에너지 레이저 빛에 매료되어 순수 인공빛에 살아있는 생명성을 실어 실측 측

정 탑재하였고, 제2의 자연과 우주 인간을 관통하는 작업을 시작하게 됐다.

닥터정(정현기)은 서울대 자원공학과에서 응용지구물리학 박사를 취득했고, 현재 한국지질자원연구원 책임연구원으로 있다. 90년대 채미현 작가가 진행하는 레이저아트에 기술자문 역할을 해주었고, 채미현 작가의 작업에서 기술의 역할이 커지면서 2004년부터 채미현과 닥터정이라는 이름으로 하나의 팀을 이루어 작품을 발표하고 있다. 채미현과의 팀 활동과는 별도로 1995년 황인의 신라갤러리 《지구 철 탐색》전에 공학자로서 참여하며 당시 최고 밝기 비디오 프로젝터를 빌려 프랙탈 영상을 자동 무한 미디어로 구현하였고, 2000년 청담동 갤러리 퓨전에서 문예진흥원 지원 ASTA PROJECT 《인공.감성》전에 황인, 이용백, 윤중선 함께 테크놀로지 아트 광센서 맥박 작업을 설치했다.

초기 작업

채미현 개인전 《Laser & Strings》(1996)

1996년 장흥의 토탈미술관과 대전의 21C갤러리에서 채미현 개인전 《Laser & Strings》를 열었다. 초끈(super string)의 우주론이 어떻게 인간의 내면과 만나 인생에 관여되는가라는 주제를, 레이저라는 매체에 시간성을 대입해 풀어내고 있다. 예를 들어 〈그네〉는 전통적인 그네 오브제와 응축된 입체 레이저 빛 덩어리

가 사인(Sine) 함수 움직임으로 공존하는 작품이다. 사인 함수는 인생 삶의 변곡점을 보여준다. 여기서는 그네 위에 녹색레이저선의 운동을 통해 관람자들도 4차원의 공간으로 넘어갈 수 있도록 설치했다. 그리고 작품 〈태〉에서는 아크릴 오브제, 새끼줄과 광섬유가 만나 인간탄생의 혈류를, 생명 생성의 순간을 십자형과 일자형의 레이저끈(laser string)으로 표상화했다. 이를 통해 초끈의 우주론과 맥을 같이하는 생명 생성 안에 우주생성을, 투영 시간의 동일성의 장을 관람객과 함께 하는 작품이다. 또 다른 작품으로는 〈인생〉 등이 발표되었다.

채미현 개인전 《Laser Project : 생명의 빛》 (1999-2000)

1999년 12월~2000년 1월 국제갤러리에서 밀레니엄 프로젝트로 협업한 채미현 개인전 《Laser Project: 생명의 빛》을 열었다. 작가 채미현과 기술지원팀(정현기 박사 외 3인)의 협력으로 완성됐으며, 지구와 인간의 살아 있는 생명파 표출과 그 상호관계를 화두로 한 전시였다. 갤러리 외부 전면을 전시공간으로 사용하여 오른쪽 벽면에는 무형의 지진파를 청색 레이저 빔으로, 왼쪽 벽면은 녹색 레이저 빔으로 생명파를 드로잉했다. 오른쪽과 왼쪽 벽면을 잇는 출입공간에 한 무리의 작은 생명체들의 조용한 움직임을 모스 부호화된 적색 레이저로 묘사하여 사람들과 교감할 수 있도록

했다. 이를 통해 인간의 가장 중요한 지지대인 지구와 인간 사이의 민감한 상호반응과 생명선을 레이저 빛의 움직임으로 보여주고자 했다. 그리고 방식에 있어서 기계적이지 않은, 인간의 손에 의한 드로잉처럼 이루어지게 했다. 당시는 영하를 오르내리는 한겨울 밤이었고 옥외에서 전시가 이루어졌는데 하이테크놀로지 레이저 장비를 이용하는 데 여러 가지 기술적 어려움이 있었다. 실내라면 염려할 필요가 없는 보온, 방수, 방풍 등을 고려해야 했다. 전체적으로 이 전시에 사용한 레이저로는 공랭식 아르곤 청색 레이저, 광 펌핑 다이오드 녹색 레이저, 다수의 635nM 및 650nM 파장의 연속 출력 다이오드 레이저 등이다. 레이저 발진용으로 사용된 정밀 안정 전원은 정전류 파워 모듈로 공급했다.

2000년대 이후의 작업
국립현대미술관 창동스튜디오 입주 (2004)

창동스튜디오에서 시도하고자 했던 탱크 설치작업은 국방부의 공식적 협조를 얻어 6.25 전쟁 당시 실존 탱크를 국립현대미술관 과천에 옮겨 놓으려고 했으나, 운반 문제로 결국 실행하지 못했다. 결국 이 작품은 〈경계인〉이라는 레이저 글자 작업으로 남았다. 작품 〈꽃들에게 희망을〉도 창동스튜디오 입주 시절에 나왔다. 내부적으로 기구적인 미디어 모터

를 시도하여 겉으로 아름다운 대형 애벌레가 엉켜서 끝없이 몸부림치는 형태로 만든 작업이다.

〈이라크에 보내는 평화의 메시지〉(2004)
2004년 국립현대미술관 《평화선언 2004 세계 100인 미술가》전에서 선보인 작업으로 테러와 전쟁을 고발하고 평화를 염원하는 기획전이었다. 〈이라크에 보내는 평화의 메시지〉는 센서 감지 레이저 동기화 떨림과 대포 통속 음성인식을 활용한 작업이다. 여기서는 관람객이 긴 대포포신의 원통형의 음성인식기에 직접 '평화'라고 말할 수 있도록 설치했다. 그 전까지만 해도 레이저를 순수생명성의 발원 차원에서 다루기만 했다. 그런데 이라크 폭격 당시 레이저로 초점을 정확히 타격해서 살생하는 처참한 장면을 TV로 본 순간 너무나 충격적이었다. 이 장면을 본 이후 많은 생각을, 평소 긍정적으로 생각하고 좋아했던 매체가 전쟁의 매체로 사용되는 것을 보면서 가슴에 반발심이 생겼다. 그래서 이를 반어적으로 사용해서 대포 총 대신에 생명의 파동을 담아 희망의 벽을 넘고, 벽을 뚫어서 보내자고 생각했다. 이 작품은 2개의 버전으로 만들어졌다. 프랑스 어린이 동요에 나오는 '하하하하하HoHoHoHoHo히히...' 하는 웃음 돌림노래 소리가 지구를 휘돌아 통 안에서 울려 나오는 방식의 오브제와 대포 통에 대고 관람객이 단어를 말하게끔 만든 오브제로 구성했

다. 어릴 적 우물에 대고 무언가를 말하면 '우웅-' 하는 소리가 울려 누군가에게 전달되는 느낌이 있었다. 그러한 어린 시절의 기억으로부터 이 작품이 시작됐다. 작업에는 음성인식 기능이 활용되었으나 인식률이 매우 낮고 당시 기술적으로 어려움이 많아 하드웨어적으로 약간의 트릭을 썼는데 인간을 하나로 인식하지 않고 남, 여, 노, 소를 구분하여 인식하고 그에 따라 각각 다르게 반응하도록 설계했다.

〈생명의 시작〉(2005-2008)
2013년 개정 중등교과서에 수록된 작품이다. 2005년의 〈생명〉 시리즈에서 시작된 것으로 2008년 국립현대미술관, KAIST 공동기획 전시 《과학정신과 한국현대미술》에서 발표했다. 시시포스의 신화에 등장하는 돌을 반복적으로 산 정상에 굴려 올리는 모습에서 인생의 의미를 발견하고 이를 레이저 빔 에너지의 움직임으로 의인화하여 벽면에 반복적으로 기어오르고, 반복적으로 굴러 떨어지도록 프로그래밍한 작업이다. 그리고 여기에 동기화된 '억' 하는 사람의 단말마 사운드와 어둠 속에서 빛의 움직임과 사운드가 동시에 등장하게 했다. 관람자는 몸을 좌우로 돌리는 행위를 통해 눈으로는 보이지 않는 공간 속에 가득 차 있는 에너지의 파동을 체험할 수 있었다.

채미현과 닥터정, 〈생명의 시작〉, 2004-2011, 벽면에 레이저 빔을 프로젝션함.

김진혜갤러리 개인전(2006)

〈Echo-Moonquake〉은 달의 지진을 육각형의 투명 오브제와 블루 레이저의 면적 파장 드로잉으로 표현한 작업이다. 달의 지진(엄격히 얘기하면 월진)의 종류는 크게 세 가지가 있는데 천발지진(진원 깊이 70km 미만), 중발지진(진원 깊이 70-300km 사이), 심발지진(진원 깊이 300km 이상)이다. 당시 사람들은 지구 지진을 생각했는데 달의 지진은 또 다르다. 잠깐 일어나고 마는 게 아니라 달의 지진은 웅- 울린다.

당시 지진 기록 해상도가 매우 낮았기 때문에 NASA에 있는 나카무라 박사에게 편지를 썼다. 나중에 박사가 데이터를 보내줬는데 압축해서 코드로 짜놓은 것이었다. 나카무라 박사도 해독하려면 어려웠을 것이다. 우리나라 지진센터에 이희일 프랑스 박사가 이 코드를 3일 만에 해독해서 파일을 결국 얻어냈고, 거꾸로 우리가 나카무라 박사에게 해독한 코드를 보내줬다. 그랬더니 깜짝 놀라면서 이걸 어떻게 해독했냐고 묻더라. 이 작품은 세계적인 과학자들과의 협업으로 탄생한 융복합 작품의 훌륭한 예다. 월진(달의 지진) 시간 축을 250배 압축하자 에밀레종 소리와 유사한 소리가 났다. 달에는 대기가 없고 안에 액체가 없기 때문에 소리가 막 울리면서 오래 간다. 그리고 가청 주파수보다 낮아서 우리가 들을 수가 없다. 시간 축을 압축하니까 이런 식의 소리가 나오게 된 것이다. 전시를 열었을 때

음악을 하시는 분들이 와서 이걸 CD로 만들어보자고 제안하기도 했다. 김진혜갤러리 위층은 나무 판으로 되어 있어 계단으로 올라가서 명상하듯이 바닥에 앉아 있으면 울림통이 바닥까지 연결됐다.

사실 이 작품은 여행에서 얻은 대자연에 대한 경외심으로부터 탄생했다. 태평양 바다에서 펭귄이 나오는 곳을 보고 싶어 호주 멜버른에서 몇 시간 거리에 있는 바다를 찾아가서 저녁 무렵부터 깊어가는 밤바다를 응시했다. 조용한 기다림 끝에, 펭귄이 웅장하고 깊어진 미지의 밤바다에서 튕겨져 나오듯 등장하기 시작했다. 바닷가 모래언덕에 있던 우리 곁으로 펭귄이 무리를 지어서 끝없이 나타나고 있었다. 그것은 무척이나 감동적인 광경이었다. 펭귄이 순수생명체 자체로 다가오면서 전율케 했다. 이 순간이 바로 작품의 시작이었다. 당시에 느꼈던 미지의 생명성이 주는 감동과 웅장함, 그리고 한 꺼풀 이면에 내재해 있는 달, 밀물과 썰물, 우주, 파도 소리, 어둠에서 밀려오던 초자연적 힘, 우주의 관계를 작품에 녹여내고자 했다. 작품 〈Echo-Moonquake〉의 울림은 지금도 영혼을 적신다.

〈몽유산수〉는 생명의 맥박, 파동, 떨림을 붓으로 드로잉해가듯이 녹색 레이저 광선이 전시공간을 가득 채운 작품이었고, 〈월광지곡〉은 달의 지진음 박동이 시간으로 압축된 월진(Moonquake) 소리가 푸른 레이저의 디지털 파형으로 움직이게 만든 작업이었다. 이

작품은 방송매체에도 등장했는데 MBC '문화사색' 전반부에서 백남준 비디오아트가 소개되고, 후반부에는 우리 작품 〈몽유산수〉와 〈월광지곡〉이 새 미디어아트로 조명되었다.

또한 〈Echo-Daytime〉은 김진혜갤러리 개인전뿐 아니라 2012년 런던 사치갤러리에서도 소개됐던 작업으로, 여러 가지 다양한 파동의 형상들로 이루어진 레이저 이미지들이 마치 직접 손으로 드로잉한 것처럼 펼쳐지는 한 폭의 레이저 빛 파동 산수화다. 싱그러운 햇살과 맑은 공기, 물, 생명체, 그리고 그 안에서 전해오는 하루의 울림을 담은 작품이었다. 갤러리 전시장 한쪽 벽면에 거대한 가상 프레임을 제작하고, 녹색 레이저 빔 뇌파동의 시간을 관통하는 움직임이 전시공간과 화면을 파동으로 두드리며 의식을 연결하는 작업방식을 사용했다.

〈시시포스의 신화〉(2008)

이 작품은 가장 가슴 아픈 작품이자, 우리의 작업 가운데 기술적으로 가장 진보한 뉴미디어 작업이었다. 이 작품을 2008년 서울시립미술관 남서울 분관에서 기획한 《배를 타고 가다가: 한강 르네상스, 서울》전에 출품하였으나 70여 일의 전시가 종료된 후 미술관 측의 무책임한 반환과정에서 심한 파손으로 작품이 망가져 기능을 상실하여 지금은 작품을 볼 수 없게 되었다.

당시 한강을 비롯한 1,080군데에서 채취한 자연수를 실린더에 채집하여 전시장 바닥에 설치했다. 그리고 레이저 빛의 파동을 이용하여 'LIFE'라는 글자가 사이클을 만들면서 공간 속에 돌아가도록 설치했다. 시시포스 신화의 상징성이 담긴 '삶'(life)을 강물이 바다로 흘러가서 다시 구름이 되고 비가 되는 끝없는 순환의 과정으로 인간사에 빗대어 풀어낸 작업이었다. 그런데 이 작품의 경우, 작품이 망가진 것도 망가진 것이지만 작가의 진심까지 매도당하면서 한없이 서러움을 당해야만 했던 가슴 아픈 사연이 담긴 작품이다.

한빛미디어갤러리 개인전(2012)

총 7점의 작품들을 선보였으며 레이저 설치작업과 다양한 설치작품들로 구성한 전시였다. 전시에서 선보인 〈"in to" 사과나무〉(2011)는 스피노자가 "내일 지구가 망해도 나는 한 그루의 나무를 심겠다."고 했던 말에서 아이디어를 얻은 작업이었다.

그리고 〈Day Time〉(2007)은 2개의 레이저 설치작업으로 이 작품을 통해 인간 범주 안과 밖의 작은 것들로부터 건져 올라온 생명성에 대한 오랜 관찰과 통찰들이 모여 근본적인 생명의 숲을 이루게 된다고 보았다.

또한 〈Stonehenge: What does the Earth mean to you?〉(2011-12)에서는 지구, 태양, 달 사이의 자연력 현상이 다양하게 나타나지만 그 본질은 같다는 것을 보여주고자 했다. 본질적으로 태양에너지는 인간의 생명을 성장,

채미현과 닥터정, 〈Echo-Daytime〉, 2006-2012, 가상 프레임에 다양한 파동 형상들로 이루어진 레이저 이미지가 펼쳐짐.

유지시키고 만물이 소생하는 원천이 된다. 이러한 자연력을 표현한 작품이다.

레이저아트는 무엇인가?

백남준은 레이저아트를 포스트비디오아트라고 했다. 백남준이 작고하기 몇 년 전, 비디오아트는 하던 것만 하고, 향후 10년간은 레이저아트에 몰두하여 멋진 작품을 보여주겠다고 했다. 기하학 책을 찾아봐야 한다고 했지만, 백남준 자신도 어떤 작품을 펼치게 될지 분명 궁금했을 것이다. 레이저와 비디오는 수단이다. 미디어로서 레이저는 인공 빛이지만 직진, 반사, 굴절, 회절, 산란, 간섭한다. 또한 현대과학에서 레이저의 기능은 날이 갈수록 수많은 양상으로 나타나는데 이들이 다양한 예술의 형태로 융합되어 나타나야 할 것이다. 시각예술에서 극도로 순도 높은 모노크롬 레이저는 전에 없던 새로운 형태의 발전된 테크놀로지 미디어아트로 무궁무진한 기운생동으로 나아갈 것이다.

동시대 미술과 미디어아트에 대하여

동시대 미술 중에서도 공학과 과학을 매개로 하는 미디어아트의 경우에는 홀로 하기가 쉽지 않다. 그동안 혼자서 고군분투하던 많은 아티스트들이 사라지는 것을 숱하게 경험했다. 미디어 작업은 아직 상업성과 거리가 있고 작가의 지출이 심한 경우가 많다. 국가의 지원도 미미하고, 대부분의 작가들에게 생업으로서는 성립하기 힘든 직업이다. 너무 힘들어서 돈도 바닥나고, 그래서 대부분 그만둔다. 한 발짝 더 나갈 수 있는 시대가 됐음에도 불구하고, 마음 놓고 재능을 유감없이 발휘할 수 있도록 하는 국가적인 차원의 지원이 절실하다.

신진식 (1960-)
컴퓨터아트, 미디어 퍼포먼스, 비디오아트
blog.naver.com/mantratv

이제까지의 경력과 주요 활동
홍익대학교 미술대학과 같은 대학교 교육대학원을 졸업했다. 이후 프랑스 에콜 다르 아메리켄느(Ecoles D'Art Americaines), 팔레 드 폰텐블로(Palais De Fountainbleau), 미국 아트 스튜던츠리그 뉴욕(The Art Students League of New York)에서 수학했다. 귀국한 뒤 건국대학교 디자인대학 교수로 재직 중이다. 뉴욕, 런던, 베를린, 바젤, 방콕, 상하이, 홍콩, 동경, 서울 등에서 25회의 개인전을 비롯하여 다수의 단체전 및 퍼포먼스 공연을 해왔다. 대표적인 전시로는 런던에서의 《국립현대미술관으로부터 온 한국현대미술작가》, 뉴욕 앤솔로지 필름 아카이브 《Seoul-Nymax》, 국립현대미술관 《젊은 모색》, 예술의전당 《미술과 테크놀로지》, 금호미술관 《가설의 정원전》, 무역센터 현대미술관 《빛과 움직임》, 한국과학진흥재단 《과학+예술》이 있다. 현재 뉴욕 110 록펠러센터, 킴스비디오, 보스턴 커먼 웨일즈 브로잉 컴퍼니, 방콕 KMUTT, 국립현대미술관 미술은행 등에 작품들이 소장돼 있다.

초기 작업
《컴퓨터아트 퍼포먼스》(1985)
1985년 1월 7일부터 19일까지 13일간 프랑스문화원에서 국내 최초의 미디어 퍼포먼스라고 할 수 있는 '컴퓨터아트 퍼포먼스'를 발표했다. 본인이 직접 쓴 실험적 장편 시 「책」을 바탕으로 구성, 연출, 제작한 컴퓨터아트를 상영하고 설치하고 공연했다. 1천여 장의 컴퓨터 이미지[1]를 담은 슬라이드 필름을 멀티비전 기법으로 스크린, 벽면, 천장에 단독으로 혹은 겹쳐서 상영했다. Apple II Basic 프로그램을 통해 작성한 점, 선, 면에 의한 추상 애니메이션을 구현했다. Basic 프로그램으로 작성한 선, 면, 3D 와이어 프레임 애니메이션을 IBM PC 2대에서 구현했다. 작곡가 이영훈이 작곡해준 '경복궁의 오후'와 본인의 신서사이즈 즉흥 연주로 진행되는 퍼포먼스를 협업으로 진행했다. 또한 내가 쓰고 연출한 퍼포먼스를 김경영 등 행위자들이 공연했다. 예를 들어 퍼포먼스 중 외봉 위로 걷다 떨어지는 부분에서는 Apple II 컴퓨터의 키보드를 터치하여 기하학 추상 애니메이션을 변형시킴으로써 인간(아날로그)과 기계(디지털)를 대비

---

1   Jun 4D Box를 사용하여 Forth 79 그래픽 프로그램으로 프로그래밍한 기하학적 Vector 이미지, 스타일러스 펜으로 그린 디지털 드로잉 및 페인팅, 카메라 인풋 장치로 입력한 디지털 사진 이미지의 변형, 프로그래밍을 통해 산출한 구, 원기둥, 뿔, 육면체, 다면체 등이 조합된 3D 솔리드 모델과 3D 와이어 프레임 애니메이션 등.

신진식, 《Computer Art Performance》, 1985, 퍼포먼스, 120분.

시켰다.

《신진식 컴퓨터아트》전(1985)

컴퓨터아트퍼포먼스 발표가 끝나기 4일 전인 같은 해 1월 15일부터 1월 31일 보름간, 국내 최초의 컴퓨터아트 개인전인 《신진식 컴퓨터아트》를 에스엠갤러리에서 열었다. 국내에 첫 소개되는 디지털 평면 전시로 Jun 4D Box(Station)의 스타일러스펜을 사용한 페인팅과 카메라 입력장치를 사용하고 프로그램으로 이미지 중첩 또는 컬러 변형, 합성한 이미지, Forth 79 그래픽 프로그램으로 프로그래밍한 기하학적 Vector 이미지 등 50여 점을 전시했다. 여기에는 Color Image Recorder를 통해 슬라이드 필름으로 출력하여 시바크롬 인화한 사진, Graphtec Plotter MP3200(A3용)으로 그린 드로잉, Epson Inkjet Printer LQ1550으로 출력한 이미지 등이 포함됐다.

《빛과 움직임》전(1989)

1989년 무역센터 현대미술관에서 《빛과 움직임》전에 참여했다. 이 전시는 정보산업의 발전과 후기산업사회의 하나의 특징이 되고 있는 각종 전자 미디어 내지는 평면의 시각적 과학화를 토대로 그 가운데서 얻어진 조형적 성질을 인스톨레이션, 입체 작업, 평면 작업 등으로 확인하고 그 가능성을 타진해보기 위해 기획됐다. 출품작 〈특이점〉(特異點, singularity)에는 당시 멀티비전이라 불리던 슬라이드 프로젝터 3대를 컴퓨터가 통제하여 애니메이션을 만드는 기술을 차용했다. 페인팅 툴, 3D 애니메이션 툴로 만든 컴퓨터 이미지들을 슬라이드 필름으로 출력하여 3개의 트레이를 가득 채운 이미지의 시간, 운동적 연출을 통해 빛과 움직임, 시간과 공간을 탐구하고자 했다. 오리콤 AVC에서 기술을 지원했다.

컴퓨터그래픽스연구소 설립(1990)

1990년에는 압구정동에 '컴퓨터그래픽스연구소'를 열었다. 1백 평 남짓의 연구소는 애플사의 매킨토시 컴퓨터 및 퍼스컴 기자재로 가득 찼는데 (주)미성시스템이 자본금 5억 원을 전액 투자하고 50대 50의 지분으로 운영을 맡겼다. 프로그래밍을 통한 2D, 3D Vector 그래픽스와 태블릿에 스타일러스 펜이나 마우스로 그림을 그려 슬라이드 필름이나 플로터, 잉크젯 프린터로 출력하는 등의 비트맵 평면 작업, 각종 디자인 및 CF 제작과 영화 타이틀 작업에 참여하기도 했다.

당시에는 '컴퓨터그래픽스'라는 말로 이 분야가 통칭되었는데 이와 구분하기 위해 '컴퓨터아트'를 우리말로 옮겨 '컴퓨터미술'이나 '컴퓨터판화' 등 구체적이고 이해하기 쉬운 말로 부르고자 노력했다. 그 당시, 이 분야를 공부한 사람은 많지 않았다. 나는 대학에서 시각 디자인을 전공했지만, 《앙데팡당》전에서 전시하는 등 현대미술 분야에서 활동이 많았다. 또한 음악처럼 연주할 수 있는 미술을 만들고 싶었기에 컴퓨터 하드웨어, 프로그래밍 등을 배우는 한편, 외국서적들을 통해 컴퓨터아트를 독학하여 대학을 졸업한 후 컴퓨터그래픽 분야에서 전문직을 갖게 될 만큼 실력을 갖추게 됐다. 뿐만 아니라 꼭 컴퓨터가 아니더라도 방송, 영화, 영상, 판화, 전단, 포스터 등 복제 가능한 예술 즉 예술에서의 미디어 사용에 관심이 많았다. 또한 당시 일반인에게 문턱이 높았던 폐쇄적인 전시장보다는 개방된 환경에서 다양한 갈래의 소통구조를 갖는 것이 현대미술이 나아갈 길이라고 믿었다. 이러한 신념을 메일아트, 신문광고 지면을 이용한 미술행위, 대학로를 중심으로 발행하여 배포한 거리 신문 『스트리트 페이퍼』, 거리의 청소년들을 모아 조직한 '길굿패'의 스트리트 퍼포먼스 등으로 발현했다.

〈대화형 예술〉(1992)

1992년에는 바탕골미술관과 KOEX 전시장에서 국내 최초의 인터랙티브아트인 〈대화형 예술〉을 선보였다. 컴퓨터그래픽스와 비디오 테크놀로지를 사용하여 영상을 만들었고, 이 영상을 레이저 디스크에 담고 관객이 리모콘을 사용해 작품에 참여할 수 있도록 컴퓨터로 프로그래밍했다. 스크린에는 "건드려주세요."라는 메시지가 뜨고 관객이 레이저 디스크 플레이어의 리모콘을 건드리면 관객의 성별, 기호, 성향 등의 기초적인 질문들이 비디오 스크린에 나타난다. 관객이 버튼을 누르면서 질문에 답하게 되면 비선형 내러티브로 구성된 본격적인 질문들이 시작되면서 관객의 반응에 따른 작가의 견해가 영상으로 디스플레이된다. 이렇게 전개되는 상호작용 예술을 통해 관람자마다 다른 작품을 체험하게 된다. 해태전자의 기술 및 장비 지원을 받았다.

《서울-뉴욕 멀티미디어 예술축제》전 (1994)

1993년 뉴욕으로 이주했고 아트스튜던트리그에서 회화를 공부하며 방송국의 TV 프로듀서로 일했다. 1994년에는 백남준 선생님이 기획한 《서울-뉴욕 멀티미디어 예술축제》(Seoul-Nymax)에 참가했다. 이 전시는 한국의 하이테크예술을 세계에 소개하여 한국 전위예술의 국제화를 도모하기 위해 마련됐다. 원래 3대의 모니터 영상을 벽에 걸린 흰 캔버스 면에 투영하는 〈면벽하는 텔레비전〉을 선보이고자 계획했으나 백남준 선생님이 이 작품의 예비 설치를 보고 자신의 설치작품을 해체해 그 작품을 구성했던 모니터 12대를 내게 지원했다. 나는 영상이 디스플레이되는 상태로 이 모니터들을 하나하나 비닐 쓰레기 봉투에 담아 쌓아 올린 설치작품 〈미디어 무덤〉으로 완성하여 발표했다. 동시에 주말 3회에 걸쳐 7개의 단편으로 구성된 50여 분 분량의 싱글채널 작품 〈타임워너케이블에 꽂힌 내 인생〉을 마야데렌극장에서 상영했다. 이때 아날로그 비디오 피드백 기법을 차용하여 제작한

〈불〉(火, Fire)이 대표작이 되었다. 또 다른 출품작 〈금〉(金, Metal)은 지금 유행하는 거울 포맷 영상의 효시가 아닐까 생각한다.

1994년 뉴욕 케이블 방송사에서 일하면서 상호작용 콘텐츠의 미래를 그린 60분 분량의 다큐멘터리 〈멀티미디어 시대의 TV 방송〉을 제작했다. 이 작업은 인터랙티브아트에 대한 작가로서의 태도를 공고히 하는 계기가 되었다. 1999년에는 뉴욕 톰킨스 스퀘어 갤러리(Tompkins Square Gallery) 기획으로 페인팅 개인전 《New Paintings》를 가졌다.

최근 활동상황
후학 양성과 작품활동
2005년 한국으로 귀국했으며 이후 건국대학교 교수로 재직하면서 후학을 양성하는 데 힘을 쏟았다. 2005년부터 2018년까지 매해 수업의 한 학기 프로젝트로 학생들과 장편 미디어 퍼포먼스 등을 창작하여 춘천마임축제, 한국실험예술제, 대학로소극장축제, 거리미술전, 제주국제실험예술제, 다이내믹미디어페스티벌, HATE페스티벌 등에서 전시, 공연했다. 특히 춘천마임축제에서는 당시로서는 보기 드물게 영상과 퍼포먼스를 결합했던 〈몸〉(2006), 인터랙티브 퍼포먼스 〈수업〉(2007), 수영장을 중심으로 수 km에 이르는 섬 전체를 활용한 관객 참여 설치 퍼포먼스 〈나를 만나다+재단(裁斷)의 세 가지 법칙〉(2008), 광장에서 계단, 건물 안, 프로시니엄 야외 무대로 이어지는 이동형 관객 참여 퍼포먼스 〈정의는 죽었다〉(2010), 거대 프로젝션 맵핑과 함께 한 번에 100여 명의 퍼포머들이 등장하는 〈깃(과)발〉(2012), 춘천 어린이회관 내의 300여 평 실내를 허물고 다시 지어 공간과 공간을 연결하며 펼치는 관객 참여 퍼포먼스 〈집: 어떤 역사〉(2013)와 같은 14개의 초대형 미디어 퍼포먼스 작품을 창작하여 발표했다.

개인전 《(죽음의) 맛》(2005)과 《I do know what it is I am》(2006)
2005년 김진혜갤러리 기획 개인전 《(죽음의) 맛》과 2006년, 태국 방콕의 Bangkok CODE 기획 개인전 《I do know what it is I am》에서 동명의 디지털 평면 시리즈 〈(죽음의) 맛〉 10점과 싱글채널 비디오를 전시했다. 〈(죽음의) 맛〉은 1996년 뉴욕에서 프랙탈 프로그램을 사용하여 코렐드로우로 작업했던 것으로 이 두 전시에서 처음 발표했다.

개인전 《(수상한) 이웃》(2010)
2010년 한전아트센터에서 개인전 《(수상한) 이웃》을 열었다. 전시에서는 종이 박스 위에 유화로 단숨에 그리는 대형 다큐멘터리 벽화 작업을 선보였다. 종이 상자에 따뜻한 이웃을 그리던 과거 — 2007년 뉴욕 톰킨스 스퀘어 갤러리의 개인전 《Neighbors》나 2009년 김진혜갤러리 개인전 《이웃》— 의 방식과는 다르게, 공장에서 첨단기법으로 막 찍어낸 새 종이 상자에 자주 출몰하는 수상하기 짝이 없는 우리의 이웃을 그려봤다. 미성년자 성폭력과 걸그룹으로 센세이셔널리즘과 오락에 초점을 맞추는 매스미디어로 인해 희생되는 인권과 부조리의 문제를 다루었다.

개인전 《실(線, strand)》(2013)

2013년 공평갤러리 기획 초대로 개인전 《실(線, strand)》을 열었다. 〈잠자다〉(2011), 〈옷 입다〉(2012)를 비롯하여, 신작인 〈실〉, 〈보자기〉, 〈선 긋기〉, 〈닦다〉, 〈무중력 실험〉, 〈오늘 뉴스〉, 〈내게 안 맞는 내 그림자〉 등 9편이 실연(實演)되고, 이를 다시 비디오를 통해 방영했다. 이 중 〈잠자다〉는 잠에 대한 퍼포먼스 작업이었다. 인생을 70세라고 봤을 때 우리는 약 2만 5천 회의 잠을 자고 있다. 그러나 개개인이 잠을 잔다는 것은 다 똑같은 잠은 아닐 것이다. 이성과 같이 잘 때, 동성과 같이 잘 때, 혼자서 외로이 잘 때, 여러 명이 같이 잘 때 등 각각의 잠은 모두 의미가 다를 것이다. 300초라는 제한된 시간에 출연자 8명이 순서대로 들어와서 잠을 자다가 퇴장하는 퍼포먼스를 통해 잠자는 것의 의미를 생각해보고자 했다. 극이 시작되면 스크린에 시계가 나타나고 초침과 분침이 돌기 시작한다. 같은 시간 등장한 여인 1이 무대에 누워 잠든다. 잠시 후 여인 2가 무대로 나와 잠들고 다시 여인 3, 4, 5, 6, 7, 8, 9, 10, 11, 12가 순차적으로 무대에 누워 잠든

다. 같은 방식으로 1명씩 잠에서 깨어 퇴장하면 텅 빈 무대만 남는다. 〈옷 입다〉는 2012년 한국실험예술제의 프로그램 중 하나인 '300초 릴레이 퍼포먼스'에서 1등상인 심사위원상을 수상한 작품이다. 전자시계의 전광판이 '300'에서 '0'에 이르는 시간 동안, 5명의 여성 행위자가 번갈아 남이 벗어 놓은 옷을 입는 순환의 과정을 보여준 작업이었다.

80년대 초에 컴퓨터아트를 하게 된 계기는 무엇인가?

지난 시간들을 반추해보면, 작가로서 내가 보였던 태도는 다음의 세 가지로 정리할 수 있을 것 같다. 첫 번째는 교정되지 않는 창의성의 발현, 지금의 방식으로 말한다면 '낯선 자유의지' 정도가 될 것 같다. 두 번째는 '공유할 수 있는 예술', 그러기 위해서는 소통이 절대적이지만 통상적 소통이 아닌 비언어적 소통, 프레임 밖의 소통과 같이 저마다의 놀이를 통한 소통과 공유이다. 세 번째는 '열린 마음, 열린 두뇌'다. 내일은 언제나 새롭고 예측할 수 없으니 기꺼이 앞장서 아침을 여는 것이 나의 태도였던 것 같다. 다만 예술이라 불리는 권력이 이 자유의지들을 잡아먹지 못하도록 경계하는 것도 잊지 않았던 것 같다.

컴퓨터아트를 시작하게 된 계기도 마찬가지로, 처음부터 컴퓨터아트를 하겠다고 마음먹고 한 것은 아니었다. 다만 음악처럼 연주가 가능하여 관객과 나눌 수 있는 미술을

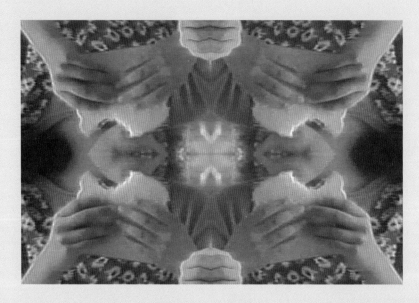

신진식, 〈The Metal〉, 1994, 싱글채널 비디오, 3분 15초.

신진식, 〈옷입다 Dress Up〉, 2012, 퍼포먼스, 300초.

하고 싶었다. 미술 특히 회화는 보통 창작의 과정이 아닌 그 결과물을 전시하게 되는데 그 과정을 관객과 나누고 싶었다. 1982년경 미 8군 소속의 한 미군 장교를 만났는데 우연한 기회에 하고 싶은 작업에 대해 얘기했더니 컴퓨터를 사용하면 가능할 것 같다고 하여 고액의 수업료를 내고 미국인 컴퓨터공학박사(미사일 관련 연구자)에게 컴퓨터와 프로그래밍 등을 꽤 오래 배웠다.

당시 우리나라에는 컴퓨터아트를 하는 사람들이 거의 없었다. 사실 컴퓨터를 사용하는 사람들도 극소수였다. 일본에는 요이치로 가와구치라는 사람이 나와 비슷한 시기에 컴퓨터아트를 시도했다. 미국에서는 컴퓨터가 발명되고 몇 년 지나지 않아 1950년대부터 벤 라포스키(Ben Laposky) 등이 기계장치 및 아날로그 컴퓨터를 사용하여 컴퓨터아트를 시도했다. 1970년대에는 영국의 런던대학교 슬레이드미술학교(Slade School of Art, University of London, 現 University College London)에서 예술 전공 학생들에게 컴퓨터 프로그램을 가르치기 시작했으나 1970년대 말에야 비로소 최초의 PC가 발매되었기에 미국의 경우도 1980년대가 되어서야 디지털 테크놀로지를 사용하는 예술가들이 본격적으로 등장하기 시작했다. 예술을 목적으로 적극적인 컴퓨터 작업을 시도하는 사례는 많지 않았다.

컴퓨터판화란 무엇인가?

개인마다 모바일과 컴퓨터를 가진 지금과 달리, PC의 대중적 보급이 시작된 1980년대 말보다 5년 이상이나 더 과거였던 당시에 디지털 이미지를 공유하는 방법은 플로터로 드로잉하거나 잉크젯 프린터로 프린팅하는 방법, 이미지레코더로 출력한 필름을 사진으로 인화하는 방법이 일반적이었다. (사실 이러한 장치들은 대단히 고가였으므로 극소수만이 사용할 수 있었고 출력서비스를 하는 곳도 없었다.) 이렇게 만들어진 이미지는 결국 새 시대의 판화에 다름 아니라고 생각했다. 당시에는 컴퓨터그래픽스, 컴퓨터아트란 말 대신에 컴퓨터미술, 컴퓨터판화, 컴퓨터음악 등 우리말 표현을 선호했고, 1986년 갤러리 P&P 기획전《한국의 컴퓨터판화가들》과 같은 해의《황경선 컴퓨터판화》전, 두 전시의 기획 단계에서 컴퓨터판화라는 명칭을 제안했었다. 이는 컴퓨터를 사용해보지 않은 대다수들도 그 뜻을 분명히 알게 하고자 하는 의도와 기존의 예술계가 컴퓨터를 사용한 예술 창작에 거부감을 갖지 않게 하고자 하는 취지였던 것 같다. 이후에 컴퓨터로 만든 이미지를 필름으로 출력하여 전통적인 판화 기법과 접목하는 시도도 했었다.

동시대 미술과 미디어아트에 대하여

요즘 미술계에 대해 잘 알지 못하고 미디어아트에 대해서도 특별히 말할 것이 별로 없기에 요즘 읽었던 기사에 대한 생각을 피력하는 것으로 대신하겠다. 과거 디지털 미디어가 출현할 때 그랬듯이 대부분의 사람들은 새로운 것을 두려워한다. 오늘날의 인공지능(AI)이 바로 그렇다. 2018년 11월, AI가 창작한 예술작품이 크리스티의 후원으로 세계 경매 단계에 접어든 사건에서 파리에 기반을 둔 미술단체 'Obvious'가 제작한 이 작품이 실제로 예술이라고 할 수 있는지에 대한 논쟁이 일어났다. 창조를 중요한 덕목으로 삼는 사람들 사이에서 인기 있는 의견은, 예술은 인간이 어떤 생각이나 감정을 표현하고 개인적인 경험을 통해 그것을 걸러내고 그것을 더 넓은 문화적 맥락에 맞춰 놓는 과정이므로 AI가 컴퓨터 과학자들의 요청에 따라 만들어내는 것은 예술이 아닐뿐더러 전혀 창의적이지도 않다는 것이었다. 여기에 소유권에 관한 문제도 추가적으로 제기됐다. 이런 상황에서 누가 진짜 작가로 불릴 수 있을까? 알고리즘 자체인가 아니면 뒤에 있는 팀인가? AI가 인간에게 배우고 프로그래밍된다는 것을 고려할 때, 인간의 창조적 과정이 실제로 똑같이 복제된 것은 아닌지? 그렇다면 우리가 여전히 궁극적인 주인인지?

재미있는 것은 이 이벤트를 통해 알려진 단체뿐만 아니라 지난 15년간 AI 페인팅 로봇인 'Cloudpainter'를 코딩해온 예술가인 핀다르 반 아르만(Pindar Van Arman), 개발회사인 'GumGum', 연구개발자인 미국 럿거스대학교(Rutgers University)의 '미술과 인공지능 연구소' 등에서 모두 이 AI가 자유의지로 창작의 불꽃을 태우며 예술작품을 만드는 궁극적인 기쁨을 누리는 것을 단 한 번도 허락하지 않았다는 것이, 20세기 미국 추상표현주의자들의 예술작품 모음집 안에서 AI의 표현의 자유를 제한했다는 것이 밝혀진 것이다. 결국 우리가 알고 있는 AI의 예술작품은 모두 회사와 전문가들에 의해 통제되고 관리된 결과였다. AI가 많은 사람들의 경탄을 자아낼 만큼 낯선 창작을 해내지 않을까 두려워한 나머지, 다수가 공감할 수 있는 규범 안에 AI의 창작 의지를 가둬 놓았던 것이다.

이 시대 예술가의 삶도 이 AI와 크게 다르지 않은 것 같다. 어느새 미술은 너무도 똑똑하고 건강한 세계를 대변하는 그 무엇이 되었기 때문이다. 하지만 뒤를 돌아보면 금방 알 수 있듯이 언제나 새 시대를 열고 이끌어왔던 것은 생뚱맞은 발상이었고 과거와 전혀 닮지 않은 야생성 가득한 것이었다고 생각한다.

오경화 (1960-)
비디오아트, 미디어 퍼포먼스,
컴퓨터그래픽스

이제까지의 경력과 작업에 대하여

서울대학교 회화과를 졸업하고 프랑스 파리 8대학 조형예술학과 대학원에서 비디오아트에 대한 논문을 쓰고 졸업했다. 수화랑, 바탕골미술관, 금호미술관, 일민미술관에서 개인전을 가졌으며 국립현대미술관, 대전시립미술관, 광주시립미술관, 바탕골미술관, 예술의전당, 금호미술관, 성곡미술관 등에서 다수의 기획전에 참여했다. 1990년부터 계원조형예술대, 국민대, 단국대, 서울여대, 상명대, 한성대에 출강했다.

초기 작업

첫 번째 개인전(1988)

1988년 수화랑에서 첫 번째 개인전을 가졌다. 당시 한국에서 처음으로 비디오아트를 선보였다. 작품 이름은 〈별이 된 친구를 위하여〉였고, 좀 추상적이라고 할 수 있겠지만 한국사회를 정치적, 역사적, 현실적 시각으로 보고 싶었다. 죽음이라는 실존적인 문제를 다룬 10분짜리 비디오 설치작업이었다. 남북 후 생사를 알 길이 없는 외할아버지와 얽힌 개인적인 한과 통일에 대한 염원이 기본 모티브였다.

개인전《비디오 통일굿》(1988)

같은 해 바탕골미술관에서 두 번째 개인전 《비디오 통일굿》을 가졌다. 150평 규모의 야외공간 마로니에 공원에서 서낭당 형식으로 29대의 비디오 모니터들을 쌓아 올렸는데 모니터들이 단속적인 효과음을 내면서 테이프를 돌리고 있었다. 그리고 다른 한쪽에는 커다란 맥주 통 위에 제사상을 차려놓고 그 앞에서 무당이 징, 장구, 바라가 내는 굿거리장단에 맞춰 춤을 췄다. 미술관 건물 옥상에 걸어놓은 3개의 흰 광목 줄 사이사이에는 울긋불긋한 헝겊들이 바람에 흔들렸다. 비디오 작업의 제목은 〈저 들녘에 불었던 바람〉이었는데 8.15해방에서 이산가족 찾기에 이르는 한국 현대사의 핵심적 사건들에 대한 도큐멘트에 진혼의 의미를 담은 김금화 씨의 황해도 철물이 굿 장면, 배우들을 섭외하여 직접 연출한 상징 마임 장면들을 몽타주해 넣어 18분짜리 영상으로 만들었다. 다큐 필름의 실제 음과 단속적 배경 음을 교차시켜 극적 효과를 높였다. 통일바람 굿은 무녀 정순덕(22세)이 췄다. 8세 때 신내림을 받아 서울 이문동에서 무당으로 있었다. 무형문화재 김금화 씨의 신딸로 그의 내림굿을 전수했다. 굿은 전비 8도의 산신들을 한자리에 모셔 화해시키고, 을지문덕, 강감찬, 이순신 등 충의용장들로 하여금 액운을 낀 사역의 잡신들을 물리친 다음, 역사의 뒤안에서 피 흘리고 죽어간 사람들의 넋을 위로하는 세 가지 의식으로 진행했다. 마지막

오경화, 〈비디오 통일굿〉, 1988, 29대의 TV, 돌, 광목, 천, 종이로 구성된 설치,
5x10x15m, 바탕골미술관 설치 전경.

베가름 때 나뉜 베 줄기를 꼬고 푸는 격렬한 몸짓과 함께 간간이 통일을 기원하는 사설을 풀어냈다. 마지막에 무당은 울음을 터뜨리기도 했다.

〈하늘, 땅, 사람들〉(1990)

1990년 예술의전당 《젊은 시각 - 내일의 제안》전에서 선보인 〈하늘, 땅, 사람들〉(1990)은 이전의 작업들보다는 좀 더 객관적인 시각을 담은 작업이다. 1990년대를 살아갔던 한 예술가의 시각이 담겨 있는 것이다. 다큐멘터리, 퍼포먼스, 컴퓨터그래픽으로 이루어진 작업이었다. 1부 '땅'에서는 8.15 해방 후 한국근현대사의 흐름을, 2부 '사람들'에서는 1980년대 정치 및 대중문화(풍속도)를, 3부 '하늘'에서는 한국의 자연에 관한 영상이 주가 됐다. 하얀 옷을 입고 무용하는 여자가 나온다. 당시에는 신기술이었던 멀티비전을 이용해서 영상을 제작했다. 다큐멘터리 영상과 '만들어진(연출되고 가공된)' 이미지가 극의 흐름에 따라 합성, 충돌하는데 스크린의 이미지들이 합쳐지고 분할되면서 시공간의 교차를 경험할 수 있는 효과도 낳았다. 당시 신진식 선생님이 운영하던 컴퓨터학원에서 작업했다. 그곳에서 강의도 하고 그랬다. 테크놀로지에 기반한 작업이지만 그 과정으로 들어가보면 사실 완전 노가다였다. 오히려 어떤 때는 컴퓨터가 더 힘들다. 좀 더 정교하게 다루려고 하면 픽셀로 들어가야 하고 그러기 때문이다. 이 작품으로 1990년에 예술의전당 《젊은 시각 - 내일에의 제안》전에 참여했고 그 이후에도 한두 작품 정도 더 한국의 사회, 정치, 현실, 역사를 다룬 것들이 있었다.

〈달콤한 꿈〉(1991)

1991년에는 예술의전당에서 열린 《미술과 테크놀로지》전에 참여했다. 현대사회를 살아가는 인간군상을 그린 〈달콤한 꿈〉을 출품했다. CF를 편집해서 만들었고, 비디오와 컴퓨터그래픽을 합성한 새로운 설치작업이었다. 어떻게 보면 앤디 워홀의 작품 같기도 하다. 대중매체를 다루었고, 자본주의 사회를 잘 보여주는 대단히 소비적이면서 자극적인 내용이었다. 여자들의 속옷이나 화장품, 남자들의 자동차와 같은 럭셔리한 물건들. 자본주의 사회 혹은 매스미디어 사회에 대한 고발이자 매혹이기도 하다. 개인적으로 팝아트적인 성향이 많다. 매스미디어를 좋아하고 트렌드에 예민하며 현재 일어나고 있는 일에 대해 관심이 많다. 물론 80년대 정치 상황이 안 좋았고 거기서 아무도 빗겨나가기 힘든 것도 있고, 물론 나도 지식인으로서의 책임감도 있었는데 그 이후에 사회가 변하면서 내가 지닌 본래의 성향 같은것들이 표출되었다.

개인전 《새로운 매체를 통해 바라본 역사와 현대사회》(1992)

1992년에는 금호미술관에서 세 번째 개인전

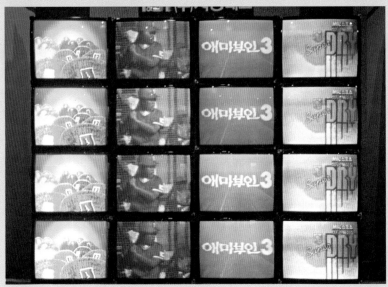

오경화, 〈하늘, 땅, 사람들〉, 1990, 16대의 TV, 컴퓨터 그래픽, 27분 04초, 4×5m.

《새로운 매체를 통해 바라본 역사와 현대사회》를 개최했다. 두 작품을 전시했는데 모니터를 쌓아 올린 작업과 멀티슬라이드 작업이었다. 슬라이드 여러 대를 컴퓨터에 연결해서 이미지가 지나가게 한 작업이었다. 당시에는 슬라이드 프로젝터가 꽤 많았다. 여기서는 이전의 작업들처럼 개인사를 다루지 않고 허구의 인물을 등장시켰다. 그리고 내가 직접 쓴 시나리오를 가지고 인물이 연기를 하고 그것을 찍었다. 작품 〈기억의 능선을 따라서〉에서는 기록 사진들을 배경으로 이야기가 흘러간다. 다만 좀 더 연극적으로 극화시켰다. 또 다른 비디오 작업에서는 자본주의 사회를 살아가는 한 샐러리맨을 주인공으로 등장시켜 그의 일상을 그려낸다.

이후의 활동

사회가 점차 변하고 있었다. 1992년에 서태지가 나왔고 한국사회가 좀 더 포스트모던하게 변해가고 있었다. 80년대의 어둡고, 우울하고, 모든 것이 경직돼 있던 사회에서 벗어나기 시작했다. 80년대에는 멋 부리고 예쁘게 하고 다니면 죄의식을 느껴야 했던 시대였다. 대단히 집단적이고, 같이 살고 같이 죽어야 한다는 분위기였다. 물론 80년대 초에 나 역시 민중미술하는 사람들하고 같이 어울리기도 했지만, (나는 미술동인 '두렁'에서 활동했다.) 집단적인 성향이 강했던 그런 분위기가

사실은 숨이 막혔다. 하지만 90년대에 이르러 사회 전반적으로 그런 분위기들이 거의 사라지자 나의 작품세계도 조금씩 달라졌다.

90년대 초반부터 나는 페미니즘적 작업들을 선보였다. 여자의 내면 특히 성적인 측면을 다룬 작업들을 했다. 그 당시의 영상작업을 보면 화장하고 있는 내 모습이 나왔는데 정치나 역사나 사회적인 측면에서 벗어나서 이제는 여성이라는 측면으로 나를 보여줬다. 일종의 내면을 보여준 셈인데 내면에서 가장 중요한 것은 기억, 욕망이다. 특히, 나는 욕망을 표현하고 싶었고 그중에서도 가장 강력한 형태인 성욕에 대해 말하고자 했다.

〈고백〉(1993),
〈아도니스를 위한 연가〉(1998)

1993년에 코아트갤러리에서 박신의 씨가 기획한 《매체<문화<미술》전에 참여했다. 〈고백〉이라는 작품으로 여성의 성욕을 다뤘다. 당시 마돈나가 화보집 〈섹스〉를 냈다. 내가 마돈나를 좋아했는데 그 화보집에서도 이미지를 좀 따왔다. 그리고 또 촬영하고 컴퓨터 작업을 해서 여성의 성욕을 상징적으로 다루어봤다.

여기서 좀 더 나아갔던 것이 1998년의 성곡미술관에서의 전시였다. 그때 출품했던 작품이 〈아도니스를 위한 연가〉였다. 최영미 시인의 시집 『서른, 잔치는 끝났다』에 나오는 시 제목이다. 이 시집에서 시인은 자신의 성욕에

대한 부분을 많이 다뤘다. 나의 작품 또한 그 전까지는 상징적으로 표현했다면 이때는 그렇지 않았다. 영화적으로 만들었는데 한 여성이 전철을 타고 이어서 모르는 남자가 탄다 그 여성은 처음 보는 그 남자에게 끌리고 혼자서 성적인 상상을 한다. 당시 큐레이터가 내 작업을 보더니 노래방 비디오 같다고 하시더라. 싫지는 않았다. 나는 원래 매스미디어를 좋아하고, 팝아트적인 성향이 있었기 때문에 나쁘지 않았다.

《디바 오디세이》전(2002)
그리고 2002년에 일민미술관에서 네 번째 개인전 《디바 오디세이》(Diva Odyssey)전을 가졌다. 이 전시에서는 신화 속의 여성을 다뤘다. 페미니즘과는 거리가 있다. 내가 미디어 아티스트로 작품활동을 시작했던 초기에 거대담론을 다루고, 사회적인 것들을 다루다 보니까 이제는 그동안 소홀했던 내 자신에 집중하고 싶었다. 그래서 여성의 내면이나 성욕을 다뤘는데 나중에는 같은 얘기를 반복하는 게 재미가 없어서 내가 좋아하는 신화, 여신에 관한 내용으로 넘어가게 됐다. 신화 중에서도 한국 신화를 다뤘는데 (단군신화 같은 주류가 아닌) 지방 신화 중에는 여성이 부각되는 경우들이 꽤 많다. 그래서 신라시대 때 박제상이 설화를 모아 놓은 책 『부도지』에 나오는 여신 마고를 주요 모티프로 삼았다. 마고부터 창세, 여신에 대한 내용을 다뤘다. 마고는 만물과 인류의 창조와 생산을 관장하는 최초의 여신이자 희로애락의 감정이 없으며 살결은 희고 단아한 처녀 같은 젊고 아름다운 여자로 묘사되어 있다. 마고와 마고의 딸 궁희, 소희 그리고 그녀들이 딸인 4천녀가 등장한다. 그리고 이 고대 여신의 이미지를 현재의 대중문화 이미지와 결합시켰다. 의상, 소품, 문신 등을 통해 마치 대중문화에 등장하는 여배우처럼 만들었다. 그리하여 고대 여신의 이미지는 매스미디어 속의 여성 이미지와 겹쳐지면서 현실 속의 신화 혹은 신화 속의 현실이 됐다.

여신을 주제로 다룬 것은 당시 주체적이고 강력한 여성에 관심이 많았기 때문이다. 서양의 여신들은 예컨대 헤라 같은 경우도 오늘날까지 많이 활용되고 곳곳에서 그 영향을 받은 것이 보인다. 반면, 한국의 여신의 경우에는 오늘날까지 이어져 온다고 말할 수 있는 게 거의 전무한 것 같다. 나는 한국의 설화에 나오는 여신들을 좀 현대적으로 연결시켜보고 싶었다. 여신들이 그냥 책 속에 남아 있지 않고 좀 더 살아 움직이게끔 만들고 싶었다.

일찍이 비디오아트를 하게 된 계기는 무엇인가?
1984년도에 프랑스로 유학을 갔는데 미디어 아트가 굉장히 활발하더라. 나는 새로운 것에 관심이 많고 영화도 좋아했다. 테크놀로지를 사용하고 새로운 매체를 활용해서 작업하는 것, 영화를 좋아하는 것이 계기가 돼서 비디오아트를 하게 되었다. 테크놀로지를 사용한 매체라는 것이 나를 강렬하게 끌었기 때문에 새로운 기술, 컴퓨터그래픽, 멀티슬라이드 작업 등 영상으로 해볼 수 있는 다양한 종류의 작업을 시도해보고 싶었다. 초창기에는 미디어아트라는 말이 없었고 비디오아트라고 불렸다. 나의 작업들은 우리나라에 컴퓨터가 막 들어오기 시작할 때여서 그것을 활용한 시도를 해보고 싶어서 시작한 것이다.

지금은 80년대 한국 하면 민중미술이 떠오르지만 사실 80년대까지 한국에서는 모더니스트 문화가 강세였다. 내가 대학을 다녔던 1970대 후반 80년대 초반 교수님들은 다 모더니스트들이었고 한국화단에서는 모노크롬 같은 모더니즘이 풍미했었다.

비디오 작업을 한 이유도 대안적인, 포스트모던적인 입장에서 비롯한 것이었다. 또 비디오를 매체로 선택하게 된 중요한 계기 중 하나는 매스미디어라는 점에 있었다. 대중적으로 어필할 수 있는 이야기를 하고 싶었다. 그런 점에서 비디오라는 매체에 매혹이 됐다. 회화보다는 영상매체의 위력이 훨씬 강하다는 생각을 했다.

김형기 (1960-)
라이트아트, 키네틱비디오,
프로젝션 맵핑, 인터랙티브아트
www.unzi.net

이제까지의 경력과 주요 활동

연세대학교에서 물리학을 공부하고 연세춘추의 사진 만평기자로 활동하다가 사진과 문학, 그리고 미술에 심취하여 자퇴하고 1985년에 도불했다. 1986년 파리국립미술학교 회화과에 입학하여 구상회화로 시작했으나 판화, 부조 조각, 물라쥬(moulage) 아틀리에를 거쳐 1991년 멀티미디어아트 전공으로 졸업했다. 프랑스에서 작가로 활동하면서 『피가로』(*Le Figaro*)지에 젊은 유망작가로 선정되기도 했다. 1998년에 아르에메티에 국립산업학교, 전산정보과학기술대학원에 입학하여 미디어와 멀티미디어 학과에서 멀티미디어의 응용 콘셉트 전공으로 2001년에 D.E.A. 학위를 받았다. 현재 중앙대학교 첨단영상대학원 예술공학 교수로 재직하고 있으며, 2006년 학술상, 2010년 연구상을 수상했고, 2009년 과학기술부에서 수여한 과학문화상(융합문화 부문)을 수상했다. 2013년에는 연구원들과 함께 Ars Electronica에서 〈The Half〉로 디지털 음악과 인터랙션 분야에 선정되었다.

라이트아트
〈Ocular Spectrum〉(2008)

라이트아트 작업은 파리에서 유학하던 시기부터 시작됐다. 파리 국립미술학교 개인전(1991)에서 사용했던 축광 스티커를 붙여 만든 야광 스크린을 1994년도에는 직접 만들었다. 야광효과를 높이기 위해, 야광가루를 사서 레진(투명 FRP)에 섞어서 틀을 만들었다. 여기에는 슬라이드 프로젝터로 사람의 얼굴이 프로젝션 되는데 다양한 모습의 내 얼굴들이었다. 원형 슬라이드 프로젝터가 계속 빠르게 작동하도록 만들었다. 빠른 속도로 이미지가 나왔다가 사라지는데 너무 빨라서 누구인지 파악이 안 되고 단지 사람이라는 느낌만 남게 했다. 인생에서 수없이 만난 사람들 중에서 과연 몇 사람을 기억하겠는가 하는 생각이었다.

이 작업은 나중에 비디오 작업으로 응용되어 〈Ocular Spectrum〉이라는 작품으로 탄생한다. 2008년 아트센터 301 개인전 《Ocular Spectrum》에서 선보인 것으로, 움직이지 않으려는 내 모습을 촬영하여 슬로우비디오로 상영했다. 아주 미세한 움직임은 실시간과 녹화영상, 죽음과 삶, 초상과 영정, 사진과 비디오의 경계선상의 이미지를 보여주고 야광스크린에 투영되어 축적되며 보여진다. 의도적으로 영상이 페이드아웃(F.O.)되면 영상의 밝은 부분이 간직하고 있던 이미지가 나타난다. 벽이 뿜어 내는 유령(ghost) 이미지인 것이다.

《병기고의 신예들》전(1994)

1994년 아트빔갤러리 《병기고의 신예들》에서 선보인 〈네모〉와 〈Field of Light〉(빛의 들)도 라이트아트 작업들이다. 뷰 포인트를 이용한 〈네모〉(1994)는 제각각 길이가 다른 네온을 공간에 설치하여 특정 뷰 포인트에서만 정사각형으로 보이는 작품이다. 여기서는 개인적으로 좋아하는 1m 정사각형으로 만들었다. 작품 〈Field of Light〉(빛의 들, 1994) 역시 1×1×1m의 정사각형 큐브로 만들었는데 점, 선, 면이라는 기하학적인 개념을 보여주고자 했다. 정방형 공간에 긴 알루미늄 막대를 일정한 간격으로 세워 놓고 막대 끝에는 꼬마전구를 달아 놓았다. 꼬마전구의 좌표는 최초의 좌표에서 살짝 어긋나면서 자연스럽게 자리한다. 약간씩 어긋나면서도 자연스럽게 면을 만들면서 꼬마전구들이 흔들린다. 그 모습이 마치 자연에서 보는 들판의 풍경처럼 보인다.

《아르스날 개방》전(1996)

또한 키네틱 라이트아트 작품으로는 1994년 아르스날 이씨-레-물리노 《아르스날 개방》전에서 선보인 〈적록원〉, 〈이클립스〉, 〈4×1/4〉을 들 수 있다. 작품 〈적록원〉(赤綠圓, 1993)은 긴(120cm) 축의 양 끝에 적색과 녹색의 전구를 부착하여 돌아가게 만든 것이었다. 돌아가는 전구의 색을 보고 있으면 보색의 전구가 뒤이어 오게 되는데, 관객은 그 빛이 자신이 본 전구의 색인지, 전에 보았던 전구의 잔상으로

남겨진 빛깔인지 모르는 상태가 된다. 일루전과 현실의 경계에 관한 작품이다. 또한 작품 〈이클립스〉(1993)의 경우에는 양끝 단에 텅스텐 꼬마전구를 부착한 작업이었다. 빠르게 돌아가는 전구에 전기를 공급하기 위해 접점을 사용하였는데, 접점을 통해 전기가 들어가면 발열이 시작되면서 서서히 빛이 나기 시작하고, 접점에 전기가 제거되면 전구의 잔열이 사라지면서 빛도 서서히 사라진다. 달이 차고 기우는 것처럼 그 모습이 마치 인생과 같이 느껴졌다. 또한 작품 〈4×1/4〉(1994)은 LED전구를 통해 접점에 즉각 반응하는 성질을 이용하여 돌아가는 원 속에 4개의 빛(R.Y.G.B.)이 하나의 원을 이루며 돌아가는 작품이었다.

연세대학교 원주캠퍼스 독수리상과 윤동주 시비(2002)

비교적 최근이라고 할 수 있는 2002년에는 연세대학교 원주캠퍼스에 독수리상과 윤동주 시비를 제작했다. 그중 윤동주 시비는 기존 조각 비석과 다른 방식으로 제작했다. 하늘과 바람과 별과 시가 다 보일 수 있는 시비가 되도록 제작했기 때문이다. 스테인리스 반구에 하늘도 비치고, 흔들리는 나뭇가지와 구름으로 바람도 느낄 수 있도록 하였다. 밤이 되면 광섬유를 서시의 글자에 박아서 별빛처럼 반짝이도록 만들었다. 빛을 활용한 일종의 라이트아트였다.

미디어 설치

〈méditation du média〉(1994)

그간 설치작업에 매진했던 것은 오브제가 지닌 고유의 정체성과 매력을 가미한 작품 구성이 개인적으로 마음에 들어서다. 라이트아트, 키네틱아트, 사운드아트 등 설치작품의 명맥을 이어왔다는 점에서도 영향이 있다고 본다.

1994년 Espace Artsenal-Paris 《Opening de l'Espace Artsenal-Paris》에서 선보인 작품 〈méditation du média〉에서는 텔레비전 수상기를 면벽, 즉 흰 벽에 마주보게 설치했다. 텔레비전 위에는 전기 촛불을 달아 두었는데 전자화된 동양의 '선' 사상의 이미지를 표현하였다. 그리고 텔레비전을 켜서 그 빛이 바로 앞에 있는 벽에 비춰지게 만들었다. 영상의 실체는 볼 수 없지만, 밖으로 흘러나오는 주변 빛이 보인다. 이 세상은 뉴스거리로 가득 차서 늘 우리의 관심을 이끈다. 그러나 우리와 직접적으로 관련된 사건이 아니기 때문에 가상이 되어버린다. 그 감정은 색상처럼 얼렁거리기만 할 뿐 쓸데없는 욕망의 잔상이 된다. 작품은 초월하여 달관하는 형이상학적인 태도가 필요하다고 말하고 있다. 이 작품은 이후 2011년 인데코(indeco)갤러리, 《One Pixel Life》에서 선보인 〈one pixel〉 시리즈로 발전한다. 이미지가 최소의 원소인 픽셀로 확대되어 이미지는 없어지고 색상만이 남아 변화하는 작품이다.

〈공전궤도〉(1995)

1996년 아르스날 이씨-레-물리노 《아르스날 개방》전에서 선보인 작품 〈공전궤도〉는 나의 최초의 비디오 작업이자, 키네틱 비디오아트다. 기존의 비디오 작업과 다른 비디오 작업을 하고 싶었다. 그래서 TV를 분해하여 모니터 크기의 박스를 만들어서 화면만 남기고 재조립했고 그것을 턴테이블에 올려 두었다. 턴테이블 아래에는 키네틱 라이트아트에서 사용했던 접점을 이용하여 모니터에 영상과 전기 공급이 이루어지게 했고 VTR도 회전판 밑에 설치하여 같이 돌아가도록 했다. 여기서 사용된 영상은 중앙으로 향하여 나의 주위를 돌아가는 비디오카메라에 의해 촬영된 것이다. 같은 속도의 턴테이블에 의해 모니터가 돌아가면서 한 바퀴 돌면 내 모습의 전체 각도 영상이 보인다. 스캔된 360도 가상현실인 것이다. 나의 입체적 존재감을 느끼게 한 작업이었다. 이러한 이유로 물리학 용어인 '공전궤도'라는 제목을 달았다. 여기서 나타나는 영상은 계속 단어들을 말하고 있는데 입이 화면에 보이는 동안만 음성이 들리도록 편집했다. 그래서 내가 말했던 '사부아'(Savoir, 알다)가 '아부아'(Avoir, 가지다)가 되고, 어쩔 때는 '부아'(Voir, 보다), '우아'(oie, 거위)가 되면서 뜻이 완전히 달라진다. 그렇게 한 바퀴 공전궤도를 타고 돌아오면 레볼루션되는 것이다. 내가 한 말이 다른 말과 결합하면서 다른 문장이 되고 점핑하면서 원래 내가 했던 말이 어떤 기계적인 것의 다른 문장이 되고, 다른 단어와 합쳐져서 다른 의미의 연속이 된다. 2000년에는 모니터를 LCD로 사용하여 천장에 설치했는데 LCD가 2개를 겹쳐 보여줄 수 있기 때문에 영상이 2배 빨리 돌아오게 되었다.

프로젝션 맵핑

⟨N.E.O.S⟩(1997)

1997년 백상미술관 개인전 《m o n o l o g u e》에서 선보인 ⟨N.E.O.S⟩(1997)는 이후 프로젝션 맵핑의 시작이 된 작품이다. 이 작업에서 아크릴박스를 직접 만들고 네 군데에 카메라를 설치하여 동시에 촬영했다. 그리고 직접 그 박스 안에 들어가서 1시간 동안 있었다. 그 안에 들어가면 시간도 알 수 없고 방향도 알 수 없고 오직 나의 존재와 그 공간만 느낄 수 있었다. 너무 훌륭했다. 사람들은 그 모습이 어딘가에 갇혀 발버둥치는 것처럼 보인다고 하는데 그게 아니다. 나는 오히려 즐겁고 나와 우주가 교감하는 듯한, 나의 존재가 공간을 점유하고 있는 듯한 강렬한 경험을 했다. 사실 이런 식의 작업에서 관건은 플레이어의 동기화에 있다. 당시 비디오 테이프는 8mm 아날로그였기 때문에 초기에는 잘 맞다가 나중에는 잘 안 맞았다. 요즘에는 컴퓨터로 정확하게 할 수 있지만 말이다. 백남준 선생님도 이 동기화를 맞추려고 무척 고생하셨다고 들었다. 직접 제작과 기술을 진행해야 했기 때문에 프로젝터 하나로만 해결할 수 있는 방법을 찾아야 했다. 그렇게 나온 작품이 ⟨TETRA⟩(1999)다.

⟨TETRA⟩(1999)

피라미드 형태의 프로젝션 맵핑 작업 ⟨TETRA⟩는 1999년에 생 사튀르냉 마들렌느 성당에서 개최한 《섬광 éclaté》전에서 선보인 작품이었다. 여기서는 사각형을 반으로 잘라 3개를 붙여 꼭지점이 직각으로 만나는 정사면체 안에 내가 들어갔고 그 모습을 위에서 촬영했다. 이것이 말하자면 프로젝션 맵핑의 시작이었다. 프로젝션 맵핑의 원리가 왜곡된 형상에 왜곡된 영상을 입혀서 원래의 모습으로 복원하는 것이기 때문이다.

⟨black hole⟩(2000)

⟨N.E.O.S⟩가 사각형, ⟨TETRA⟩가 삼각형 형태라면 반구 형태로 만든 프로젝션 맵핑도 있다. 그것은 2000년 성곡미술관 《réalité virtuelle》에서 선보인 작품 ⟨black hole⟩(2000)이다. 여기서는 아크릴을 반구 형태로 제작하고, 그 안에 오징어 먹물을 섞은 물을 집어넣고 그 속에 모델이 들어갔다. 그리고 이를 큰 삼각 지지대에 올려 놓고 밑에서부터 촬영했다. 그리고 그 영상을 편집하여 아크릴 반구를 벽면을 뚫어 설치하고 후방 프로젝션(rear projection)을 했다.

김형기, 〈I'm the Light〉, 2009, flexible LED, 컴퓨터, 3D Facial Structure.

〈Venus of Willendorf〉(2005)

2005년 토포하우스(Topohaus)갤러리 《Métis-sage》에서 선보인 〈Venus of Willendorf〉 역시 프로젝션 맵핑 작업으로 임산부 마네킹에 프로젝션한 작품이다. 여기에 투영되는 영상은 내 모습을 촬영한 것이었기 때문에, 마네킹의 입체 형태에 맵핑된, 말하자면 왜곡된 자아다. 외형에 의해 나는 나를 되돌아보고 여성과 남성을 구분하는 임신이라는 역할에 대한 부러움을 나타낸 작품이다. 여성성에 대한 동경이며 잉태에 대한 동경을 표현하고자 했다. 이를 토대로 이후 2010년 SBS 오목공원 분수대, 2011년 경주문화엑스포 타워, 남산타워 상설 프로젝션 맵핑을 연출하기도 했다.

인터랙티브아트

〈"inter-dire" 相觀〉(2000)

2000년 성곡미술관 《réalité virtuelle》에서 선보인 작품 〈"inter-dire" 相觀〉(2000)는 일종의 인터랙티브 작업으로 양쪽에 2대의 프로젝터를 설치하여 마주 보게 했다. 관객은 전시장 통로를 통과하면서 양옆에 있는 2대의 프로젝터를 만나게 된다. 각각의 프로젝터에는 남자와 여자가 나오는데 실제로 이분들은 청각장애인들이다. 이들은 수화로 대화를 하고 있고 관객이 지나가면 두 사람의 수화가 중단되고 사운드(소리)가 나온다. 그 순간 말로써 대화가 이루어지는 것이다.

〈Water drop Singing〉(2001)

이 작업은 2001년 서울시립미술관 《물》전에서 선보인 것으로 솔레노이드 밸브, 아루두이노, 프로세싱, 전자장치를 이용한 영상사운드 설치이다. 이 작품은 비가 내리는 정서와는 사뭇 다른 기계 조작을 이용하여 빗방울을 제어한다. 떨어지는 시간과 물의 양을 조절하여 바닥의 물 표면에서 일으키는 소리를 각기 다르게 조정한다. 맑고 가벼운 소리부터 둔탁하고 육중한 소리까지 범위가 넓다. 비가 내리던 날, 낙숫물이 음악처럼 들리던 그 감성을 전시장에서 재현하여 사운드를 재생한다. 비 내리는 풍경과 빗소리 음악을 재현하는 미디어 설치작업이었다.

최근 활동상황: 3D 디스플레이

〈Be-ing-Space〉(2012)

2012년 한빛미디어갤러리에서 이 작품을 전시했을 때 사람들은 이것이 영상이라는 것을 생각하지 못했다. 실제 사람이 수조 속에 들어가 움직이는 것처럼 보이기 때문이다. 그런데 사람이 실제로 들어간 것이 아니라 다른 각도에서 각각 촬영한 영상을 4개의 LED 모니터에 재생한 것이다. 수조 안에 있는 사람이 계속 움직이면서 포즈를 바꾸면서 호기심을 유발했다.

김형기, 〈Be-ing-Space〉, 2012, LCD 패널 4개, 컴퓨터, 메탈 프레임.

〈Immersion〉(2015)

이 작품과 유사한 것으로 2015, 갤러리 3에서 선보인 〈Immersion〉(2015)이라는 영상작업이 있다. 여자가 숨을 참고 침수했다가 밖으로 나오는 영상이다. 영상 앞의 물방울 맺힌 유리가 입체감을 느끼게 한다. 물방울이 맺힌 LCD 패널이 앞에 있고 그 뒤에 사람 영상이 있다. 물방울이 여러 개의 변형된 볼록 렌즈 효과를 내면서 사람이 물 안에 있는 듯한 착시효과를 낸다. 사람들은 그 두께만큼 물이 차 있는 것처럼 느끼게 되는데, 일종의 깊이(depth)감을 느끼게 한 것이다. 나는 이 작업을 통해 침례, 침수, 흰 옷, 정화를 연상시키고자 했다.

〈Trinity〉(2015)

같은 전시에서 선보인 작품 〈Trinity〉(2015) 역시 이와 유사한 작업이다. 하얀 드레스를 입은 여인이 수조 속에서 움직이는 듯한 착각을 일으킨다. 퍼포머는 현대무용가로 이 또한 무용수의 모습을 3대의 카메라로 촬영하여 싱크(sync)를 맞추어 재생했다. 여기서는 LCD를 사용하지 않고 OLED 디스플레이를 활용했다. LCD는 시야의 사각지대가 발생하지만 OLED는 사각지대가 없다. 그래서 어느 각도에서나 영상이 잘 보이게 된다. 한 몸이 다른 세 가지의 측면으로 보여지지만 결국 동일한 몸이기 때문에 공간상의 이미지 조합을 통해 오브제화하여 실재감을 느끼게 한다.

동시대 미술과 미디어아트에 대하여

미디어아트는 가내수공업에서 시작했으나 이제 블록버스터 작가들이 상업성과 맞물려 세간의 주목을 받고 있다. 특히 국가나 기관의 제도권에서 양육되는 미디어아트는 실로 그 영향력과 파급력이 상당하다. 해외 유수의 미술관과 작가들을 접하면서 미디어아트 제작에 지속적이고 최대한의 투자를 통해 작품의 완성도와 스케일을 키워야 한다는 것을 알게 되었다. 특히, '아르스 일렉트로니카'를 보면 현 세계의 미디어아트의 흐름과 기술을 가늠할 수 있다. 우리나라에서 이루어지는 미디어아트들도 점점 그 흐름에 발을 담그고 있는 상황이고 주춤하던 한국 미디어아트가 활기를 띠면서 중흥하는 느낌이다. 중국에 갈 때마다 매번 느끼는 것이지만 중국은 한국 미디어아트 작품들을 선호하는 경향이 있다. 스스로 자생한 중국의 미디어아트가 중국이 가진 재원과 장비 및 기술을 동반하여 크게 발전하리라는 예상이다. 중국인의 기질상 화려함, 하드웨어, IT 등의 집중 투자가 가능하여 블록버스터 작품들이 각광을 받게 되면 그 숫자와 투자 방식이 점점 더 늘어날 것이고, 중국이 미디어아트의 중요 기지가 될 가능성이 크다고 생각한다.

한국에서도 마찬가지로 'Producing', 즉 'Production'과 'Promotion'이 성공하게 되면 '소비되는' 미디어아트의 중심이 아시아로 정착할 가능성이 높아진다. 교육에서 예술의 실

적이 공학의 실적보다 저평가되거나 아예 평
가에서 제외되는 국가가 지닌 가치관에 실망
하고 있다. 이제는 생산으로 세계를 제패할
수 있다는 생각에서 벗어나야 한다. 5차 산업
이 될 수 있는 다양한 복합매체 산업이 동시에
완성될 수 있는 플랜이 필요하다. 미디어아트
는 이제 프로듀싱이라고 생각한다. 국가나 기
관이 미디어아트의 산업적인 요소와 역할에
관심을 기울여야한다. 제도권은 이러한 일들
이 체계를 갖추고 개성을 해치지 않는 상태에
서 원석으로 발굴할 수 있는 'Concept Produc-
er'의 역할과 임무가 필요하다고 본다. 그걸
집행하고 실행할 수 있는 능력이 중요하다.

미디어아트는 영화와 유사한 메커니즘을
가지고 있다. 사람들은 무언가 감동할 수 있
는 강렬한 것을 원한다. '블록버스터'뿐만 아
니라 이제는 '명화' 같은 미디어아트가 나와야
한다고 생각한다. 절대적이고 존경심을 가질
수 있을 만한 그런 작품이 탄생하여 미디어아
트의 새로운 지평을 만들고 탄탄한 기반을 다
지는 계기가 되길 기대한다.

문주 (1961-)
조각, 미디어 설치

이제까지의 경력과 주요 활동

서울대학교 미술대학 조소과 및 동 대학원을 1992년에 졸업했다. 이후 미국으로 유학을 떠나서 뉴욕공과대학 대학원(NYIT)에서 커뮤니케이션 아트를 전공했으며 2007년 연세대학교 커뮤니케이션 대학원에서 박사과정을 수료했다. 1991년 중앙미술대전 특선, 1997년 토탈미술상, 1995년 김세중청년조각상을 수상했으며, 현재 서울대학교 미술대학 조소과 교수로 재직 중이다.

초기 작업

시드니비엔날레 참가(1990)

서울대에서 조소를 전공하던 때만 해도 철학적 사유로 무장하고 '나는 이런 생각을 하고 있다'는 것을 보여주려고 했다. 당시는 작업에 철학적 사유나 논리를 담아야 한다고 생각했다. 그러나 1990년 제8회 시드니비엔날레에 초청을 받아 작가들을 만나보니 그들은 어떤 철학적 압박이나 논리가 없더라도 자연스럽게 작업을 풀어나가고 있었다. 그냥 삶 자체가 작품이었다. 그 친구들은 자신의 철학이나 관념을 설명하려 하지 않고 그냥 실천해버리더라. 그때까지 "현재적인 삶을 살아나가야 해."라는 관념을 작업으로 보여주고자 했을 뿐, 그 현재적 삶을 작품을 통해 실천하고 있지 못하고 있었다는 매우 중요한 사실을 자각하였다.

그 이후 내가 머릿속에 가지고 있는 것보다 나에게 온 무언가, 즉 분노, 유희, 즐거움 같은 것이 훨씬 더 중요하다는 것을 알게 되었다. 머릿속의 관념을 표현하고 설명하는 것이 진짜 작업이 아니라는 것을 깨달았다. 그래서 합리적인 사유 체계의 기반에서 어떠한 계획된 결과가 제시되는 것을 최대한 회피하기 위해 모든 상황을 가급적 무차별하게 수용하려 노력하였다. 자신의 사유에 닫혀 있지 않기 위해서, 사유의 결과물로 작품이 결정되지 않게 하기 위해서 작품 제작 과정에서 나에게 다가오는 모든 무작위한 상황을 계속해서 열어 놓으려는 부질없는 노력을 하기도 했다. 목표는 완결된 작품이 아니라 작품의 제작과정에 있고, 작품의 결과물은 과정 가운데 발생하는 무작위한 상황을 보여주는 것이다. 그것은 모든 문맥들, 밖에서 다가오는 상황들 모두를 수용하는 것이었다.

토탈미술관 개인전《데달루스의 지도》
(Daedalus' map, 1993)

1993년 장흥 토탈미술관에서 개인전을 개최했다. 당시에는 서구중심주의에 반발심을 느끼고 있었고 그러한 생각들이 작업에 담겨 있었다. 당시 많은 사람들은 한국 혹은 동양의 문화에 열등감을 느꼈다. 그러다가 서구에서 동양사상을 재조명하고 있다는 것을 알게 되었고 이러한 재조명을 통해 동양, 혹은 한국이라는 가치를 새롭게 이해하기 시작하였다. 예를 들어, 한국에서 70~80년대에는 선(Zen)이라는 것도 비논리적인 미신 정도로 취급하지 않았나? 그런데 서구에서 선을 놀라운 통찰이나 새로운 세계관으로 해석하면서 이러한 경향들이 다시 동양으로 역수입되는 과정에서 일본의 선 정원 등이 미화되어 한국에 돌아 들어와서 다시 부각되었다. 이러한 한국의 상황에서 우리가 동양적 가치를 어떻게 바라보고 있는지에 대한 문제의식이 전시에 담겼다.

전시장 입구 중앙에 〈오줌 싸는 소년〉을 설치해 두었는데 소년이 자신의 얼굴에다 오줌을 내갈기고 있는 작업이었다. 마치 엄숙한 공간으로 여겨졌던 미술관을 비웃듯이. 전시장 2층은 3개의 방에서 전시가 진행되었고 각 방마다 작품을 하나씩 설치했다. 이 개인전을 위한 설치가 한 달가량 걸렸다. 지금은 이런 일이 큰일이 아니겠지만 그 당시로서는 미술관에서 많이 배려해준 것이었다. 이때 시드니 비엔날레에 냈던 것을 조금 다른 방식으로 연결하여 전시했다.

전시장 2층의 입구 벽면에는 작은 손거울이 있었는데 거울을 들여다보는 사람의 출현을 감지하는 센서가 있어서 모터를 작동시킨다. 그래서 사람이 다가가면 벽에 걸린 낡고

금 간 손거울이 심하게 요동친다. 관객들은 그것을 보고 깜짝 놀라곤 했다. 거기서 왼편에 있는 방으로 들어가면 작품 〈그의 부재〉가 있었다. 관람자가 들어서면 가죽 의자와 가죽 가방이 번갈아 가며 숨을 몰아쉰다. 천장의 조명은 의자 위의 작은 모니터에 반사되고 난 뒤 의자가 숨을 들이쉬고 내뱉을 때마다 반사된 빛이 전진하고 후진한다. 그 옆에는 〈극동〉이라는 작품이 설치되어 있다. 알루미늄 판 뒤의 자석이 오르내리면서 그 움직임에 따라 아래쪽에 부착된 화로 속의 쇳가루 무더기가 위로 올라갔다가 내려간다. 그리고 그 움직임에 따라 벽을 긁으면서 소리를 낸다. 자석의 자력이 차단되면 다시 쇳가루들이 아래로 떨어진다. 마지막 방에는 〈문명사의 여백〉이라는 작품을 설치했는데 빔 프로젝터를 쏘아서 거울로 확대하여 스크린에 비춰지는 코끼리들의 영상이 나왔다. 코끼리 수백 마리를 살상하는 영상이 나온다. 코끼리가 오면서 계속 쓰러져 죽는 다큐멘터리의 일부였는데 그것을 계속 반복해서 틀어 놓았다.

전시장의 1층에는 〈야만의 시대〉라는 작품을 설치했다. 침팬지가 나오는 모니터를 머리로 하고 있는 아이가 오줌을 갈기면서 회전판 위에 서 있다. 이 침팬지는 자기 새끼를 몇십 마리를 잡아먹은 미친 침팬지다. 이것도 다큐멘터리 필름에서 단 몇 초짜리 영상을 떼어내서 계속 반복시킨 작업이다. 어떤 야만을 표현한 작업이다. 1층에서는 또한 시드니비

엔날레에서 전시했던 사진작품 〈돌아오지 않는 부메랑〉도 전시했다. 실제 배를 구입해서 그것을 사진으로 찍고, 그 사진을 다시 금붕어들과 함께 찍었다. 배의 일부와 배의 파편을 의자의 한 부분으로 끼워 맞추었다.

뉴욕공과대학 대학원 시절

1994년부터 1996년까지가 미국에서의 유학 시기로, 뉴욕공과대학교에 Communication Arts & TV Production 전공으로 공부하러 간 것은 콘텐츠 기획, 비디오 촬영기법 및 편집 등을 배우기 위해서였다. 처음에는 작업에서 사진을 매우 중요한 매체로 사용하였으며 점차 영상매체와 전기 전자 매체를 활용한 작업을 진행하고 싶었다. 그러나 국내에서는 배울 수 있는 곳이 없었다. 당시에는 미술 분야에서 비디오아트 영역은 다루어지지 않았기 때문이다. 그래서 유학을 갔고 그곳에서 드라마, 다큐멘터리, 뉴스 만드는 법 등 전반적인 영상 관련 전문영역을 공부하였다. 또한 당시 막 시작된 3D애니메이션 프로그램인 실리콘 그래픽스 등 다양한 애니메이션 툴을 배우게 됐다.

어릴 때부터 서구의 철학은 무언가 변하지 않는 본질이 가치 있는 것이고 이를 추구해야 한다고 하지만 과연 그런 것들만이 가치 있는 것인가에 대하여 지속적으로 의문이 들었다. 시시각각 일어나는 나 자신의 변화와 움직임을 부정하도록 강요하는 논리를 받아들이기 힘들었고 당시 공부하게 된 동양철학에서 세계와 나의 관계에 대하여 새로운 시각을 갖기 시작하였다. 이러한 생각을 작업으로 전개하는 과정에서 가장 좋은 매체를 찾다 자연스럽게 사진 작업을 시작하게 되었다. 당시에는 사진 찍은 것을 다시 사진으로 중첩하여 찍고, 또 그것을 다시 재중첩하여 찍는 방식의 작업을 많이 했다. 이때의 〈Coming into Being〉 시리즈는 사진 콜라주와 오브제를 조합해서 하나의 풍경 혹은 이미지를 만든 작업이었다. 나무를 찍은 사진과 실제의 나무를 병치시키는 작업이다. 이런 식의 작업을 통해 말하고자 한 것은 이미지는 반영일 뿐이고 실재는 이와 다른 것이라는 통념을 넘어서, 이미지, 더 나아가 순간의 모든 것들이 실재이며, 끊임없는 실재의 연속이 현실이 아닌가 하는 것이었다. 당시에 이런 식의 작업을 많이 했다.

이후의 활동

금호미술관개인전《극동》(Far East, 1997)

당시 금호미술관 지하에 큰 방이 있었는데 그 방 전체에 잘라낸 벼를 가득 쌓아 놓는 설치작업을 했다. 당시 농부에게 농지 400평을 빌려서 1년 동안 벼농사를 지었고, 8월경 완전히 익지 않은 벼를 베어 미술관에 쌓아 놓았다. 실제로 그 시기를 맞추기 위해서 전시 날짜도

문주, 〈Far East〉, 1993, 작가가 농사지은 벼, 2대의 13인치 모니터, 알루미늄 플레이트, 마그넷, 컨베이어 시스템, 브레이저, 아연 파우더 등.

문주, 〈Garlic Manhattan〉, 1995, 4개의 퍼포먼스를 보여주는 8대의 TV 모니터, 마늘 1톤, 자유의 여신상으로 구성된 설치 작업.

8월 말로 잡았었다. 벼는 유색인종의 주식이고 이는 바로 동양을 상징했다. 이 작업을 통해 우리가 오늘날 우리 자신을 어떻게 찾을 수 있느냐의 문제를 탐구하고자 했다. 벼가 익기 전에 베어졌다는 것은 오늘의 동양이 무엇인가에 의해 완숙함에 도달하지 못한 채 미완으로 강제되었다는 것을 의미한다. 전시장에는 볏짚이 가득 깔려 있었고 가수 김수철이 편곡한 〈오 수재너〉라는 미국 민요가 구슬프게 울려 퍼지고 있었다. 이 민요는 조그마한 TV를 통해 영상과 함께 나왔는데 영상에는 여인이 눈물 흘리는 얼굴이 클로즈업되어 나왔다. 아이러니하게도 한국인인 나는 미국의 흑인 민요인 〈오 수재너〉를 들으면 어릴 적 기억이 떠오른다. 이게 도대체 어떻게 된 것인가? 한국의 문화 안에 각인된 다양한 문화들 속에 현재의 우리가 있는 것이다. 즉, 우리는 동양도 서양도 아닌 잡종으로 현재를 살아가고 있는 것이라는 자각이 이러한 작품을 만들게 했다. 원래 〈오 수재너〉는 빠른 템포의 경쾌한 노래이지만 편곡에서 느린 단조의 슬픈 노래로 바뀌었다. 전시가 진행되며 벼가 썩기 시작했고 그 냄새가 미술관 전체에 가득 퍼졌다. 그 냄새는 전시 이후까지도 남아서 미술관 관계자에게 매우 미안했던 기억이 난다.

도쿄갤러리 《문주 개인전》(2002)

이 전시에서 선보인 작품 〈Sea of Time〉은 바다 영상이 나오는 10대의 모니터를 가로로 길게 설치한 작품이었는데 동·서·남해, 제주도의 해안가를 따라 촬영한 영상을 높이가 모두 다른 모니터로 이어 붙였다. 10개의 바다 영상은 서로 다른 해안가에서 촬영한 것들이지만 일렬로 모니터를 배치함으로써 연결되게끔 만들었다. 모니터들은 하나하나 상하로 움직이게끔 컨트롤되었는데 파도치듯이 모니터가 움직이다가 멈추면서 일직선으로 수평선이 맞춰진다. 이런 식의 운동이 계속 반복된다. 개인적으로 수평이 갖는 상징적인 의미에 대한 관심에서 비롯한 작업이다. 수직적 사고가 아닌 수평적 관계, 끝없이 수평을 유지하기 위해 흐르고자 하는 무언가에 대하여 말하고 싶었다.

그리고 〈Moving Bird Cage〉는 모니터에 앵무새 둘이 앉아 있는 모습의 영상설치작업이었다. 여기서 모니터 자체는 물리적으로 회전을 하고 있는 반면, 앵무새의 모습은 정지된 것처럼 일정하게 수평을 유지한다. 실제로 촬영할 때 앵무새들을 앉혀 놓고 특별제작한 회전하는 거치대 내부에 카메라를 설치하고 회전시키면서 촬영하였다. 그런데 기계적으로 반복되는 일정한 회전이 아니라 랜덤한 움직임을 보여주기 위하여 새로운 테크놀로지가 필요하였다. 두 점을 영상에 위치시키고, 이 두 점의 이동경로를 실시간으로 읽어 모니터를 회전시키는 모터에 그 반대의 좌푯값을 부여하여 화면의 앵무새는 계속 같은 위치에 고정되어 있도록 컨트롤하였다. 실시간으로

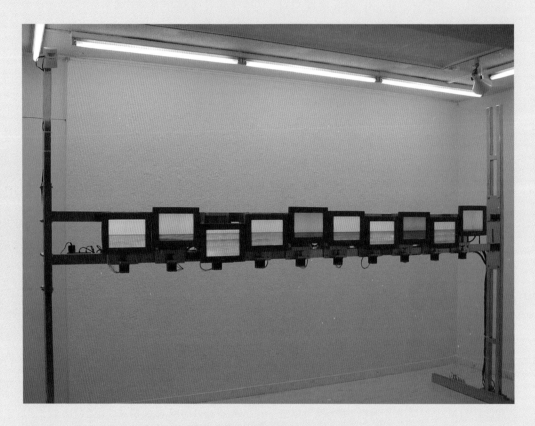

문주, 〈Sea of Time〉, 2002, 구동장치에 의해 돌아가는 10대의 TFT 모니터, 스테인레스 스틸, 350×50×240cm.

영상을 검색해서 위치 값을 찾아서 수평으로 위치를 잡아주는 이러한 기술은 2002년 당시로서는 구현하기 매우 어려운 것이었고 이를 구현하기 위해 3명의 전문 엔지니어와 함께 작업을 하였다.

〈Frozen Corpse of Modernism〉(모더니즘 강시)는 몸을 하얗게 칠한 발가벗은 두 남녀가 제자리 뛰기를 하는 모습이 2대의 모니터로 나타나게 한 작업이다. 두 남녀가 제자리 뛰기를 하면 잔상이 생기면서 뿌옇게 남는다. 〈Sea of Time〉이 수평적인 것에 대한 것이라면, 〈Frozen Corpse of Modernism〉은 반대로 수직적인 작업이다. 작품에서 수평적인 것도 많이 다뤘지만 이렇게 점프하는 수직적인 이미지도 여러 작업에서 많이 사용했다. 계속 점프하면서 여자는 가슴이 덜렁거리고 남자는 성기가 덜렁거린다. 유머러스하다. 성적인 것을 표현한 것이 아니라 끝없이 위로 솟구치려고 하지만 결국에는 떨어지고 마는 인간을 희화화하는 동시에 수직적 세계관의 서구문화를 비꼬는 작업이었다.

작품 〈Four Times〉는 뒤편에 산과 들판 그리고 가옥들이 나타나는 4개의 모니터를 나란히 설치해둔 작업이었다. 사실 이곳은 옛날 내 작업실 앞 풍경인데 카메라 4대를 따로따로 설치해서 세팅해 놓고 촬영한 것이다. 4개를 나란히 세워 두었으니 하나의 영상처럼 보이는데 가끔 자동차나 사람이 지나가는 순간에는 이 4개의 영상이 다른 시간에 촬영된 것

을 알 수 있게 된다. 왼쪽에서 먼저 보였다가 그 다음에 오른쪽에서 보이게끔 타임이 조금씩 어긋나게 설정해두어 시간을 왜곡시켜 놓은 것이다. 거시적 차원에서 보았을 때, 시간의 흐름은 아무 의미가 없다고 생각해서 서로 다른 시간을 가진 하나의 풍경이 만들어졌다.

작품 〈Untitled Circles〉에서는 그리스 (grease)로 가득 찬 드럼통에서 뛰어오르는 인간의 모습이 나타난다. 이 그리스는 실제로 자동차에서 쓰는 기름이다. 그리스 통 안에 모니터가 있어서 사람이 위로 점프했다가 그리스 통 안으로 다시 떨어지는 것처럼 보인다. 당시 이를 어두운 방에 설치해두었는데 관람객이 영상이 어떻게 보이는지 궁금해하면서 계속 그리스를 만지다 보니 미술관에 온통 그리스가 묻어 관계자들이 애를 먹었다는 이야기를 들었다.

호주 IASKA 갤러리 개인전 《Tears of the Land》(2003)

호주 IASKA 개인전은 호주 휫벨트(Wheatbelt) 지역의 풍경을 시적으로 읽어낸 전시였다. 레지던시 기간 동안 작가로서 농부들 그리고 학생들과 만나서 그 지역에 대한 상상력이 풍부한 관점과 공리주의적 관점의 차이를 연구했다. 이러한 리서치는 한국어와 영어로 된 짧은 시적인 글들을 동반한 아름다운 사진들을 만들어내는 데 사용됐다. 이들 캡션들 속에서 텍스트와 이미지는 유추적(analogical)

이며 관객들로 하여금 각자가 해석할 수 있는 자유를 준다. 또한 이번 전시에는 지역 주민들에게 기부한 수많은 물병들이 갤러리 바닥 전체에 흩어져 있었던 고목 테이블 위에 설치되었다. 간단하면서도 인상적인 배치는 의식적인(ritualistic) 아우라를 지니고 있어서 관객에게 조용하면서 명상적인 참여를 이끌어낸다.

(구)동원탄좌 사북광업소 공공미술 프로젝트 《感+動》(2009)

이 전시는 과거 석탄산업의 중심지였던 강원도 정선의 사북과 고한에서 개최한 공공미술 프로젝트로 22명의 작가들이 참여했다. 폐광 이후 마을의 생존을 위해 지역 주민들이 카지노와 레저산업을 유치하면서 지역사회에 크고 작은 갈등들이 발생하기 시작했는데 전시는 이러한 딜레마로부터 시작된다. (구)동원탄좌 사북광업소를 전시장소로 활용하고 (구)고한읍사무소를 시범 레지던스로 운영하였으며 현실과 예술이 공존할 수 있는지를 탐색하고자 한 프로젝트였다.

《광주비엔날레-디지페스타》(2010)

2010년 광주비엔날레 디지페스타에 참여하여 작품 〈무명의 얼굴〉(Nameless Person, 2010)을 선보였다. 이 작품은 무명의 사람들의 얼굴에서 눈과 입술을 각각 떼어내서 사각의 큐브들에 붙여둔 것을 나란히 붙여둔 작업이었다. 작품은 현대사회를 살아가는 수많은 무명의 사람들의 해체된 눈과 입술을 통해 타인과 나의 거리를 표현하고 있다.

'로고스와 파토스' 그룹 참여 시절은 어떠했는가?

당시에는 새로운 기술을 배우기가 힘들었다. 외국에서 설치, 퍼포먼스를 해도 귀동냥해서 선배들한테 듣거나, 어렵게 해외 잡지를 구해서 보는 정도였다. 서울대학교 미술대학 조소과는 아카데미즘이 강했기 때문에 인체 모델링, 전신상 같은 것을 반드시 공부해야 했다. 이러한 환경이 너무 답답해서 군대를 갔는데, 다녀와도 달라진 것이 없었다. 대학을 졸업하고 참여했던 '로고스와 파토스'는 현대미술을 지향하는 서양화와 조각을 전공한 일부 선배들이 주도적으로 기획했던 전시회이자 그룹인데 분위기는 매우 자유로웠다. 당시에 만들어진 대부분의 미술그룹들은 하나의 이슈를 전면에 내세우고 활동을 하였지만 '로고스와 파토스'는 개별적인 작품들, 개인적인 생각들이 보여지기를 원했고 어떤 하나의 프레임으로 생각을 묶어 이슈를 만들지 않았다는 점에서 매우 중요한 역할을 했다. 오히려 느슨하게 조직을 유지하고, 개인의 어떠한 개념이나 생각도 받아들이는 자유로운 분위기였다. 그 느슨함 때문인지 '로고스와 파토스'는 그룹으로서의 힘은 약했다. 당시에는 큐레이터도 없고 작가가 전부 혼자 알아서 해야 했던 시절인데 이런 그룹이 있어서 그나마 뜻을 같이

하는 사람들과 만날 수 있었던 것 같다. 작품을 위주로 좀 더 포괄적으로 동시대의 작가들을 만날 수 있는 자리였고 이는 당시의 고립된 작가들에게는 큰 힘이 되었다.

그리고 당시에 미디어가 발전하면서 거기서 나오는 복합적인 이미지들은 문화에 새로운 자극을 일으켰고 흥미를 이끌어냈다. 이러한 점에서 내가 기획한 《가설의 정원》,《과학과 예술》 등의 미디어 전시는 이후 미디어와 미술을 연결시켜주는 매우 중요한 시도였다고 생각한다. 《과학과 예술》은 과학재단에서 주최한 대규모 미디어아트 전시로서 신진식 선생과 같이 기획하고 진행한 전시다. 그분은 컴퓨터 그래픽 1세대이고 동년배이지만 1980년대 컴퓨터학원에서 학생과 선생으로 만나서 알게 되었다. 컴퓨터그래픽을 공부하던 85년도쯤에 사진과 함께 향후 미술에서 컴퓨터로 무언가 재미있는 것을 할 수 있겠구나 생각했다. 이후 엔지니어 등 이공계의 다양한 전문가들과 함께 이런저런 프로젝트를 진행해보았지만 당시엔 테크놀로지를 통해 기술을 예쁘게 포장하는 정도에서 미술과의 협업을 생각하고 있었기에 아쉽게도 실제로 그들과 만나서 뭔가 흥미로운 일이 이루어지지는 못했다.

백남준에 대해 어떻게 생각하는가?
개인적으로 백남준 작품을 별로 좋아하지 않

는다. 이미지가 너무 과도하다. 마지막에 멀티비전으로 만든 작업은 가장 이해가 안 간다. 선구자로서 초기의 퍼포먼스는 존경하지만 그 이후 작업들에 대해서는 부정적이다. 개인적으로 여러 차례 만난 적도 있는데 범상치 않다고 느꼈다. 정곡을 찌르는 통쾌한 면도 있었다. 그러나 그것이 어떤 전략 같다는 생각을 했다. 이슈화되고 정치화시켜 제스처를 강력하게 만들어내는 데 탁월하시다. 그런 측면들이 좀 부정적으로 느껴진다. 개인적으로 백남준이 대단하다고 느끼는 것은 초기의 아이디어, 상상력 정도다.

최근의 《안양공공예술프로젝트: 공생도시》(2019)에 대하여
《안양공공예술프로젝트: 공생도시》는 공공예술을 통해 미래 환경과 한국 사회에 대한 성찰을 모색하는 전시로 예술, 테크놀로지, 도시, 환경 등의 공생관계를 되짚어본다. 여기서 선보인 신작 〈지상의 낙원〉(Elysium, 2019)은 반원형의 형태를 지닌 가로 15m, 세로 3.5m 크기의 스테인리스 스틸 조형물로 안양예술공원이라는 주변 환경과 조화를 이룬다. 쉼터처럼 시민들이 잠시 쉬었다 갈 수 있는 공간을 마련해주는 이 조형물의 지붕 위에는 안양의 변천사가 함축된 지도와 형상을 투각하여 그 그림자가 햇빛에 투영되도록 연출했다.

동시대 미술과 미디어아트에 대하여

미디어아트가 미술이라는 카테고리에서 하나의 특별한 장르로서의 정체성을 찾으려고 노력하고 있는데 이런 식의 형식적 정체성에 대하여 좀 억지스럽다는 느낌이 든다. 너무 미디어아트라는 형식의 고유성을 찾아 이러한 경향의 작가나 작품을 묶어내려는 것에만 급급한 것 같다. 미디어를 쓰느냐 아니냐보다는 작업의 내용과 형식이 새롭고 재미있는가를 더 중요하게 생각한다.

요즘 학생들을 보니까 다양한 SNS, 유튜브 등 막강한 플랫폼을 가지고 있는 것 같다. 과거에는 미술을 찾으려면 전문 서적이나 잡지를 봐야 했는데 지금은 유튜브에서 미술이든 디자인이든 상품이든 퍼포먼스든 영화든 전부 다 쏟아져 나온다. 그러다 보니 미술의 형식과 권력 자체가 약화되었다. 유튜브로 나오는 모든 것을 수용하고, 유튜브로 공유하고 나면 그것이 미술이든 아니든 더 이상 상관이 없는 것이다. 그래서 좀 더 자유로운 활동이 가능해진다.

이제는 미술이라고, 예술이라고 의식하지 않더라도 창조적인 작업을 할 수 있는 환경이 만들어졌다. 미술이 독점하는 예술이나 창조의 아우라가 없어졌다. 작가들이 기업적인 경영 마인드로 프로젝트를 하는 것도 이러한 매체 영향력 때문이 아닌가 싶다. 이러한 강력한 매체가 인간의 개인적인 감각일 뿐 아니라 미디어아트와 관련한 많은 부분들을 변화시킬 수 있지 않을까 생각한다. 결국 미술이 배타적으로 자기 자리를 지키는 것이 아니라 수많은 것들을 모두 포괄하는 식으로 갈 수밖에 없다. 이미 1990년대 휘트니뮤지엄에서는 보수적인 비엔날레임에도 불구하고 로드니 킹 사건을 촉발시킨 필름을 중요한 작품으로 간주하고 전시하였다. 이처럼 이미지, 형식, 작품이 어떤 지점에서 만들어졌든 그 모든 것을 포괄할 수 있다면 새로운 무언가가 열릴 수 있을 것이다. 미디어를 어디까지 확장시킬 수 있을까? 만약에 내가 현재 젊은 아티스트라면 미디어가 나아간 최종적인 그 마지막 지점에 함께 있기를 원할 것 같다.

김승영 (1963-)
비디오아트, 미디어 설치, 퍼포먼스

이제까지의 경력과 주요 활동

1990년 홍익대학교 미술대학 조소과를 졸업하고 동 대학원을 마쳤다. 김세중미술관, 김종영미술관, 사비나미술관, 공간화랑, CEAAC(스트라스브르, 프랑스) 등에서 22회의 개인전을 열었으며 국립현대미술관, 경기도미술관, 부산시립미술관, 백남준미술관, 아르코미술관, 국립춘천박물관, 국립경주박물관, 국립중앙박물관, 광주비엔날레, 강원국제비엔날레, 필라델피아 현대미술관, 스트라스브르 CEAAC 등의 기획전에 참여했다. 1999년 뉴욕의 P.S.1 MoMA 국제레지던시 프로그램을 시작으로, 2008년 프랑스 스트라스부르 CEAAC, 몽골 노마딕 아트레지던스, 국립고양스튜디오 레지던스, 2009년 경기창작센터 PILOT PROGRAM, 2012년 남극 아티스트 레지던스, 2013년 이탈리아 루카 현대미술센터 레지던스, 바이칼 노마딕 프로그램 등에 참여했다. 주요 수상경력으로는 동아미술제 대상(1998), 모란조각대상전 우수상(1997), 공산미술제 우수상(1997), 매일미술대전 우수상(1996), 경인미술대전 최우수상(1992) 등이 있다.

초기 작업

개인전 《기억의 방》(1999)

개인전 중에 기억에 남는 몇 개의 전시 중 하나가 1999년 원서갤러리에서 열었던 《기억의 방》이다. 그 당시로는 제법 큰, 80평 정도의 전시장이었는데 전시공간 전체를 부드러운 푸른빛이 도는 공간으로 만들고 100여 개의 캔버스를 설치했다. 이들 캔버스는 작업실의 문 사이즈로 제작했는데 그 위에는 어떤 인물들의 흔적이 희미하게 남아있으며 때때로 완전히 지워져 있기도 했다. 작가에게 작업실의 문 크기는 작업의 크기를 결정한다는 점에서 매우 상징적인 측면이 있다고 생각했다. 또한 작가 자신의 모든 생각이 작업실 안에서 이뤄지고 그 생각의 결과물이 저 문을 통해서 나간다는 생각에 캔버스의 크기를 작업실 문 크기로 정했다. 캔버스 위에는 그동안 만났던 사람들 가운데 기억에서 지우고 싶은 사람들을 그려 넣고 또 지워냈다. 당시는 인간관계로부터 스트레스를 받던 중이기도 했고 그렇게 시작된 작업이었다. 그림이 완성되면 다시 그림을 흰색 물감으로 지웠는데 지우는 과정에서 캔버스 위와 옆면에 흔적이 남았다. 지우는 과정에서 생기는 흔적들을 보면서 지우는 과정이 기억을 덮어나가는 것과 같다는 생각을 하게 됐다. 그리고 그러한 과정에서 자연스럽게 흔적을 작업의 한 요소로 받아들이게 됐다. 이렇게 완성된 것이 〈기억의 방〉이며, 이 작업은 영상작업으로도 만들었다. 그려진 대상이

지워지는 장면과 그 다음 장면 사이사이에 한 남자가 힘없이 주저앉는 몇 개의 영상을 삽입해서 싱글채널 비디오를 만들었다. 이렇듯 주저앉는 사람을 통해 현실에서 실망하고 절망하는 나 자신을 표현하고 싶었다. 그리고 이 작업은 이후 보다 담백하게 만들어진 싱글채널 비디오 작업 〈자화상〉으로 이어진다.

P.S.1 MoMA 레지던시

1999-2000년 사이에 P.S.1 MoMA 레지던시를 다녀왔다. P.S.1 레지던시는 뉴욕근대미술관(MoMA)과 협력해서 뉴욕을 중심으로 세계의 미술을 보여주는 곳이었다. 미술계에서 대단히 중요한 곳이었는데 작가로서의 내 인생이 P.S.1 MoMA를 다녀오기 전과 후로 나누어졌다고 해도 과언이 아니다. 1년이라는 시간을 뉴욕에서 보내고 한국으로 돌아온 뒤 두 곳의 전시장에서 귀국 보고전을 동시에 열었다. 사간동에 위치한 금산갤러리에서는 나의 정체성에 관한 작품들을 3개 층에서 보여줬고, 인사미술공간에서는 나 자신의 깊은 내면의 모습을 표현했었다. 그리고 인사미술공간에서 선보인 작업은 2004년 광주비엔날레에 〈기억의 방〉이라는 제목으로 확장되어 기억, 흔적, 상처를 보여주었고, 동시에 치유의 모습을 띠기도 했다.

《P.S.1 보고전》(2001)

2001년 금산갤러리에서 열렸던 《P.S.1 보고전》의 경우 3개 층의 공간에서 이루어졌는데 1층을 어둡게 하고 이어지는 층마다 점점 밝아지게 만들었다. 1층의 어두운 방에는 싱글채널 비디오 작품 〈자화상〉을 배치했는데 갤러리 밖에서 볼 수 있게 만든 2개의 작은 윈도우갤러리와 연결된 설치작품으로 보여줬다. 작품 〈자화상〉에는 작가의 사진이 벽에 붙어 있다가 그것이 떨어질 때마다 작가가 나타나서 떨어진 자신의 사진을 벽에 다시 붙이고 사라지는 장면이 반복적으로 등장한다. 그리고 사진이 떨어지는 소리가 전시장에 크게 울려 퍼질 때마다 윈도우갤러리에 설치된 물이 흔들리거나 나침반이 방향을 상실하고 빙빙 돌게 만들었다. 이어지는 2층 공간은 낮은 다락방처럼 천장의 높이를 낮게 만들고, 수조를 설치하여 푸른 공간을 만들었다. 수조 옆에는 작가의 눈과 귀만 보이는 52장의 원통사진을 쭉 연결해서 수면에 비치게 하여 스스로의 모습을 비춰보게 만들었다. 사실 뉴욕에서 말 한마디 못하는 일종의 눈벌레였는데, 그 답답한 느낌을 이 작품에 나타내고 싶었다. 3층으로 올라가면 하얀색 형광등을 켜진 밝은 방이 나온다. 여기에는 시멘트 벽돌로 벽을 만들고 그 벽 위에 싱글채널 비디오 작품 〈기억〉을 설치했다. 영화가 끝나면 올라가는 엔딩 크레딧처럼 벽 위에는 영문 이름들이 지나갔는데 살짝 달랐던 점은 이름이 물처럼 아래로 쭉 내

김승영, 〈Self-Portrait〉, 1999, 싱글채널 비디오, 16분 01초.

려가게 만들어놓았다는 점이다. 이 이름의 주인공들은 살면서 만났던 사람들, 좋았든 나빴든 어쩌됐든 간에 영향을 주었던 이들이었다. 이들은 지금의 김승영을 만들어낸, 김승영이라는 사람의 정체성을 구성하는 요소들이다. 이 작업은 앞으로도 평생 동안 지속할 생각인데 처음에는 6분대에서 시작해서, 현재는 14분을 넘어섰다. 12분이나 소요되는 이 작업을 2번이나 본 사람들이 있다는 이야기를 듣고 나서부터는 가장 신경 쓰이는 작품이 되고 말았다.

〈할렘 종이비행기 프로젝트〉(2000)

귀국 보고전에서는 발표를 하지 못했지만 뉴욕에서 만든 작업 중 가장 귀중한 작업이 있다면 단연 〈할렘 종이비행기 프로젝트〉다. 뉴욕에 머무는 동안 많은 곳을 다녔지만 할렘은 선입견과 두려움 때문에 가지 못했던 곳이다. 할렘을 처음으로 찾아간 때는, 뉴욕에 머문 지 6개월가량 돼서 다시 연장 비자를 받으러 한국에 돌아가기 직전이었다. 선입견과 달리, 할렘은 활기가 넘쳤고 아래쪽 맨해튼과는 전혀 다른 분위기였다. 한국에 다녀온 뒤 다시 할렘을 찾은 나는 공원 잔디밭에서 종이비행기를 날리기 시작했다. 의외로 활기가 있으면서 평온한 할렘 사람들과 함께 어울리고 싶었다.

종이비행기를 접는 데 사용된 종이에는 시각장애인이 사용하는 점자로 "왜 사랑하기를 두려워하는가"라는 글이 적혀 있었다. 비행기를 접어서 날리기 시작하자 한두 명의 흑인 아이들이 함께 종이비행기를 접어서 날려보내기 시작했고, 어느새 공원에는 많은 사람들이 모여 비행기를 접어서 날리고 있었다. 그리고 얼마 시간이 지나지 않자 공원 잔디밭 위에는 하얀 종이비행기가 할렘의 하늘을 날아오르다 착륙한 채로 가득 차 있었다. 지나가는 행인의 "여기가 어디죠?" 하는 물음에 "이곳은 평화공항(peace airport)이에요."라는 아름다운 대답을 전해 듣고서 마음속에 높이 쌓였던 견고한 담 하나가 허물어지는 것 같았다. 이후 이 작업은 P.S.1 MoMA 레지던시 일본 대표로 왔던 무라이 씨와의 협업작업인 〈바다 위의 소풍〉에 녹아 들어가게 된다.

〈바다 위의 소풍〉(2002)

대한해협 공해에서 이루어진 〈바다 위의 소풍〉은 바다 한가운데에서 만나 가볍게 소풍이나 즐기자는 취지에서 시작됐으나 실제로는 2년 정도 어려운 과정을 거쳐서 2002년 7월 29일 실현시킨 프로젝트였다. 나는 거제도에서, 무라이 씨는 쓰시마섬에서 출발하여 약속 지점(N34°48″E129°10″)에서 만나 잔을 들고 건배를 하기로 했다. 이 퍼포먼스를 통해 서로 다른 문화적 배경과 언어를 가진 사람들이 만나 그들의 역사를 만들어가는 과정에서 일어나는 크고 작은 문제들을 은유적으로 표현하고자 했다. 작은 배 위에서 가볍게 부딪치는 유리잔의 '쨍' 하는 소리는 화해와 신뢰와 우정의 문제를 연상시키며 관객에게 '만남'의 의미를 생각하게 만들었다. 일상에서 상대에게 먼저 손을 내미는 것은 정말 쉽지 않은 일이다.

2015년에 제작된 사진작가 세바스치앙 살가두에 대한 다큐멘터리 영화 〈제네시스: 세상의 소금〉과 다니엘 바렌보임과 서동시집 오케스트라 등을 보면서 〈바다 위의 소풍〉을 어떻게 하면 좀 더 흥미롭게 보여줄 수 있을지 고민하고 있다. 다니엘 바렌보임은 이스라엘 의회가 수여하는 울프상을 받고 대통령과 교육부장관, 의원들 앞에서 자신의 수상소감을 대담하게 밝혔다. 이 점에 주목해서 용기와 양심, 용서, 그리고 편견의 극복이 필요하다는 생각이 들었고 이를 바탕으로 한 작업을 진행할 생각을 갖고 있다. 현재까지 〈바다 위의 소풍〉 프로젝트의 결과물은 일본 나카츠에 촌민홀과 한국 영은미술관, 뉴욕 P.S.1 MOMA를 필두로 해서 벤쿠버, 시드니, 베를린, 그 밖의 여러 도시에서 다양한 설치작업과 영상을 통해 전시로 이어지고 있다.

이후의 활동

2000년대 중반부터 지속해온 '스피커 탑' 작업의 의미는 무엇인가?
스피커에 관심을 가지게 된 것은 1999년 뉴욕 P.S.1 MoMA 레지던시에 1년 동안 머물며 다양한 인종들과 생활하면서부터다. 그들이 자국의 언어를 사용하는 것을 보면서 자연스럽게 성경에 나오는 바벨탑을 떠올렸다. 그때부터 바벨탑의 의미를 '흩어진다'는 부정적인 시각에서 보는 것이 아니라, '다양함'으로 해석해서 스피커를 쌓아 올리는 작품으로 만들 생각을 했다. 그동안 모은 스피커들은 생산된 국가와 회사, 디자인, 사운드 음향이 모두 제각각이어서 '다양함'이라는 주제와 아주 잘 맞는 재료라고 보았다. 그리고 작품에 바벨탑이 가지고 있는 '욕망'이라는 주제도 동시에 녹여내고 싶었다. 그래서 2018년 강릉국제비엔날레에 출품한 작품 〈바벨탑〉은 스피커 탑을 둥근 형태로 높이 쌓아 올려 중앙 부분의 천장에 체인을 설치했다. 그리고 거기서 설치된 체인이 바닥에 설치된 깊고 검은 우물 속으로 끝없이 무겁게 들어갔다가 물을 차고 다시 올라오기를 반복하는 그로테스크한 상황을 연출시켰다. 결과적으로 작품 〈바벨탑〉은 인간의 다양성과 욕망이 서로 충돌하는 결과를 보여주게 됐다. 이 작품은 "이 사회는 개개인의 다양성을 인정하는가?", "우리는 진정한 '우리'가 될 수 있을까?" 같은 어려운 질문들을 제기하고 있다.

〈의자〉와 〈구름〉 (2011)

2011년 사비나 미술관 개인전 《WALK》에서 선보인 작품 〈의자〉는 실제로 겨울에 어머니 몸의 체온을 따뜻하게 유지하기 위해서 사용

김승영, 〈tower〉, 2018, 폐스피커를 이용한 설치작업.

했던 의자다. 이 의자에 보일러 장치를 연결해서 사람의 체온인 37도가 지속적으로 유지되도록 했다. 사비나미술관의 서늘한 지하 전시장에서 처음으로 선보였을 때 관람객들은 이곳에 앉자마자 뜻하지 않은 따뜻함을 전달받으면서 큰 위안을 받았다고 한다. 이러한 느낌은 장소특정성과 계절에 따라 더욱 힘을 발휘하는데 2013-14년 국립현대미술관 서울관(종친부와 기무사 옛터) 앞마당에 설치되었을 때와 2018년 이후 덕수궁 마당에 설치되었을 때 많은 사람들의 마음과 몸에 위안과 따뜻함을 선사했다. 그리고 싱글채널 비디오 설치작업 〈구름〉은 '인생은 뜬구름'이라는 표현처럼 무상한 정서와 '공'에 대한 사유를 담은 작품이다. 검은 바탕의 바닥에 뿌려진 물에 비춰진 구름은 끝없이 생성되고 변화하고 사라짐을 반복하는 구름의 움직임을 통해 삶과 죽음과 공과 충만함에 대해 사유하게 한다.

〈Strasbourg〉(2012)

2012년 아산정책연구원갤러리에서 선보인 작품이다. 주변에서 조금만 주의를 기울이면 얼마든지 삶과 죽음의 경계를 오가는 이미지들을 발견할 수 있다. 스트라스부르 길모퉁이에서 발견한 죽은 새, 그리고 하필이면 분홍색과 노란색 라인 경계에서 죽어 있는 새와 그 주변의 허물어진 벽돌, 이끼와 식물, 그리고 이러한 삶과 죽음의 현장에서 무심히 움직이는 광고판은 뜻하지 않은 풍경이자, 강렬

한 인상의 조합이었다. 'Memento mori'(죽음을 기억하라)라는 말이 떠올랐다. 그러한 풍경에서 아주 오래된 시간이 펼쳐지는 듯했고, 그곳의 현재와 함께 미래까지 펼쳐졌다. 이 작품은 2012년 아산정책연구원갤러리 개인전 《기억을 거닐다》에서 전시했는데, 2대의 모니터로 삶과 죽음을 나타낸 것이다. 잔잔한 리듬의 아름다운 사운드가 배경이 되고, 담담한 시선으로 포착한 삶과 죽음의 이미지가 관객으로 하여금 사색에 빠지게 한다.

개인전 《KNOCK》(2017)

2017년 김종영미술관에서 올해의 작가로 선정되고 개인전 《KNOCK》를 가졌다. 당시 〈슬픔〉, 〈마음〉, 〈감정의 괴〉와 같이 인간의 감정을 주제로 한 작품들을 여러 점 전시했다. 우리는 감정에 대해 잘 알고 있다고 생각하지만 사실 그러한 감정들을 잘못 이해하고 사용하면서 마음에 상처를 남긴다. 인간의 감정에 대한 관심은 1999년 〈기억의 방〉에서 보여주었던 '녹녹하지 않은 인간관계'에서 시작됐다. 그 이후로 불안, 걱정, 질투, 수치심, 고통, 희망, 기쁨, 사랑, 행복, 외로움 등 수없이 많은 감정들을 마주하다가 내면 깊이 깔려 있는 슬픔을 보게 됐다. 그리고 슬픔이라는 감정을 통해서 "나는 누구인가?"라는 실존적인 질문을 던지고 싶었다. 그리고 이를 싯다르타 태자가 출가하기 전 인간의 생로병사를 고민하면서 생각에 잠긴 것에서 비롯된 반가사유상의 미

소 안에 숨겨져 있는 슬픔을 통해서 보여주고
싶었다. 김종영미술관 개인전 《KNOCK》에
서 선보인 이들 작품은 이러한 계기에서 탄생
한 작업들이었다.

국립중앙박물관 《영월 창령사터
오백나한: 당신의 마음을 닮은 나한》
(2019)

이 전시는 원래 2018년 춘천국립박물관에서
진행된 《영월 창령사터 오백나한: 당신의 마
음을 닮은 얼굴》에서 시작된 것으로 오래된
유물을 현대미술 작가와의 콜라보레이션을
통해 새롭게 선보이는 전시였다. 당시 춘천국
립박물관에서 열린 이 전시는 고려 말에서 조
선 초 사이에 만들어진 것으로 추정되는 나한
상을 선보였는데 불교에서 '나한'은 수행을 통
해 깨달음을 얻은 인간을 뜻한다. 이 전시를
위해 전시장 입구에 일정한 간격의 작은 연못
들을 배치했으며, 본격적인 전시공간에는 각
각의 독립적인 29개 좌대들에 놓여 있는 28
구의 나한상들을 배치하고 1개의 빈 좌대에
는 흑경을 좌대 윗면에 설치해서 관객 스스로
를 보게끔 했다. 나한상들이 놓이게 될 전시
장 바닥 전체에 붉은 벽돌 작업들을 깔고 자
연의 소리와 같은 사운드 작업들을 배경에 설
치하여 마치 숲속에 들어온 것과 같은 분위기
를 자아내서 관객들이 편안한 마음으로 스스
로를 돌아보면서 삶을 성찰하는 시간을 만들
었다.

이 전시가 국립박물관 '올해의 전시' 선정
되어서 이듬해 국립중앙박물관에서 열린 《영
월 창령사터 오백나한: 당신의 마음을 닮은 나
한》(2019)으로 이어졌다. 전원도시인 춘천과
다르게 바쁘게 돌아가는 도시에 있는 국립중
앙박물관의 장소를 고려해서 전시공간에는
국립춘천박물관에서의 전시에서는 선보이지
않았던 새로운 작업으로서 700개의 스피커를
빌딩 탑처럼 쌓아 올리고 그 사이 사이에 나
한상 29구를 배치한 작업 〈도시 속의 나한〉을
선보였다. 이 전시는 현대미술가가 국립중앙
박물관에서 사상 처음으로 유물을 콜라보한
신작전이란 점에서 의미가 적지 않다.

IV   동시대 한국 미디어아트의 동향

1 동시대 한국미술의 전개

1990년대가 실질적으로 1987년부터 약 10년간의 시기에 해당된다면[1] 2000년대는 1990년대 말에 이미 시작되었다고 할 수 있을 것 같다. 이러한 시기 분절은 1987년만큼이나 1997년을 사회문화적으로 중요한 결절점으로 간주함으로써 가능해진다. 실제로 국가부도의 상황에 직면했던 1997년 국제통화기금(IMF)에 자금 지원을 요청하고 1998년 18억 달러를 상환하기까지 이른바 'IMF 시기'를 거치면서 한국사회는 여러 모로 이전과 달라진다. 전 국민이 단합하여 성공적으로 IMF 체제를 벗어남으로써 적어도 외면적으로는 경제발전을 향한 궤도에서 이탈하지 않고 아슬아슬하게나마 준선진국 반열에 올라서는 것처럼 보였다. 하지만 이후 우리 사회는 비정규직 양산, 청년실업 증가, 양극화 심화 같은 문제들을 고질적으로 겪고 있다. 정부가 금융시장을 전면적으로 개방한 IMF 외환위기를 기점으로 한국사회에는 본격적인 신자유주의 시대가 개막한 것이다. 이미 1980년대부터 불기 시작한 세계화(globalization)의 바람은 세계 질서를 이데올로기가 아닌 경제 논리로 재편했다.[2] 90년대 후반에 이르러 더욱 거세어진 세계화의 조류는 우리의 일상생활뿐만 아니라 국내 미술계의 판도도 크게

---

1 여경환 (2016), p. 18.
2 세계화는 "국가적 경계를 넘어선 자본, 물자, 문화의 이동으로 전 세계가 하나의 단위체로 통합되어 가는 과정"이라고 요약될 수 있다. 이러한 글로벌한 통합의 기초 원리는 시장경제의 논리. 박은영 (2017), 「세계화 시대의 한국미술」, 윤난지 외 (2017), pp. 27-28을 참고하라.

바꿔 놓았다.

새로운 밀레니엄을 앞둔 한국사회와 미술계에 세계화를 촉진한 계기 중 하나는 1990년대 중반 보급되기 시작한 인터넷이었다. 1982년 전길남과 서울대학교 컴퓨터공학과팀과 구미 전자기술연구소가 중형 컴퓨터에 IP를 할당받아 전용선을 통해 인터넷 연결에 성공한 것이 국내 최초의 사례다.[3] 1985년에는 PC통신 서비스가 개시되어 1990년대 중반까지 20-30대 젊은 층을 중심으로 통신문화콘텐츠를 활발하게 생성했다. 1994년 인터넷 상용화서비스에 돌입한 한국 정부와 기업은 4년 뒤 98년부터는 초고속 인터넷 상용서비스를 개시했다. 인터넷 인프라가 전국적으로 확장되어 가던 2000년대 초반 350만 명에 육박하던 PC통신 가입자들은 다음, 야후, 네이버, 드림위즈 같은 인터넷 포털로 대거 이동했다. 1990년대 말 인터넷 서비스가 보급되자 한국미술가들은 세계 무대와의 거리가 더욱 좁혀지는 것을 체감하게 되었다. 굳이 선진국으로 유학을 가지 않더라도 초고속으로 해외 미술현장에 접속할 수 있었기 때문이다.

2010년 이후 한국미술이 1990년대 말부터 동시대성을 획득했다고 평가하는 저술들이 발표되고 있다.[4] 한국미술이 동시대성을 갖게 되었다는 것은 일차적으로 서구미술을 일정한 시차를 갖고 수용하던 과거에서 벗어나 동시적인(contemporary) 문화현상으로 출현하기 시작했다는 것을 의미한다. 90년대 다문화주의와 탈식민주의가 대두하면서 타자로서의 아시아가 주목받기 시작했다. 김복기는 이러한 '중심의 이동' 시기에 비서구권 비엔날레가 대거 등장했다는 데 주목하고 광주비엔날레가 자리를 잡아간

---

3   한국의 팀 버너스 라고 불리는 전길남이 이끈 연구팀이 성공시킨 인터넷 방식은
     1969년 미국 국방부의 아르파넷(ARPAnet)에 이은 두 번째 패킷교환방식(TCP/
     IP)이었다. 군사용으로 정부 주도하에 개발된 아르파넷과는 달리 국내 인터넷 개통은
     순전히 전길남 개인이 고군분투한 결과 얻어낸 성과였다. 한국인터넷진흥원, 「인터넷
     30년, 생활을 바꾸다」, 『internet』, 2012년 5-6월호, pp. 16-21을 참고하라.

4   한국미술의 동시대성에 관한 저술은 문혜진(2015), 윤난지(2017), 반이정(2018)의
     저서 외에 다음과 같은 논문이 있다. 김복기 (2013), pp. 197-224; 김종길 (2013), pp.
     424-436; 이숙경 (2013), 「글로벌리즘과 한국현대미술의 동시대성」, 『미술사학보』,
     40, pp. 71-84.

90년대 말 이후부터 현재에 이르는 한국미술사를 동시대 미술로 간주한다.[5] 그런데 '동시대'(contemporary) 한국미술에 관해 논의한다는 것은 서구와의 시간적 간격을 좁혔다는 데 그치지 않으며, 서구에서 포스트모더니즘 이후의 담론으로 떠오른 '동시대성'이라는 범주가 국내 미술에도 적용된다는 의미이기도 하다.

새로운 밀레니엄에 접어든 이후 포스트모더니즘의 시효가 만료되었다고 판단한 서구의 미술이론가들은 왕왕 '동시대 미술'(contemporary art)이라고 명명되어온 포스트모던 이후의 미술을 규명하고자 시도하였다. 2009년 미술사가 핼 포스터는 영미권에서 활동하는 70명의 비평가와 큐레이터에게 '동시대 미술'에 대해 묻는 설문조사를 했다. 그는 이미 널리 숙지하고 있는 시장경제와 세계화 경향성 외에 그 어떤 역사적, 개념적, 비평적 판단에도 종속되지 않는 동시대 미술을 특징짓는 주요한 원인이 무엇인지 질문하였다.[6] 『옥토버』지가 이러한 조사를 하게 된 것은 모더니티에 대한 철저한 비판과 성찰로 점철되었던 포스트모더니즘이 "모래 속으로 사라지고" 주도적인 담론과 이론이 부재하는 시대에 전혀 새로울 것 없는 '동시대성'이라는 범주에 대해 여러 저자들이 숙고하고 있었기 때문이다.[7] 기호학과 후기구조주의 사상을 든든한 이론적 지원군으로 삼았던 포스트모던 미술과 다르게, 동시대성이란 무엇인가에 대한 합의가 결여된 채 동시대 미술계에서 유통되고 있는 담론들은 지엽적이고 파편적이다. 2000년 이후 대두된 동시대 미술에 관한 담론들로는 '공공미술' 또는 '장소특정적 미술', '관계미술'과 '참여미술', '포스트프로덕션'에 관한 논의들이 있다.[8] IV장에서는 한국 동시대 미술에 관해 고찰하기 위해 이와 같은

---

5   김복기 (2013), p. 198.
6   Foster ed. (2009), "Questionaire on the Contemporary", *October*, 130, pp. 3-124, p. 3 참고.
7   Terry Smith (2006), "Contemporary Art and Contemporaneity," *Critical Inquiry*, 32(4), pp. 681-707; Terry Smith, Okwui Enweazor, Nancy Condee eds. (2008), *Antinomies of Art and Culture: Modernity, Postmodernity, Contemporaneity*, Duke University Press; Foster ed. (2009); 테리 스미스 (2013), 『컨템퍼러리아트란 무엇인가』, 파주: 마로니에북스.
8   공공미술에 관한 논의는 수잔 레이시와 권미원의 저서를, '관계미술'과 '참여미술'에

주제들에 대해 논의할 것이다.

그런데 위에 거론한 각각의 담론을 통해 동시대 미술의 주요 국면들에 접근할 수는 있을까? 이러한 논의는 동시대성 자체에 대한 성찰은 아니다. 몇몇 저자들이 동시대성에 관한 규명을 시도하였으나, 그것이 과연 포스트모던한 다원주의와 명백하게 차별화되는 것인지 의문스럽다. 동시대성을 미래와 단절된 현재 자체의 제시로 규정하는 보리스 그로이스(Boris Groys)는 이질적인 복제 이미지들이 서로 망을 형성하고 끊임없이 생성 및 배포되는 동시대 미술의 현실을 기술하였다.[9] 또한 테리 스미스(Terry Smith)는 동시대 미술의 이질성(heterogeneity)과 다양성(multiplicities)에 대해 검토했고, 핼 포스터는 예술가들이 공유하는 의미, 방법, 동기가 결여된 '불확실성'(precarious)을 동시대 미술의 특성으로 제시하였다.[10] 포스트모던의 열풍이 지난 이후의 미술이 '동시대 미술'이라는 명칭으로 통용되고 있다고 하더라도 그것의 정체가 무엇인지는 아직 불분명한 것 같다. 요컨대 이른바 '동시대' 미술계는 미술 자체의 논리가 부재하거나 아직 마련되지 않은 것으로 보인다. 포스트모더니즘이 경계했던 거대 담론이 완전히 붕괴된 오늘날의 미술계는 시장과 경제의 원리가 미술관과 전시영역까지 장악하고 있는 듯한 형국을 하고 있는 듯하다.

'동시대적임'을 무엇으로 판단하든지 간에 한국미술이 서구미술의 동향을 좇기에 급급하던 저간의 상황에서 벗어나 미술계의 쟁점들을 동시적으로 공유하게 된 시기가 대략 1990년대 후반의 어느 지점부터라는 데 여

관해서는 각각 니콜라 부리오와 클레어 비숍의 저술을, '포스트프로덕션'은 니콜라 부리오의 저술을 보라. 수잔 레이시 (2010), 『새로운 장르 공공미술: 지형 그리기』, 문화과학사; 권미원 (2013), 『장소 특정적 미술』, 김인규·우정아·이영욱 역, 현실문화; 니콜라 부리오 (2011), 『관계의 미학』, 현지연 역, 미진사; Claire Bishop, "The Social Turn: Collaboration and Its Discontents," *Artforum*, 44, pp. 178-183; 부리오 (2016), 『포스트프로덕션』, 정연심·손부경 역, 그라파이트온핑크.

9 Boris Groys (2007), "The Topology of Contemporary Art," *Moscow Art Magazine*, url = 〈http://moscowartmagazine.com/issue/42/article/824〉 (2019년 11월 2일 접속.)

10 Smith (2016), pp. 698-705; Foster (2009), "Precarious: Hal Foster on the art of the decade," *Art Forum*, pp. 207-209.

러 저자들이 동의하는 것 같다.[11] 세계화의 여파에 힘입어 한국미술이 서구와의 간극을 극복하였다고 하더라도 동시대성이라는 범주 자체와 동시대 미술을 둘러싼 각종 담론들이 서구의 논단에서 나왔기 때문에 동시대성은 한국의 특수한 상황 속에서 재맥락화될 수밖에 없을 것이다. 한국미술이 동시대성을 확보했다는 데 대해 여러 근거들이 있겠으나, 1990년대 인터넷 서비스와 인프라의 확충은 미술계의 세계화를 촉진하는 결정적 요인 중 하나로 작용한 것으로 보인다.

1990년대 중반 이후 유학을 마치고 돌아온 미술가들과 국내에서 IMF 체제를 겪은 젊은 미술가들은 국내에 거주함에도 불구하고 인터넷 환경에 힘입어 해외 미술계와 실시간으로 소통하는 첫 세대가 되었다. 그들은 선진국에 비해 열악한 작업환경에도 불구하고 "미학적 견고함을 무기로 '발언의 현실'을 재구성해" 나갔다.[12] 소위 신세대로 불리던 미술가들은 "이제는 우리가 알아서 뜰 거야!" 하는 자신감을 가지고 세계화의 시류에 동참했고, 그중 국내 기반으로 활동했던 이불과 최정화는 일찍부터 국제 미술계에서 주목을 받았다. 그들의 뒤를 잇는 포스트신세대 미술가들,[13] 이를테면 장영혜, 함경아, 이용백, 정연두, 전준호, 문경원, 양혜규, 강은수 등은 포스트-포스트모던 시대를 맞아 앞선 세대의 감각과 문제의식을 각자의 방식으로 소화하고 세계화의 추세에 발맞추기 시작했다. 현재 그들

---

11 I장에서도 밝힌 것처럼 한국미술의 동시대성에 대한 판단은 저자들마다 편차가 있다. 즉 한국미술이 동시대적이 되었다고 판단하는 기준이 무엇이냐에 따라 그 시점과 양상에 대한 설명이 달라진다는 것이다. 따라서 필자는 현 시점에 '동시대' 한국미술에 대한 평가와 판단이 아직 완료되지 않았다고 보고 이 주제에 관한 단정적인 기술을 유보한다.

12 김종길 (2013), pp. 431-432.

13 '포스트신세대 미술'이라는 필자의 작명은 국내 포스트모더니즘의 대명사가 된 신세대 미술 이후에 국내 미술계에서 주목받기 시작했다는 점에 착안한 것이지 단순히 신세대 미술가들보다 연배가 아래라는 점에서 비롯된 것은 아니다. 가령 장영혜나 함경아는 뮤지엄그룹으로 활동을 시작했던 고낙범, 최정화, 이불 등과 동년배다. 필자는 1990년대 PC와 인터넷이 보급되던 시기에 더 발전된 통신 미디어 환경을 누리면서 청소년기와 청년기를 보낸 작가들을 염두에 두고 포스트신세대라는 용어를 사용했다.

이용백, 〈Vaporized Things(Post IMF)〉, 1997, 2채널 비디오 설치, 7분.

문경원, 〈박제〉, 2009, HD Film, 13분 51초.

은 국내나 해외 어디에 거주하는가와 상관 없이 국가 간 경계를 자유롭게 오가며 활약하고 있다. 이러한 작가들 중에는 미디어아티스트들이 다수 포진해 있다. 1990년대 중반 이후 청년기를 보내면서 컴퓨터와 인터넷 환경을 체화한 포스트신세대 미술가들은 미디어아트를 표방하지 않는다고 하더라도 뉴미디어를 일상적 필수용품으로 사용한 세대에 속한다. 동시대 미술에 대해 논평하면서 대중 미디어와 미디어아트에 관해 논의하지 않는 것이 불가능한 시대가 된 것이다.

이미 살펴본 것처럼 그간 여러 저자들이 1990년대 한국 포스트모던 미술을 대중문화와 상품미학을 과감하게 새로운 미술언어로 차용한 '무서운 아이들'(enfant terrible)의, 즉 신세대들의 도발과 동일시하는 경향이 있었다.[14] 반면 더 최근 출판된 저술들에서는 한국 포스트모더니즘을 신세대라는 코드만으로는 충분히 해명할 수 없다고 보고, 포스트모더니즘과 그이후의 한국미술계 변화를 비판적이고 정치적인 '포스트민중미술'을 통해 고찰하고 있다. 정헌이는 다양성, 해체적 태도, 탈중심과 주변화 경향으로 이해되는 '포스트모더니즘'이 우리의 1990년대 미술을 설명하기에 별로 적절하지 않다고 하면서 "1990년대 미술은 '포스트-모더니즘'일 뿐만 아니라 '포스트-민중', 즉 민중미술을 경험한 이후 세대의 미술적 발언이자 표현"이기도 하다고 역설한다.[15] 말하자면 한국 포스트모더니즘의 자장 안에는 신세대라는 키워드로 해명되지 않는 현실 비판적 미술이 자리하고 있었다는 것이다. 다른 여러 논평자들도 한국미술의 특정 양태나 시기를 포스트모더니즘으로 부르는 것이 한계가 있다는 데 동의하고 있다. 그들은 1980년대 모더니즘 계열과 리얼리즘 계열의 대립구도가 1990년대 미술의 모태가 되었다고 파악한다. 가령 임산은 서구의 근대화 과정이 우리의 그것과 다르게 전개되었다는 역사적 사실을 상기시키면서 이렇게 기

---

14 '무서운 아이들'은 2000년 문을 연 대안공간 쌈지스페이스의 개관전 제목이었다. 주최측은 한국 포스트모더니즘 미술의 경향을 보여주는 작가로 고낙범, 박혜성, 안상수, 이동기, 이불, 이용백, 이형주, 홍성민을 초대했다.

15 정헌이 (2010), 「한국 현대미술에서 90년대의 의미」, 경기도미술관 편, 『1990년대 이후의 새로운 정치미술: 악동들 지금/여기 전시연계 세미나』, 경기도미술관, p. 3.

술한다. "우리의 포스트모더니즘은 모더니즘미술과 민중미술에 대한 각인을 내포함을 인정하지 않을 수 없다."[16]

이론가들이 포스트민중이라는 키워드로 고찰하는 작가에는 박이소, 오형근, 박찬경, 임민욱, 김기수, 임흥순, 노순택 등이 있다. 1990년대 전반 재미 한국작가로 민중미술 진영과 교류했던 박이소(1957-2004)는 1990년대 후반 귀국하여, 화려하게 꽃피우는 것 같던 국내 미술계에 '서구문화의 수용과 번역'에 관한 묵직한 화두를 던졌다. 박모라는 필명을 썼던 박이소는 엄혁과 함께 서구 포스트모더니즘의 실상과 담론을 한국에 전했을 뿐만 아니라, 미국과 한국 문화를 두루 접한 경험을 바탕으로 한국적 포스트모더니즘에 관한 성찰을 내놓았다.[17] 정헌이는 박이소의 작업이 "1990년대 조증 뒤에 숨어 있는 허망함의 비애를 정확하게 짚어냈다."라고 평가한다.[18]

여러 저자들이 예외 없이 포스트민중미술로 주목하는 작가 박찬경(1964-)은 1997년 첫 개인전에서 선보인 〈블랙박스: 냉전이미지의 기억〉을 통해 향후 작업의 색채를 선명하게 드러냈다. 작품 이전에 비평 활동을 먼저 시작한 박찬경은 사진을 주요 매체로 삼되 텍스트를 영상과 함께 작품의 주요 부분으로 삽입했다. 그는 탈냉전시대에 분단의 트라우마를 안고 살던 당대에 냉전이 어떻게 전쟁을 겪지 않은 세대들에게 기억되고 이미지화되고 있는지 기억의 메커니즘으로 작동하는 여러 제도들 — 전쟁기념관, TV, 신문 등의 미디어 — 을 거울 삼아 돌아보았다.[19] 1998년 박찬경,

16 임산(2018), 「포스트모더니즘 미술담론의 초기형성」을 보라. 유사한 견해를 표명하는 저술들은 다음과 같다. 문혜진(2015), p. 36; 임근준(2013), 「동시대성과 세대 변환 1987-2008」, 『아트인컬처』, 2013년 2월호, pp. 134-138; 신정훈(2016), p. 40을 보라.

17 재미 미술이론가 홍가이, 박모, 엄혁의 1980-90년대 활동에 관해서는 문혜진(2015), pp. 80-92를 참고하라. 코리안 디아스포라를 대표하는 박이소의 활동상은 박은영 (2017), 「세계화 시대의 한국미술」, 윤난지 외 (2017), pp. 28-36; 김현일 (2017), 『한국현대미술과 박모/박이소 작품에 구현된 문화적 틈새』, 서울대학교 석사학위논문을 보라.

18 정헌이 (2010), p. 12.

19 박찬경 (1998), 「〈블랙박스: 냉전이미지의 기억〉 후기」, 『문화과학』, 15, pp. 241-260을 참고하라.

황세준 등이 창간하고 과거 미비연을 이끌던 중진 이론가들이 지원했던 매거진 『포럼에이』(Forum A)는 2000년대 중반까지 미술계 담론 형성에서 핵심적 역할을 했다. 그들의 지향점은 모더니즘 대 민중미술이라는 이데올로기적 대립구도를 벗어나 정치적·비판적 미술의 국제적 동향을 수용하려는 것이었다. 처음에는 인쇄물로 출판되다가 이후 웹진 형태로 출판되었던 이 잡지는 현실적 개념주의, 국제상황주의, 남미의 개념주의를 국내에 소개했다.[20] 미디어아티스트로서 박찬경에게 특기할 만한 점 중 하나는 2000년 이후 냉전과 분단의 상황을 조명하는 주요 서사적 장치로 한국 전통의 무속신앙을 끌어들여 특유의 포스트민중적 색채를 형성했다는 것이다. 에르메스상 수상 기념전시에서 발표한 〈신도안〉(2008)이 그 대표적인 사례다. 박찬경의 포스트민중적 미술의 고유색은 그가 총감독을 맡았던 2014년 미디어시티서울 비엔날레 《귀신, 간첩, 할머니》에도 그대로 투영되었다.[21]

　　포스트민중미술의 범주에 드는 작가들은 1990년대부터 활동한 박찬경, 임민욱, 노순택 같은 중견들뿐만 아니라 2000년 이후 사회참여적 미술을 실천해온 더 젊은 미술가들로 구성된 프로젝트팀들이 있다. 여러 저자들은 그들 또한 민중미술의 유산을 직접적·간접적으로 계승한다고 쓰고 있다. 즉 2000년대의 도시미술 프로젝트 '플라잉시티'(2001-)나 '믹스라이스'(2002-), '리슨투더시티'(2009-), '옥인콜렉티브'(2009-2019)도 궁극적으로는 민중미술로 거슬러 올라가는 동시대 참여적 실천운동으로 간주할 수 있다는 것이다. 비록 이러한 프로젝트들이 과거와는 다르게 정부의 공공미술 지원사업에서 탄력을 받아 진행되었다고 하더라도 말이다.[22]

20　이설희 (2017),「비판적 현실인식의 미술」, 윤난지 외 (2017), p. 179 참고. 2017년 대안공간 풀은 "작가와 미술작업, 그리고 비평의 생산적 유통방식"을 모색한다는 취지로 『포럼에이』를 재창간했고, 현재 5권까지 출판되어 있다. (대안공간 풀의 웹페이지를 참고하라. url= ⟨http://altpool.org/_v3/board/list.asp?b_type=1⟩)

21　박찬경 외 (2014), 『귀신 간첩 할머니: 근대에 맞서는 근대』, 서울: 현실문화 참고.

22　예를 들어 이설희는 민중미술 이후 세대의 현실참여적 미술가들의 작업을 '비판적 현실인식의 미술'이라고 부르면서 박찬경, 노재운, 임민욱, 조습, 플라잉시티 등의 작업에 주목한다. 이설희 (2017), pp. 169-197을 보라. 그 외의 저술에는

포스트모더니즘 이후 새로운 문화지형에서 펼쳐지는 사회참여 미술은 근래에 공공미술, 공동체미술(community art), 참여미술 같은 명칭으로 불리고 있다. 수잔 레이시(Suzanne Lacy)는 1960년대 이래의 공공미술의 화두를『새로운 장르 공공미술: 지형 그리기』(1995)에서 재정의하였고, 2000년대 초엽 권미원은 '장소특정적 미술'의 한 부류로서 공동체미술을 제시함으로써 공공미술 논의를 이어갔다.[23] 이후 클레어 비숍(Claire Bishop)은 1998년 저서에서 니콜라 부리오(Nicolas Bourriaud)가 제안한 관계미술(relational arts)을 비판하는 한편, '참여'(participation) 개념을 우산으로 삼아 공공미술에 관한 레이시와 권미원의 논의를 자크 랑시에르의 미학 안에서 재정립한다.[24]

비숍의 논의를 수용한 이영욱은 "관객의 참여와 정치사회적 참여를 아우르는" 확장된 의미의 참여미술에 관해 피력하면서 '성남프로젝트'(1998)로부터 이어진 '플라잉시티'나 '믹스라이스'와 민중미술의 관계를 설정하고 있다. 그는 1980년대 민중미술 운동이 시도했던 미술과 지역공동체의 결합이, 90년대 말 급변한 사회 분위기 속에서 지역 기반 공동체 예술의 형태로 실현되었다고 설명한다.[25] 공동체미술이나 참여미술 같은 용어가 국내에 널리 회자된 것은 2010년 이후지만, 2000년 이후 국내의 사회비판적 행동주의 미술을 설명하는 데 별 무리가 없어 보인다. 한국형 공동체미술의 한 유형을 제시한 플라잉시티는 당시 이명박 서울시장이 추진한 청계천프로젝트에 대한 비판적 시각을 전방위적으로 실천했던 도시

신정훈 (2009),「'포스트민중' 시대의 미술: 도시성, 공공미술, 공간의 정치」,『한국근현대미술사학』, 20, pp. 249-267; 현시원 (2010),「민중미술의 유산과 포스트민중미술」,『현대미술사연구』, 28, pp. 7-39; 이영욱 (2014),「참여미술에서의 윤리와 미학: 클레어 비숍의 논의를 중심으로」,『미학』, 78, pp. 139-181 등이 있다. 새로운 정치참여적 미술을 부르는 명칭으로 '포스트민중'이 널리 쓰이고 있으나, 이 범주에 어떤 작가를 포함시킬 것인가, 각 작가가 민중미술과 어떻게 연결고리를 갖고 있는가는 저자마다 다르게 판단한다. 한편 민중미술 연구자 김종길은 '포스트민중' 대신 '후기정치미술'이라는 용어를 사용한다. (김종길 (2013), p. 434.)
23 레이시 (2010)와 권미원 (2013)을 보라.
24 부리오 (2011)와 Bishop (2006)을 참고하라.
25 이영욱 (2014), p. 144, 주8을 보라.

공동체 기반 예술운동 집단이었다. 전용석과 장종관 등이 주도한 이 그룹의 활동은 최근 전국 중소도시로 퍼져나간 도시탐사 프로젝트의 원조였다. 그들은 청계천 복원공사가 진행 중인 현장에서 구도심 개발로 인해 생계가 막막해진 세입자들 및 노점상들과 함께 〈이야기 천막〉(2004)이라는 토크쇼를 개최하기도 하고, 청계천프로그램을 가상적으로 제안한 노점상 테마파크 〈만물공원〉(2004)을 발표하기도 했다.[26]

　　2000년대 이후 국내 미술계의 풍경을 변화시키고 미디어아트의 확산을 재촉한 요인 중 하나는 1990년대 말부터 우후죽순 생겨난 대안공간이었다. 1999년에는 국내에 4곳의 대안공간이 문을 열었다. 서울에서는 대안공간 풀, 프로젝트스페이스 사루비아다방, 대안공간 루프(Loop)가 문을 열고 부산에는 대안공간 섬(2002년 '반디'로 개명)이 생겼다. 2000년에는 쌈지스페이스, 인사미술공간, 일주아트하우스가 각각 개관했다. 비영리 문화기구인 대안공간은 비영리를 표방할 뿐만 아니라 제도권 미술관의 기능을 벗어난 비주류문화나 하위문화 — 예를 들어 90년대 홍대 앞 인디밴드나 거리미술제 — 에서 파생된 실험적 미술도 흡수했다.[27] 그럼에도 불구하고 2000년대 국내 대안공간들이 1960-70년대 미국에 출현한 대안공간들이 했던 것 같은 '대안적'(alternative) 기능을 수행했는가에 관해서는 회의적인 시각이 존재한다. 과거 '화이트칼럼스' 같은 미국의 대안공간은 소수자들의 반문화운동의 온상으로 기능했다. 박이소가 뉴욕에서 1985년부터 운영했던 '마이너인저리'(minor injury)도 주류 갤러리에서 전시 기회를 얻기 힘든 개발도상국가 출신 이민자 예술가들을 위한 대안공간이었다.[28] 이와 다르게, 국내 대안공간들은 소수자문화나 하위문화를 위한 대안적 기능보다는 전시공간이 아직 충분하지 않았던 시절에 미술관의 보완적 기능을 담당했던 것처럼 보이는 것이 사실이다.

　　당시 대안공간은 2000년대부터 젊은 작가나 떠오르는 작가를 발굴하

---

26 이설희 (2017), pp. 192-195를 참고하라.

27 이동연·김상우·민병직·김성윤·양기민 (2007), 『한국의 대안공간의 실태 연구』, (사)문화사회연구소, 반이정 (2018) 등 참고.

28 김현일 (2017), pp. 19-22 참고.

고자 공사립미술관을 중심으로 생겨난 미술상들과[29] 함께 미술계의 세대
교체를 재촉한 제도적 장치 중 하나로 기능했다. 서진석이 설립한 국내 최
초 대안공간 루프는 홍대 근처에 터를 잡고 출신 유학파 중심으로 운영되
었다. 루프가 실질적으로 기여한 바는 해외 유학파 출신 작가, 이론가, 큐
레이터 인력들을 통해 글로벌 스탠다드를 제시함으로써 간접적으로나마
국내 미술이 내용과 체계 모두에서 합리화의 길을 모색했던 것이다.[30] 초
창기 루프를 거쳐간 미술가들 중에는 정서영, 최정화, 노석미, 홍성민, 임
민욱, 강영민, 강홍구, 김상길, 정연두, 이용백, 함경아 등 미디어아티스트
들이 많았다. 루프는 내부에 미디어아트센터를 설치하고 2008년《확장된
감각: 한국/일본 미디어아트 교류》전을 개최하는 등 아시아미디어아트 네
트워크를 구축해왔다. 루프와 전혀 다른 지향점을 갖고 있던 대안공간 풀
은 2005년까지 웹진 『포럼에이』를 운영하며 민중미술 이후 참여미술의 향
방을 모색했다. 풀에서 전시했던 작가들 중에는 박찬경, 고승욱, 배영환,
임흥순, 김기수, 플라잉시티, 믹스라이스, 옥정호, 양혜규 등이 있다.

　　1990년대 말 보급되기 시작한 디지털카메라는 국내 미술창작에 커다
란 변화를 초래한 또 하나의 계기가 되었다. 디지털카메라는 일반대중의
문화생활뿐만 아니라 기록매체로서 사진에 대한 인식을 완전히 바꿔 놓았
다. 다시 말해 디지털카메라의 등장으로 인해 전통적인 필름카메라가 보
증했던 사진이 현존하는 대상을 기록한다는 믿음이 붕괴된 것이다. 국내
외 많은 저자들이 사진의 죽음을 선언하고 수많은 '포스트' 담론 중에 '포
스트사진'을 추가했다.[31] 디지털 테크놀로지 덕분에 사진이미지의 생성과

29　유망한 젊은 작가 발굴을 위한 미술상 및 전시 중에서 종전의 '청년작가전'을
　　개명하여 1990년부터 국립현대미술관이 시행해온 전시 '젊은 모색'이 가장
　　오래되었다. 그 외에 리움에서 2001년 이래 시행하고 있는 '아트스펙트럼',
　　90년대 말 한국에 진출한 에르메스사에서 진행하는 '에르메스재단미술상',
　　(재)송은문화재단에서 2001년부터 수여하는 '송은미술대상' 등이 있다.

30　이동연 외 (2007), pp. 83-84.

31　디지털카메라의 메커니즘은 영화에 대한 인식도 바꾸어 놓았기 때문에 '사진의 죽음'
　　담론은 영화계에서도 회자되었다. William J. Mitchell (1992), *The Reconfigured Eye:
　　Visual Truth and the Post-photographic Era*, The MIT Press; Tom Gunning (2007), "Moving
　　Away from the Index: Cinema and the Impression of Reality," *DIFFERENCES: A Journal*

합성, 더 나아가 조작과 유포를 손쉽게 하게 되었다는 것이다. 그러나 사진은 종말을 맞이하기는커녕, 2000년대 들어 미술계에서 사진 매체는 제2의 전성기를 맞이한다. 온라인을 통한 빠른 유통이 가능한 디지털이미지는 사진저널리즘에 거의 혁명적인 변화를 초래했다. 사진기자들은 더 이상 현상과 인화의 암실작업을 거치지 않고 초고속으로 현장상황을 본사에 전달할 수 있었고, 독자들은 사진을 찍은 지 불과 몇 시간 만에 웹페이지에 뜨는 사건 및 사고 소식을 접하게 되었다. 인터넷신문 『오마이뉴스』의 창간 멤버 중 하나인 노순택(1971-)은 니콘과 캐논에서 고성능 디지털카메라를 출시한 2002년을 국내 사진 저널리즘의 대전환 시점이었다고 회고한다. [32] 다큐멘터리 사진가이기도 한 노순택은 미군기지 이전 문제로 평택 주민들이 공권력에 저항했던 '대추리 사태'를 은유적으로 표현한 〈얄웃한 공〉시리즈(2006)로 널리 알려져 있다.

　디지털카메라의 보급은 사진저널리즘의 혁명만 유발한 것이 아니라 미술의 매체로서 사진이 급부상하는 계기로 작동했다. 2000년대 중반 이후 DSLR 카메라 기능이 향상됨과 더불어 프린터 성능이 급속도로 개선되자 초대형 사진작품 전시가 줄을 이었다. 안드레아스 구르스키(Andreas Gursky) 같은 독일 유형학적 사진의 영향을 받은 디지털 세대 사진가들은 한국식 유형학을 구축해갔다. [33] 가령 독일인 남편을 둔 김옥선(1967-)은 그 자신이 속한 다문화가정이나 동성 커플을 평범한 일상 공간 안에 담아냈고, 김상길(1974-)은 도시의 익숙한 공간들을 낯설고 기이하게 재현하거나 온라인동호회 멤버들의 오프라인 모임을 기록함으로써 새로운 사회상을 보여줬다. 한편 배우를 고용하여 인위적으로 연출한 사진도 2000년대에 크게 유행했다. 예를 들어 정연두(1969-)는 〈내 사랑 지니〉(2001-

　　　of Feminist Cultural Studies, 18(1), pp. 29-52 등을 참고하라.
　32　반이정 (2018), pp. 230-232, 237-245.
　33　아우구스트 잔더(August Sander), 베허 부부(Bernd and Hilla Becher) 등으로 대표되는 독일 유형학적 사진은 유사한 종류와 형태의 피사체를 수집하고 분류하여 촬영한 다큐멘터리 사진의 한 부류다. 유형학적 사진가들은 가치중립적인 태도를 견지하고 있으나 그들이 선택하는 대상들은 대개 당대 사회와 문화를 반영하는 산업적 구조물이나 모더니즘 양식의 건축물 같은 것이었다.

2005) 같은 작품에서 평범한 사람들의 소박하지만 환상적인 꿈을 실현시키는 도구로 사진을 활용한다. 사람들이 꿈꾸던 모습을 찍어주던 작가는 촬영이 이뤄지는 세트장이 실내공간, 도시의 거리, 농촌, 들판, 숲, 운해로 변해가는 모습을 그대로 보여주는 비디오 작업 〈다큐멘터리 노스탤지어〉(2007)으로 나아간다. 2000년대 사진예술의 새로운 경향 중 하나는 비현실적 또는 초현실적 합성작업들이다. 일례로 2008년 대구사진비엔날레 특별전 《공간유영》에서는 디지털 합성사진을 주요 매체로 활용하던 주도양, 원성원, 배종헌, 난다, 임택 등이 참가하여 현실과 허구의 경계에서 헤엄치는 가상이미지들의 퍼레이드를 펼쳤다.

　　한국을 포함한 비서구권에서 유행했던 네오팝의 전술도 2000년대 들어 새롭게 부상한 현상이었다. 아시아권의 새로운 팝아트는 무라카미 다카시, 요시모토 나라 같은 일본 미술가들이 선두 그룹에 속한다. 2000년대는 왕광이, 웨민준, 쟝사오강 등 중국의 정치적 팝아트가 시장에서 맹위를 떨쳤던 시기이기도 하다. 한국미술계에 출현한 네오팝은 국내 대중문화와 일상적 정서를 반영했다. 예컨대 손동현은 우리에게도 익숙한 배트맨, 슈퍼맨, 조커, 마이클 잭슨 등 미국 팝문화에서 가져온 이미지들을 동양화의 양식과 재료를 취해 재현했다. 전통적인 영정화를 연상시키는 형식으로 대중적 캐릭터를 묘사한 〈영웅배투만선생상〉(英雄排套鬘先生像, 2004) 같은 작품들은 당시 미술시장에서 큰 인기를 얻었다.[34] 코리안팝의 전성기는 이동기의 아토마우스, 이형구의 아니마투스, 강영민의 〈조는 하트〉, 홍경택의 형형색색의 연필 그림들이 미술시장에서 인기를 끌던 2000년대 중반이었다.

　　1990년대가 저물고 새로운 밀레니엄이 시작되자 국내 각 기관에서 주최하는 옥션과 아트페어가 난립하기 시작했다. 1990년대가 비엔날레와 큐레이터의 시대였다면, 2000년대 이후 — 적어도 중반 이후 — 는 미술시장과 딜러의 시대라고 할 수 있다. 비영리기관인 미술관이나 대안공간 전시와는 달리 아트페어에서 선전했던 것은 좀 더 대중적인 취향과 형식의

34 반이정 (2018), pp. 43-49.

작품들이었다. 국내에 전시공간이 우후죽순 생겨나고 각종 아트페어가
흥행에 성공했던 2000년대 미술계의 동향은 중국 미술계의 영향이 크다.
2002년경부터 무기 제조공장이 있던 베이징 다산즈 지역에 798예술구가
형성되면서 많은 미술가들이 이곳에 집결하여 창조적 시너지를 산출했다.
이 시기 각 지자체 정부들과 사기업들이 전시공간과 더불어 창작스튜디오
와 아티스트레지던스를 대거 설립한 데는 중국 정부의 과감한 미술정책에
서 자극받은 바가 크다.[35]

　　2000년 이후 한국미술계에서 가장 눈에 띄는 장면들을 꼽자면 장르
간 경계를 초월한 다원예술(interdisciplinary arts)을 빼놓을 수 없다. 미술관
이 전시장이 아닌 영화관으로, 다시 무대로 수시로 탈바꿈하는 최근의 모
습은 2000년대 중반 이후 낯설지 않은 풍경이 되었다. 1960년대 플럭서스
미술가들이 '인터미디어'(intermedia)라고 불렀던 이상이 이제 흔히 접할
수 있는 현실이 된 것이다.[36] 어떤 카테고리에도 온전히 속하지 않는 다원
예술은 기존의 행위예술, 실험적 연극이나 무용을 미디어 테크놀로지와
결합시킨, 흔히 '무대 위 미술'의 양상을 띤다.[37] 다원예술의 초기 사례로는
현대무용페스티벌 〈모다페〉(2004, 2005), 〈스프링 웨이브페스티벌〉(2007),
〈페스티벌 봄〉(2008) 등이 있다.

　　최근 미술관 행사의 단골메뉴가 된 사운드아트도 시각예술과 공연예
술의 협력이 낳은 결과물이다. 전자음향과 무대미술의 결합은 20세기 중
반부터 등장했던 현상이지만, 디지털 테크놀로지가 빚어낸 새로운 사운드
와 이미지는 과거의 미디어 퍼포먼스와는 차원이 다른 스펙터클을 연출해
낸다. 2000년대 이후 미디어아트는 더 이상 실험이나 도전의 아이콘이 아
니라, 미술가가 취할 수 있는 하나의 선택지가 되었다. 미디어아트는 이제
더 이상 비주류라고 할 수도 없다. 2000년대에는 각종 미술상들이 미디어
아티스트에게 돌아가는 것이 당연해 보일 정도였다. 다음 절에서는 이제

---

35 김종길 (2013), pp. 434-435.
36 인터미디어는 예술형식 간 장벽을 허물고자 했던 플럭서스 멤버 딕 히긴스(Dick
　　Higgins)가 조어한 용어다.
37 김복기 (2013), pp. 208-209.

강은수 외, 〈Pupaa〉, 2008, 멀티미디어 무용공연.

까지 살펴본 2000년대 이후 국내 미술계의 변화된 지형 속에서 동시대 한국 미디어아트의 현주소를 포스트매체 및 포스트미디어 담론과 함께 확인해볼 것이다.

　　컴퓨터와 인터넷, 가상현실, 모바일 테크놀로지 등 통신 기술들이 가속적으로 발전함에 따라 미디어아티스트들이 취할 수 있는 재료가 점점 더 다양해졌다. 미디어아트의 특징 중 하나인 상호작용 또는 참여적 관람은 처음에는 난해하게만 여겨졌던 기술 기반 예술의 접근성을 점차 높여갔다. 그런 한편, 시간이 지남에 따라 인터랙티브 미디어의 참신함이나 신기함은 관객의 호기심을 유발하는 데 한계를 드러내는 듯 보이기도 했다. 2000년대 후반부터 학계와 문화계에 일기 시작한 융복합의 바람은 1990년대부터 본격화된 포스트모던한 탈경계의 경향의 연장선상에 있다. 그런데 '다원예술'이나 '융복합예술' 같은 이름으로 국가에서 정책적으로 지원해온 탈경계적, 학제적 성향의 예술활동은 대개 정보기술(IT)과 예술 각 분야와의 콜라보레이션과 통상 동일시되는 경향이 있다. 그러다 보니 미디어아트는 이러한 탈경계적인 예술을 장려하는 분위기 속에서 그 명맥을 이어가는 형세를 보이고 있다.

2 포스트매체/미디어의 상황과
    한국 미디어아트

2000년대 중반부터 '현대적인' 미술관에서 미디어아트 전시를 하는 것이 국내 대중들에게도 별로 새롭거나 낯설지 않게 된 것처럼 보인다. 일반 대중에게 미디어아트는 여전히 회화나 조각 같은 전통 형식만큼 친숙하지는 않다. 그럼에도 불구하고 지난 20여 년간 미디어아트가 활성화되고 대중의 교양 수준이 높아짐에 따라 미술관에서 테크놀로지 기반 예술을 접하는 것이 방문자들에게 별로 생소하지 않게 된 것이 현실이다. 어찌 보면 미디어아트는 우리의 일상적 현실을 생생한 영상으로 재현하거나 일반 관중들에게 더 가까이 다가가기도 하는 것 같다. 예를 들어 박경근(1978-)은 〈청계천 메들리〉(2010), 〈철의 꿈〉(2014), 〈군대: 60만의 초상〉(2016) 같은 일련의 영상작품들에서 초고속 성장기를 거쳐 경제적으로 부유해졌으나 정치적 이념 논리로 인해 여전히 분단 상태에 놓인 한반도의 삶의 모순과 아이러니를 섬세하게 포착해낸다.[1] 박경근의 작품들은 한국인들에게 익숙한 산업현장이나 입영부대의 장면들을 극적인 스펙터클을 펼쳐 보인다. 그런 한편 스크린에 투사되는 친숙한 광경들은 불균형한 성장 노정을 거쳐온 한국 현대사를 은연중에 환기시킴으로써 관객을 불편하게 만들기도 한다.

　　미디어아트의 대중성은 작품을 언제나 인터넷으로 접속할 수 있다는 접근성에서 기인하기도 한다. 2000년대 초부터 선보인 장영혜중공업(장

1　박경근스튜디오 비메오 페이지(url = 〈https://vimeo.com/kkkpstudio〉)를 참고하라.

장영혜중공업, 〈다코다〉, 2001, 인터넷브라우저 화면캡쳐 모음.

영혜, 마크 보주)의 넷아트는 경쾌한 퍼커션 사운드와 재즈 음악, 그리고 속도감 있게 나열되는 텍스트들로 이뤄져 있다. 장영혜중공업의 작업은 아트선재센터 같은 전시공간에서 영상 프로젝션으로 설치되기도 했다. 그러나 관람자들이 작품을 제대로 감상하려면 외려 집에서 컴퓨터 모니터를 통해 보는 편이 더 낫다.[2] 그들은 인터넷에 접속되어 있기만 하다면 장영혜중공업이 던지는 "삼성의 뜻은 죽음을 말하는 것이다." 같은 신랄한 메시지들을 접할 수 있다. 장영혜중공업의 트레이드마크가 된 시청각적 메시지들은 현란한 플래시 효과 속에서 경쾌하게 진행됨에도 불구하고 한국 사회의 부조리에 대한 노골적인 비판으로 점철되어 있다. 감상자의 눈에 던져지는 텍스트들에는 종종 원색적인 욕설이 섞여 있어서 적극적으로 불편을 야기하기도 한다.

한편 미디어아트는 많은 경우 어릴 적부터 즐기던 게임을 연상시키거나 관객과의 상호작용(interaction)을 유도하기 때문에 전통적인 예술형식들보다 더 친근감과 흥미를 유발하는 것처럼 보이기도 한다. 2009년 공

2   장영혜중공업 웹페이지(url = 〈https://www.yhchang.com/〉) 참고.

식적인 첫 공연 《tacit.perform[0]》을 했던 태싯그룹(이진원, 장재호)은 컴
퓨터게임이나 실시간 채팅처럼 디지털 세대에게 친숙한 모티브를 가져
와 〈Game Over〉 같은 작품을 선보였다. 그들은 기본적으로 오디오비주얼
의 새로운 체험을 선사하는 사운드아트를 지향하지만, 테트리스 게임을
응용한 〈Game Over〉가 첫 공연부터 주요 레파토리로 자리 잡은 것은 작품
의 관객 친화적인 특성 덕분일 것이다.[3] 인터랙티브 미디어아트는 2000년
대 미술관 전시에서 흔히 접할 수 있는 작품들 중 일부가 되었고, 관람자들
에게 미디어아트의 주된 특징이 상호작용과 소통이라고 각인시켰다. 관
람자가 정해진 위치에 다가감으로써 비로소 작동되는 수동적인 인터랙티
브 작업이 있는가 하면 마우스나 자판, 또는 터치패드 같은 인터페이스에
서 관람자가 정보를 입력해야만 작품이 완성되는 더 적극적인 것들도 있
다. 김치앤칩스(손미미, 엘리엇 우즈)의 〈Lit Tree〉(2011)는 전자에 가깝다.
〈Lit Tree〉는 무수한 나뭇잎의 실제 3D pixel(voxels) 데이터를 스캐닝한 후,
그 데이터 값을 이용하여 실제 나무에 프로젝션 맵핑을 시도한 증강현실
(Augmented Reality, AR) 작업이다. 나무와 나뭇잎을 비추는 빛은 관람자의
움직임에 반응하여 점점이 흩어지기도 하고 유동적인 흐름으로 변하기도
하면서 서정적인 체험을 선사한다.[4]

　　21세기에 접어들어 10년 정도 지나자 동시대 미술계에서는 미디어아
트를 표방하든 하지 않든 간에 많은 작가들이 미디어, 특히 디지털 테크놀
로지와 동일시되는 뉴미디어를 사용하는 듯했다. 미술관의 소장품 분류
범주나[5] 혹은 정부의 미술인 지원을 위한 장르 분류 체계에서는 2000년 이
후 '뉴미디어'가 추가되었다. 가령 국립현대미술관 측은 "특정한 재료에
구애받지 않는 현대미술의 흐름 속에서 비디오를 비롯한 새로운 매체의

3　태싯그룹의 〈Game Over〉 공연 영상(url = 〈https://vimeo.com/308857168〉)참고.

4　김치앤칩스 사이트의 〈Lit Tree〉 작품소개(url = 〈https://www.kimchiandchips.com/
　　works/littree/〉) 참고.

5　국립현대미술관 소장품 분류체계에 '뉴미디어' 범주가 생긴 것은 2000년이다. 박미화
　　(2014), 「국립현대미술관의 소장품 분류체계의 재정비와 기술지침」, 『국립현대미술관
　　연구논문집』, 6을 보라.

태싯그룹, 〈Game Over〉, 2009, 미디어퍼포먼스, 컴퓨터그래픽과 사운드.

작품들을 묶기" 위해 이 새로운 범주를 추가했다고 밝히고 있다.[6] 1990년
대 이후 미술계뿐만 아니라 사회의 모든 영역에 가장 큰 지각변동을 초래
한 매체는 아마도 디지털 미디어일 것이다. 인터넷이 대중에 보급되기 시
작한 1990년대부터 디지털 미디어는 오늘날 사람들이 가장 널리 사용하
는 매스미디어 중 하나로 빠르게 자리 잡았다. 1절에서 언급했듯이 1990
년대 말부터 보급되기 시작한 디지털카메라는 미술가들에게 이미지 생산
방식의 대전환을 초래했다. 이와 같은 동시대의 미술계에서 디지털 영상
이라는 뉴미디어를 전혀 사용하지 않는 미술가를 찾는 것이 오히려 어려
워진 현실이다. 이와 비슷하게 '설치'(installation)라는 혼합매체 장르도 동
시대 미술계 장면들에 편재하고 있다. 오늘날 미술가들은 굳이 미디어아
트나 설치미술 작가임을 내세우지 않더라도 자연스럽게 미디어를 재료로
취하거나 설치의 형식으로 작업을 하는 경우가 많아졌다. 베니스비엔날레
를 비롯한 각종 대형 미술전시나 글로벌 네트워크를 형성한 구겐하임미술
관 등 전 세계 현대미술관에 전시된 대규모 영상미디어 작품이나 설치미
술 작품은 스펙터클한 외양을 뽐내며 관객들의 눈을 사로잡고 있다.

　　1970년대부터 초대형 영상미디어와 설치미술이 국제적 전시현장에
서 차츰 지분을 넓혀가자 1990년대 이후 후기자본주의적 문화산업이 예
술 고유의 영역을 침탈했다는 비판이 1990년대부터 지속적으로 제기되어
왔다. 문화산업에 대한 지식인들의 비판의 목소리는 20세기 전반부터 존
재해왔으나 주로 타깃이 되었던 것은 관객을 현혹시키고 더 나아가 여론
을 조장하는 대중문화였다.[7] 이에 반해 20세기 말 비판과 우려의 대상이
된 것은 이른바 '순수예술'(fine arts)조차 시장의 논리에 점령당한 당대의
사태였다. 그런데 전위예술의 경연장이던 국제적 미술전시들이 기 드보르
가 말한 '스펙터클'의 진열장으로 변한 것은 문화자본의 침투 때문만은 아

6　박미화 (2014), p. 51.
7　문화산업과 대중문화 비판의 대표적인 사례로는 1930년대 프랑크푸르트학파의
　활동을 거론할 수 있다. 호르크하이머와 아도르노 등 프랑크푸르트학파 구성원들은
　대중문화에 대해 단순히 비판적이기보다는 전파력이 강한 대중문화를 통한 계몽과
　혁신을 기도했다. 아도르노와 호르크하이머 (2001),『계몽의 변증법』, 김유동 역,
　문학과 지성사 참고.

니었다. 이러한 현상은 경제적 논리와 미술사적 논리가 작동하여 함께 생산해낸 합작품이라고 하겠다. 20세기 중반부터 미술 매체들 간의 경계가 붕괴되고 예술과 일상의 경계도 흐려지게 된 경향이 21세기에 들어 가속화되었기 때문이다.

1990년대 말 미술사가 크라우스는 미디어아트와 설치미술의 대두로 인해 회화, 조각, 사진, 비디오 등 미술 매체들이 각각의 특수성(specificity)을 잃어가는 상황을 개탄하면서 "동시대 미술가들의 임무는 매체의 재창안(reinvention)"이라는 논지로 일련의 저술들을 출판했다. 그가 '포스트 매체적인'(post-medium) 미술계의 상황에 대해 정돈된 견해를 제시한 『북해에서의 항해』와 「매체의 재창안」은 모두 1999년에 출판되었다.[8] 물론 크라우스가 각 미술형식들의 매체 특정성이 희미해지자 미술이 자율성을 상실하게 되었다는 위기의식 때문에, 말하자면 모더니스트 비평가 그린버그가 고수했던 본질주의적인 입장으로 인해 각 매체의 고유성을 지켜내야 한다고 생각하는 것은 아니다. 그가 보기에 브로타스(Marcel Brothas)처럼 1960-70년대 개념미술가들 또는 설치미술가들 중에는 뒤샹이 1910년대에 시작한 역사적 과업을 완수한 작가들이 있다. 브로타스는 미술 매체 간의 경계, 그리고 더 나아가 예술과 비예술 — 이를테면 개념 — 의 경계를 흐릿하게 만듦으로써 예술의 종언을 고하는 듯했다. 그런데 크라우스에 따르면 브로타스는 예술의 죽음을 불러오기는커녕, 그린버그식 매체 특정성을 던져버림과 동시에 매체를 성립시키는 새로운 방식을 창안한 선구적 사례라고 할 수 있다. 브로타스의 혼합매체 설치 〈현대미술관 독수리부〉(Museum of Modern Art, Eagles Department, 1972)는 독수리를 주제로 그림, 박제된 동물, 포스터, 과학도감, 신문기사 같은 상호이질적인 사물들을 나열한 작품이다. 크라우스가 보기에 1970년대 브로타스가 구현한

---

8   Krauss (1999), *A Voyage on the North Sea: Art in the Age of the Post-Medium Condition*, New York: Thames & Hudson; Krauss (1999), "Reinventing the Medium," *Critical Inquiry*, 25(2), pp. 289-305. 김지훈은 역서 『북해에서의 항해: 포스트-매체 조건 시대의 미술』를 출판하면서 「매체의 재창안」을 함께 엮어 수록했다. 크라우스 (2017), 『북해에서의 항해: 포스트-매체 조건 시대의 미술』, 김지훈 역, 서울: 현실문화A를 참고하라.

허구의 미술관은 사물들을 미술작품으로 만드는 미술관의 제도적 관습들을 드러내고 개별 예술형식을 구분하는 경계를 폭로하는 동시에 무의미하게 만든 작품이었으며, 따라서 개별 예술의 매체 특정성을 종료시킨 시초적 작업이었다.[9] 크라우스는 단일한 물질적 요소와 기법으로 환원시킨 그린버그식 '매체' 개념 대신, 물질적 요소뿐만 아니라 개념적·맥락적 요소도 함께 복합적으로 얽혀 있는 미술작품의 바탕 또는 기반이라는 의미에서 '기술적 지지체'(technical support)라는 용어를 취한다.[10] 그러므로 크라우스가 매체를 재창안한 미술가들로 브로타스, 콜먼(James Coleman), 켄트리지(William Kentridge)를 고찰하는 것은 그들이 특정한 물질적 요소나 기법으로 환원될 수 있는 새로운 매체를 제시했기 때문이 아닌 것이다. 그들의 작업이 주목할 만하다고 보이는 이유는 작품을 성립시키는 기술적 지지체에 집적된(aggregated) 요소들이 그 내적인 변별성에도 불구하고 서로 맞물리고 더 나아가 미적인 효과를 창출하기 때문이다.[11] 크라우스가 재개념화한 '매체'는 위에서 언급한 기술적 지지체와 더불어 관습에 의해 구성된다. 미술사적 관습들은 통상 미술가에게 주어지는 제약으로 기능하지만, 동시에 그러한 한계 내에서 새로운 예술양식이나 목적을 창안할 조건이 되기도 한다. 그린버그식의 매체 특정성이 무용해진 지 오래다. 그렇다고 해서 미술의 고유한 가치나 존재 의의가 사라졌다고 단언할 수 있을

---

9 크라우스 (2017), pp. 12-29를 보라.

10 그린버그는 「모더니즘 회화」(1961)에서 회화를 구성하는 조건들로 "평평한 표면,
    바탕의 형태(shape of the support), 안료의 속성" 세 가지를 꼽았다. (그린버그(2019),
    「모더니즘 회화」, 『미술과 문화』, 조주연 역, 경성대출판부, pp. 345-346.) 그의
    제자 크라우스는 환원주의적 입장을 거부하므로 평면성과 색채, 즉 안료의 속성을
    고려의 대상으로 삼지 않으며, 작품의 바탕 또는 지지체가 구체적으로 어떤 형태를
    취하는가도 그에게 중요하지 않다. 그렇지만 크라우스는 20세기 중반 등장한
    개념미술에서 완전히 와해되거나 부수적인 요소로 강등된 물리적 바탕(또는 지지체)
    개념 자체는 보존하고자 한다. 그가 그린버그로부터 멀찍이 떠나 '매체'를 '기술적
    지지체' 라는 용어로 대체하고 여기에 물질적 기반뿐 아니라 작품의 사회적 맥락도
    포함시키고 있으나, "작품의 물리적 바탕"과 동일시되는 그린버그의 매체 개념을
    완전히 떨치지는 못한 것처럼 보인다.

11 김지훈 (2016), 「매체를 넘어선 매체: 로잘린드 크라우스의 "포스트-매체" 담론」,
    『미학』, 82(1), pp. 79-87을 보라.

까? 미술이 담지해온 가치를 포기하지 않기 위해 크라우스는 각 매체의 특정성에 얽매이지 않은 미술의 매체에 대해, 그리고 매체를 대하는 미술가들의 창의적 방식에 대해 고찰한 것이다.

〈Is of〉 시리즈(2012-2013), 〈무제: 달걀부화기 & 촛불〉(2015), 〈레드 하우스〉(2016) 같은 일련의 작업에서 예술, 과학, 그리고 자연 간의 불가분한 관계를 확인해온 백정기(1981-)는 크라우스가 이야기한 매체 이후의 매체를 다시 창안하는 방식을 보여온 것 같다. 위의 작품들에서 백정기는 자연과 그 일부로서 생명이 예술 또는 과학기술을 통해 어떻게 (재)탄생할 수 있는지 보여준다. 〈Is of〉에서는 낙엽과 강물, 〈무제〉에서는 달걀, 〈레드 하우스〉에서는 식물이 기술적 장치들 — 이를테면 색소추출장치와 프린터, 달걀부화기, 식물재배장치 — 을 거쳐 작품의 구성요소가 된다. 크라우스는 매체 개념을 재구축하면서 유행이 지난 것, 쇠퇴하고 진부해진 것에 대한 벤야민의 애착을 전유한다. 20세기 전반 초현실주의자들이 '한물간'(obsolete) 사진에서 전복적인 예술의 힘을 끌어냈다고 봤던 벤야민처럼, 크라우스는 앞에 언급한 미술가들이 소환해낸 오래되고 진부해진 것들에서 미술의 '매체' 관념을 구원할 가능성을 발견한다. 그는 벤야민처럼 새로운 테크놀로지의 유토피아적 차원이 한 번 더 빛을 발할 때가 그것이 쇠락하는 순간이며, 그때에야 비로소 테크놀로지가 유용성에서 벗어나 상품생산 법칙의 공허함을 드러낸다고 믿고 있다.[12] 염색기법과 인쇄기술(판화 또는 사진)을 활용한 백정기의 〈Is of〉 시리즈는 잊혀져가던 진부한 기술이 새로운 예술로 창안되는 과정을 보여준다. 기후변화가 첨예한 쟁점으로 떠오른 시대에 인간과 자연과의 관계에 대해 다시 생각하게 하는 작업에서 백정기는 빨갛고 노란 단풍잎으로부터 추출한 색소로 설악산을 인쇄한다. 이때 오래된 염색 및 인쇄 기술, 그리고 디지털카메라 같은 장치들은 서로의 이질성에도 불구하고 함께 어우러져 새로운 기술적 지지체로 탄생했다고 볼 수 있다. 재래식 염색기술로 제작된 사진적 이미지는 얼마 지나지 않아 휘발되고 말지만, 오히려 그러한 매체적 특성 덕분에 "자연

---

12 크라우스 (2017), pp. 54, 86-88 참고.

백정기, 〈Is of: Seoraksan〉, 2012, 단풍색소프린트, 색소추출기, 농축기, 혼합재료.

환경의 시효가 얼마 남지 않았다."라는 메시지가 한층 더 힘을 얻는 것처럼 보이기도 한다. 디지털 충격이 어느 정도 완화된 근래에 와서 일부 미디어아티스트들은 첨단 테크놀로지에 천착하기보다는 아날로그와 디지털, 올드미디어와 뉴미디어를 자유롭게 넘나들며 매체를 재창안하는 것처럼 보인다.[13]

　　일반적으로 시각적이고 물질적인 재료를 다루는 미술가의 일은 표현하고자 하는 주제가 무엇이든지 간에 시각화, 조형화의 문제이며, 미술가는 재료나 매체와의 지난한 분투를 거친 결과로 최종적 작품을 가시화한다고 여겨진다. 크라우스가 꺼내 든 "포스트매체적 상황에서 매체의 재창안"이라는 카드는 실제로 예술적 가치의 고유성을 확보하기 위한 것이어서, 그린버그식 본질주의의 반향을 지닌다는 비판에도 불구하고[14] 미술이론가들에게 널리 지지를 받고 있다. 1960년대 미니멀리즘과 네오다다에서 미술의 매체 특정성이 희미해지고 예술과 일상의 경계가 붕괴되기 시작한 것은 제도비판이라는 명분 아래에서 수행된 '예술적' 행위의 결과였다. 그러나 1990년대에 이르러 개념주의적이고 아방가르드적이던 제도비판이 비엔날레나 미술관이라는 제도 안에 수용되고 문화산업의 논리가 동시대 미술을 추동하게 되자 미술계에서는 위기의식이 번져갔다. 크라우스가 당대 미술계의 상황을 포스트매체적이라고 진단한 것은 상당히 시의적절했다. 1990년대 말 국내외 미술시장에서 초대형 스펙터클 설치와 인터미디어 작품들이 제작되어 고가에 거래되고, 초국적 자본주의가 모든 것을 시장가치로 환원시키는 가운데 미술가가 해야 할 일 또는 할 수 있는 일

13 백정기의 작품세계에 관해서는 이 책에 수록된 인터뷰(pp. 492-500)를 참고하라. 백정기처럼 미술가들이 진부해진 아날로그 기술을 채택하는 것을 디지털 테크놀로지가 급성장하던 1990년대 말부터 미술계 일각에서 출현한 아날로그 올드미디어로의 회귀 현상의 일환으로 볼 여지도 충분히 있다. Claire Bishop (2012), "Digital Divide: Contemporary Art and New Media," *Artforum*, 51(1), p. 436 참고.
14 김지훈 (2016), pp. 94-106; 이현진 (2018), 「평행한 세계들을 껴안기: 포스트미디엄과 포스트미디어 담론을 다시 돌아보며」, 여경환 외 (2018), 『평행한 세계들을 껴안기: 수천 개의 작은 미래들로 본 예술의 조건』, 현실문화A, pp. 45-50; 콰란타 (2018), 『뉴미디어아트, 매체를 넘어서』, 주경란 외 역, 칼라박스, pp. 38-39를 보라.

은 무엇인가라는 문제가 제기되고 있었다. 각자의 자리에서 미술가의 사회적 역할에 대해 고민하던 전준호(1969-)와 문경원(1969-)이 2009년부터 "예술의 사회적 기능은 무엇인가?"라는 질문을 함께 파고들어, 〈미지에서 온 소식〉(News from Nowhere, 2012) 프로젝트를 수행한 것은 이러한 역사적 맥락에서 비롯된 것이다.[15] 19세기에 윌리엄 모리스는 미래에 도래할 유토피아를 꿈꾸었지만, 21세기 예술가들은 "세상의 저편"(El Fin del Mundo), 즉 현재의 인류가 종말을 맞이하고 새로운 인류가 출현하는 세계를 상상한다. 그들이 그려낸 미래는 유토피아나 파국 어느 하나로 단정하기 힘든 열린 질문의 형태를 띠고 있다. 현재를 거울 삼아 미래를 비춰보는 이 프로젝트는, 기후 변화와 환경 문제 같은 현실적 문제부터 미래사회에서 예술은 어떤 의미를 지닐 것인가에 이르는 질문을 작가들이 던지고 건축, 디자인, 과학, 의학 등 각계의 전문가들이 답을 구하는 일련의 과정으로 구성되어 있다.

크라우스가 포스트매체적 상황에 대해 이야기할 무렵 미술계 한켠에서는 '포스트미디어'와 '포스트디지털'에 대해 이야기하는 저자들이 등장하기 시작했다. 미디어이론가 마노비치는 20세기 말 출현한 디지털 혁명이 예술 매체들 간의 차이뿐만 아니라 예술 매체와 비예술적 영상미디어 사이의 차이도 변별할 수 없는 새로운 국면을 초래했다고 선언한다. 그의 요점은 이러하다. 즉 지구상의 거의 모든 사람들이 www(world-wide web) 망으로 연결되어 있는 시대에는 디지털 데이터가 구성하는 멀티미디어가 모든 종류의 소통의 새로운 표준으로 자리 잡았으며, 이에 따라 '포스트미디어 미학'이 새로이 출현했다는 것이다.[16] 마노비치가 제시하는 21세기 미학은 소프트웨어 공학의 원리와 구별할 필요가 없는 정보미학(info-aesthetics)이다. 우리가 경험하는 모든 것은 디지털 정보로 환산될 수 있으며

---

15 전준호와 문경원의 공동작업인 이 작품에 대해서는 이 책에 수록된 문경원 인터뷰(pp. 307-314)를 참고하라.

16 Manovich (2001), "Post-media Aesthetics," 다음의 마노비치 홈페이지를 참고하라. url = ⟨http://manovich.net/index.php/projects/post-media-aesthetics⟩ (2018년 3월 24일 접속)

문경원·전준호, 〈세상의 저편〉, 2012, HD Film, 13분 35초.

오늘날 지식뿐만 아니라 예술도 이러한 정보를 바탕으로 생산된다고 할
수 있다. 컴퓨터라는 메타매체(meta-medium)는 인간적 존재(human be-
ings)를 포함한 모든 개체들을 디지털 데이터로, 또다시 정보로 환원시키
고, 원래 이질적이었던 것들을 리믹스하여 혼종성의 새로운 양태를 창출
한다. 이렇게 생산되는 예술은 대체로 멀티미디어의 형식을 취한다.[17]

　　디지털미디어가 동시대 예술에 초래한 효과 중 하나는 매체 간의 변
별성 또는 위계구조를 무너뜨렸다는 것이다. 바이벨(Peter Weibel)은 2005
년 발표한 「포스트미디어의 상황」에서 전통적으로 미술이 리버럴아트
(liberal arts)가 아니라 그보다 열등한 기계적 아트(mechanical arts)로 취급
되었던 역사를 상기시킨다. 미술이 리버럴아트로 승격되고 나서도 미술은
과학이나 철학에 비해 지식의 서열에서 낮은 지위를 차지해왔다. 이러한
역사적 추이에서 예술과 지식 영역에 혁명적인 단절을 가져온 것은 비디
오와 컴퓨터 같은 뉴미디어다.[18] 바이벨은 마노비치와 마찬가지로 디지털
미디어가 회화, 조각, 사진, 영화 같은 올드미디어도 새롭고 동등한 형식으
로 유통될 수 있게 만드는 '매체 보편적'(medium universal) 성격을 띤다는
데 주목한다. 바이벨을 비롯한 뉴미디어 이론가들이 전개하는 포스트미디
어 담론들은 공통적으로 매체들의 등가성(equivalence)과 혼종성(hybridity)
을 지지한다. 마노비치나 바이벨이 관찰한 것처럼 예술이 다른 영역과 동
등한 인식적 지위를 수여했고 컴퓨터라는 보편기계가 매체 간 차이를 무
효하게 만들었음에도 불구하고, 미술계에서는 매체의 특수성과 고유성을
은연중에 추구해왔고 이에 따라 매체들의 서열화가 관행처럼 이뤄지고 있
는 것 같다. 미술사 저술들은 전통매체인 회화와 조각에 편중된 경향이 있
으며, 현대미술에 관해서도 행위예술, 사진, 비디오 영상에 치중해왔으며
컴퓨터 기반의 뉴미디어아트는 배제해온 경향이 있다. 미디어아트의 역사
는 미술사 저술에서 종종 간과되어왔으며 '디지털아트', '인터넷아트', '뉴

---

17 레프 마노비치 (2014), 『소프트웨어가 명령한다』, 이재현 역, 커뮤니케이션북스 참고.
18 Weibel (2005), "The Post-media condition," (url =⟨https://www.metamute.org/editorial/
　　lab/post-media-condition⟩) 참고. 이 글은 바이벨이 같은 제목의 전시 도록에 수록하기
　　위해 썼다.

미디어아트' 같은 제목 아래 주로 미디어아트 전문 큐레이터 또는 미디어
이론가가 테크놀로지의 발전사와 함께 다뤄왔다.[19]

디지털 혁명에 방점을 두고 미술사를 바라보는 마노비치는 그간 미술
사 서술이 뉴미디어아트를 논외로 하거나 부차적으로 취급함으로써 뒤샹
랜드(Duchampland)와 튜링랜드(Turingland)로 이원화된 지평이 설정되었
고 암묵적으로 튜링랜드를 배제해왔다고 지적한 바 있다.[20] 현대미술계라
는 뒤샹랜드와 뉴미디어아트그룹이라는 튜링랜드가 서로 만나지 못하는
데는 큐레이터와 비평가의 책임이 크다고 보는 시각도 있다.[21] 큐레이터나
비평가 중에 미디어아트 행사들 — 아르스 일렉트로니카, 국제전자예술
심포지엄(ISEA), 컴퓨터그래픽 및 상호작용기법 관심 그룹(Special Interest
Group on GRAPHics and Interactive Techniques, SIGGRAPH) — 의 새로운
동향에 주목하는 사람은 그다지 많지 않은 것 같다. 대다수 미술전문가들
은 공학 및 산업분야와 직결되어 있는 이러한 행사들이 현대 미술과 별로
상관이 없거나, 더 나아가 무관해야 한다고 생각할지도 모른다. 하지만 미
술사가들과 비평가들이 튜링랜드에 무관심하다고 할지라도, 미술가를 포
함한 거의 모든 동시대인들이 디지털 혁명(또는 3차 산업혁명)에 뒤이어 4
차 산업혁명을 목전에 두고 있는 것이 지금의 현실이다. 뒤샹랜드와 튜링
랜드는 영원히 만날 수 없는 2개의 평행선인가? 아니면 동시대 미술계 구

---

19 크리스티안 폴 (2007), 『디지털 아트』, 조충연 역, 시공아트; 레이첼 그린 (2008),
   『인터넷 아트』, 이수영 역, 시공아트; 마크 트라이브와 리나 제나 (2008),
   『뉴미디어아트』, 황철희 역, 마로니에북스 등을 보라.

20 '튜링랜드'는 현대식 디지털 컴퓨터를 발명한 수학자 앨런 튜링의 이름을 따른
   것이다. Manovich (1996), "The Death of Computer Art," Rhizome, url = ⟨https://
   rhizome.org/community/41703/⟩ (1996년 10월 22일 게재)
   마노비치와는 다소 다른 견지에서 에드워드 샌컨, 클레어 비숍, 도메니코 콰란타도
   현대미술과 뉴미디어아트 간의 역학관계에 대한 질문을 던지고 있다. 가령 샌컨은
   마노비치가 '뒤샹랜드'라고 부른 것을 '주류(mainstream) 동시대 미술로, '튜링랜드'를
   '뉴미디어아트'로 명명하고 두 영역이 나뉜 현재의 상태를 "디지털 분할"이라고
   일컫는다. Edward Shanken (2016), "Contemporary Art and New Media: Digital Divide
   or Hybrid Discourse?" Christiane Paul (ed.), *A Companion to Digital Art*, John Wiley and
   Sons, Inc.; Bishop (2012), pp. 434-442; 콰란타 (2018) 참고.

21 콰란타 (2018), pp. 216-231.

성원들이 아직도 그들이 전근대적인 유클리드의 우주에 살고 있다고 착각하는 것인가?

　평행선을 달리는 것처럼 보이는 두 세계가 서로를 끌어안길 바라는 시선들이 있다. 이러한 기대는 주로 튜링랜드 쪽에서 발견된다.[22] 바이벨이 말한 것처럼 디지털 미디어의 보편성 덕분에 매체 간의 위계가 사라지고 평등해졌다. 그렇다고 하여 그가 포스트미디어의 상황이 도래함으로써 매체 고유의 성격이 사라졌다고 선언한 것은 아니다. 뉴미디어의 성공 덕분에 우리가 얻은 것 중 하나는 "예술의 올드미디어에 새로이 접근하고 올드미디어가 근본적으로 변형을 겪게 함으로써 생기를 유지할 수 있는 방식을 정립한" 것이다.[23] 이러한 바이벨의 시각은 부리오가 『포스트프로덕션』에서 펴는 논의에서 취하는 시각이나 조슬릿이 포스트매체 이후의 회화에 대한 설명에서 취하는 입장과 과히 다르지 않아 보인다.[24] 부리오가 동시대 미술가들의 작업방식을 방송이나 광고영상 제작방식인 '포스트프로덕션'에 비유한 것은 이미 존재하는 이미지 또는 과거 예술가가 생산한 이미지를 수집, 저장, 편집, 처리하여 자신의 작품을 제작하는 동시대적 경향을 설명하기 위한 것이었다. 부리오는 사라 모리스(Sarah Morris), 피에르 위그(Pierre Huyghe)가 한 것 같은 재편집 영상작업을 설명하기 위해 포스트프로덕션이라는 개념을 끌어들인 것이다. 본원적으로 수집, 혼합, 재편집이 매체적 본성을 이루는 디지털 테크놀로지 덕분에 오늘날 많은 예술가들은 자연스럽게 '후제작' 방식을 취하게 되었다.[25] 조슬릿은 미술관 관람자들이 디지털카메라가 장착된 스마트폰으로 작품을 촬영하는 모습

---

22 이러한 저자에는 앞에 언급한 마노비치와 바이벨 외에 김현주와 이현진, 에드워드 샌컨 등 여경환 외 (2018)의 앞서 인용한 저서에 참여한 저자들이 있다. Manovich (2001); Weibel (2005); 여경환 외 (2018); 김현주(2011), 「뉴미디어아트의 대안으로서의 포스트미디어 담론 연구」, 『한국영상학회논문집』, 9(1), pp. 103-117 참고.

23 Weibel (2005) 참고.

24 이현진 (2018), p. 50.

25 부리오의 '포스트프로덕션'은 디지털카메라와 포토샵 같은 편집툴을 활용한 이미지 생산과 유통의 새로운 방식을 가리키는 것이므로, 종전의 차용(appropriation), 패러디, 패스티슈 같은 모방적 생산과는 구별된다. 부리오 (2016) 참고.

을 심심찮게 목도하게 되었다고 기술하면서 오늘날 회화의 기능과 위상의
변화에 대해 언급한다. 디지털 통신기술이 발전함에 따라 회화는 일회적
이고 유일무이하게 현존하는 대신 시간을 표지하고(mark) 저장하며 축적
할 수 있게 되었다. 조슬릿에 따르면 동시대 관람자들이 저장한 회화 이미
지들은 마치 동일한 악보(score)에 기초한 서로 다른 퍼포먼스들과 유사한
것이 되었다. 그렇다면 그들이 원래의 회화를 수집, 저장, 유통하는 방식은
폐쇄적이고 억압적인 형태를 띤 과거의 그것과는 판이하게 개방적이라고
하겠다.[26]

뉴미디어 전문가들(마노비치와 바이벨)과 동시대 미술계 저자들(부
리오와 조슬릿)의 시선이 같은 지점을 향해 있는 것 같기도 하다. 오늘날
많은 미술가들이 컴퓨터 테크놀로지를 활용할 뿐만 아니라, 대형 전시 프
로젝트에 뉴미디어 작품이 포함되지 않는 경우를 찾기 힘들다는 점도 뉴
미디어를 떼어 놓고 오늘날의 미술을 말하기 힘든 현실을 일러준다. 그럼
에도 불구하고, 비록 마노비치처럼 뒤샹랜드와 튜링랜드라는 평행하는 두
세계가 도저히 수렴될 수 없는 별개의 지대라고 속단하지는 않더라도, 여
전히 두 세계 사이에서 접점을 찾기 힘들다고 생각하는 저자들이 더 많다.
이를테면 뉴미디어아트 큐레이터 콰란타는 "동시대 미술에서 뉴미디어아
트는 과학기술 중심적 외관과 그 용어를 포기할 때에만 비로소 존재할 수
있다."라고 상황을 진단한다.[27] 미술사가 비숍은 미술가들이 새로운 미디
어 테크놀로지를 사용하더라도 그들의 작품은 앞선 미술 실행들과의 관계
속에서만 조명될 뿐, "그 작품들의 작동 논리와 관람 체제가 우리가 지금
겪고 있는 테크놀로지 혁명과 긴밀하게 연결되어 있다는 것"이 제대로 성
찰되고 있지 않은 "디지털 분할"(digital divide)의 상황을 지적한다.[28]

하지만 큐레이터들과 미술이론가들이 뉴미디어아트와 동시대 미술
로 갈라진 예술계의 지형도를 그리고 있다고 하더라도, 실제로 미술가들

---

26 조슬릿 (2018), 「표지하기, 스코어링하기, 저장하기, 추측하기」, 여경환 외 (2018), pp.
    108-119 참고.
27 콰란타 (2018), p. 240.
28 Bishop (2012), p. 436.

의 실천이 두 지대 중 어느 하나에만 속한다고 보기 어렵다. 예술가들은 정 보통신기술이 현대인의 생활 환경이 된 세상에서 변해가는 우리의 지각, 감정, 인식에 가장 민감하게 반응하는 사람들이다. 컴퓨터와 인터넷, 디지 털카메라, 그리고 스마트폰이 보급되면서 디지털 기기는 예술가들과 일반 대중 모두에게 이제 없어서는 안 될 생활필수품이 되었다. 자동차를 포함 하여 가정에서 사용하는 많은 기계들에 '스마트'라는 말이 붙고 인공지능 (AI)과 사물인터넷(Internet of Things, IoT)이 새로이 산업혁명을 촉진시키 고 있는 세계에서 디지털 테크놀로지는 마치 공기와도 같은 존재가 되었 다. 사회 전 영역에 분산되어 있는 디지털 시스템은 오늘날 당연하게 주어 진 환경이 되어서, 이제 그것이 없으면 많은 사람들이 정상적인 삶이 불가 능하다고 느낄 정도다. 지금은 지구상의 거의 모든 사람이 스마트폰을 통 해 언제 어디서나 네트워크에 접속할 수 있는 시대다. 이러한 초연결적 상 황은 한마디로 '포스트인터넷' 패러다임의 도래라고 요약할 수 있겠다.

히토 슈타이얼(Hito Steyerl)이 말한 대로 인터넷은 이제 삶의 조건이 되어서, "데이터, 소리, 이미지가 데이터 채널의 경계를 넘어 물질적으로 표현된다." 말하자면, "이미지는 오프스크린 공간으로 몰려들기 시작하고 도시에 침투하여 공간을 현장(site)으로, 현실을 자산(realty)으로 변화시킨 다"는 것이다.[29] 우리가 처한 포스트인터넷의 조건은 이미지가 텍스트를 압도한 도상적 전회(iconic turn)의 상황일 뿐만 아니라,[30] 네트워크를 통해 이미지 데이터가 무제한적으로 생산되고 자유롭게 유통되는 이미지 순환 (circulation)의 상황이다. 과거의 생산주의(productivism)에서 순환주의로

---

29 Hito Steyerl (2013), "Too much world: Is the internet dead?" *e-flux Journal*, 49, 2013년 11월호(url = ⟨https://www.e-flux.com/journal/49/60004/too-much-world-is-the-internet-dead/⟩) 참고.

30 W. J. T. 미첼은 *Picture Theory* (1994), *What do Pictures Want?* (2005) 등의 저술에서 20세기 전반 발생한 언어적 전회가 그림(picture) 또는 도상(또는 이미지)에 패러다임을 내주었다고 진단한다. 미첼이 1980년대 이후 도상적 전회에 대해 언급한 배경에는 영화, TV, 상업적 광고 등 대중적 영상미디어의 급속한 발전이 자리한다. W. J. T. Mitchell (1994), *Picture Theory: Essays on Verbal and Visual Representation*, University of Chicago Press; W. J. T. Mitchell (2005), *What do Pictures Want?: Lives and Loves of Images*, University of Chicago Press 참고.

이행함으로써 예술 창작은 이제 일상적인 웹서핑과 다를 바 없는 것처럼 느껴진다. 이러한 포스트인터넷 상황은 예술가이기 이전에 생활인으로서 모든 미술 작가들이 처한 환경이다. 슈타이얼처럼 이미지의 무한한 순환에 대한 반성 자체를 예술하기의 출발점으로 삼는다고 하더라도 그 자신이 처해 있는 포스트미디어와 포스트인터넷의 조건을 쉽사리 벗어날 수 없다. 오늘날 우리가 마주하는 현실은 보드리야르가 말한 '초과실재'에 바짝 가까이 다가선 느낌이다. 시뮬라크르는 더 이상 가상의 공간, 즉 사이버 공간에 머물지 않고 현실 공간으로 점점 더 침투해 들어오는 것 같다. 이제 개별적 주체성조차 인터넷과 SNS에서 유통되는 사람들의 이미지들, 즉 데이터들에 불과한 것처럼 보인다. 나, 너, 그것(it)은 아무런 구별 없이 하나의 데이터 또는 데이터 군집으로 존재하며, 그렇기에 네크워크상에서 용이하게 결합하거나 분해될 수 있으며, 언제든지 재구성되고 재편집될 수 있다.

2007년부터 웨이크필드(Graham Wakefield)와 함께 인공자연과 인공생명을 주제로 프로젝트를 진행해온 지하루는 인간 중심이 아닌 데이터 중심의 또는 객체 지향적(object-oriented) 생태계를 구축하고 있다. 관객의 참여는 〈무한한 게임〉(Infinite Game, 2008)처럼 사이버 공간에서 구현된 초기 인공생태계부터 작품의 — 즉 인공생명의 — 성장과 움직임의 원동력으로 작용한다. 관객이 인터페이스에 접근하지 않는다면 인공생명은 에너지가 소진되어 죽음을 맞게 된다. 마우스, 네비게이션, 카메라, 마이크를 통해 관객과 연결될(connect) 때에야 비로소 인공생명이 삶을 유지하고 동력을 얻게 된다. 2014년 처음 발표한 〈아키펠라고〉(Archipelago)에서는 관람자의 신체 움직임이 인공자연의 삶과 죽음에 더 적극적으로 반영한 혼합현실(mixed reality) 작품이다. 생장하고 사멸하는 인공생명체들은 모래지형과 관객의 움직임을 실시간으로 계산한 결괏값이다. 〈아키펠라고〉에 참여하는 관람자들은 모래 둔덕을 이쪽에서 저쪽으로 옮길 수도 있고 날아다니는 가상의 생물체를 움켜쥘 수도 있다. 지하루는 처음부터 인간을 포함한 모든 개체들이 동등한 존재론적 지위를 갖는다는 생각을 견지하고 있었던 것 같다. 마치 사이버 공간 안으로 들어간 것 같은, 또는 사

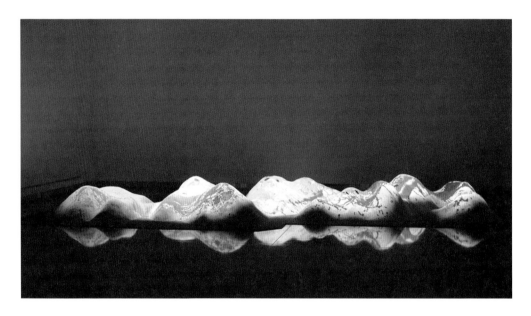

지하루·그라함 웨이크필드, 〈아키펠라고〉, 2014, 모래 조각에 가상 생태계를 프로젝션한 혼합현실 설치.

이버 존재들이 현실 속으로 들어온 것 같은 지하루의 작업은 초과실재적이며 포스트미디어적인 세상에 대한 풍경화처럼 보인다.

포스트디지털 또는 포스트인터넷의 상황에서 미디어 작업을 하는 미술가들 중에는 슈타이얼처럼 동시대 미디어 테크놀로지를 좌우하는 사회적·기술적 시스템에 대해 풍자하는 이들이 있다.[31] 염지혜(1982-)는 〈포토샤핑적 삶의 매너〉(2017)에서 인터넷에서 무작위로 채집한 이미지를 포토샵으로 복사하고(Ctrl+C) 붙여넣는(Ctl+V) 포스트디지털적 창조방식을 재현한다. 전시장에는 날렵한 노트북컴퓨터가 아니라 구형 매킨토시 PC가 놓이고, 스크린에 비춰지는 화면에도 조잡한 구식 프로그램이 구동된다. 매킨토시 운영체제(OS)는 현재 우리에게 익숙한 그래픽 사용자 인터페이스(GUI)의 원조격이다. 염지혜는 사용자 중심 디자인을 처음 선보인 매킨토시 시스템이 동시대 사회적 소통과 예술창작 방식의 기원이라고 보는 듯하다. 마치 백화점에서 쇼핑을 하듯이 무심코 랜덤하게 선택함으로써 누구나 쉽게 창조자가 될 수 있는 세상에서는 예술과 비예술, 의미와 무의미의 차이를 묻는 것이 오히려 더 어색하다.

이렇게 디지털 및 인터넷 테크놀로지 환경에 대한 반성적 시각이 등장하는가 하면, 동시대 여러 미디어아티스트들은 크라우스가 질타한 스펙터클한 작품들을 화이트큐브나 블랙박스 안에 펼쳐 놓거나 비물질적인 미디어작품과 더불어 물리적인 오브제를 전시함으로써 작품의 시장가치를 포기하지 않고자 애쓰는 것처럼 보인다. 1960-70년대의 미술가들이 당초 개념미술, 설치미술, 행위예술, 그리고 이러한 비물질적인 미술의 연장선 상에서 미디어아트를 시도했던 주요한 이유 중 하나는 모더니즘의 상업성과 제도권 진입에 저항하는 데 있었다. 애초의 출발점에서 멀찍이 떠나온 동시대 미디어아티스트들 중 일부는 대형 미술관에 안전하게 전시되고 수집될 수 있는 조건에 안주하려는 경향을 보이곤 한다. 「디지털 분할」(2012)

---

31 동시대 미디어 상황에 대한 히토 슈타이얼의 날카로운 통찰은 그의 대표적인 에세이, 「자유낙하: 수직 원근법에 대한 사고실험」, 「빈곤한 이미지를 옹호하며」에 잘 표명되어 있다. 슈타이얼 (2016), 『스크린의 추방자들』, 김실비 역, 워크룸프레스 참고.

에서 비숍은 디지털 미디어가 미술계에서 광범위하게 사용되고 있지만 결코 중심화될 수 없는 오늘의 상황이, 디지털의 비물질적 혁신적 성향에 대한 기대와 모더니즘의 물질적 전통에 대한 집착 사이에서 갈등하는 미술계의 모순에서 비롯된 것이라고 꼬집는다.[32] 어쩌면 미술계 안의 평행하는 두 세계는 포스트매체와 포스트미디어도 아니요, 모더니즘미학과 뉴미디어아트도 아닐지 모른다. 영원히 평행선을 달릴 두 세계는 19세기 초기 자본주의 시대 이래 상존해온 예술적 혁신의 세계와 상업적 교환의 세계가 아닐까 싶다.

3절에서는 2000년 이후 활발하게 미디어 작업을 이어온 여러 미디어 아티스트들의 인터뷰를 바탕으로 서술한 그들의 작품세계를 살펴본다. II 장과 III장에 수록된 작가 인터뷰 부분은 각 시기를 대표한다고 할 수 있는 미디어아티스트들을 거의 다 망라하고 있다. 이는 1990년대까지 미디어 작업에 주력했던 국내 예술가의 수가 그렇게 많지 않았기 때문에 가능한 일이었다. 거듭 말하자면, 2000년 이후에는 해외에서 유학을 하거나 국내에서 수학한 1960-70년대 태생 미디어아티스트가 대거 출현하여, 예술계와 산업계를 넘나들며 다채로운 작업을 내놓고 있다. 이 책 I장에서 밝혔던 것처럼 필자들이 임의로 인터뷰 대상을 선정한 것은 아니다. 수백 명의 작가군에서 전문가 집단의 추천을 받은 이들을 중심으로 인터뷰를 요청했다. 그런데 작가가 개인적인 사정으로 인터뷰를 고사한 경우도 있거니와, 지나치게 특정 매체로 — 가령 영상매체 — 편중되지 않도록 선별적으로 인터뷰를 요청한 면도 있다. 필자들은 또한 2000년 이후 현재까지 활동하는 작가들 중에서도 더 일찍 미디어아트에 착수한 이들을 우선적으로 선정하고자 했으며, 인터뷰 작가 수가 필자들이 감당할 수 있는 분량을 넘지 않게 하기 위해 조절하려고 애썼다. 이 장 3절은 전체 책에서 가장 많은 시간과 노동이 들어간 지면이기는 하나, 이러한 여러 사정 때문에 여기에 인터뷰를 수록한 예술가들만, 즉 오로지 그들만이 동시대 한국 미디어아트를 대표한다고 하기는 어렵다.

---

32 Bishop (2012), p. 436.

3 작가 인터뷰

이용백 (1966-)
영상설치, 인터랙티브 설치
www.leeyongbaek.com

이제까지의 경력과 주요 활동

1990년 홍익대학교 서양화과를 졸업하고 1991년 통일 이후의 어수선한 독일로 유학을 갔다. 1993년 독일 슈투트가르트 국립조형예술대학교 회화과를 졸업한 뒤 1995년 같은 대학 연구 심화과정 조각과를 졸업했다. 귀국 후에 성곡미술관, 대안공간 루프, 아라리오갤러리, 베이징의 쿤화랑, 독일 라이프치히의 슈피너라이 할레 12 베아크샤우(Spinnerei Halle 12 Werkschau), 학고재갤러리 등에서 개인전을 열었으며 국립현대미술관, 경남도립미술관, 대전시립미술관, 서울시립미술관, 광주비엔날레, 베니스비엔날레, 독일 칼스루헤 ZKM, 싱가포르국립박물관 등 국내외에서 열린 다수의 기획전에 참여했다. 2011년에는 제

54회 베니스비엔날레 한국관 작가로 선정되어 참여했다. 주요 작품 소장처로는 국립현대미술관, 부산시립미술관, 서울시립미술관, 대전시립미술관, 덴마크 ARKEN 현대미술관, 독일 도이치 뱅크, 독일 함부르크반호프 현대미술관, 미국 루벨 패밀리 컬렉션, 중국 하우 아트 뮤지엄 등이 있다.

초기 작업
독일 시기

독일로 유학을 가면서 전통회화로 생각을 표현하는 것은 한계가 있다고 생각했기 때문에 새로운 미디어를 공부해야겠다고 생각했다. 90년대 초 당시 영상편집이 가능한 애플 컴퓨터가 1천만 원이었다. (대학 등록금이 100만 원이 안 될 때였다.) 매우 비쌌지만 무조건 해야 한다고 생각하고 어렵게 구입해서 스스로 공부했다. 1년 후쯤 빌 비올라의 전시를 봤는데 새로운 가능성에 대한 확신이 들었다. 유

학 초기에는 프로세스아트에 관심이 있었다. 과정만 남고 작품은 사라지는 콘셉트가 많아서 상황을 기록하려면 비디오 외에 다른 방법이 없었다. 통일 이후 독일에는 정책적으로 새로운 미디어에 대한 요구가 쏟아졌다. 그래서 그때는 미디어에 관심이 있었다기보다는 미래지향적 예술가라면 다양한 예술적 표현 언어를 구사할 수 있어야 하고, 동시에 사회 정치성을 어떤 식으로든 표현할 수 있어야 한다고 생각했다. 획일화된 한국식 교육과 사회에 대한 반발심 때문이었는지도 모른다. 홍익대 재학 시절 대부분의 교수님들이 미니멀리스트였다. 반면 고등학교 시절의 화실 선생님들은 대부분 민중미술가였다. 그래서였는지 서로 다른 가치관의 충돌과 정치적인 입장 속에서 방황했던 기억이 있다.

1985년 힌츠페터(Jürgen Hinzpeter)가 광주항쟁의 참상을 담은 비디오를 학교에서 숨어서 보았다. 박종철 고문치사 사건이 일어났고 이한열이 최루탄 직결탄을 맞아 사망하였으며 민주화혁명과 6월항쟁이 일어났다. 1985년부터 여행 자율화가 이루어졌는데 그 이후로 한국에 커다란 변화가 일어난 것 같다. 유학 길에 오를 무렵 공항에서 작은 책을 하나 구입했다. 기억으로는 장자에 관한 책이었다. 그 책에 토끼를 잡으려고 덫을 놓았는데 호랑이를 잡으면 잘못한 것이고, 토끼를 잡으려고 덫을 놓아서 토끼를 잡으면 덫을 버린다는 내용이 있었다. 그걸 보는 순간 "아, 이렇게

살면 되겠구나." 싶었다. 토끼가 관객이고 덫이 작품이라면, 관객과의 커뮤니케이션이 끝나면 작품은 버리는 것이다. 이때 든 생각이 이후에 예술을 하거나 삶을 살아가는 데에도 영향을 끼쳤다.

백남준과의 만남

독일에서 학교를 졸업한 후에도 1년 동안 교수님과 동기들의 동의하에 학교 작업실을 사용했다. 그때쯤 새로 지은 감옥이라고 친구들이 불렀던 신축건물이 들어섰다. 로비에 누구의 작품을 놓을 것인지 투표를 했는데, 백남준 선생님이 1등을 하셔서 선생님께서 직접 작품을 설치하러 학교에 오셨다. 당시 나는 독일에서 학교를 졸업하고 연구과정까지 다 마친 상태였는데 졸업 후 칼스루에 미디어 예술대학에 새로 생긴 최고위 코스가 있어서 갈까 생각 중이었다. 그런데 문제는 신설학교라 당시 최고 학년이 3학년이라는 것이었다. 그게 5학년까지 채워지려면 2년을 더 기다려야 했다. 그러던 중 현대음악 발표회에 작품을 하나 냈는데, 그쪽에 계신 교수님이 음악대학 작곡과 과정의 제자로 들어오라고 해서 잠시 고민을 했다. 그러다가 건축하는 후배와 함께 백남준 선생님의 저녁 초대를 받고 작품도 보여드렸다. 내 상황에 대해 조언을 구했더니 선생님께서는 공부는 그만하고 작품활동을 하라고 하시면서 어디가 되든 지금의 아이디어를 빨리 현실화할 수 있는 곳으로 가라

고 하셨다. 2-3시간의 짧은 만남이었지만 미래에 대한 고민에 명쾌한 답을 찾은 것 같아서 일주일 만에 귀국했다. 에스키스 400장만 남기고 나머지는 전부 버리고 한국으로 돌아왔다.

개인전 《촉각적 다큐멘터리》(Tactile Documentary, 1999)

1999년 성곡미술관에서 귀국 후 첫 개인전을 가졌다. 원래 1998년 금호미술관에서 열기로 되어 있었는데 담당 큐레이터가 대학교수로 가면서 새로운 큐레이터가 오고 인수인계과정에서 소란스러운 일이 벌어졌다. 새로온 큐레이터의 장난질에 예정된 개인전이 없어졌고 다른 사람으로 대체되었다. 집에 오는 길에 무작정 성곡미술관에 들러 큐레이터를 만나서 지금은 고인이 되신 큐레이터 이원일 선생님께 작품에 대해 설명하고 상황을 말씀드렸더니 "내년에 개인전합시다."라고 해주셔서 무척 고맙고 기뻤다.

　전시에서 선보인 작품 〈촉각적 다큐멘터리〉(1999)는 성소수자와 인터뷰하는 비디오 설치작업이다. 바닥에 레일을 설치해서 LCD 모니터가 천천히 레일 위를 수평으로 계속 왕복하게 만들었다. 모니터의 무빙속도와 영상의 무빙속도는 1:1의 비율로 맞추어 관객은 성소수자의 벌거벗은 신체의 일부를 마치 스캐닝하듯 지켜보게 된다. 영상은 사소한 질문부터 젠더에 관한 질문 등 30분가량의 질문

과 대답으로 이뤄져 있다. 관객은 성소수자의 신체 전체를 볼 수 없고, 오직 부분만을 보고 전체를 판단하게 된다. 결국 이 작품은 부분만 보고 전체를 판단하는 편견에 관한, 그리고 비디오, 즉 주류 미디어의 프레이밍(framing)에 관한 작업이다. 당시는 하리수 씨가 등장하기 전이라서 젠더에 관한 작품이 거의 없었다. 이 작품을 위해 트랜스젠더 바를 다니면서 성소수자 친구에게 모델을 부탁했는데 그 친구가 자신을 감동시켜야 출연해준다고 해서 6개월가량 겨우 설득해서 작품을 만들었다. 작품의 제작보다는 그 친구를 설득하는 과정이 아마 더 예술적이었던 것 같다.

〈인공감성〉(2000)

2000년 갤러리 퓨전에서 선보인 작품 〈인공감성〉(2000)은 공학자들과 협업하여 제작한 5채널 인터랙티브 설치작업이다. 전시장 한가운데 박제된 소가 누워 있고 그 앞에 5개의 호흡기가 있었다. 소의 내부에는 비쥬얼 센싱으로 작동하는 소의 눈을, 배에는 펌프, 가슴에는 스테핑 모터와 같은 여러 대의 컴퓨터와 컨트롤러 장비를 장착했다. 관객의 호흡과 작품의 호흡을 일치시키는 데 목적이 있었다. 관객이 호흡기에 대고 숨을 내쉬면 연결된 장치를 통해 소의 부분들이 반응했다. 이러한 인터페이스를 통해 새로운 테크놀로지의 방향성에 관해 이야기하고 싶었다. 대부분의 새로운 테크놀로지가 제일 먼저 사용되는 분야는 무기

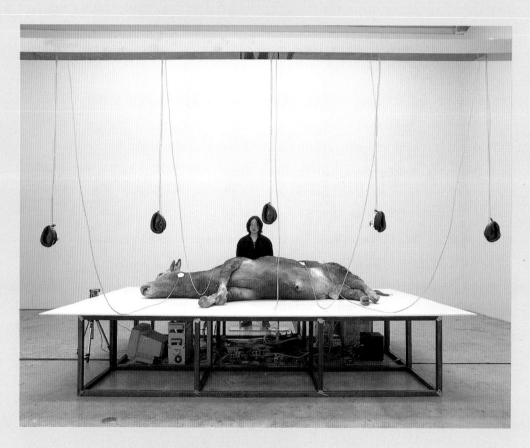

이용백, 〈인공감성〉, 2002, 인터랙티브 미디어 설치, 360×450×240cm.

산업이며, 이렇게 개발된 테크놀로지는 인간을 위한 논리와는 상반된 방향으로 흘러가고 있다.

사실 기대가 컸던 만큼 실망도 컸던 작품이다. 당시 서울시립미술관에서 수집 대상 작가였는데 관장님을 초청해 작품을 보여드렸더니 당황하시던 모습이 역력했다. 며칠 후 관장님이 소주를 사주시면서 작품을 구입하기 어렵다고 하셨다. 그때 회의감이 밀려오면서 한국미술이 별반 달라진 게 없구나 생각했다. 달라진 것이 없었고 미래에도 가능성이 별로 없겠구나 싶어서 모든 전시를 취소하고 자연 다큐멘터리를 찍으러 다녔다.

이후의 활동

개인전 《엔젤솔저》(Angel-Solgier, 2005)
2005년 대안공간 루프에서 개인전을 했다. 전시에서 선보인 〈엔젤솔저〉(2005)는 싱글채널 비디오, 퍼포먼스, 오브제, 디지털 프린트가 총집합된 작업이다. 우선 싱글채널 비디오에서는 화려한 색색의 인조 꽃들로 가득 차 있는 배경 속에 꽃과 거의 구분이 가지 않는 군인의 모습이 나타난다. 움직임이 발생하는 하나의 동작은 대략 10-13초가량 진행되었는데 인간의 눈은 변화와 차이에 의해서 대상을 구분하므로 이 점을 이용한 것이다. 그리고 작품의 일부로서 꽃무늬 군복, 군모, 군화 등의 오브제들을 설치했다. 각각의 군복에는 장성

계급장과 함께, 마크를 붙이는 자리에 'Windows', 'Quicktime', 'Word', 'Explorer' 등의 로고들을 달았으며 명찰에는 보이스, 피카소, 뒤샹, 백남준, 다빈치 등 개인적으로 영향을 받은 미술사의 거장들의 이름이 새겨졌다. 국가 마크는 폴더 모양 마크로 대체하여 국가주의에서 벗어나 인식의 경계에서 싸우고 있는 예술가들을 전사로 등장시켰다.

이 작품을 가지고 두 번의 퍼포먼스도 했다. 첫 번째는 2009년 기무사가 없어지면서 그 건물이 국립현대미술관으로 레노베이션 되기 전에 개최한 《신호탄》전에서 이루어졌다. 국립현대미술관에서 100명의 자원봉사자를 지원받아서 기무사 체육관 전체를 사용하여 25m의 영상 편집 소프트웨어 타임라인을 입체화하여 만들었다. 마치 작가가 실시간 동영상 편집을 하듯 퍼포먼스가 진행되었다. 퍼포먼스는 약 20분가량 소요되었는데 그 전에 2시간 정도 연습하고 나서 군복을 입고 자원봉사자들이 경복궁 앞과 사간동 청와대 앞에서 사진을 찍고 돌아다니게 했다. 두 번째 퍼포먼스는 2012년 《DMZ 영화제》 개막행사 때 이루어졌다. 탱크와 군악대, 영화배우, 가수, 민간인이 혼합된 꽃씨를 나눠주는 오프닝 세레모니였다. 퍼포먼스를 위해 군부대에 들어가서 연대장을 만났다. 그때 이 작품을 위해 탱크를 내줘야 하나를 두고 육군본부가 총집합했다. 원로들은 거절했고 젊은 군인들은 가자고 했다. 원로들이 거절한 이유는 '이용

백 작가'를 검색했을 때 '반전'이라는 키워드가 나왔기 때문이었다. 결국 탱크는 받지 못했다. 그리하여 영화제 측에서 섭외한 영화 〈태극기 휘날리며〉에 사용되었던 탱크로 했다. 광주항쟁 때 밀고 들어간 M48 전차였다. 이 전차를 사용해서 서울 시내를 한 바퀴 돌았는데 수원에서 출발해서 한남대교, 남산터널, 종로, 청와대, 사직터널, 연세대, 파주까지 가는 코스를 짰다. 그 탱크가 영화제가 개최되는 파주 헤이리를 향해 자유로를 달리는 것을 볼 때 무척 감동적이었다.

개인전 《뉴폴더》(New Folder, 2007)

2007년에 베이징에 있는 아라리오갤러리에서 개인전을 열었다. 전시에서 선보인 〈뉴폴더-드래그〉는 싱글채널 비디오다. 영상의 배경은 베이징 내에 있는 철거 직전의 마을로, 어린 아이들이 300kg에 달하는 컴퓨터에서 사용하는 노란색 폴더의 형상을 한 설치조각을 실제로 질질 끌면서(drag) 걸어간다. 이 작품은 웹 상에서 간단하게 이루어지는 '드래그'라는 행위가 지구 반대편에 있는 누군가에게 상당한 양의 육체적 노동을 불러일으킬 수 있다는 것을 보여주고 있다.

개인전 《플라스틱》(Plastic, 2008)

2008년 천안 아라리오갤러리에서 개인전을 했다. 2007년에 사이보그 〈피에타〉를 만들었는데 유리로 덮여 있는 나무상자 안에서 왕복운동하는 모니터로 이루어진 작업이다. 2008년 전시에서는 기존의 피에타와는 다르게 대형 설치작업 〈피에타〉(2008)를 새로 제작하여 선보였다. 높이가 4m에 달하는 〈피에타〉(2008)는 사이보그처럼 생긴 성모마리아와 그녀의 품에 안겨 있는 사이보그처럼 생긴 분홍색 예수상으로 구성되어 있다.

이 작품을 지속하여 한국관 대표작가로 참가한 2011년 베니스비엔날레에서도 선보였다. 미켈란젤로의 〈피에타〉와 유사해 보이나 의도, 의미, 재료, 제작에 있어서 전혀 다른 조형성으로 접근했다. 〈피에타-자기사랑〉은 성모마리아 거푸집과 예수 거푸집에서 나온 주형이 키스를 하고 있는 모습이다. 〈피에타-자기증오〉는 성모마리아 거푸집과 예수 거푸집에서 나온 주형이 격렬한 몸 싸움을 벌이고 있다. 〈피에타-자기죽음〉에서는 성모마리아 거푸집이 예수의 주형을 안은 채 쳐다보고 있다.

제54회 베니스비엔날레 한국관 전시

2011년 제54회 베니스비엔날레 한국관 작가로 선정되어 참여했다. 당시 큐레이터와 약간 의견 대립이 있었다. 나는 〈깨지는 거울〉과 〈무빙거울〉을 전시하고 싶었고 큐레이터는 〈엔젤솔저〉로 하자고 했다. 그래서 합의를 본 것이 한쪽 방에는 〈깨지는 거울〉을, 한쪽 방에는 〈엔젤솔저〉를 전시하기로 했다.

〈거울〉 연작은 소위 "실제 공간과 가상공

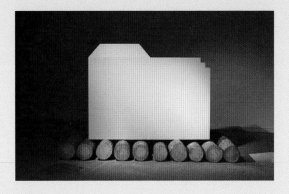

이용백, 〈New Folder_Drag〉, 2007, 혼합매체,
260×80×210cm.

이용백, 〈Broken Mirror_classic〉, 2011, 47인치 모니터, 거울,
컴퓨터, 스피커, 124×80×8cm.

간 간의 경계의 와해"를 탐구하는 작품들이다. 이 연작은 커다란 거울 뒤에 모니터를 배치하고 이 화면을 통해 거울이 깨지거나 커다란 물방울이 맺혀 흐르는 상을 보여주는 구조로 되어있다. 여기서 관객은 마치 거울 그 자체가 깨지거나 거울 위에 실제 물방울이 있는 듯한 환영을 경험하는데, 이것은 단순히 모니터나 프로젝터를 통해 보는 화면과는 매우 다른 느낌을 준다. 왜냐하면 거울이라는 오브제가 지닌 물질적 느낌과 가상의 영상을 완전히 혼융하기 때문이다. 그리하여 이 작품은 실제 공간과 가상공간 사이, 혹은 의식과 꿈 사이의 모호한 경계에 멈추어 있는 듯한 느낌을 효과적으로 연출한다. 거울 작품들은 엄밀히 말해서 '깨지는 거울'이 아니라, 깨짐이 상상적으로 발생하는 '환상의 공간'이다. (김원방의 전시 서문에서 발췌.)

개인전 《낯선 산책》(An Unfamiliar Path, 2016)

2016년 학고재갤러리에서 개인전을 개최했다. 전시에서 선보인 〈낯선 산책〉(2016)은 전시공간 좌우로 길게 이어 붙인 6개의 거울과 전시공간 앞뒤로 2개의 거울로 이루어진 작업이다. 이 거울들은 상하좌우로 움직이면서 내부 공간으로 들어온 관객을 혼란스럽게 한다. 이 작품은 최근 몇 년간 대한민국에서 벌어진 혼란스러운 일들 — 가령 세월호 사건 — 로부터 적지 않은 영향을 받은 것이다.

또 다른 작품 〈누구나 알고있는 비밀〉(2016)은 포털사이트 네이버 지도에서 남북한 사이의 38선 철책에 해당하는 지점을 확대하여 만든 설치작업이다. 실제로 해당 지점을 지도에서 찾으면 하얀 공백으로 나타난다. 주요 군사시설의 위치가 노출되지 않도록 한 것인데, 이러한 공백의 공간을 표현한 작업이다.

개인전 《한국적 모자이크》(The Korean Mosaic, 2018)

2018년 경기만 에코뮤지엄 매향리스튜디오에서 개인전을 가졌다. 전쟁으로 인한 아픔을 간직하고 있는 매향리의 역사를 담은 작품을 선보였다. 매향리스튜디오는 경기문화재단이 1968년 건립된 매향교회 구 예배당을 스튜디오로 탈바꿈시킨 공간이다. 매향교회는 미군의 공군 사격장으로 운영되다가 폐쇄된 쿠니사격장 인근에 있었다. 이곳을 2016년 경기문화재단과 이기일 조각가가 외관은 그대로 유지한 채 내부공사를 거쳐 전시공간으로 만들었고, 입구 벽면에 우레탄으로 도색한 알루미늄을 모자이크 형태로 이어붙인 나의 작품 〈한국적 모자이크〉를 설치했다. 또한 들판에 스텔스 폭격기의 그림자가 드리워진 드론 사진 연작 〈상처를 치유하는 우리만의 방법〉과 네이버 지도에서 군사적 기밀을 이유로 가려진 DMZ 부분을 3차원 조각으로 재현한 〈누구나 알고 있는 비밀〉을 함께 선보였다.

동시대 미술과 미디어아트에 대하여

초기 미디어아트의 분류 방식이 마음에 들지 않는다. 미술사의 관점에서 하나의 장르로 미디어아트를 분류해버렸는데 나는 그림도 하나의 미디어라고 생각한다. 내 작품도 특정한 장르에 구분되기를 바라지 않는다. 오히려 미디어가 새로 나와서 인간의 삶과 사고가 어떻게 변화했는가 하는 문제가 더 중요하다. 한국에서는 미술관이 제 역할을 못하는 것 같다. 예술이 시장, 경제, 정치의 논리에 휘둘리고 있다. 국공립미술관만 해도 문화부 관할이고, 서울시는 시장 권한이다. 미래에도 별로 달라질 것 같지 않다. 그래서 브레이킹아트를 준비 중이다. 작업실 뒤에 전시공간을 지을 생각이다. 전시를 하나 준비하려면 여러 해가 걸리고 그러다 보면 사회와 동떨어지게 된다. 이런 상황에서는 원하는 것을 하기 어렵다. 국립현대미술관 서울관을 설립할 때 자문위원으로 갔었는데 그때 생각한 것이 일단 몸집이 크면 안 된다는 것이다. 작고 빠른 것이 예술가에게는 더 낫다. 관객과의 소통이 적극적이고 빠를 수 있다. 국립미술관 전시는 금기가 너무 많다. 그 금기 때문에 수용성이 떨어지고 국제경쟁력이 떨어진다. 한국사회가 정해 놓은 예술범주에서 벗어난 작업을 할 수 있어야 한다. 그것이 예술가들의 상상력을 훨씬 확장시킨다. 미래에는 전시장이 굳이 필요 없을 것 같다. 미디어아트에서 물리적 공간은 크게 중요하지 않다.

테크닉보다는 미디어가 예술을 어떻게 변화시켰고 삶을 어떻게 변화시켰나가 중요하다. 한국사람들은 지나치게 테크닉에 몰두한다. "어떻게 만들었나"에만 관심이 많다. 그러면서 "왜 만들었나"는 안 물어본다. 백남준 선생님이 대단하셨던 것은 발 빠르게 움직이셨다는 점에서 그렇다. 책은 3권만 보면 된다고 하셨다. 미쓰비시 경제, 슈피겔 사회문화, 내셔널지오그래픽 과학. 미디어, 커뮤니케이션, 그리고 모바일의 발달로 사람들이 어떻게 변화하느냐에 관한 신조어가 이 3권에 다 나온다. 미디어와 관련해서 테크닉보다 이러한 사회역사적 측면들에 더 관심이 많다. 예를 들어 네이버를 보면 그들이 낸 글보다도 댓글이 더 중요한 시대다. 이제는 일방통행(one way) 식의 주류 미디어가 가고 새로운 방식의 미디어가 나타날 것이다.

석성석 (1969-)
미디어 설치, 사운드아트
vimeo.com/sungsuksuk

이제까지의 경력과 주요 활동

홍익대학교 미술대학에서 도예를 전공하고 1996년에 독일로 유학을 떠나서 국립베를린예술대학교에서 비주얼 커뮤니케이션(영상과 미디어아트)를 전공하고 2002년 석사를 마쳤다. 갤러리 담, 브레인팩토리, 트렁크갤러리에서 개인전을 열었으며 일주아트하우스, 쿤스트독, 아르코미술관, 성곡미술관, 아트센터나비, 대구미술관, 서울시립미술관, 대전시립미술관 등에서 열린 다수의 기획전에 참여했다. Exis 2009 서울국제실험영화페스티벌 공식 트레일러를 제작했으며 Exis 2010 서울국제실험영화페스티벌 국제경쟁 부문 심사위원을 맡았다. 2011년 아르코미디어 배급 작가로 선정됐고 2012년 SIA Media Art Awards finalist 5인에 선정됐다. 서울시립미술관과 대전시립미술관에 작품이 소장돼 있다. 현재 경일대 사진영상학부 교수로 재직 중이다.

초기 작업

내 작업은 물질적인 것에서 비물질적인 것으로 옮겨가다가, 지금은 다시 물질적인 것으로 이동하고 있다. 1990년대 말부터 10여 년간 비물질적인 것에 집중해왔다. 미디어라는 것은 가상현실처럼 비현실적인 저장상태 아닌가? 그렇게 비물질적인 것에 집중하다가 문득 물질적인 것이 필요하다는 생각이 들었다. 대학에서 도예를 전공해서 그런지 만질 수 있는 것의 필요를 느낀 것 같다.

〈밤〉(1997-1999)

1998년 갤러리 담에서 선보인 〈밤〉은 무빙 이미지의 입자와 기록에 관한 실험을 다룬 미디어 설치작업으로, 당시의 고민이 담고 있다. 5채널의 디지털 무빙 이미지는 1997년에 폴라로이드 필름을 이용해 제작한 연작사진 '밤' 중에서 4개 사진을 선택하여 컴퓨터상에 가상의 무빙 이미지를 실험한 결과물이다. 원본 사진들은 극도로 입자가 증폭된 풍경들로 마치 점묘파 화가들의 그림처럼 보인다. 이러한 입자의 증폭은 장시간 노출로부터 얻어진 것들이다. 이 증폭된 RGB 입자들 속에서 시간의 기록을 발견할 수 있었다. 또한 응축된 시간 입자들은 디지털 비디오 프로세싱을 통해 화면 속을 흘러 다니게 된다. 이 작업에서 사진의 고정된 시간이 비디오를 통해 유동적이고 유연하게 변화하게 된다. 이러한 입자들 속에는 여전히 기록의 흔적이 남아 있을까? 이 유동적인 입자 이미지 속에서 나는 무엇을 보고 있는 것일까? 아날로그, 디지털, 그리고 기록의 과정에서 스스로에게 질문을 던졌던 작업이다.

〈Vision〉(2000)

나의 화두에는 물질/비물질 혹은 아날로그/디지털이 외에도, 실시간/비실시간이 있다. 실시간 퍼포먼스 〈Vision〉은 시간과 재현에 관한 작업으로 2000년 독일 베를린 문학콜로키움(Literarisches Colloquium Berlin)에서 진행한 비디오 퍼포먼스 프로젝트였다. 세르게이 프로코피에프의 〈Vision Fugitives〉 중 악보 일부를 재구성한 사운드, 피아니스트의 신체적 행위, 비디오 매체를 이용했다. 연주홀과 맞닿아 있는 전시공간에는 2대의 모니터를 설치했는데 양쪽 모니터에서 〈Vision Fugitives〉를 연주하는 연주자의 모습이 나온다. 이 중 하나는 전시하기 전에 동일한 공간에서 촬영한 비디오 테이프를 재생한 것이고, 다른 하나는 전시 당일 행한 라이브 퍼포먼스였다. 관객들은 2대의 모니터와 4개의 스피커를 통해 과거, 현재 그리고 현재의 연속적 과거화를 시청각적으로 경험했다. 이 기록 비디오는 당시의 비디오 퍼포먼스의 모든 과정을 추적해나가는 단서로 기능하고, 퍼포먼스에서 중첩되는 과거와 현재는 비디오 속에서 또 한 번의 기록과정을 거쳐 다층적인 이미지의 흔적으로 기억된다. 이 작업을 계기로 동시성, 일회성, 실시간/비실시간이라는 키워드에 관심을 갖게 되었다. 이처럼 리얼타임이 생생하게 보이고 공유되는 과정이 흥미로웠다.

〈전자초상〉(1996-2002)

1996년에 시작해서 2002년에 완성한 이 작품은 2004년 브레인팩토리에서 선보였다. 이 작업의 출발이 되었던 것은 1996년의 셀프포트레이트 사진 작업인데 이들 대부분이 추상적인 이미지이지만 개인적으로는 대단히 기록적인 사진들이다. 당시에 사진을 찍으면서도 거기서 끝이라고는 생각하지 않았고 어떤 식으로든 다음으로 연결될 것이라고 생각했다. 그때 지금은 거의 사용하지 않는 스튜디오용 폴라로이드 필름을 사용했다. 내가 원했던 이미지는 대량생산된 카메라로 촬영한 일반적인 이미지가 아니었다. 이를 위해 카메라를 만들려면 기술이 필요했고, 그러려면 기술을 이해할 시간이 필요했다. 그래서 1996년에 카메라를 만들었다. 이때 찍었던 사진들을 본 사람들은 이게 어떻게 기록적인 사진이냐고 반문한다. 그러나 행위를 기록한다는 점에서 내게는 기록적인 사진이었다. 즉 이미지가 생성되는 과정을 기록한다는 것이다. 내가 현상과정에 어떻게 개입하느냐에 따라 이미지가 재구성되거나 해체되거나 하는 것의 기록인 것이다. 이후 이 사진들을 가지고 16mm 필름으로 15초가량의 애니메이션을 만들어 텔레시네 과정을 거쳐 방송용 비디오테이프에 담았다. 아날로그 비디오 프로세스를 이용해서 무빙 이미지를 만드는 작업을 3년 정도 진행했는데, 이 시간은 노이즈를 만드는 과정이었다. 사진의 이미지가 끊임없이 생성되

는 노이즈 신호에 의해 변해가는 과정들을 3
년 동안 기록한 것이다. 결국 얻어낸 '전자초
상'(Electronic Portrait)은 나의 자화상이다. 전
통적인 화가가 물감이라는 도구를 사용했다
면 나는 아날로그 비디오시스템의 전자신호,
즉 노이즈를 도구로 사용했다. 이때 사용된
전자신호는 기계에 의해 자동생성된 것이 아
니라 철저히 통제되고 의도된 색, 형태, 리듬
을 갖는 노이즈들이다. 전자신호를 생성시키
는 방식은 다양하다. 데크에 연결된 다양한
신호 케이블의 재구성, 편집실 죠그 셔틀과
내 손이 만들어내는 리듬을 따라 생성되는 노
이즈의 레코딩, 기록 이미지의 믹싱과 복제과
정에서 노이즈는 더 다양한 리듬과 형태를 띤
비디오 자화상이 된다. 나중에 이 작업은 디
지털비디오의 형태로 진화했으며 지금도 데
이터를 이용한 노이즈의 변용을 진행 중이다.
이 작업은 기계와 작가가 만나 벌이는 즉흥적
인 행위의 기록이다.

〈언더그라운드아트채널〉 기획
2004년 브레인팩토리 개인전 이후 2013년까
지 개인전을 갖지 않았다. 대신에 실험적인
미디어 작업들을 공유하는 온라인 플랫폼 '언
더그라운드아트채널'(undergroundartchannel)
을 2005년에 기획하여 다양한 커뮤니케이션
프로젝트를 실험하는 일에 집중했다.

이후의 활동
〈잡음영화_199809〉(Noise Film_199809,
1998-2012)
작업을 느리게 하는 편인데 5년에서 10년 넘
게 걸리는 작업도 있다. 미디어 설치작업 〈잡
음영화〉 시리즈 역시 1998년에 시작해서
2012년에 첫 번째 버전을 완성하여 대구미술
관에서 선보였다. 이 작업의 모티브는 1998
년에서 2000년 사이에 35mm 영화 프로젝트
를 위해 독일에서 촬영한 필름과 채집한 사운
드였다. 사진과 영화에서는 일반적으로 이미
지와 사운드가 정보를 담고 전달하는 역할을
한다. 그러나 이 작품에서 이미지와 사운드는
나의 행위의 흔적이라는 의미를 갖는다. 과거
의 이미지와 현재의 선택이 결합한 제3의 기
록적 순간이자 기억의 재구성인 것이다. 중요
한 것은 촬영된 베를린이라는 장소 자체보다
도 과거의 이미지가 현재 기억 속에서 재구성
된다는 사실이다. 5채널 비디오로 완성된 〈잡
음영화_199809〉의 편집은 유희적이고 매체
실험적 성격이 강했는데 새로운 시각 표현과
구성의 리듬에 중점을 두고 작업했다. 작품에
차용한 시청각적 잡음은 국내 비디오아트 신
(scene)의 일반적인 표현 형식에서 벗어나 현
대 무빙 이미지의 새로운 표현 가능성을 모
색해나간 매체실험 과정에서 얻은 결과물이
었다.

최근 활동상황

〈연작사진 199809〉(1998-2000)

2014년 10년만에 개인전 《Fare·well Noise》를 개최했다. 〈연작사진 199809〉는 〈잡음영화_199809〉의 프레임을 구성하는 사진들의 일부를 프린팅한 것이다. 〈잡음영화_199809〉는 제작과정이 일반적인 영화와 다르다. 촬영은 사진의 방법론을 썼으며, 편집은 영화의 방법론을 택하여 사진과 영화라는 두 매체를 넘나드는 이미지와 움직임을 가능하게 한 매체실험적 작품이다. 영화의 개별 프레임들은 상호 연관성이 없는 사진들로, 분절적인 이미지의 잔상으로 관객들에게 비춰진다. 마치 재생과 정지를 반복하는 듯한 편집은 두 매체 사이를 오가는 시각적인 충돌과 긴장을 불러일으키며, 이미지의 잔상이 각자가 지닌 추억의 순간들을 소환하기도 한다.

〈잡음상자-전자초상 V.2〉(NoiseBox-Electronic Portrait V.2, 2005-2014)

〈잡음상자〉는 일종의 사적인 보물 상자라고 할 수 있다. 손잡이가 달려 있는 상자는 LCD 오픈프레임, 미디어 재생기, 메인보드 등으로 구성되어 있으며 전원 케이블만 연결하면 작동되는 단순한 구조로 설계되었다. 상자의 크기와 재질은 그 안에 담길 영상작품의 특성에 따라 다양하다. 이 상자는 미디어 재생에 이용될 기술적 편의성을 위해 제작한 물건이 아니다. 이것은 1990년대부터 지금까지 이어온 기록 개념에 관한 실험을 물성으로 가시화시키는 비디오와 오브제의 결합이다.

〈잡음상자-전자초상 V.2〉는 2005년에 제작한 5채널 비디오 〈전자초상 V.2〉를 잡음상자에 담은 버전이다. 〈전자초상 V.2〉는 〈전자초상〉 시리즈의 두 번째 버전으로, 2002년에 제작한 〈전자초상〉을 바탕으로 2005년 디지털 프로세스를 이용하여 색, 형태 그리고 리듬을 갖는 노이즈들을 만든 것이다. 이 작품을 제작할 때 형광 컬러를 만드는 데 시간을 많이 들였다. 시각적 노이즈 속에 스트레스가 아니라 아름다움을 발견함으로써 노이즈에 관한 관습화된 태도를 돌아보게 되길 바랐다. 이 외에도 〈잡음상자〉 시리즈는 〈잡음상자-199809〉(2014)를 포함하여 다수가 있다.

〈잡음기계 1번-26번〉(Noise Machine no.1 - no.26, 2014)

이 작품은 26대의 아날로그 TV 수신기들로 이루어져 있다. 여기에서는 아날로그 방송 종료와 함께 폐기처분된, 용도가 끝난 기계 장치들(TV들) 한 대 한 대가 잡음을 만들어낸다. 여기서 하나의 시스템을 만들어냈는데 그것은 새로운 노이즈 신호들을 실시간으로 생성되게 한다. 이 기계들로부터 나오는 신호는 원래 TV에서 나오는 신호가 아니라 내가 보낸 노이즈 신호들을 이 기계들이 수신하면서 나온 신호들이다. 또 TV 기계마다 신호가 다르다. 기계의 역사에 따라서 다르고 새로운

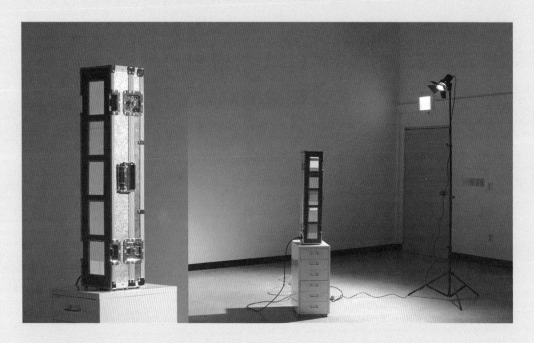

석성석, 〈잡음상자-전자초상 V.2〉, 2005-2013, 5채널 노이즈 비디오가 삽입된 알루미늄 상자 설치.

석성석, ⟨잡음기계 1번~26번⟩, 2014, 아날로그 TV + 카메라 + 빔 프로젝터 외, UHF 송수신 기반 실시간 미디어 설치, 가변 크기.

기계인가에 따라서 신호에 대한 해석이 제각 각 다르다. TV는 구입한 것이고 그 안에 있는 신호체계는 내가 다시 구축한 것이다. 일종의 작은 방송국처럼 신호들이 여기서 송신되고 그 결과 TV 화면이 보인다. 28대의 기계가 제 각각 다른 노이즈를 내고, 실시간으로 노이즈 가 생성된다. 이 중에서 1대의 기계는 수신을 못했는데 이와 같이 수신을 못하는 상태도 의 미가 있다고 여겼다.

〈미스코리아를 위한 배관공〉(2014)
〈미스코리아를 위한 배관공〉은 우연히 쓰레 기 분리수거장에서 발견한 황금색 빈 깡통에 서 시작되었다. 이 깡통은 미스코리아 선발대 회에서 대상자에게 왕관과 함께 주는 봉을 연 상시켰다. 나는 여기에 가스배관용 관을 연결 해 봉을 완성했다. 깡통 안에는 나무로 만들 어진 조그만 MP3 플레이어를 설치했고 여기 서 1990년대 미스코리아 후보들이 합창하는 메인송이 흘러 나온다. 이 작품은 인간의 보 편적인 욕망에 대해 이야기하고 있다. 욕망의 주체로서 익숙한 남성 이미지가 아니라 여성 이미지를 반어적으로 제시하여 익숙하면서 도 낯선 불편함을 주고, 욕망의 의미(이미지) 를 다층적으로 환기하고자 했다.

· 백남준에 대해 어떻게 생각하는가?
외형적으로 백남준과 비슷하다는 얘기를 최 근 개인전에서 들었다. 아마 아날로그 TV를 이용한 설치작업 〈잡음기계〉의 영향이 큰 듯 하다. 개인적으로 새로운 첨단기술을 재빨리 도입하는 식으로 작업하지는 않는다. 어떤 분 이 내게 "첨단기술로 구식의 결과를 낸다"고 하시더라. 사실 2000년대 초중반쯤 첨단의 기 술을 계속 제시하려는 경향이 미디어아트 분 야에 널리 퍼져 있었다. 그래서 기술적 새로 움과 작품의 새로움을 동일시하는 경향이 있 었는데 그런 부분들이 의심스러웠다. 어떻게 보면 나는 그러한 템포와 계속 어긋나고 있다. 기술은 일정 시점이 지나면 일반화되는 경향 이 있다. 나는 내가 직접 만든 프로세스를 통 해 만들어지는 모방할 수 없는 이미지가 좋다. 내가 만든 이미지 중에는 노이즈나 필름의 물 성과 같은 오래되고 앤틱해 보이는 것들이 있 는데 사실은 어제 만든 것이다. 앤틱한 이미 지를 대량생산된 기계로 찍어낸 것이다. 이러 한 이미지들은 어떤 시대의 기계적 결과물이 며, 시간이 흐름에 따라서 느낌과 의미가 달 라질 수 있다. 디지털시네마 시대에 오히려 아날로그 필름의 질감을 입히는 영화들이 있 다. 첨단기술이 만들어내는 이미지 속에서 결 핍된 무언가를 찾고 있다.

현재 관심사는 무엇인가?
여전히 이런저런 도구를 만들고 있다. 아시아 문화전당에서 열리는 전시를 위해 조명을 만 드는데, 사운드와 조명이 서로 연동된다. 그 냥 오브제이지만 사운드를 통해 빛이 생성된다. 사운드에 따라 빛의 출력이나 형태가 달라지기 때문이다. 그리고 아날로그 센서를 사용할 때, 센서에 대해서도 많이 고민한다. 센서라는 것이 사실 유용하고 기술적으로 편리한 도구다. 그런데 이게 과연 예술 안에서 어떠한 가치를 갖는가가 중요하다. 센서를 그냥 빈집에 들어갔을 때 켜지는 불빛 정도로 이해한다면 그것은 산업적인 태도다. 중요한 것은 예술적 행위 안에서 센서가 어떤 역할을 하는가이다.

2018년 그동안 준비해오던 프로젝트 시청각 악기의 첫 번째 버전 〈시각피아노_프롤로그〉를 완성했다. 제작비 등의 문제로 기술적 샘플링을 중심으로 진행해오던 작업인데 서울문화재단 서서울예술교육센터의 지원으로 작품이 현실화되어 기쁘다. 〈시각피아노〉는 일종의 시청각악기로 실시간 미디어 퍼포먼스를 위해 제작한 개인적인 악기 정도로 이해하면 될 거 같다.

동시대 미술과 미디어아트에 대하여

국내 미디어아트의 생태계가 너무 단조롭다. 한국은 압축적 성장과정에서 틈이 많았다. 미디어아트의 생태계가 더 광범위하고 세부적이 되었으면 좋겠다. 2000년대 초 국내에서 미디어아트가 관심을 받으면서 활성화되었지만 관심이 지속되지는 않았다. 그 사이에 많은 것들이 사라졌다. 물론 여기에는 작가들

의 부주의도 있다. 하지만 미디어아트가 약화되었다고 하기보다는 미래를 위해 새로이 고민하고 있고 생각하고 싶다. 미디어아트가 유행에 그치지 않고 사회에 편입되어 그 안에서 많은 예술적, 문화적, 기술적 실험과 시도가 채워져야 한다.

국내 비디오아트와 무빙 이미지에 대해 몇 가지 말하고 싶다. 현재 전국의 미술관과 갤러리에서 소개되고 있는 영상작품들은 몇몇 예외적인 경우를 제외하고 대부분 실사 이미지를 바탕으로 하고 있다. 90년대 중후반 영상작업 환경이 국내에서 일반화되면서 국내 비디오 영상작업은 사회적 함의를 담은 내용을 중심으로 발전해왔다. 회화로 비유하자면 사실화 또는 구상화가 중심이 된 것이다. 이러한 현상은 80년대 민주화 과정을 거치면서 사회, 정치, 문화적 환경의 변화와 이에 기반한 작가, 큐레이터, 이론가들의 예술적 편향성에 기인한 면이 있다. 이러한 편향성은 젊은 작가들에게 암묵적 자기검열의 가이드라인으로 작동하고 따라서 사실주의적인 영상작업 경향은 계속 확대 재생산되고 있다. 생각해보자. 모든 갤러리와 미술관에서 추상회화가 사라진다면 우리의 현대미술은 얼마나 빈궁할 것인가? 이러한 일들이 수십 년 동안 미술계에서 벌어지고 있고, 문제의식을 느끼지도 못한다는 것이 무척 안타깝다. 국내 유일의 추상비디오 작가라고 나의 작업을 규정한 어느 미술이론가의 말이 마냥 기쁘지만은

않다. 실험적인 무빙 이미지를 추구하는 작가
가 한국미술계에서 살아남는 것이 얼마나 어
려운 일인지 느끼게 해준다. 한 사회는 다양
한 관점의 집합체이며, 이러한 사실이 서로
존중받을 때 그 사회가 건강한 사회임을 우리
모두가 알고 있다. 예술의 세계도 어떤 모습
이어야 할지 모두 다 잘 알 것이라고 믿으며,
다양한 생각과 예술적 실험이 존중받을 수 있
는 균형 잡힌 미술 생태계를 기대해본다.

문경원 (1969-)
드로잉, 영상설치
www.moonandjeon.com,
promise-park.ycam.jp

이제까지의 경력과 주요 활동
이화여대 서양화과를 다녔고 같은 대학원을
졸업했다. 미국으로 유학을 떠나서 캘리포니
아 미술학교(Institute of Arts)에서 석사학위를
받고 연세대학교 영상대학원에서 박사를 마
쳤다. 현재 이화여대 조형예술대학 서양화과
에서 교수로 재직 중이다. 금호미술관, 일본
후쿠오카 아시아미술관, 야마구치미디어아
트센터, 시카고 아트인스티튜트 설리번갤러
리, 취리히 미그로스현대미술관, 테이트리버
풀미술관 등에서 개인전을 열었으며 카셀도
큐멘타 13, 몬트리올비엔날레, 홈워크 6, 싱가
포르비엔날레, 후쿠오카트리엔날레 등 다수
의 기획전에 참여했다. 1999년 석남미술상을
수상했고, 2012년에는 전준호(1969-)와 함께
광주비엔날레 대상 '눈 예술상'과 국립현대미
술관 '올해의 작가상'을 수상했다. 2015년에
전준호와 함께 베니스비엔날레 한국관 작가
로 선정됐다.

초기 작업과 활동
개인전《템플 앤 템포》(2002) 외
2002년 금호미술관에서 개최한 개인전《템플
앤 템포》에서는 일상의 모습을 흑백 드로잉
으로 나타냈다. 책가방을 매고 있는 여자, 줄
다리기하는 사람, 앉아서 대화를 나누는 사람,
노래를 부르는 사람 등을 일러스트레이션으
로 그렸다. 싱글채널 비디오 〈Follow me〉에서
는 일상에서 흔히 일어나는 삶의 순간들을 포
착하여 담아냈다.

2004년에 열린 후쿠오카 아시아 미술관
의 개인전《템플 앤 템포》를 위해 레지던스를
하며 현지에서 제작한 드로잉애니메이션과
비디오 〈Stop it!〉 작업을 선보였다. 후쿠오카
텐진 지하상가를 오가는 일상의 순간, 어딘
가를 향해 매일 매일을 살아내는 삶의 단편을
포획하였다. 현지 시민들의 촬영 참여를 통해
다양한 인간 군상의 모습을 담아내고 작품의
의미를 함께 나누었다.

2004년에는 이화익갤러리에서 황혜선 작
가와 함께 2인전을 열었다. 종이에 아크릴로
채색한 다양한 포즈의 인물들을 드로잉한 평
면작업을 선보였다. 앉아 있는 사람, 손을 내
밀고 있는 사람, 인사하고 있는 사람, 뒤돌아
있는 사람 등등 다양한 인간 군상을 표현했다.
각각의 사람들은 거리를 유지한 채 떨어져 있
어 마치 종이 위에 떠다니는 것처럼 나타나
있다.

개인전 《사물화된 풍경》(2007)
"내가 그리고자 했던 '사물화'는 일방적으로 규정짓는 대상화가 아니라, 현실에 실재하는 개별적인 이야기들, 제스처들을 통해서 새롭게 의미를 규정해보고자 한 것이다. 또 내가 생각하는 풍경 작업은 그 이면에 있는 다양한 이야기들을 끌어내는, 그리고 그 안에 있는 인간과 풍경의 관계를 들여다보는 것이다. 전시에서는 나무 〈Tree〉 연작과 같이 캔버스에 목탄, 잉크, 바니쉬로 그린 얇고 긴 가지들이 뻗어나가는 나무 드로잉을 선보였다. 또한 〈경로: 도시풍경〉 시리즈도 있다. 그중에서도 〈경로: 도시풍경 – 숭례문〉의 경우에는 2006년 60년 만에 개방된 숭례문의 중앙통로 아래에 서서 숭례문을 보았던 경험이 계기가 됐다. 이전까지 숭례문은 단지 바라봄의 대상이었다면, 이제는 그곳을 중심으로 도시풍경을 응시할 수 있게 됐다고 생각했다. 내가 풍경을 보는 것만이 아니라, 풍경이 나를 바라볼 수도 있겠구나 싶었고 숭례문이 기억하고 바라본 모습을 담아야겠다고 생각했다. 숭례문이 하나의 주체가 돼서, 숭례문의 관점에서 왼쪽에 있는 도시 모습이 나타나기도 하고, 오른쪽에 있는 도시 모습이 나타나기도 한다. 또한 〈경로: 도시풍경 – 서울과 평양〉에서는 서울과 평양의 두 화면의 디지털 색값을 프로그래밍으로 치환하여 두 도시의 거리를 극복해보고자 했다." (작가노트)

《윈도우갤러리 투어 프로젝트 – 버블 톡》(2008)
2008년에는 토탈미술관을 포함한 다수의 갤러리와 전시공간에서 68일간 《윈도우갤러리 투어프로젝트 – 버블 톡》을 진행했다. 전시 제목에 담긴 '톡'은 버블이 '톡' 하고 터지는 순간을 표현한 단어이기도 하지만 영어 단어 'talk'와도 발음이 같다. 영상작업에는 평창동, 사간동, 통의동, 인사동의 배경 위에 물방울이 떠다니는 장면이 나타난다.

2010년 갤러리 현대 개인전
《그린하우스》
2010년에는 갤러리 현대에서 개인전 《그린하우스》를 열었다. 이 전시는 2009년 기무사가 있던 자리에서 열린 《신호탄》에서 소개한 기무사의 역사와 터에 관한 다큐 영상 〈박제〉의 연장선에서 이루어졌다. 〈박제〉(2009)는 낡은 콘크리트 건물 옥상 위에 비어 있는 화분 진열대만 남아 있는 온실에 상상력을 바탕으로 서사를 집어넣은 유사 다큐멘터리 작업이다. 실험실을 연상시키는 시약과 표본병들, 박제된 동물들의 모습들, 곳곳에 서 있는 사람들의 모습이 보이고 이들은 자라나는 식물들에 뒤덮여 있다. 영상의 초반부에는 기무사의 역사가 나오고 트램펄린 위에서 공중제비를 넘는 군인이 등장한다. 그리고 후반부에는 기무사 옥상에서 춤을 추는 커플의 모습이 나타난다.
회화작업 〈조작적 조건화〉 시리즈에는 온

문경원, 〈숭례문 III〉, 2008-2009. 소프트웨어, 랜덤플레이, 비디오 가변 설치.

실 속 넝쿨의 이미지가 하얀 배경에 그려져 있고 몸이 커져 온실 밖으로 팔과 다리가 빠져 나온 소녀, 죽은 빨간 새와 2명의 기사, 합성 식물을 든 여왕, 피터팬의 모습이 나타난다. 기무사 온실 모티프를 표현하기 위해 창경궁의 온실 이미지를 가져왔다. 〈박제〉를 위해 스케치한 것들을 회화로 옮긴 〈그린 하우스〉 시리즈도 함께 선보였다. 캔버스에는 식물의 넝쿨로 뒤덮인 온실의 모습 사이로 카메라맨, 이를 들여다보는 작가 자신과 제3의 인물이 나타난다.

최근 활동상황
《뉴스 프롬 노웨어》 프로젝트(2012)
2012년에는 전준호 작가와 함께 《뉴스 프롬 노웨어》(News from Nowhere) 프로젝트를 독일 카셀 도큐멘타에서 선보였다. 전준호와의 협업은 2007년 대만 아시아비엔날레 참석을 위해 오른 비행기 편에서 옆 좌석에 앉은 인연에서 시작됐다. 이후 두 사람은 여러 차례 같은 전시에 우연히 함께 참여하면서 작업과 미술계에 대해 많은 이야기를 나누었다. 당시 둘 모두가 예술의 사회적 기능과 역할 그리고 미술시스템과 시장자본의 유착으로 인한 작가로서의 회의와 갈등에 공감하고 새로운 예술의 의미를 찾고자 했다. 이후 함께 공동 프로젝트의 진행을 결심하며 의기투합했는데, 2009년 카셀도큐멘타 전시감독으로부터 이

프로젝트를 2012년 전시에서 보여달라는 요청을 받으면서 프로젝트가 더욱 구체화되기 시작했다.

이를 위해 만든 영상 〈세상의 저편〉(El Fin de Mundo) 시나리오도 전준호 작가와 나눠서 쓰기 시작했다. 한 사람은 종말을 맞이하는 남자 작가의 모습을, 다른 사람은 종말 이후 새롭게 시작하는 인류의 모습을 그리기로 하고 계속 대화를 나누면서 수정하고 편집하며 나온 결과물이 2채널 비디오 〈세상의 저편〉이었다. 배우 이정재와 임수정이 노개런티로 참여한 이 작업에는 과거의 흔적을 찾아서 기계처럼 작업을 반복하던 임수정이 과거에 살았던 작가 이정재가 남겨 놓은 흔적을 발견하고는 아름다움에 눈을 뜨며 자아를 발견하게 된다는 내용이 담겨 있다.

영화 속에 등장하는 수분공급 인공장기 세트는 일본의 디자인 엔지니어링 그룹 타크람과 공동으로 작업하여 만들었고, 미래 옷은 일본 패션디자이너 츠무라 코스케와 한국 디자이너 정구호와 함께 제작했다. 또한 영화 속에 등장하는 미래 조명기구는 안과의사 정상문과 뇌 과학자 정재승이 참여했으며, 미래도시와 재난 이후 공동주택에 관한 디자인은 네덜란드 건축가 그룹 MVRDV와 일본의 건축가 토요 이토가 참여했다. 이 프로젝트의 과정과 결과를 모아 출판물도 발행했는데, 두 협업작가들은 물론 사회과학, 교육, 영화, 음악, 문학, 종교 등 여러 분야의 전문가들과 나

눈 대담도 담겨 있다. 〈세상의 저편〉은 2012년 광주비엔날레 대상에 해당하는 '눈 예술상'을 수상했다.

이후 《뉴스 프롬 노웨어》 프로젝트는 도시를 옮겨 다니며 그 도시의 역사와 문화를 반영하여 2013년 시카고 아트인스티튜트의 교수진과 학생들이 참여한 시카고 아트인스티튜트의 설리번갤러리에서, 2015년 취리히 ETH대학의 건축가와 도시환경 연구가 등이 협업한 미그로스 현대미술관에서, 2017년 프리즈프로젝트에서 선보이고, 2018년 리버풀 로컬 프로덕션과의 신작 영상 제작 및 비디오 설치를 테이트리버풀에서 소개하면서 진행형(ongoing) 프로젝트로 이어지고 있다.

〈약속의 공원〉 프로젝트

2013년에 YCAM(Yamaguchi Center for Arts and Media) 10주년 기획전에 초대를 받아서 갔다가 시작한 프로젝트다. 10년간 작가와 미술관이 함께 진행하는 의미가 큰 프로젝트다. 당시에 전쟁의 상흔이 새겨진 폐허나 변화하는 역사의 패러다임 속에서 잊혀진 공간에 가상의 공원을 짓는 작업을 진행 중이었다. 〈약속의 공원〉(Promise Park)으로 명명된 이 프로젝트는 인간의 손길이 닿지 않은 순수한 형태의 자연 생태 환경을 조사한 다음 그 연구내용을 폐허가 된 공간에 적용하여 자생적으로 자란 원시 형태의 생태공원을 만드는 것이다. 컴퓨터그래픽으로 시뮬레이션과 모형 그리고 설계와 영상작업을 만든 이 작업은 미래의 대안적 공원을 만드는 것처럼 보이지만, 실은 오류로 점철된 인류의 역사와 반복된 망각 그리고 그 속에서 소외된 가치를 들여다볼 수 있는 공간을 짓는 것이다. 실제 자연 환경에서 자생적으로 자라는 식물들을 근접 정밀 촬영하여 생태계가 완전히 죽은 폐허의 공간에 그 식물들이 자라는 가상의 시뮬레이션 작업을 통해 생명이 회복하고 그것이 모여 자연적인 생태 환경의 공원으로 확장되는 과정을 보여준다.

YCAM의 큐레이터와 엔지니어, 도시공학자, 프로그래머와 프로젝트를 발전시키며 2014년에는 리서치 결과를 전시로 선보였다. 야마구치 지역의 폐허, 사라진 마을, 공원의 형성과 역사 등을 심도 있게 조사하고 아카이브의 중요성과 이것을 시각화하는 의미 있는 시간이었다. 또한 이 결과들을 발전시키며 인근 나가사키현에 출입이 제한된 2차 세계대전의 유적지이자 역사적 아픔의 현장인 '군함도'의 폐허와 풍경을 담아보자 의기투합하였다. 정치적으로 민감한 곳이자 일부 붕괴의 위험 등으로 출입이 금지된 곳이기에 촬영 허가를 받기까지 긴 시간과 많은 어려움이 있었다. 각고의 노력 끝에 맞이한 그곳은 폐허가 된 '군함도' 건물 위 주변에 이끼가 피어나고 생명이 다시 자라면서 잊혀졌던 역사의 아이러니가 상기되고 상처가 치유되기를 기대했고 결국 많은 이들의 공감을 얻어냈다.

문경원, 〈Promise Park〉, 2014-2015, 12분 05초, 비디오 설치 및 사운드.

문경원·전준호, 〈축지법과 비행술〉, 2015, 10분 30초, 7채널 HD 필름, 베니스비엔날레 한국관 설치 전경.

이 작업과 더불어 1차 세계대전 이후 야마구치 인근에 폐허로 남아 있는 공간과 사라진 공공장소에 대한 자료를 모은 공간들에서도 자생적으로 생성되는 공원의 형태를 보여주며 공원의 기원과 생태뿐 아니라 공공의 의미를 되짚어보는 작업을 진행했다. 2015년 YCAM 개인전에서는 그동안 연구하고 조사한 결과물과 과정을 펼쳐 보였다. '군함도'와 야마구치 일대의 버려진 폐허에 생성된 새로운 형태의 공원을 담은 영상과 카페트를 제시했다. 교토에 위치한 300년 역사를 가진 직물직조회사인 'Hosoo'와 협업해서 만든 이 카페트에는 그동안 조사한 식물의 패턴과 폐허 이미지 그리고 근대 공원을 평면적으로 해석하여 만든 추상적 이미지가 새겨졌다. 카페트가 제작되는 영상과 실시간 CCTV로 캡처한 카페트 위의 관객들을 교차로 전시장에 상영해 과거와 현재 그리고 반복과 생성, 소멸의 과정을 함께 보여줬다.

이후 YCAM에서 3년 동안 진행했던 〈약속의 공원〉 프로젝트는 2016년 문화역서울에서 워크숍으로 이어졌다. 여기서는 참여자가 함께 공원을 방문하고 식물과 곤충을 채집한 후 특유의 박테리아를 배양해 특별한 향으로 만드는 실험을 했다. 이 과정에서 60여 명의 다양한 분야의 사람들이 모여 의미 있는 시간을 가졌다. 2017년 이 프로젝트에서 진행한 리서치와 이미지들을 도큐멘테이션 책으로 출판했다.

개인전 《뉴스 프롬 노웨어》(2018)

전준호와 함께 영국 테이트 리버풀에서 개인전을 가졌다. 이 전시에서는 약 10년간 진행해온 〈뉴스 프롬 노웨어〉 프로젝트를 소개하고 신작 〈이례적 산책〉(Anomaly Strolls)을 선보였다. 이 작품에서는 〈세상의 저편〉에서 남자 주인공이 종말 이후 버려진 물건들을 새롭게 예술작품으로 탄생시켰던 모습이 다시 등장한다. 그는 영국 리버풀에서 폐허가 된 거리를 돌아다니면서 버려진 물건들을 쇼핑카트에 담는다. 이 작품은 인간에게 예술이란 어떠한 의미를 지니는가 하는 물음을 세상이 종말한 미래사회라는 가정을 통해 묻고 있다.

의미있었던 또다른 설치작업은 미술관 앞에 있는 멘홀 뚜껑을 바꾸는 작업이었다. 작품이 미술관에서 전시되는 것에 그치지 않고 도시의 기능적 요소로 남아 일부가 되는 것이다. 전작인 〈세상의 저편〉에서 여자 주인공이 마지막에 그녀의 거처를 떠나며 자신의 존재를 자각하면서 남긴 대사를 멘홀 뚜껑에 새긴 작품이다. 맨홀 뚜껑은 문명의 산물 중 하나로서 도시의 보기 싫고 외면하고 싶은 지하 배관을 사람들의 시선으로부터 가려주는 경계의 역할을 하고 있다. 무감각해진 인간의 모습을 들여다보고 현재 우리가 이룬 문명에 대해 의문과 반성을 제기하고자 하였다. 전시 이후 맨홀 뚜껑은 테이트 리버풀 미술관의 입구에 영구히 남아있다.

동시대 미술과 미디어아트에 대하여

"작품의 매체를 선택할 때 그것이 물질이냐 비물질이냐는 나에게 중요하지 않다. 물질, 비물질을 나누는 식의 이분적 사고는 제한적이며 확장의 연결성을 통제한다. 매체 선택에서 가장 중요한 점은 소통이다. 형식적이고 답습적인 의미로서의 소통이 아닌 적극적이고 심층적인, 그럼으로써 공유의 지점으로 유도하고 파생되는 소통, 그것이 나의 매체 선택 조건이다. 나는 작업을 함에 있어 보다 중요한 것은 사유의 확장 혹은 변화라고 생각한다. 내가 생각하는 미디어아티스트는 미디어를 다뤄서 미디어아티스트가 아니라 기술의 발전으로 인해 이전에는 제한되었던 사고의 영역을 확장시킨, 그리고 그것을 시도한 작가를 지칭한다고 생각한다. 만일 새로운 미디어를 다뤄서 미디어아티스트라고 생각한다면 그것은 미디어의 전통적인 해석과 분류에 갇혀 있는 것이다. 미디어아트의 용어적 해석을 이론적으로 바라보다 보니 물성이 없고 디지털화된 비물질성으로 여기는 것이라 생각한다. 그러나 미술 현장에서 미디어가 그냥 매체(medium)의 일종이고, 그 의미가 무한하며 하나의 의미로 정의하지 못할 것이라고 생각하는 작가들은 그 틀을 의식하지 않고 자유를 획득한다.

미술뿐 아니라 우리는 전문이라는 미명 아래 우리의 삶 전반에 경계를 두고 감각을 닫는다. 우리의 경험과 지식으로 쌓은 울타리가 얼마나 초라한 것인지 그리고 그것이 우리의 상상을 얼마나 차단하는지에 대한 반성과 겸허함이 필요하다. 나는 요즘의 인터랙티브 아트에 대해서도 회의적이다. 상호작용성이 대중과의 쌍방향 소통을 꾀한다고 하는데 나는 즉발적이고 일차원적인 소통도 문제라고 생각한다. 그게 예술의 확장이고 진정한 감상이며 참여라고 여기는 이들에게 나는 불편한 시선을 던진다. 나는 관객이 작품을 보면서 오히려 이해가 되지 않고 자꾸 되짚어보아야 알 것 같은, 그리하여 깊은 사고와 상상을 유도하는 과정이야말로 진정한 소통이라 여긴다. 예를 들어 한 편의 시를 접할 때, 성장의 시간과 경험이 축적되어 그 시의 의미가 새롭게, 그리고 전과는 다른 깊이로 다가올 때, 비로소 그 시는 소통되었다고 할 수 있다. 진실된 소통은 이와 같이 인내와 고통을 수반한다." (작가노트)

김경미 (1969-)
인터랙티브아트, VR, 미디어파사드
kennykyungmikim.com, nmara.net

이제까지의 경력과 주요 활동
서울대학교 미술대학 대학원 미술이론 전공에서 『비올라와 힐의 '주관적 시간성'에 대한 현상학적 분석 연구』로 석사논문을 썼다. 1998년에서 2001년 사이에는 (주)미디어아트랩을 창립하여 운영하였고 '가상음악영상시스템 및 그 시스템의 영상표시방법'으로 특허를 획득했다. 2007년에는 뉴욕대학교 ITP(Interactive Telecommunications Program)에서 석사학위를 취득했다. 2010년 뉴미디어아트연구회 NMARA(New Media Art Research Association)를 설립했으며, 현재 이 단체를 중심으로 여러 분야에서 활동하는 예술가들의 네트워크를 구축하여 전시와 공연, 융복합세미나를 기획 및 실행하고 있다.

초기 작업
1990년대 말 IMF 이후 정부에서 IT 산업에 기대를 걸고 전국적으로 소프트지원센터를 많이 세울 때 최신 영상편집실과 음향편집실이 건물 내에 있는 서초동의 소프트웨어 지원센터에서 원활한 디지털 미디어 작업을 하고 싶어 지원하여 미디어아트랩을 설립하였다.

당시 나는 사운드 인터랙티브 비주얼라이저 소프트웨어를 만들겠다는 기획안으로 지원받아 입주했다. 거기서 '사이버 비주얼 뮤직 라이브러리'를 구축하고 2개의 사운드 인터랙션 관련 소프트웨어를 개발하였다. 이후 미국으로 유학을 떠나, 뉴욕대학교 대학원 ITP 과정에서 공부했다. 그곳의 시스템이 무척 좋았고, 다양한 백그라운드의 사람들을 만날 수 있었다. 컴퓨터공학 전공자, 미술과 디자인 전공자, 작곡가, 무용가, 작가, 배우 등 다양했다. 커리큘럼과 프로그램이 인터랙티브 미디어를 배우기에 최적화되어 있었고, 선후배 간에 프로그래밍 및 신기술을 서로 알려주는 온·오프라인 시스템, 상주하는 테크니션들과 헬퍼들이 있었다.

그 당시 한국에서는 이러한 것들이 원활하게 이루어지지 않았다. 1993년 매체에 관한 연구를 시작했을 때 국내에 자료가 거의 없었다. 뉴욕에서 자료를 구해와서 논문을 써야 했다. 뉴욕근대미술관(MoMA)이나 휘트니미술관, NYU 라이브러리 등에서 자료를 구했다. 그때 실험영화나 추상 애니메이션이 비디오아트에 끼친 영향을 연구했는데 자료를 구하기 어려웠다. 그래서 직접 아방가르드 영화를 구하러 다녔는데 필름이 여러 번 복사되다 보니 화질이 너무 떨어졌다. 그런 필름을 약 100여편을 보고 간추려서 1995년 서울대학원신문사에서 주최하고 씨네꼼에서 후원·상영한 아방가르드 영화제를 개최하기도 했다.

1997년 대학원을 졸업한 이후에는 인터랙티브 미디어아트로 관심을 돌렸다. 1996년 구겐하임 소호 분관에서 개최된 《미디어 스케이프》(Media Scape)전에서 제프리 쇼의 〈읽을 수 있는 도시〉(Legible City) 같은 인터랙티브 미디어아트들을 접한 것이 실제로 체험하고 상호작용하는 인터랙티브 쪽에 더 관심을 갖게 된 계기였다. 인터랙티브 미디어의 특성인 계속해서 열어 놓는 것, 상호적으로 변화하는 것을 좋아한다. 그 당시 다큐멘터리로 본 샬럿 데이비스의 VR 작품 〈아즈모스〉에서 깊은 영감을 받았다.

《AV Brush Drawing Show》 진행(2008)

NYU의 ITP의 졸업논문 프로젝트로 제작한 〈AV Brush〉를 바탕으로 2008년 구로아트밸리 개관 기념 미디어아트쇼 《AV Brush Drawing Show》를 진행했다. 이 프로젝트는 서울대 작곡과 이돈응 교수와 숭실대 컴퓨터공학 전공 오경수 교수와 함께 발전시켰다. 관객이 직접 붓을 들고 구로아트밸리 광장에 준비된 이젤의 캔버스 스크린에 그림을 그리면, 그림이 구로아트밸리 건물 외벽의 스크린에 나타나는 동시에 붓을 움직이는 속도와 위치에 따라서 멜로디와 리듬을 달리하는 음악이 나온다. 붓에 적외선 LED 카메라가 달려 있는데 그 붓에서 나온 빛을 감지해 광장에 세워진 스크린 캔버스 화폭 뒤편의 적외선 카메라의 LED 필터로 신호를 보낸다. 사운드를 위해 사용한 프로그램은 MAX MSP Jitter였다. 당시 구로아트밸리 실내외에 7대의 카메라를 설치했고 여기서 실시간으로 들어오는 영상을 이미지 소스로 삼아 3개의 미디어파사드 스크린에 나타나게 했다. 이 작품을 하게 된 데에는 개인적인 사연이 있다. 어릴 때 동생은 피아노를 잘 쳤고 나는 그러지 못했다. 나는 피아노를 배우는 동생이 부러워서 매일 동생이 다니는 피아노학원을 따라다녔다. 그때 학원에서 피아노를 배우러 온 미대생 언니가 동생의 피아노 교습이 끝나기를 장시간 심심하게 기다리고 있는 나를 보고 잠시 들어오라고 했다. 그 미대생 언니의 제안으로 나는 피아노학원의 마룻바닥에 엎드려 바닷속 풍경을 그렸다. 그림을 그리는 행위는 본능적이라 내가 영유아였을 때도 벽에 무언가를 그렸을 수도 있겠지만 6살 때 그린 이 그림이 내가 기억하는 그림의 시작이다. 오디오비주얼 브러쉬(AV Brush)는 악기를 잘 다루지 못했기 때문에 그림을 그리듯 사운드를 연주해보고 싶은 동경에서 나온 시스템이다.

최근 활동상황

2010년에 비영리 창작연구단체 NMARA를 창립했다. 이 단체는 뉴미디어아트의 현재를 고민하는 여러 장르의 미디어아티스트와 예술과 인문학, 과학과 공학 분야의 융합 전문가들로 구성되어 있다.

《유기체로서의 도시》 외 진행(2011)
2011년에는 《유기체로서의 도시》라는 프로
젝트를 진행했다. 도심 속 세 지역 ― 서울스
퀘어, 상암DMC, 을지 한빛미디어파크 ― 에
있는 미디어파사드를 트라이앵글로 연결하
여 하나의 유기체로서의 도시를 이야기하고
자 했다. 〈Body Network〉는 이 프로젝트에서
선보인 멀티채널 미디어파사드 작품이다. 이
산화질소, 이산화황, 미세먼지 등 환경오염물
질 데이터를 실시간으로 권역별(서울시 구 단
위로 25개 권역)로 보내주는 것을 우리 몸속
의 신경망(neural network)을 응용하여 시각화
했다. 서울스퀘어와 서울역 광장에서 진행했
던 〈Body Network II〉에서는 개인이 환경오염
에 영향을 준다는 것을 '탄소발자국'으로 보여
줬다. 예를 들어, 우리가 책을 사는 행위도 그
책을 위한 종이를 만들기 위해서 나무를 베어
야 하고, 숯불고기를 구워 먹는 행위도 환경
오염에 영향을 준다. 탄소발자국 설문조사를
응용한 질문을 프로그램으로 만들어, 참여자
들이 자신의 레벨에 해당하는 아이콘 이미지
를 태블릿 PC에서 드래그해서 서울스퀘어 미
디어파사드로 날려 보내는 인터랙션이었다.

이 프로젝트에서 진행한 또 다른 작품
은 한빛미디어갤러리에 설치한 〈Urban Bead
Play〉로, 터치스크린, 인터랙티브 테이블, 벽
면 스크린으로 구성된 설치미술이다. 인간은
인드라망에 걸려 있는 구슬과 같은 존재라는
데서 아이디어를 얻었다. 작품에는 여러 개의

구슬이 있고, 관객은 각 구슬의 주인공이 된
다. 각각의 구슬들은 고유의 빛을 가지고 있
으며, 상대방의 구슬에 그 고유의 빛을 내비
치면 그 구슬에 빛이 반영되고 그 빛이 반영
된 구슬이 다른 구슬에 빛을 내비치는 식으로
이어진다. 각 구슬은 원인과 결과로 서로 연
관되어 있다.

《BEYOND. data》 프로젝트에서는 데이
터 시각화 작업을 본격적으로 선보였으며 서
울스퀘어, 상암DMC, 을지 한빛미디어파크
의 미디어파사드들과 뉴욕, 프랑크푸르트, 오
클랜드를 연결한 네트워크 데이터 시각화 미
디어파사드 작업이었다.

〈Leaves Sweeping〉, 〈Time of the trees〉
(2009)
〈Leaves Sweeping〉은 뉴욕에서 2006년에 처
음 선보인 〈A Tree-I Sweep Leave〉 인터랙티브
설치작품을 업그레이드한 것이다. 귀국하여
2008년 첫 개인전을 서울대 미술대학갤러리
우석홀에서 《I Sweep Leaves, I Draw Trees》전
을 개최하면서 국내에 발표하였고, 미진사와
YBM 2종의 고등학교 미술 교과서에 실렸다.
INDAF 2009에 출품한 〈Time of the trees〉는 3
개의 벽면에 구글 날씨 정보를 실시간으로 받
아 제작한 데이터 시각화 인터랙티브 설치작
업이다. 세계 각국의 날씨 정보에 반응해서
떨어지는 나뭇잎과 꽃잎, 전시장에 방문한 관
객들의 위치정보를 웹캠으로 입력받아서 실

김경미, 〈Body Network〉, 2011, 서울스퀘어에서 선보인 미디어파사드, 서울스퀘어.

김경미, 〈Leaves Sweeping〉, 2018(2009), 인터랙티브 설치.

시간으로 반응하고, 사계절의 변화의 자연의
지속적인 순환의 시간과 바닥에 떨어지는 나
뭇잎을 쓸어내는 행위를 통해 정화하고 치유
하는 시간의 의미를 담았다. 이 작품은 파이
썬의 전문가이자 음향공학자인 이강성과 협
업했다.

《MediaCity Seoul 2012》 외부 상영 총감독 (2012)

2012년에는 《미디어시티 서울》 비엔날레
의 스페셜 전시로 진행된 외부 상영(outdoor
screening) 《Spell on the City》의 총감독을 맡았
다. 그때 서울의 3개 지역 8개 스크린의 미디
어파사드의 큐레이팅과 개막 공연 〈Let's Play〉
를 기획했다. 광장 무대 한편에서는 센서 밴
드의 테크노 사운드가 연주되었고, 또 한편
에서는 무용공연이 이루어졌다. 광장의 무대
중간에는 방아 찧기, 쥐불놀이, 강강술래 등
의 전통놀이기구가 있었다. 센서를 부착한 피
지컬컴퓨팅 놀이기구를 사용하여 빛과 사운
드가 발생하게 했다. 관객과 퍼포머의 액션이
서울스퀘어의 미디어파사드와 상호작용하는
방식이다. 나는 하나의 장르로만 완결되는 작
업보다는 사운드, 비주얼, 피지컬컴퓨팅, 퍼
포밍 등 여러 장르가 다 어우러지는 융복합
작업에 훨씬 흥미를 느꼈던 것 같다.

《Spell on the City》 외부 상영은 서울시립
미술관 전시장의 3개의 벽면에서 도시의 SNS
에서 떠도는 감정데이터와 관객이 쓴 트위터
메시지를 일곱 가지 감정으로 분석하여 상징
적인 아이콘 부적으로 표출하였고, 그 아이콘
은 도시의 3개 지역 미디어파사드에도 투사
되었다. 이 작품은 내가 이끄는 NMARA팀과
미디어아티스트 이준이 협업하였고, 영국 미
술사가 베릴 그레이엄(Beryl Graham)의 책 『새
로운 수집: 뉴미디어아트 이후 전시하기와 청
중』(New Collecting: Exhibiting and Audiences af-
ter New Media Art) 표지에 실렸다.

《Dynamic Structure & Fluid》 디렉팅 (2014)

2014년 아르코미술관에서 《Dynamic Struc-
ture & Fluid》라는 예술과 과학 융합프로젝트
디렉팅을 맡았다. 이 프로젝트는 고등과학원
의 초학제연구단에 초대받았을 때, 그곳의 과
학과 예술 융합의 연구 발표가 특정의 학자들
과 지식인들에게만 한정적으로 공유되는 것
을 보고 더 많은 사람들에게 소개되는 전시
형태로 이루어졌으면 하는 바람에서 촉발되
었다. 이 프로젝트는 2013년 서울대학교 자연
과학대학에서 수학자, 화학자, 물리학자들이
이론 발표를 했고 예술가들은 과학자들의 이
론에서 떠오른 영감을 토대로 작업을 한 것이
었다. 가령 한 예술가가 유체역학(Fluid Me-
chanics)으로 작업하고 싶다면, 그 이론을 전
공한 수학자와 같이 심화연구를 하고 작품을
제작하게 하는 방식이다. 프로젝트는 예술과
과학의 융합 전시, 2년에 걸친 4개의 융복합

세미나, STEAM 워크숍으로 구성했다. 작가 전상언, 이강성, 고병량, 박미예, 김영희, 신민음, 이재옥, 최지원, 이상민, 김태희가 개인 혹은 팀으로 참여하였으며 수학자 김홍종, 강명주, 물리학자 이기명, 화학자 김희준이 함께했다. 나는 예술 파트 디렉터를, 홍성욱 교수가 과학 파트 미디에이터를 담당하여 융복합 협업을 진행했다.

《물의 꿈》 총감독(2015)

2015년에는 한강빛축제 《물의 꿈》 프로젝트의 총감독을 맡았다. 가을밤 한강공원에서 물과 음악과 빛의 향연을 경험할 수 있도록 5명의 작가들의 작품을 선보였다. 뚝섬 한강시민공원의 일명 자벌레라는 비정형적인 멀티콤플렉스 건물 외벽에 프로젝션 맵핑을 한 미디어파사드였다. 당시 서울시 한강사업본부에서 나에게 전권을 줬는데 작가 선정에서 주제 선정, 업체 선정 심사권을 주어 뚝섬 한강공원의 빛 정원 조성, 청담대교와 자벌레 건물 전역에 걸친 빛축제 미디어아트 행사를 구성했다. 이 행사의 음악은 작곡가이자 사운드아티스트 김태희가 담당했고 미디어아티스트 서동수, 이상민, 조애리, 최지원, 그룹 신남전기가 참여했다.

《Timeless Rings》 총감독(2016)

평창동계올림픽 G-500기념으로 광화문 KT 사옥에 프로젝션 맵핑된 미디어파사드 프로젝트이다. 인간을 비유하는 구슬 각각은 고유의 빛을 내포하고 있으며 세계 전체를 비춰 보인다. 구슬이 세계 전체를 비출 수 있는 이유는 세계인 모두가 서로 연결되어 있고 부분이 곧 전체이기 때문이다. 이는 마치 세포 단위의 유전자가 전체 몸의 정보를 담고 있는 것과 같다. 인간의 신체, 우리가 살고 있는 지구, 인간이 사유하는 우주 또한 유기체이고 그물망처럼 연결되어 있다. 이러한 그물의 매듭에 걸려 있는 구슬의 빛 중 대표적인 다섯 가지 색깔의 구슬을 엮어 '영원한 링'의 상징으로 오륜을 만들어 세계 각국이 올림픽으로 연결되는 의미를 담았다. 사운드를 맡은 조진옥은 각각의 구슬이 내비치는 빛과 움직임, 구슬과 구슬이 연결되어 일어나는 그물의 움직임에 이르기까지의 섬세한 원근과 공간감을 표현하였다. 이를 위해 소리의 공간화 작업이 이루어졌으며, 영상과의 유기성을 획득하고자 작곡가가 녹음한 자연의 소리, 컴퓨터 생성 소리 등을 다양하게 가공하여 사용했다.

《Requiem for Hybrid Life》 총감독(2017)

2017년 진행한 국제예술교류 다원예술 프로젝트로, 인간과 생태계와 같은 생명공동체로 대표되는 태어난 것과 로봇과 인공지능과 같이 만들어진 것의 결합으로 '생명과 유사한 특성'을 가지고 있는 것이 공존하는 포스트휴먼 시대의 진혼곡을 구현하였다. 이 프로젝트는 크게 뉴미디어아트 전시와 다원예술 공연으로 구성되었다. NMARA 스페이스 '동재'에서는 프롤로그와 에필로그가, 서울혁신파크 내 SeMA 창고, 폐수처리장에서 본전시와 공연이 이루어졌다. 프로젝트 제목인 '혼종 생명을 위한 진혼곡'은 장소특정성에서 나왔다. 기술 발전으로 인한 인간성을 상실하는 우려보다는 인간, 생물, 기계에 대해 질문하고, 특별히 약물 개발을 위한 실험에 희생된 동물들을 위로하기 위한 제의적 퍼포먼스와 설치미술을 선보였다. 작품은 VR, AR, 프로젝션 맵핑, 사운드 인터랙티브 비주얼라이저, 수조와 나무 정원의 설치미술로 구성되었다. 물이 담긴 수조에 셀룰로스 박테리아를 배양하여 실존하지 않는 생명 이미지가 부유하도록 전시하거나 옛 시약창고에서 시약을 배포하기 위해 만들어진 선반들이 사방에 둘러싸인 방에 센서 종을 매달고 소금 바닥 위에 VR의 인공생명의 그림자가 나타나는 설치미술까지 국내외 작가들이 함께 프로젝트를 구성하였다. 이 프로젝트에는 강효지, 김경미, 김성필, 김종현, 김태연, 변상아, 이주헌, 임경미, 전수경, 조애리, 조진옥, 최지송, 한여름, 지하루와 웨이크필드, Bo Choi, Daniel Palkowski, Damian Marhulets가 참여하였고, 이화여대 교수 김남시가 아티스트 토크를 담당했다.

《연緣》 기획(2019)

《연緣》은 《Timeless Rings》와 《Urban Bead Play》에서 표현한 인드라망 작품을 모티브로

한, 본격적인 다원예술 공연작품이다. 한 개념 속에 우주의 전체가 들어 있으며 우주의 성주괴공과 인간의 생로병사와 희로애락이 개별 인간의 빛과 되비치는 관계를 무대의 다양한 조명 연출과 다이내믹 프로젝션 맵핑 기술로 선보인 무용과 고수의 북소리가 주가 된 라이브 퍼포먼스이다. 이 작품에서 보이지 않는 세계를 깨우고 여는 것은 암흑 속의 소리에서 비롯된다. 테크놀로지와 신화적 상상력은 원초적인 북소리와 거친 콘테 질감의 2D 드로잉 애니메이션으로 인간과 로봇, 인공지능과의 관계의 연결 및 조화로운 공존을 3D 그래픽의 '화엄의 꽃'과 웨어러블아트의 연결의 끈으로 표현하였다. 작곡 조진옥, 다이내믹 프로젝션 맵핑 기술은 최유주, 웨어러블아트 최보영, 조명 이영욱, 모션그래퍼 SUKI가 참여했고 무용은 '댄스컴퍼니 명'의 최명현이 감독했다.

미디어아트 디렉터의 역할은 무엇인가?

전통적인 예술 즉 회화와 조각의 경우에는 생태계가 형성되어 있다. 갤러리가 있고 아티스트가 있어서 전업 작가로서 작품을 제작하여 팔고 제작비를 마련해서 다시 작품을 만들면서 살아갈 수 있다. 그러나 미디어아트는 사고 팔기가 너무 어렵다. 그래서 재능 있는 많은 작가들이 3, 4년 반짝 활동하다가 사라지거나 생계를 위해 산업계로 빠진다. 그게 참 안타깝다. 그래서 후원을 이끌어내든 정책을

만들든 미디어아티스트가 자생할 수 있는 시스템을 만들고 싶다. 좀 더 안정되게 미디어아트를 할 수 있는 환경을 원한다. 무엇보다도 미디어아트를 지속적으로 표현할 수 있는 장이 필요하다. 대표적인 국가 기관에서 만들어주는 전시도 있지만 지극히 한정적이고 기회가 적다. 그래서 NMARA에서 직접 기획을 하고 연구를 해보자는 생각을 한 것이다. 전시만 하는 것이 아니라 컨퍼런스와 워크숍도 진행하면서 많은 아티스트들에게 기회를 만들어주고 동시에 다음 세대들에게 융복합 미디어를 쉽게 접할 수 있는 환경을 만들어주고자 한다.

공공 공간으로 넓혀가는 이유는 무엇인가?

나는 공간에 욕심이 있다. 그것이 실재공간이든 가상공간이든. 미디어아트랩에 있을 때 VSRL(Virtual Sound Responsive Landscape) 시스템으로 개발을 하고 특허를 냈다. VSRL 시스템에서 구현해보고 싶었던 것은 전체 공간 즉 상하좌우 앞뒤의 전방위를 바라보더라도 어떤 곳에서든 펼쳐지는 풍경의 향연이었다. 당시에는 VR을 제작하는 경우가 별로 없었는데 그때 너무 빨리 앞서가서 기술이 오히려 따라오지 못했던 것 같다. VSRL은 VR로 사운드에 반응해서 공간에 이미지를 만들어내는 기술이다. 주파수 분석을 통해 비트를 검출하고 음향 패턴을 결정하여 영상 효과를 내도록

한 가상 음악 영상 시스템 및 그 시스템의 영상 표시 방법에 관한 내용으로 특허를 취득했으나 기술을 많은 사람들과 공유하기 위해 특허 유지를 중단했다. 이때 VR의 기술적 한계 때문에 미디어파사드로 옮겨간 것 같다. 화이트큐브의 미술관을 탈피하여 좀더 확장된 캔버스로서 미디어파사드 작업을 하면서 자연스럽게 미술관을 벗어난 공공의 공간에서 작업을 하게 된 것이다. 역사적으로 과거의 파사드와 광장이 시민의 계몽과 정치 및 종교에 사용되었다면 현대의 미디어파사드와 광장은 시민이 좀더 친숙하고 자연스럽게 예술을 향유할 수 있는 장이 되었으면 좋겠다고 생각했다. 지난 행보를 돌아보면 나는 오프라인 공간과 네트워크 환경의 연결로 전 지구 공간의 연결과 그 확장에 일관되게 관심을 가지고 있는 것 같다.

동시대 미술과 미디어아트에 대하여

국내 미술계에서 미디어아트는 서양에서 몇 천 년의 역사와 원류를 가지고 있는 예술들과는 달리 유리한 점이 있다. 미디어아트는 전 세계에서 거의 동시대에 시작되었다. 한국은 미디어아트를 하기에 환경이 좋다. 용산, 청계천에는 피지컬 컴퓨팅을 할 수 있는 기반이 너무나 잘 되어 있다. 우리나라 IT 인프라는 전 지역에 걸쳐 촘촘한 그물망처럼 연결되어 있으며 초고속이다. 첨단기술에 있어서 동시

대 어느 나라와 비교해도 뒤지지 않게 개발하
고 있다. 우리나라 사람들은 굉장히 다이내믹
하다. 끊임없이 지치지 않고 작업한다. 어려
운 상황에서도 미디어아트는 계속될 것이라
고 생각하고 이런 희망을 가지고 있기 때문에
계속 작업을 할 수 있다고 생각한다. 그리고
개인 아티스트로서 작품을 만드는 것도 중요
하지만 차세대를 위해서 뜻을 같이하는 사람
들과 연대하여 시스템을 구축해나가는 것도
매우 중요하다고 생각한다. 자생하여 순환하
는 구조의 미디어아트계와 융복합의 장을 만
들고 싶다.

태싯그룹 (1969- , 1970-)
오디오비주얼 퍼포먼스, 알고리즘아트,
인터랙티브 미디어 설치
www.tacit.kr

이제까지의 경력과 주요 활동

태싯그룹은 2008년에 결성된 그룹으로, 작품을 만드는 메인 멤버는 이진원과 장재호 그리고 객원으로 함께 작업 중인 박규원이 있다.

이진원(1969-)은 뉴욕 오디오리서치 인스티튜트(Institute of Audio Research)를 졸업한 뒤 한국예술종합학교 대학원 음악테크놀로지과를 졸업했다. 뉴욕 사운드트랙 레코딩 스튜디오(Soundtrack Recording Studio)에서 음악 엔지니어로 활동했다. 가재발, 바나나걸, Jin Lee라는 이름으로 한국, 일본, 유럽 등에서 앨범을 발매했다. 한국예술종합학교 음악원과 영상원에 출강하고 있다.

장재호(1970-)는 서울대학교 작곡과를 졸업하고 네덜란드 헤이그 왕립음악원에서 전자음악을 공부했다. 한국예술종합학교 멀티미디어영상과 겸임교수, 한국과학기술연구원(KIST) 영상미디어센터 위촉연구원으로 활동했으며 현재 한국예술종합학교 음악원 음악테크놀로지과 교수이자 융합예술센터 센터장으로 있다.

태싯그룹은 오디오비주얼(audio-visual) 미디어 퍼포먼스, 인터랙티브 설치, 컴퓨터 프로그래밍 등으로 작품활동을 하고 있다. 2009년 두산아트센터 공연을 시작으로 현재까지 수차례 단독공연을 했고, 백남준아트센터 오버뮤직페스티벌, 쌈지스페이스 10주년 기념공연 등에 참여했다. 2010년 팸스 초이스(PAMS Choice)에 선정됐으며 2011년 45년의 역사를 자랑하는 덴마크 오르후스 페스티벌(Aarthus Festuge)에 초대되어 오프닝 공연을 하면서 국제적으로 이름을 알리기 시작했다. 2012년 미국 시카고 현대미술관(MCA)과 뉴욕 링컨센터에서 미국 투어를 했으며 2013년에는 국립현대미술관 서울관 개관전에 초청되어 오프닝 행사로 단독공연을 하였다. 2015년에는 프랑스와 벨기에에서 유럽투어, NYU 아부다비 초청 공연을 열었다. 2010년대 이후 국내외에서 활발한 활동을 보여온 태싯그룹은 음악계와 미술계 모두에서 큰 주목을 받고 있다.

초기 작업

《tacit.perform[0]》(2009)

2009년 두산아트센터에서 처음으로 공연하여 관객과 만났다. 〈Game Over〉(2009)는 테트리스 게임을 가지고 음악을 연주하는 작업으로 2009년 단독공연 《tacit.perform[0]》에서 선보였다. 서로를 상대로 경기를 벌이면 그 과정이 프로그래밍된 컴퓨터음악으로 치환되고 동시에 음악이 연주되는 과정이 컴퓨터그래픽으로 시각화되어 무대 위 화면에 생중계된다. 연주자는 블록이 쌓이는 좌푯값에 의해 소리가 생성되기 때문에 블록을 최대한 없애는 본래의 게임법칙이 아닌, 블록을 쌓아서 좋은 소리를 만들어야 하는 새로운 규칙을 적용하여 다른 연주자들과 협연을 해야 한다. 게임이 종료된 연주자는 붉은 빛으로 표현되고, 음악은 서서히 페이드-아웃(fade-out)되면서 끝난다.

이 공연에서 선보인 또 다른 작업 〈훈민정악〉(2009)은 컴퓨터 채팅이라는 언어사용 환경이 음악으로 전환되는 공연이다. 컴퓨터 자판으로 한글을 입력할 때마다 각각의 자음과 모음에 대응하는 소리가 만들어지고 뒤섞이면서 즉흥음악이 된다. 마치 가수들이 공연 중에 서로 농담을 하는 것처럼 우리도 공연 중에 대화를 하는 것인데, 다만 채팅 환경에서 대화를 하는 것이다. 이러한 대화 속에서 연주자들 사이의 인터랙션이 이루어진다. 덧붙이자면 이후에 만든 〈Morse ㅋung ㅋung〉(2015)도 한글에 대한 작업이었다. 모스(Morse)는 짧은 음과 긴 음만 있는데 이를 조합해서 만들었다.

이 외에도 당시 두산아트센터 공연에서 다양한 영상과 이미지를 음악에 맞추어 프로젝션 맵핑 기법으로 구성한 오디오비주얼 작품 〈Improvision〉(2009)과 대표적인 미니멀 음악작품 중 하나인 작곡자 테리 라일리(Terry Riley)의 〈In C〉를 디지털 영상과 음향으로 새

롭게 재해석한 작품 〈In C〉(2009)도 선보였다.

《tacit.perform[1]》(2009)

LIG 아트홀에서 개최한 이 전시는 오디오비주얼 퍼포먼스로 《tacit.perform[0]》을 좀 더 발전시킨 무대였다. 《tacit.perform[0]》에서 선보였던 작품들을 좀 더 발전시켜서 〈Game Over 2.0〉(2009)과 〈훈민정악 2.0〉(2009)의 형태로 선보였으며 신작들도 발표했다. 신작 〈Drumming for Monome Ensemble〉은 Monome이라는 64개 버튼이 장착된 악기를 이용한 즉흥 연주 작품이었으며, 〈Space〉는 소리가 태어나서 죽기까지의 과정을 담은 작품이었다. 또한 신작 〈Dance Composition No. 1〉은 무용수의 움직임과 음악, 영상을 통합시킨 형태의 작품이었다.

《Aarhus festival 2011》(2011)

2011년 덴마크의 오르후스 페스티벌 오프닝 무대를 여는 공연을 했는데 일정은 3일간의 공연과 1일간의 강연으로 구성됐다. 선보인 작업으로는 〈훈민정악〉, 〈In C〉, 〈Game Over〉, 〈Space〉, 〈Puzzle 15〉 등이 있었다. 8월 26일 첫날은 오르후스 페스티벌 오프닝 무대공연, 27일은 단독공연, 28일은 브륀갤러리에서 마지막 공연을 했다. 그리고 29일에는 장재호, 가재발의 강연이 이루어졌는데 태싯그룹의 공연과 각자의 작품세계를 소개하는 내용이었다. 당시 선보인 작품 〈Space〉는 인공생명 이

태싯그룹, 〈Morse ㅋung ㅋung〉, 2015, 모스 부호와 한글의 원리를 활용한 프로그램. 공연장에서 연주자가 화면을 통해 관객과 대화를 나누고 있는 모습.

론을 바탕으로 한 작업으로 스크린 상에 소리
가 생성되어 소멸되기까지의 과정이 연주자
들의 손이 명령어를 입력하는 모습과 동시에
나타나도록 한 작업이다. 작품 〈Puzzle 15〉는
두 사람의 연주자 사이의 대결 구도로 이루어
지는 작업으로 퍼즐 조각이 맞춰지면 점차 복
잡한 조합의 음악이 연주되는 작업이다. 스
크린상에는 연주자들의 얼굴이 퍼즐 조각으
로 나뉘어 있어서 그것을 맞추는 과정을 보여
준다.

《tacit.perform)[2]》(2011)
2011년 LIG 아트홀에서 했던 세 번째 단독공
연이었다. 당시 레퍼토리 중 하나였던 〈Struc-
tural〉(2011)은 대중이 쉽게 이해할 수 있는 친
근한 테트리스의 논리구조를 음악과 영상에
대입시킨 작업이다. 연주자가 무대에서 대형
스크린을 통해 테트리스 게임을 펼치면, 각
테트리스 블록이 쌓이는 모습에 따라 실시간
으로 음악이 작곡된다. 연주자들은 게임이 주
는 6개의 블록이라는 한계와 게임의 법칙을
사용해서 곡을 만들어나간다.

최근 활동상황
《tacit.perform)[3]》(2013)
〈LOSS〉(2013)는 2013년 국립현대미술관 서
울관 개관특별전 《알레프 프로젝트》 연계 공
연 《tacit.perform)[3]》에서 선보인 작업이다.

제목에 해당하는 'LOSS'는 Life of Sounds의
약자다. 기본적인 아이디어는 사운드를 생명
체로 보자는 생각에서 시작했다. 생명체인 사
운드는 태어나서 죽기도 하고, 서로 만나서
상호작용하기도 한다. 부모의 염색체가 각각
반씩 만나 자녀의 염색체가 만들어진다는 유
전학적 원리를 소리에 적용한 것이다. 우성과
열성 유전자를 나타내는 대문자 A와 소문자 a
가 각각 소리의 어떤 특성을 조절하게 설정해
놓고 무작위로 조합되도록 만들었다. 기본적
인 원칙은 정해 놓지만 유전자가 조합돼서 만
들어지는 결과물은 예측할 수 없다.

〈Six Pacmen〉도 이 공연에서 선보인 작업
으로 유명한 아케이드 게임 '팩맨'(Pacmen)으
로부터 영향을 받았다. 〈Game Over〉와 유사
해 보일 수도 있으나, 이 작품은 연주자들이
경쟁이 아닌 협력을 통해 장애물을 클리어해
야 한다는 점에서 〈Game Over〉와 다르다. 음
악적 콘셉트는 스티브 라이히(Steve Reich)의
〈Six Pianos〉를 태싯그룹 방식으로 리메이크했
다고 볼 수 있다.

《SeMA Hi-Fi AudioVisual Spectacular》
(2015)
《SeMA 하이파이 오디오비주얼 스펙타큘라》
(SeMA Hi-Fi AudioVisual Spectacular)는 전자
음악과 사운드아트의 경계를 오가는 아티스
트들의 공연이었는데 우리를 포함하여 워프
레코드(Warp Records) 소속의 대표 아티스트

태싯그룹, ⟨six pacmen⟩, 컴퓨터 게임을 활용한 프로그래밍과 음악으로 이루어진 퍼포먼스.

이자 드릴 앤 베이스 사운드와 감각적인 비주얼을 선보여온 '스퀘어푸셔'(Squarepusher)와 국내의 일렉트로닉 라이브 그룹 '이디오테이프'(IDIOTAPE)가 참여했다.

이 공연에서 발표한 작품 〈Organ〉(2014)은 초기 작품인 〈Space〉와 2013년 작품 〈LOSS〉와 맥을 같이하는 것으로 생명체로서의 사운드를 다루고 있다. 작품 〈Organ〉은 사운드의 내부를 확대해 들여다본다는 콘셉트다. 우리 몸이 수많은 세포로 이루어져 있듯이 소리 역시 작은 소리 알갱이들로 이루어져 있다. 시각적으로는 유기체들이 움직이는 것처럼 형상화했고, 그것을 현미경으로 들여다보는 느낌을 연출했다. 작품 〈Organ〉은 소리 알갱이들이 상호 작용을 하며 모이고 흩어지는 과정을 시스템으로 구현한다. 그리고 연주자들이 그 시스템 안에서 작은 알갱이들을 조정함으로써 소리와 영상이 구현된다. 희고 큰 원형의 알갱이들은 연주자들 각자의 영역이고, 그 안에서 빨간 알갱이들이 태어난다. 이 작고 빨간 개체들이 모이면 모일수록 해당 영역에서 내는 소리가 커진다. 빨간 개체가 영역을 벗어나 밖으로 나가면 소리는 작아진다. 일종의 고아가 된 개체는 다른 연주자의 영역으로 흡수될 수도 있다. 연주자끼리 개체를 서로 주고받을 수도 있다. 이런 식으로 사운드를 만들어가는 것이다.

또한 〈Drumming〉이라는 작업도 선보였는데 이는 6명의 연주자가 컴퓨터를 통해 드럼을 연주한 것이다. 원곡은 작곡가 스티브 라이히의 것이다. 우리의 연주는 원래 악보를 바탕으로 하지만, 완전히 그대로 연주한 것은 아니다. 컴퓨터가 약속된 악보를 연주하는 동안, 연주자들은 음표와 박자에 얽매지 않고 즉흥적으로 리듬과 음색을 변화시킨다. 관객은 영상을 통해 이러한 즉흥성을 직관적으로 인지하게 된다. 즉 스크린의 상단에 막대기(bar)가 떨어지는 순간, 그것에 해당하는 사운드가 연주되는데 그 막대기의 질감, 크기와 떨어지는 속도가 정확하게 사운드에 일치하게 하였다.

《tacit.perform)[4]》(2015)

2015년 플래툰 쿤스트할레에서 다섯 번째 단독공연 《tacit.perform)[4]》를 진행했다. 이때 발표한 〈System 2〉(2014)는 'beta function'이라는 알고리즘을 활용한 작업이다. 이 알고리즘은 임의의 값을 만들어내는데, 극단의 값을 중간 값보다 더 많이 발생시키는 특성을 지닌다. 예를 들면, 화이트 노이즈 중에서 아주 높은 프리퀀시와 아주 낮은 프리퀀시만 취하는 알고리즘이다. 그걸 이용해서 컴퓨터에 노트는 8개, 소리 크기는 아주 크게, 그 다음은 '(컴퓨터) 네가 랜덤하게 취해라 혹은 길이는 (컴퓨터) 네가 랜덤하게 취해라' 하는 식으로 정해준다. 그런 식으로 컨트롤할 수 있는 랜덤에 관한 작업이다.

그리고 〈System 1〉(2014)은 제한된 상황

에서, 즉 우리가 선택할 수 있는 8개의 옵션 중에서 무엇을 고르느냐에 따라 조합이 달라지는 작업이다. 우리가 프로그래밍해서 제한된 상황을 주는 것이기는 하지만 어쨌든 우리의 연주에 따라서 또 다르게 반응하고 그런 식으로 이루어진다. 어떻게 보면 〈System 2〉와 〈System 1〉은 꽤나 반대다. 미시적인 관점에서. 〈System 1〉은 매우 제한적이다. 결과로 나올 수 있는 것이 여덟 가지 경우의 수밖에 없다. 반면에 〈System 2〉는 경우의 수에 제한이 없다. '아주 큰 쪽'이라는 설정만 해놓은 것이지 그게 100이 클 수도 있고 100만이 클 수도 있다. 아무런 제약이 없는, 그야말로 랜덤한 것이다.

《tacit.perform)[5]》(2015)
2015년에는 예술의전당에서 여섯 번째 단독 공연을 했다. 당시 공연에서 기존의 작업들과 함께 선보인 신작 〈Gesture & Texture〉(2015)는 시각 요소 없이 기계음만으로 구성한 작품이다. 이전 작업들과 마찬가지로 3명의 연주자들이 등장하고 컴퓨터 기계음이 지속되지만 시각적인 영상은 전혀 나타나지 않는다. 오직 소리만 이곳에 다녀간다.

작품에 게임을 활용한 이유는 무엇인가?
사실 작품활동을 하면서 게임이라는 테마가 우리에게 결정적으로 중요한 요소는 아니다. 그럼에도 불구하고 여러 작품에 게임을 도입

한 이유는 관객과의 소통을 더 원활하게 하기 위해서이다. 결성 초기부터 우리 작품의 베이스는 알고리즘아트다. 음악적·비주얼적인 최종 결과에 초점을 맞추고 있는 것이 아니라 새로운 시스템, 즉 알고리즘을 만드는 것이 우리가 가장 관심을 갖는 부분이다. 이 시스템에 맵핑된 음악과 비주얼이 최종적으로 어떻게 나오느냐 역시 우리에게 중요한 요소이긴 하지만, 시스템 자체보다 더 중요하지는 않다. 하지만 최종적인 음악과 비주얼적인 부분을 작품으로서 대할 수밖에 없는 관객에게 시스템을 어필하기는 쉽지 않다. 그래서 게임이라는 형식의 시스템을 빌어 관객에게 접근하고자 한 것이고 결과적으로는 긍정적으로 받아들여졌다고 본다.

태싯그룹이 지향하는 '오디오비주얼'은 어떤 것인가?
우리의 작업을 '오디오비주얼아트'(audio-visual art)라고 할 때 그것이 의미하는 바는 사람들이 일반적으로 생각하는 것과 같은 시각적인 작업물과 사운드의 단순한 결합이 아니다. DJ와 VJ가 있는 그런 형태도 아니고, 뮤직 비디오 같은 형태도 아니다. 우리가 생각하는 오디오비주얼에서는, 마치 음과 양이 분리될 수 없는 하나인 것처럼, 오디오와 비주얼이 분리될 수 없는 하나처럼 작동해야 한다. 예를 들어, 피아노 건반을 쳤을 때 그것이 영상에 나타남과 동시에 소리로도 나와야 한다.

우리 작업에서는 그 둘이 따로 가지 않는다는 이야기를 하고 싶다. 그리고 무엇보다도 우리 작업에서 중요한 것은 시스템이다. 오디오와 비주얼을 연결하는 혹은 그중 하나를 넣는 시스템을 만드는 것이 본질이다. 그 시스템에 로봇이 필요하면 로봇이 들어올 수도 있고 드론이 필요하면 드론이 들어올 수도 있다. 시스템 외의 나머지 것들은 모두 부수적이라고 할 수 있다.

〈System 1 v2〉(2018)

플랫폼엘에서 열린 태싯그룹 10주년 기념공연 《tacit.perform》[6]》에서 새롭게 발표한 작품이다. 이 작품의 첫 버전인 〈System 1〉은 2014년에 처음 선보였는데 두 번째 버전 〈System 1 v2〉는 2018년 플랫폼엘에서 열린 태싯그룹 10주년 기념공연에서 리뉴얼하여 선보인 것이다. 음악의 역사에서 작곡 방법은 끊임없이 변화했는데, 느슨하고 즉흥적인 방법부터 체계화되고 극히 복잡한 방법까지 매우 다양하다. 우리는 이 작품에서 체계화되어 있지만 지극히 단순하고 제한적인 방법을 시도한다. 연주자는 선을 연결하여 음악을 만들어가는데, 선을 연결하는 방법은 여덟 가지밖에 없다. 연주자들은 이 극도로 제한된 방법을 통하여 즉흥적으로 소리의 흐름을 만들어간다. 이때 소리의 흐름은 매우 느린 호흡으로 아주 미세하게 변화한다.

《ISEA 2019 개막 축하공연》

국립아시아문화전당에서 열린 제25회 국제전자예술심포지엄(ISEA)의 개막 축하공연에 참여했다. ISEA는 1988년 네덜란드를 시작으로 매년 세계 각국을 돌며 열리는 국제적인 미디어아트 행사다. 이번 개막 축하 공연에서는 〈Analytical〉, 〈훈민정악〉, 〈Morse ㅋung ㅋung〉을 선보였다. 세계적인 축제인 만큼 국내 관객들뿐만 아니라 해외에서 온 다수의 작가들과 연구자 및 관계자들도 공연을 관람하기 위해 참석했다.

WeSA 페스티벌과 아카데미

2014년부터 오디오비주얼 예술행사인 위사(WeSA) 페스티벌과 아카데미를 만들었다. 위사(WeSA)는 사운드아티스트들의 상생 커뮤니티로 정보를 공유하고 아티스트 간의 네트워킹을 도모한다. 위사 아카데미를 통해 사운드아트에 대한 교육과 재교육, 멘토링을 경험하고 아티스트 선후배와 교류할 수 있다. 우리는 젊은 신인 작가들을 발굴해내고 싶었다. 신진작가들이 작업을 계속하려면 목표와 기회가 있어야 하는데 그렇지 못한 현실이 아쉬웠다. 그들에게 연주할 무대를 제공하고 작품을 발표할 장을 만들고 싶었다. 오디오비주얼 툴을 배우려는 친구들에게 소규모 인원 중심의 강의를 제공하는 교육도 아카데미 방식으로 진행하고 있다. 위사(WeSA) 아카데미에서는 Max, openFrameworks, Jitter, Processing,

Supercollider, Physical Computing 수업이 3-5
명 정도의 소규모 그룹으로 진행되고 있다.
또한 위사는 매년 해외 유명 아티스트들을 초
청하여 사운드 페스티벌을 개최하고 있다.

동시대 미술과 미디어아트에 대하여

우리 스스로를 미디어아티스트로 부르는 것
에 대해 조금은 불편한 마음이 든다. 미디어
아트라는 단어는 미술계에서 시작되었고, 우
리는 음악에서 출발한 사람들이라서 그런 것
같다. 하지만 요즘 주위를 돌아보면 특히 20
대의 젊은 예술가 혹은 예술가 지망생들에게
음악과 미술은 더 이상 구별되고 분리된 개
별 장르가 아닌 것 같다. 음악 하던 사람이 미
술을 하기도 하고 그림 그리는 사람이 음반을
내기도 하는 세상이다. 순수예술과 상업예술
의 경계도 사라지는 것 같고. 스스로 배우고
교류하면서 자기만의 장르를 만들어낸다. 어
쩌면 태싯그룹의 작업도 그런 것 같다. 음악
도 아니고 미술도 아니며 예술도 아니고 테크
놀로지도 아닌 그 경계가 우리의 지향점이라
고 생각해 왔는데, 그것이 현재 많은 미디어
아티스트들이 함께 서 있는 지점이 아닌가 생
각한다.

김윤철 (1970-)
설치, 유체키네틱(fluid kinetic),
예술과 과학
yunchulkim.net

이제까지의 경력과 주요 활동

한국에서는 작곡을 전공했다. 이후 1998년에 현대음악을 공부하려고 독일에 갔다가 쾰른의 매체예술대학교에서 오디오비주얼미디어를 전공했다. 독일에서 생각이 많이 바뀌었다. 이를테면 음악과 여타 예술 그리고 넓게는 다른 학문을 분리시켜서 사고하지 않는 것이다. 당시 한국에서는 음악이면 음악에 대해서만 공부를 하고 배웠었는데, 독일에서는 그렇지 않았다. 전공과 관련해서도 느닷없이 브랑쿠시에 대해서 이야기하기도 하고, 문학, 역사와 철학 등을 깊게 논하기도 하였다. 처음에는 그런 일들이 낯설었다.

당시 서양의 현대음악이 지니고 있는 엄청난 문화적 역사적 무게를 근본적으로 새삼 느끼던 차에, 우연히 백남준 선생님의 작품을 보았다. 그리고 그의 인터뷰에서 비디오라는 동시대의 매체는 남과 여, 동양과 서양, 젊은이와 노인 누구에게든 핸디캡이 되지 않고 글로벌하다는 이야기를 듣게 되었다. 실제로 당시에 나도 신시사이저 등 새로운 매체로 소리를 만들고, 그것으로 곡을 쓰는 순간들을 무엇보다도 자유롭다고 생각했던 것 같다. 더욱

적극적으로 미디어를 다루기 위해 쾰른에 있는 뉴미디어아트학교에 입학했고, 그렇게 미디어아트의 세계에 발을 딛게 되었다.

2011년부터 현재까지 독일에서 다수의 개인전을 개최했으며 한국에서는 쿤스트독 갤러리, 대안공간 루프, 송은아트스페이스, 갤러리 바톤 등에서 개인전을 열었다. 해외에서는 리버풀의 FACT, 독일의 ZKM, 호주의 Ars Electronica, 중국의 국제뉴미디어트리엔날레, 스페인의 VIDA 15.0, 독일의 트랜스미디알레(Transmediale), 독일의 ISEA(Inter-Society for the Electronic Arts) 2010, 뉴욕 디지털 살롱 등에 출품했다. 2013년 스페인 텔레포니카재단으로부터 VIDA 15.0 우수상을 수상했고 2016년에는 유럽입자물리연구소(CERN)가 수여한 콜라이드 국제상(Collide International Award)을 받았다. 그 외에도 에른스트 쉐링문화재단(Ernst Schering Foundation), 에디트루스하우스 미디어아트미술관(Edith-Russ-Haus for Media Art)을 포함한 국제적으로 저명한 여러 기관으로부터 수상한 바 있다.

초기 작업

쾰른의 뉴미디어아트학교에 입학한 후 사운드아트, 제너러티브아트, 넷아트 등의 실험을 많이 했다. 특히 정제된 매트릭스 안의 추상적인 세계라고 할 수 있는 인포메이션아트에 푹 빠져 있었다. 점차 세계와 내 작품을 바라

보는 시각이 깊어지면서, 디지털이라는 무형의 인포메이션으로부터 노이즈를 포함하는 물리적이며 물질적인 아날로그로서의 시그널로 되돌아가야겠다는 생각을 많이 했다. 더 나아가 실제로 물질을 다루기 시작하였고, 물질 자체도 하나의 미디어라는 생각을 하였다. 그럼으로써 물질 자체가 스스로 매체가 되는 메타미디어적인 것에 관심을 갖게 됐다. 그때부터 디지털코드를 물리적인 세계로 꺼내보자는 생각을 하게 된 것 같다.

〈Story〉(2004)

2004년에 만든 〈Story〉라는 작품은 브라운관 모니터에 'STORY'라고 단어를 띄운 채 여섯 달을 끄지 않고 놓아두었던 것이다. 6개월 후에 가보니까 문신이 새겨진 것처럼 'STORY'라는 문자가 모니터 위에 남아 있었다. 시간과 물질로 현현하는 글쓰기였던 셈이다. 기원전 수메르인의 쐐기문자가 불에 구워지듯이, 1990년대 초에는 데이터를 저장할 때 '굽는다'는 표현을 썼다. 당시 나는 이러한 이야기들, 다시 말해 문자를 물질화하여 이야기하는 것들에 궁금증을 가지고 있었다.

〈Self_portrait_jpg〉(2005)

〈Self_portrait_jpg〉는 흰 종이에 활자들이 약 14만 개의 글자들로 적혀 있는 작품이다. 이 작품을 위해 먼저 내 얼굴을 디지털카메라로 찍고 그 이미지 파일을 다시 디지털 문서 파일로 변환했다. 그리고 그 파일의 아스키(ASCII) 코드를 다시 커다란 종이 위에 직접 손으로 옮겨 썼다. 글자를 써 내려가는 데 하루에 꼬박 12시간씩 4개월이 걸렸다. 물리적인 세계로 나왔을 때 데이터가 어떤 공간을 차지하는지, 필사하는 데 얼마만큼의 시간이 걸리는지 알고 싶었다. 이때부터 종이, 물질, 몸, 쓰기와 같은 것들에 대해 생각하기 시작했다.

2006년부터는 쇳가루도 만져보고 글리세린도 만져보고 화학책과 논문들을 읽으면서 연구실에서 이것저것 시도해봤다. 그러다 2008년쯤 되니 나는 새로운 성질을 가진 물질의 화합물을 만들고 있었다. 그 결과물을 가지고 2011년에 베를린에서 전시를 했고, 이후 과학자들과 교류를 시작하면서 천문학자, 미술사가와 함께 '플루이드 스카이스'(Fluid Skies)라는 예술과학 프로젝트를 만들게 되었다.

이후의 활동

〈Triaxial Pillars〉(2010-2011)

2012년 베를린 에른스트쉐링문화재단 개인전에서 선보인 〈Triaxial Pillars〉(2010-2011)는 개인적으로 매우 중요한 작품이다. 페로플루이드(ferrofluid)라는 물질이 있는데, 자성유체라고도 한다. 이 물질을 만들기 위해 여러 차례 실험을 했다. 그러던 어느 날 푸른 빛이 도는 금속성 느낌이 나는 순간을 발견했고 무언가 나올 것 같은 느낌이 들었다. 그 후로도 2년 이상의 실험을 해야 했는데, 시험관에 담긴 샘플병 몇백 개를 두고 비교했었다. 때때로 논문을 읽으면서 온도는 얼마나 높아야 하는지, 얼마나 빠른 속도로 휘저어야 하는지, 어떻게 해야 균일하게 나오는지 알게 될 때도 있었다. 수많은 실험들을 통해서 결정들의 빛의 굴절을 바꿀 수 있었고, 마침내 자성유체와는 완전히 다른 성질을 가진 작품의 재료를 완성할 수 있었다. 나중에 재료공학자에게 내가 만든 물질이 광결정과 상당히 유사하다라는 이야기를 들었다.

《초자연》전(2014)

2014년 국립현대미술관 《초자연》전에서 선보인 〈Effulge〉(2012-2014)는 3개의 패널로 이루어져 있는 작품으로, 패널 안에는 자력에 반응하는 황금색 금속성 액체가 담겨 있다. 패널 뒤의 전자석 장치가 키네틱 메커니즘과 에어펌프 등에 의존해 액체를 패널 안에서 고유의 패턴을 만들며 변화시킨다.

같은 전시에서 선보인 〈Flare〉(2014)는 2014년의 작품으로 여기 담긴 액체는 오랜 실험을 거쳐서 만든 물질이다. 투명한 이중유리 반응조에는 직접 고안한 친수성 특수기법을 이용하여 은빛 금속성 광택을 가진 나노 입자로 코팅한 증류수와 투명한 오일이 담겨 있다. 이 두 질료는 마이크로 컨트롤러로 프로그래밍된 두 모터의 운동에 의해 무중력 상태에 놓인 액체처럼 느리게 출렁인다. 이중유리반응조 바깥에는 증류수가 담겨 있는데, 이것은 유체를 항온 상태로 유지시켜주고 볼록렌즈처럼 유체의 움직임을 확대하는 역할을 한다. 이런 속도감, 작은 변화들이 우리를 몰입하게 한다. 비중과 밀도가 다른 두 가지 유체가 그것이 차지하는 공간이 중력과 어우러져 흐름이 만들어지고 은빛 금속성 광택을 가진 입자들은 공간을 분할하는 경계가 된다.

개인전 《백시》(白視, 2014)

2014년 대안공간 루프 개인전에서 선보인 〈Whiteout〉(2014)은 8개의 유리 기둥 안에 연기처럼 보이는 액체가 담겨 있는 작품으로, 유리 기둥 안에서 느리게 흐르는 것이다. 투명한 고분자 폴리머의 점성 틈으로 다른 백색 질료를 천천히 흐르게 하여 막을 형성하고 있다. 산성과 염기성 염료의 화학반응과 중력과 부피, 온도의 차이 등으로 인하여 투명한 유리 기둥 안에서 액체가 서서히 하강하고 변화한다.

개인전 《몽환포영로전》(夢幻泡影露電, 2016)

2016년 송은아트스페이스에서 선보인 작품 〈Cascade〉(2016)는 특수고안된 모터와 기계장치들을 통해 고유의 주파수에 의한 소리들을 공간 안으로 진동시키고 64개의 미세관 통로들이 연결되어 있는 4개의 터널 안으로 액체

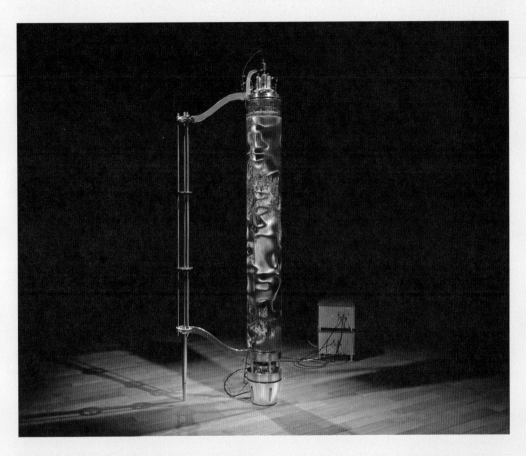

김윤철, 〈Effulge〉, 2012-2014, 아크릴, 유리, 알루미늄, 포토닉 크리스탈, 네오디뮴 자석, 모터, 마이크로 컨트롤러, 전자기장 발생기, 에어펌프, 뮤온 검출기, 500×170cm, 가변 설치.

를 순환시킨 작업이다. 액체가 미세관으로 흐르는 순간 빛의 굴절로 인해 터널은 더 이상 보이지 않게 되고 복잡한 패턴의 미세유체역학적 흐름이 전시장을 가득 채운다.

작품 〈Eluvial Horizon〉(2016)은 3개의 원형 수조에 담긴 수많은 미세한 선들로 이루어진 드로잉이다. 자력을 가진 미세한 검은 입자(paramaget particle)를 아크릴 수조 안에 담긴 증류수 아래로 가라앉히고 그것을 다시 1mm의 작은 자석으로 끌어당겨서 드로잉한 것이다.

전시 제목에 해당하는 '몽환포영로전'은 꿈, 환상, 거품, 그림자, 이슬, 번개라는 대표적인 무상의 물질 이미지들을 의미한다. 전시장에서 보여주는 언어와 상징으로부터 물질로의 전환(material turn)은 우선 가치와 용도, 개념과 의미 그리고 표상과 상징으로 구성되는 '물질세계'(material world)로부터 질료와 그것의 실제로의 물성이 얽혀 있는 '물질들의 세계'(world of materials)로의 진입을 시도했던 것이다.

최근 활동상황

작가가 강조하는 물성 자체란 무엇인가? 대부분의 대상으로서의 사물은 문화 혹은 언어 안에 포획되어 있다. 예를 들어 돌에 대해 이야기할 때 돌의 물성을 드러내기보다는 그것의 용도나, 어떤 의미 혹은 상징을 담고 있

는 수동적인 하나의 재료로서 다루어왔다. 미술사에서도 막상 물질에 대해서 깊게 이야기하지 않았다. 대부분 형태나 힘, 내용에 대해서 주로 다루었을 뿐, 왜 조각가가 이 물질을 사용했는지, 물성이 어떻게 드러나는지에 대해서 이야기하는 것은 드물었다.

내가 말하는 물성 자체는 1960년대 미니멀리스트들이 이야기하던 물질성과는 다소 다르다. 미니멀리스트들은 재료 그 자체로서 물질성을 이야기했지만 나는 그러지 않는다. 벽돌을 예로 들면, 미니멀리스트들은 직접 벽돌을 굽지는 않았을 것이다. 반면 나는 직접 흙을 선택하고, 흙의 성분을 연구하는 것에서 출발한다고 할 수 있다. 나는 좀 더 물질들의 세계 안으로 들어가서 출발해보고자 했다. 다시 말해 흙이 습기와 만나고, 열기와 만나서 만들어지는 그 과정 자체가 나의 예술적 연구에 있어서 중요한 부분이다. 작품의 재료 이전의 세계로부터, 사물들 그리고 더 나아가서 원자의 차원에 이르기까지 생동하는 어떤 세계로부터, 이름 없는 물질에서부터 출발하려는 것이다.

가스통 바슐라르는 그의 저서 『촛불의 미학』에서 초가 우리에게 상상하게끔 하는 정도가 아니라 상상을 강요한다고 말한다. 초를 보면서 우리는 수많은 생각들을 하고, 멍해져 있기도 한다. 노을을 볼 때도 마찬가지다. 현대의 테크놀로지로 실감할 만한 공간을 만든다고 해도, 작은 초 하나가 만들어내는 물성

에는 비할 바가 못 된다. 초 하나에는 수많은 사건이 연루되어 있고, 나와 우주가 연결되어 있다. 하물며, 온도, 공기, 기운, 중력 등 눈에 보이지 않는 것들마저도 초와 연루되어 있고, 초와 내가 공유하는 내적 연관이 있는 것이다. 그것은 어디서부터 어디까지가 중력이라고 분류할 수 없는, 환원할 수 없는 사건들로 복잡하게 연루된 세계이다. 나는 작품을 통해 보다 세계와 얽혀 있고, 인터랙션을 넘어 캐런 바라드(Karen Barad)가 말한 인트라액션하는 세계를 보여주고자 한다.

과학자들과의 교류
처음에는 과학자들과 교류가 없었다. 그냥 혼자서 논문을 찾아보았고, 여러 물질들로 실험한 샘플들을 관찰하고 비교하는 식으로 연구했다. 실험하는 과정 자체가 작업이 될 수 있고 연구가 잘 안 되더라도 물질들의 세계를 계속 들여다보다 보면 무언가 보이겠지 생각하며 정진했다. 그러다 보니 자연스럽게 나만의 경험을 토대로 한 고유의 물질 데이터들이 쌓이기 시작했다.

처음 과학자들과 교류를 시작했을 때 그들이 오히려 나를 신기해 했다. 왜냐하면 과거에는 과학자들도 실험실에서 시험관에 물질을 집어넣거나, 혹은 이것저것을 섞으면서 직접 실험을 했었지만, 오늘날의 많은 자연과학자들은 대부분의 것들을 컴퓨터로 시뮬레이션하는 방식을 취한다. 그래서 내가 직접

물질을 손으로 만지면서 연구하는 모습이 그들에게 어떤 향수를 불러일으켰고, 영감 또한 많이 받은 것 같다.

우리가 융복합을 말할 때 대부분은 예술가가 과학자로부터 수혜를 받는다고 생각하는데 실제로는 그렇지 않다고 생각한다. 동등하게 서로 교류하고, 서로에게 영감을 주고받을 수 있는 관계가 되어야 한다. 그저 잠시 과학이론을 어떻게 해볼까 생각한다면 잘해야 응용 수준에 머물기 쉽다. 나 또한 과학자들에게서 과학보다는 다른 것을 배운다. 그들이 얼마큼 그 세계에 충실하고, 어떤 과학적 방법과 과정으로 작업하고, 어떻게 도전하고 있고, 그런 정신들을 배우는 것이다. 세계를 탐구하는 시선, 문제를 해결하는 방법, 그리고 그 과정을 배우는 것이다. 나와 '플루이드 스카이스'라는 프로젝트를 함께 한 천문학자 하이메 포레로(Jaime E. Forero-Romero)는 내가 물질을 직접 다루는 것에 자극을 받았고, 앞으로 자신의 수업과 과학자로서의 외부 활동에 실제 물질을 다루고 싶고 그럼으로써 물질성을 회복해야겠다고 말했다. 학부 시절부터 컴퓨터로만 데이터를 시각화하고 분석하며 연구하던 차에 새로운 자극을 받은 것 같다. 직접적인 체험을 배제한 채, 그간 너무 추상적으로만 또는 수학적으로만 다뤄왔다는 것에 대한 반성이었다. 결국 내가 그들에게 직접적으로 무엇을 가르쳐주었다기보다는 정신과 지식에 있어 서로 간에 큰 교류가 있었다. 가끔

과학자들로부터 "과학은 예술에게 지식을 줄 수 있는데, 예술은 과학에 무엇을 해줄 수 있나?"라는 질문을 받을 때가 있다. 일방적인 태도로 보일 수 있지만, 그러한 질문이라도 계속되어야 한다고 생각한다. 바로 그러한 순간에 비로소 융합이라는 것이 시작될 수 있다.

개인전 《Gyre》(2017)

2017년 갤러리 바톤에서 개인전을 했다. 전시 제목에 해당하는 '자이어'(Gyre)는 나선형, 소용돌이를 뜻하는 단어인데, 이는 작품 속 물질이 만들어내는 수직과 하강의 이미지를 나타낸다. 이 전시에서 선보인 신작 〈Triaxial Pillars〉에서는 2m 높이의 투명 기둥 안에서 금속의 액체이자 모래처럼 보이는 유체가 출렁거린다. 이 금빛 금속성의 유체는 그 고유한 물질적 성질이 기둥 내부의 여러 장치들과 반응하면서 회오리치고 상승하고 기둥 끝까지 미세한 입자들을 들어올리다가 천천히 하강한다.

　서로 다른 성질을 가진 물질들을 하나의 유리관에 넣으면 그 물질들은 서로 섞이지 않은 채 경계면을 만든다. 유체의 열팽창과 열전도성의 차이로 물질은 실내의 미세한 온도 변화에도 민감하게 반응하고 움직인다. 유체가 만들어낸 경계면은 때로는 부풀어 오르기도 하고 때로는 위아래로 자리를 바꾸기도 한다. 외부의 물리적 개입이 없어도 유체는 유리관 밖의 세계와 에너지를 교환하며 미세

한 출렁임을 멈추지 않는다.

개인전 《Glare》(2019)

2019년 바라캇컨템포러리에서 개인전 《Glare》를 열고 내가 상상하는 물질의 세계를 구현하였다. 전시장에 들어서자마자 보이도록 〈Impulse〉(2018)와 〈Argos〉(2018)를 배치했다. 이 두 작품은 밀접한 관련이 있는데 먼저 〈Argos〉는 천장에 매달린 수많은 튜브들의 다발 형태로 만들어진 뮤온입자검출기다. 이것은 우주에서 방출되는 뮤온 입자가 공기 중에서 검출될 때마다 플래시를 터트리며 반응한다. 우리 눈에 보이지 않는 극미세계의 물리적 사건들을 가시적으로 유체역학적 현상으로 보여줌으로써 중력, 밀도, 경계, 복잡성 등의 물리적 관계를 드러내는 것이다. 〈Argos〉는 다시 뮤온 입자로 인해 파생된 물의 흐름과 기포의 패턴을 27개의 펌프로 이루어진 〈Impulse〉로 보낸다. 〈Impulse〉는 나뭇가지가 늘어져 있는 것처럼 많은 수의 실린더 관들이 뻗어 있는 샹들리에 형상이며, 이 실린더 관 사이로 투명한 액체가 계속해서 흐른다.

　전시장 중앙 벽면 정면에 설치한 〈Coptic Light〉(2019)는 4등분된 육각형 모양의 LED가 빛을 발하는 작품이다. 나비 날개에서 편광 효과를 일으키는 격자 구조에 관심을 갖기 시작하면서, 격자 구조 중에서도 젤 타입을 이루면서 동시에 한 방향으로 결을 갖는 하이드로젤이라는 물질을 오랫동안 실험해왔다.

김윤철, 〈Impulse〉, 2018, 비박동 펌프, 솔레노이드 밸브, 마이크로 컨트롤러, 아크릴, 알루미늄, 230×200cm, photo by Mark Blower.

모튼 펠드만(Morton Feldman)은 2000년간 지속된 '콥틱'이라는 이집트의 콥트 교도들의 실을 수없이 중첩시키는 독특한 카페트 제작 기법에서 영감을 얻어 음악을 작곡했다. 그는 피아노의 페달이 건반음을 레이어의 지속으로 만들어주듯, 교향악에 '페달'을 도입해서 '콥틱 라이트'를 작곡했다. 〈Coptic Light〉는 이처럼 음편의 반복적 프로세스로 구축된 교향곡을 수없이 듣는 과정에서 탄생했다.

역시 신작인 〈Chroma〉(2019)는 3개의 원형을 그리는 곡선이 뫼비우스의 띠처럼 연결되어 있는 트레포일(trefoil) 구조의 설치작품으로, 마치 뱀이 자신의 비늘 속으로 들어가 있는 것처럼 보이기도 한다. 작품의 내부는 하이드로젤이라는 물질로 채워져 있는데, 키네틱 장치가 움직일 때마다 이에 대한 반응으로 미세한 형태 변화와 함께 물질 고유의 색이 자연적으로 발현된다. 약 300개의 셀을 이용하여 18개의 매듭으로 정확하게 겹쳐진 6개의 트레포일 구조를 만들기 위해 수개월을 계산하고 수천 번의 시뮬레이션을 진행했다. 그 결과 각각의 셀이 모두 키네틱으로 작동하고 전체적인 구조가 인장력과 탄성을 지닐 수 있도록 완성됐다.

계속해서 자리매김할 것이다. 세계는 점점 하이브리드화하고 있고, 실제로 미디어아트라는 말도 이제는 애매해졌다. 오늘날 현대미술에서 미디어를 다루는 것은 상식이며, 미디어 작업으로 국한시켜서 미디어아트라는 말을 축소시키는 것은 의미가 없다고 생각한다. 실제로 미디어아트를 하는 많은 학자들과 예술가들이나 페스티벌마저도 끝없이 변모하고 있기 때문에 좀 더 광범위한 의미로 현대미술 전문가들이 용어들을 잘 다루어야 하지 않을까 생각한다.

물질 이야기를 많이 했다. 물질을 다루는 것은 나만의 고유한 작업 과정이기도 하지만, 많은 현대예술 작가들도 다양한 방법으로 사물성, 물질성, 비인간과 인간의 관계를 통한 새로운 존재론적 지평 위에서 작업을 하고 있다. 그리고 그 지평은 오늘날 현대미술에서 더욱 더 출렁이고 있다고 생각한다.

동시대 미술과 미디어아트에 대하여

미디어아트 또는 테크놀로지를 통한 예술활동에 있어서 물질성은 더욱 더 중요한 문제로

양아치 (1970-)
웹아트, 넷아트, 영상설치
www.yangachi.org

이제까지의 경력과 주요 활동
수원대학교 조소과를 졸업하고 연세대학교 커뮤니케이션 대학원 영상학과에서 미디어아트 전공으로 졸업했다. 일주아트하우스, 인사미술공간, KT&G 상상마당, 아트센터나비, 갤러리아 메트로폴리타나, 학고재갤러리, 아틀리에 에르메스에서 개인전을 가졌으며 국립현대미술관, 백남준아트센터, 아트센터나비 등의 국내 전시뿐 아니라 프랑스, 홍콩, 일본, 미국, 칠레 등 세계 각지에서 다수의 기획전에 참여했다. 현재 다수의 작품이 국립현대미술관, 서울시립미술관, 경기도미술관, 대전시립미술관, 아모레퍼시픽미술관 등에 소장돼 있다. 2010년 에르메스미술상을 수상했다.

초기 작업
개인전 《양아치 조합》(2002)
2002년 일주아트하우스에서 첫 개인전 《양아치 조합》을 가졌다. 양아치 조합은 인터넷 쇼핑몰처럼 양아치 상품들을 온라인을 통해 판매하는 웹 프로젝트였다. 온라인상에서 전시한 이 작업은 검색, 상품구매, 이메일 등을 활용한다. 관람자들은 양아치 조합에 회원으로 가입하여 양아치 상품들을 구매하면서 웹상에서 이루어지는 전시에 참여한다. 양아치 상품들로는 3김(KKK 2002), 금강산(Mt. Kumgang 1.0), 원샷(ONE SHOT 1.0) 등이 있다. 그중에서도 상품 양아치(Yangachi 2.0)는 가장 고가였다. 각각의 상품에는 가치, 등급, 순위를 매겨놓았다. 온라인으로 상품을 구매하면 이메일을 통해 상품 배송을 확인할 수 있다.

개인전 《전자정부》(2003)
2003년 인사미술공간에서 두 번째 개인전 《전자정부》를 열었다. 파놉티콘은 국가가 개인들을 효율적으로 감시하는 방식이었다. 오늘날 도처에 있는 CCTV, 주민등록증, 스마트카드, 전화도청, 전자지문, 인터넷 실명제 등이 우리를 감시하고 있다. 《전자정부》 역시 온라인상에서 만들어진 사이트가 주가 되는 전시였다. 우선 전자정부 사이트에 접속하면 전자정부가 요구하는 정보(30개)를 입력 창에 입력해야 한다. 그리고 정보를 확인한 뒤 삭제를 하려면 'Yes'를 누르고, 유지하기를 원하면 'No'를 누르면 된다. 전자정부의 서비스 5종을 이용하려면 10달러를 지불하면 된다. 물론 전자정부 데이터에서 개인정보를 삭제할 수 있다.

〈Hypermarket〉(2004)
2004년 국립현대미술관 《젊은 모색》전에서 작품 〈Hypermarket〉을 선보였다. 미디어에 의

한 상업주의와 경제적 영향력을 가상의 슈퍼마켓을 통해 보여주는 작품이다. 관객이 웹카메라를 들고 평면으로 그려진 가전제품 및 가구들에 갖다 대면 컴퓨터에서 그것들이 입체적으로 보이면서 실제로 마켓에 있는 것처럼 나타난다.

이후의 활동

〈감시 드라마/오페라〉(Surveillance Drama/Opera) 시리즈(2006-2008)

이 시리즈는 감시카메라를 실험적으로 사용한 작품으로 2008년 KT&G 상상마당갤러리에서 선보였다. 2007년 종로의 한 은행 주차장에 설치된 무선 감시카메라를 해킹하여 작업한 〈감시 드라마: 연애의 목적〉에서 시작됐다. 여기서는 무인 카메라 앞에서 연인으로 보이는 연기자가 여러 동작을 취하고 그렇게 찍은 동영상 이미지를 해킹으로 빼낸 뒤, 그 영상에 영화 〈연애의 목적〉에 등장하는 대사를 넣어서 드라마를 만들었다. 이후 〈감시 드라마: 킬빌〉, 〈감시 드라마: 킹콩〉, 〈감시 드라마: 스타워즈〉 등을 통해 감시카메라를 사용한 작품활동을 이어나갔다.

〈감시 드라마〉 시리즈와 함께 〈감시 오페라〉 시리즈도 병행했는데 〈감시 오페라: 007〉에서는 영화 〈007〉의 내용을 배경으로 본드 걸을 차지하려는 9명의 혈투를 담았다. KT&G 상상마당에서 전시할 때는 영화에 나오는 9명의 인물들을 배우들이 연기하게 하고 전시공간을 배회하면서 상대를 찾아 죽이는 극적인 상황을 연출했다. 퍼포먼스를 진행하는 동안에 관람자들이 CCTV를 통해 연기자의 움직임을 실시간으로 감상했고 이후 이 퍼포먼스를 영상작품의 형태로 전시했다.

〈미들 코리아〉 시리즈(2008-2009)

2008년에서 2009년 사이에는 미들 코리아 시리즈를 세 차례에 걸쳐서 개인전의 형태로 발표했다. 이를 위해 스크립트를 만들었고, 실제 공간에 전시를 할 때는 대본에 등장하는 오브제들을 사진, 드로잉, 사운드, 설치작업 등의 형태로 선보였다. '미들 코리아'라는 말은 남북한의 대치 상황을 염두에 둔 표현으로 작품을 통해 임시정부 같은 것을 만들어보고 싶었다.

2008년 인사아트스페이스에서 선보인 《미들 코리아: 양아치 에피소드 I》에서 김씨공장은 강력한 미사일이 장착된 모터바이크를 50년 이상 생산해오고 있다. 그리고 생산되는 바이크를 '가미가제 바이크'라 부르며 미들 코리아에 등록한 라이더들에게 '가미가제 바이크'를 제공하고 그들과 관계하는 모든 시스템을 파괴하라는 메시지를 전한다. 가미가제 라이더들이 일상에서 습득한 모든 능력은 '가미가제 라이딩'을 위해 축적된다. '가미가제 라이더'들은 자신의 목표를 위해 자신이 관계하는 시스템에 구체적인 관심을 표하고 그 시스템을 파괴하기 위해 준비한다.

2008년 KT&G 상상마당에서 선보인 《미들 코리아: 양아치 에피소드 II》에서는 김씨 공장에서 제작한 '저격수를 위한 총-루머건'을 선택된 자에게 제공하며 자신과 관계하는 모든 시스템의 최고 관리자들을 저격하도록 요청한다. 선택된 저격수는 자신의 목표를 위해 존재감을 드러내지 않고 시스템에 적응하다가 특별한 날 '루머 탄환'을 발표한다. 그리고 스스로 강력한 루머를 생산하는 존재가 되어 세상 모든 시스템에 오류를 가하게 된다.

2009년 아트센터나비에서 선보인 《미들 코리아: 양아치 에피소드 III》에서는 김씨 공장 사람들이 신세계를 위해 '인공위성'을 제작한다. 인공위성은 새로운 시스템을 위한 장치이며 이데올로기가 배제된 시스템을 제안한다. 신세계로 가는 인공위성이 모든 황금빛과 함께 파괴된다. 에피소드 III에 이르면 시스템의 파괴를 넘어 대안적인 시스템을 고려하게된다. 이런 작업은 가상에 있기보다는 현실에 있어야 한다고 생각한다. 현실에 있을 때 오히려 가상이 귀중하게 여겨질 것 같기 때문이다.

〈밝은 비둘기 현숙 씨〉(2010)

이 작품은 에르메스재단 미술상을 수상한 작품으로 2011년 아틀리에 에르메스에서 선보였다. 이 작업은 비둘기에 빙의된 현숙 씨가 서울 부암동 집에서 도산공원 근처 에르메스 건물을 오가는 동안 벌어지는 일을 비둘기의 시선과 CCTV 카메라의 시선으로 촬영한 20분 분량의 영상작업이다. 하늘로 날아오를 듯 양팔을 위아래로 힘껏 휘젓는 현숙 씨는 자신이 비둘기라고 생각한다. 그리고 현숙 씨는 무용수, 학생, 미술작가 등 6명의 각기 다른 사람으로 빙의되는 경험을 한다. CCTV 화면을 활용하다 보니 만화책처럼 한눈에 여러 장면을 볼 수 있는 구조로 되어 있었다. 그래서 개별적인 이야기들을 하나로 묶어내기가 수월했다. 또한 화면 속 인물이 내가 될 수 있다는 긴장감과 훔쳐보는 재미도 있었다.

〈미래에서 온 두 번째 부인, 최면술사의 경우〉(2011)

2011년 아르코아트센터에서 선보인 작품이다. 최면술사의 방처럼 꾸며진 공간에 초대된 관객이 최면술사와 1:1로 만나 최면에 빠지게 되는데 관람자들은 자신의 경험에 비추어 서로 다른 이야기를 쏟아낸다. 당시 관람자들에게 최면을 걸 때 "당신의 가장 아름다웠던 시기의 장면으로 갑니다. 집 안에 오랫동안 기다린 누군가가 있습니다." 하는 내용으로 시작했다.

그런데 관람자들의 기억이 다 다르고, 경험도 다 달랐다. 같은 게 하나도 없었다. 22명을 실험했는데 7명이 여자였다. 여성 관객들은 모두 한결같이 '예쁜 집'을 떠올리시더라. 다만 60대 여성 관객이 떠올린 것은 예쁜 '기와'집이었다. 너무 재미있어서 한참을 웃었다. 또 재미있었던 것은 최면 속에서 여성 관객들을 기다리고 있던 사람이 전부 여성이었다. 예를 들면, 일찍 돌아가신 엄마, 어릴 때 같이 놀던 언니 등. 반면에 남성 관객들은 90% 이상 최면이 잘 걸리지 않았다. 왜 그런지 물어보면 "당신이 한번 나에게 최면을 걸어보라"는 식의 답이 돌아왔다. 반면 여성 관객들은 최면이라는 미디어 인터페이스를 받아들일 마음이 있었다.

전시공간에 정확하게 최면 공간을 구현했는데 참여자들은 그들이 TV에서 최면 상황을 본 대로 행동했다. 미디어로부터의 학습이 그대로 전이된 것이다. 그런데 남성 관객은 최면이라는 미디어에 대한 감정이입이 잘 안되지 않는다는 결론이 나왔다. 흥미로운 반응이 있었는데, 여성 관객들 중에서 5명은 눈물이 멈추지 않았다. 그리고 7명은 의자가 움직였다는 경험을 알려주었다. 이러한 최면 작업에서 얻은 결론은 전기, 전자를 기반으로 한 인터랙션이 아니더라도 미디어아트가 가능하다는 것이었다. 그리고 이 작업은 일반적인 미디어아트와 달리 복제가 불가능하다는 특성이 있었다. 나는 이 작업을 통해 전기, 전자를 배제한 상태로 미디어아트 혹은 커뮤니케이션이 충분히 가능하다는 것을 증명해보고자 했다.

최근 활동상황

개인전《뼈와 살이 타는 밤》(2014)

2014년 학고재갤러리에서 개최한 개인전이다. 사실 '뼈와 살이 타는 밤'은 1980년대 초 신군부가 추진한 3S(영화, 섹스, 스포츠) 정책의 일환으로 제작된 에로영화다. 정치에 대한 국민들의 관심을 다른 곳으로 돌리기 위해 신군부가 사용한 정책으로 당시 극장가는 에로영화 열풍이었다. 이후 30년이 지났지만 지금도 별반 다르지 않다고 느꼈다. 세월호 사건 등으로 모든 사람들이 우울증에 걸려 있는 대한민국의 현실 앞에서 개인적으로 아무것도 할 수 없다는 사실이 매우 참담했다. 당시에 우울증을 심하게 겪고 있었는데, 정신적·육체적으로 탈출구를 삼은 것이 인왕산이었다. 당시 인왕산은 기도터가 많았는데, 사람들에게 알려지지 않은 기도터들이 있었다. 그러면서 밤에 만나는 장면들이 있었는데, 무당, 기도하는 사람들, 동물들 등은 '뼈와 살이 타는 밤'의 풍경이 되었다.

작품 〈뼈와 살이 타는 밤〉은 그렇게 인왕산을 오르며 만든 작품이다. 전시공간에서는 입체 조형물과 사진, 영상 등을 설치했다. 영상작업에 등장하는 성진은 어둠 속에서 손전등을 들고 산속을 헤매다가 어둠에서 탈출하기 위해 동굴을 벗어나려 한다. 그런데 그 동굴에서 빠져나오면 또 더 큰 동굴이 기다리고 있다. 성진은 산에서, 바다에서, 강에서, 광장에서, 공장에서, 사무실에서 헤매는 사내인데,

이것이 영원히 빠져나올 수 없는 장면처럼 보이길 바랐다.

오픈스튜디오 'Slow Slow Quick Quick' (2015-2018)

대학강사 생활을 하다가 신진작가들이 겪는 고충을 알게 됐다. 이들은 전시를 하고 싶어서 친구들과 돈을 모아 작업실을 얻었는데, 작업실을 유지하기 위해서 알바를 해야 했어서 작업실은 자주 비어 있었다. 그래서 그 친구들에게 800/40, 300/20, 200/20을 기반으로 활동할 수 있도록, 이미지, 콘셉트, 프로그램, 활동가 등을 제공해주었다.

그리고 2015년 을지로에 예술가들의 공간인 'Slow Slow Quick Quick'을 열게 되었다. 당시 청년 문제나 을의 전쟁을 미디어에서 거론할 때, 을지로에 이런 청년 작가들이 있다는 내용이 소개되었고 중구청에서 유휴공간을 내놓은 것이다. 그러나 이 공간은 1960년대 지어져 공장으로 쓰인 뒤 오랜 시간 방치됐던 4층 건물과 단층 건물 두 동으로 구성되어 있었다. 우리는 기본시설을 정비한 후 2015년 창작자, 장인, 기술자, 개발자, 활동가, 상인들과 관계하는 전시, 공연, 워크숍, 세미나, 제작 등을 할 수 있었다. 그리고 의식주에 집중할 수 있도록 프로그램을 개발하여 진행하였다. 'Slow Slow Quick Quick' 활동이 진행되면서 을지로 지역에는 도시재생, 젠트리피케이션, 재개발이 동시에 진행되었다. 서울시, 중구청, 종로구청 등의 이익이 교차하는 장면에서 'Slow Slow Quick Quick' 활동이 2018년을 기준으로 종료되었다.

개인전 《When Two Galaxies Merge》(두 개의 은하세계, 2017)

2017년 아뜰리에 에르메스에서 개인전을 열었다. 이 전시를 열었던 당시는 정신적·육체적으로 가장 어려웠을 때인데, 그 자체를 표현하고자 했다. 머릿속의 온갖 잡음들을 전시공간에 모두 투여하였고, 어떤 중력이 그것의 궤도를 만들어내고 있는 장면이 되기를 바랐다. 그것은 빛, 색, 선이 주도하는 어떤 세계이며, 죽은 것과 살아있는 것이 공존하는 세계이며, 기억과 기록이 만나는 세계의 장면이기를 바랐다. 살아있는 것이 죽은 것을 호출하고, 오디오가 비디오를 호출하고, 빛이 어두움을 호출하고, 반대로 죽은 것이 살아있는 것을 호출하고, 비디오가 오디오를 호출하고, 어두움은 빛을 호출하는 장면이기를 바랐다. 뒤돌아 생각해보면, 이미 충분히 미디어아트였다.

〈가리왕〉(2018)

2018 강원국제비엔날레 《악의 사전》에서 선보인 작품으로 야음(夜陰) 속에서 서서히 피어오르는 악을 곳곳의 설치작업과 미디어 작업으로 구성하였다. 작품 제목에 해당하는 '가리왕'은 가리왕산에서 따온 말이다. 강원

양아치, 〈바다 소금 극장〉, 2015, 영상작품, 15분 24초.

양아치, 〈Galaxy, The Continental Drift Club〉, 2017, 영상 작품, 13분 9초.

도 정선과 평창 사이에 위치한 가리왕산은 스키장 건설을 위해 개발되면서 상당 부분 훼손되었다. 가리왕산 원시림의 모습은 곳곳에 놓여 있는 각종 설치작품들(주황색 털들, 동물의 뿔, 돌, 동물의 대가리 등)로 표현되었으며 6채널을 나란히 이어붙인 영상에서는 원시림의 모습과 배를 손에 얹고 있는 머리에 깃털이 달린 여인의 모습, 그리고 누워있는 사람의 누드 등이 나타난다. 또한 미셸 드 세르토의 글을 인용하여 사회를 위협하는 어떤 힘이 덮칠 기회를 노리며 웅크리고 있다가 사회의 긴장을 틈타 잠입하는 순간에 대해 이야기했다.

〈Sally〉(2019)

현대자동차 《제로원데이 2019》에서 선보인 작품으로 자동차 극장의 모습과 유사한 환경을 조성하기 위하여 빈 자동차 1대와 그 앞에 비디오 작업 그리고 자동차 뒤편에 샹들리에와 네온사인을 설치해두었다. 자동차가 향해 있는 앞쪽의 비디오에서는 '샐리'라는 인공지능의 지시를 받는 자율주행차의 모습이 보인다. 그러나 영상에서는 어느 순간 갑작스러운 '삐' 소리가 나고, 편리한 미래사회의 모습과 샐리의 얼굴이 차츰 흐려지는 것을 보여준다. 자율주행차가 일상이 된 스마트 시티로서의 미래사회에서 제기될 수 있는 여러 가지 문제의식을 담은 작품이다.

〈Paik/Abe Video Synthesizer, Willy-Nilly Version〉(2019)

이 작품은 《파라다이스 아트랩 쇼케이스 2019》에서 선보인 작품으로 백남준의 비디오 신시사이저에 대한 새로운 접근으로서 개발자, 창작자, 기술자 등이 함께 참여할 수 있는 오픈소스 플랫폼을 만든 것이다. 이 플랫폼은 다양한 사람들이 참여할 수 있고 폭넓게 이용된다. 이 오픈소스 플랫폼은 파라다이스 아트랩 쇼케이스에서 선보인 이후에도 사이트 willy-nilly.org를 통해 정보와 활동을 계속해서 공개한다.

동시대 미술과 미디어아트에 대하여

'동시대적' 혹은 '현대적'이라는 말의 의미에 대해 생각해보고 있다. 그것은 업데이트가 되지 않은 윈도우 OS 같다. 그러면서 보리스 그로이스(Boris Groys)의 말에 대해 생각해보고 있는데, 그에 따르면 새로운 것은 과거와 미래의 반대편에 있다. 일리가 있는 말이다. 그래서 그 좌표에 대해서 생각해보고 있다. 그리고 개인적으로 백인 큐레이터들이 (친절한 마음을 갖고) 탈식민주의, 신자유주의에 대한 아시아적 근거를 찾기 위해 스튜디오를 방문하지 않기를 바란다. 또한 미디어아트가 전기와 전자의 망령으로부터 벗어나길 바란다.

유비호 (1970-)
영상, 사진, 비디오 설치, 퍼포먼스
RYUBiho.com

이제까지의 경력과 주요 활동

홍익대학교 회화과를 졸업하고 연세대학교 영상대학원에서 미디어아트를 전공했다. 퀸스틀러하우스 베타니엔(Künstlerhaus Bethanien, Berlin), 성곡미술관, 아트스페이스 정미소, SEMA 난지갤러리, 쿤스트독갤러리, 일주아트하우스, 보다갤러리 등에서 수차례 개인전을 가졌으며 광주비엔날레, 국립현대미술관, 독일의 쿤스트라움 크로즈베르그/베타니엔(Kunstraum Kreuzberg/Bethanien), 중국의 국제뉴미디어페스티벌 등 다수의 기획전에 참여했다. 2014년 성곡 내일의 작가상을 수상했으며 현재 국립현대미술관, 서울시립미술관, 경기도미술관, 부산현대미술관, 성곡미술관 등에 다수의 작품이 소장돼 있다.

초기 작업

개인전 《강철태양》(2000)

2000년 보다갤러리에서 첫 번째 개인전 《강철태양》(Steel Sun)을 가졌다. 당시는 사이버펑크에 관심을 갖고 있었던 시기였고 자유로운 세계에 대한 열망으로 가득했다. 전시 제목과 동명의 작품 〈강철태양〉은 2분 25초짜리 7채널 비디오 작업이다. 마치 여성의 머리가 바람에 흩날리는 것처럼 양쪽에 표현되어 있고 중앙에는 여러 명의 남자들이 서 있는데 머리가 바람에 더 이상 흔들리지 않으면 중앙에 있는 남자들이 마구 움직이다가 하늘 위로 떠오른다. 이 작품을 만들었던 시기는 좀 더 자유로운 가상공간, 2000년이라는 새로운 세대, 새로운 미디어에 대한 기대감이 있었다. 그래서 당시에 미디어를 하려는 사람의 수가 많아졌다. 2000년대 초에는 근대성에서 벗어난 자유로움에 대한 갈망이 컸다. 전시장 1층에서는 〈Hi, Guys!〉라는 무빙이미지가 나오고 있었는데 고야의 그림을 애니메이션화한 것이다. 프로그래밍을 통해 고야의 인물 형상만 따오고 뒷 배경은 서울의 야경으로 채웠다. 소리도 서울의 야경을 촬영하면서 담긴 차가 지나가는 소리 등을 녹음한 것이다.

개인전 《몽유》(2001)

2001년에는 일주아트하우스에서 두 번째 개인전 《몽유》를 열었다. 여기서는 4분 45초짜리 싱글채널 비디오 작업 〈말없이〉를 선보였다. 머리가 긴 어떤 여자가 흰 원피스를 입고 고개를 숙인 채 오른쪽으로 떠내려가고 있는데 똑같은 여자들의 모습이 동시에 지나가고 있다. 마초적인 한국사회에 대한 비판을 담은 작품이었다. 조직문화가 지배하는 한국사회에서 살고 있는 개인의 상처를 다루었다. 중

유비호, 〈강철 태양〉, 2000, 7채널 비디오, 2분 25초.

력이 없는 공간에서 흘러가고 있는 개인의 모
습을 담았다.

〈기록〉(2003)

10분짜리 3채널 비디오 〈기록〉은 2003년 서
울시립미술관《물 위를 걷는 사람들》전에 출
품한 작업으로 현재 서울시립미술관에서 소
장하고 있다. 청계천 복원사업이 이루어지기
전, 2003년 7월 서울시는 '청계천 복개도로 지
하탐방'이라는 프로그램으로 청계천 복개도
로 구역을 한시적으로 서울시민에게 개방하
였다. 이 작품은 이때의 탐방을 영상으로 기
록한 것이다. 역사적으로 특정 장소는 시대의
필요에 따라 지배권력의 선전장소로 활용되
어왔다. 새로운 지배권력은 자신의 이념을 내
세워 이전 시대가 부여한 의미를 왜곡하거나
묵살하고 새로운 메타 상징을 만들어낸다. 이
작품을 제작할 무렵 청계천 복원사업은 새로
운 서울의 상징체 — 당시 이명박 서울시장의
정치적 상징체 — 로 이뤄지고 있었다. 그러
한 시대를 살아가며 한 시대를 관조하는 예술
가로서, 이 작업을 통해 역사적인 흐름 속에
사라져버릴 또 하나의 흔적을 담담히 기록하
고자 하였다.

이후의 활동

〈Parasite Parachute 1.0〉(2006)

2006년 아트스페이스 휴에서 발표한 작업이
다. 그런데 사실 이 작업은 일찍이 2년 전부
터 예정된 것이었다. 2004년 양아치, 김장원
과 함께 셋이서 〈Parasite-Tactical Media Net-
works〉를 조직하여 함께 동시대 미술과 사회,
그리고 미디어를 연구하고 미적 이슈를 제안
했고, 2년 뒤 프로젝트를 실행하면서 선보였
다. 오늘날 개인미디어 시대로 접어들면서 과
연 예술가가 제공할 수 있는 것은 무엇인가
를 고민했다. 그리고 기술의 발전으로 급변
하는 사회 환경에서 예술가가 실행할 수 있는
사회적 실천에는 어떤 것이 있는지 모색했다.
〈Parasite Parachute 1.0〉은 우리가 제안한 예술
서비스 중 하나다. 'paraseed' 라고 명명한 씨
앗을 배양하여 컵에 담은 뒤 낙하산에 매달아
공중에 날리는 작업을 실행했고 이 씨앗이 도
시 속의 다양한 틈새에 들어가기를 염원했다.
인간이 인위적으로 만든 것들을 대신하여 자
연의 힘을 다시 회복시키자는 취지였다. 예술
적 실천이 인간으로 하여금 파괴에서 회복으
로, 회복에서 부활로 가기를 바랐다.

《코리아 에피소드 1》전 출품작(2008)

2008년 대안공간 루프에서 기획한 《코리아
에피소드 1》전에 참여하였다. 인터랙티브 설
치 〈공허한 숨〉(2007)은 전시장 벽면에서 각
기 다른 상황의 영상 2점이 나오게 한 작업이
었다. 한쪽에는 상처받은 어떤 인물이 실제
사람보다 작은 사이즈로 거실에 외롭게 앉아
있었고, 또 한쪽에는 버스에 탄 여러 명의 사

유비호, 〈Parasite Parachute 1.0〉, 2006, 소셜 툴.

람들이 이 인물을 매섭게 째려보고 있다. 관람자가 전시장에 들어서면 작은 크기의 인물은 인기척을 느끼고 주변을 두리번거린다. 그리고 또 한쪽의 영상에 나오는 여러 명의 사람들은 이 인물을 바라보던 싸늘한 시선을 거두고 고개를 돌린다.

싱글채널 비디오 〈My Way〉(2008)도 선보였는데 어느 평범한 30대 직장인을 인터뷰하고 배우지망생을 섭외하여 내레이션을 넣어 완성한 영상작품이다. 그에게는 가정이 있고, 대기업을 다니는 나름 엘리트다. 그럼에도 불구하고 항상 초조하고 불안한 삶을 살고 있다. 무한 경쟁사회와 알 수 없는 미래에 대한 두려움과 책임감이나 의무감으로 살아가는 한 시민의 모습을 다루었다.

개인전 《유연한 풍경》(2009)

2009년 스페이스크로프트에서 개인전을 했다. 전시작 〈보이지 않는 도시〉(2006)는 도시공원에 비둘기 떼가 모여 있는 곳에서 퍼포먼스를 진행한 작업이었다. 공원 바닥에 과자 부스러기로 텍스트 'INVISIBLE CITY'를 쓰기 시작했다. 글자를 쓰고 나자 비둘기 떼가 모여들어 바닥에 떨어진 텍스트를 모두 먹어치웠고 공원 바닥에는 텍스트의 흔적만이 희미하게 남아 있었다. 행위가 끝나고 얼마 지나지 않아 바람에 의해 행위의 흔적이 모두 사라졌다.

개인전 《극사적 실천》(Extreme Private Practice, 2010)

2010년 쿤스트독갤러리에서 개인전으로, 2010년부터 2011년까지 진행한 〈극사적 실천〉 시리즈를 선보였다. 이 시리즈는 예술의 사회적 실천은 무엇인가를 고민하면서 수행한 작업이다. 자본주의 체제와 정보사회에서 어떤 개인도 자유로울 수 없다는 불안감을 반영했다. 이러한 통제와 관리시스템에서 탈주하기 위해 은밀하고 고독한 심리행위를 건물 옥상, 텅 빈 저녁 골목길과 같은 장소에서 진행했다. 셀에 텍스트로 적힌 일상탈출 매뉴얼을 집어넣고 옥상에서 골프채로 쳐서 날려 보내거나 자루에 담아가지고 어두운 골목길에 가서 야구 방망이로 쳤다. 나의 유희적인 놀이(game)를 통해 메시지를 전파하자고 생각했다. 중요한 메시지는 셀에 담긴 텍스트이고, 야구나 골프는 (텍스트를 전달하는) 매체에 해당한다. 당시 이 퍼포먼스를 실시간 중계하여 파리에서 전시하기도 했다.

〈A South Korean Citizen's Tale: 가회동〉 (2011)

2011년에는 가회동에서 장소특정적 퍼포먼스 〈A South Korean Citizen's Tale: 가회동〉을 진행했다. 서울 가회동에서 발생했던 독립적인 두 사건을 하나의 스토리로 엮어보았는데, 하나는 1967년 8월 10일 신문기사에서 거동이 힘든 인물 하씨가 병원에서 불현듯 사라진 사건이고, 또 하나는 1971년 11월 9일자 신문 기사 중 어느 대범한 도둑이 당시 국회의원 등 유명인사의 집을 도둑질한 사건이다. 나는 이 두 과거의 사건 속에서 사라진 하씨와 신출귀몰하는 도둑을 가상의 동일인물 X로 등장시켜 가회동 골목에서 퍼포먼스를 수행했다. 기타 선율에 맞춰 이 사건을 내레이션으로 들려주고 퍼포먼스 과정은 SNS(트위터, 페이스북)와 웹(유스트림)에 생중계했다. 이 작업은 나중에 실험영화제에 상영되었다.

개인전 《Twin Peaks》(2011)
같은 해 SEMA 난지갤러리에서 'Twin Peaks'라는 주제로 전시했다. 난지도 쓰레기매립장이 계획되었던 1977년부터 매립이 종료된 1992년까지 난지도 관련 신문기사를 리서치한 자료를 바탕으로 기획된 전시다. 그러한 기사를 220개 정도로 추려서 신문 아카이브, 상징적인 오브제, 사운드 작업으로 전시를 구성했다. 한국의 근대화를 경험한 사람들에 관한 이야기다. '난지 또는 난지'라는 신문기사 아카이브는 OH필름에 영사해 전시했다. 약간 올드하지만 익숙한 감성을 자아내고자 했다. 작품 〈88〉은 8자 모양의 오브제로 1988년에 치러진 서울올림픽을 상기시킨다. 약간 타틀린의 기념비처럼 보이게끔 제작했다. 작품 〈삼성〉은 아크릴 패널로 만든 3개의 별 모양 조각이다. 한국은 삼성이라는 기업을 빼놓고 생각할 수 없는 곳이 아닌가? 삼성의 로고를 참조해

서 만들어봤다. 작품 〈근대의 나무〉에는 근대화 시기 국가기간산업을 담당했던 대표적인 플랜트 기업의 로고를 새마을운동의 상징기호로 변환하여 정방향 대칭철제구조에 깃발로 매달았다. 전시 제목인 'Twin Peaks'는 미국 90년대 드라마의 제목이다. 미국 중산층 사회가 가진 불안감을 다룬 드라마였다. 난지라는 지역과 이러한 분위기가 적절히 상응한다고 봤다.

개인전 《공조탈출》(2012)
2012년 스페이스 해밀턴에서 개인전 《공조탈출》을 가졌다. 퍼포먼스와 워크숍으로 이루어진 작업이었다. 참여자들의 상호협력으로 일상을 탈출하는 협력 프로젝트로 참여자 스스로 결정하고 자신의 운명을 조정하는 개인과 집단의 확장된 네트워크를 지향한 작업이다. 불현듯 걸려오는 광고전화와 스팸문자, 평소 거리를 거닐면서 자기도 모르게 관찰되고 있는 감시시스템, 스스로 생각하고 판단하기보다 기호와 취향이 우선시되어 소비되는 개인의 라이프스타일 등 현대인의 일상은 알 수 없는 방식으로 길들여지고 있다. 이 프로젝트는 내가 합의한 질서, 나의 뜻이 완성되는 미래를 위해 진행됐다.

〈동풍 혹은 두 개의 마음〉(2012-2018)
2012년에 시작해서 2018년까지 진행한 〈동풍 혹은 두 개의 마음〉은 분단 이후 한국의 특

수한 사회적 환경을 다룬 비디오 시리즈와 퍼포먼스가 결합된 작업으로 2012년 사비나 미술관에서 처음으로 선보인 작업이다. 전시장에서 선보인 이 퍼포먼스 영상은 공원 앞 군부대, 전쟁기념관 조각 군상, 전쟁기념관 형제의 상, 새만금 공사 장소, 세운상가, 뉴타운 공사현장, 4대강 공사현장, 알박기 장소 등을 배경으로 자신의 소회를 밝히거나 때로는 상황을 희화화하면서 유희적으로 극복하고자 한다.

최근 활동상황

〈A South Korean Citizen's Tale: 광주〉(2014)

2014년에 광주비엔날레에서 전시했던 〈A South Korean Citizen's Tale : 광주〉는 장소특정적 퍼포먼스였다. 5.18 민주광장을 배회하면서 치열한 투쟁에 의해 쟁취되는 아름다운 대지(산, 들, 공기, 나무, 풀, 돌, 사람, 햇빛 등)를 시적 운율을 바탕으로 읊었다. 이 퍼포먼스는 한국인의 자유와 민주성의 상징인 광주 5.18 민주광장 분수대 앞을 중심으로 1980년 5월 당시 희생된 광주시민의 주검을 임시로 모셨던 (구)상무관에서 시작하여 5.18 민주광장을 돌며 마무리되었다. 동시에 바람, 햇빛, 은하수 그리고 무한한 자유와 생명을 잉태하는 대지의 에너지가 만나서 만들어내는 매 순간의 미묘한 변화를 기타 운율에 맞춰 구음으로 전달하고자 했다.

〈광휘의 순간〉(2015)

2015년 2분 57초짜리 싱글채널 비디오 〈광휘의 순간〉을 만들어서 2015년 《광주미디어아트페스티벌》에서 선보였다. 광주 횃불을 떠올리게 하는 작업으로 5.18 민주광장에서 조선대 학생들이 강렬한 태양 빛을 거울로 반사시키는 행위를 했다. 학생들은 태양 빛을 광장 주변에 산발적으로 반사시켜 생명력을 불어넣고자 했다.

수행적 시기(2006-2015)

2006년 이후부터 2015년 성곡미술관 개인전 이전까지 나의 작품세계를 수행적 시기라고 부른다. 마치 고행자들이 스스로를 갈고 닦듯이 작업을 통해 수행한다는 의미이다. 내 작업을 이해하는 데 있어서 이 시기는 대단히 중요하다. 사실 2009-10년부터 내적인 변화가 있었고 이때부터 이미 수행적 시기에서 벗어나고 있었지만 전시에서 그것이 증명되고 선보인 것은 그 이후다.

이 시기의 작업은 크게 세 가지 테마로 분류할 수 있다. 첫째, 개입과 탈주의 방식으로 상호 부조했던 작업들이다. 이때는 매뉴얼, 공유, 인터넷 방송 등을 통해 사회참여적인 작품들을 다수 선보였다. 〈보이지 않는 도시〉(2006), 〈Parasite Parachute 1.0〉(2006), 〈극사적 실천〉(2010-2011), 〈Rehearsal〉(2010), 〈공조탈출〉(2012) 등이 여기에 속하는 주요 작업이다. 둘째, 글로벌화에 따른 황홀감 혹은 불안감을 다룬 작업들이다. 〈공허한 숨〉(2007), 〈My way〉(2008), 〈인스턴트 휴가〉(2009), 〈The Two Towers〉(2010), 〈Mobile Paradise〉(2010), 〈Re-hearsal〉(2010) 등이 여기 속한다. 셋째, 역사성과 나에게 주어진 시간성에 대한 작업들이다. 근대화, 산업화 이면의 문제들을 다루었다. 이에 포함시킬 수 있는 작업들은 〈Subto-pia # 1〉(2010-2011), 〈A South Korean Citizen's Tale: 가회동〉(2011), 'Twin Peaks'(2011), 〈East Wind or the Two Hearts〉(2012, 18), 〈서울피에타〉(2013), 〈괜찮아요?〉(2013), 〈A South Ko-rean Citizen's Tale: 광주〉(2014), 〈광휘의 순간〉(2015) 등이 있다.

개인전 《해 질 녘 나의 하늘에는》(2015) 2014년 성곡미술관에서 진행하는 프로그램 '내일의 작가'에 선정되어 2015년 개인전을 가졌다. 전시 주제는 고려장에 관한 것인데 김기영 감독이 40대 초에 만든 영화 〈고려장〉(1963)이 영감의 원천 중 하나였다. 1960년대만 해도 형제나 친척이 북쪽에 남아 있는 사람들이 많아서 통일에 대한 열망이 강했다. 영화의 내용을 보면 마을에 신주, 신목, 그리고 신목 옆에 무당이 살고 있는데 마을에서 중요한 역할을 한다. 그 마을에는 효심이 지극한 아들이 있었으나 무당의 이간질 때문에 아들이 나중에 어머니를 버리게 된다. 일본에도

고려장을 모티프로 한 영화가 있다. 이 영화와 달리 김기영의 〈고려장〉은 아들과 어머니의 끈끈한 정을 다루고 있고, 이념적인 것을 다루고 있다. 김기영의 영화로부터 적지 않은 영향을 받았다. 이 전시에서 선보인 비디오 작업 〈떠도는 이들이 전하는 바람의 노래〉(The Wanderer's Song of Wind)에도 절름발이 아들이 나온다. 그런데 과거의 고려장과 현재의 도시풍경이 오버랩하여 나름의 재해석이 이루어졌다. 절름발이 남자가 할머니를 업고 흙탕물을 빠져나와서 다시 재개발 주거지역으로 돌아온다. 실제로 이 장면을 촬영할 때 남자 배우가 굉장히 힘들게 올라갔다. 할머니 역할을 해주셨던 분은 무서워하시기도 했다. 낭떠러지도 있고 하다 보니.

개인전 《마음거울 心鏡》(2016) 2016년에 코너아트스페이스에서 고독에 관한 작업을 선보였다. 작품 〈쓸쓸한 사랑〉은 고독과 쓸쓸한 정서를 비, 바람, 메마른 화분, 오후 하늘, 태양 등의 구성요소로 끌어와 영화적 미장센으로 표현한 5채널 영상설치작업이다. 작품 〈여정〉은 3채널 비디오 작업으로 아이, 예술가, 노령의 예술가 세 사람이 걸어가는 뒷모습을 담은 영상이다. 작품 〈마음풍경〉은 4채널 비디오 작업으로 상인, 누이, 가수, 실험영화감독이 햇살이 비치는 나무 아래에서 눈을 감고 있다가 뜨는 모습을 담은 것이다. 순간 일시적으로 다가오는 풍경을 심미적

으로 표현했다.

개인전 《Letter from the Netherworld》
(2018)

2018년 베를린에 있는 퀸스틀러하우스 베타
니엔(Künstlerhaus Bethanien)에서 개인전을
열었다. 작업의 단초는 2015년 가을 터키 남
부 해변가에 익사체로 발견된 난민 아이의 인
터넷 기사와 사랑하는 연인의 영혼을 데리고
지하세계에서 지상으로 나오는 오르페우스
의 신화에서 출발했다. 동시대 곳곳에서 일어
나는 분열, 갈등, 분쟁, 전쟁으로 인해 고국을
등지고 망명하거나 탈출하는 난민들의 소식
을 접하면서 이것이 오르페우스가 빠져나오
는 동굴일 수 있을 것이라고 생각했다.

작품 〈A Prophet's Words〉는 13분짜리 싱
글채널 비디오로 내가 각본을 쓰고 배우가 내
레이션을한다. 죽은 자가 살아 있는 자들에
게 전하는 예언의 말이다. 작품 〈The Beach at
36º 96' N 27º 26' E〉에서는 2015년 익사한 시
리아 난민 아이들의 죽음을 떠올리게 하는 해
변을 영상과 사진으로 전시했다. 〈An Eter-
nal Memory〉는 사진작업으로 여러 명의 난민
청년들을 노인으로 특수분장하여 사진에 담
았다.

동시대 미술과 미디어아트에 대하여
우리는 동시대에 살아가는 개인으로서 여러
가지 상황들을 맞닥뜨리고 있다. 예술가는 사
회에 드러나지 않은 다양한 무의식들과 원초
적인 자유성을 향해 나아가는 이들이다. 그리
고 이들은 총제적인 감각의 언어로 세상에 질
문을 던지는 이들이다. 미디어는 자유로 향하
는 모호한 무의식을 세상과 연결시키는 통로
이자 매개물이다. 예술가의 잔여물들을 통해
자유로움으로 나아가는 통로를 지나쳐보라.
그리고 그저 느껴보시라.

최우람(1970-)
조각, 키네틱 설치, 인공생명아트
www.uram.net

이제까지의 경력과 주요 활동

중앙대학교 조소과에서 학사, 석사를 마쳤다. 대만 타이중 국립미술관, 대구미술관, 뉴욕 아시아 소사이어티 뮤지엄, 동경 모리미술관 등에서 개인전을 가졌으며 국립현대미술관, 리움 삼성미술관, 상하이비엔날레, 리버풀 비엔날레, 우젠 국제미술전, 유즈뮤지엄, 싱가포르미술관 등 다수의 기획전에 참여했다. 2006년 제1회 '포스코 스틸아트 어워드' 대상을 받았고 2009년 김세중 조각상 청년조각부문을 수상했으며 문화체육관광부 '오늘의 젊은 예술가상'을 받았다. 주요 작품 소장처로는 국립현대미술관, 서울시립미술관, 삼성미술관 리움, 아모레퍼시픽 미술관 등이 있다.

초기 작업

개인전 《문명∈숙주》(1998)

1998년 갤러리 보다에서 첫 번째 개인전 《문명∈숙주》를 열었다. 숙주가 문명을 포함한다는 뜻을 담은 이 전시에는 곤충이나 식물 등 여러 가지 움직이는 기계가 등장한다. 초기 작업은 기계문명의 심각성을 알려야 한다는 생각에서 비롯한다. 수백 명이 탑승하고 있는, 자동 조종되는 비행기가 미쳐서 날뛴다고 할 때 전원을 끄는 것만으로는 문제를 해결할 수 없을 것이다. 인간의 욕망은 끝이 없고 '더, 더, 더'로 향한다. 이러한 폭력적인 욕망이 에너지원이 되어 자라나는 기계생명체, 인간의 욕망을 자양분으로 자라나는 기계생명체를 표현했다.

개인전 《170개의 박스로봇》(2001)

2001년 헬로아트갤러리에서 개최한 두 번째 개인전이다. 전시공간 바닥에는 170개의 모터와 센서가 달린 박스들이 늘어서 있고 관람자가 발을 들여놓는 순간 옆에 있는 박스가 도망을 간다. 그러면 그 옆에 있는 박스들이 서로의 거리를 확보하기 위해 또 도망간다. 이렇게 박스들은 서로의 거리를 유지하기 위해 서로를 끊임없이 밀쳐낸다. 가로 세로 높이 10cm 크기의 박스 하나하나에 센서가 내장되어 있어 모든 접근에 반응한다. 움직일 때는 빨간색, 파란색, 흰색, 노란색 불빛을 깜빡거린다. 로봇 표면에는 각종 광고 카피나 상품 로고가 붙어 있다.

개인전 《Ultima Mudfox》(2002)

2002년 두아트갤러리에서 세 번째 개인전을 열었다. 기계장치들로 조각을 만들고 이름을 붙여주었다. 마치 과학계에서 생물에게 과학적인 분류에 의한 이름, 즉 학명을 붙여주듯이. 학명은 속명과 종명으로 구성되고 라틴어를 사용했다. 가령, '울티마 머드폭스'(Ultima Mudfox)의 학명은 'Anmoropral Delphinus delphis Uram'이다. 'Anmoropral'은 속명이고 'Delphinus delphis'는 종명이 된다. 이처럼 세 번째 개인전 이후부터 작품에 등장하는 기계 생명체의 스토리가 등장하고, 동물도감이나 식물도감처럼 구체적인 증거물과 생장에 대한 연작도 이루어졌다.

이후의 활동

개인전 《MAM 프로젝트: 도시에너지》 (2006)

2006년에는 일본 도쿄의 모리미술관에서 개인전을 열었다. 모리미술관은 유망한 작가를 선정하여 전시회를 개최하는 MAM(Mori Art Museum) 프로젝트를 시행하고 있다. 〈어바너스〉(Urbanus) 시리즈 기계 조각작품들로 구성되었는데 어바너스 암컷(Urbanus Female)은 꽃과 유사한 형태의 몸체를 열었다 닫았다를 반복한다. 주위에는 어바너스 수컷(Urbanus Male)들도 있다. 알루미늄 등뼈와 플라스틱 지느러미들로 구성된 이 기계생명체들을 위한 작업 도면도 역시 전시장에 있는 LCD 모니터를 통해 전시되었다. 그리고 이 기계들을 위한 내러티브도 만들었는데 가령 이런 식이다.

"도시의 에너지를 기반으로 삶을 영위하는 새로운 기계 생태계가 발견되었다. 국가 간 연합으로 추진되고 있는 '기계생명체연합연구소-U.R.A.M.'(United Research of Anima Machine-U.R.A.M.)에서는 최근 이 놀라운 연구 결과를 발표했는데 도시에너지를 연구하는 과학자들에게 매우 흥미로운 소식이 아닐 수 없다. 'U.R.A.M.'의 발표에 따르면 이 새로운 기계 생명체는 태양에너지를 기반으로 광합성을 하는 식물처럼 도시에너지를 직접 흡수하여 생활하는 암컷과 암컷이 배출하는 빛의 형태의 전기적인 에너지를 흡수하여 생활하는 수컷으로 분류된다고 한다. 'U.R.A.M.'은 이 새로운 기계 생명체를 어바너스(Urbanus)라고 명명하였는데, 어바너스의 암컷은 꽃과 같은 형태를 하고 있으며, 축적된 에너지를 빛으로 방출하기 위해 약 15분을 간격으로 펼쳐진다. 이때 암컷의 생식기관으로부터 발산되는 빛에는 다량의 전하를 가진 입자가 함께 방출된다. 이때를 기다리며 주위를 배회하던 수컷들이 자신의 지느러미를 펼쳐 입자를 흡수한다."

개인전 《Anima Machines》(2008)

2008년에는 도쿄의 SCAI 배스하우스(The Bath House)에서 개인전 《Anima Machines》를 열고 〈우나루미노〉(Una Lumino)를 선보였으며, 같은 해 영국 리버풀비엔날레에는 〈Opertus Lunula Umbra(Hidden Shadow of Moon)〉을 출품했다. 〈Una Lumino〉는 따개비의 형태를 보이는데, 따개비는 바다 생물로 위쪽아가리에서 6쌍의 만각을 움직이면서 물속의 플랑크톤을 잡아먹는다. 작품의 재료는 폴리카보네이트(polycarbonate)로 플라스틱 중 가장 단단한 소재로 알려져 있다. 또한 작품 〈Opertus Lunula Umbra(Hidden Shadow of Moon)〉는 전체 길이가 5.7m에 750kg에 달하는 거대한 작품이다. 마치 공룡 화석처럼 보이는 이 기계장치는 전시공간에 매달린 채 조금씩 움직이기 시작한다. 이것의 날개 29쌍은 CNC(컴퓨터 수치제어) 가공을 통해 ABS 수지로 원형을 만든 뒤 그 위에 여러 종류의 무늬목을 입히고 그중 나무무늬가 가장 잘 드러나는 수종을 골라 실리콘으로 무늬를 떠내서 FRP 플라스틱으로 최종 모형을 만들어 색칠하는 공정을 거친 것이다.

개인전 《Kalpa》(2011)

2010년에는 뉴욕 비트폼즈갤러리에서 개인전 《Kalpa》를 가졌다. 전시에서 선보인 것은 은하계의 모습을 이미지화한 것들이다. 허블망원경이 우주 밖으로 나가서 발견한 궁극의 신의 모습을 보여주고자 했다. 허블이 보는 이미지는 수백억 년 전의 이미지, 태초의 이미지다. 초기 은하의 모습, 더 멀리 볼수록 태초를 보는 것이다. 지구가 생기기 전의 모습이다. 이것이야말로 궁극의 신 아닐까? 사람들이 부처나 예수를 보면서 경건한 마음을 갖는 것은 우리가 이러한 문화를 삶속에서 체험적으로 학습했기 때문이다. 반면 나는 아무런

배경 설명 없이 이것을 제시하니까 신적인 느낌이 들지 않았을 것이다. 그러나 나는 사람들이 이것들 하나하나를 보면서 "이것이야말로 신이구나" 생각하길 바랐다. 만물이 돌아가는 법칙이 바로 신이라고 생각한다. 사람이 죽고, 내일이 되면 해가 뜨는 등 이런 법칙을 신으로 인정하는 것이다.

개인전 《In Focus》(2011)

2011년에는 뉴욕 아시아소사이어티 미술관(Asia Society Museum)에서 개인전 《In Focus》를 열었다. 전시장에는 작품 〈쿠스토스 카붐〉(Custos Cavum)을 설치해두었고 밖에는 드로잉, 유닛과 구조 디자인, 관련 자료들이 스크린 상에 나타나게 했다. 〈쿠스토스 카붐〉은 뼈만 남은 동물처럼 생겼는데 호흡하면서 촉수들을 상하로 움직인다. 이 작품에도 다음과 같은 신화적인 내러티브를 담았다.

"오래전에 두 세계가 있었다. 두 세계는 작은 구멍들로 서로 연결돼 있었고 마치 숨 쉬듯 서로 통할 수 있었다. 그런데 그 구멍들은 자꾸만 닫히려는 성질이 있어서 각각의 구멍 옆에 늘 구멍을 지키는 수호자가 있었다. '쿠스토스 카붐'(Custos Cavum)이라고 불리던 이 수호자는 바다사자처럼 생겼는데 늘 구멍이 막히지 않도록 커다란 앞니로 구멍을 갉아 구멍을 유지했다. 쿠스토스 카붐들이 어딘가 새로운 구멍이 생겨나는 것을 느끼게 되면 깊은 잠에 들어가고, 죽은 듯 자고 있는 그들의

최우람, 〈Custos Cavum〉, 2011, 금속성 물질, 레진, 모터, 기어, 주문제작한 CPU 보드, LED, 360×260×220cm.

몸통에서는 유니쿠스(Unicus)라 불리는 날개 달린 홀씨들이 자라났다. 이 유니쿠스들은 쿠스토스 카붐의 몸통에서 떨어져 다른 구멍으로 날아가 새로운 쿠스토스 카붐으로 자라나 새로 생겨난 구멍을 지켰다. 하지만 어느 날, 다른 세계에 대한 기억이 사람들의 머리에서 점차 사라지면서 쿠스토스 카붐들은 힘을 잃어갔고 하나씩 하나씩 죽어갔다. 결국 마지막 쿠스토스 카붐마저 죽어가자 마지막 구멍도 닫혀버리고, 2개의 세계는 완전히 분리되어 사람들의 기억 속에서도 완전히 지워졌다."

개인전 《Choe U-Ram Solo Show 2012》 (2012)

2012년 갤러리 현대에서 개인전 《Choe U-Ram Solo Show 2012》를 가졌다. 전시에서 선보인 작품 〈파빌리온〉(Pavilion)은 금빛으로 빛나는 구조물이다. 꼭대기에는 천사들이 주위를 둘러싸고 있고 구조물의 내부에는 빛을 반사시키는 미러볼이 천장에 매달려 있다. 이 작품은 전시장 한가운데 놓여 있고 그 안에 검은 비닐봉지가 떠다니고 있다. 또 다른 작품 〈Merry-Go-Round〉에서는 음악과 빛이 나온다. 관람자가 가까이 다가가면 음악은 극도로 빨라지고 회전목마의 움직임도 급속도로 빨라진다. 또 다른 작품 〈자화상〉(Self-Portrait)은 어린 시절에 그렸던 그림을 입체로 구성해 설치했다. 어린 시절에 그린 로봇과 고래 그림을 재구성한 것으로 공장에서 제작되고 있

는 상황을 만든 미니어처다.

개인전 《램프가게 Project LAMP SHOP: CHOE U-RAM》(2013)

2013년에는 갤러리 현대에서 개인전 《램프가게 Project LAMP SHOP: CHOE U-RAM》를 가졌다. 전시에서 선보인 〈Temple Lamp〉는 마치 테크놀로지가 신격화된 성전을 만들어보고자 했던 작품이다. 성 베드로 대성당에 있는 발다키노의 형태에서 영감을 얻었고, 중심부에는 심장이 숨 쉬는 듯한 빛의 덩어리를 표현했다. 또한 〈Gold Cakra Lamp〉는 시계 반대 방향으로 회전하는 하나의 축을 중심으로 6개의 원통이 시계 반대 방향으로 동시에 회전한다. 각 원통에는 장식 문양 형태로 가공한 금속판이 바깥쪽으로 맞물려 있는데 90도에서 120도 사이에서 위아래로 움직이는 왕복운동을 한다. 날개 혹은 구름 모양 장식판은 각 층마다 6개씩 총 5층으로 겹쳐져 있고, 아래층의 금속판 하나에 위층의 금속판이 2개씩 연결되어 있다. 금속판의 모양은 층에 따라 다르며 재료도 변화하는데, 황동과 스테인리스 스틸로 번갈아 바뀐다. 왕복운동을 하는 장식판은 전체적으로 중심을 향해 모였다 흩어지는데, 산스크리트어로 '바퀴'를 의미하는 제목처럼 만개한 꽃 모양으로 활짝 펼쳐졌다가 공처럼 움츠러들기를 무한 반복한다. 또한 작품 〈Gold Insecta Lamp〉는 신라 금관 장식을 연상시키고 〈Gorgonian Chandelier〉는 바

닷속에서 직접 본 부채산호가 파도에 흔들리는 것을 형상화한 모습이다.

최근 활동상황

개인전 《최우람: 스틸 라이프 [Stil Laif]》(2016)

2016년 대구시립미술관에서 개인전을 가졌다. 전시 제목에 '[Stil Laif]'라는 표현을 사용했는데 여기서 활용된 괄호 '[ ]'는 발음기호에 해당한다. 발음기호를 사용해서 정물(still life) 또는 자주 쓰는 재료인 steel과 여전히 흘러가는 시간을 의미하는 still이라는 뜻을 담고자 했다.

　전시에서 선보인 신작 〈Norm〉(2016)은 당기면 쭉 나오는 줄자에서 아이디어를 얻었다. 여러 개의 줄자가 몸체에 달려 있고, 이 줄자들이 주위 환경을 더듬이처럼 인식한다. 그러나 이 줄자는 쭉쭉 나오다가도 뭔가 자신을 해칠 것 같다는 생각이 들면 확 들어간다. 이 작업의 경우에는 소리가 크게 나면서 움직이게 된다. 그리고 폐차된 자동차를 헤드 램프와 테일 램프를 떼어내 만든 작업도 있다. 사운드의 경우에는 NASA에서 회전하는 지구의 소리를 인공위성에서 녹음한 것으로 사용했다. 작품 〈우나 루미노 칼리두스 스피리투스〉(Una Lumino Callidus Spiritus, 2016)는 물 밖에서는 입을 굳게 다물고 있지만 물속에서는 입을 열고 섬모들을 내는 따개비에서 아이디어를 얻었다. 노란 불빛을 내는 따개비들이 움츠러들다가 퍼지는 식으로 움직인다.

개인전 《Choe U-Ram: 스틸 라이프 [Stil Laif]》(2017)

2017년 국립타이완미술관에서 가진 개인전은 이제까지 했던 전시 중 가장 규모가 컸다. 특히 이 전시를 위해 〈알라 아무레우스〉(Ala Aureus)라는 대형 신작을 선보였는데, 미지의 섬에 사는 아름다운 사람들을 모티브로 한 작품이었다. 역사적·정치적 배경 때문인지 대만이라는 섬나라와 섬과 다를 바 없는 우리나라의 현실이 뭔가 비슷하게 느껴졌다. 대만박물관에서 봤던 나비의 날개와 기도하는 손의 이미지가 교차되고, 작품에서 빛나는 수많은 불빛들은 2016년 겨울 대한민국의 촛불 혁명을 상징하기도 한다.

'생명력 있는 기계'란 무엇인가?

기계가 움직일 때는 생물에 가깝게 보이게 만들고 싶다. 〈Merry-Go-Round〉의 경우에는 소리가 많이 나지만 〈Una Lumino〉는 조용하고 부드럽다. 이전 버전의 경우에는 소리가 굉장했다. 물론 그때그때 다른데 〈Merry-Go-Round〉의 경우에는 일부러 소리를 넣었다. 〈Una Lumino〉 같은 램프 시리즈의 경우 관객이 홀리게끔 만들고 싶어서 모터 소리를 없애려고 많은 노력을 했다. 나의 노하우는 12볼트에 2.5볼트만 넣어서 소리를 확 줄이는 것

최우람, 〈Una Lumino〉, 2008, 금속성 물질, 모터, LED, CPU 보드, 폴리카보네이트,
430×430×520cm.

이다. 좋은 모터는 좋은 소리가 난다.

작품 보존은 어떻게 하는가?

작품을 설계할 때부터 보존과 유지에 과도할
정도로 신경을 쓰는 편이다. 기계이기 때문에
수명이 있는 것이 사실이다. 그래서 반영구적
제품을 주로 사용한다. 특히 움직이는 부분은
스테인리스를 쓴다. 부품을 교체할 수 있도록
부품의 판매처를 모두 기록하고 유지관리 설
명서를 세세하게 만들어 제공하고 있다. 그래
서 누구나 고칠 수 있게 만들고 파트를 분리
할 수 있도록 만들고자 한다.

조각가라는 타이틀을 고수하는 이유는 무엇인가?

지난 몇 년간 새로운 것을 디자인하고 설계하
고 발주하면서 컴퓨터 앞에만 앉아 있었다.
계속 마우스 클릭질만 했다. 말로 만들고 실
물이 완성되면 보는 것이 전부였다. 그러다
보니 재미가 없었다. 나는 손이 까져가면서도
만드는 것을 좋아했는데 그것을 못하니 재미
가 없었다. 지금은 손으로 한다. 기술적으로
어려운 파트들을 맡아서 내가 직접 손으로 만
드니까 좀 살 것 같다. 손으로 만들다 보면 이
것저것 해보고 싶은 생각도 많이 든다.

※ 이 글은 최우람 작가와의 인터뷰에 기초하여
작성하였으며, 인터뷰에서 미처 다루지 못한
작품들에 대한 추가적인 정보와 설명은
www.uram.net에 실린 기사, 비평, 도록을 참고하여
재정리했다.

김영섭 (1971-)
사운드아트

이제까지의 경력과 주요 활동
세종대학교 회화과를 졸업하고 같은 대학원
을 마친 뒤 독일 자르브뤼켄(Saarbrücken) 국
립조형예술대학교에서 사운드아트시각학과
에서 수학했다. 사운드아트 1세대 작가인 독
일의 크리스티나 쿠비슈(Christina Kubisch)
에게서 마이스터 쉴러를 사사했다. 관훈갤러
리, 쿤스트독갤러리, 영은미술관, 갤러리정미
소 등에서 아홉 차례의 개인전을 열었으며 베
를린 Sonambiente, 서울시립미술관, 토탈미술
관, 쌈지스페이스 등에서 열린 다수의 기획전
에 참여했다. 주요 작품 소장처로는 서울시립
미술관, 포항시립미술관, 영은미술관, 자하미
술관 등이 있다.

초기 작업
사실 사운드에 대한 관심은 늘 가지고 있었다.
학부 시절부터 사물놀이 소리에 푹 빠져 있었
다. 심지어 방학 때는 인간문화재를 찾아가서
배우기도 했다. 학부에서는 회화를 전공했으
나, 첫 번째 개인전에서 회화는 내가 가야 할
길이 아니라고 느껴서 붓을 꺾어야겠다는 생
각이 들었다. 그러던 와중 대학원 은사님의
영향을 받아서 독일 유학을 결심하게 되었다.

나는 독일어를 전혀 하지 못하는 상태로 유학
을 떠났기 때문에 처음에는 그들의 언어가 노
이즈로 들렸다. 그때 자연스럽게 사운드를 주
제로 한 작업을 시작하게 되었다.

초기에는 주로 소리를 시각화시키는 작
업을 했다. 가령 독일에서 학생 시절에 만든
〈관계항〉(2004)이라는 작품이 있다. 13대의
스피커를 동일한 간격으로 나란히 설치해서
기다랗게 천장에 닿도록 설치해 놓고 바닥에
는 작은 미니어처 인형들을 배치해두었다. 12
대의 스피커에서는 독일 TV방송이 나오고 나
머지 1대의 스피커에서는 꽹과리 소리가 나
왔다. 꽹과리 소리가 독일 TV방송 소리를 방
해하는 식이다. 당시 내 작품을 보고 사람들
은 공간 위로 스피커와 전선을 띄웠다는 사실
을 흥미로워했고, 꽹과리 소리에 대해서 질
문이 많았다. 나는 미니멀하게 설치하는 것을
선호했기 때문에 소리를 내는 기본 요소인 스
피커와 스피커 케이블만으로 해결하고 싶었
다. 꽹과리 소리로 방해를 준 것은 당시 독일
문화에 잘 적응하지 못하고 있던 나의 상황을
반영한 것이다.

이후의 활동
〈케이블 도자기 그리고 소리〉(2008)
2008년 독일 자르브뤼켄 HBK Saar 개인전에
서 선보인 작품 〈케이블 도자기 그리고 소리〉
는 스피커 케이블 선을 감아서 도자기 형태로

만든 것이다. 케이블로 만든 도자기들을 곳곳에 설치해두었다. 스피커에서는 일상에서 들을 수 있는 소리들이 9분 30초에 걸쳐서 나온다. 나는 대체로 작품에 케이블 선을 활용하거나 선이 구불구불 삐져나오도록 내버려둔다. 사운드를 다루는 많은 작가들이 소리는 중시하면서도 케이블이나 선들을 숨기려고 한다. 그러나 나는 이 케이블 선들이 엑스트라가 아니라 중요한 요소라고 생각했고 전면에 내세우고 싶었다. 당시에 나는 일상과 예술의 경계에 대해서 고민하고 있었다. 이 작품에서는 케이블 선을 엮어서 도자기 형태로 만들었는데 사실 이전 시대에 도자기는 가장 대표적인 일상용품, 생활용품으로 식기이면서 저장용기였고 또 화장용기이자 필기용기였다. 그런데 현대에 와서 어느 순간 이것들이 미술관이나 박물관에서 볼 수 있는 관조의 대상이 됐다. 이러한 점에서 나는 도자기의 형태가 일상과 예술의 경계를 나타낼 수 있다고 생각했다.

또한 작품의 사운드를 위해 사물놀이 가락을 사용했다. 사물놀이에서 쓰는 굿거리(호남 우도 - 오채질굿의 한 장단) 장단을 사운드의 흐름으로 설정하고 여기에 맞춰서 일상적인 소리가 나오게 작곡을 한 것이다. 사실 사물놀이도 과거에는 우리들의 일상에서 누구나 즐기는 일상적인 서민음악이었으나 현대에 와서 무대용 음악이 되었다. 이 또한 일상과 예술의 경계를 상징한다. 더 나아가, 스피커 케이블도 어떻게 보면 일상적인 생활용품인데 이것이 도자기 형태가 되면서 예술적인 형태로 변모한 것이다. 여기서 나오는 소리들도 일상적인 소리들로, 도자기 대신에 우리가 오늘날 사용하는 각종 용기에서 나오는 소리들이다. 말하자면 저장용기로서 냉장고, 컴퓨터 등이 작동할 때 나오는 소리들인 것이다.

〈맛있는 식사〉(2008)와 〈맛있는 소리〉(2013)

〈맛있는 식사〉는 친한 큐레이터의 의뢰를 받고 다소 급하게 진행한 작업이었는데 2008년 쿤스트독갤러리 개인전에서 전시한 작품이다. 이 작품을 위해 전체 공간을 레스토랑처럼 꾸며놓고 탁자 위에 접시 모양처럼 여러 개의 스피커를 설치해 놓았다. 여기서 베토벤의 〈봄의 소나타〉가 흘러나오고 이 곡을 배경으로 쇼호스트의 목소리도 들려온다. 쇼호스트는 계속 상품이 좋다고 떠드는 중에 "시대의 역작이죠. 감상해 보시기 바랍니다."라는 표현이 흘러나온다. 이러한 쇼호스트의 멘트는 베토벤의 음악을 염두에 두고 삽입한 것이다.

이 작품의 연장선상에 있는 작품이 〈맛있는 소리〉다. 이 작품은 2013년 문화역서울284에서 개최한 《근대성의 새 발견: 모단 떼끄놀로지는 작동 중》전에서 선보인 것이다. 여기서 나는 새마을운동 주제가와 홈쇼핑 쇼호스트의 광고 소리를 섞어 놓았다. 새마을운동은 국가에서 조장한 운동으로, 전 세계에

김영섭, 〈케이블 도자기 그리고 소리〉, 2006-2012, 스피커, 스피커 케이블, 앰프, DVD 플레이어, 5채널 사운드, 9분 30초.

서 이러한 운동을 강요한 국가가 없다. 나는 새마을운동 노래를 피아노 반주곡으로 만들어서 아주 현대적으로 만들어봤다. 그리고 이를 배경으로 홈쇼핑 쇼호스트의 목소리가 나오게끔 편곡을 했다. 홈쇼핑에서는 사탕발림의 언어들이 난무하고 끊임없이 사람들에게 세뇌를 시킨다. 여기서 우리 사회를 지배하는 시스템을 발견할 수 있었다.

〈inter-view 꿈을 묶다〉(2009)

2009년 갤러리정미소 개인전에서 선보인 〈inter-view 꿈을 묶다〉를 위해 나는 200명의 서울시민들에게 '당신의 꿈은 무엇입니까? 딱 한 단어로 이야기해주십시오'라는 질문으로 인터뷰를 진행했다. 그리고 이들의 목소리를 채집해두었다. 사실 동일한 인터뷰를 독일에서 먼저 진행했었다. 독일인들의 꿈은 무엇일까? 흥미로운 것은 독일인과 한국인의 꿈이 매우 달랐다는 점이다. 한국인들은 주로 '돈'을 선택한 반면 독일인들은 거의 돈을 말하지 않았다. 독일인들은 여행, 만족, 단결을 주로 말했다. 여기서 문화의 차이가 드러난다. 그런데 천명을 하든, 만 명을 하든 몇십 개 단어 안에서 맴돌았다. 왜 몇십 개로 압축될까? 결국 시스템의 문제인 것이다. 결국 자신이 추구하는 게 진정으로 자신이 원하는 것이 아닐 수도 있다는 생각이 들었다. 한국에서는 '로또'가 정말 많았다. '돈'도 많았고, '아파트'도 있었다. 그런데 많은 분들이 의문형으로 대답했다. "로또?" 이런 식으로.

나는 이 작품을 위해 전시장에 174m 높이의 선반을 설치하고 그 위에 45개의 화분 형태 오브제를 일렬로 세워 두었다. 이는 케이블 선을 칭칭 감아서 화분의 형태로 만든 것이었다. 그리고 거기서 시민들의 목소리가 공간에 울려 퍼지도록 했다. 단어는 몇 초 간격으로 여기저기서 하나씩 들린다. 내가 화분의 형태를 활용한 것은 이것이 시스템을 상징하게 하기 위함이었다. 화분이라는 것은 인위적인 시스템으로 자연의 식물을 키우는 것이다. 그 안에서 식물은 수동적으로 존재한다. 인간이 물을 줘야 살 수 있다. 스스로 자라는 것이 아니라 키워지는 것이다. 나는 화분 안에서 나오는 사람들의 목소리도 결국은 스스로부터 발생한 것이 아니라 키워진 것이 아닌가 하는 의문을 제기하고자 했다.

〈남과 여–슬픈 인연〉(2010)

이 작품은 2010년 아람누리 미술관으로부터 의뢰를 받고 《남녀의 미래 No more daugters & heroes》라는 전시의 주제에 따라 진행한 것이다. 〈남과 여–슬픈 인연〉에서는 남한과 북한의 분단 상황이 모티브가 되었다. 전시공간을 보면 양쪽 벽면에 커다란 구조물을 설치해 두었다. 그리고 양쪽 구조물에 가로 열에 5개, 세로 열에 4개의 스피커를 설치했다. 이러한 형태는 DMZ에서 대남방송을 위해 설치해둔 확성기로부터 형태를 따온 것이다.

사실 이 작품은 남성과 여성에 대한 것으로 〈inter-view 꿈을 묶다〉처럼 인터뷰를 진행해서 만들었다. 나는 인터뷰에서 결혼을 전제할 때 상대방의 어떤 조건을 원하는지 물었다. 여성의 대답으로는 아파트, 경제력, 담력, 신뢰, 가정환경, 생활력 등이 나왔다. 여성은 주로 경제력을 원했다. 남성의 대답으로는 몸매, 외모, 마음씨, 얼굴, 성격 등이 나왔다. 남성은 80% 이상이 외모라고 답변했다. 여기서 제목을 슬픈 인연이라고 단 이유는 남과 북의 정치적 관계가 그렇기도 하고 또 남자와 여자의 관계도 사회적인 틀 안에서 조건이었기 때문이다. 개인이 스스로의 관점으로 상대를 바라보지 않고 시스템에 종속된 상태에서 상대를 바라보고 있다는 것이다.

최근 활동상황
개인전 《re-play》(2013)

2013년 자하미술관 개인전에서 선보인 작품 〈re-play〉는 거대한 원통기둥을 가로로 길게 허공에 띄워 놓고 그 원통기둥에 수많은 러버콘(rubber cone)을 원형의 형태로 붙여놓은 작업이었다. 러버콘 내부에는 스피커가 있는데 도시 곳곳에서 채집한 소리들이 나오고 있다. 도로를 달리는 자동차 소리, 고층빌딩의 환풍기 소리, 매미 소리, 바람 소리 등이 나온다. 이처럼 도시의 일상에 존재하는 소리들을 담았다. 그리고 일상적인 소리들을 설치작품의

형태로 만들어서 또 다른 의미 있는 소리로 전환시킨다는 의미에서 're-play'라고 이름 붙였다. 일상적으로 주목받지 못했던 소리들을 재해석한다는 뜻을 지니고 있다. 그리고 러버콘은 도시 어디에나 있는 것이고 알게 모르게 도시에서 중요한 시스템으로 자리하고 있다. 이것을 통해 주차금지를 표시하고 도로를 통제할 수 있기 때문이다. 안에 있는 긴 원통기둥은 철판인데, 허공에 가로로 길게 떠 있는 모습이 마치 정체 모를 비유기적 생명체가 이륙 혹은 착륙하는 것처럼 보이기도 한다.

여기서 나오는 소리들은 크게 세 파트로 나눌 수 있다. 세 파트 모두에서 경고음이 나온다는 공통점이 있다. 첫 번째 파트는 도시의 소리다. 도시의 대형건물에서 나오는 소리들로 에어컨 환풍기에서 나오는 굉음 같은 것이 나온다. 두 번째 파트는 자연의 소리에서 도시의 소리로 넘어가는 형태다. 처음에는 자연에서 나는 매미 소리들이고 나중에는 기계에서 나오는 소리들인데 매미 소리처럼 들리는 기계 소리다. 이건 사실 CD 플레이어나 DVD 플레이어에서 나오는 소리들인데 매미 소리와 상당히 유사하다. 세 번째 파트는 도시의 소음과 자연의 소리를 혼합한 형태다. 자동차 소리, 물소리, 바람 소리를 모두 혼합했다. 여기서는 서울 도시 최고 중심지에서 차가 지나갈 때 나는 소리를 채집했다.

〈re-play〉가 거대한 사회 시스템을 암시한다면 작품 〈Ruhe bitte!〉(2013)는 그 안에서의

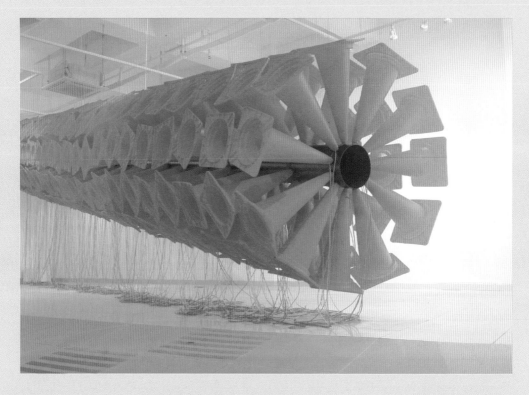

김영섭, 〈re-play〉, 2013, 붉은색 라바콘 276개, 스피커 276개, 스피커 케이블, 앰프, DVD 플레이어, 5채널 사운드, 7분 43초.

개인성을 암시하는 작품이다. 스피커가 움직이고 숨이 파닥파닥 움직이는 것처럼 보인다. 소리 때문에 움직이는 것이다. 하지만 데시벨이 너무 낮아서 사람의 귀로 들을 수 있는 소리는 아니다. 여기서 추는 중력을, 제도적인 규범을 상징한다. 〈노랑 풍선〉(2013)은 이와 비슷한 형식을 사용한 작품이다. 양쪽에 스피커 설치되어 있고 여기서 법정에서 판결할 때 나오는 '땅! 땅! 땅!' 하는 소리가 나온다. 여기서는 2대의 스피커 사이에 노랑 풍선이 있고 스피커에서 소리가 나올 때마다 풍선이 왔다갔다 움직인다. 법정에서 판결할 때 나오는 땅땅땅 소리는 법제도 시스템을 암시하고 노랑 풍선은 그에 따라 힘없이 좌우되는 개인을 상징한다.

《만남_시공간의 재현》(2019)

2019년 우란문화재단에서 기획한 《만남_시공간의 재현》에서 허수빈과 2인전의 형태로 참여했다. 나는 김구림 작가의 〈핵〉을, 허수빈 작가는 고 이승조 작가의 〈핵〉을 저마다의 방식으로 연구하여 새롭게 재해석했다. 김구림 작가의 〈핵 1-62〉(1962)는 추상표현주의 작업으로 당시 전쟁의 암담함과 충격, 김구림 개인의 불안 등이 담겨 있다. 이번 전시를 위해 내가 만든 〈김구림 핵 1-62_2019 김영섭〉(2019)은 공간 전체를 포괄하는 사운드와 다수의 거꾸로 뒤집힌 원뿔형 추들이 천장에 매달려 있는 설치작업으로 이루어졌다. 이 원형 추들에

는 잡지나 미디어에서 나오는 선정적인 이미지들을 붙여 꼴라주하였다. 이러한 원형 추들은 하나의 권력, 제도, 시스템을 상징하며, 바닥에는 검은 색의 원형 철판 스피커 여러 개를 겹쳐 놓았는데 그 소리와 움직임이 심장의 헐떡임과 닮아있다.

현재 주요 관심사는 무엇인가?

비슷한 주제를 다른 형태로 표현해보고 싶다. 〈Ruhe bitte!〉처럼 움직이는 작업들을 2014년에 시작했는데 이것을 발전시켜서 추 대신 아주 가벼운 것을 사용해서 움직이지 못하는 형태를 구상 중이다. 정말 가벼운 것 하나가 공중에 떠 있는데, 이것 때문에 몇십 개의 스피커가 움직이는 형태가 달라지는 형식이다.

하이데거의 『예술작품의 근원』이란 책에서 힌트를 얻어 계속 생각하고 있는 다른 작업이 있는데 예술작품의 조건에 관한 것이다. 오늘날 직접적인 접촉이 사라지고 가상현실로 관람이 이루어지는데 이런 식의 전시 형태가 과연 맞는 것인가 하는 의문이 있다. 전시장에서 전시한 것보다도 아카이브가 더 중요해진 시대가 되었다. 오늘날 전시에 쓰인 이미지, 카탈로그, 엽서가 더 중요시되고 있다. 이럴 때 과연 예술작품의 조건은 무엇인가? 마찬가지로 일상과 예술의 경계는 무엇인가도 궁금하다. 전시공간을 사진으로 찍어서 텍스트화하고 전시계약서를 도큐멘트로 남기고, 또 전시에서 활용했던 케이블로 만든 오

브제(케이블 도자기나, 접시, 컵 등)의 케이블
을 다 풀어버리고 해체시키는 작업을 해보고
싶다.

　　작가로서 나의 작품이 어떠한 형태로든
사회에 대한 참여나 도시 사회의 시스템에 대
한 질문을 해야 한다고 항상 생각하고 있었다.
아직까지는 이 부분의 실천이 많이 미흡하지
만, 앞으로의 작업을 통해 조금 더 역동적으
로 드러내고 싶다.

지하루 (1971-)
인공생명아트, 생성예술, 미디어 설치,
AR, 데이터 시각화
haru.name, artificialnature.net

이제까지의 경력과 주요 활동
서울대학교 조소과에서 학사와 석사학위를
취득하고 중앙대학교 예술공학 박사과정을
수료했다. 이후 캘리포니아 산타바바라대학
교에서 미디어아트와 테크놀로지 박사학위
를 취득했으며 현재 캐나다 토론토의 온타리
오 예술디자인대학 조교수로 재직하고 있다.
컴퓨테이셔널 아트 설치, 디지털 조각, 가상
건축, 비디오 설치, 조각적 오브제, 3D 애니메
이션 등을 ZKM, La Gaîté Lyrique, ISEA, Evo-
Workshops, SIGGRAPH, MOXI, 대전시립미
술관 등에서 선보였다. 캐나다 요크대학교 부
교수로서 앨리스랩(AliceLab)을 총괄하는 그
라함 웨이크필드(Graham Wakefield)와 부부
작가로 활동 중이며, 'art-as-it-could-be'로서
미디어아트의 확장을 목표로 작업이자 연구
프로젝트인 몰입형 생태계 〈인공자연〉(Artifi-
cial Nautre)을 공동창작하고 있다.

초기 작업
1990년대 말 서울대학교 조소과에서 공부하
면서 조각과 설치작업들을 선보였다. 당시의
작업들 중에는 생명을 주제로 한 〈물고기와
나는 날개를 꿈꾼다〉(1998), 〈의자라는 세계
I, II〉(1999) 등이 있고 〈동물원에서 길을 잃
다〉(2000)처럼 이후의 '인공자연' 형식을 예견
하는 작품도 있었다. 2000년대 이후에는 실시
간 및 비실시간 3D 애니메이션과 비디오 설
치작업들을 선보였다.

이후의 활동
〈인공자연〉 시리즈(2007-현재)
2007년부터 웨이크필드와 함께 진행해온 〈인
공자연〉 프로젝트는 생물학과 복잡계를 적용
한 몰입적 혼합현실 설치예술로, 실시간 상호
작용을 통한 참여자의 경험에 중점을 두고 있
다. 인간중심적 시각을 확장해, 인공생명과
그 환경으로서 생태계를 작품의 중심으로 삼
고 있다. 여기서 상호작용하는 관객은 작품
시스템의 일부이지 절대적 조정권을 가진 '사
용자'가 아니며, 작품세계와 호혜적으로 영향
을 주고받는 되먹임 관계 안의 존재로 정의되
어 있다. 모든 〈인공자연〉 작품들은 컴퓨터 계
산을 통해 만들었다. 이 시리즈의 목표는 자
연이 작동하는 방식과 자연이 존재하는 형식
에 최대한 가깝게 접근함으로써 자연과 예술,
자연과 생명, 자연과 실재의 관계에 대한 더
깊은 이해를 추구하는 것이다.

〈Infinite Game〉(2008)

2008년 중국 상하이 아시아그라프에서 선보인 이 작품은 〈인공자연〉의 첫 발표작이다. 마우스와 네비게이션, 카메라와 마이크를 이용하여 관객의 네비게이션, 터치, 움직임, 빛, 그리고 사운드에 민감하게 반응하는 인공생명 가상세계를 전시하였다. 특히 우리가 감각기관을 통해 인공생태계를 관찰하듯, 인공생태계도 주체성을 가진 존재로 가정하여 눈과 귀 — 즉 카메라와 마이크 — 를 통해 참여자의 터치, 움직임, 빛(손전등), 소리를 인식하고 반응하도록 하였다. 인공생명체는 성장과 움직임을 지속하기 위해 끊임없이 에너지가 필요한데, 참여자들이 마우스를 통해 자유롭게 그려낸 선들은 '식물공장'이 되어 그 끝에서 에너지버블을 생성해내며 시간의 흐름 속에서 점차 기류 속으로 흩어진다. 작품에서 인공생명체들은 끊임없는 삶의 드라마 — 성장하고 증식하며, 에너지가 모자라거나 충분한 시간이 지났을 경우 죽음을 맞이하는 — 를 노래한다. 작품에서는 에너지 정보와 유전 정보를 교환할 때마다 노래가 나온다.

〈Fluid Space〉(2009)

〈Infinite Game〉을 더 발전시켜 2009년 일본 요코하마 시그라프 아시아에서 선보인 작업이다. 몰입의 효과를 강화시키기 위해 스크린 크기가 대형 벽면으로 확장되었다. 또한 참여자들이 보다 직관적으로 인공생명체들의 성장을 관찰하도록 태어날 때는 둥근 알 모양을, 성장하면서는 꽃의 형태를 지니게 하였다. 전작에서는 공간탐색을 하다 보면 세상 끝에 다다르는데, 이 작품에서는 공간탐색에 있어 어느 방향으로든 끊임없이 자유롭게 탐색할 수 있도록 했고, 소리의 맑고 탁한 음색에 생명체들이 반응하게 하였다. 여기서는 전작의 드로잉 인터랙션은 빠졌다.

〈Time of Doubles〉(2011)

2011년에 소마미술관에서 발표한 〈인공자연〉 시리즈 중 하나다. 관람자가 어두운 전시공간에 들어서면 폭 8m 높이 3m의 S자 형태의 얇은 막(membrane)에 프로젝션된 낯선 인공생태계를 마주하고 곧 그 세계 안에 존재하는 자신의 반영(doubles)을 발견하게 된다. 관람자의 가상적 자아는 다시 인공생태계의 좌우 양측에서 대각선의 공간 — 정확히 말해 네 구역으로 나뉘진 공간 — 에 이중으로 나타난다. 거울 존재로서 그 형태와 움직임의 반사는 관람자 자신과 즉각적인 신체-심리학적 연결을 이끌어낸다. 이와 동시에 이 가상존재는 가상세계 안에서 에너지 생성(sun)과 역동적 동요(disturbance/wind)를 일으키는 역할을 한다. 곤충 모양의 인공생명체는 씨앗의 모습으로 잠재하다가, 관람객의 반영이 만들어내는 에너지를 통해 자라고 번식하게 된다. 따라서 관람자들은 그들 자신을 태양과 바람으로, 또 먹이고 먹히는 존재로서 시청각적으로 느낄 수 있다. 즉 열린 계인 인공생태계는 이러한 먹이사슬을 통해 에너지 순환을 하는데, 인공생명체들은 관람자의 가상존재를 먹고, 다시 뱀 형태의 유기체들에게 먹히는 구조다. 뱀 유기체들은 남은 에너지를 통해 거대한 거품을 만드는 데, 참여자의 가상존재가 거품에 손을 대면 형태가 축소되면서 상호작용을 통한 에너지 순환을 완성시킨다. 한편, 참여자와 인공생명체를 포함하여 이 세계 안에 감지되는 모든 움직임은 유체역학을 통해 서로를 섬세하게 밀쳐내며 끊임없는 바람을 만들어낸다. 유기체들이 움직일 때면 그들의 게놈 유전자에 따라 간헐적으로 짧고 높은 소리를 낸다. 개체수가 자랐다가 붕괴함에 따라 사운드스케이프는 고립적인 펄스에서 고밀도의 소리구름으로 발전하는데, 관람자가 이러한 소리 진화에 관여하면서 인공생명체들의 합창을 지휘할 수도 있다. 그리고 대형 스크린에 가로막혀 물리적으로 만날 수 없는 양측 공간에 있는 관람객들은 작품의 가상공간 안에서 서로를 가상존재로 마주하게 된다.

⟨Archipelago⟩(2014)
2014년 프랑스 파리 라그레테 리리크(La Gaîté Lyrique)에서 선보인 혼합현실 작품으로 백회색 모래언덕에 가상생태계를 프로젝션한 것이다. 가상생태계에서 다섯 종의 인공생명체들은 이끼류, 물고기, 개미, 벌레, 강한 포식자를 연상시키는 먹이사슬 관계로 연결되어 있다. 먹이사슬의 시초는 이끼류의 바이오매스에서 시작하는데, 이 식물은 맥박을 치며 자라나며 가장 비옥할 때 하얗게 변한다. 모래언덕의 고도가 높아질수록 이끼류에게 더 비옥한 환경을 제공한다. 물고기가 떼로 몰려다니며 이끼류를 먹어 치우면 맨땅이 드러난다. 살구색의 피를 남기고 사라지는 죽은 물고기는 개미들의 음식이 된다. 개미들은 집과 음식에 페로몬을 뿌리고 그 페로몬 줄을 따라가는 사회적 행동을 보인다. 벌레는 물고기의 피와 개미들의 사체를 먹고, 강한 포식자는 높은 지대에서 놀다가 배가 고파지면 언덕에서 내려오는데 광폭한 모습으로 이끼류를 제외한 생명체를 잡아먹는다. 이 모든 관계는 실시간으로 계산되어 인공적 자연을 구성하며 관람자는 이 모든 행동들을 시청각적으로 관찰할 수 있을 뿐 아니라 모래언덕의 형태를 바꾸거나 자신의 그림자를 이용해 이끼류를 죽이거나 생명체들을 이동시킬 수 있다. 섬을 구성하는 모래는 흙과 모래의 중간 형태로 전시기간 동안 마르지 않아서 전시기간 내내 관람자들은 섬의 형태와 풍경을 바꾸면서 생명체들의 환경조건에 관여할 수 있다. 이때 모래언덕의 지형과 관람자들의 몸은 깊이를 실측하는 카메라를 통해 실시간으로 계산된다. 관람자의 그림자가 모래언덕에 드리워지면, 그림자에 닿은 이끼류들은 전멸하는데 이것이 땅을 다시 비옥하게 만들기 때문에 이끼류가 더욱 왕성하게 자라게 한다. 이는 미야자키

하야오의 영화 〈모노노케 히메〉에 나오는 시시신(神)의 역할과 흡사하다. 작품 시스템은 움직임 변화와 고도차의 비율을 통해 모래언덕에서 관람자를 구별함으로써 관람자의 상호작용을 섬세하게 조절한다. 관람자들은 손위로 유기체들이 기어오르는 것을 볼 수 있고, 이것들을 들어 올려 관찰하거나 다른 지역으로 이동시키거나 고립시킬 수 있다.

〈Endless Current〉(2014)

이 작품은 2016년 뉴멕시코 산타페의 《커런츠 뉴미디어페스티벌》(Currents New Media Festival)에서 선보인 것이다. 이 가상세계의 풍경속에 살고 있는 진화하는 유기체 종들은 유영하며, 노래 부르고, 먹고, 번식한다. 이 작업에서 제시한 원리는 마치 나뭇잎이 흔들릴 때 바람이 분다는 것을 알 수 있는 것처럼 보이고 들리는 모든 요소들이 기능적인 역할, 정보, 연결관계를 가져야 한다는 점이었다. 반투명의 인공생명체들을 가까이서 보면 영양소 입자들이 어떻게 소화되고 대사활동을 통해 어떻게 변화하는지, 어떻게 알들이 성체로 자라나는지 관찰할 수 있다. 각 유기체들의 행동과 소리는 유전 알고리즘을 통해 진화하는데 진화의 방향은 외부 적합성 측정이나 최종 목표에 따른 것이 아닌, 유기체들이 번식을 위해 먹이를 찾고 섭취하는 생존능력에 대한 요구가 내적인 선택압으로 작용한다. 각 개체가 환경에 반응하고 적응하는 동시에 환경을 끝없이 변화시키기 때문에 섬세하게 변하는 무한히 새로운 세계를 탐색할 수 있다.

최근 활동상황

인공생명아트를 하게 된 계기는 무엇인가?

어린 시절부터 미술을 시작했고 도시에서 자라면서 다양한 전시를 보았지만 내게 가장 큰 영감을 준 것은 자연이었다. 경계 없이 열려 있고 통합되어 여러 층의 무한 요소가 서로 흐름을 만들고 패턴을 만들어내는 그 풍요로움을 작업에 표현하고 싶었다. 하지만 대학에서는 조소와 설치 등 전통적인 작품을 하였다. 그 시기 컴퓨터 공부를 시작했는데, 용어는 알지 못했지만 메타컴퓨터 — 도구를 만드는 도구 — 로서의 컴퓨터란 개념에 끌려 2002년 중앙대 첨단영상대학원 예술공학 첫 박사과정 학생으로 컴퓨터비전과 컴퓨터그래픽스 연구실에 합류하였다. 이즈음 윌리엄 라탐(William Latham)의 인공예술작품을 알게 되었는데, 조소 전공자로서 갖게 된 유전 알고리즘을 이용한 형태형성에 대한 호기심과 매력이 인공생명아트를 착수한 강력한 동기가 되었다. 첫 인공생명 예술작품을 만들기까지 한 8년 정도가 걸린 것 같다. 2005년 UC 산타바바라 미디어아트와 테크놀로지 대학원에서 지금 〈인공자연〉을 함께 연구하는 웨이크필드를 만났고, 생성예술, 다차원 다양

지하루, 그라함 웨이크필드, 〈Endless Current〉, 2014, 3D 플루이드 환경이 시뮬레이션된 가상의 인공생태계, 여수 예울마루에서의 전시 전경.

식 세계 만들기(N-dimensional, Multi-mod-al Worldmaking), 인공생명, 복잡계, 진화 발생학, 가상건축에 대한 연구를 본격적으로 하게 되었다. 또한 트랜스버전스 랩(Transvergence Lab)과 세계에서 가장 크고 복잡한 가상환경시설 중 하나인 알로스피어(AlloSphere)에서 연구원으로 일하며 인공생명아트를 발전시켰고 첫 〈인공자연〉 작품인 〈Infinite Game〉이 탄생하였다.

예술과 과학의 융합

단순하게 말해 예술과 과학이 각각 표상하는 것은 '아름다움'과 '진실 또는 사실'인 것 같다. 인류역사에 비추어보면 예술가와 과학자가 같은 사람이었던 경우가 없지 않으나, 많은 경우 이 둘의 거리는 가깝지 않다. '아름다움'과 '진실/사실'이 서로를 배척하지 않는다는 점을 생각해보면 좀 이상하다는 생각이 들 수도 있지만, 이 둘을 '주관성'과 '객관성'을 표상하는 관점으로 본다면 서로 다른 목표, 용어, 방법론은 차치하고라도 양자의 거리가 이해된다. 그러나 우리 시대에는 이 거리를 포용할 수 있는, 포용해야 하는 여러 가지 계기가 충분하다고 생각한다. '주관성'의 영역이라고 생각했던 아름다움을 느끼는 기제가 일정 정도 객관적인 자연 조건에서 비롯된다는 것을 신경미학자들과 동물행동학자들이 밝히고 있고, 객관적이라고 인정되어온 과학실험에서 관찰자의 '주관성'을 완전히 배제할 수

없다는 것도 알려져 있다. 1980년대에 정립된 인공생명 분야에서는 지구 위의 관찰할 수 있는 생명에 대한 결과론적인 이해가 아니라 관찰 범위 밖에 있는 생성과 조직에 대한 이해를 바탕으로 존재 가능한 생명체에 대한 연구가 제출되었다. 연구는 컴퓨터 시뮬레이션을 통해 진행되며 과정과 결과가 시각적으로 제시되기 때문에, 자연스럽게 미적인 요소가 도입되고 미디어아트 전시에 인공생명 과학자들의 작품이 초대되기도 하였다. 한편, 예술가로서 인공생명아트를 하기 위해선 인공생명, 복잡계 등 과학에 대한 이해가 필요하다. 예술과 과학은 응용보다 순수를 추구한다는 점에서 닮은 점이 오히려 많다. 예술과 과학의 융합은 다른 분야에 비해 오히려 수월하고 직관적이며, 이제 융합은 필수적이 되지 않았나 생각한다.

〈Inhabitat〉(2017)

산타바바라의 MOXI(The Wolf Museum of Exploration+Innovation)에서 2017-18년 전시한 〈인공자연〉 작업이다. 〈Archipelago〉를 발전시킨 것으로 생태계의 작동 구조가 비슷하다. 가장 큰 특징은 세 가지 관점, 즉 거시적, 중간 삼인칭, 미시적 일인칭 관점의 적용과 확장이다. 우선 거시적 관점은 인공생태계 전체가 프로젝션되는 모래섬 조각에 적용된다. 다음으로 미시적 일인칭 관점은 VR HMD(head mounted display)를 통해 인공생태계를 관찰

지하루·그라함 웨이크필드, 〈Inhabitat〉, 2017, 모래 조각 증강현실, HMD 가상현실, 대형 프로젝션 설치.

하는 것으로, 모래섬에선 곤충만 했던 생명체가 관람자의 몸 크기로 보여 가까이서 관찰할 수 있다. 눈높이가 인공생명체에 맞춰진 '나'는 그들의 관점으로 다시 '우리-섬조각을 둘러싼 관람자들'의 모습을 볼 수 있는데, 관람자들의 모습은 30m 정도의 거대한 산처럼 낯설고 압도적으로 보인다. 끝으로 중간 삼인칭 시점으로는 미술관 한쪽 벽면 전면에 프로젝션된 세계가 있다. 이 세계는 상위 포식자의 시선에서 보인다. 세계는 방위에 따라 땅의 색이 다른데다가 포식자가 보는 우리의 모습도 같이 프로젝션되기 때문에, 그들에게 우리가 어떻게 보이는지, 지금 어떤 포식자의 시선이 프로젝션되는지 모래섬에서 찾아볼 수 있다.

⟨Conservation of Shadows⟩(2017)

2017년 서울시립미술관 SeMA 창고에서 선보인 장소특정적 인터랙티브 혼합현실 설치작품으로, 바닥에 깔린 4×6m 소금 위로 인공생명의 그림자가 지나가고, 공간에 설치된 100여 개의 모터 구동식 벨들은 인공생명이 지나칠 때마다 진동하며 울린다. 중요했던 점은 이곳이 과거 질병관리본부로서의 기억을 품고 있다는 것이다. 전시공간은 1962년 지은 목재 트러스 천장과 붉은 벽돌을 쌓아올린 구조로 이루어져 있었다. 넓은 창고 공간 안에 오래된 목재 선반과 막힘 없이 노출된 지붕 서까래 위로 투명 플라스틱이 덧씌워져 있어 낮

에는 햇빛이 들어왔다. 이 공간은 오래된 목재의 습한 감촉을 좋아하는 미지의 존재들이 사는 공간을 상상하게 했고, 이러한 존재들이 사는 가능세계를 현실적 물리세계와 중첩시켜 다중세계 경험을 제공할 혼합현실을 구성하는 계기가 되었다. 여기서는 그들의 그림자를 소금 위에 프로젝션하여 보이지 않는 존재의 그림자를 물리적으로 경험할 수 있게 하였다. 그림자는 삼차원 현실을 반영하는 이차원의 투영으로, 이차적 존재지만, 더 고차원적인 실체와의 연관을 암시한다. 그림자는 투영된 이미지와 같으나, 투영된 장소, 재질, 빛 조건과 함께 실체와 연관되어 있어 반물질성을 획득한다. 그림자와 진동하는 벨소리를 지닌 인공생명체는 VR 헤드셋을 쓰지 않더라도 감각할 수 있는 대상이 된다. VR 헤드셋 요소는 부분적 구성요소로서 작품의 다른 요소들과 연관을 갖게 된다.

⟨Insuperposition⟩(2018)

2018년 대전비엔날레에서 선보인 작품으로 ⟨Archipelago⟩와 ⟨Inhabitat⟩를 더 큰 규모로 확장한 것이다. 이 작품 역시 ⟨Inhabitat⟩처럼 세 가지 다중 시점을 지니고 있으나 중간 삼인칭의 주체가 상위 포식자에서 이끼류로 바뀌었다. 동물, 곤충, 식물이 느끼는 시간의 속도가 다르고 같은 정보에 대해 다른 감각을 지닌다는 점이 흥미로웠기 때문이다. 슬릿(slit) 스캔 형식으로 업데이트되는 세로 축에 따라 관람

객들의 모습이 거대한 그림자 패널 형식으로 투사되어, 우리가 알고 있는 모습과 다르게 보인다. 이 밖에 큰 규모의 모래섬이 5개 있고 관람객은 섬과 섬 사이를 다니며 다양한 인공 생태계를 관찰하며 자신의 그림자로 그 땅을 파괴시키고 다시 비옥하게 하거나 모래섬의 형태를 바꾸며 상호작용한다.

⟨Infranet⟩(2018, 2019)

2018년 광주 미디어아트페스티벌에서 선보인 작품으로, 기본 아이디어는 각각의 인공생명이 지능을 갖는 것과 도시의 데이터 풍경이 인공생명의 서식지가 되는 것이었다. 우선 AI에 접근할 때, 일반적으로 사용되는 큰 데이터 집합을 요구하는 딥러닝이 아닌, 데이터 집합 없이 신경망 구조를 진화시키며 문제 풀이를 하는 진화신경망 AI 알고리즘을 사용하였다. 도시데이터는 도로, 전기시설, 공원과 숲의 위치, 주택가, 상가, 공기의 질, 세금 등 공개 데이터들을 이용하여 이미지 층을 만들고, 인공생명체들이 이를 토대로 도시를 배우고 살아가도록 했다. 이런 기본 구조 위에 가짜뉴스가 빠른 속도로 퍼지는 것과 다양한 취향의 공존에 대한 궁금증을 작품에 적용했다. 인공생명체들은 태어나서 경험하는 데이터 종류에 따라 서로 다른 취향을 가지며 다른 생명체들과 가까워지면 서로 소통하면서 지속적으로 상대의 취향에 영향을 받는데, 이는 색, 선, 밝기로 표현된다. 또한 서로의 진화신경망을 비교하여 더 나은 것을 만나게 되면 그 신경망 구조를 자신에게 복사하며 진화한다. 작품을 구성하는 2개의 프로젝션 중 하나는 작은 화면이 격자 형태로 나열되어 있다. 이것은 면역시스템의 감시 뷰로서 몸 안의 CCTV로 작동하며 무작위적으로 생명체들을 선택하여 각각의 위치, 지능의 활동에 대한 보상의 크기, 주변의 취향과 비교한 취향의 정도를 모니터링한다. 우리는 이 시스템을 통해 만일 제대로 배우지 못하거나 취향이 단일화되었을때 알려주고 재시뮬레이션을 하는 장치를 부여했으나, 놀랍게도 아직 취향이 단일화된 적이 없다.

동시대 미술과 미디어아트에 대하여

동시대는 직감적으로 알아나갈 수도 있지만, 동시대가 아닌 시대와 구분짓는 기준을 갖는 것도 중요하다고 생각한다. 그것은 '매체로 인한 몸과 인식의 확장'이다. 트랜스휴먼이나 포스트휴먼 담론이 중요한 것은 그만큼 몸의 확장을 이루는 새로운 매체가 우리 스스로에 대한 정체성을 새롭게 요구할 정도로 강력하기 때문이다. 인식의 확장은 몸의 확장만큼이나 중요한데, 우리는 매체의 도움을 받아 경험 세계를 벗어나 있는 미시 및 거시세계를 관찰할 수 있게 되었다. 다시 말해 우리가 안다고 생각했던 많은 것들을 새롭게 정의해야 한다는 것이다. 새로운 매체로 인해 우리는 강력해졌지만, 동시에 흥미롭게도 세계에 대해 우리가 모르는 부분이 생각보다 훨씬 많다는 것을 알게 되었다. 동시대 미술에서 미디어아트가 갖는 위상은 나라마다 경우가 조금씩 다른 것 같다. 예를 들어 한국은 (물론 대도시 기준이지만) 변화가 빠르고 스펙터클한 미디어아트를 접할 수 있는 기회가 많은 반면, 캐나다 토론토는 변화에 좀 더 보수적이고 신중하기 때문에 미디어아트를 접할 기회가 많지 않다. 개인적으로는 미디어아트가 동시대 미술의 다양성 및 확장성, 깊이를 더하는 데 분명한 기여를 이미 하고 있다고 생각하지만, 충분히 저변이 확대되지는 않았다고 생각한다.

오창근 (1971-)

인터랙티브 미디어, 키네틱 설치,
비디오아트, 사운드아트

artopera.org

이제까지의 경력과 주요 활동

서울대학교 미술대학 조소과를 졸업하고 같
은 대학원을 마친 뒤, 독일 칼스루에 조형대
학교 대학원 미디어아트학과에서 디지털미
디어와 전시디자인을 전공했다. 2013년 서울
대학교 융합과학기술대학원 지능형융합시스
템전공 박사를 수료했다.

　　2003년 일주아트하우스, 2007년 모란갤
러리, 2012년 57TH 갤러리, 2017년 이정아갤
러리에서 개인전을 열었고 다수의 기획전에
초대되어 참여했다. 서울모터쇼, 서울디자인
페스티벌, 스위스 다보스 포럼, 전주영화제작
소 체험관 미디어아트존, 부산국제영화제 등
의 프로젝트에 참여했다. 2004년부터 현재까
지 서강대 영상대학원 겸임교수로 재직하고
있다. 2006년에서 2007년까지 서울미디어대
학원대학교(SMIT) 미디어공학연구소 소장을
맡았으며, 2014년부터 2015년까지 (주)미디
어프론트연구소 소장을 맡았다. 인터랙티브
아트와 로보틱아트에 관심을 가지고 꾸준히
전시와 논문을 발표해왔으며, 서울시, 세계박
람회(EXPO) 한국관 전시, 서울 국제뉴미디어
페스티벌, 서울국제영화제, 전주국제영화제,

경기문화창조허브 등에서 심사위원 및 자문
위원으로 활동했다.

초기 작업

조소과 학부 시절

1995년 조소를 전공하던 대학 시절 서양화과
에서 심철웅 선생님이 처음으로 미디어에 관
한 강의를 개설했다. 비디오아트를 보고 만
드는 수업이었다. 그 수업을 들으며 "아, 이제
는 비디오아트를 해도 되는구나" 생각했다.
서울미대는 보수적이었기 때문에 1998년 그
룹전도 몰래 나가야 했다. 심철웅 선생님
이 유메틱(U-matic, 아날로그 비디오 녹화 포
맷) 편집기를 들여오셨다. 아날로그 방식은
하나만 조작을 잘못해도 노이즈가 꼈다. 그래
서 작품 하나 편집하기 위해서 한 달 가까이
편집실에서 밤을 새야 했다. 당시에 고생했던
것이 나중에는 많은 도움이 되었다. 당시에는
방송 관련 서적이나 『비디오 플러스』 같은 잡
지를 보면서 영상편집을 공부했다. 원래는 조
소과 대학원에 진학할 생각이 없었고 영화아
카데미 진학을 준비했다. 영화를 좋아했고 2
년 정도 배우면 영화감독이 될 수 있을 것 같
았기 때문이다. 그러나 부모님의 강한 반대에
부딪혀 비디오조각을 하고자 대학원에 진학
하게 됐다. 대학원에서 비디오아트를 시도했
지만 교수님들이 탐탁치 않게 생각하셨다. 학
부 졸업전시에서는 음향작품을 틀어놓자 교

수님들이 소리가 듣기 싫다고 하셔서 조교가
아예 전원 코드를 뽑아버렸다. 심지어 어떤
분은 백남준이 사기꾼이라고 하셨다. 미디어
에 대해 배타적인 환경에서 힘들게 석사를 마
치고 독일로 유학을 떠났다.

독일 시기
독일에서는 한국식 교육을 받은 학생들이 너
무 프로 같거나 아니면 너무 정리가 되어 있
지 않다고 봤다. 독일에서 입시를 준비하면서
생로병사를 주제로 작업했다. 그때 독일 친구
들로부터 너무 큰 주제라는 크리틱을 받았다.
그래서 다음에는 물방울 하나만 가지고 작업
을 했다. 물방울이 떨어지는 것을 촬영했는데
약간 조작하면 큰 물방울, 작은 물방울, 긴 물
방울, 짧은 물방울을 만들 수 있다. 물방울을
욕조에 떨어뜨리는데 회색 물감으로 뿌옇게
만들고 파란색을 가미해 찍었다. 음향은 피아
노 음계를 추출해서 실제 연주자의 소리를 녹
음했다. 그래서 낮은 음, 높은 음을 영상과 맞
췄다. 쉽게 말하자면 물방울이 천천히 떨어지
면 음도 저음, 빨리 감으면 고음이 되었다. 그
래서 9개의 모니터에서 물방울들이 나오게
했다. 그리고 일종의 화음으로 구성할 수 있
을 것 같아서 영상 시퀀스를 악보에서 짰다.
작품 ⟨Rhyme I⟩은 좋은 평가를 받아서 뒤스부
르크의 갤러리에서 전시도 했다.
　독일의 미술교육과 한국의 미술교육은
참 달랐다. 과거 우리나라 교수님들은 각자가

훌륭한 예술가이긴 했어도 친절한 교육자는
아니었다. 그래서 기술적인 것은 어쩔 수 없
이 선배한테 배우거나 외부 실무자에게 배워
야 했다. 그러다 보니 이것저것 다 하게 되고,
4학년이 되면 기술적인 완성도만 높아진다.
이렇게 되면 매우 프로페셔널하게 보이게 되
지만 반면에 상업적으로 보이기도 한다. 그래
서 이러한 점들이 독일에서 이루어지는 미니
멀(minimal)하고 콘셉추얼(conceptual)한 미술
교육과 만났을 때 상충되는 측면들이 많았다.
그래서 독일로 유학을 떠난 뒤부터 나는 완전
히 다른 방식으로 작업하기 시작했다. 애니메
이션부터 비디오아트, 로봇, 인터랙티브 프로
그래밍까지 미디어아트와 전시디자인에 대
해 체계적으로 파고들 수 있었다.

개인전 《I/O INIT_IO》(2003)
독일 유학을 마치고 귀국한 후 2003년 일주아
트하우스에서 첫 번째 개인전을 열었다. 모든
작품들을 직접 프로그래밍했다. 또한 관객의
움직임과 반응이 작품을 변화시키거나 작동
시키는 계기가 되며 관객의 입력에 의해 영상,
음향, 기계가 디지털로 전환되도록 했다. 관
객의 반응은 작품에 변화를 일으키고, 관객의
입력에 의해 반응이 실시간으로 출력된다. 관
객은 저마다 서로 다른 방식으로 작품을 완성
해나갈 수 있다.
　전시작 중 ⟨Robo Videocus I⟩(2002-2003)
은 인터랙티브 비디오 기계장치로, 실린더로

움직이는 관절이 2개 있고 위에는 모터를 달아서 머리가 회전한다. 개구리와 비슷한 형태를 띠고 있다. 로봇은 관객이 접근하면 깨어나 자신의 얼굴에 해당하는 모니터에 관객의 얼굴을 변형시켜 나타낸다. 로봇은 관객의 움직임을 행동추적(motion-tracking) 시스템으로 읽고 움직임의 변화에 따라 상하-좌우로 회전한다. 나는 로봇이라고 생각하고 만들었는데, 주변의 환경을 스스로 인지하기(perceive) 때문이다. 상황을 인지해서 자율적으로 움직이면 로봇인 것이다. 이 작업의 경우 독일에서 시작해서 한국에서 마무리했고, 만드는 데 꼬박 1년이 걸렸다. 처음에 3D 모델로 시뮬레이션하는 데 1학기, 실물 만드는 데 1학기가 걸렸다. 운이 좋았던 것은 독일에서 만들었기 때문에 테크니컬한 도움을 많이 받았다. 학교의 기술자문 선생님들의 조언을 받아서 회로 구성, 가공 및 제작을 스스로 완성할 수 있었다. 로봇 공연 작업을 하시던 분을 지도교수로 정하면서 자연스럽게 로봇 작업을 진행하게 되었다.

함께 전시했던 작품 〈digited mirror〉는 관객이 스스로의 모습을 마주하게 되는 거울 형식의 인터랙티브 비디오다. 여기서는 관객이 실시간으로 자신의 모습이 해체되고 재구성되는 것을 발견할 수 있다. 관객의 모습은 폐쇄회로가 감지하여 PDP 화면에 시간차를 두고 나타나게 한다. 관객은 움직임에 따라 실시간으로 해체, 재구성되는 자신의 모습을 디지털화된 거울로 새롭게 본다. 시간차에 의해 관객의 모습 화면을 모자이크 식으로 분할하여 표시하므로 관객은 시간차에 의해 상하 16개로 분할된 자신의 모습을 발견하게 된다. 작품 〈rhyme III〉는 카메라 행동추적 시스템을 이용하여 관객들의 움직임에 따라 반응하는 인터랙티브 설치작업이다. 빈 스크린으로 관객이 다가오면 스크린에 서로 다른 물방울 영상과 소리가 맺히는데 관객은 스스로의 움직임에 따라 변화하는 영상과 음향의 운율을 경험한다. 마치 물 위를 걷는 것처럼 화면 위를 움직이거나 스크린 주위를 맴돌면 이에 따라 영상과 음향이 다양하게 연출된다.

이후의 활동
개인전 《bit:act》(2007)

2007년 모란갤러리에서 두 번째 개인전 《bit:act》를 열었다. bit는 디지털데이터의 가장 작은 단위, act는 관객의 참여적 행위를 의미한다. 작품 〈Floating Identity〉는 2개의 스크린을 이용한 인터랙티브 영상설치작업이다. 관람자가 2개의 대형 스크린 앞에 서면 화면 속의 관람객 모습은 여러 개로 연속 분할된다. 카메라 셔터 소리와 함께 화면 앞의 공간을 움직이는 모습이 연속적이면서도 불연속적인 조합으로 화면에 부유한다.

〈Szeno II – sonarround〉는 사운드 설치작업으로 영상의 복제를 음향의 형태로 변모시킨 것이다. 관람자가 마이크 앞에 서서 목소리를 내면 그것이 녹음되어 전자적으로 변조(modulation) 처리를 거친 후 주위에 있는 8개의 스피커를 통해 서라운드 형태로 재생된다. 예를 들어, '아~' 소리를 내면 '아', '아', '아', '아', '아' 하는 식으로 돌아가며 나온다. 스피커는 8개의 함석 통의 형태여서 마치 건물 외벽의 배기구를 연상시킨다. 또한 이러한 형태는 소리를 왜곡시키는 역할도 한다. 마이크에 소리가 담기는 순간 다시 분절되고 반복되는 소리가 기이한 공간의 메아리를 연상시킨다. 이를 통해 단지 관객과 작품이 상호작용하는 인터랙티브아트의 측면뿐 아니라 공간과 시간을 불연속적으로 구성함으로써 사운드아트의 새로운 면을 드러내려고 했다.

〈Portrait〉 시리즈(2007-2017)

2007년 모란갤러리에서 선보인 작품 〈Portrait V – binary〉는 모니터 형태의 컴퓨터 설치작업이다. 0과 1의 숫자 조합으로 화면 위에서부터 아래로 관람자의 모습을 스캐닝하듯 뿌려준다. 모니터 앞에서 서 있으면 그 모습을 이진법으로 재현한다. 같은 전시의 〈Portrait VI – bit.dot〉는 관람자의 모습을 수많은 점들로 재구성한 작업이다. 역시 영상초상화인데 좌우로 스캐닝하며 화면에 나타난 2만 6천 개의 점들이 관람자와 주위 공간을 반복해서 재구성한다. 두 작업은 모두 화면을 한쪽부터 스캔하는 슬릿 스캔(slit scan) 기법을 사용했

다. 2003년부터 사용한 이 기법은 화면 전체를 스캐닝하는 동안 관람자가 움직이면 일그러진 모습이 나타나게 된다.

2012년 57th 갤러리 개인전에서 선보인 작품 〈Portrait VIII – transition〉은 동작의 중첩을 보여준다. 흑백의 계단 영상은 방문객의 움직임을 시간의 기록으로 표현한다. 공간은 멈춘 것처럼 보이고 계단을 오르내리는 사람은 잔상을 남기며 서서히 사라진다. 또한 같은 전시에서 선보인 〈Portrait IX – stereoscope〉는 적청 3D 안경을 쓰고 보는 것인데 당시 유행하던 3D 영상을 풍자한 것이다. 일종의 가짜다. 웹캠 1대가 촬영하고 있다. 영상의 빨강, 파랑을 색상언어로 분리해서 옆으로 밀어낸다. 그리고 밀어내는 정도를 소리에 의해 조절하게 된다. 3D로 보였다가 평면으로 보였다가 왔다갔다 한다. 당시 3D TV가 많이 팔려서 그 비효용성을 풍자해보고자 만들었다. 그런데 관람자들은 이 작업이 풍자하는 작업이라고는 생각하지 못하더라. 그리고 같은 전시에서 선보인 〈Portrait X – playing picture〉는 관람자가 피아노 건반을 연주하면 그 모습이 화면에 캡쳐된다. 그리고 그 캡쳐된 이미지가 모자이크처럼 조합된다.

2017년 이정아갤러리 개인전에서 선보인 작품 〈Portrait XI – sonograph〉는 관람자의 소리에 따라 모니터 영상이 변화하는 작업이다. 마치 초음파 영상처럼 보이기도 한다. 아래로 계속 흘러가는 흑백의 그래프는 파편화

오창근, 〈portrait II〉, 2004-2005, 맥킨토시 컴퓨터에서 MAX/MSP/Jitter로 프로그래밍, 시클롭스 환경.

된 관객의 모습이다. 시간과 공간의 분절을 재현하는 슬릿 스캔 영상기법을 바탕으로 관람자의 소리가 감지될 때마다 카메라 영상이 나타나는 지점이 아래위로 건너뛰게 된다. 같은 전시에서 선보인 〈Portrait XII – numbering robot〉은 관람자의 얼굴을 점 패턴으로 인쇄한 프린트 용지 위에 로봇이 잉크로 덧칠하는 작업이다. 관람자는 카메라 앞에 앉아서 탁자 위의 화면을 보면서 사진을 찍고, 점들의 패턴으로 프린트된 종이 초상화를 로봇 앞의 화판에 걸어주면, 그 얼굴 위치에다 로봇은 붉은 잉크로 무의미한 숫자를 써넣는다. 인간에 대해 로봇이 판단한다. 마치 노예의 이마에 문신을 새기는 것처럼 역설적인 상황을 연상시키도록 만들었는데, 오히려 관람객들은 즐거워했다. 초상화는 관람자가 가져갈 수도 있고 전시장 벽에 걸어 전시할 수도 있다.

개인전 《Transition》(2012)

2012년 57th 갤러리에서 세 번째 개인전 《Transition》을 열었다. 여기서는 기존의 작업들과 달리 키네틱 설치작품과 입체 사진작업들이 주를 이뤘다. 〈Kinetic Xylophone〉은 관객의 제스처에 반응해 소리를 내는 악기이다. 14개 음계의 실로폰은 관객의 제스처에 반응하는 모터의 구동으로 연주된다. 다시 말해 관객이 실로폰에 직접 채를 치지 않아도 가까이에 대기만 하면 연주가 이루어진다. 적외선 센서로 음계와 강약을 인식한다. 손가락이

불편한 장애인도 연주할 수 있다는 특징을 지녔다.

또 다른 키네틱 설치작품 〈Kinetic Drawing〉은 모터 앞에 부착된 센서를 통해 관객이 접근할 때마다 두루마리 휴지가 풀리면서 펜으로 가는 선을 그리는 것이다. 관객의 접근이 사라지면 모터는 멈추고 펜의 컬러 잉크가 번진다. 기계의 기다림은 점이 되고 사람과의 만남은 선이 된다는 생각이 들었다. 입체 사진 〈Landscape series〉에서 선보인 3점의 풍경 사진들은 대기 원근법을 재해석해서 중첩된 필름에 풍경 요소들을 겹겹이 쌓아 올린 작업이다. 가까운 것이 앞에 있고 먼 것이 뒤에 놓이는 방식으로 입체적 환영을 만들어낸다.

최근 활동상황

개인전 《moiré》(2017)

2017년 이정아갤러리에서 네 번째 개인전 《moiré》를 열었는데 이때 모션그래픽 작업을 선보였다. 전시 제목에 해당하는 '모아레'(moiré)는 시각적 간섭을 생성하는 패턴을 의미한다. 무수히 많은 점들로부터 물결무늬가 생성되어 특정한 선명도에 다다르면 마치 움직이는 듯한 흐름이 보인다. 이 착시효과는 디지털카메라로 촬영할 때 더욱 선명해진다. 이러한 모아레 현상을 역으로 활용하는 작업을 시도해보았다. 전시장의 모든 벽이 하얀 타공판으로 둘러쌓여 있고 5mm 크기의 구

오창근, 〈Kinetic Xylophone〉, 2012, 조작된 실로폰, 아크릴, 전기회로, 서보모터, 타봉, IR 센서, C언어로 프로그래밍, 90×40×60cm.

명들로 가득 채워져 있어 벽이 강한 원근감과 함께 착시를 일으킨다.

모션그래픽 작업 〈Spreading Phnography〉는 관람객의 소리에 반응하여 그래프 패턴을 보여준다. 목소리의 강약에 따라 40여 개의 서로 다른, 그러나 연결된 패턴처럼 변화하는 형상을 화면에 실시간으로 표시한다. 조용하면 한 줄의 점들이 나타나지만 큰 소리가 나면 복잡하게 물결치는 흐름이 보인다. 2018년에도 모션그래픽 작업을 지속하여 전통 민화에서 모티브를 얻어 디지털 그래픽으로 재구성하는 문자도(文字圖) 작품을 제작했다. 모션그래픽은 손이 많이 가는 일이지만 자유롭게 작업이 가능하기 때문에 당분간은 다양한 메시지와 가능한 이미지들을 만들어 엮는 작업을 진행할 예정이다.

'artopera'란 무엇인가?

1990년대 중반부터 일종의 다원예술로 인간, 기계, 사물 간의 융복합공연을 만들고 싶었다. 그래서 개인 홈페이지 제목도, 이메일 주소도 모두 'artopera'다. 즉 인터랙티브아트로 오페라를 만들고 싶다. 독일에서 공부하면서 가장 부러웠던 것은 여러 장르가 융합되어 있는 것이 그들에게는 일상이라는 점이었다. 그들은 정말 실험적인 것을 많이 한다. 그런데 막상 한국에 돌아와서는 공연하는 사람들과 함께 작업하려면 어려움이 많았다. 예를 들어, 귀국 직후 만난 남자 안무가는 (남자무용수의

경우에는 더) 출연료가 비싸니까 돈을 빌려달라고 하길래 내가 무료로 도와주면 안 되겠냐고 실랑이를 했다. 몇 년 후 만난 공연단체는 의견 차이로 칼부림까지 일어났다. 다들 마음이 가난해서 일어난 해프닝들이었다. 그래서 여건이 될 때까지 규모가 있는 실험적인 공연을 미루기로 했다. 가야금 연주가들과 두어 번 미디어 퍼포먼스를 한 적이 있는데 이 경우는 반응이 괜찮았다.

동시대 미술과 미디어아트에 대하여

미디어아티스트들은 작업하며 생활하기가 참 힘들다. 과거에 예술가들이 하던 일을 이제는 기업 차원에서 하고 있으니 정말로 2000년대 후반 들어서면서 일거리가 많이 사라졌다. 기업이 미디어아트를 한다고 하면 신뢰하는 반면, 개인이 한다면 신뢰를 하지 못한다. 그래서 팀 구성을 시도하지만 그것마저도 여의치 않다. 근본적으로 사회구조가 문제라고 생각한다. 재벌 계열의 기업이 디자인 회사에 하청을 주면, 디자인 회사는 실제 제작하는 회사로 하청을 주고, 실제 제작하는 회사가 다시 지하실에서 일하는 서너 명에게 하청을 준다. 하청과 재하청의 4단계를 거쳐서 창작물이 나오는 것이다. 결국 지하실에서 작업한 것이 재벌 기업이 한 것마냥 발표되는 것이다. 예술가들은 가장 마지막 단계, 즉 지하실에서 일하는 셈이다. 유명작가는 사업 파트

너가 있지만 중간에 있는 작가들은 어떠한가?
갈 데가 없다. 그러다 보니 예술가로서 자기
의 역할이라고 할 것이 별로 없다. 해외에서
처럼 소규모 작가그룹, 디자이너 그룹이 글로
벌 대기업과 계약해서 체계적인 일들을 해나
가는 그런 창의적인 생태계 자체가 한국에는
존재하지 않는다. 결국 예술가로 살아남기 위
해 투잡, 쓰리잡을 갖게 된다. 어디 한 군데 정
규직 되는 것도 힘들고, 그 기회를 기다리면
서 계속 스펙만 쌓고 있기도 어렵다. 그러니
까 닥치는 대로 일하며 살아갈 수밖에 없다.
그러나 이마저도 한국에서는 어렵다. 시장에
는 저가 인력들이 넘치고, IT 기술은 이미 3D
업종이 되었기 때문이다. 요즘은 '메이커 운
동'과 '코딩 열풍' 덕분에 일반 시민들과 청소
년들이 기술을 더 잘 쓰고 훨씬 더 창의적이
다. 이러한 상황들을 다 고려해서 미디어아티
스트로 살아가기 위해서는 자기만의 위치를
찾아야 할 것이다. 기술과 유행을 따라가기만
하면 자기를 잃기 쉽다. 백남준 선생님이 그
랬던 것처럼 기술을 남다르게 이용하고 관객
과의 소통을 위해 노력하는 것이 필요하다.

김태은 (1971-)
인터랙티브 미디어 설치, 공연영상,
미디어파사드, VR영화
iiru.net

이제까지의 경력과 주요 활동

홍익대학교 미술대학 회화과를 졸업하고 같은 대학원에서 석사학위를 받았다. 2012년 연세대학교 영상커뮤니케이션 대학원에서 박사과정을 마쳤고 현재 동양대학교 예술대학 공연영상학부 교수로 재직 중이다. 1995년 대학 졸업 후 미디어아트 분야를 택하는 대신 상업영화 스토리보드 작가로 데뷔하였다. 1995년에서 1999년 사이에는 조감독으로 영화계에 입문하면서 뮤직비디오 감독으로 데뷔하여 활동하기도 하였다.

2001년 서남미술관 개인전을 시작으로 13회의 개인전을 열었으며 국립현대미술관, 서울시립미술관, 대전시립미술관, 성곡미술관, 아트센터나비, 아르코미술관 등에서 다수의 기획전에 참여했다. 수상경력으로는 1999년 서울현대미술제 우수상, 2000년 대한민국미술대전 특선, 2000년 동아미술대전 특선, 2005년 중앙미술대전 대상, 2008년 동아미술기획공모 대상 등이 있다.

초기 작업
《시각적 봉입장치》(2001)와 일주아트하우스 레지던시

본격적인 미술 작가로서의 시작은 2001년 서남미술관에서 개최한 개인전 《시각적 봉입장치》였다. 이후 2002년까지 일주아트하우스 레지던시를 시작으로 영화감독과 비디오아트 작업을 독학으로 병행해나갔다. 그때가 아날로그 비디오와 필름 매체에 대해 많은 연구를 하던 시기였다.

아트센터나비 프로젝트(2004-2005)

이후 2004년 아트센터나비에서 주최한 Lab_au 프로젝트에 참가하면서, 벨기에 그룹과의 협업을 통해 컴퓨터 매체와 인터랙션 공간에 대한 인식을 갖게 되었고, 2005년 INP 활동(아트센터나비)을 통해 여러 형태의 미디어아트에 대한 경험들을 공유하였다. 〈Rectangle System〉(2004), 〈풍경시소〉(2005)는 이러한 경험을 바탕으로 발표한 인터랙티브 영상설치 작품이다. 이때가 기존의 아날로그 작업으로부터 컴퓨터로 매체가 변화하는 시기라고 할 수 있다.

〈풍경시소〉(2005)

〈풍경시소〉는 중앙미술대전 대상 수상작으로 2005년 예술의전당에서 열린 《중앙미술대전》에서 선보인 작품이다. 시소는 높이 올라갔다가 지면으로 떨어지기를 반복하는 기구

김태은, 〈풍경시소〉, 2005, 금속, 나무, 기울기 센서, PC 2대, 프로젝터 2대.

인데, 〈풍경시소〉는 이러한 시소의 특성을 이용하여, 시소를 탔을 때 그 움직임에 따라 담장 너머의 사건을 볼 수 있게끔 만든 인터랙티브 설치작품이다. 관객이 시소를 타는 양쪽 편이 있고, 시소의 정중앙에는 양쪽에서 볼 수 있는 스크린이 설치되어 있다. 시소를 타는 관객이 시소의 가장 높은 곳까지 올라가면 스크린 상에서 담 너머의 풍경이 보인다. 또한 관객이 시소의 가장 낮은 곳까지 내려가면 스크린 상에서 막힌 담이 나타난다. 그래서 두 사람이 시소를 타면 한쪽 사람이 볼 수 있는 장소를 상대방은 볼 수가 없다.

〈Rectangle System〉(2004)은 이 작업을 위한 프로토타입으로, 상대와 음성언어를 주고받도록 되어있다. 그 과정에서 서로 마주보는 상태에서 상대와의 관계가 중요하다는 것을 깨달았고 그 단계를 발전시켜 시소라는 매체를 선택하게 되었다. 그리고 내가 내려가야 상대가 올라갈 수 있고, 내가 올라가야 상대가 내려갈 수 있는 시점 이동이 가능한 시소 사이에 스크린을 삽입하는 디자인을 고안하였다. 당시에 스크린 형태를 창문으로 결정했는데 이것은 (스크린으로 사용한) 창문도 근본적으로는 서양회화의 캔버스와 같은 맥락이기 때문이었다. '회화는 세상을 바라보는 창'이라 규정한 알베르티의 회화론에서 아이디어를 얻은 것이다. 영상은 창밖의 풍경을 3D landscape로 제작하여 프로젝션하였으며 거기에 서로 다른 시점을 덧붙였다. '시소'(SEE-SAW)의 어원을 보더라도 시간차로 인해 시점이 서로 다른 것을 의미한다. 결과적으로, 시점에 있어서 서로 간의 다른 시점(견해)을 보게 되는 사회적 관계를 표현해보고자 한 것이다. 그렇기 때문에 창문을 넘어갔을 때의 사건을 정지시켜 놓았다. 즉 목격한 사건의 앞면과 뒷면이 서로 다르게 연출된 것이다. 이것은 인간과 인간 사이의 관계를 암시하기 위한 것이다. 겉모습과 뒷모습이 다른 상대적인 관계에서 우리가 느낄 수 있는 여러 가지 것들을 표현하고 싶었다.

개인전 《Double Exposure》(2006)

2006년에는 트리아드뉴미디어갤러리에서 개인전을 열었다. 인터랙션에 대한 인식이 높아지면서 서로 마주하는 관계성에 대한 고민을 하기 시작하였고, 《Double Exposure》전에서는 원본과 복제본의 상호관계성에 대한 여러 작품들을 발표하였다. 같은 해 서울국제미디어비엔날레《Dual Reality》에 작가로 참여하여 실제 하늘과 가짜 하늘이 구조적으로 닮아가고자 애쓰는 인터랙티브 작품 〈Someday〉를 발표하기도 했다.

《Double Exposure》전에 발표한 작품 중 하나인 〈Circle Drawing〉은 상호작용의 관계성을 드러내는 대표작이다. 진짜 턴테이블에 있는 레코드 판을 드로잉을 통해 복제할 수 있는 장치를 고안하였는데, 관객이 손으로 핸들을 돌리면 내부에 톱니장치를 통해 왼쪽에 있는 레코드판이 돌아가고, 오른쪽에 동력이 전달되어 그대로 그림이 그려져 이미지가 복제되는 원리이다. 2개의 상대적인 대상은 완벽히 복제가 되기 어려운 구조를 가지고 있다. 이 작품의 목적은 두 대상 간의 관계성을 전달하는 것이었다. 따라서 두 영역 사이에는 차이가 존재하게 되고, 그 차이로 인해 나는 현존과 부재에 관심을 갖게 되었다.

이후의 활동

《Double Exposure》전 이후, 〈Easel Painting〉(2008), 〈Permission〉(2008), 〈Left cinema, Right cinema〉(2009) 등의 작품에서 현존하는 것을 제거하고 그 빈자리를 비워두거나 다른 것으로 대체함으로써 관객에게 현존과 부재 사이의 관계성을 전달하려 하였다. 작품들은 피지컬컴퓨팅, 싱글채널 비디오 작품, 영화를 매개로 한 비디오아트에 이르기까지 매체에 제한을 두지 않고 작업해왔다.

〈Easel Painting〉(2008)

일반적인 인터랙션 작품의 원형이 관객과 작품간의 상호작용인데 반해, 이 작품부터는 작품과 관객의 상호관계가 아닌, 작품과 작품이 상호작용하는 인터랙션의 형식을 취하게 된다. 그럼으로써 관객은 일반 회화나 조각을 바라보는 일종의 방관자가 되는 것이다. 이 작업에서는 이젤에 부착된 웹캠에서 정보

를 입력받아 알고리즘을 거쳐 색(RGB)을 조합한다. 또한 랜덤하게 움직이는 서보모터의 움직임에 따라 이젤 옆에 설치된 캔버스 위에 투사되는 결괏값들이 끊임없이 변화한다. 이 작품은 단순히 기계가 그리는 것이 전부가 아니라, 페인팅의 생산과 주체로 간주되어왔던 화가를 없애고, 물감을 없앴다는 데 의의가 있다. 작품에 결국 존재를 위한 기계장치만 남게 되는 것이다. 여기서 기계는 반복적으로 주변 공간을 촬영하는데 관객이 작품 앞에 나타나면 관객의 모습이 거울에 반사되고 기계장치가 그 모습을 입력하여 다음에 그려질 이미지에 영향을 준다.

사실 페인팅의 주체인 화가가 없다면 캔버스나 이젤도 다 소용이 없다. 그러나 여기서는 화가를 없애고, 이젤과 디지털로 구현된 캔버스만 남겨 놓았다. 이러한 방식은 〈Permission〉(2008)에서 카메라와 조명장치만 설치해두고 배우를 제거해버린 것과 같은 시도라고 할 수 있다. 보이지 않았던 메커니즘을 드러내고, 반대로 반드시 보여야 한다고 믿었던 주체를 제거해버리는 것이다. 〈Left Cinema, Right Cinema〉(2009)에서 프레임은 영화 앵글을 모방해서 찍고, 영화의 주체라고 할 수 있는 배우를 제거한 것도 마찬가지 의도에서 그렇게 한 것이었다.

〈Permission〉(2008)

2008년 대안공간 루프《드라마 방송국 2.0》

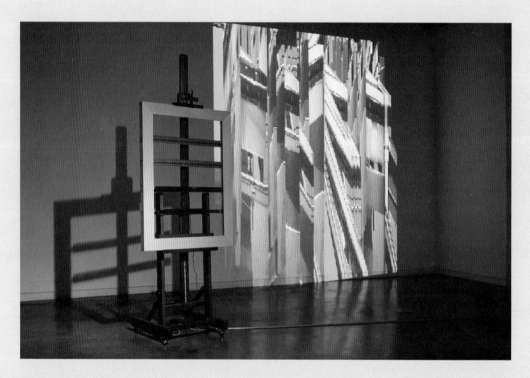

김태은, 〈Easel Painting〉, 2008, 서보모터 4개, 이젤, 플라스틱 패널, 나무, 금속, 웹캠.

에서 선보인 〈Permission〉은 실제와 영화의 중복된 공간을 다룬 작품이다. 사람들이 붐비는 장소에 드라마 세트장을 만들어 놓고 행인들의 반응을 몰래카메라로 촬영했다. 스텝과 장비만 두고 배우만 사라진 공간, 촬영장비만 존재할 뿐인데 사람들은 모두 촬영장소인 줄 알고 피해감으로써 실제 공간에 허구 공간의 구멍이 일시적으로 생기는 것을 볼 수 있었다. 이때부터 영화를 찍는 실제 장소와 현실 간의 혼종성에 관심을 갖게 되었다.

〈Left Cinema, Right Cinema〉(2009)
2009년 인더박스갤러리 개인전 《Cinematic Region》에서 선보인 〈Left Cinema, Right Cinema〉는 약 8분 정도 소요되는 두 편의 단편영화로 현실의 공간과 허구의 공간을 나란히 병치해둔 작업이다. 사실 왼쪽에 있는 영화는 2002년에 16mm 필름으로 제작한 단편영화이며 오른쪽 영화는 2009년에 동일한 공간을 촬영한 비디오였다. 2009년에 7년 전 영화를 찍은 장소를 다시 방문해보니, 사람들이 여전히 영화에서처럼 그 공간을 사용하고 있었는데 그 점이 흥미로웠다. 왼쪽 영화는 2002년에 필름으로 촬영한 영화이고, 오른쪽은 2007년의 실제 현장, 즉 영화의 앵글을 모방해서 찍은 비디오 매체로 배우가 없는 영상이다. 그리고 두 영상을 병치함으로써 실제 공간과 영화 공간 사이를 모호하게 만들고자 했다. 그리고 이러한 두 가지 영역을 비교하는 관계성

에 대한 작업은 영화매체로 치환됨으로써 그 관계성의 대상이 촬영장소(location)로 옮겨갔고 자연스럽게 장소성에 대해 생각하게 되었다. 영화를 재매개시키는 작업은 2009-2011년 사이에 집중적으로 제작됐는데 인천과 서울 지역에서 남북한의 상호관계성을 테마로 한 몇 개의 영화들을 재편집하여 실제 공간과 병치시키는 시리즈 작업을 했다.

〈Visiting Joint Surveillance Area〉(2011)
2011년 리앤박갤러리 개인전 《JSA 공동감시구역》에서 선보인 작품으로 여기서도 마찬가지로 2개의 영상을 나란히 병치하는 방식을 취했다. 왼쪽 영화 〈공동경비구역 JSA〉(2000, 박찬욱)에서는 공동경비구역 장소가 나오는 장면만 따로 편집하였고, 오른쪽에는 영화가 촬영된 JSA 세트장을 직접 찾아가 왼쪽 영화처럼 똑같은 카메라 움직임을 가지고 촬영한 장면이 나오게 했다. 실제 세트장에는 배우가 없고, 일반 방문객들만 있다. 병치되어 있는 두 화면은 같은 카메라 앵글을 한 채 서로 다른 공간성을 보여준다. 서로 비슷하지만 주체의 유무 차이로 인해 그 사이가 모호하게 허물어지는 것을 확인할 수 있다. 실제로 이 공간은 이제 테마파크가 되어 많은 사람들이 방문하여 사진을 찍는 관광코스가 되었다. 이 작품은 한국문화예술위원회에서 네이버를 통해 인터넷에서 배급하고 있으며, 베를린과 워싱턴주 한국문화원에서 상영된 적이 있다.

〈The Island of Heros〉(2011)

같은 해에 이 작품과 유사하게 영화적 장소에 대하여 고민한 작업이 하나 더 있다. 〈The Island of Heros〉라는 작품이다. 이 작업은 월미도에서 벌어진 인천상륙작전의 역사적 사실과 장소성을 기반으로 한 3채널 비디오아트 작업이다. 나는 여기서 인천상륙작전을 소재로 한 남한영화 〈돌아오지 않는 해병〉(1963, 이만희)과 북한영화 〈월미도〉(1983, 주경진)를 소재로 삼았다. 두 편의 전쟁영화에서 인천상륙작전 시퀀스만 편집을 하여 양 옆에서 서로 마주보게 해놓았고 가운데 화면에는 실제 월미도 풍경이 담긴 비디오가 합쳐진 작품이다. 서로 대결하는 전쟁구도 사이에 배를 타고 일상생활을 하는 사람들의 모습에서 영화 속 장소와 재현의 문제가 실제 공간에 영향을 주는지 표현한 작품이다. 특히 영화에서 주적으로 표현된 미군과 북한군의 얼굴이 삭제되어 있다는 공통점이 있었는데 그 점이 흥미로웠다.

이런 식의 작업들을 제작하는 데 영향을 준 것은 피에르 위그(Pierre Huyghe)의 〈제3의 기억〉이다. 이 작품의 배경은 1972년 맨하탄에서 있었던 인질강도사건이다. 당시 그 상황을 실시간으로 TV에서 생중계로 보여주었는데 사람들이 아마 그 앵글을 잊지 못했을 것이다. 2년 후에 이 사건을 그대로 재현한 알파치노 주연의 영화 〈Dog day afternoon〉(1975, 시드니 루멧)이 나왔다. 당시에 범인은 감옥에 수감되어 있었는데 이후 복역을 마치고 30년 후에 출소했다. 그리고 작가가 당시 사건의 주인공을 인터뷰 한 작품을 제작하였다. 그런데 피에르 위그는 그 영화가 자신의 상황과 괴리가 있다고 말했다. 〈제3의 기억〉이 흥미로운 것은 2개의 화면으로 재현해 놓았는데 한쪽은 알파치노 주연의 영화고, 또 한쪽은 범인의 인터뷰다. 결국 '제3의 기억'이 의미하는 바는 영화도 아니고, 30년이 지난 후의 당사자의 기억도 아니다. 결국 제3의 진실은 어디에 있나? 하는 물음이 남는다.

최근 활동상황

〈The Message〉(2012)

〈풍경시소〉의 시소 원리를 좀 더 발전시킨 작품이 2012년에 제작된 〈The Message〉(2012)다. 여기서는 〈풍경시소〉와 달리 관객이 시소를 타지 않고 전기장치에 의해 시소가 스스로 움직인다. 시소에 있는 추가 스스로를 번갈아 움직이면서 무게를 바꿔주면 시소가 작동하게 되고 이 움직임을 통해 전시공간 전체적으로는 큰 변화의 계기가 된다. 시소가 내려가면서 바닥에 설치된 빛이 번갈아 켜지게 되고 거기에 따른 공간에서의 음영 변화가 생긴다. 빛이 번갈아 바뀔 때마다 빛에 반응하는 로봇이 바닥을 닦고 다닌다. 로봇이 닦은 바닥에는 감춰진 메시지가 나오는데 일종의 가짜뉴스로 '세계가 종말할 것'이라는 사이비 종교

단체의 내용이다. 결국 사회가 미디어를 통해 내뱉는 허구의 메시지를 상징적으로 표현한 작업이다. 이 작품에서 시소가 반복적으로 움직이는 절대적 존재로서 우주 혹은 신을 상징한다면, 그 움직임에 따라서 상대적으로 반응하는 로봇은 인간을 상징한다고 볼 수 있다.

개인전《종의 기원_지방거점을 찾아서》 (2015)

장소에 대한 관심이 한국의 도심과 지방으로 확대되었다. 그리하여 각 지방에서 지정한 고유 캐릭터의 외형들이 유전적으로 닮아 있다는 가설 하에 전시를 개최하게 되었다. 작품 〈지방 캐릭터 열전〉은 우리나라 각 지방의 캐릭터들을 결합시킨 작업이다. 각 지방마다 여러 군데를 다니다 보니 각 지방마다 지방 특산물을 소재로 한 캐릭터가 있다는 것을 알게 되었는데 그 캐릭터들의 외모가 전부 비슷해 보였다. 지방 특산물을 홍보하기 위해 만든 것이었는데 흥미로운 점은 그 캐릭터들을 하나로 모아 놓으니까 마치 동일한 유전자를 받은 한 가족 같았다는 것이었다. 대전 국제엑스포 캐릭터만 외계인을 본떠 만든 것이고 나머지는 거의 한 부모에서 탄생한 자식들 같았다. 그래서 여기에 영화적 시나리오를 얹어보기로 했다. 이 캐릭터들에게는 조상이 있고, 그들의 조상을 찾아주자고 생각했다. 이들의 조상이 외계로부터 불길하게 지구로 들어온 '그 어떤 것'이라 생각했다. 이들이 불시착한

다면 응급상황이 발생하고 군경찰이 출동하고, 과학자들이 와서 이것을 표본조사할 것이다. 이런 식으로 내러티브화시켜 보았고 일종의 영화 스토리보드를 만들어본 것이다.

〈주술적이거나 전기적인 저장장치〉 (2015) 역시 이와 비슷한 설치작업으로 허구의 내러티브에 기초하고 있다. 기차가 일정한 트랙을 돌아다니면서 반복적으로 움직이다 보면 조명이 하나둘씩 켜지고 조명이 켜질 때마다 그 전기에너지가 가운데 설치된 투명한 구(sphere)에 매달린 커다란 별에 전달된다. 이 별은 가설적으로 설정한 일종의 생명체를 의미한다고 할 수 있다. 실제로 캐릭터들의 얼굴을 모아 놓으면 별 모양으로 공통된 도상을 추출할 수 있기 때문에 거기서 별 모양을 만든 것이다. 여기서 저장장치라는 표현을 사용한 것은 계속 에너지를 공급받지 못하면 생명이 유지되지 못한다는 의미를 담기 위함이었다. 물론 이 별이 실제 생명체는 아니다. 지방 캐릭터들이 모두 닮아 있지만 실제 한 가족이 아니듯, 이 생명체 또한 실제 생명체를 흉내내는 복사본에 지나지 않는다. 이러한 허무맹랑한 행동은 실제가 부재한 장소 설정은 영화적 설정에 기인한 서사와 다르지 않음을 보여주기 위해서였다.

현재는 지방 캐릭터 패밀리의 외계인설을 뒷받침해줄 역사적 근원을 리서치 중이다. 《종의 기원_지방거점을 찾아서》전의 후속편으로 2017년 공근혜갤러리에서 개인전《주부

들의 과학생활》을 개최했으며, 1970-80년대 한국의 과학, 문화계에서 탄생한 프로파간다의 전개와 과학문학(SF)적 상상력의 허구에서 드러나는 관계성과 장소성의 문제를 탐구하고 있다.

현재 관심사는 무엇인가?

사물 간의 관계성은 영화 서사가 개입되면서 인간과 공간의 문제로 변화되었고, 현재는 사회와 인간 간의 관계성에 대한 관심으로 확장되고 있다. 2015년에 개최한 개인전 《지방 거점_종의기원을 찾아서》와 2017년에 개최한 개인전 《주부들의 과학생활》(2017)에서 잘 드러났던 것처럼 획일화된 문화의 대량생산 비판과 과거 냉전시대에 강요되었던 과학 프로파간다가 오늘날에 끼친 문화적 영향 비판에 집중하고 있다. 이러한 현상은 한국뿐만 아니라 전 세계적으로 공통된 것으로, 정치가 개입된 선동문화의 근원이 무엇인지 폭넓게 연구하는 중이다. 또한 VR영화에 대한 서사구조의 변화에도 관심이 있어, VR영화 제작 프로젝트들을 가동시키고 있다. VR 역시 주변 공간과 관객의 시선 주체에 대한 문제가 중심이 되는 만큼 VR영화의 소재도 사회적 관계의 문제점과 관객의 공간성에 주목하고 있다. 예를 들어 VR영화와 샤머니즘의 관계가 있겠다.

동시대 미술과 미디어아트에 대하여

2000년에서 2005년 사이 미디어아트는 정체성 혼란을 겪는다. 어디서 온 예술인지 알 수 없다는 미학적 이유에서다. 2005년 쯤에는 자본 문제로 미디어아트가 관심 밖으로 멀어지고 있있고, 그 사이 아트페어와 미술시장이 기형적으로 커지면서 안 팔리고 돈만 많이 드는 예술 장르로 여겨졌다. 2009년 베를린 트랜스미디알레 아젠다는 "돈 없이 창의적 예술을 할 것인가? 돈 받고 창의성 없는 예술을 택할 것인가?"였다. 당시 미디어아트가 자본 시장에 휘둘렸던 기억이 눈에 선하다. 자본에 의해 휘청거리는 미디어아트는 사망선고를 받기 일보직전이었지만 2010년부터 미디어 파사드와 스펙터클이 필요했던 정치권의 부름과 대형 엑스포를 위한 기업 자본이 들어오면서 긴급수혈을 받더니 다시 살아났다. 하지만 담론이 부족한 상태에서 다시 살아나 정체성 혼란을 겪는 것은 매한가지인듯하다. 다만 동시대 미디어담론이 미디어아트와 타 장르 예술 사이의 경계를 효과적으로 섞어주고 있다는 생각은 든다. 그 덕에(?), 이제 어떤 작품이 미디어아트 만의 것이라고 못박는 것은 철지난 유행이고 클리셰라는 취급을 받는다. 그만큼 프로젝터, 컴퓨터, 모니터, 소프트웨어 등은 미디어아트만의 전유물이 아닌 것이 되었다.

미디어아티스트들은 (정상적이라면) 새로운 매체를 어떻게든 찾아나설 것이고 그 선봉에 서게 될 것이다. 혹자는 양자컴퓨터 나노기술 같은 4차 산업혁명의 틀 안에서 이를 제시하고 있지만, 앞선다는 것이 꼭 미래지향적인 것에 국한되지 않는다. 기업은 앞선 기술을 찾아가겠지만 미디어아트는 기업의 어깨 위에서 기술을 찾아내는 동시에 언제든 과거로 돌아가 이 시대에도 통하는 미적 맥락을 찾으려고 노력했으면 한다. 그것이야말로 기업체의 산업과 다르게 창의성도 있고 돈도 되는 예술을 할 수 있는 길이 아니겠는가?

뮌 (1972-)
비디오 설치, 데이터 시각화,
키네틱 조각
mioon.net

이제까지의 경력과 주요 활동

김민선(1972-)은 홍익대학교 조소과를 나
왔으며 독일 쾰른 미디어 예술대학에서 공부
했다. 학부 시절에는 최문선을 알지 못했고
1998년 독일에서 유학하면서 알게 됐다. 우리
는 뮌이라는 그룹을 결성하여 2002년부터 활
동하기 시작했다.

최문선(1972-)은 홍익대학교 토목공학
과를 나왔으며 독일 뒤셀도르프 미술대학에
서 공부했다. 대학을 졸업하고 건설회사에서
잠시 일했는데 적성에 맞지 않았다. 그래서
고민을 하다가 독일로 유학을 떠나게 됐다.

우리는 부부이자 뮌이라는 그룹명으로
활동하고 있으며 아르코미술관, 코리아나미
술관, 가나포럼스페이스, 독일 빌헬름 렘부룩
미술관, 쿤스트뮤제움 본 등에서 20회 이상의
개인전을 가졌으며 다수의 기획전에 참여했
다. 2004년 독일 Wilhelm Fabry 예술상(미디
어아트)을, 2005년 노르트라인베스트팔렌 주
정부에서 젊은 미디어아티스트상을, 2006년
에는 독일 글라드벡에서 컴퓨터아트 1등상을,
2009년에는 제9회 송은미술대상 대상을 수상
했다.

초기 작업

개인전 《관광객 프로젝트》(2003)

2003년 조흥갤러리 개인전에서 선보인 〈관광
객 프로젝트〉(2003)는 비디오 설치작업으로
가볍고 수동적인 주체로 변질된 관광객을 깃
털로 표현한 것이다. 깃털로 뒤덮인 스크린이
전시장 천장에 매달려 있고 깃털로 된 스크린
위로 영상이 나타난다. 그리고 스크린을 이루
고 있는 깃털들이 바람에 흔들리면 영상 속의
형태가 흐릿해지면서 다른 형태가 나타난다.
영상 속에는 파르테논신전, 피라미드, 자금성
같은 세계적인 관광지가 등장하고 그 주위를
돌아다니는 무수히 많은 군중들의 모습이 나
타난다. 관광지는 이제 산업적으로 상품화되
었으며, 군중은 그것을 맹목적으로 소비한다.
깃털로 만든 화면은 이러한 가벼움을 암시한
다. 또 다른 작품 〈우리〉(2002)는 싱글채널 비
디오 작업으로 개인이 '우리'라는 집단에 휩쓸
리는 한국의 집단주의적 정서를 드러내고자
했다. 객석에는 자리가 차 있는데, 자리를 차
지하고 있는 사람들은 모두 똑같은 모습을 한
동일 인물이다. 이 사람은 빈 자리 여기저기
에 반복적으로 나타났다가 사라지며, 이러한
움직임은 사물놀이 음악에 맞춰 이루어진다.
이곳 저곳에서 객석을 채웠다가 다시 사라지
는 인물의 모습은 과거에 전체주의 국가들에
서 활용되던 일사불란하게 나타났다가 사라
지는 카드섹션의 모습을 사용했다.

개인전 《노래방 프로젝트》(2003)

같은 해 가을 대안공간 풀에서 선보인 〈노래방 프로젝트〉(2003)는 노래방에서 누군가 노래를 부르는 순간 그 사람만 능동적인 참여자가 되고 노래를 듣는 사람들은 모두 수동적인 위치에 처하게 된다는 사실에 착안한 작업이다. 전시공간에 들어선 관객이 마이크를 잡고 노래를 부르면 여기에 맞춰서 반응하도록 프로그래밍했다. 〈노래방 프로젝트〉는 일종의 인터랙티브 비디오 설치였다. 관객이 노래를 부르면 영상 속에 줄지어 서 있는 수많은 인물들이 노랫소리에 맞춰서 뛰어올랐다가 아래로 다시 내려간다. 이러한 경험을 통해 관객은 능동적인 참여자로서 자신의 노랫소리에 맞춰서 움직이는 영상 속의 수동적인 존재들을 조종하면서 이를 지켜보게 된다.

개인전 《Human Stream》(2005)

비디오 설치작업 〈휴먼 스트림〉(Human Stream, 2005)은 군중의 움직임을 표현한 작품으로 3.5m에 달하는 거대한 크기의 두 상반신상에 영상을 프로젝션한 형태로 이루어졌다. 이 2개의 흉상은 가벼운 깃털로 뒤덮혀 있고, 이 깃털 흉상에 군중의 모습이 프로젝션된다. 이러한 군중의 모습은 행진하는 사람들의 모습으로, 이들은 모였다가 사라지면서 움직임을 만들어낸다. 영상 속 사람들이 하나둘씩 늘어나고 그 인물들이 흉상의 표면을 완전히 메우고 나서 바람이 불면, 깃털이 한꺼번

에 날아가면서 사람들이 사라져버린다.

개인전 《The Visible City》(2007)

2007년 프랑스 스트라스부르 CEAAC갤러리에서 개인전 《The Visible City》를 개최했다. 〈The Visible City〉(2007)는 거대한 소비 욕망이 자리하고 있는 대도시의 모습을 표현한 작품이다. 전체적으로 전시공간 곳곳을 상품 종이상자로 채워두고 관객들이 그 사이에 난 길을 따라서 걸어가게 하였다. 한쪽 편에서는 프로젝터를 통해 전시공간의 모습이 영상으로 나타나기도 한다. 영상을 통해서 보면 더욱 실감이 나는데 상품 종이상자들을 쌓아 올린 이미지가 고층빌딩들로 둘러싸인 대도시의 모습을 닮아 있다.

이후의 활동
〈습관적 열정〉(2009)

3D 애니메이션 〈습관적 열정〉은 《송은미술대상》전에서 대상을 수상한 작품으로 양키스타디움의 야구경기를 낯설게 표현한 것이다. 양키스타디움은 로마시대의 원형 경기장과 닮았다. 원형경기장은 일정한 규칙에 따라 시합을 벌이고 관객들은 그것을 바라보았던 곳이었지만 오늘날 로마의 유적지로 남아 있을 뿐이다. 이와 같이 더 이상 아무 시합도 열리고 있지 않는 경기장의 모습을 표현해보았다. 〈습관적 열정〉은 진공 박스 속에 갇힌 뉴욕의

뮌, 〈휴먼스트림〉, 2005, 컴퓨터, 프로젝터, 스피커, 깃털, 2개의 흉상구조물로 이루어진 영상설치작업, HD 비디오 4대, 각각 350×350×200cm.

양키스타디움을 배경으로, 눈이 쌓인 곳에서 천천히 배회하는 사람들의 모습을 보여준다. 경기장의 열기, 환호, 뜨거움과는 상반되는 눈이 내리는 차갑고 고요한 풍경만이 나타난다. 처음에는 이 작업을 뮤지엄 박스에 넣었으나 이후 좌대를 제작하여 그 위에 설치했다. 군중은 없지만 경기장의 모습과, 산책하는 몇몇 사람들이 군중을 암시한다. 또한 사람들이 중간쯤 걸어왔을 때 갑자기 나타나는 경찰차가 군중을 지배하고 감시하는 시선을 은유적으로 표현한다.

개인전 《Lead Me To Your Door》(2011)

〈Lead Me To Your Door〉는 삼성전자가 이탈리아 밀라노에서 개막한 디자인 전시 행사인 '제50회 밀라노 가구박람회'에 출품했던 것이다. 88개의 LED모니터로 이루어진 흉상과 36개의 갤럭시탭으로 만든 관람객이 앉을 수 있는 벤치 2개로 이루어진 작업이다. 이후 이 작품은 엔씨소프트 R&D 센터와 대구 갤러리 분도에서 열린 개인전에서도 선보였다. 칸막이로 나뉘어서 구획되어 있는 흉상 내부 각각의 공간에는 모니터가 설치되어 있고 여기서 평범한 사람들의 일상이 담긴 비디오가 나오게 했다.

최근 활동상황

개인전 《기억극장》(2014)

2014년 코리아나미술관에서 《기억극장》을 개최했다. 이 전시에서 발표한 대형 작품 〈오디토리엄〉(2014)은 '기억'의 이미지를 '극장'의 형식으로 나타낸 작업이었다. 여기서는 5개의 책장이 반원형의 극장 구조를 이루게 했는데 각각의 책장은 8개의 칸으로 나뉘어 있고, 그 안에서 기억의 이미지가 나타난다. 이 이미지는 마치 극장에서 상연되는 영화의 한 장면 같은데, 끝없이 펼쳐지는 기찻길, 줄지어 가는 군중, 총을 겨누고 있는 한 남자, 폐허 등 다양한 그림자 이미지들이다. 그런데 사실 책장 뒤편을 보면 불투명한 아크릴 판 뒤에 수백 개의 오브제들이 놓여 있다. 이 오브제들이 소리를 내면서 움직이고 불투명한 판 뒤에서 빛을 통과시키면서 그림자 이미지를 만들어내고 있는 것이다. 그러나 불투명한 아크릴 판을 경계로 뒷면에 놓인 오브제 형상과 앞면에 투사된 그림자 이미지는 일대일로 상응하고 있지 않다. 이러한 어긋남은 기억에서 일어나는 변형과 왜곡을 의미한다.

작품 〈세트: American wooden house〉(2014)는 미국 아트 오마이 레지던시 기간 동안 찍은 풍경 사진을 가지고 만든 영상작업이다. 주로 세트장처럼 깨끗한 목조주택들을 찍었다. 영상은 연속화면이 아니고 화면과 화면 사이에 암전이 이루어지게 했다. 또한 영상이 프로젝션되는 전시장 벽면에 야광 안료로 풍

뮌, 〈Auditorium: Template A-Z〉, 2014, 책장 형태의 캐비닛, 오브제, DMX 콘트롤러, LED 조명, 모터로 구성된 설치작업, 700×400×300cm.

경이미지를 회화적으로 그려 넣어 암전된 5초간은 암흑 속에서 야광 안료가 발광하는 이미지를 볼 수 있도록 했다.

〈앙상블: 윤리사업〉(2014)은 권투 링 경기장 미니어처에서 안개와 사운드가 일어나는 설치작업이다. 링 위에서는 흰 연기가 피어오르고 있는데 이러한 권투 경기장의 모습에는 일반적인 선수들의 격렬한 몸싸움이나 관객들의 함성소리가 나타나지 않는다. 작품의 부제를 '윤리사업'이라고 지었는데, 어울리지 않는 두 단어들의 조합은 피어오르는 연기와 링의 조합만큼이나 낯설다. 8채널 스피커에서 소리가 나오는데 세계타이틀을 연달아 차지하던 정상급 복싱챔피언이었으나 사회에 적응하지 못하고 싸구려 술집에서 스탠딩 코미디언으로 근근이 살아가는 인물이 나오는 영화 〈성난 황소〉를 활용했다. 링 주변에서 영화 속 주인공의 우울한 독백이 들리고, 이를 마치 2명의 화자가 대화를 주고받듯이 교차 편집했다.

〈아트 솔라리스〉(Artsolaris.org, 2016) 경기문화재단의 별별프로젝트로부터 후원을 받은 작업인데 사실 아주 오래 전부터 구상했던 작업이다. 당시 프로젝트명은 '코리아 아티스트 위키 프로젝트'였다. 후원을 받아 1년간의 준비기간을 거쳐 발표했는데 '뮌'이라는 이름이 전면에 나오지 않아서 사람들은 우리가 제작한 것인지 몰랐다. 홍보를 위해 인터뷰하면서 우리 작업임을 밝혔다. 데이터 마이닝(mining)을 통해 작업했는데, 이는 말 그대로 데이터를 캐내어 수집, 분류하는 것이다. 수많은 정보들 중에서 나름대로 선별 기준이 있었는데 우선 공적 기금이 많이 투자된 곳, 예를 들어 베니스비엔날레, 광주비엔날레, 국공립미술관을 중점적으로 살펴봤다. 그러다 보니 갤러리 전시는 데이터베이스 대상에서 전부 빠졌다. 공공기금이 어떻게 운용되고 있는지, 국제적인 교류가 어떻게 이루어지는지 알고 싶었다.

〈아트 솔라리스〉를 발표하고 나서 미술계로부터 많은 질타를 받았는데 미술계의 정치성을 꼬집었기 때문이었다. 미술계가 얼마나 폐쇄적인지 말하고 싶었다. 미술계에서 통용되는 인맥들을, 그 네트워크들을 성좌로 표현했다. 우리 작업에는 오직 인적 네트워크만 나타난다. 예를 들어 한 작가가 10명의 큐레이터와 전시를 각각 한 번씩 했다면 이 지도에는 나타나지 않는다. 그러나 한 작가가 동일한 큐레이터와 2번 이상 전시할 경우에는 등장한다. 이는 인맥을 중심으로 전시가 특정 작가에게 쏠림 현상으로 이어진다는 것을 나타낸다. 결국 이 작품에서 우리가 하고 싶은 말은 한국미술이 다양했으면 좋겠다는 것이었다. 다양한 작가들의 다양한 개성이 펼쳐지는 미술계가 됐으면 한다. 미술계의 권위자들은 대체로 옳은 미술이 따로 있다고 생각한다. "미술은 이래야 해"라고 정해 놓는 경향이 있

다. 젊은 작가들은 "아, 나도 저렇게 해야지 성
공하는구나" 하며 그들의 기준을 좇아간다.
그런 식으로 성공한 스타 작가들을 따라하는
비슷비슷한 개성 없는 작품들이 양산되는 것
같다. 사실 〈아트 솔라리스〉를 발표한 뒤 미술
관계자들은 우리를 미술계라는 조직 내부의
고발자처럼 여겼다. 사실 이 부분이 많이 두
렵기도 했는데, 이는 단지 미술계만이 아니라
대한민국 사회의 축소판이기도 하다고 생각
한다.

개인전 《MIOON ZIP: Oh, My Public》 (2016)

2016년 파라다이스 ZIP에서 개인전을 열었
는데 공공성을 주제로 사진, 오브제, 라이트
설치, 공간설치작업들을 선보였다. 주로 아트
솔라리스 프로젝트의 결과물을 중심으로 전
시가 이루어졌다. 작품 〈Useful Solaris〉는 미
술계 내에서 절대적인 영향력을 가진 인물들
과 그 영향권 하에 있는 사람들의 네트워크를
라이팅으로 시각화한 것이다. 반짝이는 전구
의 아름다움 너머에는 미술계의 권력구조와
이들 사이의 네트워크가 암시되고 있다. 또한
작품 〈Solaris Ocean〉은 미술계의 주체들이 14
년 동안 벌인 활동의 데이터를 커다란 원형의
형태로 시각화한 것이었다.

군중에 주목하게 된 계기가 무엇인가?
2002년 월드컵 당시 독일에 있었는데 한국
을 상당히 객관적으로 보게 됐다. 독일은 매
우 개인주의적이다. 독일인은 월드컵 당시 한
국에서 4만 명이 모였는데 사고가 나지 않고
끝났으며, 사람들이 청소를 하고 가는 모습을
의아하게 보았다. 완벽한 스펙터클, 이상한
정신적 기류라고 본 것이다. 독일에는 집단의
식이 존재하지 않는다. 집단주의, 전체주의의
폐해를 이미 경험한 세대들이기 때문에 집단
의 정체성을 의심한다. 히틀러를 경험하고 나
서 집단이 모이는 것을 경계하는 분위기가 있
었다. 반면 한국인들은 집단 속에서 편안함을
느끼고, 집단에서 배제되는 것을 두려워한다.
그때부터 '군중'이라는 주제에 관심을 갖게
됐다.

개인전 《미완의 릴레이》(2017)

2017년 아르코미술관에서 개인전을 가졌다.
'공공'을 화두로 키네틱 조각과 퍼포먼스 영상
을 선보였다. 작품 〈이동식 놀이동산〉(2017)
은 공공성을 '이동성'과 '놀이'라는 두 가지 키
워드를 중심으로 제시한 것이었다. 놀이기구
처럼 집단적 움직임, 일시적 유흥, 비지속적
결속력 등이 공공의 속성이라고 파악했다. 이
작품은 '공공성'이 얼핏 보기에는 유기적으로
연결된 것처럼 보이지만 실제로는 그렇지 않
다는 것을 시각화한 것이다. 전시장 1층에서
2층까지 25개의 키네틱 조각들을 설치했으며

내부에 장착된 모터를 통해 움직이게 하고 빛으로 그림자를 만들어냈다. 또한 TV, 라디오, 일상에서 접하는 감사의 말들이 모인 사운드 작업을 조형물과 연결한 것도 있는데 이것이 마치 놀이동산에서 울려 펴지는 음악처럼 작용했다.

전시에서 선보인 또 다른 신작 〈바리케이드 모뉴먼트〉(2017)는 육면체 공간을 가득 채운 6채널 비디오 작업으로 여기에서는 공동체 개념이 작동하는 방식과 사적인 목적이 개입되지 않은 채 뚜렷한 목표를 지녔던 공동체를 추적하고 이를 몇 가지 역사적 사건으로부터 살펴보았다. 이를 안무가와의 협업으로 프랑스 파리의 68운동, 꼬뮌, 한국의 5.18 광주민주화 운동 등의 순간에 사람들이 만들어낸 연대의 순간을 안무가와 무용수, 연극배우들의 퍼포먼스로 구현했다. 육각형의 스크린에 둘러싸인 바리케이드 안에서 관람자들은 극한의 몰입을 경험하는 작품이다.

〈바리케이드 모뉴먼트-러브 퍼레이드〉
(2018)
부산현대미술관 개관전 《미래를 걷는 사람들》에 참여하여 〈바리케이드 모뉴먼트-러브 퍼레이드〉(2018)를 출품했다. 이 작품은 2017년에 제작했던 〈바리케이드 모뉴먼트〉(2017)의 두 번째 작업으로 10채널 영상작품이다. 영상 속에는 염광고등학교 고적대의 행렬이 거의 원형으로 만들어진 10개의 스크린 위로

투사된다. 어둠 속에서 행진하는 한 무리의 고적대는 서로 간의 긴장감을 유지한 채 공동의 사운드를 만들어내며 새로운 시공간의 개장을 알린다. 이 비현실적인 고적대의 행진 정반대에는 점, 선, 면이 모여 원형, 다선, 다차원의 바리케이드 그래픽이 구성되는 과정이 시각화된다. 관객은 10채널 영상이 상영되고 있는 물리적 공간(10면체의 바리케이드)으로 들어와서 그 자신이 새로운 시공간을 여는 구심점에 서게 된다.

상호작용성에 대한 생각
뉴미디어의 매체적 가능성 중의 하나인 인터랙티브아트에 대한 우리의 입장은 조심스러운 편이다. 우리가 만든 첫 번째 인터랙티브 작업으로는 2003년에 진행한 〈노래방 프로젝트〉를 들 수 있다. 예술은 궁극적으로 어느 매체를 사용하든지 간에 감상자에게 형식적으로든 내용적으로든 뒷통수를 서늘하게 만드는 것이어야 한다고 생각한다. 그런데 간혹 그리고 자주 인터랙티브 작품은 감상의 포인트가 정해져 있는 경우가 있다. 사실 작가로서, 감상자로서 작품 때문에 놀랐던 적이 별로 없었다. 그래서 〈노래방 프로젝트〉 이후로는 인터랙티브 작품을 진행하지 않다가, 2008년에 〈우연한 균형〉(Contingent Rule)을 제작했다. 당시 세계적인 경제 위기가 있었고 실시간 온라인상에서 가져오는 주식, 환율데이터 등이 작가로서, 그리고 당시를 살아가는 문명인으

로서 필요했었고 중요했다. 이후 2016년에
는 '아트 솔라리스'를 진행하였다. 당시 공공
(Public)에 대한 관심의 첫 번째 예시로 공공
의 영역에서의 '미술계'를 시각화하고자 했다.
권력의 무게중심을 누구나 직감하기는 하지
만, 그것을 구체적으로 가시화하기는 쉽지 않
다. 그래서 데이터가 필요했다. 그냥 인터랙
티비티가 아니라 정말로 필요에 의해서 사용
되는 인터랙티비티가 중요하다고 생각한다.

동시대 미술과 미디어아트에 대하여

최소한 뉴미디어아트는 2000년대 초반 국내
에서 폭발적으로 등장했다. 당시 개화했던 많
은 매체의 디지털화도 영향이 있겠지만, 90년
대 이후 새로운 매체에 대한 기대감도 있었던
것 같다. 물론 최근 미술시장의 둔화로 인해
초기에 등장했던 국내 미디어아트의 번쩍거
림은 많이 줄어든 듯하다. 하지만 오히려 이
러한 과정이 미디어아트가 성숙해가는 과정
이라고 생각한다. 더군다나 최근에 등장한 모
바일, SNS를 비롯한 새로운 플랫폼에서 인간
삶의 행태가 변해가는 상황은 미디어아트가
접근하고 발언할 수 있는 많은 실마리를 제공
하고 있다. 또한 동시대 미술계와 미디어아
트계를 양분하는 것은 더 이상 의미가 없어진
듯하다. 적어도 우리는 그렇게 생각한다.

서효정 (1972-)
인터랙티브 설치, 미디어 퍼포먼스
www.untitled5.com

이제까지의 경력과 주요 활동

SADI에서는 커뮤니케이션 디자인을 전공하고 국제디자인대학원(IDAS)에 진학하여 디지털미디어디자인으로 석사를 취득했다. 대학원에서 공학을 전공한 존 카스(John Cass) 교수를 만나 피지컬컴퓨팅을 배우게 되면서 사람과 사물, 공간 사이의 인터랙션으로 관심이 확장되었다. 석사 논문 「VAI-P: visual auditory interactive playground」에서는 하워드 가드너(Howard Gardner)의 다중지능이론에서 영향을 받아 여러 지능이 상호작용하며 아이들의 능력을 계발할 수 있는 인터랙티브 환경으로서의 시청각적 놀이터를 제안했다. 이후 아트센터나비의 인터랙티브 미디어 퍼포먼스 워크숍에 참가한 것이 작가 활동을 시작한 계기가 되었다. 음악, 미술, 무용, 연극 등의 다양한 영역의 사람들이 모여 기술을 이용한 새로운 형태의 미디어 퍼포먼스를 만들어보면서 이후 작업에 대한 방향성을 생각할 수 있었다. 맨체스터 아시아트리엔날레, 고베비엔날레, 오가키비엔날레, 국제미디어아트비엔날레, 광주디자인비엔날레, 아르헨티나 수교 50주년 기념전 등에 참여했고, 나이키, 슈에무라, 시세이도, 겔랑, 보그, 시스템 등과

협업을 진행했다. 현재 SADI 교수로 재직 중이다.

초기 작업

〈몸의 몽상〉(Body Reverie, 2004)

대학원 과정 중에 필립 볼드윈(Phillip Baldwin) 교수와 무용 공연의 영상 제작에 참여했다. 그 경험으로 미디어를 활용하는 공연작업에 대한 관심을 가지게 되어 아트센터나비의 미디어 퍼포먼스 워크숍에 참가하게 되었고, 쇼케이스에서 발표했던 작품에 관심을 가진 청소년 성문화센터로부터 청소년들이 자신의 몸짓 언어를 발견하고 창조해나가는 공간을 만들어 달라는 의뢰를 받아 이 작품을 제작하게 됐다. 몸을 그리기 도구로 사용하면 자신의 몸이 만드는 독특한 언어를 찾을 수 있다는 생각에서 출발한 〈몸의 몽상〉은 왜곡되고 변형된 몸의 파편들이 만든 흔적이 수면 위로 퍼져 나가는 듯이 표현한 작품이다. 몸의 크기, 운동 속도, 방향, 위치, 옷의 색상 등 관람객은 각자 다른 변수를 가진 붓과 같은 존재로 작품에서 작동한다. 알고리즘에 의해 변모하는 이미지와 중얼거리는 듯한 소리는 공간을 꿈과 같은 느낌으로 만들며 지속적으로 관람객이 움직이도록 유도한다.

〈공명하는 거울〉(Resonant Mirror, 2005)

초기에는 눈에 보이지 않는 것들을 신체의 움

직임으로 촉발해 미디어를 통해 드러내는 것에 관심이 많았다. 주로 다루었던 것은 '시간'이었는데, 기존의 회화 중심의 미술에서 영상으로 넘어오면서 추가된 시간이라는 개념에 주목하는 것은 자연스러운 일이었다. 시간을 어떻게 작품 속에서 시각화할 것인지 많이 고민했다. 2005년 아트스페이스 J에서 선보인 작품 〈공명하는 거울〉은 거울 속에 시간의 흐름이 다른 평행세계가 있다고 가정하고 관객의 움직임에 따라 두 세계의 시간이 어긋나도록 만든 작품이다. 거울 면을 경계로 동일하게 존재하는 것 같지만, 영원히 같을 수 없는 두 공간을 표현했다. 이 과정에서 만들어진 다양한 시각적 표현을 위한 알고리즘을 이용하여 기존의 미술사조 표현을 표면적으로 흉내 내는 〈Arty Art〉(2005)로 발전시키기도 했다.

〈달의 정원〉(Moon Garden, 2005)
공간으로 관심이 이동하는 계기가 된 것은 하자센터에 설치했던 〈달의 정원〉(2005)이다. 지하 연습실로 내려가는 계단 앞 커다란 벽면에 사람들이 움직이면 반응하는 미디어 작품을 설치하기로 하고 센터 학생들과 함께 작업했다. 계단은 이동 공간 중에서도 수직운동을 일으키는 독특한 공간이라 그 움직임의 특성을 어떻게 작품에 활용할 것인지에 대한 고민이 컸다. 또한 전형적인 사각형 스크린이 아니라 공간에 자연스럽게 녹아들도록 형태를 바꾸려고 고민하면서 달이라는 은유를 가져

오게 되었다. 계단을 밟고 내려가거나 올라가는 행위 자체가 다른 공간으로 통하는 퍼포먼스가 되도록, 벽면에 카메라를 설치하고 계단에 압력 센서를 부착하여 관객의 움직임이 달과 같은 원형 스크린에 여러 가지 식물의 실루엣과 함께 나타나게 했다. 작품이 설치되고 사람들이 공간을 대하는 태도가 바뀌는 것을 보았고, 공간이 지닌 특수성을 의식하게 되었다.

〈결빙적〉(結氷跡, 2005)
같은 해 일본 시모다에 있는 난즈제빙소에서 워크숍과 더불어 인터랙티브 작품 〈결빙적〉(2005)을 설치하게 되었다. 이곳은 전기를 사용하지 않고 바닷물을 끌어들여 물의 어는점을 낮춰 건물 자체가 냉장고처럼 얼음을 만들고 생선을 저장할 수 있도록 한 곳으로 지금은 사용하지 않고 있다. 경제적으로 역할하지 못하기 때문에 철거를 통해 개발하자는 요구가 거셌지만, 이 장소는 더는 생산되지 않는 이즈반도의 석재를 사용한 건축물로서, 건축사적인 의미가 커서 다양한 아티스트들이 작품 활동을 통해 이 건축물을 보전하자는 뜻을 지지하고 나섰다. 얼음을 얼리는 데 사용하였던 철제 박스로 설치물을 만들었고, 과거 얼음을 얼리는 장소였던 만큼 시간을 얼린다는 상상을 통해, 사람이 공간 안으로 들어오지 않으면 시간이 멈추어 얼어버리는 듯한 영상을 프로젝션 맵핑으로 선보였다. 이 프로젝트를 진

서효정, 〈Moon Garden〉, 2005, 벽면에 설치한 관객의 움직임에 반응하는 인터랙션 미디어 작품.

행하면서 공간의 구조뿐만 아니라 그 공간과 지역이 가지고 있는 이야기에도 관심을 가지게 되었고, 이 관심은 이후 작품 〈물의 형태〉(2011)나 〈사물의 기억 박물관〉(2012-2014)으로 이어지기도 했다.

〈테이블 위의 백설 공주〉(2006)

〈테이블 위의 백설 공주〉는 2006년 'The Power of Chance'를 주제로 열린 오가키비엔날레 전시를 위해 제작한 작품이다. 우리는 삶에서 무수히 많은 우연을 마주하게 되는데, 그때의 선택이 때로는 좋은 방향으로, 때로는 나쁜 방향으로 삶을 이끈다. 이 주제를 전달하기 위해 동화 『백설 공주』의 이야기 흐름을 결정하는 몇 가지 순간들을 설정했다. 전통적인 순차적 내러티브에 하이퍼텍스트를 적용하여 관객이 이야기 흐름에 영향을 줄 수 있도록 했고, 그 순간에 있었음직한 다른 이야기 전개를 테이블 위에 백설 공주를 놓는 위치나 시점에 따라 랜덤으로 그림자 형태로 나타나도록 하였다. 당시에는 관객들이 인터랙티브 작품에 친숙하지 않아 작가의 의도와 다르게 반응하는 경우가 많이 있었다. 그래서 초기에는 전시장에서 작품 근처에 있으면서 관객들을 관찰하고 발견한 것을 다시 작품에 반영하기도 했다. 이 작품의 경우 이런 내용이나 스토리가 들어가면 좋겠다고 아이디어를 주는 관객들이 많으셨다. 이는 이후에도 완성된 작품을 단순히 작동시키는 역할이 아니라 제작하는 과정에서도 관객이 참여할 수 있는 작업을 하고 싶다는 생각을 하게 되는 계기가 되기도 했다.

〈기억공유장치로서의 자궁〉(2007)

2007년 스페이스C에서 선보인 이 작품은 여성의 자궁을 방과 같은 공간으로 만들고 태아와 엄마 사이의 커뮤니케이션을 상상하며 경험할 수 있도록 한 작업이다. 사람이 들어갈 수 있도록 만든 입구 옆에 모니터가 달려 있어서 근처에 손을 갖다 대고 이야기하면 화면에 이야기하는 사람의 모습이 보인다. 이는 마치 엄마가 배에 손을 대고 아기를 불러 자궁 속의 아기에게 엄마의 경험을 전달하는 것과 같다. 입구를 통해 방 안으로 들어가면 한가운데에 천장을 향한 모니터가 있고 그 모니터에 손을 대면 조금 전에 입구에서 모니터를 향해 이야기했던 자신의 모습이 심장 박동 소리와 함께 나타난다. 양수 속에서 엄마로부터 전달된 기억이 부유하듯 떠오르는 것처럼 조금 전 자신의 모습뿐 아니라 이전의 관객들이 남기고 간 메시지와 이미지들이 간헐적으로 나타난다.

〈Global Drifts〉(2005-2006)

호주 퀸즈랜드공과대학의 셰릴 스톡(Cheryl Stock) 박사가 기획한 《Accented Body》는 호주와 영국, 일본, 한국, 대만, 말레이시아의 아티스트들이 함께 팀을 구성하여, 인터랙티브 기

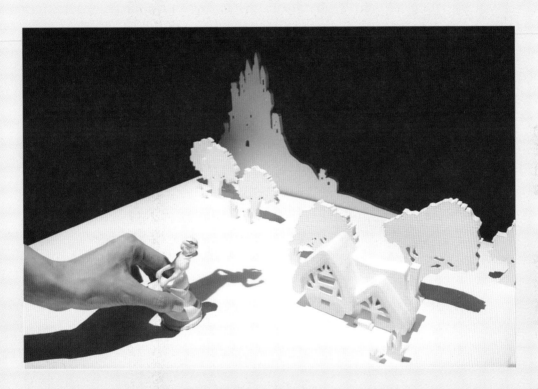

서효정, 〈테이블 위의 백설 공주〉, 2006, 인터랙티브 설치.

술을 도입한 새로운 공연의 형태를 2년에 걸쳐 실험하고 연구했던 프로젝트이다. 나는 영국-호주-한국 작가들과 팀을 이루어 〈Global Drifts〉(2005-2006)라는 작품을 선보였다. 옛날에 배가 별이나 조류를 따라 항해를 하고 미지의 땅을 발견했듯이, 현대에는 눈에 보이지 않는 전자 데이터의 경로들이 각 도시를 연결하고 있다. 이러한 교류가 어떻게 신체에 악센트를 만들고 우리의 인식을 변화시키고 감각을 확장하는지, 도시 속의 신체의 개념에 미치는 영향에 대해 생각했다. 런던과 서울에 설치된 작품이 관객의 데이터를 수집하여 전송하고, 브리즈번에서는 퀸즐랜드공과대학 캠퍼스 내 여러 장소에서 동시에 공연이 진행되며 런던과 서울로부터 받은 데이터들이 실시간으로 이미지와 사운드 생성에 영향을 주도록 만들었다. 스트리밍 네트워크 시스템을 통해 각 도시 건축을 연결하고, 각 도시의 사람들이 만들어내는 데이터에 실시간으로 반응하며 바뀌어나가는 비주얼과 사운드로 무용 공연과 함께 미디어파사드를 선보였다.

〈Transformation 301〉(2007)

〈Global Drifts〉(2005-2006)에서 함께 작업했던 무용수 리즈 레아(Liz Lea)와 자유로운 에너지를 발산하는 진보적인 뮤지션들로 구성된 sOo's Collage와 함께 아트센터나비의 미디어아트 페스티벌 《P.Art.y2007》의 오프닝 공연을 제작하게 되었다. 음악과 인터랙티브 영상, 현대무용이 어우러진 퍼포먼스로 21세기 디지털적 감성과 어쿠스틱 연주를 접목하려고 했다. 탱고와 재즈, 현대음악을 넘나드는 사운드와 뮤지션, 무용수, 관객들의 제스처는 실시간으로 해석하고 재구성된다. 공연을 만들고 바라보는 주체와 대상은 하나가 아니라는 생각에서 출발하여, 관객, 뮤지션, 아티스트, 극장 안의 벌레, 심지어 음악을 만들어내는 악기의 시각에서 공연이 어떻게 관찰되고 인식되는지 표현하고자 하였다. 〈Transformation 301〉은 사운드, 이미지, 그리고 움직임의 세 가지 요소가 혼합, 상호변형, 교류하며 또 다른 감각적 경험의 차원을 끌어내도록 하는 실험이다. 《P.Art.y2007》에서 초연되는 〈Ruler〉(2007)는 미리 정해 놓은 심플한 규칙만을 공유하고, 음악과 영상, 무용수가 각자 자유로이 주어진 시간을 만들어가는 작품이다. 이 과정에서 하나의 공연을 바라보는 다양한 시각이 존재하며 각 시각의 존재 자체가 공연의 본질을 변화시킬 수 있는 에너지를 갖고 있음을 주목했다.

이후의 활동
〈물의 형태〉(2011)

작업 초기에는 시간을 중심에 두었다면, 이후에는 공간에 담긴 기억을 다루는 방향으로 관심이 옮겨갔다. 장소 특정적 작품으로 지역이 가진 이야기를 다룬 〈물의 형태〉(2011)가 있다. 2011년 일본 시가현민 예술창조관에서 열린 《일본 대지진 부흥지원프로젝트》에서 전시한 작품으로 3.11 동일본대지진 복구지원 프로젝트의 일환으로 의뢰를 받아 제작했다. 서울시보다도 더 큰 면적의 비와호를 가진 시가현은 물이 지닌 힘에 대해 지역 주민들이 예술을 통해 생각해볼 수 있도록 《물의 예술제》를 열었다. 작품 제작을 위해 시가현을 방문하고 아이디어를 내기 위해 갤러리에 들어간 순간, 거대하지만 잔잔한 비와호가 전시공간 안으로 넘쳐흘러 들어오는 이미지가 떠올랐다. 순간적으로 얼어버린 것 같은 추상적인 형태로 3.6m 높이의 구조물을 종이로 만들어 공간에 세우고, 물의 순환이나 시간의 흐름에 따른 변화를 담은 영상을 구조물에 맞추어 프로젝션했다. 그래서 구조물이 때로는 단단한 건축물로, 때로는 부드럽게 움직이는 조각으로 보이게 제작했다. 관객들이 거대한 자연 앞에 서서 두려움이나 편안함과 같은 다양한 감정을 느낄 수 있도록 했다.

인터랙티브 작업에서는 기술이나 작동 방식 자체가 의미가 있거나, 그에 대한 이해도가 작품 감상과 체험에 영향을 주기 때문에 워크숍을 통해 이해할 기회를 가지는 것이 의미가 있다고 생각했다. 그래서 전시와 병행하여 시가현의 주민들을 위한 워크숍을 진행했다. 나는 아트센터나비의 워크숍에 참가하고 발표의 기회를 얻어 작가 활동을 시작하였기에, 이런 기회를 다른 사람들에게도 돌려주고 싶다는 생각에 퍼포먼스와 병행한 워크숍 진행을 작업 활동의 일환으로 삼고 있다.

독일, 아일랜드, 일본 등에서 다양한 안무가들에게 기술 관련 워크숍을 진행하며 퍼포먼스 소품을 만들기도 했다. 그렇게 만든 작품으로는 고베비엔날레에서 공연했던 〈Commix 3: Mixed Culture〉(2007), 큐슈대학 예술공학과와 진행한 〈Izutsu〉(2007) 등이 있다. 후반에는 작업을 만드는 프로세스에 관객들이 직접 참여할 수 있도록 워크숍을 활용하기도 했다. 이런 과정을 통해 만든 것이 〈사물의 기억 박물관〉이다.

〈사물의 기억 박물관〉(2012-2014)
박물관 프로젝트는 특정 지역에 직접 방문하고, 그곳에 얽힌 이야기를 수집하여 지역 사람들이 함께 참여하는 워크숍을 통해 진행한다. 첫 시작인 기타큐슈 버전(2012, Kitakyushu Monogatari Museum)은 작가들이 창작을 위한 환경을 제공하고 지역 사람들이 참여하여 작품을 제작하는 《Art for Share》 프로젝트의 일환으로 진행했다. 이 프로젝트는 생활 속에서 대단한 물건이라고 여기지 않았던 일상품들이 실은 우리의 삶을 지켜봐 왔고 듣고 있었다는 생각에서 출발했다. 물건이 우리에게 들려주는 이야기가 무엇일지 궁금했다. 역사책에는 기록되지 않은 수많은 개인의 소소한 이야기처럼, 당시를 사셨던 분들이 돌아가시고 나면 사라지게 될 이야기를 미디어를 통해 현재에 남기는 것이 필요하다고 생각했다.

워크숍에서 참가자들은 집에 오랜 시간 있었던 물건을 하나씩 가지고 오는데, 그 물건과 관련된 이야기들을 어른들께 여쭤보거나 리서치를 한다. 사물에 소형 카메라를 부착하여 사물이 무엇을 보아왔는지 영상을 촬영하고, RFID나 태그를 활용한 미디어 테이블에 물건을 올리면 그 영상이 보이도록 만들었다. 기타큐슈의 경우 쇠퇴한 쇼핑가의 버려진 백화점 지하를 전시 공간으로 활용하였는데, 지역 주민들이 수집한 사물들과 제작한 영상을 바탕으로 그 지역의 버려진 공간을 박물관으로 탈바꿈해 전시함으로써 일상적인 공간과 사물을 현실에서 벗어나 새롭게 볼 수 있도록 했다.

이 작업은 이후 2012년 부에노스아이레스 팔레 데 글라스(Palais de Glass)에서 아르헨티나와 한국의 수교 50주년을 기념하기 위해 기획된 전시 《비바 아리랑》에서 한국인 이민자들의 이야기를 엿볼 수 있는 기억 박물관 프로젝트로도 선보였다. 한 이민 가정을 방문했을 때 그 어머니께서 소중하게 간직하고 계시던 50년 전 커피색 스타킹, 유통기간이 몇십 년 지난 한국 건강보조제 등이 나왔다. 어머니께서는 한국산 스타킹이 너무 아까워서 신지도 못하고 계속 간직하고 계셨다고 하는데, 이를 통해 당시에는 한국에 다녀오거나 물건을 받기가 쉽지 않았다는 것을 알 수 있었다. 개인의 이야기와 이민사라는 커다란 역사가

일상적인 사물 속에 어떻게 교차하며 남아 있는지 엿볼 수 있는 기회가 된 작품이었다. 기억 박물관 프로젝트는 이후 말레이시아 코타키나발루에서 〈사물의 시선과 목소리〉(2013, Kolej Yayasan Saad)와 〈바틱스토리 박물관〉(2014, Kolej Yayasan Saad)의 형태로도 워크숍과 함께 진행되었다.

최근 활동상황

〈리움 인터미디어극장 사물의 성좌: 기술과 인간의 영매, 디지털 사물〉(2015) 리움의 의뢰를 받아 당시 대두되고 있던 사물론에 주목하여 인간의 삶과 지식의 동반자인 사물들을 재조명하는 기획으로 디지털 사물들에 대한 렉처 퍼포먼스를 구성했다. 무대를 일상적인 거실로 만들고 그 공간에 일본의 미디어 작가 마사유키 아카마츠와 함께 선정한 12개의 사물을 놓았다. 두 작가가 사물을 하나씩 골라 직접 작동시키거나 연주하면서 대화를 만들어가고, 이를 통해 테크놀로지에 의해 현대사회에 나타난 현상들을 어떻게 해석해야 할지 구체화하였다. 디지털카메라, 스마트폰, 로봇, 드론, 3D 프린터, IoT 등의 기술의 등장으로 인간이 직면하게 된 프라이버시 문제라든지, 새로운 기술의 끊임없는 교배와 그로 인해 등장한 돌연변이들을 어떻게 받아들여야 할지, 중앙집권이 아닌 자립분산적 의식과 활동은 사회를 어떻게 변모시킬 것이며,

의인화된 사물의 죽음과 같이 새로 등장한 과제는 어떻게 풀어나갈지 무대 위의 사물과의 대화를 통해 디지털 세상을 대하는 사람들의 생각과 태도를 새롭게 하는 기회를 만들려고 했다.

《A Balancing Act》(2018)와 《One way ticket to Mars》(2019)

SADI에서 담당하고 있던 'Digital Design' 과목을 2017년부터 'Creative Computation'으로 변경하여 진행하고 있다. 컴퓨터의 계산 능력을 사고의 툴로 활용하는 새로운 디자인 방법을 고민하는 수업으로, 바우하우스의 조형 수업에 'Computation'을 더한 형태로 2015년부터 4년간 독일 바우하우스대학의 섬머스쿨 프로그램으로 진행하기도 했다. SADI에서는 학생들과 함께 기술을 활용한 미래의 가능성을 연구하고 프로토타입으로 만드는 프로젝트 플랫폼으로 활용하고 있다. 이 프로젝트 결과물에 네덜란드의 쿤스트할 KAdE가 관심을 보여 2년 연속 전시에 참여하게 되었다.

KAdE는 화성 이주 프로젝트로 화성에 대한 사람들의 관심이 커진 것에 주목하여 화성 탐사의 역사를 돌이켜보며 화성을 다양한 시점으로 해석한 작품들을 선보이는 전시를 진행했는데, 학생들과 함께 화성 이주 후에 겪게 될 지구에 대한 향수병을 주제로 화성에 가게 된다면 무엇을 가장 그리워하게 될지, 그것을 어떻게 해결할 수 있을지를 고민하고 인터랙션과 모션을 활용하여 디자인한 결과를 전시하였다.

동시대 미술과 미디어아트에 대하여

한국의 미디어아트 특히, 인터랙티브 미디어아트는 기술이 주는 환상이나 스펙터클에 주목하고 집중하는 경향이 있었다고 생각한다. 내 경우도 그런 부분이 재미있어서 작품을 시작하게 되었다. 수동적으로 감상하던 방식에서 벗어나 관객이 참여함으로써 작품이 완성된다는 개념으로부터, 작품이 가지는 메시지보다는 참여를 유도하는 인터페이스의 특이성이나 기술의 특수성에 주목하는 경우가 많았다. 대중이 예술에 접근할 수 있도록 재미있는 요소들을 통해 장벽을 낮추기도 했고, 디지털미디어가 지닌 특성을 활용하여 기존의 예술이 할 수 없었던 다양한 실험을 해오기도 했다. 그러나 스마트폰이 이런 기술들을 일상으로 만들어 미디어아트가 가졌던 새로움이나 놀라움이 희석된 지금, 일부 작품들은 컨템포러리아트로 편입되어 미술관에서 전시 형태로 만날 수 있지만, 상업적으로 소비되어 버리는 경우도 많아졌다.

최근 아르스일렉트로니카의 수상작들을 살펴보면 미디어아트의 형태도 다양해지고 그 범위도 넓어져서, 더 이상 미술관에서 전시하는 것을 목적으로 고정된 형태를 갖는 한계를 넘어 그 실험의 폭을 더욱 넓혀가고 있음을 알 수 있다. 이전에 기술이 가져오는 스펙터클을 시각화하던 결과물 중심의 작업에서, 기술이 낳은 문제점들을 제기하고 그에 대한 담론을 끌어내는 계기가 되어줄 작품들이 늘어난 것도 하나의 특징이라 할 수 있을 것 같다. 인간의 아픔이나 문제를 제기하는 예술 본연의 역할에 다시금 가까워진 것이라고도 말할 수 있을 것이다.

김현주 (1973-)

영상, 인터랙티브 설치, 데이터 시각화,
로보틱아트

ex-media.org

이제까지의 경력과 주요 활동

포항공과대학교에서 산업공학을 전공하고 시
라큐스대학 트랜스미디어과에서 컴퓨터아트
석사를 마쳤다. 대학을 다닐 무렵에는 건축적
공간이 주는 물질성에 관심이 많았으나 이후
컴퓨터를 가지고 공간을 만드는 쪽으로 진로
를 바꿨다. 2005년부터 매사추세츠주립대학
(로웰) 조교수로 재직했으며, 2010년부터는
서울미디어대학원대학교에서 영상과 미디어
아트를 가르치고 확장미디어스튜디오 연구
실 디렉터를 담당하고 있다. 주요 연구분야는
뉴미디어아트, 인터랙티브 설치, 애니메이션,
CG 모션그래픽, 실험영상이다. 미국 매사추
세츠주 119갤러리를 포함해 서울의 팔레드서
울갤러리, 갤러리쿤스트독, 아트스페이스3,
미디어극장 아이공 등에서 개인전을 열었으
며 미국, 캐나다, 스페인, 쿠바, 일본, 한국에
서 다수의 기획전에 참여했다. 미국 과학재단
에서 지원하는 40만 US 달러 규모의 과학과
예술 융합프로젝트인 아트보틱스(ArtBotics)
의 공동책임연구자로서 프로젝트를 3년간 이
끌었고, 최근 몇 년 동안은 열혈예술청년단과
함께 로보틱아트 퍼포먼스 시리즈를 위해 협
업하고 있다.

초기 작업

〈DMORPH〉(2002)

2002년 캐나다 토론토의 《토론토 온라인영
화제》(Toronto Online Film Festival)에서 선보
인 〈DMORPH〉라는 작품이 있는데, 제목은 4
분 45초짜리 3D 애니메이션 'Digital Morph-
ing'에서 따온 것이다. 디지털 환경에서 내 모
습이 점차 다른 존재로, 괴물과 같은 것으로
변해가는 것을 표현한 비디오 자화상이다. 비
디오 카메라로 나를 찍고, 그 비디오 이미지
를 3D 그래픽에 위치시켜 사이보그 이미지를
만들었다. 그리고 나 자신이 기술과 결합되
어 사이보그가 되어감에 따라 불안이 증폭되
는 것을 가시화했다. 단순한 비디오 이미지는
3D 그래픽으로 변해가면서 충격을 받아 전율
하고, 침묵 속에서 인간처럼 눈을 깜빡거린다.
애플 프로 마우스에서 나오는 붉은빛의 움직
임과 소리는 분위기를 한층 더한다. 이러한
움직임은 흐릿하고 느려서 관람자는 그것이
마우스의 움직임이라는 것을 인지하지 못한
다. 얼굴이 겹쳐지면서, 도시풍경 주위를 헤
매는 것처럼 보이지만 실제 위치는 모니터 앞
이고, 지속적으로 긴장한 채 마우스를 클릭하
고 있다.

김현주, 〈Dmorph〉, 2002, 실험영상, 4분 41초.

〈Virtual Body〉(2003)

2003년 미국 시라큐스갤러리120 개인전에서 선보인 〈가상신체〉(Virtual Body)는 인터랙티브 컴퓨터 설치작업으로 여기서 가상 재현의 여러 면모들을 드러내고자 했다. 이를테면 컴퓨터그래픽으로 재현된 신체의 비물질성, 취약성, 비어있음을 말이다. 그리고 이렇듯 탈체화된(disembodied) 신체 재현의 촉감을 사용하여 비물질적인 디지털 기술과 물리적 상호작용이 가져오는 불안 사이의 모순을 과장하고자 했다. 관람자의 몸과 가상의 몸 사이의 분리는 관람자가 고무로 된 살 패치 — 밑에 터치 센서가 있다 — 를 터치하는 순간 사라진다. 이러한 터치 행위는 가상 신체의 디지털 피부 경계를 통과하고 관람자로 하여금 그들의 몸 속을 움직이는 듯한 환영을 만들어낸다. 몸의 외형은 여러 개의 3D 모델 와이어 프레임 층으로 이루어진 추상적인 조합으로 변화한다. 어떠한 표면이나 경계가 없으며, 단지 3D 그래픽의 기초적인 모델링 구조에 해당하는 다각형의 선들만 존재한다. 그래서 그 가상의 몸 내부 공간은 비어있고, 내부 장기, 피, 신경으로 이루어진 인간 신체와 다르다. 이러한 비물질성과 비어있음은 아이러니하게도 터치의 풍부한 경험과 나란히 놓인다.

〈Uri〉(2007)

〈Uri〉는 2007년 매사추세츠 로웰대학교(UMass Lowell)의 개인전에서 선보인 키네틱 조각 작품이다. 로웰은 나노 사이언스로 유명한데, 학교 측은 예술과 과학의 원리를 결합한 아이디어를 요구했다. 〈Uri〉 내부의 벌집 형태는 모든 탄소 기반 생명체들의 기본적인 구조를 나타낸다. 조각은 2개의 패널로 구성되어 있고, 아크릴 재질의 나노 입자 모양처럼 맞춤제작된 탄소 원자와 원자 간의 연결선이 조형적인 패턴을 이룬다. 이들 조형요소의 일부는 센서와 모터로 연결되어 지나가는 사람들에 의해 끊임없이 패턴이 변화된다. 센서와 모터는 관람자가 구조물 내부를 열거나 닫는 등 움직일 때 반응하도록 프로그래밍했다. 공학적으로는 수퍼 크리켓 마이크로컨트롤러, LED 라이트, 서보모터, 그리고 적외선 근접 센서로 구성됐다. 여기서 조각작업과 관람자의 상호작용은 모든 형태의 생명체가 지닌 상호작용성 그리고 변화하는 본성을 암시한다.

〈False Body〉(2007)

2007년 에이어로프츠갤러리(Ayer Lofts Art Garllery) 개인전에서 선보인 작품 〈False Body〉는 디지털 애니메이션과 디지털 프린트 시리즈로 구성된 작업이다. 3D 가상 카메라의 관점에서 나온 디지털화된 신체 이미지를 플렉시글래스라는 물리적인 소재에 새겨 넣음으로써 디지털 문화의 비물질성을 역설적으로 이야기한다. 오늘날 비디오게임과 애니메이션에서 나오는 캐릭터들은 극도로 사실적이지만 엔터테인먼트를 위해 만든 거짓 감각이다. 어떻게 3D 디지털 이미지가 제작되는지 알면, 대상의 표면이 어떻게 사물을 존재하는 것처럼 보이게 하는지 알 수 있다. 가상 신체의 저편 혹은 그 밑은 빈 공간이다. 피부는 존재하는 또 존재하지 않는 것에 대한 인간 인지의 경계다. 가상 신체의 피부만 문제가 된다. 가상의 피부는 수학적인 요소들로 이루어져 있는데 유명한 3D 소프트웨어가 부르는 것처럼 점, 가장자리 그리고 표면이다. 디지털 신체의 이러한 비물질적이고 가상적인 측면은 플렉시글래스, 즉 만질 수 있는 매체에 물리적으로 투사된다.

이후의 활동

개인전 《Cross Dimension, 혼재》(2010)

2010년 팔레드서울갤러리에서 개인전 《Cross Dimension, 혼재》를 열었다. 이 전시는 2010년 과학창의재단으로부터 지원을 받아 '과학 시각화 프로젝트'로 진행한 것으로, 여기서는 나노 스케일, 매크로 스케일, 디지털 공간과 물리적 공간의 다차원적인 공간 혼재를 탐구하고자 했다. 이는 나노 스케일의 분자 구조가 밀고 당기는 역학과 상호작용을 인간과 사회라는 매크로한 세계에 투영하고 관조하고 싶은 개인적 관심에서 비롯했다. 나노 분자, 원자간의 반데르발스 힘 등 익숙하지 않은 세계로부터 자신의 모습을 발견하는 경험을 제

공하려고 했다.

〈혼재 v.1〉과 〈혼재 v.2〉는 당시 한국예술종합학교에서 유리 전공을 하던 대학원생 이화영, 선우용과 함께 진행했다. 먼저 PDB(protein data base)라는 오픈소스 단백질 데이터베이스에서 익숙한 물질(가령 카페인, 비타민 B_2 등)의 3D 모형을 받아 유리 가공이 가능할 정도로 잘라 10개의 하위 패턴을 만들었다. 분자 모형은 중앙의 원자와 주위에 결합된 다른 원자들로 이루어져 있다. 특히 탄소화합물은 탄소와 수소 등이 주를 이룬다. 이들은 둥근 공처럼 표현되고, 이들 원자들 사이를 연결하는 막대는 이들 사이의 상호작용을 특정 각도로 연결하는 상호작용의 힘을 표현한다. 마찬가지로 유리 작업에서도 이와 흡사하게 구형과 막대를 제작하고, 이들이 제대로 된 형태와 각도를 유지하게 했는데 뜨거운 상태에서 이를 녹여 붙이는 과정이 쉽지 않았다. 〈혼재 v.3〉의 경우 사람이 하나의 탄소원자처럼 디지털로 표현된 벤젠고리 사이를 지나가면서 인터랙션한다. 실제 벤젠고리 모형은 계산물리학자인 우성종 박사가 그 물리량을 계산하여 디지털 가상공간 내에 움직임의 위치를 잡아주었다. 또한 적외선 빔과 카메라를 통한 제스처 인식 부분은 최유주교수로부터 도움을 받았다. 그리고 〈혼재 v.4〉에서는 일상적으로 친숙한 물질이라고 할 수 있는 비타민 B_2, E, 카페인의 3차원 분자 모형을 영상스크린에 의한 증강현실로 체험할 수 있게 했다.

〈Urban Network〉(2011)

2011년 소밥갤러리 미디어아트 기획전《Pro-logue Prototype》에 참여했다. 전시는 소밥 갤러리를 포함하여 상암 DMC 스퀘어, 서울스퀘어, 한빛미디어파크 세 구역에서 동시에 이루어졌는데, 〈Urban Network〉(2011)는 이들 세 구역의 연결을 다룬 작업이다. 여기서는 도시간의 연결 그리고 생성, 발전, 소멸이라는 유기체적 성격을 리좀적 네트워크로 표현했다. 도시와 도시, 도시 내부의 지역 간 연결과 성장에 대한 시각화는 역동하는 서울의 세 지역을 연결하고 이를 사람들의 물리적 움직임이나 소셜 네트워크에서의 움직임으로 활성화했다.

로보틱아트(2012-2013)

디지털 공간과 매체 표현이 지닌 소멸성과 허구성 때문에 점차 물리적 공간에 촉각적 경험이 가능한 작업에 관심을 갖기 시작했다. 그러면서 피지컬컴퓨팅과 로보틱스를 적극적으로 배우고 활용했다. 스크린이 아니라 실제로 물리적인 공간에서 내가 내 손가락 끝으로 재료를 느끼며 무엇인가 직접 만든다는 것은 디지털이 주는 허무감에서 벗어나 위안을 주었고, 몸이 점점 소외되는 기술 환경 속에서 발견한 저항 행위였다.

2012년 〈Tweetbot v.1.0〉을 제작하여 사비나 미술관에서 선보였다. 트위터로 메시지를 보내는 일을 하는 로봇과 바닥에 외로움에 관한 트윗 글들로 이루어진 영상 프로젝션, 그리고 벽면에 불특정 다수의 트윗이 인쇄된 메모지가 붙어 있는 설치작업이었다. 로봇은 마치 곤충처럼 생긴 6족 로봇이었고 관객과 SNS 공간을 연결하고 기술매체를 상징적으로 표현하는 에이전트로 기능했다. 나는 당시 SNS의 홍수 속에서 점점 더 외로워지는 동시대인의 모습과 트위터로 가벼워져만 가는 소통방식에 대해 이야기하고자 했다. 그래서 우선, 트위터의 API를 통해 '외로움'이나 '고독' 등의 키워드로 검색된 트윗 글들을 모아서 실시간 영상으로 만들어 프로젝션했다. 그리고 바닥에는 로봇이 외로운 자리를 지키게 했는데 사실상 이것이 관객과 조우하는 유일한 개체였다. 관객은 앉아 있는 로봇에게 가까이 다가가서 지속적으로 로봇을 움직이게 할 수 있다. 그리고 로봇은 마치 용트림을 하듯 이전보다 격한 움직임 끝에 '딩동' 소리와 함께 트윗글 하나를 트위터시스템으로 전송한다. 전시장의 벽면에는 불특정 다수 트윗 유저들의 외로움에 관한 글과 나의 일기를 메모처럼 붙여 놓았다.

트윗봇 전시 이후 나는 트윗봇을 좀 더 군집적 로봇의 형태로, 또 '분산자아'라는 새로운 개념과 함께 전시해보고자 했다. 2013년 쿤스트독갤러리 개인전에서 선보인 〈Pieces of Me〉 시리즈는 네트워크화된 디지털 환경 속에서 정보의 비트로 퍼져 유영하는 자아를 이루는 정보들, 즉 자아의 정보적 파편에 대한 이야기이다. 설치와 퍼포먼스 작품을 통해, '네트워크' 또는 '접속'이 불러오는 분산된 신체와 정체성의 문제, 집단 감성의 문제, 그리고 꼬리에 꼬리를 물고 늘어나는 네트워크의 불편한 풍요로움과 깊숙한 공허함을 이야기하고자 했다.

최근 활동상황

개인전《아귀다툼: 인간/기계/동물의 네거티브 피드백》(2014)

2014년 성북동 캔스페이스의 오래된 집에서 개인전을 가졌다. 한국에 와서 꼭 하고 싶었던 주제가 바로 아귀다툼이었다. 아귀다툼은 냉전과 분단의 상황, 지역갈등, 이념갈등 등의 정치사회적 갈등뿐만 아니라, 무한 경쟁의 분위기 속에서 늘 다툼이 내재해져 버린 상황을 묘사하는 적절한 단어라 생각했다. 그러던 중에 캔스페이스의 오래된 집 레지던시에 참여하게 되었는데, 전시공간이 낡은 1층 가옥이었다. 방이 2개, 그 사이 마루 하나, 마당과 화장실이 있는 공간이었다.

　나는 집이라고 하는 그 내밀한 공간에서 일어나는 아귀다툼을 이야기해보고 싶었다. 내밀한 갈등을 3개의 각기 다른 개체들의 싸움으로 형상화하고 싶었고, 그 대상은 동물(여기서는 닭), 기계(로봇), 그리고 사람(두 젊은 부부)으로 설정되었다. 마루를 포함한 3개의 방과 마루에서 일어나는 닭의 싸움 장면

과 소리, 마주 보고 서로를 찔러 공격하는 로봇과 그들의 모터 소리, 그리고 TV의 부부클리닉이나 이혼 상담 프로그램에서 가져온 위기의 부부가 나누는 편치 않은 대화 소리, 서먹해 보이는 남녀의 앉거나 누워 있는 모습을 방 여기 저기에 반복되는 영상으로 설치했다. 또한 기계음과 닭의 울부짖음, 사람의 싸움 소리와 음울한 빗소리가 함께 섞인 사운드스케이프를 형성했다. 붉거나 검은 실과 깃털은 이들 방의 구획을 가로질러 배치되어 있으며 관람 동선의 제일 마지막인 끝 방에서 절정을 이루고 마당을 가로질러 떨어져 있는 화장실 앞 하수구에서 끝이 난다. 마치 한바탕 피 터지게 싸우고 끝장난 아귀다툼과도 같이… 한편, 전시의 오프닝에는 두 남녀가 마주보고 상대를 향해 10분간 '아–' 하고 외치는 마리나 아브라모비치와 울레이(Marina Abramovic & Ulay)의 작품 〈AAA-AAA〉(1978)를 오마주한 퍼포먼스도 진행했다. 이는 남녀 간의 내밀한 갈등을 직설적으로 보여준 것이라 생각했고, 전시의 주제와 잘 부합될 것으로 생각했다.

개인전《보행도시》(2015)

2015년 갤러리3에서 개인전《보행도시》를 개최했다. 이 전시에서는 기술매체보다는 사회적 상황에 대한 비판적 시선을 더 적극적으로 드러내고자 했다. 9년간의 미국 생활을 정리하고 한국에 돌아와서 자리 잡은 남양주에서 끊임없이 펼쳐지는 재개발과 철거 과정을 지

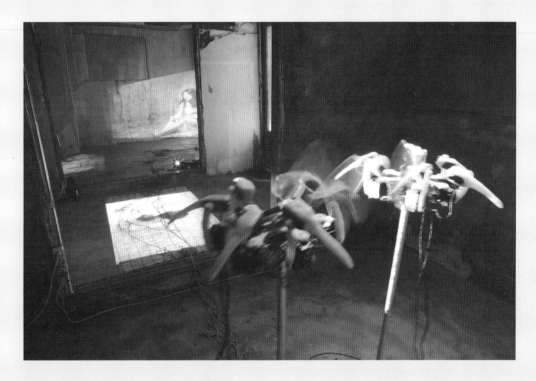

김현주, 〈아귀다툼〉, 2014, 로보틱 & 사운드 영상설치.

켜보며 시작한 작업이다. 2011년부터 2015년까지 지금동, 별내, 가제울 등의 수도권과 강원도 철암과 같은 지방 소도시까지 뉴타운과 신개발을 위해 철거 중에 있는 공간의 변화에 대한 다년간의 사진과 영상 다큐멘테이션을 담았다. 드 세르토(Michel de Certeau)의 『일상의 실천』(*The Practice of Everyday Life*, 1984)에 등장하는 보행도시와 개념도시, 현대의 보행의 의미를 되짚어본 작업이다.

나는 〈보행기계〉를 통해 현대인의 신체 훈육과 드 세르토의 공간적 실천으로서의 보행의 모순성을 언급하고자 했다. 전시는 보행을 통한 공간적 실천으로서 작가의 도시 읽기이기도 하다. 개인의 욕망과 국가적 기획의 역작인 한국의 대규모 아파트 단지에서 느꼈던 생경한 풍경, 그 밑에 이미 소멸되었거나, 곧 사라질 공간들이 전하는 기억과 불편함에 대한 기록으로 영상과 사진을 준비했다. 또한 대조적으로 구글 어스의 과거 사진들을 모아 영상으로 제작한 공간의 기록과 개념도시의 모습을 조망하는 〈계획자의 의자 – 이카루스의 시선〉를 함께 설치했다.

《로봇을 이겨라》 퍼포먼스 시리즈 (2014-2018)

〈로봇을 이겨라〉 시리즈는 포스트휴먼 환경에서 몸과 기술매체, 인간의 미래에 대해서 다양한 방식으로 이야기 하는 연극+무용 융합극이다. 내가 이끄는 엑스미디어(Ex-media) 팀은 열혈예술청년단과 2014년부터 2018년까지 총 4회의 시리즈 공연을 함께해왔다. 매번 주제와 참여하는 배우(혹은 퍼포머)가 달라졌고, 제작되는 로봇도 달랐다. 일반적인 로봇과는 형태나 기능적인 측면에서 매우 달랐고, 공연에 적합한 예술적 표현이 이루어지도록 제작했다. 시리즈 2에 제작된 사이보그봇(Cyborg Bot)은 웨어러블 형식의 로봇으로 무용수가 마치 갑옷과 같이 입도록 제작했다. 무용수의 움직임에 따라 반응하는 센서를 통해 로봇에 달린 LED 촉수가 서보모터로 제어되어 인간과 기계의 빈틈없는 혼합의 양상을 보여주기도 했다. 로봇 1n1n1n은 관절 형태를 띤 키네틱 구조물처럼 만들었다. 이 구조물과 같은 기계를 천장에 매달려 있다 하여 매달봇이라 불렀다. 그 외에도 공연장을 누비고 다니며 장착된 무선카메라로 배우와 관중들 그리고 공연장의 모습을 영상으로 담아내 보여준 SIS와 Genova, DLL도 있다. 이들은 하나의 로봇이지만 매번 공연 때마다 외관과 의미가 바뀌면서 새로운 이름이 붙었다.

개인전 《시적 기계: 쉬어가기》(2017)

2017년 미디어극장 아이공에서 개최한 개인전이다. 4차 혁명과 인공지능, 로봇의 현란하고 역겨운 유행어를 집어던지고, 사물과 나(너 또는 우리)에 대한 명상과 휴식을 위해 작업한 결과물이다. 그간 내가 만들어온 기계는 촌스럽고, 어설프고 많은 경우 오작동했다. 나는 이들 기계를 만들면서 손과 눈이 비로소 소외되지 않는 충만함을 맛보기도 했고 이들과 아귀처럼 싸우기도 했다. 《시적 기계: 쉬어 가기》는 효과적 기계로서의 가치나 목적을 저버린 그저 붙어 있을 법한 숨만 겨우 쉬는 정도의 둔탁한 기계를 상상하면서 준비한 전시다. 그 기계가 한강의 검은 강물을 바라보며 앉아 있다. 큰 움직임도 없이, 큰 덩치의 사물은 그냥 그 자리에 앉아 고르고 무거운 숨을 쉰다. 당시 나는 아버지와 이별했고, 사물 철학과 행위자 네트워크 이론에 관심이 있었다. 특히, 사물의 존재와 속성을 4개의 차원으로 해석한 그레이엄 하만(Graham Harman)의 "사물의 유혹(alure)" 개념에 흥미를 느꼈다. 전시는 크게 방을 가득 채우는 로봇 1대와 주위에 둘러싼 영상으로 구성되었는데 영상에서는 한강 둔치, 마을의 뒷동산 등에서 찍은 검은 물과 검은 숲의 모습이 나왔다. 이들은 대부분 밤에 찍거나 해질녘 거의 빛을 머금지 않은 상태로 찍어서 검정에 가깝다. 다만 이들 사이로 반사 또는 흩어지는 빛과 소리로 그 환경이 무엇인지 알게 된다. 기계는 아무런 일을 하지 않는 듯 조용하고, 아주 가끔 숨소리를 내고 움직임을 보였다.

동시대 미술과 미디어아트에 대하여
기술은 현대인의 삶에서 매우 중요한 하부구조를 이루고 있기에 늘 관심이 있었다. 기술을 다룬 미디어아트는 그 자체로 흥미로운 경험을 주기도 하지만 여러모로 제도화된 미술계에 자리 잡기가 힘들었다. 첫째는 기술적 문제에 집착해 작품성이 부족해져버리는 경우가 많았고, 둘째는 미술이론과 미술사적 맥락에서 해석할 수 있는 기반이 갖추어지지 않았기 때문이다. 작품의 성격상 쉽게 판매가 이루어지지도 않아서 작가들은 작품을 만들기 위해 습득한 기술들을 이용해 미술 이외의 재원에 의존하기도 한다. 가령 정부의 지원사업이나 기업의 커미션들은 작가 고유의 예술적 취지보다는 정부나 기업의 의도를 잘 대변하는 상품 또는 연구를 요구하는 경우가 많고, 이러한 활동은 자칫 지속적인 예술활동에 방해가 되기도 한다. 미디어아트라고 따로 구분할 필요 없이 예술작품으로서 충분히 공명할 작업을 할 수 있는 노력과 생태계의 조성이 필요해 보인다.

제도권의 전시공간에도 문제가 많다. 무엇보다도 인정받기가 상당히 힘들다. 애써 만들어진 작품이 길어봐야 한 달 남짓의 전시 이후 사라지는 경우가 너무 많다. 제대로 평가도 받지 못하고, 기록되지 못하고, 보존되지 못하는 경우가 허다하다. 또한 구글과 같이 기존의 API를 제공하던 거대 기업이 서비스를 중단하면 이를 이용한 작품은 더 이상 작동되지 않는다. 미디어아트에 대한 이해가 높고, 비평이 가능한 비평가, 테크니컬 보존 전문가, 아키비스트들의 존재가 절실하다.

강은수 (1974-)
인터랙티브아트, 비디오아트, AI아트
kangeunsu.com

이제까지의 경력과 주요 활동

이화여대 미술대학 서양화과를 졸업하고 동대학원을 거쳐 산타바바라의 캘리포니아 주립대학교에서 미디어아트와 테크놀로지(Media Arts and Technology) 전공으로 석사학위를 받았다. 이후 워싱턴주립대학교에서 디지털아트와 실험미디어(Digital Arts and Experimental Media) 전공으로 박사학위를 받았다. 애크론대학교(The University of Akron) 미술대학에서 뉴미디어 분야의 종신교수로 재직하다가 현재는 카네기멜론대학교 컴퓨터과학스쿨에서 예술과 인공지능(특히 머신러닝machine learning)을 연계하여 가르치고 있다. 2002년 인사미술공간, 2008년 시애틀 911 미디어아트센터와 소일갤러리, 2010년 갤러리 쿤스트독 등에서 개인전을 열었으며 다수의 기획전에 참여했다. 2000년 아트 인 컬쳐 뉴페이스에 선정됐으며, 2002년 한국문화예술진흥원 인사미술공간 전시 공모에 당선됐다. 2003년에는 신세계갤러리 개인전 공모에 당선됐고, 2005년 한국문화예술진흥원 신진 예술가 지원 공모 등에 당선됐다.

초기 작업

개인전 《알 수 없는 영역》(2002)

초기 작업들은 자기 기준에서 벗어난 타자를 '정상'의 범주에서 떨어져 나간 '괴물'로 취급하는 시선에 대한 질문들이다. 2002년 인사미술공간에서 개인전 《알 수 없는 영역》을 열었는데 당시의 작품들에서 이러한 문제의식을 확인할 수 있다. 작품 〈Unit 일심불능〉(2001)은 웹상으로 볼 수 있는 플래시 무비다. 이 작품은 인사미술공간 전시장 안에 설치되지 않았고 밖에 TV 모니터에서 보이던 여러 싱글채널 작품 중 하나였다. 컴퓨터와 연결해 벽면에 프로젝션했다. 당시의 전시는 다수의 비디오들이 전시공간 곳곳에 투사되어 나름대로 몰입적인 환경을 만들었다. 각각의 비디오는 'alien'이라고 불렀던 의문스러운 형상들을 보여주고 있다.

전시에서 선보인 작품 〈페르세포네〉(Persephone, 2002)는 벽면에 나타나는 영상작업으로 작품의 제목 페르세포네는 그리스 신화 속 인물 페르세포네에서 착안한 것이다. 그녀는 데메테르의 딸이며 하데스의 아내다. 그리고 땅 위와 땅 아래 어느 곳에도 속하지 않으면서 동시에 중간자인 그리스 신화 속 여인이다. 이를 긴 머리카락을 아래로 길게 늘어뜨리고 있는 여인의 뒷모습으로 표현했다. 〈스트럴드브러그〉(Struldbrug, 2002)는 땅에 놓여 있는 인간의 머리가 나타나는 영상작업으로 시간이 흐름에 따라 머리가 모래에 잠기면서 사라지는데 좀 더 시간이 흐르면 얼굴의 형상을 회복한다. 또한 작품 〈사이렌〉(Siren, 2002)은 벽면에서 나오는 영상으로, 사이렌은 그리스 신화에 나오는 노래하는 바다괴물을 뜻한다. 이야기에는 괴물로 묘사되어 있지만 실제로 그들은 그냥 다른 종류의 생명체로 인간 어부들이 이해할 수 없는 언어와 행동 탓에 생긴 오해가 아닐까 하는 생각에서 나온 작품이다. 화석화된 모습으로부터 몸 전체를 울림통으로 소리를 내는 생명체로 표현했다.

개인전 《알 수 없는 영역 II》(2003)

2003년 인천신세계갤러리 기획초대 공모 선정작가전 《알 수 없는 영역 II》를 열었다. 전시에서 선보인 싱글채널 비디오 〈마주 보려는 머리: Interactive-Media-Telecommunications〉는 본인의 머리 부분을 단층촬영하여 얻은 데이터를 컴퓨터에서 다시 3D로 재구성하여 만든 2개의 두상이다. 그리고 TV 속에서 나올 법한 짧은 대사들이 흘러나오는 가운데 2개의 두상이 계속해서 회전하고, 두 얼굴이 서로 마주 보는 순간 "Do you love me, too?"라는 말이 교차한다. 〈Vital Signs〉 시리즈는 2대의 비디오 프로젝트와 1대의 슬라이드 프로젝트로 구성된 작업이다. 이 작품의 영상은 3D 애니메이션으로 『아라비안 나이트』에서 작품의 형식과 이미지의 모티브를 빌려왔다. 여기서 한 어부가 어물에 걸린 물고기를 살려주어 그 물고기가 은혜를 갚는다는 내용의 이야기가 펼쳐진다. 관객들은 마치 컴퓨터 게임을 즐기듯이 이야기를 따라 여행하게 되는데 〈마주 보려는 머리〉를 지나 〈보이지 않는 폐허〉에 가서 존재하지 않는 경계를 보고 무지개 물고기들의 연못을 지나 〈돌이 되어가는 임금님〉을 만나게 된다.

《SeoNang》전 (2005)

2005년 서울의 아트스페이스 휴와 시애틀의 DXARTS 스튜디오에서 단체전 《서낭》(SeoNang)을 동시에 열었다. 이 전시는 텔레마틱 프로젝트로 인터페이스 하나는 서울에, 다른 하나는 시애틀에 설치했다. 서낭은 한국에서 마을의 터를 지켜주는 신인 서낭신이 붙어 있는 나무를 가리킨다. 이 나무는 두 지역 사이의 경계를 나누고 지키는 역할을 했으며 지역사회에서 추방된 여자나 병자들이 그 아래에서 잠시 쉬어가기도 했다. 오늘날 모바일 기기와 온라인 메신저가 만들어낸 사이버 공간은 실제 공간의 모방이자 여러 실제 공간의 접점인 동시에 실제 공간과는 다른 레이어에 위치한 제3의 공간이다. 그리고 이러한 공간은 인간의 면대면 소통에도 있었다. 이러한 여러 가지 의미를 내포한 제 3의 공간을 서낭의 공간이라고 부르고 그 공간이 지닌 긍정적 가능성을 찾아보고자 했다. 실시간 인터랙티브 비디오 프로그래밍과 관객 참여형 미디어 인터페이스를 구성하여 관객의 움직임이 사이버 공간 상에 영향을 미치고 변화시키면서 쌍방향 소통이 가능하게 했다.

《Shall We Smell》전(2007)

2007년에는 스페이스 C에서 개최한 《Shall We Smell》전에 참여했다. 전시에서 선보인 비디오 영상 〈후(嗅)-Larynxians〉는 소리와 향기의 공감각적 영역을 탐색한 작업이다. 소리와 향기는 모두 비물질적인 매체로 공기를 가로질러 투사된다는 점에서 유사하다. 전시공간의 한쪽 벽면에서는 무용수의 춤추는 이미지에서 기원한 사이보그 생명체 래렁시안의 이미지가 나온다. 그리고 이 영상은 다시 바람소리와 함께 반대편 벽에 반영된다. 소리와 함께 향을 피워 올리는 듯한 냄새가 일어난다.

최근 활동상황

개인전 《신'음》(Shin'm, 2010)

2010년에는 갤러리 쿤스트 독에서 개인전 《신'음》을 열었다. 《신'음》 프로젝트는 무용수의 움직임과 관객의 참여에 반응하는 3차원 입체음향과 비디오를 활용한 인터랙티브 공연이자 미디어아트 전시였다.

전시 첫날에는 무용수의 인터랙티브 퍼포먼스가 펼쳐졌는데 하지혜 무용수가 함께 해주었다. 무용수가 전시공간 한가운데 매달려 있는 재킷을 입고 움직이면 그녀를 둘러싼 벽에 투사된 영상이 변하고 사운드가 발생한다. 구체적으로 영상 속에는 보랏빛의 작은 점들이 나타나고 있는데 무용수의 움직임에 따라 모이기도 하고 흩어지기도 하면서 모습이 달라진다. 또한 사운드에 있어서는 물 흐르는 소리가 나는데 무용수의 몸짓에 따라 그 소리가 빨라지기도 하고 느려지기도 한다. 이와 같이 무용수의 몸이 공간 전체로 확장되고, 공간 전체가 하나의 거대한 유기체로 변화한다. 공연이 끝난 뒤에는 관객이 직접 참여할 수 있었다. 관객들 역시 자켓을 입고 움직이면서 자신의 움직임이 디지털화되어 공간을 변화시키는 것을 체험할 수 있도록 했다.

개인전 《Swimming in Media Space》(2011)

2011년에는 두산갤러리 서울에서 개인전 《Swimming in Media Space》를 열었다. 여기서도 역시 움직임에 반응하여 물의 이미지가 변화하고 소리를 만들어낸다. 그래서 관객의 움직임에 따라 전시장 내부의 빛과 소리가 끊임없이 변화한다. 전시에서 선보인 작품 〈Shin'm 2.0〉은 붉은 물방울들로 이루어져 있는데 중심으로 들어가서 서면 흩어져 있던 물방울들이 한군데로 모이면서 관객들을 따라다닌다. 그리고 이렇게 모인 물방울들은 관객이 손을 높이 뻗는 순간 분산되면서 흩어진다.

〈Media Space Walking〉은 천장과 바닥에 투사된 2개의 영상이 움직임에 따라 변화하는 인터랙티브 미디어 작업이다. 영상 위를 걸어가면 물소리가 나면서 흐름이 변화한다. 또한 전시장 외벽에 설치한 〈Bubble Head〉

강은수, 디애나 가르시아-슈나이더, 도널드 크레이그, 〈Shin'm 2.0〉, 2011,
인터랙티브 공간 + 설치 + 무용.

는 복도에서 일어나는 빛의 변화에 반응하는 작업이다. 빛의 변화에 따라 물방울 속에 갇힌 얼굴 크기가 변화하면서 화면 위를 떠다닌다. 같은 해 두산갤러리 뉴욕에서도 개인전 《Submerged》를 열었다. 여기서는 〈Shin'm 2.0〉과 함께 〈Membranes〉를 선보였다. 작품의 제목인 'Membrane'은 막(膜)을 뜻하는데, 전시 공간에서 3개의 막을 통과하면서 점차 물속으로 깊이 빠져드는 듯한 경험을 하게 된다.

상호작용성에 대해 어떻게 생각하는가?
나의 작품에서 상호작용성은 카메라, 센서, 마이크를 통해 들어오는 데이터가 작품용으로 만든 소프트웨어를 통해 비디오 프로젝터와 스피커로 나가는 방식이다. 사용하는 하드웨어로는 컴퓨터, 비디오 프로젝터, 스피커, 오디오디지털 인터페이스, 카메라, 마이크로폰, 키넥트센서 등이 있다. 소프트웨어는 open-Frameworks를 이용해 C++로 자체 프로그래밍한 걸 쓰는 경우가 대부분이다. 관객의 입장에서 보면, 관객이 공간에 들어와 움직이면 소리와 비디오로 구성된 공간 전체가 자신의 움직임에 따라 변화하는 것이다. 처음에는 목소리가 없는 존재가 어떻게 자신을 표현할 수 있을까를 고민하다가 자신의 몸이나 주변의 공간을 변형시켜 자신을 표현하는 것에 대해 생각하게 되었다. 그러다가 작품이 하나의 개체이고 관객에게 보여지기만 하는 것이 아니라, 작품이 나름 주체적으로 관객과 대화하고

싶다면 어떻게 할 수 있을까 고민하게 되었고, 그런 대화가 있을 때 가장 위압적이거나 일방적이지 않은 소통방식을 쓰려면 어떻게 해야 할까 생각하게 되었다. 그러다 보니 관객을 감싸 안는 공간을 생각하게 되었고, 물리적인 형태 없이 자연스럽게 존재하는 비디오 프로젝션과 소리로 공간(작품의 몸)을 만들게 됐고, 상호작용성을 이용해 관객에게 반응하도록 만들게 됐다.

〈Voice Woven〉(2016)
2016년에 만든 〈Voice Woven〉은 인터랙티브 4채널 사운드 비주얼라이제이션 프로젝트로 샐리버리대학교 미술관에서 개최한 《Being Her Now》전에서 선보인 작업이다. 그간의 작업들이 추상적이고 이야기가 없이 관객에게 피상적으로 다가가고 있다는 생각이 들어 반성을 했다. 그래서 최근에 사람들의 삶과 이야기를 다룬 작품을 만든 것이 〈Voice Woven〉이다. 이 작품은 전시공간에서 여덟 가지 다른 목소리들이 나오고, 관람자는 앞에 있는 물레바퀴를 돌려서 그 목소리들을 마치 베틀로 실을 엮듯이 감는다. 각자의 목소리들이 선명해질수록 화면 속의 실들은 기둥의 형태로 엮인다. 반면 목소리가 섞일수록 화면 속에 짜여 있던 실이 풀려버리고 낱개의 실로 나뉜다. 지금까지의 작업이 관객에게 반응하고 그에 따라 변화하는 형태였다면 앞으로의 작업은 관객과의 대화(인터랙션)를 바탕으로 생각하

고 성장하는 형태이길 바라며 했던 작업이다.

〈얼굴 시리즈〉(Face Series, 2017)
2017년에 만든 〈얼굴 시리즈〉는 카네기멜
론대학교 머신러닝팀과 영스톤주립대학교
(Youngstown State University) 예술학부의 디
지털미디어분과의 지원을 받아 만든 시리즈
작업으로, 강은수닷컴(kangeunsu.com) 갤러
리에서 전시하였다. 이 시리즈는 존재하지 않
는 사람들의 얼굴을 보여준다. 이들의 얼굴
은 인공지능 알고리즘이라고 불리는 인공신
경 네트워크의 협력으로 탄생했는데 MMD-
GAN(Maximum Mean Discrepance Gernera-
tive Adversarial Network) 신경 네트워크는 20
만 명의 사람 얼굴을 공부하고 새로운 얼굴들
을 만들어냈다. 마치 어린아이가 많은 마주침
속에서 인간이 무엇인가를 배워가고 상상 속
의 친구를 그려내는 것처럼 말이다. 이 인공
신경 네트워크는 인간의 얼굴을 성별, 인종,
나이에 대한 어떠한 구별도 없이 학습했으며
그에 따라 매우 다양하고 독특한 얼굴들을 그
려냈다. 이러한 얼굴들로부터 우리가 발견하
는 성별, 인종, 나이의 모호함은 인간 얼굴의
넓은 스펙트럼을 보여주고 특정한 스테레오
타입으로 쉽게 분류할 수 없다는 사실을 보여
준다. 나는 이 인공신경 네트워크를 단순히
도구가 아니라 동료 예술가이자 협업자(co-
creator, collaborator)로 간주한다. 이것의 역할
은 완벽하게 통제할 수 있는 도구를 넘어서고

있으며 고유의 관점과 예술적인 스타일을 보
여주고 있기 때문이다. 인간 중심의 관점에서
벗어나서 보면, 미래에 보다 발전된 인공지능
과의 협업을 위해 이것을 협력자로 인식하는
것이 중요하다는 것을 발견했다.

현재 어떻게 AI아트를 발전시키고
있는가?
작품이 관객의 참여에 반응하고 변화하는 것
을 넘어서서 스스로 성장하도록 하기 위해 머
신러닝을 연구 중이다. 머신러닝은 컴퓨터공
학에서 인공지능에 관련된 분야로, 어린아이
들이 다른 사람들을 보고 배우며 성장하듯 기
계(컴퓨터)가 주변의 데이터를 통해 배우고
지적으로 성장할 수 있도록 돕는다. 여러 가지
머신러닝 방식이 있지만 최근 인기를 끌고 있
는 딥러닝과 거기에서 파생되어 나온 Deep-
Dream, Style Transfer, Wavenet과 같이 이미지
와 글과 음악을 생성하는 알고리즘이 쏟아져
나오면서 인공지능의 예술창작 가능성이 높
아지고 있다. 현재 인공지능의 성능은 인간
유아의 지적능력에 비해서도 너무나 모자란
수준이지만, 이미 사람들은 인공지능이 사람
들의 직업을 대체하다 못해 예술가의 영역까
지도 넘본다고 겁을 낸다. 이 또한 왜곡되고
부정확한 정보를 통해 생겨난 (인공지능에 대
한) 차별이라고 생각한다. 차라리 인공지능을
잘 교육시키고 함께 잘 일하는 법을 고심해야
한다고 생각한다. 그러다 보면 창조적인 인공

강은수, 〈kyungju_mural〉, 2018, MMD-GAN과 Deep Dream 알고리즘으로 나온 작업.

지능이 인간이 보지 못하는 한계 너머에서 창조성을 일깨워주는 훌륭한 협업자이자 조력자로 거듭날지도 모른다. 언젠가는 예술 창작의 방식을 배울 기회가 없었거나 신체적으로 불가능했던 사람도 머릿속에 좋은 영감만 있으면 인공지능과 협업해 훌륭한 예술작품을 만드는 날이 오지 않을까? 인공지능이 생성한 색다른 예술품들이 예술가들을 자극해 예술의 가능성을 넓히도록 도와주는 날이 오지 않을까?

이런 생각을 바탕으로 머신러닝 알고리즘이 어떻게 하면 더 창조적일 수 있을지, 또 어떻게 하면 머신러닝 연구자들이 만들어낸 알고리즘의 창조성을 찾아낼 수 있을지를 고심하고 있다. 가장 최근의 작업 중에는 가짜뉴스 웹사이트와 머신러닝 알고리즘이 생성한 3차원 오브젝트를 보여주는 프로젝트가 있다. 가짜뉴스 프로젝트는 진실과 거짓, 보도된 사실과 실제 사실, 보도의 주체와 그에 따른 진실의 왜곡을 드러내기 위해 가짜뉴스를 생성해 보여주는 웹사이트다. 3차원 오브젝트를 생성하는 연구는 보통 비행기나 의자처럼 인식 가능한 형태로 만드는 것을 성공적인 결과로 간주하지만, 알고리즘이 내놓는 결과물 중에는 특이하고 무엇인지 바로 말하기 힘든 형태들이 있다. 이런 형태들을 실패가 아닌 창조적인 결과물로 보고 그들을 모아 예술작품으로 선보이려고 준비하고 있다.

이 분야를 공부하다 보면 필연적으로 다르는 문제가 있는데, 바로 편견이다. 기계는 태생적으로 편견이 있을 수 없음에도 불구하고 머신러닝 알고리즘은 인간의 편견을 배우고 활용한다. 가르치는 인간의 편견을 거를 수 있는 능력이 없고 편견에 물든 인간 세상의 데이터를 통한 교육과정 때문에 일어나는 일이다. 많이 드러나지 않고 다수의 그룹에 속하지 않은 데이터는 종종 알고리즘의 교육과정에서 무시된다. 이를 인식하고 바로잡으려고 노력하는 과정은 우리에게 인간이란 무엇인지, 사고 능력이란 무엇인지, 우리의 사회가 어떤 문제점을 가지고 있는지, 마치 거울을 바라보듯 우리 자신과 우리가 만든 세상에 대해 다시 생각하게 만든다. 어찌 보면 예술이 인류에게 해온 것과 마찬가지로.

동시대 미술과 미디어아트에 대하여

동시대 미술을 보면 예전부터 있던 방식은 사라지지 않고 새로운 예술 창작 방식은 계속 나오고 있다. 결과적으로 보다 다양한 미술의 방식이 생기고 있다는 점에서 긍정적이라고 생각한다. 예술은 세상과 우리 자신에 대한 우리의 시선과 의문점들을 반영하므로 미디어아트나 인공지능과의 협업처럼 우리 사회의 변화를 반영하는 시도가 계속되는 점은 매우 자연스러운 현상이라고 본다.

미디어아티스트들은 세상에 관심이 많다. 이들은 작업이 혼자 작업실에 갇혀 창조해

내는 것이라 생각하지 않는다. 미디어아트의 작업과정은 열려 있어야 한다. 그렇기 때문에 협업이 빈번하게 이루어지고 서로 자료나 기술을 나누고 작품도 갤러리뿐 아니라 다른 많은 형태로 선보인다. 컴퓨터 테크놀로지뿐 아니라 상호작용성, 소통, 새로운 물질이나 과학적 발견을 작품에 이용하려는 것도 미디어아트의 주제다. 미디어 아티스트는 열린 마음, 새로운 것에 대한 시도, 소통을 중시한다.

누군가 나에게 미래에 현재의 예술을 대표하는 작품으로 무엇이 회자될까를 물어본다면 나는 예술적 가치가 높은 영화와 게임 작품들이라고 말하겠다. 아직도 미술계와 영화나 게임 분야가 분리되어 있지만, 예술적 가치가 높은 많은 수의 영화나 게임은 이미 미술의 영역에 들어와 있다. 어쩌면 미술의 영역을 확장했다고 보는 게 맞을지도 모르겠다. 여기서 우리가 주목해야 할 점은 영화와 게임이라는 예술이 소비되는 방식, 관람객과의 관계, 그리고 비평의 방식이 어떻게 변화되어왔는가이다. (이 점을 실험하기 위해 나는 20대에 비디오 작품들을 VHS 테이프에 담아 전시장 오프닝에서 관람객에게 팔았었다.) 내 작품들은 설치의 형식을 가지고 있고 사람들이 실제로 경험해야 하는 작업들이라 영화나 게임의 소비 방식을 따를 수는 없지만 현 시대의 미술 방식의 다양성과 더불어 소비 방식의 다양성 또한 인정해야 한다고 생각한다. 미래에 어떻게 기억될까 라는 질문으로 돌아가면

우리 시대는 미디어아트라고 부르는 많은 새로운 시도들이 나온 미래 예술의 시작점으로 기억될 것이라고 믿는다.

김병호 (1974-)
사운드 설치, 인터랙티브아트
www.kimbyoungho.com

이제까지의 경력과 주요 활동

홍익대학교 미술대학 판화학과를 졸업하고 중앙대 첨단영상대학원 영상공학과에서 테크놀로지아트를 전공했다. 1999년부터 다수의 기획전에 참여했으며 2005년 서울 한전프라자갤러리에서 열린 전시를 시작으로 쿤스트독갤러리, 웨이방갤러리, 갤러리 터치아트, 소마미술관, 아라리오갤러리 등에서 총 9회의 개인전을 열었다. 또한 포스코 E&C, IFC 서울, 신세계백화점, 롯데몰, 르메르디앙 서울 호텔, SKMS연구소, 농심, 세종정부청사 등에서 공공전시를 진행했다.

초기 작업

개인전 《부유하는 설치》(2005)

2005년 서울 한전프라자갤러리에서 개최한 첫 개인전 《부유하는 설치》전에서는 작품 〈Floating Space〉, 〈Floating Light〉, 〈Floating Land〉를 통해 에너지가 공간 속에서 어떻게 실체화되는지 시각적으로 보여주고자 했다. 자석과 전자석을 이용해서 두 가지 성질을 소리라는 또 다른 에너지로 드러냈고, 빛의 움직임으로도 드러냈다. 공간, 소리, 빛의 움직임을 통해 중력과 반작용, 자석의 당기고 미는 힘 사이에 존재하는 날카로운 순간의 에너지들이 산란되는 장면을 미디어로 포착하고자 했다.

개인전 《Their Flowers》(2006)

2006년 쿤스트독갤러리에서 개인전 《Their Flowers》를 개최했다. 전시공간에는 나팔 모양의 꽃들이 하나씩 부착된 약 10m짜리 와이어 수십 개를 갤러리 양쪽 벽면으로부터 뻗은 형상으로 설치했다. 허공의 공간에 떠 있는 수십 개의 나팔 모양의 꽃들과 그 꽃들이 달려 있는 와이어에서 팽팽한 긴장과 탄력이 전해진다. 또한 이 꽃들은 스피커로 활용했는데 채집한 일상의 소음들을 주파수 모듈레이션을 통해 언어적 메시지가 삭제된 추상적 음향으로 전달했다.

개인전 《Assembled Fantasy》(2008)

2008년에는 웨이방갤러리에서 개인전 《Assembled Fantasy》를 열었다. 여기서는 사람들이 스스로 만들어낸 도시의 판타지를 조각과 사운드아트로 표현하였다. '조립된 판타지'라는 제목을 지닌 이 전시에서는 인간의 끊임없는 욕망 추구 과정을 복잡한 구조의 조립체를 통해 과장하거나 축소하거나 삭제하여 보여주었다.

최근 활동상황

개인전 《Fantastic Virus》(2010)

2010년 갤러리 터치아트에서 개인전 《Fantastic Virus》를 열었다. 여기서는 기하학적인 대칭을 이루고 있는 〈Horizontal Intervention〉, 〈Triffid〉, 〈Silent Pollen〉과 같은 설치조각 작품들을 선보였다. 기하학적인 대칭과 단순한 형태를 통해 주관적인 요소가 배제되고 인공물의 인위적 특성이 강조됐다.

개인전 《A System》(2011)

2011년에는 서울 아라리오갤러리에서 개인전 《A System》을 열었다. 전시에서 선보인 〈A memory of the Rule〉, 〈Radia Eruption〉, 〈Equilibrium〉, 〈Logical Intervention〉은 알루미늄이나 철 등 금속 소재를 사용한 조각들에 고안한 회로를 삽입하여 짧은 단파음을 연상시키는 사운드가 발생하게 했다. 이들 작품은 주로 단단하고 육중한 중심체로부터 좁고 긴 튜브들이 달리거나 꽂혀서 사방으로 혹은 한쪽 방향으로 휘어지거나 뻗어나가는 형태로 이루어져 있다. 어떤 형태든 한 지점에서 뻗어나가는 튜브들의 다발이 운동감을 만들어낸다. 또한 작품을 구성하는 금속성 소재와 매끈한 표면 처리는 깔끔한 인상을 준다. 부품들은 제작 도면에 따라 산업규격 체계에 맞춰 정교하게 가공되고, 도색이 필요한 경우에도 공업적으로 처리한다. 대량생산된 산업제품처럼 개개의 부품들은 매뉴얼에 맞춰 조립된

다. 또한 작품 중심부에 들어 있는 전자부품들을 전자기판에 집적하여 전기적 진동을 만들어냄으로써 사운드를 생성하게 했다. 가늘고 긴 튜브에서 흘러나오는 사운드는 높낮이와 장단이 거의 없는 일정한 음의 연속이다.

개인전 《Garden in the Garden》(2013)

2013년에는 천안 아라리오갤러리에서 개인전 《Garden in the Garden》을 열었다. 전시에는 총 10점의 작품을 선보였으며 대체로 모듈 형상의 작품들이 주를 이루었다. 모듈은 건축에서 공간을 구획할 때 기준이 되는 기본 치수 혹은 단위를 의미한다. 다시 말해, 구조물 각 부분 간의 상관적인 비례관계를 바탕으로 잡은 기준 척도다. 오늘날에는 모든 것들이 일정한 비례에 기본을 둔 기준 단위에서 시작한다. 나의 작품을 구성하고 있는 산업부품들은 사회 속에서 모듈화된 개인들을 상징하며 이들이 공장의 대량생산 방식을 거친다는 점은 오늘날의 사회 시스템을 은유적으로 표현한다.

작품 〈Garden〉의 경우는 어떻게 보면 내가 인공정원을 만든 것이다. 산이나 들과 같은 자연이 물론 있지만 오늘날 사람들은 인공적으로 정원을 만들어놓고 살기도 한다. 이 작품 위에는 넓은 판이 놓여 있는데 진짜 하늘을 가리고 있는 인공하늘을 의미한다. 그 아래 나무일 수도 있고 풀일 수도 있는 예쁜 컬러들이 마구 섞여 있다. 이것은 물론 가짜이고,

핥아먹어서는 안 되는 것이지만 아주 예쁘다. 많은 분들이 이것을 보고 예쁘다고 하셨다. 사실 제목은 'garden'이지만 앞에 'artificial'(인공의)이라는 말이 빠져있다고 보면 된다. 이것은 내가 사는 세계에 대한 고민이기도 하다. 여러 가지로 채색한 얇고 긴 알루미늄 봉 수십 개를 세워둔 이 작품은 정원의 모습을 연상시킨다. 여기 쓰인 컬러는 총 10가지인데, 산업 제품 분체 공장에 가서 사람들이 가장 많이 쓰는 색 10가지를 알아봐서 사용한 것이다. (물론 재미없는 컬러인 검정과 회색은 제외했다.) 또한 알루미늄 봉들의 끝을 뾰족한 형태로 만들어서 바닥에 닿도록 했다. 지면에서 최대한 떨어지기 위해서, 살짝 점으로만 지면에 붙기 위해서 그렇게 만들었다. 이는 최대한 감정을 배제하고 객관적인 작업을 하고자 하는 의지의 반영이기도 하다.

〈Collected Silences〉(2012)

〈Collected Silences〉는 2012년 체코 슬라니에 있는 홀리 카르멜리테스 성당에 설치한 작품으로 간단하게 말해서 아두이노(arduino), 신호선, 피에조(piezo)로 구성되어 있다. (피에조는 아주 얇은 동전 크기의 스피커로 아주 기본적인 부품이다.) 당시 이 작품을 구성하는 길게 늘어진 선들이 성당의 각 공간들을 연결했다. 수세기 전에 예수님이 태어난 장소를 카피해서 만든 성당들이 수십 개가 있었다고 하는데 그중 하나가 체코에 있다. 홀리 카르멜리테스 성당에는 예배당은 없고 예수님이 태어난 공간과 그곳을 둘러싼 공간이 있을 뿐이다. 나름대로 유적이라고 할 수 있는 역사적 공간이다. 작품 〈Collected Silences〉는 침묵을 수집한다는 의미를 가지고 있기도 하다. 이 작품에서는 아두이노에서 신호를 보내면 피에조가 진동을 만들어낸다. 매개가 있으면 소리로 변환이 되는데 그 성당의 공간을 자극하여 그 공간 안에 숨어 있는 침묵들을 끄집어내보고자 했다.

〈The Manipulation〉(2013)

이 작품에서는 유닛이 되는 삼각뿔 모양의 황동 가공물이 모여 하나의 구조물을 만들어낸다. 각각의 유닛이 어떻게 조합되느냐에 따라 다양한 구조물의 형태가 만들어질 수 있다. 이때는 탑을 만들겠다는 생각은 없었고 단순히 쌓는다는 행위만 생각했다. 조작(manipulation)이라는 제목을 붙인 이유는 우리가 세상을 바라보는 방법을 반영한 것이다. 합리적으로 생각한다는 것은 가령, 시간의 흐름 속에서 우리가 이해하고 납득 가능한 범위로 시간을 잘라서 이해하는 것이다. 감정도 언어로 단순화시켜서 표현해버리는 측면이 있고 언어도 '좋다' 혹은 '싫다'와 같은 단순한 방식으로 나눠버린다. 이러한 합리적인 시스템에 대한 생각, 선형과 비선형에 대한 생각 등이 사실은 조작이 아닌가 하는 생각이 들어서 만들게 된 작업이다.

김병호, 〈Collected Silences〉, 2012, 유선신호기, 아듀이노, 피에쪼, 가변 설치.

현대자동차 등 기업체와의 협업
프로젝트는 어떻게 진행하는가?

기본적으로 스케치를 하고 시작하기는 하지
만 계속 바뀐다. 설계하는 과정에서 엔지니어
와 협의해서 재료가 이것보다는 저것이 낫다
고 하면 그에 맞게 제작방식이 바뀐다. 최초
의 아이디어는 형상을 보고 착안하는 게 아니
라 추상적인 명제 하나를 던지고 시작하는 식
으로 이루어진다. 예를 들면 삼각관계, 매개
등 애매하게 설정해 놓고 시작한다.

나는 미술과 디자인의 영역을 왔다 갔다
하고, 기업에서 진행하는 콜라보레이션도 많
이 한다. 양주회사 맥캘란과도 같이 진행했다.
나의 메이킹 프로세스나 구조를 바탕으로 한
디자인 혹은 조형성이 해당 기업과 잘 맞아떨
어진 것 같다. 크리스찬 디올, 레이디 디올과
같은 기업과 콜라보를 진행하기도 했다.

〈Mediated Memory〉(2016)

〈Mediated Memory〉는 2016년 전남 순천 송광
사에 1년 동안 설치했던 작품이다. 직접 송광
사에 찾아가서 스님에게 작품을 설치하고 싶
다고 의견을 전했고 승낙을 받았다. 당시 2천
여 개의 작은 청동조각을 조합해서 전체적으
로 한국 탑의 형상처럼 만들었다. 여기에는
스님들의 요구도 다소 반영되었다. 높이는 거
의 4m에 가깝고 무게는 3톤 가까이 되는 거대
한 금빛 탑의 형태다. 이 작품을 하게 된 이유
는 소통에 관한 문제 때문이었다. 얼마나 공

감대를 형성할 수 있고, 어떻게 하면 깊은 정
서를 끄집어낼 수 있을까를 고민하다가 나온
작품이었다. 탑은 남녀노소를 불문하고 누구
에게나 익숙한 것이라는 점이 마음에 들었다.
작품 제목이 '매개기억'(mediated memory)인
것은 사람, 환경, 제3자의 매개, 관계성에 대
한 작업이기 때문이다.

이 작품 이전의 모든 작업은 습작처럼 느
껴진다. 이 작품이 나의 진짜 첫 작업이라는
생각이 든다. 과거에 나는 미술관 시스템, 갤
러리 시스템에 적응된 작업만 해온 것 같다.
그러나 아티스트로서 고민을 좀 더 해야겠다
는 생각이 들었다. 이 작품은 아모레퍼시픽
미술관의 제작지원으로 만들어졌고, 송광사
에 1년 설치를 끝낸 후에 미술관에서 보관하
고 있다.

종교적인 장소를 선택한 이유는
무엇인가?

의도적으로 종교적인 장소를 골라서 접근한
것은 아니었다. 그저 그 지역에 살았던 사람
들에게는 성당이라는 것이 사람들이 자연스
럽게 친화가 되었던 공간이라고 생각한다. 커
뮤니티를 위한 공간이었고. 성당은 건축적으
로든 역사적으로든 개개인의 내러티브가 담
겨 있는 공간이다. 절도 마찬가지다. 과거에
는 절을 가장 잘 만드는 사람이 최고의 건축
가였고 탑을 가장 잘 짓는 사람이 최고의 조
각가였다. 그러한 장소는 꼭 종교라기보다는

삶이 담겨 있는 공간이라고 생각한다.

개인전 《현혹眩惑》(2018)

중국 상해에 있는 아라리오갤러리에서 개인전 《현혹 眩惑, enchantment》을 개최했는데 현혹이란 고대의 주술적 행위에서 유래된 "마법을 거는 듯 노래하다(chant)"에서 나온 말이다. 이곳에 전시된 〈The Nineteen Gods〉나 〈Horizontal Garden〉 등의 작품들은 기하학적 모듈과 금욕적으로 느껴질 정도의 체계적인 질서, 금속의 광택(reflection) 등을 바탕으로 만들어져 있어 존재와 둘러싸고 있는 환경에 대해 의구심을 갖게 한다. 작품이 반짝이고 화려할수록 사람들은 그 이면에 숨겨진 존재로부터 자기성찰을 시도하기 때문이다. 여기서는 여러 가지 시각적인 유혹에 노출된 동시대인들의 환경을 극대화시켜 보여주고자 했다.

동시대 미술과 미디어아트에 대하여

1993년도에 대학에 입학했을 당시 90년대 중반에 수업을 들으면서 느낀 것은 너무 영상 위주라는 것이었다. 미디어가 붐을 이루면서 많은 예술가들이 영상을 다루기 시작했다. 나는 미디어에 대해서 잘 모르고 스스로를 미디어 아티스트라고 생각하지도 않는다. 나는 단지 매체에 대해 고민할 뿐이다. 사운드나 약간의 프로그래밍이 들어간다는 점에서 미디어적인 측면이 있기는 하지만 미디어 아티스트라고 불리기는 어렵다.

나는 움직임이 있는 것보다 정적인 것을 선호하고, 시처럼 함축적인 것이 더 잘 맞았다. 그리고 매체를 드러내기 위해서는 더욱 움직임이 없는 상태로, 더욱 함축적인 상태로 드러낼 필요가 있다고 느꼈다. 매체에 대해서 한참 고민하던 시기에 혼자 생각했던 단어가 있는데 hidden media라는 것이었다. 나는 매체를 드러내기 위해서는 더욱 숨겨야 한다는 생각을 했다. 평면과 평면 사이의 간극을 인지할 때 에너지가 드러나듯이 말이다.

사실 초기에 사운드 작업을 했는데 사운드아트를 의도한 것이 아니라 내가 생각한 것을 작품으로 표현하려고 하다 보니까 소리가 필요했을 뿐이다. 가령, 아주 작은 소리는 사람이 못 듣고 어느 정도 커져야 들린다. 스피커가 있는 쪽으로 가야 들리는 것이다. 이러한 매체의 성격을 내 나름대로 반어적으로 표현하고 싶었다.

설치작품들의 경우에는 나팔 형태가 많았고 더러 상호작용성(interactivity)이 있었지만 기존의 방식과는 달랐다. 강요된 상호작용이 싫었다. "여기서 뭘 해보세요"라는 식의 상호작용은 바람직하지 않다고 생각했다. 그래서 말을 하지 않으면 작동하지 않게끔 만들었고, 말을 하면 어디서든 상호작용성이 작동하게끔 했다. 그리고 작동이 되면 아주 작은 소리가 나오게 했다. 그러다 보니 절반 정도의

김병호, 〈Horizontal Garden〉, 2018, 황동, 160(h)×160×680cm.

사람들은 미디어적인 부분을 인지하지 못하고 지나갔고 절반 정도만 인지했다. 상호작용성이 있는 작업을 많이 하기도 했지만 어느 순간부터는 더 이상 하지 않게 되었다. 과거에 인터랙티브 미디어아트가 한참 유행했다. 그러나 미술관에서 주로 어린이 대상으로 천박하게 끌고 나가는 것이 좀 싫었다. 그런 식의 인터랙티브는 싫었다. 그래서 좀 더 제대로 된 작업을 하고 싶다는 생각을 하게 되었다. 아트가 먼저고, 그다음에 미디어가 와야 하는 것이지 이건 주객이 전도된 것 같았다. 그리고 소통이라는 문제가 대단히 중요한 것인데 이 부분에 대한 진정성 있는 고민이 더 필요한 것 같았다. 나는 좀 더 사람들과의 정서적인 유대를 풀어내는 것이 중요하다는 생각을 하게 되었고 이러한 생각이 지금까지 이어지고 있다.

에브리웨어 (1978- , 1979-)
인터랙티브 미디어 설치
everyware.kr

이제까지의 경력과 주요 활동

방현우(1978-)는 서울대학교 기계항공학부를 졸업했고 동 대학원에서 박사학위를 받은 후 같은 과 교수로 재직하였다. 퇴직 후 미디어아트와 관련한 전시 및 프로젝트에 주력하고 있다. 현재 (주)엔비져블 대표이사를 맡고 있다.

허윤실(1979-)은 서울대학교 국문과를 졸업했고, UCLA에서 Design and Media Arts 예술학 석사를, 서울대학교 미술대학에서 박사과정을 마쳤다. 경희대, 국민대, 서울대, 연세대 등에 출강하였고, 현재 (주)엔비져블 공동대표를 맡고 있다.

우리는 2007년부터 '에브리웨어'라는 팀명을 가지고 미디어아티스트로 활동하기 시작했다. 에브리웨어는 우리 부부뿐 아니라 양가의 아버님들과 사촌동생까지 합류하면서 가족 그룹이 되었다. SIGGRPAPH Art Gallery를 비롯하여 오스트리아 아르스일렉트로니카센터, 동경국립미술관, 바르셀로나 디즈니 허브 등 다수의 갤러리와 미디어아트 축제로부터 초대를 받아 전시했다.

초기 작업

⟨Oasis⟩(2008)

⟨Oasis⟩(2008)는 우리가 작품활동을 시작하게 된 계기가 된 작품이다. 이 작품은 2008년 미국 LA에서 열린 《Siggraph》와 2009년 호주 린츠에서 열린 《Ars Electronica》, 일본 도쿄에서 열린 《제12회 일본미디어아트페스티벌》 등 다수의 장소에서 전시되었다. 두 가지 버전으로 만들었는데 하나는 모래를, 또 하나는 물을 사용한 버전이다.

모래를 사용한 버전(Oasis II)의 경우, 사람들이 미술관에 들어왔을 때 아무 거리낌 없이 자연스럽게 작품을 만질 수 있도록 유도하는 재료를 시도해본 것이다. 관객이 탁자 위에 가득 놓인 검은 모래를 싹 훑어내면 하얀 배경의 영상이 드러나면서 작은 물고기들이 움직인다. 관객들이 즐길 수 있는 주된 인터랙션은 모래를 걷어내면서 연못을 만들고 그 안에 생명체들이 머무는 것을 보는 것이다. 관객들은 복잡한 구역들을 만들어내길 좋아하는데 커다란 연못을 만들어서 물고기들이 퍼져나가게 하거나, 아주 작은 연못을 만들어서 물고기들을 가두어 넣는다. 모래 위에는 조약돌들이 설치되어 있는데 생명체들은 이 조약돌을 피해가고, 만약 관객이 조약돌을 떨어뜨리면 생명체들은 깜짝 놀라게 된다. 이런 식의 인터랙션이 가능한 것은 실시간 컴퓨터 시각 엔진이 다양한 물질들의 물리적 상태를 해석할 수 있도록 만들어졌기 때문이다. 이 컴

퓨터 프로그램은 다양한 특성들을 지닌 물고
기들을 채우고 그들의 행동을 실시간으로 통
제한다. 고안된 장치는 도구적으로 사용하기
위한 것이 아니라 전적으로 놀이를 위한 것으
로 관객들은 자연을 느끼고, 살아 있는 것들
을 찾고, 가상의 세계와 상호작용한다.

　　또 다른 버전은 물 버전으로 만들었다. 관
객들은 이번에는 떠다니는 나뭇잎을 손으로
들어 올림으로써 물고기들의 움직임에 변화
를 줄 수 있다. 물고기들은 물에 떠다니는 나
뭇잎을 쫓아가는 경향이 있다. 관객들은 나뭇
잎 아래에 있지만 그 형태가 투명하게 드러나
는 물고기들을 발견하고 나뭇잎을 들어 올리
는데 이와 동시에 물고기들은 다른 나뭇잎 아
래로 이동하여 숨는다.

〈Memoir〉(2010)

2011년 바르셀로나 디자인허브센터(DHUB)
에서 발표한 작품 〈Memoir〉(2010)에서는 관
객이 카메라를 바라보면 자동으로 얼굴을 인
식하여 폴라로이드 사진이 찍히고, 이 사진이
브라운관 텔레비전 화면 속으로 떨어져 쌓인
다. 관객들의 사진은 작가들의 홈페이지에도
차곡차곡 쌓여서 그들이 집으로 돌아가서도
이 작품과 자신이 만든 추억을 되새겨볼 수
있다. 이 작업에서는 폴라로이드 카메라나 브
라운관 텔레비전과 같이 어린 시절 우리들의
추억이 담긴 오래된 전자제품들을 즐겁고 사
랑스러운 눈으로 바라볼 수 있는 기회를 만들
어보려고 했다.

최근 활동상황

〈The Wall〉(2012)

2012년 포항시립미술관에서 선보인 〈The
Wall〉(2012)은 관객이 스크린에 공을 던지면
화면 상에서 벽이 와장창 깨지는 것처럼 조각
이 나버리는 형태로 이루어진 작품이다. 갤러
리에서는 흔히들 작품에 손을 대지 말라고 말
한다. 그러나 우리 작품은 그렇지 않다. 관객
이 작품을 향해 물건(공)을 집어 던지면 기존
의 관객과 작품 사이의 관계에 역전이 생긴
다. 이렇듯 역전되는 모습에 인터랙티브 미디
어의 본연의 가치가 담겨 있다고 생각한다.
무엇보다도 작품의 가치는 관객들이 이 작품
을 얼마나 즐거워했는가에 있는 것이 아닌가
싶다.

〈Cloud Pink〉(2012)

2012년 사비나 미술관에서 선보인 〈Cloud
Pink〉(2012)는 미술관 천장에 일종의 장막을
설치하고 거기서 구름이 떠다니는 영상이 나
타나도록 한 작품이다. 관객들은 구름을 손으
로 만져보기 위해 장막으로 손을 뻗는다. 작
품의 핵심 기술은 손의 위치 추적이다. 또한
장막에 사용된 천은 (일반적으로 수영복에 사
용하는) 쉽게 구할 수 있는 원단이다. 천의 선
택에는 부드러운 촉감과 프로젝터의 빛이 선

에브리웨어, 〈Cloud Pink〉, 2012, 2대의 비디오가 나오는 패브릭 스크린으로 구성된 인터랙티브 설치작품.

명하게 맺히는지, 두께 등을 고려한다. 또한 이 천은 구름을 만지는 것 같은 촉감을 주는 원단이기도 하다. 그리고 찌르면 튀어나오는 정도를 정확하게 측정해야 하는 작품의 특성상 탄력 있게 늘어나는 천이어야 한다. 이러한 원단 때문에 관객의 손 모양이 천의 깊이에 그대로 반영되고 센서가 위치를 정확히 파악해 실제 구름을 만지는 것과 같은 효과를 낼 수 있다.

⟨Levitate⟩(2013)

⟨Levitate⟩(2013)의 경우에는 전시할 때마다 그때그때 형태가 바뀌기는 하나 원리는 같다. 한 번은 BMW의 후원을 받아 한국국제아트페어(KIAF)에서 BMW 뉴5 시리즈와 함께 이 작품을 전시한 적이 있다. 검정 탁구공을 넣은 50개의 투명한 튜브를 벽에 설치하고 튜브에 아주 작은 구멍을 뚫었다. 평소에는 기압차 때문에 구멍 위치에 탁구공이 멈춰 있는데 그 모습이 자동차의 형태와 유사하다. 그러나 관객이 작품에 가까이 다가가면 하단부 센서가 인식해 공기압이 올라가면서 탁구공이 위로 천천히 상승했다가 제자리로 서서히 돌아온다. 이런 작업을 하게 된 것은 BMW라는 에이전시와 관련이 있다. BMW의 로고가 프로펠라고, 원래 이 회사는 전투기를 만드는 회사다. 본사에 가보면 예전에 만들던 비행기 사진이 많이 있다. 그래서 차를 만들 때도 공기역학적으로 설계한다. 그래서 이 회사가 공기역학적으로 차를 만든다는 것을 보여주려고 이런 식의 작업을 기획하게 된 것이다. 중력을 거스르는, 기술로 자연의 한계를 극복하는 것을 보여주는 것이다. 그런데 사실 KIAF는 작품이 아니면 들어갈 수 없는 공간이다. 상품 홍보 부스가 아니기 때문이다. 그래서 BMW 측이 우리에게 작품을 의뢰한 것이고 우리 작품과 함께 BMW 뉴5 시리즈가 KIAF 부스 안에 들어가게 되었다.

⟨T-Rover⟩(2013)

⟨T-Rover⟩(2013)는 SK Planet의 의뢰를 받아 만든 클라이언트 작업으로 T map을 통해 수집한 방대한 규모의 네비게이션 이용 정보를 현실 공간에 빛으로 시각화하기 위해 고안한 기계장치다. T map 네비게이션에서 제공되는 데이터는 2차원 좌표(경도, 위도)와 그 제공 시각으로 이루어진 3차원 데이터(경도, 위도, 시각)이다. 현실 공간의 다양한 3차원 물체들 예컨대 꽃병이나 과일이 화가에게 그림의 소재가 되듯, T-Rover에게는 T map 네비게이션이 주는 3차원 데이터가 예술작업의 소재가 된다. 이 3차원 데이터를 시간축으로 절단한 2차원 평면 단층 이미지들을 공간상의 깊이 축으로 훑어가며 빛으로 구성하고, 이를 다시 시간축으로 누적한 장시간 노출촬영기법으로 사진에 담으면 0과 1의 전자신호로 데이터베이스상에서만 존재하던 T map 데이터가 현실 공간에 반짝이는 불빛으로 나타난다.

에브리웨어, 〈Levitate〉, 2013, 아크릴릭 튜브, 송풍기(blowers), 원거리 센서로 구성된 설치작품.

간단히 말해서 이 작업은 수많은 사람들의 네비게이션 정보를 모은 빅데이터를 시각화한 것이라고 할 수 있는데 막상 시각화를 해보니 단순히 정보가 아니라 무언가를 느낄 수가 있었다. 그냥 정보가 아니라 우리의 삶을 담고 있는 정보이기 때문이었을 것이다.

상호작용성에 대해 어떻게 생각하는가? 상호작용성의 기본은 알아들을 수 있는 말을 하는 것이다. 우리가 항상 말하는 것은 '행간'이다. 사용설명서에는 행간이 있으면 안 된다. 예를 들어, 한 번 조작을 잘못하면 폭발하는 위험한 배전반에 행간이 넓고 시적인 설명서가 쓰여 있으면 안 될 것이다. 반면 예술에서는 인터랙션의 행간이 이것보다는 넓을 것이다. 한 박자 쉬었다 가는 식으로 만들어도 된다. 물론 행간이 너무 넓으면 사람들이 못 알아들을 것이다. 시문학을 예로 들어보자. 행간이 넓고 느껴질 듯 말 듯 아슬아슬하게 넘어간다. 우리가 '포에틱(poetic)하다'라고 말할 때 그것은 행간을 벌리면서도 소통에 성공했다는 뜻이다. 물론 행간이 너무 넓으면 제정신 아닌 사람이 헛소리 지껄이는 것이 되고 아무 의미도 없는 말이 된다. 그렇기 때문에 행간을 적절하게 조절하는 것이 중요하다. 인터랙션 작업으로 말하자면 행간을 넓혔을 때 관객들은 '어, 반응이 느리네. 잘못 만들었나?' 생각하면서 혼란스러울 수 있다. 그러나 관객이 다가갔을 때 즉각 공이 떠오르면 행간이 좁고 누가 봐도 자명한 것이 된다.

행간을 벌리면서도 소통에 성공한 사례가 있다. 화면 속의 고양이와 인터랙션하는 게임인데 일부러 상호작용성이 굉장히 안 느껴지도록 만들었다. 내가 밥을 주고 하루 종일 기다리면 언젠가 고양이가 왔다가 가는데, 왔다 간 흔적을 멸치를 몇 마리 떨어뜨려 놓는다든가 하는 식으로 남긴다. 재수가 좋으면 고양이랑 만날 때도 있다. 게임 중에서도 가장 인터랙티브하지 않은 수준까지 행간을 벌려 놓은 게임이 아닌가 싶다. 이 게임이 사람들에게 폭발적인 인기를 끌었는데 이게 인터랙티비의 포에틱한 면을 잘 보여주는 것 같다. 이처럼 상호작용성이 극히 떨어지는 상호작용성이 많은 사랑을 받았다는 것은 사람들이 모바일 디바이스에서도 시적 허용에 매력을 느낀다는 것을 의미한다.

〈Bitscape〉(2014)

2014년 동대문디자인플라자(DDP)에서 선보인 〈Bitscape〉(2014)는 그림을 그리는 기계다. 기계가 그림을 그리고 그 그림을 사람이 감상하는 광경을 만들어보고 싶었다. 우리는 양쪽 아버님들과 사촌을 포함해 7명이 달라붙어서 3달 동안 이 기계를 만들었다. 기계는 인간과 컴퓨터의 중간 어디쯤으로 느껴지는 존재다. 인간미의 반대말인 기계미는 실수 없이 무한 반복되는 정확한 패턴을 연상시킨다. 그런데 컴퓨터의 상대어로서 '기계적' 그림은 해상도에 의한 이미지의 열화 없이 물리적 환경의 영향을 받으며 실재하는 이미지를 말한다. 우리는 기계에게 붓을 쥐어주고 캔버스 위에 무한히 반복되는 선을 그리게 해보았다. 가까이서 볼 때는 의미가 없어 보이던 미묘한 붓의 강약은 멀리 놓고 보면 분명한 형상을 드러낸다. 멀리서 보면 완벽한 규칙성을 가진 패턴이 가까이에서 들여다보면 그려지는 순간 떠다니던 먼지들과 잉크의 농도, 붓의 갈라짐과 같은 변칙성을 보여준다.

〈Luxo〉(2014)

이 작품은 로봇을 이용한 라이트 페인팅(Light Painting) 작업이다. 마르셀 뒤샹의 〈계단을 내려가는 누드〉에서 영감을 받은 이 작업은 빛입자의 역동을 3차원 공간으로 그려낸다. 네 가지 각도에서 자유로운 로봇팔의 끝에는 트루 컬러 LED 벌브가 달려 있으며 이 로봇팔은 이미 계산된 경로로 움직인다. 벌브샷 사진을 사용하는 이 로봇팔은 다양한 경우의 수의 라이트 페인팅을 선보인다. 모든 사진들은 실제로 실행되기 이전에 로봇팔의 소프트웨어에서 디자인되고 시뮬레이션된다. 화가는 물감을 재료로 사용하고 조각가는 돌이나 나무를 재료로 사용한다. 반면 미디어아티스트는 빛을 재료로 사용한다. 우리는 이번에는 빛이라는 재료의 맛이 살아나는 작업을 해보자고 해서 시작하게 되었다. 우연에 의하지 않고 모든 게 프로그래밍된 루트와 움직임으로 우리가 원하는 라이트 페인팅을 해보고 싶었다. 그리고 이렇게 500장에서 600장을 찍어서 몇 초짜리 라이트 페인팅 애니메이션을 만들었는데 그 결과물이 〈Blink〉다. 이들 작품에서는 무엇을 그렸느냐가 중요한 게 아니라 어떤 기법으로 어떻게 새로운 비주얼을 만들었느냐에 초점을 두었다. 이 작품은 2015년 문화창조융합센터 《가상과 현실》전에서 선보였다.

〈Ensemble〉(2015)

〈Ensemble〉은 현대모터스튜디오라는 자동차 브랜드 체험관에서 선보인 작품이다. 여기서 우리는 자동차 외관에 가려져 있던 2만여 개의 부품과 개체에 주목했다. 자동차는 마치 살아 있는 생명체의 기관처럼 유기적으로 작동하는 한편 시간에 따라 마모된다. 우리는 현대차 제네시스 쿠페를 사용하여 자동차 안팎의 부품과 배관, 타이어와 엔진을 해체해 수직으로 쌓은 뒤 서로 연결시키는 레일을 설치했다. 레일 위를 돌아다니는 작은 모형차들은 장착된 카메라로 자동차 내장 구석구석을 촬영하고 이를 전시장 벽면의 멀티비전 스크린에 실시간으로 전송한다. 그리하여 관람객들은 자동차의 내장 구석구석을 맨눈으로 들여다볼 수 있다. 자동차의 안팎을 복잡하게 휘감고 있는 미니어처 도로 위에, 걸리버 여행기의 소인들처럼 작은 모형차들이 카메라를 싣고 거대한 기계의 구석구석을 탐험하고 있다. 관객들은 일반적으로는 경험할 수 있는 새로운 시선으로 자동차를 바라보게 된다. 바닥의 시점에서 달리는 타이어를 바라보는 등 새로운 시점은 관객으로 하여금 기계에 대한 호기심을 자극하고 흥미를 갖게 한다.

〈펀토리 하우스〉(FunTory House, 2016)

2016년 문을 연 〈펀토리 하우스〉는 기존의 키즈카페와는 차별화되는 감성기반 체험시설과 첨단 뉴미디어 기술을 결합한 어린이 놀이터다. 제2롯데월드 130평 공간에 우리의 모든 기술을 집약하여 콘텐츠들을 집어넣은 것이다. 이것은 우리가 할 수 있는 최대의 실험이 될 것이다. 보러 오는 사람들이 즐겁게 체험할 수 있는 공간을 만들어보는 것이다. 물론 여기서 우리는 상업적으로도 성공해야 한다는 부담감이 있다. 엄청 파격적인 실험이기 때문에 우리가 보통 했던 일과는 논외로 다룰 정도로 새로운 시도다.

우리는 적어도 상호작용성의 측면에 있어서는 어린이가 어른보다 훨씬 더 고급관객이라고 생각한다. 아이들이 정말 잘 받아들이고 고차원적이다. 어른들은 "이게 게임이에요?"라고 질문을 하는 반면 아이들은 바로 운전을 하면서 "나 보여?"라고 묻는다. 어른들은 제대로 감상하고 있지 않은 것이다. 실질적으로 이 안에 '인벌브'(involve) 되어주는 게 진정한 관객이다. 하지도 않으면서 멀찍이 바라만 보고 있으면 그건 관객이라고 할 수 없다. 전

시를 할 때도 미술관에 계신 관장님은 "만져야 되는 거잖아."라고 말씀하시지만, 어린이들은 실제로 너무 만지고 싶어 한다. 사실 우리로서는 작품을 내놓았는데 그것을 좋아해주는 것만큼 즐거운 게 또 어디 있겠는가.

〈Rerecycle〉(2017)

시흥시 맑은물관리센터에서 유휴 하수처리 시설을 철거하지 않고 그 자리에 축적된 스토리를 보존하는 《Art & Cube 프로젝트》의 일환으로 제작된 작품이다. AR을 적용해서 관람객의 참여를 통해 새로운 기억과 이미지를 그려낼 수 있는 미디어아트를 선보였다. 하수처리장의 거대한 원통형 건물에 캐릭터가 나타나는 여러 점의 아트 작업들을 군데군데 설치하고 관람객이 해당 아트 작업에 핸드폰을 가져다 대면 사진 찍기, 글자 써넣기, 퍼즐 맞추기 등 다양한 프로그램을 즐길 수 있다.

〈Loop〉(2017)

2017년 고양 현대모터스튜디오에서 선보인 이 작품은 자동차 부품을 예술작품으로 형상화한 조형물이다. 현대모터스튜디오는 체험형 자동차 테마파크로 자동차가 만들어지는 전 과정을 보고 만지고 체험할 수 있는 공간이다. 작품 〈Loop〉에는 강철 롤에서 뻗어나온 강철 레일에 지속 가능한 가치에 대한 탐구를 담았으며 레일 위로는 미니어처 자동차들이 달리고 있다. 작품을 감싸는 강철 레일을

통해 철광석에서 자동차로, 다시 쇳물이 되는
자원순환에 대해 생각해보게 했다.

동시대 미술과 미디어아트에 대하여

한국은 인프라도 좋고, 브랜드 제품도 좋고,
IT 상황도 좋다. 그러나 미디어아트 쪽에 유
입되는 학생들은 적다. 다른 선택지가 많기
때문일 것이다. 게임 산업으로 빠지는 친구들
도 많고 일반 회사로 빠지는 친구들도 많다.
그러나 순수미술을 전공한 친구들이면 갈 수
있는 선택지가 많지 않기 때문에 예술을 계속
하는 친구들이 상대적으로 많을 것이다. 그런
데 베이스나 전공은 사실 무의미하다고 생각
한다. 우리도 미디어 전공이 아니다. 미디어
와 관련해서는 우리도 전부 독학으로 공부했
다. 그래서 대학에서 무엇을 전공했는가는 큰
의미가 없다고 생각한다. 그리고 우리 직업은
사실 자격증이 필요한 직업이 아니다. 예를
들어, 변호사를 하려면 변호사 자격증이 있
어야 하지만, 아티스트는 그냥 "내가 아티스
트다." 하면 아티스트가 되는 것이다. 물론 훌
륭한 아티스트인가는 별개의 문제이지만 말
이다.

김아영 (1979-)
비디오, 사운드 설치, 퍼포먼스, 사진
www.ayoungkim.com

이제까지의 경력과 주요 활동

2002년 국민대학교 시각디자인학과를 졸업
하고 영국으로 유학을 떠났다. 2007년 영국
런던커뮤니케이션칼리지 사진학과를 졸업하
고 2010년 첼시대학교(Chelsea College of Arts)
에서 순수미술학과를 졸업했다. 스페이스 바
바, 영국 스트리트 레벨 글라스고, 16번지, 문
화역서울 284, 문래예술공장, 프랑스 팔레드
도쿄 미술관, 호주 멜버른 페스티벌, 일민미
술관 등에서 12회의 개인전 및 퍼포먼스를 수
행했으며 다수의 단체전에 참여했다. 2010년
영국 왕립미술아카데미에서 영국 교육기관
상을, 2015년 문화체육관광부에서 오늘의 젊
은예술가상을 받았다. 현재 국립현대미술관,
삼성리움미술관, 서울시립미술관, 부산시립
미술관, 부산현대미술관 등에 다수의 작품이
소장되어 있다.

초기 작업

〈Ephemeral Ephemera〉(2007-2009)
가장 과거의 작업부터 이야기해보면, 2007년
부터 2009년까지 진행한 〈Ephemeral Ephem-
era〉라는 사진 시리즈다. 유학 중이던 당시, 인

터넷 매체와 신문은 세상을 인식하는 제한적
이고도 거대한 방식이었다. 어떤 의미에서 사
람들은 뉴스 미디어를 통해 사건을 재현한 이
미지와 텍스트를 소비한다고도 볼 수 있다.
구체적인 경험이 소멸되고 실질적 사건들을
소비 가능한 기호로 대치한 미디어를 통해 세
상을 경험하는 것이다. 그렇게 나와 세상을
이어주는 신문기사와 인터넷 뉴스를 보며 한
동안 깊은 회의감에 잠겨 있었다. 살인과 자
살, 절도와 폭행, 전쟁과 재난 등의 사건들조
차 뉴스 안에서 소비되는 기사에 불과할 뿐
이며 시간이 지나면서 자연스럽게 잊혀간다.
그래서 미디어를 통해 접한 사건들을 수집하
여 다시 재현하는 작업을 선택했다. 사람들의
관심사로부터 벗어난 사건들 중에서도 특히
재난, 죽음이나 범죄와 관련된 사건들을 주
로 다루었다. 미디어상에서 주어진 정보를 통
해 사건의 장면을 상상하고 현실에서 구체적
인 사진을 촬영해 문맥에 맞게 수정한 뒤 오
려 세워 각각의 신(scene)을 구성했다. 현실에
있는 형상들을 촬영해 3차원 포토몽타주이자
작은 무대장치를 꾸몄는데, 이 무대장치는 바
람이 불면 쓰러지는 종이 사진들로 이루어져
있다. 그리고 그 3차원 무대장치를 다시 사진
으로 촬영해 2차원으로 환원해 보여주었다.
카메라 없이 이 사물은 빈약한 종이 무대로
돌아간다. 뉴스 기사의 헤드라인이 각 사진의
제목으로 사용되기도 했다. 종이 무대장치와
그것을 찍어낸 2차원 사진은 이페메라(단명

하는 삶)의 이페메라(쓰임이 다한 후 수집품이 되는 아이템)이자 현실의 조각들로 이루어진 퍼즐이 되었다.

〈Every North Star〉 시리즈(2010-2011)

〈Every North Star〉 시리즈는 2010년부터 2011년까지 진행한 작업으로 사망한 여기수 박진희에 관한 내용을 다뤘다. 단채널 비디오 〈Every North Star Part I & II - from Tales of a City〉(2010)는 Part I과 Part II가 상호 보완되는 영상작업이다. Part I은 경마산업의 국내 안착과정과 전쟁 후 경주용 개량마의 수입과정을 보여준다. Part II에서는 부산경마장에 유일했던 여기수 박진희와 그와 함께 다승을 올리던 애마 북극성, 그리고 이를 둘러싼 용병 여기수의 관계를 응시한다. 여기에는 직접 촬영한 영상과 함께 아카이브 영상자료, 기수의 경주기록, 말의 혈통 대장을 포함한 리서치 자료, 뉴스 헤드라인 등이 사용됐다. 디지털 프린트 작업 〈51개월, 12경주〉(51 Months and 12 Races, 2011)도 이 시리즈에 속하는 작업이다. 부산에 실존했던 그리고 2010년에 사망한 여기수 박진희의 51개월간의 경주기록과, 그의 경주마 북극성의 12경주 기록을 별자리로 표현했다.

〈PH 익스프레스〉(2011)

30분 분량의 2채널 비디오 작업 〈PH 익스프레스〉(PH Express)는 기록은 남아 있으나 거의 논의되지 않는 거문도(포트 해밀턴) 사건을 소재로 삼았다. 1885년부터 1887년까지 영국 정부는 러시아와의 패권 경쟁 속에서 조선 해협에 있는 거문도를 점령하여 해군기지화했다. 이 이슈는 전 유럽을 전쟁 준비 태세에 돌입하게 했으나 정작 거문도에 주둔했던 영국 해군은 지루함 속에서 생활을 이어갔다. 이 사건을 알아보기 위해 영국인들이 작성했던 기밀외교문서, 주요 일간지, 타블로이드, 삽화 등의 사료들을 참조하여 당시 국제 정세가 어떠했는지를 연극적인 요소를 가미하여 풍자적으로 표현했다. 그리고 사료들로부터 영상에 활용될 대사를 추출하였다.

그리고 이와 연계된 작품 〈등대 1905〉(Light House 1905, 2011)는 나무와 철, 아크릴, 모터, 프로젝터를 활용해 실제 존재하는 등대 스케일 모델을 만들어 설치한 작업이다. 일본에서 제작한 거문도 등대는 1905년 러일전쟁 중에 일본의 군수물자 운송을 위해 제작되었으며 여전히 거문도에 남아 있다. 작업에서 감시탑처럼 높이 세워진 구조물 위에 스케일 모델로 제작된 등대에는 거문도 주변 바다 및 거문도로 향하는 바다 풍경 영상이 투사되는 프로젝터를 탑재했는데 이것이 반복 회전하면서 20세기 초의 바닷길을 보여준다.

또한 〈HMS LINE〉(2011)은 19세기 말 신문지 광고형식을 차용하여 장거리 증기선 여행 광고를 흉내 내 영국군의 거문도 점령사건을 풍자하는 포스터를 만든 것이다. 헤드라인을 보면 동방으로 여행을 떠나는 광고처럼 보이지만 자세히 보면 영국 해군 군함 소개나 굴 캐기, 쑥밭 하이킹, 영국군 묘지에서 일몰 등 어두운 이면을 암시하는 내용들이 보인다.

최근 활동상황

<u>〈레일웨이 트래블러스 핸드북〉(2013)</u>

〈레일웨이 트래블러스 핸드북〉(The Railway Traveler's Handbook, 2013)는 19세기 중반에 시작된 철도의 확산에 관한 30분짜리 6채널 사운드 드라마와 빛 설치작업이다. 이전과 같은 사진이나 영상이 아닌 소리 설치 공연으로 이루어진 작업이다. 무대가 곧 객석이 되며, 이곳에서 관객은 6채널의 스피커에서 흘러나오는 소리와 빛의 변화를 통해 공감각적 체험을 하게 된다. 관객은 좌석에 앉아서 가상의 기차 내부의 안내방송, 다양한 시점의 분절된 대사, 조율되지 않은 코러스를 듣는다. 이를 위해 19세기 말에서 20세기 초 사이에 영국과 한국에서 발간된 신문과 사료, 광고 등에서 추출한 내용을 바탕으로 성우와 배우들의 목소리로 대사를 녹음했고, 증기기관차의 앰비언스와 각종 사운드스케이프로 소리를 구성했다. 이 작업을 진행하면서, 여러 사람들의 목소리가 한데 모여 발화될 때의 힘, 즉 코러스의 힘에 매료됐다. 이 작업에는 다양한 시대가 교차하는데 집단의 목소리가 중첩되어 울려 퍼질 때 폭발적인 에너지가 느껴진다는

것을 경험했고, 이후의 목소리 작업에서 이에 대한 관심을 집중적으로 발전시켰다.

<u>〈제페트, 그 공중정원의 고래기름을 드립니다〉 시리즈(2014-2015)</u>

이 시리즈는 2014년 서울시립미술관에서의 단체전 《오작동 라이브러리》(Malfunction Library)를 위해 제작했던 사운드 설치와 보이스 퍼포먼스로부터 시작됐다. 당시 품고 있던 관심사를 '오작동 라이브러리'라는 큐레이토리얼 콘셉트에 맞물리게 작업한 것인데, 당시에는 이 작업이 시리즈로 이어질 것이라는 생각을 하지 못했었다.

그 당시 나의 관심은 두 가지였다. 첫째, 근대에 이르러 비로소 에너지원으로 재'발명'된 석유자원의 역사와 확산에 대해 들여다보기. 1970년대 두 차례에 걸친 석유파동 이후 유가상승으로 석유 수입에 큰 타격을 입은 국내에서 석유 달러를 벌어들이기 위해 한국 건설업체들의 중동 진출을 장려했었다. 이를 '중동특수'라고 부른다. 한국 경제사의 독특한 페이지를 차지하는 중동특수라는 대규모 이주의 역사를 목소리를 통해 구현하고 싶었다.

그리고 둘째는, 현 시대에 정보를 조합, 분류, 혼합하는 일련의 규칙을 일컫는 알고리즘의 작동방식, 특히 온라인 정보 검색의 근간을 이루는 전산언어학의 작동 방식에 대한 관심을 프로젝트에 녹이는 일이었다. 가령 구글 검색창에서 특정 단어를 입력하면, 종종

인간이 쓴 문장이라고 보기 힘든 웹 페이지들이 섞여 나올 때가 있다. 조합된 '말'과 '문장'은 있지만, 문법이 성립되지 못하는 부서진 비문 같은 것이다. 문장을 조합하는 알고리즘상의 오류 때문이기도 하고, 번역의 오류 때문이기도 하다. 이를 볼 때마다 마치 다다이스트들의 시를 읽는 것 같았다. 인간이 쓸 수 없는, 오직 기계에 의해서만 성취될 수 있는 시적 탁월함마저 느꼈다.

〈제페트, 그 공중정원의 고래 기름을 드립니다, 쉘 1〉(2014)은 15분 정도 소요되는 12인의 보이스 퍼포먼스, 4채널 사운드 설치, 디지털 프린트 벽 다이어그램으로 이루어진 작업이다. '기계 장치의 신'을 의미하는 '데우스 엑스 마키나'(Deus ex Machina)는 고대 그리스에서 기원한 극작술을 일컫는 말로, 스토리상에서 자연스러운 인과적 전개를 도출하지 못할 때, 초자연적이거나 부자연스러운 존재 혹은 상황을 등장시켜 극의 긴박한 국면을 타개하고 극을 결말로 이끌어가는 수법이다. 난국에 처한 갈등을 플롯과 내러티브의 전개로 해결하는 것이 아니라 전능한 신을 기계장치에 태워 내려보내 억지로 해결했다는 데에서 비롯한 기계장치의 신 개념은 오늘날까지 소설, 영화, 연극 등의 내러티브 구조를 지닌 예술 장르에서 개연성이 떨어지는 플롯과 서툰 극작술의 예로 간주돼왔다. 나는 〈제페트〉 시리즈에서 이 '기계장치의 신'이란 용어를 비틀어 차용해서, 늘 인간 사유의 한계를 안고 내러티브를 제작할 수밖에 없는 딜레마에 빠진 인간을 돕기 위해 강림한 일종의 계시자, 또는 신탁의 주체로 간주했다. 그런데 이 신은 다름 아닌 알고리즘으로 구성된 신이다.

이 프로젝트만을 위한 기계장치의 신을 만들기 위해, 프로그래머와 함께 구글 코리아의 언어학자에게 자문을 구하기도 했다. 전산언어학에서는 문장을 조사 단위로 분석해 나누고, 그렇게 분리된 형태소들에 보이지 않는 의미의 태그를 달아 동음이의어를 세밀하게 구분한다. 이를 간단히 흉내 내어 문장을 분리하고 단어를 조합하는 일련의 규칙을 만든 뒤, 혼돈이론에서 쓰이는 함수를 더해 이 프로젝트를 위한 '기계장치의 신'을 제작했다. 마치 석유가 매개한 20세기 모더니티의 혼돈을 반영하듯이 말이다. 이 알고리즘에 단어들을 주입하면, 정해진 규칙에 따라 문장을 조합해낸다. 기계가 만들어낸 것이기 때문에 비논리적이면서도 시적이다. 이러한 결과 몇 가지를 모아서 〈제페트〉 시리즈의 리브레토 군데군데에 적용했다. "유황이 붉은 모으면 불이 좋다. 골드 좋다.", "야옹으로부터 기술적으로 불타는, 엄마 고양이를 달궈요. 새로움으로부터 모던으로. 걸프의 파이프라인" 등이 그런 문장들이다. 작업에 활용된 텍스트는 70-80년대 한국 건설기업들의 중동 진출에 관한 것이다. 나의 아버지도 10년 동안 중동에서 근무하신 적이 있다. 당시 나와 비슷한 상황의 친구들이 많았는데, 석유가 매개했던 이 중동

김아영·김희라, 〈제페트, 그 공중정원의 고래 기름을 드립니다, 쉘 3〉, 2015, 6채널 사운드 설치, 39분 29초; 벽 다이어그램 프린트, 5×4m; 보이스 퍼포먼스, 약 20분.

특수라는 사건에는 개인사, 한국사, 세계사가 모두 얽혀 있었다.

〈제페트, 그 공중정원의 고래 기름을 드립니다, 쉘 2〉(2015)은 50분짜리 극장 공연으로 서사를 이끄는 배우들의 목소리와 각종 이미지, 그리고 음악을 담당하는 보이스 퍼포머들의 코러스를 더해 목소리의 다성적이고 혼성적인 직조를 구현했다. 3명의 연극배우와 6명의 보이스 퍼포머가 등장한다. 〈제페트 1〉편에서 나아가 심화된 조사를 통해, 한국의 중동특수와 1930년대 쿠웨이트의 근대화 등을 맞물리게 하여 다뤘다. 근대의 발명품이자 근대에서 가까운 미래로 이동하기 위해 이용 불가피한 물질로서의 석유에 대해 생각해보기 위해서였다.

〈제페트, 그 공중정원의 고래 기름을 드립니다, 쉘 3〉(2015)은 제56회 베니스 비엔날레에 초대되었던 프로젝트로 40분짜리 6채널 사운드 설치와 20여 분의 보이스 퍼포먼스, 그리고 디지털 프린트 벽 다이어그램으로 이루어진 작업이다. 총 14개의 챕터로 구성된 이 내러티브 사운드, 음악극 프로젝트는 성우 9인, 코러스 7인, 지휘자 1인에 의해 녹음됐다. 현지 퍼포머들과 함께 한 퍼포먼스는 4일간 일곱차례 진행했다. 몇몇 챕터에서는 기계장치의 신을 통해 만든 리브레토나 간단한 알고리즘 규칙을 적용한 음악이 쓰이기도 했다. 내용에 있어서는 역시 근대의 발명품으로서의 석유자원과 이를 둘러싼 이야기들을 다

양한 시공간 속의 인물들의 목소리로 소환했다. 이 3편을 마치고 나서, 서울시립미술관에서의 지원금으로 〈제페트〉 시리즈를 아우르는 책 〈제페트, 공중정원, 고래기름, 쉘〉을 출판했다. 제작 과정이 상당히 복잡한 프로젝트였기에 내게도 정리의 시간이 필요했고, 여러 가지 의미에서 도움이 되었다.

이 시리즈에서는 무엇보다도 목소리와 사운드에 무게를 실었다. 청각은 시각과 다르게 동시에 여러 소리를 들을 수 있는 다성성을 기반으로 하며, 이를 통해 관객은 저마다 다른 이미지를 상상할 수 있다.

〈이 배가 우리를 지켜주리라〉(2016)
이 작품은 파비옹 리서치 랩이라는 레지던시 프로그램으로 프랑스 파리 팔레드도쿄 미술관에서 6채널 사운드 설치와 디지털 프린트, 단채널 비디오 등으로 구현한 작업이다. 6채널 사운드 설치 〈이 배가 우리를 지켜주리라〉는 지난 3년간 〈제페트, 그 공중정원의 고래 기름을 드립니다, 쉘〉 시리즈를 거치면서 발전시킨 석유와 역청에 대한 관심에서 비롯했다.

대홍수-방주(배)에 관한 서사는 성경뿐 아니라 코란, 길가메시 서사시에도 기록되어 있다. 신들은 대홍수의 재앙을 내리고 선택된 자들에게 방주(배)를 지으라고 권고하며 배의 안팎을 역청으로 칠하라고 명한다. 역청, 즉 점성질의 석유는 유사 이래 선박의 표면을 방

김아영, 〈이 배가 우리를 지켜주리라〉, 2016, 프랑스 팔레 가르니에에서 목소리와 움직임 퍼포먼스, 15분.

수처리하기 위해 쓰인 중요한 재료였고, 파리 오페라 극장의 지하 은밀한 곳에 고여 있는 호수의 벽 역시 역청으로 마감되었다는 기록은 이 시대착오적이며 기념비적인 장소를 고대의 재난과 연결 짓는다. 그 호수는 극장 건설 당시 지층을 파 내려가다 범람한 센강의 지류를 막을 수 없어 일종의 저수지로 마련해둔 인공호수다. 지난 3년 동안 역청과 석유라는 물질의 이동에 대해 작업해온 내게 이 공간은 자연스레 세상과 단절된 방주 같은 곳으로 읽혔다. 그뿐만 아니라, 당시 불거진 물과 바다와 관련된 재난들(유럽으로 향하는 아프리카와 중동발 난민들이 탄 배의 전복사고들, 세월호 참사 등)은 자연스럽게 내게 이 곳을 대홍수의 시련을 겪는 선박으로 바라보게 했다.

세계 최고의 발레단을 보유하기도 한 이 극장 소속 무용수들은 그 안에서 시간의 흐름이나 날씨도 잊은 채 연습에 몰두한다고 한다. 그들은 심지어 2016년 11월 파리에 테러가 벌어졌을 때도 몇 시간이 지난 후에야 그 소식을 접했다고 한다. 이러한 모든 요소들이 내게 어떤 이야기를 도출해내도록 유도했다. 신기하게도 극장 지하에 위치한 무대장치를 제어하는 톱니바퀴 형태의 구조물들은 18세기 당시 극장이 건설될 때 뱃사람들에 의해 설계되고 작동되던 것이라고 한다. 그래서인지 현재까지도 오페라 극장에서 쓰는 용어 중에는 해양 용어, 뱃사람들의 언어가 많이 남아 있다.

〈다공성 계곡: 이동식 구멍들〉(2017)

이전까지 해왔던 사운드 설치작업들과는 확연하게 달라지기 시작한 작업이다. 2018년 일민미술관에서 선보인 〈다공성 계곡: 이동식 구멍들〉(2017)은 21분짜리 단채널 비디오 작업으로 CG, 3D영상 및 크로마키 합성 영상 등의 시각요소들과 다층의 합성 사운드 및 음성으로 이루어져 있다. 가상의 공간 다공성 계곡에 거주하는 유사-신적인 존재 페트라 제네트릭스(Petra Genetrix)는 암벽 밖으로 튀어나온 거대한 암석 결정에 깃들어 사는 광물이다. 폭파가 일어나자 페트라는 또 다른 암석 플랫폼으로 이주를 시도해야 하는 상황에 처한다. 광물자원 추출로 지표면 아래가 점차 듬성듬성해지는 다공성 개념과 내러티브 구조에서의 다공성이라고 할 수 있는 플롯 구멍, 그리고 공간을 초월하는 '포털' 개념의 일종으로 볼 수 있는 '이동식 구멍'(portable hole) 등을 주요 개념으로 채택했다. '이주'(migration)는 흥미로운 다의성을 지닌 단어다. 주체의 물리적 이동뿐만이 아니라 데이터의 이송, 네트워크상 정보의 재배치, 플랫폼(기기나 장치) 변화 등을 의미한다. 인격 또는 주체의 이주뿐 아니라 데이터의 누락을 막기 위한 클라우드 마이그레이션 또한 21세기 초 현재의 첨예한 이주의 양상을 보여주고 있다.

〈다공성 계곡 2: 트릭스터 플롯〉(2019)

이 작품은 국립현대미술관의 《올해의 작가

상》에 선보인 영상작품으로 〈다공성 계곡: 이동식 구멍들〉(2017)의 후속작이다. 전작에 등장한 '페트라 제네트릭스'라는 광물이자 데이터 클러스터가 이주하는 여정에서, 난민 이슈와 데이터의 이동과 같은 주제를 다양한 층위로 중첩시켜 픽션으로 만들어냈다. 작품에는 3명의 트릭스터가 등장하는데 '트릭스터'(trickster)란 신화·민담에서 도덕과 관습, 사회질서를 어지럽히는 신화적 존재를 뜻한다. 3명의 트릭스터들은 우리나라로 이주해 온 예멘인이며, 각각 돌·광물·지층의 가면을 쓰고 있다. 이 예멘인들은 마치 한국의 순혈주의를 교란시키기 위해 불시착한 존재인 트릭스터처럼 보이기도 한다. 또한 영상에 등장하는 몽골의 어머니 바위는 전능함과 초지성을 상징하는 몽골의 유사설화를 상기시킨다.

'다공성 계곡'이라는 주제는 크게 세 층위를 갖는다. 우선, 지층 즉 지질학적인 광물이나 석유 같은 다공성을 의미한다. 둘째로, 데이터의 다공성을 의미하는데 시간에 흐름에 따라 데이터가 자연스럽게 손상되면서 구멍이 생기고 이로 인해 계속해서 백업을 해야만 하는 상황을 뜻한다. 마지막으로 다공성 계곡은 내러티브 구조의 다공성을 의미한다. 할리우드 대중영화에서 내러티브에 구멍이 많으면 내용이 허술하다는 뜻이지만, 현대미술에서는 내러티브에서 건너뛰기(jumping)가 많으면 설명되지 않는 측면들이 많아지고 오히려 다양한 의미를 갖게 된다.

동시대 미술과 미디어아트에 대하여

늘 유동적이어서 정확한 언어로 명명하기 어려운 동시대 미술에 대하여, 종종 그것이 내부가 텅 비어 있는 구체와도 같은 것은 아닐까 생각해보기도 한다. 팽창과 축소가 가능한 그 윤곽은 확고히 정해져 있지 않아서, 외부의 어떤 요소들과도 상호 침투가 가능하고, 그러한 유연함은 어느 예술 분야보다 신속히 외부와의 이접과 혼성을 허용하여, 무엇이든 표현하고 시도해볼 수 있다는 실험성을 보장하지만, 오늘날 미술에서 실험의 도약과 모호함을 구분하는 기준은 불분명하기도 하다. 19세기 말, 사진술의 발명이 완전히 뒤바꾸어 놓은 시각예술의 본질처럼, 지금 현재를 일종의 패러다임 변화의 시기로 볼 수 있을까. 새로운 기술이 새로운 형식을 만들고, 형식은 시대정신을 담지한다고 믿고 있다.

신승백·김용훈 (1979-, 1980-)
알고리즘아트, AI아트,
인터랙티브 미디어 설치
http://ssbkyh.com

이제까지의 경력과 주요 활동들

김용훈(1980-)은 시드니대학교에서 시각예술을 전공했다. 사진을 기반으로 한 미디어아트를 공부하면서 기술을 깊이 있게 알 필요가 있다고 느껴 카이스트 문화기술대학원에 들어갔다. 신승백도 같은 해에 입학했고 같은 연구실에서 공부하게 되었다. 석사 과정 동안 함께 작품을 만들어보려고 여러 시도를 하였고 졸업 후 작업실을 열고 팀으로 활동을 시작했다. 나는 기술과 인간의 관계에 관심이 있다. 기술이 어떻게 인간 삶에 영향을 끼치고, 인간은 이러한 기술을 또 어떻게 만들어가는지. 이를 주제로 하는 작업에는 기술에 대한 이해가 필수적이다. 따라서 신승백과의 협업이 의미가 있을 것으로 보았다.

신승백(1979-)은 연세대학교에서 컴퓨터과학과를 졸업했고 카이스트 문화기술대학원에서 김용훈과 만났다. 실험실에 있지는 않지만 여전히 연구 중이라고 생각한다. 다만 현실에 있는 컴퓨터가 세상과 어떻게 연결되는가를 연구할 뿐이다. 경험이나 감각적인 측면의 컴퓨터를 다루고 있다. 사실 처음 컴퓨터가 나왔을 때 사람들은 컴퓨터의 가능성을 다 알지 못했다. 당시에 공학자들이 예술가들과 협업을 통해 이런 가능성을 실험한 많은 사례가 있었다. 컴퓨터와 그에 관련된 기술이 급변하는 시점에 김용훈 함께 다른 방식으로 컴퓨터를 탐구하고 싶었다.

우리는 카이스트에서 만나 2012년 팀을 결성하고 본격적인 활동을 시작했다. 2014년 아르스 일렉트로니카 페스티벌, 2015년 국립현대미술관 로봇에세이, 2015년 ZKM Infosphere 등 국내외 여러 전시에 참여했다.

초기 작업
〈Cloud Face〉(2012)

2014년 오스트리아 아르스 일렉트로니카에서 선보인 작품 〈Cloud Face〉(2012)는 얼굴인식 알고리즘이 구름에서 찾은 얼굴 이미지를 모은 것이다. 사람 얼굴을 찾아야 하는 인공지능(AI)이 구름을 얼굴로 인식하는 것은 에러이지만, 그것이 우리 인간의 눈에도 얼굴로 보이기도 한다. 기술의 오류와 인간의 상상이 만나는 지점으로 볼 수도 있을 것이다. AI 시각은 아직 완벽하지 않기 때문에 종종 오류를 일으킨다. 우리는 얼굴인식 알고리즘으로 여러 실험을 했는데, 얼굴이 아닌 것을 얼굴로 잘못 인식하는 것은 항상 골칫거리였다.

그런데 어느 순간, 이러한 에러를 이용해서 하늘에 있는 구름에서 얼굴을 찾을 수 있겠다는 생각을 하게 되었다. 카메라를 하늘로

신승백·김용훈, 〈Cloud Face〉, 2012, 얼굴인식 알고리즘, 커스텀 소프트웨어, 피그먼트 프린트, 가변 크기.

향하게 하고 얼굴인식 알고리즘을 실행시켰더니 실제로 하루에 몇 개씩 얼굴을 찾았다. 작품을 만들면서 우리는 이 작업의 의미에 대해서 오랫동안 생각했다. 얼굴인식 기술관련 논문을 읽고 AI의 역사와 담론을 살펴보았다. 이후로 우리는 도구로서 AI 시각기술이 아닌 작업의 주제로서 AI 시각에 관심을 갖게 되었다. 이것이 어떻게 세계를 보고, 인간 시각과는 어떻게 다르고, 이것이 우리 삶에 어떤 영향을 끼칠 것인가를 고민하게 되었다. 이러한 생각이 현재의 작업으로 이어지고 있다.

AI로 얼굴인식 기술을 구현하는 방식이 이제 많이 달라졌다. 과거에는 "이런 형태와 구성이면 얼굴이야"라고 가르쳤다면, 요즘에는 수많은 얼굴 이미지 데이터를 통해 얼굴이 무엇인지 학습시킨다. 인간이 세계를 보고 그 규칙을 컴퓨터에게 가르치던 과거와 달리 지금은 컴퓨터가 데이터로부터 곧바로 규칙을 뽑아낸다. 중간 매개자로서 인간이 빠진 것이다. 딥러닝도 이런 방식이다. 그러나 아직은 인간이 완전히 배제되었다고 말하기는 힘들다. 컴퓨터에게 '이것이 세계다'라고 제시해주는 것이 인간이기 때문이다. 컴퓨터 시각의 오류는 기계가 어떻게 세계를 보고 있는지를 드러내는 한편, 그것을 만든 인간의 시각을 반영하기도 한다.

〈Portrait〉(2013)

2014년 오스트리아 아르스 일렉트로니카에서 선보인 작품 〈Portrait〉(2013)는 AI의 시각이 세계에 대한 다른 관점을 보여줄 수 있을 것이라는 생각의 일환으로 만들었다. 지속적으로 발전하는 AI는 일부 시각 활동에 있어서 이미 인간 능력에 다다랐다. 지치지도 않는다. 따라서 인간 시각을 확장시킬 수 있을 것으로 봤다.

이 작품을 위해 우리가 만든 소프트웨어는 얼굴인식 알고리즘을 사용하여 영화 속에 나오는 얼굴을 모두 찾고, 그것을 하나의 평균 얼굴로 만들어낸다. 작품에는 아바타, 미션 임파서블, 블랙스완, 매트릭스, 아멜리에, 킬 빌, 본 아이덴티티, 올드 보이, 택시 드라이버 등 9개의 영화를 사용했다. 각 영화마다 등장인물이 다르므로 평균 얼굴도 제각각이다. 우리는 이 이미지를 영화의 초상으로 볼 수도 있겠다는 생각을 했다. AI 시각기술이 있기에 볼 수 있는 이미지다.

〈Nonfacial Mirror〉(2013)

2015년 독일 ZKM에서 선보인 작품 〈Nonfacial Mirror〉(2013)는 얼굴을 보면 피하는 거울이다. 거울 내부에 내장된 카메라가 얼굴을 인식하여, 사람이 얼굴을 비춰보려고 하면 휙 옆으로 돈다. 여기에 얼굴을 비춰보고 싶다면 얼굴 일부를 가리거나 심하게 찡그려 얼굴이 아니게 만들어야 한다. 얼굴이 아닌 얼굴로만 이 거울에 비춰볼 수 있다.

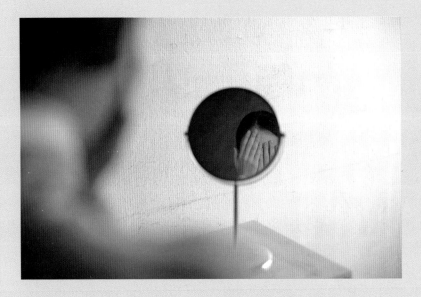

신승백·김용훈, 〈Nonfacial Mirror〉, 2013, 거울, 웹캠, 모터, 아두이노, 컴퓨터, 커스텀
소프트웨어, 나무 패널, 30×30×135cm.

〈CAPTCHA Tweet〉(2013)

캡차(CAPTCHA)란 대상이 사람인지 컴퓨터인지 구분하는 테스트이다. 웹사이트 가입할 때, 뒤틀린 숫자나 문자를 읽고 그것이 무엇인지 입력하라는 지시를 받은 경험이 있을 것이다. 그것을 캡차라고 부르는데, 주어진 문자를 제대로 입력하면 인간으로 판단한다. 컴퓨터는 뒤틀린 문자를 잘 못 읽기 때문이다. 대학원에서 캡차를 연구하던 학생의 발표를 들을 기회가 있었다. 기술이 발전하면서 컴퓨터도 뒤틀린 문자를 읽을 수 있게 됨에 따라 문자를 기반으로 하는 캡차가 효용이 없어지고 있으므로 개와 고양이를 구분하는 것처럼 이미지 기반 테스트로 바꾸어야 한다는 내용이었다. 컴퓨터가 인간의 어떤 능력을 흉내낼 수 있게 되고, 인간은 컴퓨터가 하지 못하는 또 다른 일을 찾으려 하는 그 상황이 인간과 컴퓨터의 경쟁이 시작되는 시점처럼 느껴졌다.

2015년 국립현대미술관에서 선보인 작품 〈CAPTCHA Tweet〉(2013)은 사용자의 트윗을 캡차 형태로 포스팅해주는 어플리케이션이다. 컴퓨터는 캡차 형태의 문자를 거의 읽지 못하기 때문에 이를 인간 사이의 비밀 커뮤니케이션 수단으로 이용할 수 있다. captchatweet.com에 접속해서 누구나 사용할 수 있다. 2013년 당시에는 하루에 수만 명이 접속하기도 했다. 그렇지만 이것이 언제까지 효용이 있을지 모른다. 앞서 이야기한 것처럼 컴퓨터도 뒤틀린 문자를 읽을 수 있게 발전하고 있기 때문이다. 문자를 더 왜곡시키면 인간도 읽을 수 없다. 인간들 사이의 비밀 대화가 필요하다면 우리는 다른 방법을 생각해내야 한다. 어떤 방법이 있을까? 기술이 발전하면 할수록 점점 더 어려워질 것이다.

〈Aposematic Jacket〉(2014)

2014년 금천예술공장에서 선보인 작품 〈Aposematic Jacket〉(2014)은 호신을 위한 웨어러블 카메라이다. 재킷 표면에 부착된 수십 개의 카메라 렌즈가, '당신을 촬영할 수 있다'라는 메시지를 보냄으로써 착용자를 보호한다. 유사시 착용자가 재킷에 내장된 버튼을 누르면 주변을 360도로 촬영해서 이미지를 인터넷으로 전송한다. 상점의 CCTV가 상품을 보호하듯이 재킷의 카메라 렌즈가 착용자를 보호하는 것이다. 독화살개구리가 강렬한 색깔의 피부로 적에게 경고 메시지를 발산하는 것과 같은 메커니즘이다. 악인에게 카메라 렌즈는 독을 품은 것처럼 느껴지기도 할 것이기 때문이다.

상호작용성에 대하여

미디어아트의 상호작용성은 진부하게 느껴진다. 물론 이는 디지털 매체의 중요한 특성이고, 이전 매체가 갖지 못했던 요소이기 때문에 중요하게 다룰 가치가 있을 것이다. 그러나 우리는 관객의 입력에 대한 기계의 반응차원의 인터랙션에는 관심이 없다. 그보다는 일상에서 인간과 기술 사이에서 일어나는 광의의 인터랙션에 관심이 있다. 우리는 거의 매순간 기술과 상호작용을 하고 있다. 여기만 해도 여러 대의 CCTV와 스마트폰이 있다. 그리고 이것들은 환경의 일부로서 우리 삶과 상호작용한다. 이렇듯 너무 흔해서 인식도 못하는 기술과의 인터랙션이 흥미롭다. 작품 〈클릭〉이 이러한 우리의 관심사를 드러낸다고 할 수 있겠다. 하루 동안 마우스를 클릭하는 순간을 포착해서 스크린 속 커서 주변 영역을 저장하게 하였다. 이렇게 저장된 이미지들을 동영상으로 보여주는 작품이다. 우리가 클릭하는 때는 어떤 결정이 일어나는 의미 있는 순간이다. 우리는 하루에 수천 번씩 클릭을 하면서도 그러한 순간들을 거의 기억하지 못한다. 이렇듯 거의 의식하지는 못하지만 끊임없이 이루어지는 기계와의 상호작용, 그리고 그 이면에서 작동하는 기술 자체를 작품의 대상으로 삼고 있다.

의 것, (g) 길 잃은 개, (h) 현재의 분류에 포함된 것, (i) 광분한 것, (j) 셀 수 없는 것, (k) 세밀한 낙타털 붓으로 그린 것, (l) 기타, (m) 방금 항아리를 깬 것, (n) 멀리서 보면 파리 같은 것.

보르헤스(Jorge Francisco Isidoro Luis Borges)는 자신의 에세이 「존 윌킨스의 분석적 언어」에서 존 윌킨스가 인류의 사고 전체를 조직하고 담아낼 수 있는 보편 언어를 만들려고 한 시도를 소개하면서, 그 언어의 법칙과 별개로 그것의 토대가 되는 세계의 분류체계를 검토할 필요성이 있음을 강조한다. 존 윌킨스는 세계를 40개의 범주로 나누는데 보르헤스는 이러한 범주의 결함을 지적하고 세계를 분류하는 행위 중에 자의적이지 않은 것이 없다고 주장한다. 보르헤스는 인간의 불완전한 세계인식의 또 다른 예로 중국의 어떤 백과사전에 쓰여 있다는 이 동물 분류법을 제시했다. 우리는 이러한 기준에 따라 동물을 분류하는 AI를 만들어보았다. 이 AI는 동물을 위에서 제시한 14개의 카테고리로 나누고 유리 돔으로 덮인 작은 모니터들에 각각 디스플레이했다.

최근 활동상황

〈Animal Classifier〉(2016)

2016년 아트센터나비에서 선보인 작품 〈Animal Classifier〉(동물 분류기)는 동물을 다음의 14가지 범주로 분류하는 AI이다. (a) 황제의 소유인 것, (b) 방부처리 된 것, (c) 길들여진 것, (d) 젖을 빠는 돼지, (e) 인어, (f) 상상

〈Flower〉(2016-2017)

2017년 광주시립미술관에서 선보인 작품 〈Flower〉는 다양하게 왜곡된 꽃 가운데 AI가 여전히 '꽃'으로 인식한 이미지들을 보여준다. 이 추상적인 이미지들은 인간의 눈에 꽃으로 보이기도 하지만 그중에는 전혀 꽃 같지 않은

것들도 있다. 이들은 직접 촬영한 매화, 개나리, 철쭉 등 일곱 가지 꽃 이미지를 기반으로 만들어졌다. 각각의 꽃은 여러 가지 형태로 뒤틀리며 움직인다. 7개의 꽃 영상이 7개의 스크린에 디스플레이된다.

이 작업에 사용된 AI 시각기술은 구글 클라우드 비전 API다. 구글이 제공하는 컴퓨터 시각 서비스로 얼굴인식, 사물인식, 문자인식 등의 기술을 제공한다. 그중에서도 작품 〈Flower〉에는 사물인식(label detection) 기술을 사용했는데, 사용자가 인터넷을 통해 구글로 이미지를 보내면 그 이미지가 무엇인지에 대한 카테고리 리스트를 점수(0~1점 사이)와 함께 보내준다. 예를 들어, 매화꽃 이미지를 보내면 꽃: 0.923, 흰색: 0.902, 식물: 0.834 등의 결과를 받게 된다. 작품 〈Flower〉에 포함된 이미지는 결과로 'flower'가 리스트의 첫 번째에 있으면서 0.9점 이상일 때의 경우만 선택한 것이다. AI가 상당히 높은 확률로 꽃이라고 인식한 이미지들인 것이다.

AI가 '꽃'으로 인식한 왜곡된 이미지 중에는 인간의 눈에는 꽃으로 보이지 않는 것들도 있다. 구글의 사물인식 기술은 인간 수준이라고 알려져 있는데, 인간과 똑같은 방식으로 보는 것은 아니다(알파고가 바둑을 잘 두지만 인간처럼 생각하고 두는 것이 아니듯). 인간과 AI가 일반적인 시각활동에서 비슷한 능력을 보인다고 하더라도 둘 사이에는 차이가 존재한다. 그러나 그 차이는 잘 드러나지 않고,

그 기술을 개발한 과학자조차도 정확히 모른다.

〈Non Facial Portrait〉(2018)

2018년 《미디어시티 서울》 비엔날레에서 선보인 작품으로 화가들을 초대하여 한 인물의 초상화를 그리게 한 것이다. 여기서 화가들은 다음의 조건을 따라야 했는데, "AI는 완성된 초상화에서 얼굴을 찾을 수 없어야 한다"는 조건이었다.

화가가 그림을 그리는 동안 카메라는 그림을 지켜보고 모니터에 얼굴 검출 여부를 표시한다. 화가는 이를 참고하면서 AI에 의해 얼굴인식이 되지 않도록 초상화를 그려나간다. 그러나 이것은 쉽지 않다. 인물과 가깝게 그리면 쉽게 얼굴인식이 될 것이고, 얼굴인식이 되지 않게 할수록 그림은 대상에서 멀어져 초상화라고 하기 어려워질 테니까. AI는 얼굴로 인식하지 못하지만 인간은 그 대상이라고 여길 수 있는, 인간만의 시각적 영역을 찾아야 한다.

얼굴인식이 되지 않는 초상화가 어느 정도 완성되었다고 판단되면, 캔버스를 다양하게 움직여서 여러 각도와 거리에서도 얼굴인식이 되지 않는지 체크한다. 다양한 시점에서도 얼굴인식이 되지 않고, (최소한) 참여자 자신이 이 그림을 대상 인물의 초상화라고 할 수 있으면 그림이 완성된 것으로 본다. 전시에서는 화가들이 저마다의 방법으로 완성한 초상

화와 그 과정이 기록된 영상이 나왔다.

〈마음〉(2019)
국립현대미술관 《광장》전에서 선보인 작품
으로 카메라에 담은 사람들의 얼굴에서 느껴
지는 감정을 인공지능이 분석하여 오션드럼
의 소리로 바꾸게 했다. 카메라가 천천히 돌
면서 관람객의 얼굴을 인식하고 이들의 표정
에서 감정을 읽는다. 감정은 행복(happy), 슬
픔(sad), 두려움(fear), 화(angry)로 나누어서 분
석했다. 그리고 관람객의 표정을 수집한 데이
터는 오션드럼을 통해 파도 소리로 전환된다.

현재 관심사는 무엇인가?
기술 발전의 속도가 너무 빠르다는 생각을 하
고 있다. 걱정이 되기도 하고 흥미롭기도 하
다. 컴퓨터공학의 관점에서 보면 이제 세상의
모든 것을 프로그래밍할 수 있는 시대가 된
것 같다. 이러한 것이 어떤 의미가 있을지 생
각한다. 우리는 AI 기술 중에서도 AI 시각에
관심이 있다. 안경, 현미경, 카메라 등 이전의
모든 시각기술에서 최종적으로 보고 판단하
는 것은 인간이었다. 그런데 AI는 스스로 보
고 판단한다. 이로써 인간의 눈은 확장된 것
일까. AI가 인간 대신 봐준다면 인간은 덜 보
게 되지 않을까. AI가 보는 대상에는 인간도
포함되는데, 여기에는 어떤 의미가 있을까.

AI 기술이 전개되는 양상이 인터넷 초창
기와 비슷하다는 생각을 한다. 그것이 세상에
끼칠 영향이 너무 크고 그 변화가 수면 밑에
서 일어나고 있어서 오히려 제대로 보지 못하
는 측면이 있다. 우리는 지금 이미 작동하고
있는 AI 기술과, 그것이 우리 일상에 실제로
어떤 형태로 스며들고 있는지를 계속 관찰하
고 실험하고 있다.

동시대 미술과 미디어아트에 대하여
기술은 현대 삶에 가장 크게 영향을 끼치는
요소 중 하나이다. 예술이 세상과 삶에 관한
것이라면, 오늘날 예술이 기술에 대해 이야기
하는 것은 너무나 당연하지 않나. 세계적으로
많은 미디어아트 전시가 열리고 있다. 국내에
도 2000년부터 서울미디어시티비엔날레가
개최되고 있고 아트센터나비도 지속적으로
미디어아트를 전시해오고 있다. 대전시립미
술관에서는 대전의 과학, 기술 인프라를 기반
으로 관련 전시를 열고 있고, 광주도 미디어
아트에 많은 지원을 하는 것으로 안다. 용인
에는 백남준아트센터가 있다. 일반 뮤지엄이
나 갤러리에서도 종종 미디어아트 전시를 연
다. 미디어아트에 대한 관객들의 관심도 크다
고 생각한다. 그러나 흥미로운 전시는 드물다.
해외에서 좋은 전시를 했을 때의 경험과 비교
해 봤을 때 느껴지는 차이는 무엇보다도 사람
이다. 국내에 인재가 없다는 말이 아니다. 젊
은 작가, 큐레이터, 이론가, 학생들을 만나보
면 의욕과 에너지가 넘치고 아는 것도 많다.

그런데 현장에서 보면 힘이 빠져 있다는 인
상을 받는다. 여러 가지 이유가 있을 것이다.
미디어아트는 현재와 미래의 예술이고 따라
서 지금 세대가 주역이 되어야 한다. 젊은 인
재들이 마음껏 자신의 생각을 실험하고 실패
하고 그리고 그 과정을 통해 성취를 이루어낼
수 있는 충분한 기회가 주어져야 한다고 생각
한다.

김태윤 (1980-)
앱아트, 소셜아트, 데이터 시각화,
로보틱스, Art+Tech 기획
toykim.net

이제까지의 경력과 주요 활동

원래는 IT 분야에서 경력을 쌓다가 2010년부터 작가로 활동하기 시작했다. 2005년에 서울대학교 기계항공공학부를 졸업했으나 전공보다는 컴퓨터에 관심과 소질이 있어 IT 업계에서 개발자로 일했다. 기업체에 다닐 때에는 네이버 지식iN, 네이버 통계, 네이버 특허, 싸이월드 선물가게, 네이트 판 등의 소프트웨어를 개발했다. 그러다가 회사를 관두고 밴드 활동을 하다가 2010년 첫 전시를 열게 되었다. 아트센터나비와 처음 인연을 맺고 전시를 시작해서 그 인연으로 2012년에는 COMO에서 첫 개인전을 열었다. 작품의 특성상 수입이 뒷받침되어야 할 수 있는 작업이 많았고, 그래서 기업의 전시 콘텐츠를 만드는 일이나 미디어아티스트들을 지원해주는 일을 했다. 주로 미디어파사드를 담당했는데, 미디어 작가들과 만나서 작품을 어떻게 만들지 상의하고 회사의 입장과 작가의 입장을 조율하는 역할을 했다. 현재는 현대자동차 아트랩에서 근무하며 예술의 다양한 가능성을 실험 중이다.

초기 작업

〈Hyper-Fish〉(2010)

2010년 INDAF에서 선보인 〈Hyper-Fish〉(2010)가 내 첫 작품이다. 처음 스마트폰이 나왔을 때 만든 작업인데 앱(애플리케이션)으로 물고기를 잡는 행위를 증강현실과 가상현실로 나타냈다. 관람자가 전시장 바닥에 새겨진 연못(원형 마커)을 스마트폰 카메라로 비추면 물고기가 연못을 지나가는 장면이 스마트폰 액정에 증강현실로 나타난다. 이때 낚시를 하듯 스마트폰을 끌어올리면 관람자 정면에 위치한 프로젝터(가상 현실)에서 잡은 물고기가 나타난다. 이는 무엇보다도 디지털 흔적에 관한 작업이다. 예전에는 컴퓨터(PC)를 사용할 때만 디지털 기록이 남았는데, 스마트폰이 나오면서 센서들이 장착되고 나의 모든 것들이 카메라에 찍힐 뿐 아니라 기록이 된다. 물고기를 잡을 때마다, 클릭 또는 터치할 때마다 물고기화(Hyper Fish)되서 남아 있고 어떻게 활용될지 모른다는 것은 결국, 나의 디지털 흔적이 나의 의지와는 상관없이 남을 수 있다는 것을 이야기하고자 했던 작업이다. 그리고 이 작업의 연장선상에서 2010년 〈Hyper Fish〉라는 음악을 만들어 실제 음원으로 발매하기도 했다.

개인전 《즐겨찾기의 비밀》(2012)

2012년에 COMO에서 첫 번째 개인전으로 진행한 전시다. 선보인 3개의 인터랙티브 비디오 작업들이 있다. 하나는 SK텔레콤 빌딩 외벽에 가늘고 긴 검색창의 형태로 설치한 작품 〈검색창의 온도〉로 3대 포털의 인기검색어와 그것의 증감폭으로 계산된 가상의 온도를 실시간으로 표시하고, 시시각각 변하는 포털의 온도를 통해 데이터의 흐름을 시각화했다. 이로써 가십성의 기사가 검색창의 온도를 높이고 오히려 중요한 이슈가 차갑게 다루어지는 매커니즘을 보여주려 했다.

또 하나는 건물 로비에 설치한 〈춤추는 타임라인〉이라는 작업으로 실시간 트위터 데이터를 아래(바다)에서 위(하늘)로 순환시켜 보여줬다. 뉴미디어상의 대화가 사실은 비슷한 성향의 그룹 안에서만 이루어지고, 어쩌면 사람들은 뉴미디어를 통해 다양한 스펙트럼의 소통을 하는 것이 아니라 자신이 원하는 소리만 듣고 자신이 듣고 싶은 이야기만 하는 것은 아닌가 하는 점을 비유하고자 했다.

마지막으로 건물 안쪽에 설치한 작품 〈사적인 향기〉의 경우, 당시 재직 중이던 회사의 협조로 싸이월드의 데이터를 활용하여 현재 시간과 기상 정보에 의해 미니홈피 스킨이 자동으로 변경되도록 하였다. 검색 포털, 트위터, 미니홈피라는 각기 다른 뉴미디어의 데이터를 하나의 공간에서 펼쳐 보임으로써 뉴미디어 간의 유기적인 관계를 유비하고자 했다.

〈A/DD/A〉(2012)

2012년 《미디어시티서울 비엔날레》에서 발표한 〈A/DD/A〉(2012)는 윤지현 작가와의 협업으로 만들었다. 이 작품은 아날로그에서 디지털로 변환하는 A/D 변환, 노이즈 발생장치, 그리고 다시 디지털에서 아날로그로 변환하는 D/A 변환의 세 단계로 구성된다. A/D 변환은 아날로그적 기계장치를 통해 이루어진다. 새의 머리를 달고 있는 단순한 메커니즘의 로봇이 아이패드를 터치하여 '나가 놀아라'라는 텍스트를 트위터에 반복적으로 올린다. 노이즈 발생장치로는 스캐너를 사용한다. 일반적으로 A/D, D/A 변환은 매우 짧은 순간에 이루어지지만 스캔하는 시간 동안 이미지가 생성되는 사이의 시차를 늘려 노이즈를 극대화하고 이를 통해 디지털과 아날로그의 간극을 드러낸다. D/A 변환은 노이즈 발생을 통해 생성된 이미지(디지털 텍스트)의 프로젝션을 통해 이루어진다. 프린터기가 출력하는 동안 프로젝션 맵핑을 통해 종이의 움직임을 실시간으로 추적하고 가상의 이미지를 덧입혔다. '터치하는 행위'가 매우 복잡한 과정을 거쳐 결국 '빈 종이'만 남아 쌓이는 과정을 통해 우리를 기만하는 미디어의 허상을 보여주려고 했다. 그리고 1년 뒤 2013년에 같은 작업을 전시해달라는 의뢰를 받았는데, 그 사이 트위터와 연동하는 방식(API)이 바뀌어버렸고, 이 새로운 방식에 맞춰 작품을 업데이트하기보다는 그동안 서버에 저장되어 있던 데이터를 전시 기간 동안 하나하나 지워가는 것으로 변경했다. 하드웨어는 여전히 유효했지만 소프트웨

김태윤, 〈Search Window Temperature〉, 2012, 3채널 인터랙티브 비디오.

어 또는 데이터와 시스템의 프로토콜 등에 의해 불과 1년 만에 더 이상 유효하지 않은 작품이 되어버린 것에 대한 일종의 애도의 표현이었다.

〈Twitter Buddha〉(2012)

이 작품은 백남준을 오마주한 작업으로 2012년 제로원 디자인센터에서 선보였다. 백남준 탄생 80주년을 맞아 그의 1974년도 작품인 〈TV 부처〉를 현재의 뉴미디어로 재해석한 작품이다. TV 화면이 트위터로 바뀌고, 이를 응시하는 부처의 모습은 실제 불상이 아니라 가상의 부처 이미지다. 또한 실시간 데이터를 임시로 저장해서 온라인이 아닌 스탠드얼론 상태로 만들어 폐쇄회로의 긴장감을 자아낸다. 스마트폰 스크린의 디지털은 2D의 완벽한 공간이지만 3D로 변환했을 때는 다른 차원으로 인해 왜곡이 있을 수밖에 없다. 이것은 디지털이 현실과 만나는 순간(D/A 컨버팅) 생길 수밖에 없는 태생적 오류다. 수많은 데이터 홍수 속에 자신을 마주하고자 하는 자아의 모습은 과연 어떠한가. 무작위로 추출된 데이터는 "4분 33초" 동안 흐르며 반복된다.

최근 활동상황

〈Hello, World!〉(2014)

작품 〈Hello, World!〉(2014) 역시 윤지현 작가와 공동으로 작업했다. 백남준아트센터에서 개최한 《굿모닝 미스터 오웰 2014》를 기념하여 제작한 멀티미디어 설치이자 퍼포먼스였다. 백남준은 〈굿모닝 미스터 오웰〉(1984)로 조지 오웰이 상상한 미래의 소통 가능성을 실험했다. 그로부터 30년이 지난 현재, 1984년 애플의 낙관적인 광고 카피를 비틀어 "당신은 왜 2014년이 1984년과 비슷한지 보게 될 것이다."라는 암울한 선언 속에서 기획했다. 전시공간 곳곳에 설치된 KIOSK 스크린을 통해 관객은 심박수와 체온을 (미처 의식할 틈도 없이) 비접촉 방식으로 채집당한다. 온도 센서와 오픈소스를 활용한 웹캠 해킹을 통해 심박수(추정치)를 측정하고 바로 서버로 전송한다. 기계음의 안내에 따라 순간적으로 수집된 자신의 심박수 데이터를 삭제하려면 7자리의 랜덤하게 생성된 아이디를 기억하고 입력하고, 다시 출력해서 접속해야 한다. 백-아베 신시사이저의 디지털 버전인 데이터 신시사이저의 서버에 무작위로 수집된 관객의 데이터가 쌓였다. 우리는 촬영된 이미지, 심박수, 체온 등의 데이터들을 가지고 새로운 메타데이터를 만들어 실시간으로 시각화했다. 작품은 크게 관객의 정보를 수집하는 키오스크, 관객이 아이디를 입력하면 메시지를 출력해주는 출력장치, 정보를 저장하여 새로운 메타데이터를 생산하는 신시사이저로 구성되어 있다. 이를 통해 소위 빅데이터 시대의 허상, 개인정보의 디지털화와 이를 수집 및 유통, 활용되는 과정(알고리즘)에서 개개인이 이를 제대로 통제하지 못하는 디지털 시대의 이면을 보여주고자 했다.

〈Fluid State Society〉(2013-2014)

〈Fluid State Society〉는 아트센터나비에서 진행한 융복합 창작프로젝트 《Butterflies 2014 展》을 위해 기획한 작품이다. 모든 사물이 연결되고 데이터의 흐름에 유연하게 반응하는 IoT 시대를 '유연사회'라는 개념으로 제시하고 이를 통해 새로운 데이터 유통 구조를 보여주고자 했다. 오늘날 미디어의 데이터는 유연한(flexible) 흐름(fluid)을 만들지 못하고 의미있는 관계를 만들어내지 못하는 무연(無緣)사회가 되어가고 있는데, 이는 데이터가 자유롭게 흐르지 못하고 마치 고체(solid)처럼 딱딱하게 굳어지는 시스템의 '구조' 때문이다. 기술적으로 모든 것이 쉽게 연결되지만, 데이터는 설계된 방식대로만 흘러갈 수 있다. 디지털은 본래 흐를 수 있는 유동성(fluidity)을 지니고 있으므로, 이를 회복하여 유연하게 흐를 수 있도록 새로운 형태의 데이터 저장, 분배 및 유통 구조를 제안하고자 했다. 〈Fluid State Society〉는 데이터의 흐름을 한눈에 볼 수 있는 하드웨어로 디지털과 아날로그 방식이 혼용된다(hybrid). 각 데이터 입출력 노드들은 아날로그 전선 혹은 디지털 터치 방식으로 유연한 연결구조를 갖게 되며 마치 뇌의 신경세포망처럼 유연하게 흐른다. 여기서 데이터는 끊임없이 들어가고(저장), 연결되며(유통), 흘

러나가게(분배) 된다.

하나의 예가 세월호 추모를 위한 포털 게시판 데이터와 실시간으로 연동되었던 조명작업 〈Yellow Ribbons' Lighting〉(2014)이다. 이것은 일종의 프로토타입으로 제작한 것인데, 대만의 썬플라워 무브먼트(Sunflower Movement) 당시 트위터 반응과 연결시켜 〈Sunflowers' Lighting〉(2014)이란 작품으로 재탄생하였다. 데이터와 알고리즘 변경만으로 매우 유연하게 변경 가능했던 것이다. 다시 말해, 동일한 하드웨어라 하더라도 데이터 혹은 소프트웨어에 의해 손쉽게 재맥락화가 가능한 시대가 도래했다는 것이다. 이러한 시대에 예술작품의 정의에 변화가 요구되는 것은 당연해 보인다.

백남준을 어떻게 생각하는가?

초기 작업은 사운드, 즉 시간성에서 출발했고 그것이 당시 새로운 매체인 영상(비디오)까지 이어졌다고 생각한다. 퍼포먼스도 시간성에서 출발해서 공간성으로 넘어온 것이다. 이러한 흐름 혹은 그의 행보가 마음에 든다. 무엇보다 생각에만 그치지 않고 직접 실행했다는 것이 대단하다. 다들 상상만 하지 않는가? 상상과 현실이 다르기 때문에 더더욱 계속 부딪쳐봐야 하는데 말이다. 처음부터 좋은 작업이 나오는 것은 아니라고 생각한다.

〈PITAKA〉(2015)

〈PITAKA〉는 산업용 로봇팔(Robot Arm)을 활용한 작업이다. 2015년 아시아문화의전당 개관전을 위해 만든 작품으로, 4명의 작가(김태윤, 박얼, 양숙현, 윤지현)가 '트랜스미디어랩'(Transmedia Lab)이라는 이름으로 참여하였다. 고려대장경연구소(이사장 종림 스님)에서 팔만대장경(인경본) 16만 2,516면을 일일이 사진으로 촬영하고 글자 하나하나의 의미를 해석해 디지털화하였는데, 이를 로봇팔을 이용해 수행하듯 정교하게 깎아나가는 작업이다. 과정을 살펴보면, 일단 컴퓨터 프로그래밍으로 대장경 외형을 벡터 데이터로 만들고, 이것을 로봇이 어떻게 깎을 것인지 3D 프로그램 상에서 시뮬레이션하는 것이다. 시뮬레이션이 끝나면 수행하는 로봇 피타카(PITA-KA)가 투명 플라스틱 패널에 대장경을 새기는 퍼포먼스가 이루어진다. 매우 정교하고 스마트해 보이지만 사실 이 로봇은 주어진 경로에 따라 작업을 할 뿐이고, 한 번에 한 글자밖에는 쓸 수가 없다. 디지털 데이터 복원과 정교한 로봇 테크놀로지가 만나면 무한대로 확대 재생산할 수 있겠지만, 우리가 로봇에게 기대한 결과는 '생산'이 아닌 '수행'이었다. 과거 박물관의 역할이 작품을 잘 보존해서 유물(Heritage)을 다음 세대로 남겨주는 것이라면, 디지털 유산(Digital Heritage)의 의미는 동시대적으로 살아 있는 예술로 남는 데 있을 것이다.

현재 관심사는 무엇인가?

현재 기업에서 근무하다 보니, 예술의 다양한 위치(positions)에 관심이 많다. 예술의 사회적 역할이라고도 할 수 있다. 최근에는 미술관이나 기관과의 파트너십을 통한 자본과 예술이 만나는 후원 프로그램부터 그 범위가 점점 확장되고 있으며, 흔히 'Art+Tech'라고 말하는 예술과 기술이 접목되는 전시기획 등 다양한 프로젝트를 진행하고 있다. 개인 차원에서, 기업 안에서, 사회 안에서, 전 지구적으로 예술이 거주하는 다양한 곳, 그 안에서 새로운 예술적 가능성에 대한 실험을 진행하는 중이다.

현대자동차 아트랩(2014-)

현대자동차는 미술 프로젝트 전담부서 아트랩을 만들고 국내외 미술관과 파트너십을 맺고 여러 가지 프로젝트를 진행하고 있다. 현재 현대자동차 아트랩에서 근무하면서 국립현대미술관 및 세종문화회관 파트너십, 현대모터스튜디오의 아트 관련 업무를 담당하고 있다. 2014년부터 현대자동차 아트랩에서 진행한 MMCA 현대자동차 시리즈는 매년 1인의 우리나라 중진작가를 지원하는 연례 프로젝트로 전시를 비롯한 다양한 프로모션을 통해 독자적인 세계를 구축하고 있는 중진작가를 지원하고 한국 현대미술의 현주소를 선보이고자 기획되었다. 이 프로젝트에서는 지금까지 이불, 안규철, 김수자, 임흥순, 최정화, 박찬경 같은 중진작가들의 작품을 지원했다.

김태윤·박얼·양숙현·윤지현, 〈PITAKA〉, 2015, 인터랙티브 설치.

동시대 미술과 미디어아트에 대하여

미디어아트는 많은 경우 현재의 테크놀로지를 활용하기 때문에 기술 발전이 가져온 또는 가져올 변화에 대한 이야기가 기본이 된다. 이런 의미에서 동시대 미술의 작은 범주라고도 할 수 있으나, 흔히 알고 있는 미술관에 전시되는 동시대 미술의 작품과 비교한다면 한 걸음, 적어도 반 걸음이라도 먼저 시대 변화의 흐름을 이야기한다고 생각한다.

박형준 (1980-)
인터랙티브 설치, 비디오 설치, 의료기술
www.jun-park.net

이제까지의 경력과 주요 활동
충남대학교 조소과를 졸업하고 독일로 유학을 떠났다. 독일 할레 조형예술대학교에서 미디어아트를 전공했으며 독일 쾰른 미디어예술대학교(Kunsthochschule für Medien Köln, Germany)에서 미디어아트 석사를 마쳤다. 2012년 쾰른 미디어예술대학에서 개인전《나는 인공물이다》를 열었고, 2013년에는 대전문화제단 아티언스프로젝트 한국기계연구원 입주예술가로 선발되었다. 2015년에는 독일 쉐핑엔에서 주최하는 '예술-과학-경제'를 주제로 하는 레지던시에 선발되어 참여했다. 이듬해인 2016년 대전 현대갤러리에서 개인전《기계·인간》을 열었고 2017년에는 갤러리 밈에서 개인전《미래 감각》을 열었으며, 이외에도 다수의 기획전에 참여했다. 독일 칼스루헤 미디어아트센터(Zentrum für Kunst und Medien Karlsruhe, ZKM)에 작품 〈나는 나를 선택하지 않았다〉(I did not choose me)가 소장되어 있으며 대전시립미술관에 작품 〈나는 인공물이다〉(I am an Artifact)가 소장되어 있다.

초기 작업
〈나는 나를 선택하지 않았다〉(2011)
2011년 독일 ZKM에서 선보인 작품 〈나는 나를 선택하지 않았다〉는 3D 프린터로 제작한 얼굴 조형물을 양방향이 포물선 형태로 제작된 거울 위에 설치한 것으로, 눈에는 보이지만 손에는 잡히지 않는 허상을 만들어낸 작업이다. 이 작품은 '자기 자신인 나'라는 의미에서 자아(自我)에 대한 이야기를 풀어나가는 작업으로 '나'는 타자와 달리, 오직 거울을 통해서만 관찰이 가능하다는 사실에 착안하여 거울을 작업의 주재료로 사용했다. 여기에 덧붙여 신체 정전기 반응을 감지하는 센서를 부착하여 관객이 얼굴의 허상을 만지려고 하면 이에 반응하는 인터랙션 기술을 삽입했다. 이를 통해 우리가 '나'라고 믿는 자아는 선천적으로 결정되는 하나의 독립적인 주체이기보다는 타자와의 관계를 통해 형성된다는 것을 드러내고 싶었다. 이 작품은 모두가 존재한다고 믿는 자아의 허구적 실체, 존재한다고 믿지만 눈에는 보이지 않는 자아의 '허상'에 대한 탐구였으며, 이러한 탐구가 작품 〈나는 인공물이다〉로 발전해가는 데 영향을 미친 것 같다.

〈나는 인공물이다〉(2012)
2012년 독일 쾰른 미디어예술대학 졸업전에서 선보인 작품 〈나는 인공물이다〉(2012)는 독일 뒤셀도르프에 위치한 한 대학병원의 방사선과와 협업으로 진행한 작업이다. 당시 병

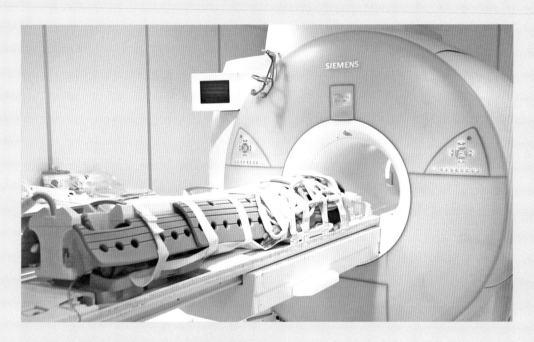

박형준, 〈나는 인공물이다〉, 2012, 비디오, MRI 촬영, 5분.

원에 의뢰하여 내 몸 전체를 1시간 30분 정도를 들여 MRI로 촬영했다. 이렇게 얻어진 신체 데이터를 바탕으로 다양한 작품을 제작했다. 작품의 콘셉트는 영혼에 대한 관심에서 출발했다. 즉 "우리에게 영혼이 존재할까? 그렇다면 그것이 촬영 가능할까?" 하는 의문에서 시작하였다. 고대 이집트인들은 영혼이 심장에 깃들어 있다고 믿었기 때문에 다른 장기는 카노푸스의 단지라는 항아리에 보관했지만 심장은 죽은 자의 몸속에 그대로 두었다고 한다. 이와 대조적으로 현대인들은 영혼이 뇌속에 있다고 믿거나 혹은 영혼은 없다고 설명한다. 기술의 발전에 따라 인류의 생각이 변화해온 과정이 흥미로웠고, 예술 분야에서는 긴 시간 논의해온 영혼이라는 주제가 과학 분야에서는 오랫동안 배제된 주제였다가 최근에 와서 뇌과학에서 논의되고 있다는 점에 관심을 갖고 작업을 진행했다.

〈떠다니는 신체〉(2014) 외

〈나는 인공물이다〉(2012)에서 MRI 촬영을 통해 얻은 신체 데이터는 이후에 다양한 작업들을 낳았다. 2014년 독일 에센 미디어아트페어(Contemporary Art Ruhr, Media Art Fair Essen Germany)에서 선보인 작품 〈떠다니는 신체〉(2014)가 그중 하나로, MRI 스캔 중의 비디오 촬영 영상과 그것을 스캔한 1천 장의 이미지로 구성된 비디오 인스톨레이션 작업이다.

MRI 데이터를 활용한 또 다른 작품으로는 2015년 서울 미디어극장 아이공에서 선보인 〈투과될 수 있는 심장〉(2015)이 있다. 이 작품은 그림자 연극을 하는 인터랙티브 조각으로, 내 몸을 MRI로 스캔한 뒤 MRI 데이터와 밀랍을 통해 심장 크기만 하게 만든 것이다.

또한 2017년 서울 갤러리 밈에서 선보인 작품 〈비어 있는 자소상〉(2015)은 정육면체 큐브 안에 자소상을 넣은 것으로 2mm 두께의 225개 층 투명 아크릴판으로 구성했다. 아크릴 큐브 중앙에 있는 예술가의 머리는 비어 있는데 내 머리를 3D 스캔한 후 레이저 커팅을 통해 머리의 각 층을 비웠다.

〈InsideOut〉(2012)

관객과의 인터랙션을 이용한 퍼포먼스로, 2017년 독일 뮌스터 현대예술후원단체(Förderverein Aktuelle Kunst Münster Germany, FAK)에서 선보인 작업이다. 커다란 유리벽을 가운데 둔 채 관객과 내가 마주 본 상태로 퍼포먼스가 진행됐다. 내 팔에는 물리치료 시 쓰이는 전기자극기가 부착되어 있었고 유리창 너머 관객이 서 있는 곳에는 손가락을 통해 심장박동을 측정할 수 있는 응급실용 센서 장치를 설치해 놓았다. 이 장치를 관객의 손가락에 끼우면 관객의 심박수에 따라 내 팔이 움직이는 방식으로 인터랙션이 이루어졌다. 퍼포먼스는 1시간가량 이어졌고 여러 명의 관객들이 돌아가면서 참여할 수 있도록 했다. 나의 작업에서 상호작용적 기술은 미디어

박형준, 〈Inside Out〉, 2012, 인터랙티브 퍼포먼스, 손가락 센서, 심박카운터, 전기자극기, 1시간.

아트가 가질 수 있는 관객의 몰입도(Immersion)를 극대화하는 데 요긴하게 쓰인다. 몰입은 (여타 예술 장르와 달리) 미디어아트에서는 매우 중요한 개념이고, 관객이 즉흥적으로 작품을 이해하고 공감할 수 있게 만드는 요소다.

〈Drift, Drop, Disappear〉(2013)

2013년에는 《아티언스 대전》 프로젝트에 초청되어 4개월간 한국기계연구원에 머물면서 협업을 진행했다. 당시 나노자연연구소를 드나들면서 완성한 작업이 〈Drift, Drop, Disappear〉(2013)이다. 연구원들은 연꽃 표면이나 딱정벌레의 등에서 영감을 받아 나노구조에 기초한 물방울 형태를 시도하고 있었다. 나는 내 작업을 통해 많은 사람들이 자연과 인간의 '공존'이라는 주제에 대해 한 번쯤 생각해보기를 바랐다.

'수증기를 모으는 퍼포먼스' 역시 이 작업의 일환이었다. 그래서 해가 뜰 무렵 산속으로 들어가서 유리 플라스크에 산속 안개로부터 수증기를 모았다. 안개는 공기와 땅의 표면 사이의 온도 차이에서 발생하는 것으로, 태양열과 함께 시간이 지나면서 공기 중으로 기화된다. 자연의 순환을 보여주는 이 일시적인 현상으로부터 나는 소독용 옷을 입고 산 주위를 돌아다니면서 수증기를 채집하는 퍼포먼스를 수행했는데, 이는 자연과 인간에 대한 나의 생각을 표현하기 위함이었다. '타투 퍼포먼스' 역시 이 작업의 일환이었다. 이 퍼포먼스는 내 몸에 잉크 대신 물을 사용해서 타투를 새긴 것으로 물의 나노단위로부터 마이크로 세계를 시각화하는 작업이었다. 그리고 6개의 물 분자들의 화학적 구조를 보여주는 스케치 작업들도 있다. 나는 마치 물이 공기 중에서 기화되듯, 시간이 지남에 따라 타투가 사라지도록 만들었다. 이 외에도 물방울을 알루미늄 그릇에 설치해둔 작업도 있었다. 여기서는 소수성(hydrophobic)을 띄는 나노-표면 코팅 기술을 사용하여 물방울과 그것이 놓여 있는 알루미늄 그릇의 긴장을 표현했다. 이 기술을 통해 물방울이 각도에 따라 그릇 위를 자유롭게 굴러다닐 수 있었다. 시간이 흐르고 자연적으로 마르면서 인공적으로 만들어진 긴장이 서서히 사라졌다.

최근 활동상황

개인전 《기계·인간》(2016)

2016년 대전 현대갤러리에서 개인전을 개최했다. 오늘날 우리는 인터넷과 스마트폰이 만들어내는 이미지의 홍수 속에 살고 있다. 이러한 시대에 보는 행위의 주체인 '눈'에 대해 탐구하고자 했다. 눈은 빛과 신경체계를 통해 대상을 인지하는 시각기관이다. 나는 눈을 마치 기계의 부품처럼 해부하여 3D 프로그래밍을 통해 재설계하고 가시화했다. 전시에서는 이전 작업들과 함께 신작 〈눈 안의 눈〉, 〈격자 착시〉, 〈사색의 지평선〉을 선보였다.

작품 〈눈 안의 눈〉(2016)은 안구의 동공 반응을 의료용 펜라이트(Pen Light)와 적외선 카메라를 이용해 촬영한 영상작업이다. 의료용 펜라이트는 주로 응급실에서 환자의 동공을 비추어 의식이 있는지 알아보는 용도로 사용된다. 빛이 없는 상태에서 내 눈의 동공 반응을 촬영하기 위해 적외선 카메라를 이용했다. 어두운 상태에서 동공은 최대로 열리고 빛이 밝을수록 그 크기가 작아진다. 동공 개폐는 외부의 빛 자극에 따라 홍채 내부의 근육에 의해서 일어난다. 홍채는 외부에서 관찰할 수 있는 유일한 체내기관이며, 의식이 없는 상태에서는 반응하지 않는다. 불수의근(involuntary muscle)인 홍채를 인위적으로 만든 빛 조절장치를 통해, 동공이 마치 호흡을 하듯이 서서히 커지고 작아지는 과정을 반복적으로 촬영하였다.

작품 〈격자 착시〉(2016)는 반복적인 패턴으로 이루어진 그래픽 작업이다. 작품을 보면 여러 개의 사각형 사이로 희미하게 깜박이는 점이 보인다. 이는 뇌가 인지하는 일종의 착시 현상으로 실제 눈에는 보이지 않는 이미지이다. 이를 통해 '눈이 보는 세상'과 '뇌가 보는 세상'은 동일하지 않다는 것을 이야기하고 싶었다. 주체가 '본 것'이 객관적이지 않으며 여러 가지 경험적 또는 개별적 요인들로 인해 왜곡되어 인지된다는 사실을 말하고자 했다. 망막에 투영되어 우리가 보는 세상의 이미지들은 눈 안에서 전기신호로 변환되고, 망막을 둘러싸고 있는 1억 개가 넘는 시신경을 통해서 그 전기신호를 뇌가 해석하는 과정을 거친다. 원추세포와 간상세포로 이루어진 시신경세포는 하나의 광자(光子)에도 반응할 만큼 민감하다고 한다. 내가 상상하는 세상의 이미지는 눈 안에서 떠다니는 수많은 빛 알갱이(광자)들의 집합체이다.

작품 〈사색의 지평선〉(2016)은 여행 중에 촬영한 스위스 바젤의 풍경으로, 촬영된 이미지의 상하좌우를 뒤집어서 대형 프린트한 작업이다. 시각인지에 있어서, 우리가 보는 세상은 동공을 통해 들어온 빛이 망막에 맺혀 뇌가 인지하는 과정을 거치지만, 망막에 맺히는 상은 렌즈(수정체)의 원리에 의해서 상하좌우가 뒤집혀서 투영된다는 사실이 흥미로웠다. 우리는 세상을 똑바로 보는 것 같지만, 실상 우리 뇌는 상하좌우가 뒤집혀 있는 세상을 보고 있었다. 이러한 원리에 대한 관심을 작업으로 표현한 것이 〈사색의 지평선〉이었다.

결국 세 작업은 모두 눈과 뇌를 통한 시각인지에 대해 해부학적 관점으로 접근한 작업들이라고 할 수 있다. 왜 인간의 눈과 뇌는 이렇게 복잡한 해부학적인 경로와 굴절, 왜곡, 분석, 조합 등 어떻게 보면 불필요하게 많은 시신경 필터링을 거치면서 세상을 바라보는가 하는 질문에 착안한 작업들이다. 나는 우리의 몸이 과도하게 설계되어 있으며, 오류투성이인 면이 많다고 생각한다. 최근 과학계에는 마치 특별한 취향을 가진 디자이너가 인간의 신체를 미래에 사용될 용도까지 고려하여 과도한 설계로 만들어낸 것은 아닌가 하는 의견도 있다고 한다.

현재 관심사는 무엇인가?

인간의 몸에 대해 지속적으로 탐구하고 있으며, 이를 통해 기계와 인간을 비교하는 접근을 시도하고 있다. 신체 내부에서 일어나는 감각에 관심을 가지고 있고, 기술적 연구로서 현재는 시각과 기계시각(machine vision), 즉 사람의 눈과 기계의 눈을 비교하고 있다. 이를 토대로 궁극적으로는 인간과 인공지능, 사람의 생각과 기계의 생각을 비교, 연구하고자 한다. 주안점을 두고 접근하는 점은 기계와는 차별화된 인간만의 신체반응이다. 예를 들어, 수면 중 잠꼬대나 무의식적인 재채기 같은 생체반응을 연구하여 기계에 이식하는 실험을 시도하려 한다. 잠꼬대하는 기계 혹은 재채기하는 로봇이다. 먼 미래에 모든 것이 기계화된 세상에서 인간은 무엇으로 인간일 수 있을까 하는 철학적인 공상을 많이 한다. 또한 개인적으로 의학에 흥미를 두고, 이와 관련한 기술을 익히고 작품에 적용시키고 있다. 신체에 대한 연구를 지속하기 위해 해부학이나 신경학을 즐겨 찾아보고 동시에 의학에 기반을 둔 신기술을 자주 접하고 있다.

동시대 미술과 미디어아트에 대하여

개인적으로 특이하다고 생각하는 점은 한국인들이 기술, 특히 IT에 굉장히 관심이 많고 새로운 기술을 거부감 없이 받아들인다는 것이다. 이는 앞으로 테크놀로지를 기반으로 하는 작업을 활성화시키고 국내 예술의 발전에 긍정적으로 기여할 수 있는 원동력이 될 것이다. 국제적인 관점으로 봤을 때 서구의 미술계는 미디어아트와 순수예술을 크게 구분하지 않는 것 같다. 실험과 도전을 예술의 기본 정신으로 생각하고 접근하는 문화가 확대되어 있는 것이 그 이유 중 하나이지 않을까? 이들은 좀 더 통합적인 관점에서 바라보는 것이다. 나는 미디어아트가 아방가르드 예술의 한 분야로 간주되어야 한다고 생각한다. 새로운 것이 있으면 먼저 시도해보려는 용기와 도전의식이 기술을 두려움 없이 예술에 접목하는 것을 가능하게 해준다고 생각한다. 따라서 동시대 미디어아트가 미술계에서 가질 수 있는 큰 의의는 경계 허물기에 있다. 다학제적인 사고와 협업을 통한 연구 및 작품들을 보면 오늘날의 미술이 기존의 미술 이상의 것을 보여줄 수 있을 것이라는 생각이 든다.

미디어아트의 출발은 60년대 실험적 비디오아트에서 시작됐다고 볼 수도 있고, 그 이전인 20세기 초 미래파들의 기계연구로부터 파생되었다고 볼 수도 있다. 그것이 언제부터이든 미디어아트의 시발점에서는 급진적 실험성이 강조됐다. 반면 오늘날에는 기술의 발전이 이미 대중문화 속에 녹아 들어가 있어, 미디어아트의 실험성보다는 대중성이 더 부각되는 것이 현실이다. 이러한 시대에는 잘 만들어진 미디어아트와 TV광고를 구분하기가 어려워진다. 새로움을 받아들이는 속도는 예술가들 못지않게 관객들도 빨라졌기 때문이다. 그렇다고 기술 기반의 미디어 작품들이 시대가 흘렀다고 해서 조각, 회화 등의 전통예술에 편입될 수는 없는 노릇이다.

초기 미디어아트에서는 예술이 화이트 큐브를 넘어서 관객과 소통할 수 있음을 보여주려고 했다면, 이제는 대중 속으로 흡수되어 버려 다시 정체성을 찾기가 어려워지지 않았나 싶다. 그래서 이러한 위기에서 벗어나고자 더욱 많은 영역으로 다양하게 미디어아트가 확장되고 있는데 나는 이러한 방향성에 대해 긍정적인 시선을 갖고 있지 않다. 대중을 더 많이 포섭하려는 시장 확장에 대한 노력이 아니라 다시 본래의 자세인 실험성에 초점을 두어 호기심으로 새로움을 창조하고 보여줘야 한다고 생각한다. 그리고 이를 위해서는 미술을 넘어 다른 영역과 소통하는 것이 중요하다고 생각한다. 그렇지 않으면 미디어아트는 대중문화에 머물 수밖에 없을 것이다.

백정기(1981-)
설치, 전파 및 전기에너지 장치,
자연색소 프린트, 예술과 과학
jungkibeak.blogspot.kr

이제까지의 경력과 주요 활동

2004년 국민대학교를 졸업하고 영국에서 유
학을 갔다. 2007년 영국 첼시 미술학교에서
순수미술을 수료하고 영국 글래스고 미술학
교에서 순수미술 석사를 마쳤다. 두산갤러리,
대안공간 루프, 인사미술공간, 스페이스 15
번지 등에서 개인전을 열었으며 국립현대미
술관, 대구미술관, 두산갤러리, 아트선재센
터 등에서 개최된 다수의 단체전에 참여했다.
2011년 아르코 영아티스트프론티어 지원작
가로 선정되었으며, 2012년 송은미술대상 우
수상을 수상했다.

초기 작업

〈무제(바셀린 투구 시리즈)〉(2007)

2007년에 만든 〈무제(바셀린 투구 시리
즈)〉와 〈Treatment: SWIP 4JU〉는 작가 개
인의 상처와 치유의 과정을 담은 작업으
로 2009년 스페이스 15번지에서의 개인전
《WASSER+OLEON》에서 선보였다. 유년기
에 화재사고로 왼손에 화상을 입고 상처 부위
에 바셀린을 두껍게 발랐던 경험은 작품 〈무

제(바셀린 투구 시리즈)〉를 통해 상처받은 정
신과 육체를 보호하고 치유하기 위한 일종의
보호구로서 형상화되었다.

〈Treatment: SWIP 4JU〉(2007)

같은 전시에서 선보인 이 작품은 건물의 갈라
진 틈을 갈라진 피부의 상처로 상정하고 바셀
린으로 채워 넣은 장소 특정적 설치작업이다.
바셀린의 어원은 색슨어 바소르(wassor, 물)
와 그리스어 오레온(oleon, 기름)을 합성한 것
이다. 사실 바셀린은 물을 전혀 포함하고 있
지 않지만 피부에 바를 경우 얇은 막을 형성
해 피부의 수분이 증발하는 것을 막아줌으로
써 피부의 상처 회복을 돕는다. 이러한 이유
로 바셀린은 작업 안에서 물의 치유적 의미를
상징하게 되었다.

〈기우제〉 시리즈(2008)

2008년에는 기우제를 주제로 한 〈기우제: 카
이로〉, 〈기우제: 마하미드〉를 만들었는데 이
작업은 이후 두산갤러리 개인전 《Mind Walk》
에서 선보였다. 이 작업들에서는 비를 부르는
퍼포먼스와 이를 담은 기록 영상을 선보였다.
물 부족이 인간의 물질적인 삶뿐만 아니라 정
신적으로도 영향을 미칠 것이라는 생각을 토
대로, 비를 부르는 기우제 퍼포먼스를 진행했
다. '길의 끝'이라는 의미의 이름을 가진 마하
미드(Mhamid)는 사하라 사막이 시작되는 모
로코(morocco)의 지역 이름으로 사막화가 진

백정기, 〈기우제〉, 2015, 점토, 바셀린, 12×3.5m.

행되는 가장 대표적인 장소이다. 기우제를 준비하기 위해 동서양의 샤머니즘을 연구하면서 기존의 제의적 요소들을 그대로 이용하기보다는 물, 보습, 바셀린 등 개인적 경험에서 기초한 은유와 접목시켜 기우제의 제의적 방법론을 구체화시켰다. 예컨대 우리나라 조선시대 기우제에서 무당은 도마뱀을 산 채로 죽였는데, 이는 날씨의 관장하는 용의 형상을 닮은 도마뱀에게 해를 가함으로써 용을 노엽게 하고 그에 대한 징벌로서 비를 내리게 하기 위함이었다. 나는 왁스와 바셀린을 굳혀서 만든 도마뱀을 열에 녹이고 다시 다른 상징물로 전환시키기나 일종의 제의적 행위로서 바셀린을 돌에 발랐다. 오랜 가뭄으로 땅이 갈라지는 현상은 생각에 매몰되어 이념이 수축되고 양극화되는 과정과 비슷하다. 땅이 갈라진 틈의 부피는 증발된 물의 부피이며 그것은 한때 그 흙이 균열되기 이전에 모두가 섞이게 했던 이해와 관용의 부피와 같다. 기우제 작업에는 우리가 겪고 있는 다양한 갈등을 치유하고 해소하고자 하는 바람이 담겨 있다.

이후의 활동

〈단비〉(2010)

2010년 인사미술공간에서 작품 〈단비〉를 선보였다. '단비'라는 관념적 대상을 실체화하는 프로젝트였다. 동서양의 샤머니즘을 살펴보면, 전반적으로 신이나 조상에게 올리는 제사상에 '단것'(예를 들어 설탕, 사탕수수, 사탕, 단물 등)이 빠지지 않는다. 실제로 아마존의 샤머니즘에서는 사탕수수를 끓인 물을 제사상에 올렸으며, 시베리아의 샤머니즘에서는 결정화된 사탕(Crystallized Candy)을 이용했다. 우리나라에서는 옥춘당(玉春糖)이라는 쌀로 만든 색색의 화려한 엿을 기우제나 제사와 같은 다양한 제의(祭儀)에 이용해왔는데, 그 이유는 동서양을 막론하고 예로부터 '신은 단것을 좋아한다'라는 사상이 넓게 퍼져 있기 때문이다. 즉 '달다'라는 미각적 심상은 신과 인간의 만남을 이끌어내는 촉매제이며, 동시에 인간과 신이 공유하는 '좋다'라는 감정적 심상이기도 하다. 여기서 예로부터 우리나라에서는 오랜 가뭄 끝에 내리는 꼭 필요한 비를 '단비'라고 불러왔다는 사실은 매우 흥미롭다. (단비의 어원은 월인석보(세조 5년)에서 찾을 수 있다.) 농민들이 간절히 바라왔던 고마운 비를 표현하기 위해 '달다'라는 미각적 심상을 이용한 것은 어쩌면 단비는 오랜 가뭄으로 갈라진 땅만큼이나 타 들어갔던 농민의 메마른 마음까지 촉촉하게 적셔주었던 마음의 치료제이자 동시에 신(=자연)과 인간의 흡족한 조우를 상징하는 매개체였음을 의미한다. 작품 〈단비〉는 단맛을 내는 사카린을 섞은 물로 실내에서 내리는 인공비를 만든 것이다. 관람자들은 전시장의 입구에서 우비와 우산을 대여한 뒤 단비를 맞거나 맛볼 수 있었다.

⟨Memorial Antenna⟩(2011)

2011년에는 동상이나 기념비가 놓여 있는 각 지를 방문하여 프로젝트 작업 ⟨Memorial Antenna⟩를 진행했다. 이 작업은 역사적, 정치적 혹은 종교적 사건을 기념하기 위해 세워진 동상이나 기념비를 안테나 삼아서 단파 라디오를 받아들이는 데 활용한 것이다. 대부분의 기념비적인 동상은 야외에 설치되기 위한 내구성을 위해 브론즈와 같은 금속으로 제작되는데, 금속은 전기가 통하는 도체이므로 단파 라디오의 신호를 받아들이기 위한 안테나로 이용될 수 있다. 이 프로젝트에서 이용되는 단파수신기는 성능이 그리 좋지 않은 초창기의 수신기를 재현한 것으로, 이러한 수신기의 단순함은 주파수의 종류나 음질에 있어서 안테나의 성능에 더욱 의존하게 한다. 결과적으로 안테나로서의 동상 크기와 형태 그리고 위치가 주파수의 종류와 음질을 결정짓는 변수로 작용하며, 허공에 떠도는 수많은 주파수 가운데 자신과 공진하는 특정 주파수들을 받아들이게 된다. 작업은 안테나로서의 동상, 동상에 연결된 수신기 그리고 라디오 방송을 실시간으로 전달하는 스피커로 구성된다. 이 프로젝트는 사물을 구성하는 주요소로서 상징성(의미)과 물질성(재료)을 다루고 있으며 수신기라는 새로운 기능을 기념비에 부여함으로써 사물의 강렬한 상징성 뒤편에 가려져 있었던 물리적인 속성을 부각시킨다. 안테나로서의 '동상'은 우리가 가지고 있는 인식체계에 의해 어떤 관념적인 의미가 덧입혀지기 이전의 상태, 즉, 그것이 기념비로 규정되기 이전에 지니고 있었던 잠재성을 드러낸다.

⟨Is of⟩ 시리즈(2012-2013)

⟨Is of 설악⟩(2012)은 설악산의 풍경을 담은 사진 작업으로 2012년 대안공간 루프에서 선보였다. 그러나 이 작업은 일반적인 형태의 사진 작업과는 다르다. 우선 설악산에 있는 노랗고 붉고, 푸른 낙엽들을 수집하고 각종 장치들을 동원해 잎사귀에서 색소를 추출했고 그 색소를 프린터의 잉크로 이용해서 설악산의 풍경 사진을 프린트했다. 그런데 이렇게 프린트한 사진은 일반 기성잉크로 프린트된 것에 비해 색의 재현이 정확하지 못하고, 빛이나 산소에 노출되면 시간에 흐름에 따라 점점 색이 바래진다. 이는 단풍잎의 색이 바래는 것처럼 자연의 본질과 매우 닮아있다. 또한 이 작품은 과거의 이미지이면서 동시에 현재에도 존재하는 물질이다. 일반적으로 사진은 찍힌 순간부터 사진 속 실제 피사체와 시공간적으로 분리되기 시작한다. 예컨대 우리가 어떤 피사체의 사진을 바라보고 있을 때쯤이면, 이미 실제 피사체는 변해버렸거나 사라져버린다. 하지만 이 작업 속의 설악산 이미지는 단풍잎의 색소, 즉 생물학적 속성을 물려받은 추출물로 이루어져 있다. 다시 말해 관객은 이 작품을 통해 단풍의 허구적 이미지가 아닌 실제 단풍의 일부를 보고 있는 것이다.

백정기, 〈Memorial Antenna (Archive)〉, 2018, 사진, MP3 플레이어, 헤드폰, 혼합재료, 가변설치.

이 작품과 연장선상에 있는 〈Is of 서울〉 시리즈(2013)는 서울의 대표적인 장소들을 프린트한 작업으로 여기서는 한강의 물을 잉크로 사용했다. 강물은 도시의 생태학적 성격을 그대로 반영한다. 실제로 생태학자들은 강의 산성도와 오염도를 조사함으로써 그 도시의 주요 산업과 환경 그리고 경제수준을 유추한다. 도시의 오염도와 주변 환경 그리고 기후 등등의 다양한 요인에 의해 강물은 산성도(PH)를 가지게 되는데, 나는 도시의 사진을 프린트하기 위한 용지를 일반 종이가 아니라 리트머스종이(PH 테스트 종이)를 이용함으로써 강물이 가진 산성도에 의해 리트머스종이 위에 색을 드러나게 만들었다. 이 작품을 서울이 아닌 다른 도시에서 진행하게 된다면 결과가 달라질 것이다. 도시마다 각각 다른 산업, 생태 환경, 경제적 수준 — 가령 하수처리장에 대한 투자 정도 — 에 따라 강물의 산성도는 달라지기 때문이다. 이 작품은 강과 도시의 생태적 관계를 가시화시킴으로써 인간과 자연의 떼려야 뗄 수 없는 상호 유기적 관계를 얘기한다.

〈무제: 달걀부화기 & 촛불〉(2015)
이 작품은 2015년 두산갤러리 개인전 《MIND WALK》에서 선보인 작품으로 성냥팔이 소녀가 촛불을 키면서 자신이 염원하는 것을 봤던 것처럼 왜 불꽃이 인간으로 하여금 무언가를 염원하게 만드는가를 탐구한 작

업이다. 이 작품은 병아리의 탄생을 기원하는 촛불과 그 촛불로부터 실제 전기에너지를 생산하는 발전기, 그리고 그 촛불로부터 전기를 공급받아 전시기간 동안 닭을 부화시킬 부화기로 구성된다. 일반적으로 촛불은 염원이라는 정신적 사유의 상징물에 불과하지만, 나는 과학적인 방식을 통해 촛불의 작은 열로부터 전기에너지를 생산하고 병아리의 부화를 가능케 하는 실제 에너지원으로 쓰이게 한다. 이 작품은 정신과 물질, 인간과 자연의 폐쇄적 관계를 에너지의 발생과 흐름 그리고 탄생이라는 인과적 관계로 전환시킨다.

최근 활동상황
〈레드 하우스〉(2016)
2016년 백남준아트센터 《다중시간》 전에서 선보인 작업으로, 자연과 기계가 산소와 에너지의 순환을 통해 생태적으로 연결된다는 것을 보여주고자 했다. 작품은 쇼윈도 형태의 온실 안에 식물재배 램프, 식물, 촛불 그리고 촛불의 열원을 전기에너지로 전환시키는 기계장치로 구성되어 있다. 먼저, 식물은 광합성을 통해 산소를 생산한다. 산소는 비중이 낮기 때문에 구조물의 위쪽으로 이동하고, 마치 굴뚝처럼 설치된 촛불의 연소를 가능하게 한다. (불의 연소과정에는 산소가 필요하다.) 여기서 촛불은 인간의 염원과 의지를 상징하는데, 이것은 나의 작업세계에서 자연과 별개로

변화와 생성을 일으키는 인간의 정신적 촉매로서 존재해왔다. 촛불은 산소를 통해 연소되면서 열을 발생시키고, 이러한 열원은 기계장치를 통해 실제 전기에너지로 전환된다. 그리고 이 전기에너지는 순환의 시발점이자 식물의 광합성을 일으키는 식물재배 램프를 작동시킨다. 즉 식물과 촛불 그리고 식물재배 램프의 관계가 상호의존적인 관계로 연결된다. 하지만 여전히 그 밑바탕에는 자연을 변형과 조작의 대상으로 보는 인간중심적인 태도가 있음을 부정할 수 없다. 가장 큰 이유는 온실 속 자연물이 행복해 보이지 않기 때문일 것이다. 온실에서 이용되는 식물재배 램프의 광원은 빨간빛의 자주색이다. 일반적인 빛으로도 식물은 광합성을 일으키지만 자줏빛의 파장은 유독 식물의 광합성을 극대화시킨다. 즉, 작은 에너지로 최대의 효과를 보는 것이다. 그래서 이러한 식물재배 램프는 특정 종자를 대량으로 생산하기 위한 농장에서 주로 이용된다. 어두운 전시공간에서 오직 빨간빛의 광원에 의지한 채 아슬아슬하게 광합성을 하고 있는 식물의 모습은 인간과 자연 그리고 테크놀로지의 융합이라는 거대한 이상 이면의 어두운 그림자를 보여준다.

〈악해독단〉(2016)

이 작품은 근대의 상처들, 치유해야 할 분열된 상처들을 보고 시작하게 된 작업으로 2016년 삼성 리움미술관 《아트스펙트럼》전에서 선보였다. 악해독단이란 본래 '오방토룡제' — 조선시대 서울의 동(東)·서(西)·남(南)·북(北)·중앙(中央)의 오방(五方)에서 흙으로 만든 용으로 지내던 기우제 — 의 제단 중 남방의 용을 모셨던 제단의 이름이다. 대부분의 기우제단들은 일제강점기에 철거되었고 근대화 이후 기우제 전통이 단절되었으나, 최근 들어 사라진 유적을 찾기 위한 일련의 노력들이 진행되었다. 조선시대 기록에 의거하여 악해독단의 위치가 한강 위쪽인 현재의 용산 근처일 것이라 추측해왔던 학자들은 비로소 2000년대 초반부터 용산 미군기지 내에 유적이 남아 있을 것이라는 구체적 소견을 드러내기 시작했다. 이에 국립문화연구소의 정식 조사가 진행되었고, 결국 2005년 악해독단의 주춧돌과 터를 발견할 수 있었다. 하지만 안타깝게도 제단의 주춧돌들은 붉은 벽돌로 만들어진 미군의 바비큐그릴 받침석으로 이용되고 있었으며, 덕지덕지 발라진 시멘트로 유적의 보존상태가 매우 심각했다. 게다가 서울의 5개 방위 중 남쪽은 풍수지리상 불의 기운이 가장 강한 곳인데, 그에 더해진 바비큐그릴의 극심한 화기(火氣)는 물과 관련된 기우제단과 상극을 이루는 것이었다. 또한 근대건축의 상징인 붉은 벽돌과 시멘트는 전통의 단절과 사람들의 무관심, 그리고 역사의 상처를 고스란히 드러냈다. 나는 악해독단 위에 지어진 붉은 벽돌의 바비큐그릴을 우리가 허물어야 할 거대한 벽이자, 두고두고 기억해야 할 기념비로 인식했다. 사라져야 하지만 잊혀져서는 안 되는 거대한 벽돌 기념비가 전시공간에 세워졌다. 그리고 이 벽돌의 틈은 바셀린으로 채워진다. 시멘트 대신 바셀린을 통해 재건되는 벽돌 구조물은 단단한 견고성이 제거되고 소멸과 변화의 과정에 놓이게 됨으로써 결과적으로 치유의 가능성을 함께 제시한다.

〈침호두〉(2019)와 〈용소〉(2019)

〈침호두〉는 2019년 OCI 미술관 개인전 《접촉주술》에서 선보인 작품으로 전통기우제의 방식인 침호두를 모티브로 만들었다. 침호두란 용이 머무르는 장소, 즉 용소라 불리는 곳에 호랑이의 머리를 집어넣어 용호상박의 적대적 관계를 유도함으로써 잠자고 있던 용을 자극시켜 비를 부르는 기우제다. 제단 위에 호랑이를 상징하는 쇠의 원재료로서 철광석을 놓고 용을 자극하는 기우제의 형식을 취했다. 작품 〈용소〉는 기우제가 이루어지는 신성한 장소인 용소를 상징한다. 용두라는 전통한옥의 건축양식을 이용해서 기우제를 지내기 위한 신전의 성격을 현대적인 공간에 깃들이게 했다. 이를 위해 전국의 유적지와 박물관을 순회하며 우리나라 건축양식에서 보이는 다양한 용두의 자취를 찾아서 이를 3D 스캐닝 기술을 통해 디지털화된 자료로 수집했다. 그리고 이 용두의 3D 데이터를 소스로 이용해서 구조용 파이프를 연결하고 고정시키는 조인트로 설계해 이를 3D 프린터로 출력했다. 전시장에서는 이러한 조인트를 통해 연결된 구조용 파이프가 천장과 보를 지탱했다.

〈자연사 박물관〉(2019)

역시 2019년 OCI 미술관 개인전에서 선보인 작품으로 지구상의 가장 대표적인 용매인 물에 대해 탐구한 작업이다. 지구가 생성된 지난 45억 년 동안 물의 전체 양은 전혀 증가하거나 감소하지 않았다. 즉, 지구에 현존해온 모든 생명체는 물이라는 용매에 섞여 생명을 유지하고 소멸했다. 모든 생명은 물과 접촉되지 않고는 살아갈 수 없기에, 동종요법의 희석 원리를 근거로 한 잔의 물 속에 현존하는 (혹은 이미 멸종한) 모든 생물이 존재한다는 생각을 갖게 되었다. 전시장에서는 수백 개의 다양한 형태의 유리병에 물을 담아 놓고 병 앞에 각각의 생물 종을 설명하는 라벨을 함께 두었다. 유리병은 마개가 없는 채로 전시되는데 이는 물이 여전히 이동하고 섞이고 있음을 암시한다. 이번 전시에서는 태반류(새끼를 낳는 포유류, 약 800여 종)만을 보여주었으며 이후부터는 생물의 종을 확장할 계획이다.

과학적 방법에 대해 어떻게 생각하는가? 과학은 실용과학과 순수과학으로 나뉜다. 내가 주목하는 과학은 실용과학, 즉 테크놀로지 기반이기보다는 순수과학에 가깝다. 그리고 순수과학이라는 의미에서 과학은 종교나 철학과 마찬가지로 '참'(truth)을 찾는 학문이다.
예술도 마찬가지라 생각한다. 예술과 과학은
이미 너무 닮아있기 때문에 간간이 들리는 '예
술과 과학의 융합'이라는 말은 동어반복처럼
느껴질 정도다. 비록 과학자는 아니지만 일종
의 가설을 세우고 그것을 증명하는 방식을 이
제까지 내 작업의 방법론으로 채택해왔다.

신기헌(1982-)

인터랙티브 미디어, 미디어파사드,
VR, AR
heavenlydesigner.com

이제까지의 경력과 주요 활동

한양대학교에서 인테리어 디자인을 전공했고, 이후 디자이너이자 아티스트로 활동하고 있다. 대학원에는 진학하지 않고 오픈소스를 활용하여 독학으로 모든 것을 공부했다. 관심사를 따라가면서 다양한 영역에 걸쳐 작업하고 있다. 예술의전당, 광화문 C스퀘어, 서울스퀘어 등에서 개최한 전시에 참여했고, 캐논플랙스, CJ, SK M&C, SK 플래닛, 이마트 등 기업체의 미션 작업도 다수 수행했다. 상암동 DMC, 구세군 100주년 기념빌딩, 울산 과학기술대학교, 판교 미래에셋 본점, 을지로 하나은행 본점, 분당 NHN 신사옥 등의 공간 설계 및 디자인 프로젝트에 참여했다. 아트센터 나비, 계원디자인예술대학, KAIST, 중앙대학교, 국민대학교, 서울시립대학교, 숙명여자대학교, 한양대학교, 서울예술대학교, 방송통신위원회, ETRI, LG전자, 한국광고연구원 등에서 강의 및 교육을 진행했다.

초기 작업

⟨Advance pace/Genuine Pace⟩(2004)

2004년 한양대학교 졸업작품전에서는 VR 작업을 했는데, 디자인된 공간을 'Unreal Engine'(게임엔진)을 활용하여 VR로 구현한 것이다. 전시공간에서 관람자들은 직접 공간을 탐색할 수 있었다. 실내디자인을 공부했기 때문에 가상현실에서도 공간적 측면을 많이 생각했다.

⟨Free Hugs⟩(2009)

2009년에는 구 서울역사에서 열린 Korea Design Week에서 ⟨Free Hugs⟩를 선보였다. 이 작품은 포옹에서 전해지는 사람과 사람 간의 따뜻한 교감이 온라인상에서의 일상적인 행위로 확장될 수 있을까 하는 고민에서 시작되었다. 실질적인 프리허그에는 어려움이 있다. 멀리 떨어진 사람과는 하기 어렵고, 모르는 사람과 살을 맞대야 한다는 부담감도 있다. 이를 극복하기 위해 프리허그가 인터넷에서 이루어지게 했다. 관람자는 특정 단어들이 적혀 있는 피켓 중에 한 가지를 선택하여 그것을 들고 화면 앞에 서는 식으로 참여한다. 각각의 피켓에 적혀 있는 단어들은 검색어의 역할을 한다. 관람자가 '사랑해요'라고 적혀 있는 피켓을 가슴 위로 들어 올리는 순간 피켓은 카메라를 통해서 인식되고 그렇게 입력된 검색어는 검색엔진을 통해 알지 못하는 누군가의 블로그로부터 데이터를 불러오게 된다.

그리고 검색된 이미지와 텍스트가 화면 속 관람객이 들고 있는 피켓 위에 덥혀지면서 관람자와 블로거 간의 가상의 프리허그가 이루어진다. 이후 관람자는 자신의 모습과 블로거의 메시지가 하나 된 모습을 카메라로 촬영하여 그 사진을 '사랑해요'라는 검색어와 함께 자신의 블로그에 업로드하면 그 사진이 이후에 또 다시 검색되면서 다른 관람자의 피켓 안에서 또 다시 보인다.

〈Free Hugs〉는 INDAF(Incheon International Digital Art Festival)에서도 선보였다. 여기서는 이전 작품보다 발전된 형태의 작품으로 전시했다. 적외선을 활용하여 AR 마커를 숨김으로써 기술 자체가 작품 표면에 드러나지 않도록 했다. 그리고 가상의 프리허그가 이루어지는 순간을 캡처하여 자동으로 웹에 업로드함으로써 여러 사람들이 함께 만들어가는 거대한 데이터베이스를 구축했다. 80일에 걸친 전시기간 내에 총 6천여 장의 이미지가 수집되었다.

〈Design Cube-Light Link〉(2009-2010)
2009년 11월부터 2010년 1월 사이에는 남산 N타워와 광화문 C스퀘어에서 〈Design Cube-Light Link〉를 선보였다. 'Light Link'라는 제목은 하이퍼링크를 염두에 둔 것인데, 이는 인터넷이라는 가상의 공간으로 들어가기 위한 하나의 접점이다. 그 속에서 방향을 잃기도 하고 알 수 없는 길에 다다르기도 한다. 이러한 경험들을 제공하기 위해 라이트링크 작업을 했다. 총 32개의 라이팅 박스로 조립된 이 작업에서 각각의 박스들은 두께가 매우 얇아서 입체라기보다 하나의 면에 가깝다. 각각의 라이팅 박스들은 길게 연결되어 있지만 처음의 박스와 마지막 박스가 만나기까지 진행방향을 축으로 180도를 회전하며 엉키는 구조로 윗면과 아랫면이 뒤바뀌는 독특한 구조가 된다. 관람자는 큐브 표면에 원형으로 배열된 터치 스위치를 누르면서 참여하게 된다. 터치 스위치는 정전압 감지센서를 통해 손이 스위치와 접촉하지 않아도 1~3cm 정도 떨어진 거리부터 작동한다. 관객이 스위치에 접촉하면 해당하는 라이팅 박스가 빛을 발한다. 스위치들을 따라 손가락을 이동하면 빛은 인접한 박스를 따라 계속해서 흘러간다. 이러한 방식으로 작품은 하이퍼링크라는 추상적인 공간을 조형적인 오브제로 표현하고 우리가 직접 보고 느낄 수 있는 현실로 변환한다. 동시에 이러한 실재적인 상호작용은 다시 가상공간의 경험으로 되돌아간다.

최근 활동상황
〈트윗스퀘어〉(2010)
2010년 11월 서울스퀘어에서 〈트윗스퀘어〉를 선보였다. 여기서는 SNS와 LBS(Location Based Service)가 광장의 역할을 대신할 수 있을까를 생각해 보았는데 각각 한계가 있었다.

동시간 소통이 가능하나 동일 장소를 갖지 못하는 SNS와, 동일 장소에 있지만 동시간 연결이 느슨한 LBS. 여기서는 온라인상의 네트워크와 오프라인에서의 네트워크가 동일 장소를 기반으로 하나가 되는 순간의 접점을 발견하고자 했다. 서울스퀘어의 대형 스크린은 건물 외벽에 설치되어 가상공간을 연출한다. 스크린은 건축물이라는 현실 공간과 내부에 투영되는 가상공간을 구분하는 경계다. 이 작품은 건축물의 일부분을 증강공간(Augmented Space)으로 활용하였으며, 현실과 가상이 뒤섞이는 낯설고 새로운 경험을 제공하고자 했다. 이 작품에서 관람자는 모바일앱을 실행하고 트위터에 로그인을 하여 게임에 참여한다. 그리고 이 게임콘텐츠와의 상호작용이 서울스퀘어 건축물 외벽의 대형 스크린에 나타난다. 이 과정에서 관람자는 모바일 폰을 통해 현실에서 가상으로 들어서는 동시에 대형 스크린을 통해 가상에서 현실로 이동하게 된다. 게임에서 이긴 사람의 경우 대형 스크린에 트위터 아이디가 포스팅된다. 사람들은 스크린을 점유하기 위해 경쟁하고 이러한 트위터의 포스팅은 일종의 프로모션이 되는 것이다.

이 작업은 SK M&C라는 기업체의 지원을 받았지만 가나아트센터에서 큐레이팅한 예술작품이었다. 5명이 함께 작업을 수행했는데 각자 백그라운드가 달랐다. 일종의 미디어파사드 작업이다. 사실 '파사드'(facade)라는 용어 자체가 건축용어다. 공간적인 의미를 품고 있는 것이다. 건축은 공간에 서 있으면 건물로 인식이 되고 주변 환경과 연결되어야 한다. 이러한 측면을 강조하기 위해 스킨에 불과한 일반적인 미디어파사드와는 다른 형태로 만들었다. 건물은 구조물로서 그 위에 영상과 스킨을 깔았다. 여기서는 공간을 만들고자 했고, 관람자가 공간을 인식하게 하고자 했다. 모바일 앱에서 관람자가 하는 게임은 구멍에 공을 집어넣는 게임이었고, 서울스퀘어 스크린을 보면 공이 아래쪽으로 천천히 떨어졌다가 튕겨져 올라가는 식이었다. 작품을 통해 건물의 높이나 깊이감을 보여주고자 했다.

〈Refracted Time〉(2011)

이 작품은 2011년 KIAF(Korea International Art Fair)의 전시장 코엑스 홀 A와 B가 연결되는 지점에 설치하여 관람자의 참여를 유도한 작업이었다. 미디어 설치작업으로 공간상에서 부유하는 크리스털을 오브젝트로 활용했다. 전시장의 그리드와 모듈 형태를 따르되, 내부의 축을 45도 회전시키고 부유하는 크리스털을 중심으로 방사형 공간을 조성했다. 또한 전시장 전체가 흰색인데, 검은색으로만 가득한 〈Refracted Time〉을 중앙에 설치하여 관람자의 진입을 유도했다. 이러한 검은색 공간은 크리스털과 대조를 이룬다. 크리스털은 다양한 입사각을 가지면서 사람들의 시선을 혼란스럽게 만든다. 크리스털 후면의 면들은 공간 벽면에 투영되도록 했다. 관람자는 크리스털에 비친 자신의 모습을 발견하고 가까이 다가온다. 이때 관람자의 모습이 영상으로 녹화되고 크리스털 주변부에서 나타난다. 시간이 지남에 따라 관람자들은 자신의 모습만 발견하는 것이 아니라 크리스털의 변화에도 점차 관심을 갖게 되며 크리스털에서 나타나는 시각적인 이미지들은 실시간으로 생성되고 계속해서 변화한다.

〈Emart Sunny Sale Campaign-Shadow QR Code〉(2012)

〈Emart Sunny Sale Campaign-Shadow QR Code〉는 2012년 이마트로부터 브랜드 미션을 받아서 진행한 작업이다. 다른 사람들과의 협업으로 만들었고 결과가 굉장히 좋았다. Cannes Lions International Festival of Creativity 2012, Spikes Asia 2012, London Internationl Awards에서 수상도 했다. 흔히 사용하는 2차원의 디지털 QR코드를 아날로그적인 3차원 키네틱 조각으로 만든 것이다. 이 작업에서도 디지털과 현실이 만나는 경계를 표현하고자 했다. 이 인스톨레이션은 총 7단계의 높이를 가진 441(21×21)쌍의 기둥 조합을 통해 정오 12시에 이르렀을 때에만 완벽한 QR코드를 생성하게 된다. QR코드가 갖는 흰색 부분과 검은색 부분은 그림자를 생성하기 위한 설치물에서 높낮이로 만들어진다. 전면부의 기둥은 후면부의 기둥과 서로 반비례되며 돌출되는 모습을 보인다. 설치물을 지지하며 서 있

는 투명한 구조물은 속도감과 중력을 상쇄하며 태양의 고도 변화에 대처하여 제어가 가능하도록 하는 기능적 역할을 수행한다.

브랜드 미션으로 수행한 작업들을 예술이라고 보는가?

사실 내 작업이 산업적 가치로 평가를 받든 예술적 가치로 평가를 받든 상관없다. 오히려 작품답지 않은데 미술관에 있다는 이유만으로 작품이 되는 것보다는 낫다고 생각한다. 다만, 사람들이 내가 작품에서 의도한 부분들을 같이 느껴주었으면 한다. 내가 하는 작업이 깊게 고민하고 행동해서 결과물을 만들어낸 것이라는 점에서 그 과정 자체가 예술적이라고 생각한다. 오랜 시간 클라이언트들과의 관계 속에서 나를 아티스트로서 받아들여주고, 나의 예술적 방식과 절차를 받아들이도록 관계를 오랫동안 형성해왔다. 다른 아티스트들이 참여할 수 있도록 하기도 하고. 반대로 미술관에서의 작업을 위해 대단히 산업적으로 움직여서 후원을 받는 경우도 있는데 어떤 것이 옳다 그르다를 떠나서 어디서나 이런 것들은 다 섞여 있다는 말을 하고 싶다. 나는 오히려 결과물로서의 미디어아트가 아니라 과정이 오히려 더 중요하다고 생각한다. 기업의 홍보 프로젝트의 일환으로 한 작업의 경우 반드시 작품이라고 생각하지는 않지만 이러한 기술을 통해 구현하고 싶은 작품들은 대단히 많다. 개인적으로는 이 모든 것들이 하나의

신기헌 외 다수의 공동작업, 〈이마트 써니세일 캠페인 - Shadow QR Code〉, 2012.

거쳐 가는 과정이라고 생각한다.

〈Emart Sale Navigation-Lighting Coupon〉(2013)

같은 이마트 브랜드고 딱 1년 후인데 이전 작업이 일상적이고 아날로그이면서 로우테크이고 전기를 사용하지 않은 작업이었다면, 반대로 이 작업은 완전히 고도의 기술을 활용한 것이다. 이 작업은 ETRI(한국전자통신연구원)의 박사님들과 협업한 것으로, Spikes Asia 2013, Adstars 2013에서 수상했다. 이분들이 아직 상용화되지도 않았고 판매되지도 않는 가시광통신기술을 이 작업을 위해 열어주셨다. 사실 이것은 내가 손댈 수 없는 고도의 기술이다. 개인 수준에서 가질 수 있는 기술이 아닌 것이다. 박사님들은 연구만 하시다가 자신들의 기술이 사람들과 만나는 지점에서 시나리오는 어떻게 되고, 비주얼 콘셉트는 어떨지 궁금해 하셨다. 가시광통신(VLC)은 사람이 인지할 수 없는 빠른 속도로 깜빡이는 가시광을 통해 데이터를 전송하는 기술이다. 데이터통신에 활용되는 가시광은 전송되는 신호의 위치와 범위를 사람이 시각적으로 인지할 수 있다. 수신을 위해 사용되는 이미지센서는 빛의 강도만을 수신하는 포토다이오드와 달리 다수의 픽셀에서 동시적으로 신호를 수신하여 먼 거리의 신호를 보다 강하게 수신할 수 있다는 강점이 있다. 이러한 기술을 활용하여 쇼핑 경험에 모바일 테크놀로지를 결합한 새로운 형태의 경험이 가능하다는 것을 보여주고자 했다. 마트 내에 있는 각각의 LED 조명은 독립적인 ID를 지닌 LED 태그로 기능하면서 내비게이션을 위한 위치정보를 전달함과 동시에 매장 내 할인상품에 대한 정보를 실시간으로 전달한다. 매장에 들어선 사람이 스마트폰 앱을 실행하고 돌아다니면 매장 내의 LED 조명이 위치정보를 전달하고 그에 따라 스마트폰으로 상품에 대한 정보가 나타난다. 할인상품이 표시된 위치에 도착하면 '라이팅 쿠폰'이 발급되고 상품 구매 시 바코드 인식을 통해 할인 혜택이 적용된다.

이 작품에 고도의 기술이 사용됐는데 미디어아트에서 기술의 의미를 어느 정도로 보는가?

기존에 미디어아트가 정의하는 어떤 결과물로서의 작업이 없는 상태여도 그 활동과 발상에서부터 아무것도 없이 비워 놓은 상태 그 자체로서 개념예술로 존재할 수 있다고 생각한다. 그런데 그것은 미디어아트가 아니라 그냥 현대미술의 한 축이라도 봐도 되지 않겠는가. 빈 공간에 불 켜진 전구 하나라도 있어야 미디어아트 아닌가 생각할 수 있다. 그러나 그것조차 없고, 어떻게 보면 개념만 있는 단계가 오히려 뉴미디어에 대한 미래적인 발상이지 않을까. 어떤 결과물로서 나오지 않더라도 그럴 수 있지 않을까 개인적으로는 생각해 본 지점이다. 그냥 나 혼자만의 생각이다. 나

신기헌 외 다수의 공동작업, 〈하나은행 명동 브랜드 스토어 하나 그린스토리 미디어파사드〉,
2010.

의 작업들을 포트폴리오만 봤을 때는 우후죽 순처럼 보일 수 있겠지만 사실 계속해서 지속 하는 주제가 있다. 그것은 가상과 현실의 경 계면이다. 진짜인데 가상, 가상인데 현실로 받아들이는 그런 상황들에 관심이 있고 나의 작품들에서 이 점을 일관되게 흐르고 있는 문 제의식이다.

〈Flourishing Light Project〉(2015)

이 작품은 미디어아트일 수도 있는데 사실 예 술경험 자체에 대해 말하고자 했다. 이 작업 은 적정기술을 활용한다. 두 사람과 함께 하 고 있는데 아르코에서 쇼케이스를 하고 카이 스트에서 발표했으며, 국립현대미술관에서 는 워크숍으로 진행했다. 적정기술은 한 공 동체의 문화, 정치 환경적인 면들을 고려하여 만들어진 기술이다. 일반적으로 적정기술은 개발도상국이나 선진국의 소외된 교외에서 각 지역에 알맞은 저렴하고 단순한 기술이라 는 뜻으로 쓰이는데 대체로 자본집약적이라 기보다는 노동집약적인 기술이 많다. 〈Flour­ishing Light〉는 누구나 일상의 공간을 캔버스 로 하여 빛의 이미지를 프로젝션할 수 있도록 하는 램프를 기반으로 한다. 빛에 의해 일시 적으로 생성되고 사라지는 이미지는 그 위에 겹쳐지는 필터에 따라 손쉽게 표현되고 변형 될 수 있다. 또한 누군가의 예술적 경험은 손 쉽게 다른 모든 사람들에게도 전달된다. 완성 된 이미지 필터들은 손쉽게 공유되고 확산되

면서 공동의 라이브러리를 구축하게 된다. 누 구든 기여할 수 있고 누구든 자유롭게 활용할 수 있는 라이브러리로의 발전을 통해 전 세계 의 더 많은 사람들이 예술을 경험하고 자기 내면의 숨겨진 잠재력을 꽃피울 수 있기를 기 대하고 있다.

동시대 미술과 미디어아트에 대하여

초기의 작품들과 달리 지금의 미디어 아트는 다양한 영역들 간의 경계에 놓여 있는 것으로 보인다. 제프리 쇼의 작업들은 70년대, 80년 대 VR과 AR을 아트로 보여줬고 나도 그러한 작업들을 좋아했다. 그러나 얼마 전에 그분 작업을 봤는데 당시에는 선구자적인 작업들 이 이제는 기업들의 산업 활동과 맞닿아 있더 라. 과거의 미디어아트라고 불리던 것들이 이 제는 기업 활동과 경계가 불분명해진 것 같다. 그래서 산업과 완전히 분리된 채로 있기가 어 렵구나 생각했다. 미술관에 가면 미디어아트 고, 산업으로 가면 아트가 아니다. 미디어아 트는 애매한 지점에 있는 것 같다. 그러다 보 니 과연 예술가란 뭘까 하는 생각이 들었고, 산업과 완전히 분리되었을 때 그 다음 단계는 무엇일까 생각하게 된다.

그런데 미디어아트라는 게 계속 기술을 쫓아가기에 급급하다. 그래서 계속 새로운 것 을 흡수하지만 오히려 획일적이고 종속적으 로 되는 것 같다. 기술로부터 완벽한 자유를

얻은 작품들은 생각보다 그리 많지 않다. 개
인적으로는 코블린(Aaron Koblin) 같은 사람
을 이상적인 아이덴티티로 생각한다. 이 사람
은 구글 크리에이티브 랩 디렉터로 기업에 소
속해 있지만 동시에 데이터시각화 작업으로
도 유명한 아티스트다. 개인적으로는 이렇게
산업의 접점에서 기술의 발전과 작품을 통한
구현을 동시에 이루어가는 방식이 더 많은 발
전 가능성을 가지고 있다는 생각이다.

한윤정 (1983-)
인터랙티브 사운드 설치, 바이오아트, 데이터 시각화
yoonchunghan.com

이제까지의 경력과 주요 활동

인터랙션디자이너, 미디어아티스트, 연구자를 겸하고 있다. 연구분야는 데이터 시각화, 바이오메트릭(biometric) 데이터 시각화와 소니피케이션(Sonification), 음악적 표현을 위한 뉴인터페이스, 모바일 사용자경험(UX) 디자인이다. 서울대학교 미술대학에서 그래픽 디자인과 인터랙션 디자인을 공부했으며 동 대학원에서 석사학위를 취득했다. 다시 UCLA에서 디자인과 미디어예술 전공으로 석사학위를 받은 후 MIT SENSEable City Lab에서 방문 연구원, 박사과정 학생으로 있었다. 샌프란시스코대학교에서 예술가들과 디자이너들에게 인터랙션디자인과 컴퓨터 프로그래밍을 강의했으며 산타바바라 캘리포니아대학교(UC Santa Barbara)에서 미디어아트와 테크놀로지로 박사학위를 받았다. 현재 미국 산호세 캘리포니아대학교 디자인학부의 조교수로 재직하고 있다.

초기 작업

〈Harmonia〉(2008)

인터랙션디자인 〈Harmonia〉(2008)는 서울대학교 디자인대학원에서 졸업논문으로 제출했던 작업이다. 여기서는 음악적 사운드, 코드, 리듬을 수학적 시스템으로 조직하는 실험적인 인터페이스를 만들어봤다. 테이블에 있는 영상에서는 커다란 원형이 있고 테이블 끝에는 아크릴로 만든 여러 가지 모양의 오브젝트들을 설치해두었다. 그중에서도 2각형 물체를 테이블 위에 올려놓으면 작은 동그라미가 2각형 물체의 양쪽 끝이 향하는 두 음에 도달하면서 소리를 낸다. 다시 2각형 물체의 위치를 바꾸면 새로운 원형이 생기면서 다른 두 음에 도달하면서 다른 소리를 내게 된다. 2각형 물체뿐 아니라 3각형 물체나 4각형 물체, 5각형, 6각형 물체도 사용할 수 있다. 물체에 따라 도달하는 음의 개수가 달라지고 소리도 다르게 나온다. 이 작업은 피타고라스의 정리가 세계를 질서정연하게 수학적으로 구조화된 세계라고 보는 것에 착안하여 만들었다. 기본적으로 모든 것은 수학적인 형태를 지녔다. 그 원리는 나의 사운드 시각화 개념에도 분명 적용할 수 있다.

UCLA 시기

작품 〈One〉(2009)은 UCLA에서 석사과정을 할 때 친구들과 함께 만든 작업으로 뉴올리언스에 있는 시그라프갤러리에서 전시했다. 한 친구는 생물학 전공이었고, 또 다른 친구는 애니메이션 전공이었다. 심플한 인터랙션 작품으로, 관람자가 앞에 있는 영상에서 애니메이션을 보고 있으면 관람자 앞에 잉크가 쏟아져 있는 작은 접시가 주어진다. 그 접시 속의 잉크는 관람자의 목소리를 듣고 있다. 그 접시를 두드리거나 흔들거나 덮어버리거나 입으로 불거나 거기에 대고 말을 하면 잉크가 복잡하고 다양한 반응을 만들어낸다. 이러한 관람자의 반응으로 영상에서 만들어지는 형상들은 식물들, 동물들, 박테리아들과 같이 자연생태계의 모습이다. 관람자의 반응에 따라 생명체들은 살거나 죽거나 변할 수 있다.

작품 〈Pieces of You〉(2010)는 UCLA 석사학위논문으로 제출한 작업이다. 전시공간에는 등신대의 거울 8개를 곳곳에 세워두었고 거울 밑에 모터가 달려 있어서 돌아갈 수 있게끔 만들었다. 그래서 관람자가 지나가면 거울이 그쪽으로 움직이는데 좀 무섭기도 하다. 8개의 거울은 단방향성 스피커를 포함하고 있으며 스피커에서는 실시간으로 변화하는 사람 목소리와 전자 사운드 조합이 나온다. 사운드환경이 관람자의 위치에 따라 거울의 각도가 변하면서 달라진다. 관람자는 자신의 몸을 움직임으로써 공간의 사운드 환경을 변화시킨다. 〈Pieces of You〉의 프로토타입인 〈Mirror Mirror〉에서는 댄서가 거울들 사이를 돌아다니면서 무용을 선보였다. 이때는 거울 4개로 했고 카메라 트레킹으로 했다.

〈Virtual Pottery〉(2012)

인터랙션디자인 〈Virtual Pottery〉(2012)는 산타바바라 캘리포니아대학교 박사과정 1년차 수업에서 만든 작업이다. 사용자는 약간의 손동작으로 앞에 있는 3D 도자기를 조각하고 그에 따라 실시간으로 음악을 작곡할 수 있다. 사운드 맵핑인데 Y축이 소리의 높낮이를, X축이 소리의 강도를 담당한다. 그래서 만약 도자기가 위쪽이 넓고 아래쪽이 좁은 형태라고 하면 높은 소리만 나오고, 호리병 모양이면 낮은 음만 나온다. 이렇게 핸드 제스처는 도자기를 성형하는 동시에 디지털 음악으로 전환된다. 학교 실험실에 있던 모션캡처 카메라를 활용하여 사용자가 트래커가 부착된 장갑을 착용하여 실행하도록 했다. 이 작품을 외부 공간이나 갤러리에서 전시하는 경우에는 마이크로소프트사의 키네틱 카메라를 이용한 버전으로 전시했다.

최근 활동상황

〈Digiti Sonus〉(2012-2013)

작품 〈Digiti Sonus〉는 지문을 소리화하여 인간의 정체성을 탐구하는 인터랙티브 사운드 설치작업으로 2012년 아시아 아트디지털 어워드(Asia Art Digital Award), 2013년 SIGGRAPH 등 다수의 장소에서 전시했다. 지문은 몸에서 자연스럽게 만들어진 자연적 신분증이다. 신비로운 이 자연의 패턴은 단순히 신분을 판별하는 목적 외에 우리 자신을 표현하는 도구로도 사용할 수 있다. 이 작품은 자신의 숨겨진, 자신만의 고유한 표식인 지문을 통해 각자의 소리 아이덴티티를 탐색한다. 지문 패턴은 일종의 소리 악보로 변환되어 새로운 변이과정을 겪고 자신의 몸에서 비롯된 지문음악을 창조할 수 있다. 여기서는 지문센서를 이용했고, 실시간으로 그 지문 형태를 분석하고 3D로 변환했다. 지문 골의 높낮이에 따라 오디오 주파수 값이 변화하고 지문을 통한 음악 재생의 시작점은 터치스크린으로 선택할 수 있다. 지문센서 옆에 위치한 원형의 터치스크린을 터치하면 그 부분에 해당하는 3D 지문 이미지가 파형을 그리며 주변으로 퍼지고 그에 해당하는 주파수 값과 진폭이 변화하며 소리가 재생된다. 또한 지문의 융기점의 개수와 위치값도 특정 주파수로 변화되어 재생된다. 무한한 가능성의 개수와 조합을 갖고 있는 지문의 소리화와 그 미묘한 변화. 이 모든 것의 시작점과 마침점 또한 관람자다. 관람자의 몸은 하나의 음원이자 소리매개체이며, 작곡자이자 지휘자로서 소리를 조절한다. 이 작품에는 두 가지 버전이 있는데 버전 1에서는 한 사람당 한 지문만, 즉 자기 지문만 경험할 수 있었다. 그런데 버전 2에서는 내가 찍은 것과 다른 사람이 찍은 것을 비교할 수 있다. 그 소리가 얼마나 다른지. 박사 논문도 이와 관련해서 썼다. 지문을 통한 카테고라이징, 지문에서 읽어낼 수 있는 내러티브가 무엇인지 그걸 공부했다. 공학적인 측면도 공부하지만 그 외에 손금 같은 점성술도 공부하고 별걸 다 했다.

물론 어떤 관람객들은 참여를 꺼리기도 한다. 지문 역시 개인정보고 민감한 생체 데이터이다 보니. 그래서 전시 팻말에는 절대 이미지를 저장하지 않고 다음 관객이 오면 당신의 정보는 사라진다고 썼다. 그리고 정 싫으면 참가하지 않아도 된다고 했다. 미국인들의 경우에는 자기 지문이 영상으로 프로젝션되는 것 자체가 싫다고 말하기도 했다. 그리고 인터랙션에는 인풋과 아웃풋이 있다. 인풋에서 카메라 트래킹이나 모션 캡처를 주로 쓰는데 나는 좀 더 내 몸에서 나오는 고유의 데이터를 쓰면 어떨까 생각하다가 생체 데이터를 썼다. 시작부터 남과는 완전히 다른 인풋을 넣으니까 아웃풋도 완전히 달라진다. 개개인이 전혀 다른 경험을 갖는 것에 대해 관심을 갖고 있다. 내가 나이테 같은 것에 주목한 것도 같은 맥락이다. 또한 나이테도 그렇고, 지문도 그렇고 모두 소용돌이 모양이다. 지문에는 세분화된 라인의 형태들이 있는데 그 라인의 교차점 수, 위치 등이 각각 다르고 그것으로 사람의 정체성을 판별한다.

〈Tree Rings〉(2012-2013)

2012년 갤러리 479 개인전에서 선보인 작품으로 나이테를 활용한 작업이다. 〈Digiti Sonus〉가 시각물을 소리로 바꾼 것이라면 이 작품은 소리를 시각화시킨 작업이다. 뉴욕에서 레지던시할 때 나는 도심 거리를 걸으면서 사진을 많이 찍었고, 또 소리도 남기고 싶어서 채집했다. 일종의 소리 다이어리, 소리 기록물을 만들고 싶었다. 그래서 이 작품에서는 소리를 웨이브폼으로, 나이테 형태로 시각화했다. 나이테도 자연의 기록물이 아닌가? 이후에 이 작업을 보고 금천예술공장 누리봄 대표님이 너무 재미있다고 하면서 앱으로 개발해보자고 하셨다. 그분은 다빈치 전시 앱도 개발했는데, 나와 함께 〈Sound Tree Rings〉라는 앱을 만들었다. 사람들이 저마다 소리를 녹음하면 즉각적으로 자기만의 트리링(나이테)을 저장할 수 있는 앱이다. 그걸 가지고 갤러리에 올려서 서로 공유할 수도 있고 GPS로 자기 위치도 저장할 수 있다.

〈North+South Korea〉(2012)

데이터 시각화 작업 〈North+South Korea〉는 2005년에서 2011년 사이에 남한과 북한에 관한 자료들이 얼마나 대출되었는지 조사한 프로젝트로 2012년 비스위크(VisWeek)에서 선보였다. 산타바바라 캘리포니아대학교에서 공부할 때 만났던 교수님 한 분이 시애틀에 있는 큰 도서관의 데이터 권한을 갖게 되셨다. 당시가 대선 때여서 대출된 책이 거의 다 정치 관련 서적이었다. 나는 도서관에 가서 KOREA라는 키워드를 쳐봤는데 김정은, 김정일에 관한 책을 많이 빌려가더라. (당시 김정일이 죽었을 때다.) 도서관의 대출자료를 통해서 사회가 돌아가는 시스템도 볼 수 있겠다고 생각하니 흥미로웠다. 그때 수집한 데이터를 가지고 만든 작업이 〈North+South Korea〉였다. 여기서 도서를 체크아웃하는 데이터들을 라인 드로잉으로 표현했다. 빨간색은 북한을, 파란색은 남한을 의미했는데 이는 양쪽의 국기 색깔에 기초했으며 이데올로기를 보여주는 것이기도 하다. 조사하는 과정에서 뉴욕 타임즈와 시애틀 도서관의 결괏값에 차이가 있다는 것도 흥미로웠다.

〈Earth〉(2012)

〈Earth〉(2012) 역시 시애틀도서관의 자료에 기초하여 제작한 데이터 시각화다. 2005년에서 2011년 사이에 '지구'에 관한 자료가 얼마나 활용되었는지 알아본 것으로 2012년 비스위크에서 선보였다. '지구'가 타이틀이나 키워드로 포함된 책들을 조사했는데, 이들은 시간상으로 총 2만 시간(833일, 2.28년) 이상의 대출기간을 보였다. 나는 이 자료를 3D 공간 혹은 지구처럼 보이게 시각화했다. 크게 두 가지 부분으로 구성되어 있는데 하나는 3D 공간 구조이고 또 하나는 텍스트 공간이다. 시간에 따른 나선형의 공간 안에 여러 개의 작은 구역들이 위에서부터 아래로 쭉 놓여 있으며, 각 구역들의 반경은 대출기간을 나타낸다. 여기서는 듀이 도서분류체계를 가져와서 빨간색은 인문학, 초록색은 컴퓨터 공학 등으로

한윤정, 〈California Drought Impact〉, 2016-2017, 인터랙티브 데이터 시각화 작업.

나누는 등 색깔별로 책의 학문 분야를 구분
했다.

〈California Drought Impact〉(2016-2017)
이 작품은 2016년 LA 예술조합 오픈쇼(LA Art
Association Open Show), 2017년 ISEA 등 여러
장소에서 전시했다. 캘리포니아에 가뭄이 심
한데 원래 사막 지형이라 물이 부족하고 건조
하다. 그러다 보니 캘리포니아 지역의 가뭄과
관련한 데이터에 관심이 많이 생겼다. 데이터
시각화의 중요한 역할 중 하나가 이전의 데이
터를 분석해서 앞으로의 문제를 어떻게 예측
하고 대비할 것인가에 관한 것이다. 사람들은
어떻게 하면 물이 늘어나고 어떻게 하면 물이
부족해지는지 알고 싶어했다. 〈캘리포니아 가
뭄영향도〉(California Drought Impact)는 가뭄
을 레이저커팅으로 3D 프린팅하는 작업인데
2011년에서 2016년의 가뭄지표가 최악이었
다. 물에 관한 데이터는 시각화해서 영상으로
만들었다. 그리고 과거의 데이터는 영상으로
프로젝션 맵핑으로 하고, 현재 혹은 미래의
데이터는 키네틱 카메라 트래킹을 활용하여
핸드 제스처로 나타나게 했다. 핸드 제스처
를 쓴 것은 물 부족 문제가 우리가 하기 나름
이고, 우리의 노력에 따라 가뭄이 달라질 수
있다는 것을 보여주기 위해서였다. 비가 내리
려면 구름이 있어야 하고 공기가 증발되서 내
려야 하기 때문에 그런 식의 인터랙션을 넣은
것이다.

〈Eyes〉(2018)
생체학 데이터아트의 연작으로 만든 작품으
로, 홍채데이터를 시청각적으로 보여주는 인
터랙티브아트이다. 지문과 같이 모든 사람이
다 다른 홍채의 색깔 분포도와 패턴을 갖고
있다. 홍채 데이터 분석에 관해 공부하다 보
니 굉장히 재미있는 부분들을 많이 알게 되었
다. 작은 눈동자 안에 마치 우리의 삶을 녹여
넣은 코드가 숨겨져 있는 듯했다. 이 엄청나
게 복잡하고 아름다운 코드. 그러니까 홍채에
서 비롯한 시각정보를 청각 아웃풋으로 풀어
나가고자 (작품 손끝소리에서 했듯이) 이 작
품을 만들었다. 관람객 개개인은 모두 자신의
홍채를 카메라로 찍고 엄청나게 확대된 3D
홍채 이미지와 함께 추출된 색 차트를 보며 그
색 데이터를 기반으로 만들어진 소리를 들어
볼 수 있다. 결국 관람객 개개인이 모두 다 시
청각적 경험을 가져볼 수 있는 것이다. 2018
년 서울 인사동에 위치한 OCI 미술관의 신진
작가로 선정되어서 본 작품 제작 지원을 받았
고 얼마 전 OCI미술관에서 개인전의 메인 작
품으로 전시하게 되었다. 전시하면서 관람객
들의 행동과 수집된 데이터들을 많이 관찰하
게 되었고 이를 바탕으로 하여 업그레이드된
버전의 작품 〈Eyes v.2〉를 제작하고자 계획 중
이다.

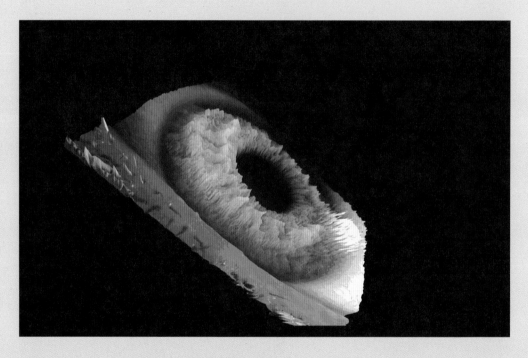

한윤정, 〈Eyes〉, 2018, 인터랙티브 설치, 바이오메트릭 데이터 아트.

동시대 미술과 미디어아트에 대하여

이제 더 이상 예술과 기술의 경계는 없다고 생각한다. 예술적 상상력과 다양한 아이디어를 뉴미디어 기술로서 실현해주고, 발전하는 기술을 창의적으로 재미있게 풀어나가며 시너지 효과를 내는 것이 예술이다. 예술가들이 곧 과학자, 컴퓨터 엔지니어, 건축가, 생명공학자, 로봇공학자, 디자이너 등이 될 수 있는 것이다. 요즈음은 특히 바이오아트와 인공지능이 큰 화두인 듯하다. 나도 바이오아트 쪽으로 계속 실험을 하고 있지만, 전 세계적으로 다양한 시각으로 생명공학, 생체학, 인공생명 등을 다루는 작품들을 보면 많이 자극이 된다.

예전에 바이오아트 관련 전시나 작품은 독일의 ZKM, 시그라프아트갤러리, 일본의 미디어아트페스티벌 등에서만 볼 수 있었는데, 국내의 멋진 전시공간과 좋은 환경에서 전시된 모습을 보고 감명을 많이 받았다. AI를 결합한 예술작품도 국내외에서 다각도로 실험되고 있다. 앞으로 미디어아트는 관람객과 작품의 경계가 더욱 허물어져서 그 둘이 혼합되고 합성되고 예상치 못한 결과물들을 만드는 굉장히 신선하고 놀라운 작품들이 나올 것으로 예상된다. 예를 들자면 관람객의 신체와 정신을 작품의 기계적 시스템과 결합하여 새로운 생명체를 만들 수 있다. 앞으로 어떠한 작품들이 나와서 대중들에게 신선한 자극을 줄지 매우 기대가 된다.

끄트머리에

책을 마무리하면서 처음에 던졌던 질문들에 얼마나 충분히 답변을 했는지 돌아보니, 대부분의 질문을 수박 겉핥기식으로 훑었다는 느낌이 들어 부끄럽다. 책을 시작하면서 우리는 이러한 질문들과 함께 출발했다. 즉 "한국 미디어아트의 역사적 전개와 현황을 어떻게 하면 잘 파악할 수 있을까?", "미디어아트는 오늘날 우리에게 어떤 의미와 위상을 갖고 있는가?", "한국 현대미술사에서 미디어아트는 어떤 역할을 했는가?", "동시대 한국 미술을 어떻게 바라볼 것인가?" 같은 질문들을 내내 붙잡고 있었다. 국내외 한국 태생의 미디어아티스트들의 활약상을 시간순으로 대략적으로나마 살펴보면서 이러한 문제들 근처를 배회했던 것 같다. II장에서 IV장까지의 본론에서 1950년대 이후 한국 현대미술사를 미디어아티스트의 활동을 중심으로 간략하게 기술한 것은 위의 질문 중 첫 번째와 네 번째에 답하기 위한 것이었다. 두 번째 질문, 즉 성숙기를 이미 통과한 것 같은 미디어아트의 의미와 위상에 관한 것은 본문을 쓰는 내내 놓지 않았다. 이에 관해서는 주로 I장에서 다룬 주요 미디어론들과 각 장에서 언급한 미술담론들에서 주로 피력하고자 했다. 깊이 있고 충실한 답변에는 많이 미치지 못한다 해도, 여전히 속 시원하게 해명되지 않은 미디어 및 미디어아트의 정의와 문화사적 의의를 확인하려는 노력이었다.

　위의 세 번째 질문, 즉 한국 현대미술사의 전개에서 미디어아트가 했던 역할은 무엇인가에 대한 대답은 필자가 기술한 본문에서뿐만 아니라 각 작가 인터뷰의 마지막에 덧붙인 동시대 미술과 미디어아트에 관한 견해에서도 엿볼 수 있다. 가령 김순기가 설명하는 '멀티미디어' 개념은 일찍이 20세기 중반부터 미디어아트가 지향해온 방향성을 꽤 정확하게 짚어내고 있다. 미디어아트는 열린 행위이자 비결정성의 영역이다. 김순기는 이러한 '오픈미디어' 개념을 동양사상과 연결지으며 예술을 하는 방식 이전에 삶을 대하는 방식으로 사유하고 있다. 하지만 이는 비단 김순기만의 생각은 아니었으며, 당대 서구에서나 국내에서나 이와 같은 열린 미술, 소통의 미술, 미완의 미술을 추구하는 가운데 미디어아트가 미술계에서 지분을 넓혀가기 시작했다. 미디어아트의 개방성에 대한 생각은 다른 미술가들도 공유하는 것이다. 특히 실험과 모험의 예술을 모색하고자 미디어아트를 시작했던 40대 후반을 넘긴 작가들 중에는 아방가르드적 태도를 엿보이는 이들이 있다. 예컨대 '개념생산자'(concept producer)를 자처하는 김형기를 비롯하여 새로운 '미디어'보다는 새로운 '아트'에 방점을 찍고자 하는 문주, 이용백, 문경원 등 여러 작가들이 그러했다. 그들은 미디어아트가 어떻게 우리의 사유와 삶의 방식을 변모시켰는가에 최우선적인 의미를 부여하고자 했다. 어찌 보면 백남준, 김구림, 박현기로 하여금 한국 미디어아트의 문을 열게 했던 것과 대동소이한 태도가 현재 국내외 예술무대에서 활약하고 있는 미디어아티스트들에서도 드러나는 듯하다. 과거 선배들이 품었던 생각이 그 뒤를 이어온 예술가들에게도 전해져, 박형준이나 한윤정 같은 젊은 작가들도 미디어아트와 탈장르적 예술을 동일시하는 시각을 표출하는 것 같다. 말하자면 음악, 미술, 무용, 패션, 그리고 기술을 가르는 칸막이가 아무 의미 없어 보였던 김구림의 생각이 이제는 대다수 예술가들의 당연한 전제가 된 것처럼 보인다.

필자는 위에서 미디어아트가 "이미 성숙기를 통과한 것 같다"고 기술했다. 성숙기 대신 절정기라는 말을 써도 무방할 것으로 보인다. 아마도 다수의 미술사가와 미술이론가가 이에 동의할 것이다. 더 이상 '미디어아트'라는 범주가 유효하지 않다는, 또는 그러한 범주화 자체에 관심을 두지 않는다고 답변한 여러 작가들의 인터뷰가 이러한 사실을 방증한다. 인터뷰 작가들 중에는 스스로에게 미디어아티스트라는 호칭을 쓰는 것조차 주저하거나 꺼리는 이들이 있었다. 어떤 명칭으로 불리든 간에 그들은 예술

적·인간적 가치가 상업적 교환 가치로 환원되는 것을 거절한다는 점에서
위에 나열한 미디어아티스트들과 동일한 선상에 있다고 짐작된다. 그런가
하면 우리의 일상이 자본의 영토로 포섭되어 가는 상황에서 예술과 산업
또는 상업 간의 경계가 모호하다고 보는 여러 예술가들도 있다. 인터뷰 작
가들 중 이 그룹에 속하는 이들은 비교적 젊은 분들이다. 서구에서는 이미
20세기 중반 팝아티스트들이 보여줬던 제스처이기는 하지만, 미디어아티
스트들은 종종 상당한 경제적 지원을 요구하고 때에 따라 산업적 요구와
맞물리곤 한다. 이러한 작가들은 예술과 산업을 구분 짓는 선을 자유롭게
넘나들거나 더러는 더 적극적으로 산업적·상업적 가치를 도모하기도 한
다. 반세기가 넘는 시간이 흐르면서 미술계의 지형이 변한 까닭이다. 지금
은 포스트미디어와 포스트인터넷에 대해 이야기하는 새로운 산업혁명의
시대다. 불과 10년 사이 스마트폰은 우리의 필수품이 되었고 과잉이라고
할 만큼 거대 규모의 정보가 날마다 양산되고 있다. 과도하게 많은 정보를
필요악이라고 할지언정 인터넷이나 스마트기기 없이 동시대적 삶을 영위
한다는 것은 상상하기 힘든 세상이 되었다. 초고속 정보유통의 사회를 지
탱하고 있는 것은 거대한 산업 자본이다. 이러한 세상에서 자본의 논리와
긴장관계를 유지하며 예술을 한다는 것 자체가 전보다 더 어려운 일이 되
었다.

　　우리는 2016년부터 2017년 여름까지 40명에 가까운 미술가들의 인터
뷰를 시도했고, 그중 37팀의 인터뷰 녹취를 바탕으로 그들 작업의 지난 궤
적과 현재 상황을 정리했다. I장을 제외한 나머지 각 장의 1, 2절은 필자가
집필했고, 지면의 상당량을 차지하는 인터뷰 부분은 공저자인 장현경 큐
레이터가 정성껏 마무리했다. 그런데 경기콘텐츠진흥원이 발주한 〈한국
미디어아트 DB 구축〉 프로젝트의 3인의 석사연구원들, 특히 인터뷰를 진
행했던 연구자들이 없었다면 『한국 미디어아트의 흐름』이라는 결실을 거
두지 못했을 것이다.[1] 비록 필자와 장현경 큐레이터가 저자로서 이름을 올

1　당시 프로젝트에 참여한 석사급 연구자들은 미디어아트를 주제로 학위를 취득한
　　이유진, 김아영, 손슬아 연구원이었다. 이유진은 2015년 『전쟁, 게임, 그리고
　　시뮬레이션: 하룬 파로키의 도큐멘테이션과 인스톨레이션』으로 홍익대학교

렸으나, 실제로 김아영 큐레이터, 이유진 선생, 손슬아 선생 또한 도우미
저자로서 일익을 담당했다. 글쓴이를 포함한 총 5명의 저자는 모두 시각
예술이론을 전공했고, 그중에서도 동시대 미디어아트에 지대한 관심을 갖
고 연구를 지속하고 있다. 지금은 각자 다른 곳에서 다른 종류의 일에 종사
하고 있으나, 프로젝트와 인터뷰를 진행하면서 또 집필에 참여하면서 동
시대 미술과 미디어아트에 대해 나름대로 소화하고 이해의 깊이를 더하는
동시에 비판적 시각을 보유하게 된 것 같다.

　　이상의 3인의 도우미 저자 외에 서울대학교 대학원 미학과에서 2019
년 2학기에 개설했던 '조형예술론연습' 강좌를 수강했던 학생들도 간접적
으로 이 책의 탄생에 기여했다. 그해 초 『한국 미디어아트의 흐름』이 서울
문화재단 〈예술서적발간지원사업〉에 선정된 후 필자는 한국 미디어아트
의 초기 역사에 대해 연구를 심화했고 그 결과물 중 한 부분을 같은 해 여
름 《RE:SOUND, 2019 미디어아트의 역사》 학회에서 발표했다.[2] 2019년
가을 필자는 초고를 바탕으로 강좌를 진행했고 미학과 석박사과정생들을
비롯하여 여러 수강생들이 본문과 인터뷰 내용을 토대로 한국 미디어아트
60여 년의 궤적을 돌아보았다. 과제와 발표 분량이 적지 않아 힘거웠을 것
이 분명한데도, 학기를 마칠 때까지 크고 작은 쟁점들에 대해 진지한 논의
에 참여해준 수강생들에게 깊은 감사의 마음을 전한다.

　　물론 이 책의 출판과 관련하여 누구보다도 큰 공을 돌려야 마땅한 사

대학원에서, 김아영은 2014년 『모나 하툼 작업에 나타난 이주민으로서의
정체성』으로 이화여자대학교 대학원에서, 손슬아는 2016년 『빌 비올라의 작업에
나타난 영화적 특성』으로 이화여자대학교 대학원에서 각각 석사학위를 취득하였다.
이들 3인의 연구자들 중 김아영, 이유진이 미디어아티스트들을 직접 만나 인터뷰를
진행했다.

2　《미디어아트의 역사》 학회는 2005년 이래 미술사, 음악사, 과학사, 미디어고고학,
미디어연구, 영화연구 등 여러 분야의 연구자들과 미디어아티스트들이 격년제로
개최되어왔다. 덴마크 올보그대학교에서 열린 《RE:SOUND, 2019 미디어아트의
역사》 학회에서 필자는 "The Sound of Shamans in the Works of Nam June Paik
and Early Korean Video Artists"이라는 제목의 논문을 발표하고 온라인으로
출판했다. (url = 〈https://www.scienceopen.com/hosted-document?doi=10.14236/ewic/
RESOUND19.18〉 참고.)

람들은 인터뷰에 참여하고 이후 인터뷰 초고와 수정본을 성심으로 점검해 준 미디어아티스트들이다. 김구림, 김순기 선생님을 필두로 하여 신기헌, 한윤정 작가에 이르는 37팀의 참여와 수고가 없었더라면 『한국 미디어아트의 흐름』의 모양새를 갖추기 어려웠을 것이다. 당초 책의 출판을 구상할 때 필자와 3인의 공동 연구원들의 생각은 경기콘텐츠센터 프로젝트를 마무리한다는 데 초점이 맞춰져 있었다. 그리하여 작가들을 선별하여 인터뷰를 하자는 데 뜻을 모았고 참여 작가들의 섭외에 착수했다. 기꺼이 인터뷰에 응한 작가들 외에 다른 여러 미디어아티스트들도 비록 참여하지는 못하더라도 현 시점이 이러한 저술의 출판이 요청되는 때라는 긍정적인 반응을 보여 왔다. 이 책의 출판에 참여한 작가들뿐만 아니라 응원의 말씀을 전해준 모든 분들에게도 사의를 표한다.

2016년에 착수한 책이 4년이 지난 지금에야 세상의 빛을 보게 된 것은 무엇보다도 이 책에 참여한 미디어아티스트의 수가 많을 뿐더러 이 작가군이 균질이지 않은 데 따른 여러 고충들에서 기인했다. 다른 인터뷰집들처럼 함께 전시를 했던 작가들로 구성했거나 이미 친분을 갖고 있는 작가들과의 대담을 수록한 것이 아니라는 것이다. 궁색한 변명 같지만 뒤늦은 출판의 이유를 덧붙이자면 그러하다. 또한 이미 언급한 것처럼 서울문화재단의 후원을 받고 또 2019년 대학원 수업을 진행하는 과정에서 내용을 보강하는 시간도 제법 길게 소요되었다. 예상보다 더 늦게 출판되었다고 하더라도 그 과정에서 조금이라도 더 정선된 글로 지면을 채울 수 있었기에 다행스럽게 여기고 있다. 당초 인터뷰집으로 출발했던 책에 비평적·역사적 서술을 추가하는 과정에서 가능한 폭넓은 조사와 연구를 통해 객관성을 확보하고자 했다. 그러나 모든 글쓴이가 그러하듯이 한국 현대미술사와 미디어아트를 바라보는 필자 자신의 시각이 개입될 수밖에 없었다. 책을 차지하는 지면 대부분이 다른 연구자들의 견해를 수용한 것이지만, 결국 필자의 시점에서 전체를 아우르고 나름의 종합적 평가를 하였다.

짧지 않은 기간 동안 미디어아트와 한국 동시대 미술을 관찰하고 연구했다고 하더라도 사견을 배제하기 어려울 뿐만 아니라 필자의 전문 영역이 미술사나 미술비평이 아니라 미학이론인 까닭에 결과적으로 턱없이 부족한 저술을 내놓았다. 독자들은 부디 넓은 아량으로 『한국 미디어아트의 흐름』을 대하길 부탁드린다. 그리고 진심으로 바라는 한 가지는 이 책을 출발점으로 미디어아트의 이론과 역사에 대한 연구가 더욱 본격화되는 것이다. 해외에서는 2000년대 후반부터 미디어아트의 이론과 역사를 되짚는 시도가 출현되기 시작했다.[3] 그에 반해, 국내에서의 연구는 상대적으로 미진한 편이다. 미디어아트는 태생적으로 혼종적이고 학제적이다 보니 처음부터 예술계, 산업계, 공학계 모두에서 소수자적 위치에 놓여 있었고, 탈장르와 탈경계가 시대적 화두인 현재도 그러한 상황을 면하지 못하는 것처럼 보인다. 그 결과 미술사 연구에서도 미디어아트의 지분은 지극히 제한적인 수준에 머물러 왔다. 서구에서처럼 미디어아트 전문 큐레이터나 비평가 인력이 충분히 쌓이지 않은 국내의 실정은 더 열악하다. 비록 미미한 수준이기는 하나, 필자와 이 책의 출판에 음양으로 기여한 여러 연구자들의 노고가 여전히 주변부에 위치하고 있는 국내 미디어아트의 연구에 하나의 발판으로 쓰임 받길 기대하고 있다.

2020년 8월
저자 대표 강미정

---

3 이러한 유형의 출판물 중 선두 그룹에 속하는 저서로는 올리버 그라우가 편저한 『미디어아트의 역사』가 대표적이다. Oliver Grau ed. (2007), *Media Art Histories*, Cambridge: MIT Press (올리버 그라우 편 (2019), 『미디어아트의 역사』, 주경란 외 역, 서울: 칼라박스) 참고.

참고자료

국문자료

강미정 (2015), 「사이버네틱스와 공간예술의 진화」, 『현대미술학논문집』 19(2), pp. 16-22.

강태희 · 권영진 · 이영욱 편 (2009), 『동시대 한국미술의 지평』, 서울: 학고재.

경기도미술관 편 (2011), 『1970-80년대 한국의 역사적 개념미술』, 서울: 눈빛.

고원석 (2008), 「강을 건너간 보행자: 육태진의 삶과 작품을 추억하다」, 『월간미술』 9월호, p. 193.

국립현대미술관 (2015), 『박현기 1942-2000 만다라』, 과천: 국립현대미술관.

권미원 (2013), 『장소 특정적 미술』, 김인규 · 우정아 · 이영욱 역, 서울: 현실 문화.

그라우, 올리버 편 (2019), 『미디어아트의 역사』, 주경란 외 역, 서울: 칼라 박스.

그린, 레이철 (2008), 『인터넷 아트』, 이수영 역, 서울: 시공아트.

그린버그, 클레멘트 (2019), 「모더니즘 회화」, 『미술과 문화』, 조주연 역, 부산: 경성대출판부, pp. 344-354.

김구림 (2015), 『KIM KULIM』, 서울: aMart Publication.

김길웅 (2003), 「벤야민의 매체이론과 브레히트의 서사극이론에 나타난

예술의 정치화」,『브레히트와 현대연극』 11, pp. 5-22.

김미경 (2003),『한국의 실험미술』 서울: 시공사.

_____ (2006),『모노하의 길에서 만난 이우환』, 서울: 공간사.

_____ (2011),「이상, 최승희, 강국진으로 읽는 한국 근현대문화의 단면」,
    『월간미술』 4월호, pp. 92-95.

김복기 (2013),「한국미술의 동시대성과 비평담론」,『미술사학보』 41, pp.
    197-224.

김상호 (2013),「미디어가 메시지다: 메를로-퐁티의 현상학을 통해 살펴본
    매클루언의 미디어론」,『커뮤니케이션 이론』 9, pp. 179-219.

김성은 (2013),「내 텔레비전은 물리적 음악이다: 서문과 후주곡 독해를 위
    한 어떤 사전」,『NJP Reader #4. 음악의 전시』, 용인: 백남준아트센터,
    pp. 4-19.

김순기 (2019),『Soun-Gui Kim: Bonjour』, 서울: 홍디자인.

김승영 (2012),『Memory Trace』, 서울: 경향아트.

김영나 (2010),『20세기의 한국미술 2』, 서울: 예경.

_____ (2020),『1945년 이후 한국 현대미술』, 서울: 미진사.

김전희 (2015),「한국 〈AG〉 그룹에서의 아방가르드 연구」,『예술과 미디어』
    14(4), pp. 71-96.

김정아 (2016),「1980년대 민중미술운동을 이끈 단체들」,『미술세계』 5월
    호, pp. 66-71.

김종국 외 (2013),『차학경 예술론』, 성남: 북코리아.

김종길 (2013),「현대미술의 동시대성, 실재인가 환상인가: 한국 현대미술
    연대기 1987-2012」,『황해문화』 78, pp. 424-436.

_____,「1980년대 민중미술 소집단의 경향성과 계보학 I」,『다시, 바로,
    함께 한국현대미술』, (재)예술경영지원센터, url = 〈http://www.goka-
    ms.or.kr/visual-art/discourse/time/time_view.asp?idx=1024&b_code=21〉
    (2019년 6월 19일 접속).

김종호 · 류한승 (2006),『한국의 젊은 미술가들: 45명과의 인터뷰』, 서울:
    다빈치기프트.

김지훈 (2016), 「매체를 넘어선 매체: 로잘린드 크라우스의 "포스트-매체" 담론」, 『미학』 82(1), pp. 73-115.

김현도 (1991), 「포스트모더니즘에 관한 몇 가지 소묘」, 『선미술』 여름호, pp. 20-24.

김현일 (2017), 『한국현대미술과 박모/박이소 작품에 구현된 문화적 틈새』, 서울대학교 석사학위논문.

김현주 (2009), 「양피지 위에 겹쳐 쓴 두 개의 이름, 차학경과 테레사 학경 차」, 강태희 외 편, 『동시대 한국미술의 지평』, 서울: 학고재, pp. 322-357.

김현주 (2011), 「뉴미디어 아트의 대안으로서의 포스트미디어 담론 연구」, 『CONTENTS PLUS』 9(1), pp. 103-117.

김형기 (2008), 『뉴미디어아트에서의 시간과 공간의 리얼리티에 관한 연구』, 숭실대학교 대학원 박사학위논문.

김홍희 (1992), 『백남준과 그의 예술: 해프닝과 비디오아트』, 서울: 디자인 하우스.

_____ (2011), 「박현기의 한국적 미니멀리즘 비디오」, 『1970-80년대 한국의 역사적 개념미술』, 경기도미술관 편, 서울: 눈빛, pp.

김홍희, 신시아 굿맨 편저 (1995), 『정보예술』, 서울: 도서출판 삼신각.

대구봉산문화회관 (2014), 《비디오아티스트 1978》전, 네오룩닷컴 전시소개 웹페이지 (url = ⟨https://neolook.com/archives/20140611g⟩).

데커, 에디트 (2001), 『백남준: 비디오예술의 미학과 기술을 찾아서』, 김정용 역, 서울: 궁리.

레이시, 수잔 (2010), 『새로운 장르 공공미술: 지형 그리기』, 김인규 · 이영욱 역, 서울: 문화과학사.

류한승 · 박순영 (2014), 『톡톡! 미술가에 말걸기』, 성남: fedora press.

르발렌, 콘스탄스 M. 편 (2003), 『관객의 꿈: 차학경 1951-1982』, 김현주 역, 서울: 눈빛.

마노비치, 레프 (2014), 『뉴미디어의 언어』, 서정신 역, 서울: 커뮤니케이션 북스.

_____ (2014), 『소프트웨어가 명령한다』, 이재현 역, 서울: 커뮤니케이션
      북스.

매클루언, 마셜 (2011), 『미디어의 이해: 인간의 확장』, 김상호 역, 서울: 커
      뮤니케이션북스.

문혜진 (2015), 『90년대 한국 미술과 포스트모더니즘』, 서울: 현실문화
      연구.

민영순 (2013), 「당신(우리)의 밝은 미래 그리고 번역과 문맥들」, 『미술사
      학보』 41, pp. 105-122.

민희정 (2010), 「1990년대 한국 미디어아트에 관한 고찰: 대형기획전을 중
      심으로」, 『CONTENTS PLUS』 8(4), 한국영상학회, pp. 99-118.

_____ (2013), 『한국 미디어아트에 관한 연구: 1969년부터 1999년까지의
      영상작품을 중심으로』, 국민대학교 대학원 석사학위논문.

_____ (2015), 「박현기 미디어 작업에 대한 소고: 1978년부터 1982년까
      지의 초기 작업을 중심으로」, 『미술이론과 현장』 19, pp. 41-81.

_____ (2017), 「한국의 초기 실험적 영상: 영상의 수용으로부터 비디오아
      트로의 확장까지」, 『국립현대미술관 연구논문』 9, pp. 155-172.

바우어마이스터, 마리, 박상애 (2016), 『백남준아트센터 인터뷰프로젝트:
      Mary Bauermeister』, 용인: 백남준아트센터.

박모 (1991), 「포스트모더니즘의 정체와 한국미술」, 『월간미술』 1, pp. 87-
      97.

박미화 (2014), 「국립현대미술관의 소장품 분류체계의 재정비와 기술지
      침」, 『국립현대미술관 연구논문집』 6, pp. 50-69.

박민영, 「한국 비디오아트의 선구자, 박현기」, 예술담론웹진 『대문』, url =
      〈http://daemun.or.kr/?p=378〉 (2018년 11월 9일 접속).

박숙영 (2016), 『디지털미디어와 예술』, 서울: 이화여대출판부.

박신의 (2001), 「서구현대미술: 미디어아트, "열린 미술"의 기원」, 『현대미
      술연구소 논문집』 3, pp. 159-170.

박은영 (2017), 「세계화 시대의 한국미술」, 윤난지 외 (2017), 『한국 동시대
      미술: 1990년 이후』, 서울: 사회평론, pp. 27-53.

박찬경 (1998), 「〈블랙박스: 냉전이미지의 기억〉 후기」, 『문화과학』 15, pp. 241-260.

박찬경 외 (2014), 『귀신 간첩 할머니: 근대에 맞서는 근대』, 서울: 현실 문화.

박현기 · 국립현대미술관 (2015), 『박현기 1942-2000 만다라』, 과천: 국립 현대미술관.

반이정 (2018), 『한국동시대미술, 1998-2009』, 서울: 미메시스.

배묘정 (2014), 「백남준의 위성 예술 〈굿모닝 미스터 오웰〉에서 음악의 사 용 방식과 의미에 관한 연구」, 『음악이론연구』 23, pp. 108-140.

백남준 (2018), 『말에서 크리스토까지』, 에디트 데커와 아르멜린 리비어 편, 임왕준 외 역, 용인: 백남준아트센터.

벤야민, 발터 (2007), 「기술복제시대의 예술작품 제3판」, 『기술복제시대의 예술작품, 사진의 작은 역사 외』, 최성만 역, 서울: 도서출판 길.

보드리야르, 장 (2001), 『시뮬라시옹』, 하태완 역, 서울: 민음사.

볼터, 제이 데이비드, 리처드 그루신 (2006), 『재매개: 뉴미디어의 계보학』, 이재현 역, 서울: 커뮤니케이션북스.

부리오, 니콜라 (2011), 『관계의 미학』, 현지연 역, 서울: 미진사.

_____ (2016), 『포스트프로덕션』, 정연심 · 손부경 역, 서울: 그라파이트 온핑크.

부산비엔날레 2012, 강국진 소개 페이지 (2012). url = 〈http://blog.busanbi-ennale.org/sub01/03_view.php?no=366〉 (2019년 7월 25일 접속).

뷔르거, 페터 (2013), 『아방가르드의 이론』, 최성만 역, 서울: 지만지.

서성록 (1992), 『한국미술과 포스트모더니즘』, 서울: 미진사.

_____ (1993), 「포스트모더니즘의 한국적 수용과 현황」, 『造形FORM』, 서울대학교 조형연구소, 16, pp, 89-99.

_____ (1994), 『한국의 현대미술』, 서울: 문예출판사.

_____ (1989), 「포스트모더니즘은 양분화된 한국화단의 해답일 수 있는 가」, 『세계와 나』 11월호, pp. 258-261.

서울시립미술관 편 (2013), 『세마 그린 - 김구림: 잘 알지도 못하면서』, 서

울: 서울시립미술관.

성완경 (2000), 「여기, 저기, 어디에나: 김순기는 무엇을 갖고 노는가」, 김
    순기 (2019), 『Soun-Gui Kim: Bonjour』, 서울: 홍디자인, pp. 79-81.

송미숙 (1991), 「포스트모더니즘과 미술」, 『포스트모더니즘과 예술』, 서울:
    청하.

송윤지 (2019), 「제4집단의 퍼포먼스」, 윤난지 외 (2019), 『키워드로 읽는
    한국 현대미술』, 서울: 사회평론, pp. 183-205.

송은문화재단 (2016), 『김윤철전 - 몽환포영로전』, (재)송은문화재단.

슈타이얼, 히토 (2016), 『스크린의 추방자들』, 김실비 역, 서울: 워크룸프
    레스.

스미스, 테리 (2013), 『컨템포러리아트란 무엇인가』, 파주: 마로니에북스.

신정훈 (2009), 「'포스트민중' 시대의 미술: 도시성, 공공미술, 공간의 정
    치」, 『한국근현대미술사학』 20, pp. 249-267.

_____ (2013), 「서울 1969년 여름: 영화 〈1/24초의 의미〉와 김구림의 도시
    적 상상력」, 서울시립미술관 엮음, 『김구림: 잘 알지도 못하면서』, 서
    울: 서울시립미술관.

심혜련 (2017), 『아우라의 진화』, 서울: 이학사.

아도르노와 호르크하이머 (2001), 『계몽의 변증법』, 김유동 역, 서울: 문학
    과지성사.

아라리오갤러리 (2013), 『BYOUNGHO KIM: Garden in the Garden』, New
    York: The Macullan Art Publication.

_____ (2016), 『KIM KULIM: Traces of Life and Death』, 서울: 아라리오갤
    러리.

아베, 슈야, 이정성, 박상애 (2016), 『백남준아트센터 인터뷰프로젝트: 슈
    야 아베, 이정성』, 용인: 백남준아트센터.

안경화 (2019), 「기계의 인간적 활용: 백남준의 〈로봇 K-456〉과 비디오 조
    각 로봇」, (2019), 『키워드로 읽는 한국 현대미술』, 서울: 사회평론.

안소현 (2013), 「백색소음: 사이버네틱스 예술의 이념」, 김성은 외(2013),
    『노스탤지어는 피드백의 제곱』, 백남준아트센터, pp. 190-192.

안이영노 (1999), 『1990년대 새로운 미술세대의 형성과정에 대한 예술사
　　　회학적 고찰: 신세대미술의 발생과 성장을 중심으로』, 홍익대학교 대
　　　학원 석사학위논문.

앨리스온 편집부 (2008), 「육태진, 그를 기억하기 위한 몇 가지 단서」, url =
　　　〈https://aliceon.tistory.com/1161〉 (2008년 9월 22일 게재).

여경환 (2016), 「X에서 X로: 1990년대 한국미술과의 접속」, 여경환 외
　　　(2016), 『X, 1990년대 한국미술』, 서울: 현실문화.

여경환 외 (2016), 『X, 1990년대 한국미술』, 서울: 현실문화.

_____ (2018), 『평행한 세계들을 껴안기: 수천 개의 작은 미래들로 본 예
　　　술의 조건』, 서울: 현실문화A.

예술의 전당 (1991), 『예술과 테크놀로지』, 서울: 예술의전당미술관.

오광수 (2010), 『한국현대미술사: 1900년대 도입과 정착에서 오늘의 단면
　　　과 상황까지』, 서울: 열화당.

오경은 (2017), 「1990년 이후의 한국 미디어아트」, 윤난지 외 (2017), 『한국
　　　동시대 미술: 1990년 이후』, 서울: 사회평론, pp. 251-277.

우정아 (2017), 「뮤지엄의 폐허 위에서: 1990년대 한국 미술의 동시대성과
　　　신세대 미술의 담론적 형성」, 『미술사와 시각문화』 20, pp. 130-157.

원광연 · 김미라 (2004), 『과학+예술 그 후 10년』, 서울: 다빈치.

위너, 노버트 (2011), 『인간의 인간적 활용: 사이버네틱스와 사회』, 이희은
　　　· 김재영 역, 서울: 텍스트.

유봉근 (2013), 「백남준의 예술과 퍼포먼스 미학」, 『브레히트와 현대연극』
　　　28, pp. 273-295.

유비호 (2016), 『해질녘 나의 하늘에는』, 2014 성곡미술관 내일의 작가상
　　　수상전 도록, 서울: 성곡미술관.

유원준 (2013), 『뉴미디어아트와 게임예술』, 서울: 커뮤니케이션북스.

유진상 (2013), 「〈제4집단〉: Idealism과 일시적 유토피아」, 서울시립미술관
　　　편 (2013), 서울시립미술관 편, 『김구림: 잘 알지도 못하면서』, 서울: 서
　　　울시립미술관.

유현주 (2018), 「키틀러의 유산: 프리드리히 키틀러의 매체이론을 둘러싼

논쟁들」,『브레히트와 현대연극』38, pp. 147-164.

육근병 (2016),『EYE』, 서울: 넥서스.

윤난지 (2002),「성전과 백화점 사이: 후기자본주의 시대의 미술관」, 윤난
　　지 편 (2002),『모더니즘 이후 미술의 화두 2: 전시의 담론』, 서울: 눈빛.

_____ (2018a),「김구림의 해체」, 윤난지 (2018),『한국 현대미술의 정체』,
　　파주: 한길사.

_____ (2018b),『한국현대미술의 정체』, 파주: 한길사.

윤난지 외 (2017),『한국 동시대 미술: 1990년 이후』, 서울: 사회평론.

_____ (2019),『키워드로 읽는 한국 현대미술』, 서울: 사회평론.

윤진섭 (1994),「신세대미술, 그 반항의 상상력」,『월간미술』8월호, pp.
　　149-160.

이동연 · 김상우 · 민병직 · 김성윤 · 양기민 (2007),『한국의 대안공간의
　　실태 연구』, (사)문화사회연구소.

이설희 (2017),「비판적 현실인식의 미술」, 윤난지 외 (2017),『한국 동시대
　　미술: 1990년 이후』, 서울: 사회평론, pp. 169-197.

이수영 외 (2012),『X_Sound: 존 케이지와 백남준 이후』, 용인: 백남준아트
　　센터.

이숙경 (2013),「글로벌리즘과 한국현대미술의 동시대성」,『미술사학보』
　　40, pp. 71-84.

이영욱 (2014),「참여미술에서의 윤리와 미학: 클레어 비숍의 논의를 중심
　　으로」,『미학』78, pp. 139-181.

이영철 (1993),『상황과 인식: 주변부 문화와 한국현대미술: 이영철 미술평
　　론집』, 서울: 시각과 언어.

_____ (1998),「복잡성의 공간, 불연속성의 시간」,『'98 도시와 영상』전 도
　　록, 서울시립미술관, pp. 10-15.

이영철 편 (1995),『현대미술과 모더니즘론』, 서울: 시각과 언어.

_____ (1998),『현대미술의 지형도』, 서울: 시각과 언어.

이영철 · 김남수 편 (2010),『백남준의 귀환』, 용인: 백남준아트센터.

이원곤 (2003),「'비디오설치'에서의 인터스페이스에 관한 연구: 샤머니

즘과의 구조적 유사성을 중심으로」,『기초조형학연구』 4(2), pp. 334-343.

_____ (2004),「한국 테크놀로지아트의 탄생과 전개」,『Reality Check』 전시도록, 대전시립미술관.

_____ (2011),「박현기의 "비디오톱탑"에 대한 재고: 작가의 유고(遺稿)를 중심으로」,『기초조형연구』 12(1), pp. 449-458.

이원곤 (2011),「백남준의 〈글로벌 그루브〉」, 이원곤 블로그, url = https://bit.ly/2kVeINj (2011년 10월 2일 게재).

_____ (2013),「비디오아트 1세대와 그 이후: 1970-2010년의 전시상황과 작업경향」, MAP(media art platform), url = 〈http://projectmap.org/p/article?mod=document&uid=13〉 (2019년 1월 13일 접속).

이은주 (2016),『백남준 이후, 미디어 아티스트와의 인터뷰』, 서울: 유피 출판.

이재언 (1992),「전환기의 신세대 미술운동」,『미술세계』 2월호, pp. 52-53.

이재원 (2010),「시대유감, 1996년 그들이 세상을 지배했을 때: 신세대, 서태지, X세대」,『문화과학』 8월호, pp. 92-112.

이현진 (2018),「평행한 세계들을 껴안기: 포스트미디엄과 포스트미디어 담론을 다시 돌아보며」, 여경환 외 (2018),『평행한 세계들을 껴안기: 수천 개의 작은 미래들로 본 예술의 조건』, 현실문화A, pp. 38-57.

이호진 (2008),「한국 포스트모더니즘에 관한 연구: 1980-90년대 미술을 중심으로」, 이화여대 석사학위논문.

임근준(2013),「동시대성과 세대 변환 1987-2008」,『아트인컬쳐』, 2013년 2월호, pp134-138.

임산 (2012),『청년, 백남준: 초기 예술의 융합 미학』, 서울: 마로니에북스.

_____ (2013),「큐레이터 백남준」,『NJP Reader #4. 음악의 전시』, 용인: 백남준아트센터, pp. 84-88.

전선자 (2011),「백남준과 플럭서스: 실증자료를 통한 플럭서스 공연의 중심인물 백남준」,『인문과학』 48, pp. 211-251.

_____ (2014),「베르톨트 브레히트와 발터 벤야민과 연관 속에서의 백남

준의 행위예술작품 〈오마주 존 케이지〉에 대한 해설시도: 생소화효과와 아우라」,『브레히트와 현대연극』 30, pp. 375-408.

정연심 (2012),「포스트-미디엄과 포스트프로덕션: 포스트모더니즘 이후 현대미술의 '동시대성(contemporaneity)'」,『미술이론과 현장』 14, pp. 187-215.

_____ (2014),「문화번역의 맥락에서 본 한국 미디어 설치: 제1세대 비디오 작가 박현기를 중심으로」,『현대미술사연구』 36, pp. 233-255.

_____ (2016),「1960년대-1970년대 한국의 퍼포먼스와 미술가의 몸」,『미술이론과 현장』 22, pp. 86-119.

_____ (2018),『한국의 설치미술』, 서울: 미진사.

정재형 (2013),「호모 코메리카누스, 한국계 예술인 차학경의 자아 찾기」, 김종국 외 (2013),『차학경 예술론』, 성남: 북코리아, pp. 61-85.

정중헌 (1994),「X세대를 어떻게 보아야 하나」,『월간샘터』 25, pp. 32-34.

정헌이 (2010),「한국 현대미술에서 90년대의 의미」, 경기도미술관 편,『1990년대 이후의 새로운 정치미술: 악동들 지금/여기 전시연계 세미나』, 경기도미술관.

정현,「동시대를 향해 두 갈래로 이동하는 미술_90년대 이후」,『다시, 바로, 함께 한국미술』, (재)예술경영지원센터, url = 〈http://www.gokams.or.kr/visual-art/discourse/time/time_view.asp?idx=936&b_code=21〉 (2019년 12월 21일 접속).

조수진 (2017),「한국의 여성 행위미술가, 정강자의 '위험한' 몸」,『문화과학』 90(여름호), pp. 324-355.

_____ (2019),「"내가 곧 나의 예술이다": 경계인 정찬승의 반예술」, 윤난지 외 (2019),『키워드로 읽는 한국 현대미술』, 서울: 사회평론, pp. 81-110.

조슬릿, 데이비드 (2018),「표지하기, 스코어링하기, 저장하기, 추측하기」, 여경환 외 (2018),『평행한 세계들을 껴안기: 수천 개의 작은 미래들로 본 예술의 조건』, 현실문화A, pp. 108-119.

중앙일보 (1992),「갤러리 그레이스 개관전」, url = 〈https://news.joins.com/

article/2764175〉 (1992년 11월 19일 입력).

차학경 (2004), 『딕테』(Dictee), 김경년 역, 서울: 어문각.

최우람 (2015), 『CHOE U-RAM』, 서울: 최우람스튜디오.

최태만 (2002), 「다원주의의 신기루: 포스트모더니즘의 이해와 오해」, 『현대미술학논문집』 6, pp. 27-66.

칼리네스쿠, 마테이 (1998), 『모더니티의 다섯 얼굴』, 이영욱 외 역, 서울: 시각과 언어.

콰란타, 도메니코 (2018), 『뉴미디어 아트, 매체를 넘어서』, 주경란 · 김정연 · 주은정 역, 서울: 칼라박스.

크라우스, 로잘린드 (2017), 『북해에서의 항해: 포스트-매체 조건 시대의 미술』, 김지훈 역, 서울: 현실문화A.

키틀러, 프리드리히 (2011), 『광학적 미디어』, 윤원화 역, 서울: 현실문화연구.

_____ (2019), 『축음기, 영화, 타자기』, 유현주 · 김남시 역, 서울: 문학과지성사.

톰킨스, 칼빈 (2000), 『아방가르드 예술의 다섯 대가들』, 송숙자 역, 서울: 현대미학사.

트라이브, 마크, 리나 제나 (2008), 『뉴미디어아트』, 황철희 역, 서울: 마로니에북스.

포스터, 할, 로잘린드 크라우스, 이브-알랭 브아, 벤자민 H. D. 부클로 (2007), 『1900년 이후의 미술사: 모더니즘, 반모더니즘, 포스트모더니즘』, 배수희 · 신정훈 외 역, 서울: 세미콜론.

포스터, 핼 (1993), 『반미학』, 윤병호 외 역, 서울: 현대미학사.

_____ (2010), 『실재의 귀환: 20세기 말의 아방가르드』, 이영욱 외 역, 경성대출판부.

폴, 크리스티안 (2007), 『디지털 아트』, 조충연 역, 서울: 시공아트.

플루서, 빌렘 (2004), 『피상성 예찬: 매체 현상학을 위하여』, 김성재 역, 서울: 커뮤니케이션북스.

한국미술평론가협회 (2009), 『한국현대미술가 100인』, 서울: 사문난적.

한국인터넷진흥원 (2012), 「인터넷 30년, 생활을 바꾸다」, 『internet』 5-6월 호, pp. 16-21.

허효빈 (2017), 「1990년대 신세대 소그룹 미술」, 윤난지 외, 『한국 동시대 미술: 1990년 이후』, 서울: 사회평론, pp. 113-137.

헤르쪼겐라트, 불프, 박상애 (2012), 『백남준아트센터 인터뷰 프로젝트: Wulf Herzogenrath』, 용인: 백남준아트센터.

현시원 (2010), 「민중미술의 유산과 포스트 민중미술」, 『현대미술사연구』 28, pp. 7-39.

홍가이 (1992), 『(홍가이 평론집) 현대미술 · 문화비평』, 서울: 미진사.

영문자료

Arirang Special (Ep. 312), Nam June Paik's Art and Revolution 1 _ Full Episode. url = ⟨https://youtu.be/w0E2v_rbY7s⟩ (2016년 1월 22일 게시).

Best, Steven and Douglas Kellner (1997), *Postmodern Turn*, New York: Guilford.

Bishop, Claire (2006), "The Social Turn: Collaboration and Its Discontents," *Artforum* 44, pp. 178-183.

_____ (2012), "Digital Divide: Contemporary Art and New Media," *Artforum* 51(1), pp. 434-442.

Decker-Phillips, Edith (1998), *Paik Video*, Barrytown & New York: Station Hill Press.

Dunn, Robert (1998), "Postmodernism: Populism, Mass Culture and Avant-Garde," V. E. Taylor & C. E. Winquist (ed.) *Postmodernism: Critical concepts IV*, London and New York: Routledge, pp. 236-256.

Foster, Hal (2009), "Precarious: Hal Foster on the art of the decade," *Art Forum*, pp. 207-209.

Foster, Hal ed. (2009), "Questionnaire on 'The Contemporary'," *October* 130, pp. 3-124.

Grau, Oliver ed. (2007), *Media Art Histories*, Cambridge: MIT Press.

Groys, Boris (2007), "The Topology of Contemporary Art," Moscow Art Magazine, url = ⟨http://moscowartmagazine.com/issue/42/article/824⟩ (2019년 11월 2일 접속).

Jencks, Charles (1984), *The Language of Post-Modern Architecture*, New York: Rizzoli.

Kang, Mijung (2019), "The Sound of Shamans in the Works of Nam June Paik and Early Korean Video Artists," ScienceOpen.com (url = ⟨https://www.scienceopen.com/hosted-document?doi=10.14236/ewic/RE-SOUND19.18⟩).

Ketner, Joseph D. II (2017), *Witness to Phenomenon: Group ZERO and the Development of New Media in Postwar European Art*, Bloomsbury Publishing USA.

Kim, K. Y. (2016), "Rewriting the Origin of New Media: History and Postcoloniality in Nam June Paik's Video Art," *International Journal of Social Science and Humanity* 6(11), pp. 896-899.

Krauss, Rosalind (1976), "Video: Aesthetics of Narcissism," *October* 1, pp. 50-64.

_____ (1977), "Note on the Index," *October* 3, pp. 68-81.

_____ (1999), *A Voyage on the North Sea: Art in the Age of the Post-Medium Condition*, New York: Thames & Hudson.

_____ (1999), "Reinventing the Medium," *Critical Inquiry* 25(2), pp. 289-305.

Lee, Young-Cheol (2012), "The Founder of Video Art, Nam June Paik and Shamanism," TK-21, url = ⟨https://www.tk-21.com/The-Founder-of-Video-Art-Nam-Jun?lang=fr⟩ (2019년 7월 14일 접속).

Manovich, Lev (1996), "The Death of Computer Art," in Rhizome, url = ⟨https://rhizome.org/community/41703/⟩ (1996년 10월 22일 게재).

_____ (2001), "Post-media Aesthetics," manovich.net, url = ⟨http://manovich.net/index.php/projects/post-media-aesthetics〉.

_____ (2010), Info-Aesthetics, Bloomsbury Academic.

Mitchell, William J. (1992), *The Reconfigured Eye: Visual Truth and the Post-photographic Era*, The MIT Press.

Mitchell, W. J. T. (1994), *Picture Theory: Essays on Verbal and Visual Representation*, Chicago: University of Chicago Press.

_____ (2005), *What do Pictures Want?: Lives and Loves of Images*, Chicago: University of Chicago Press.

Mitchell, W. J. T. and Mark Hansen eds., (2009), *Critical Terms for Media Studies*, The University of Chicago Press.

Shanken, Edward A. (2016), "Contemporary Art and New Media: Digital Divide or Hybrid Discourse?" Christiane Paul (ed.), *A Companion to Digital Art*, John Wiley and Sons, Inc.

Smith, Terry (2006), "Contemporary Art and Contemporaneity," *Critical Inquiry* 32(4), pp. 681-707.

Smith, Terry, Okui Enwezor, Nancy Condee eds. (2008), *Anotomies of Art and Culture: Modernity, Postmodernity, Contemporaneity*, Durham & London: Duke University press.

Sound Art Foundation, INC. webpage (url = 〈https://www.newmusicusa.org/profile/billhellermann/〉).

Thomas, Nigel J. T. (2019), "Mental Imagery," *The Stanford Encyclopedia of Philosophy*, Edward N. Zalta (ed.), urls = 〈https://plato.stanford.edu/entries/mental-imagery/plato-predecessors.html〉.

Weibel, Peter (2005), "The Post-media condition," url=〈https://www.metamute.org/editorial/lab/post-media-condition〉 (2018년 1월 27일 접속).

Wiener, Nobert (1948), *Cybernetics, or Control and Communication in the Animal and the Machine*, Cambridge: The MIT Press.

Wook, S. H. (2018), "The Influence of Shamanism on Nam June Paik's Video Art," *Moving Image Technology Studies* 28, pp. 95-113.

찾아보기